U0014100

正念療癒力

八週找回平靜、自信與智慧的自己

【卡巴金博士30年經典暢銷紀念版】

FULL CATASTROPHE LIVING (REVISED EDITION)

Using the Wisdom of Your Body and Mind to Face Stress, Pain, and Illness

喬・卡巴金 Jon Kabat-Zinn 著

胡君梅／增訂版譯者、審訂

黃小萍／初版譯者

獻給
我的家人

獻給
所有（曾）在麻大減壓門診工作者
我們一起面對苦樂交融的人生也一起成長

獻給
過去、現在、未來參與正念減壓課程者
或是在全世界各地參與正念課程者

獻給
全球各地的正念老師和研究者
深深一鞠躬，禮讚你們對這工作的奉獻、正直與熱愛本書描述在麻州大學醫學中心的減壓門診中所採用的正念減壓課程。書中的內容未必反映麻州大學的立場或政策，因此校方未對本書的內容背書。

書中所建議的各種方法均為一般性狀況，完全沒有要取代正式醫療或精神治療的意圖。任何需要就醫者，在參與正念減壓課程之前，應該諮詢自己的主治醫師，看看他們是否認為適合參加，尤其是某些瑜伽的動作，也需要討論是否需要針對各自獨特的狀況進行適當調整。

〔推薦序〕

關照生活問題的法，才是真正的法

這是一本可讀性非常高又相當實用的書，在許多層面都很有幫助。我相信很多人會因此書而獲益匪淺。閱讀本書，你會發現，原來靜觀禪修所處理的都是日常生活的事情。可以說，這本書是一扇門，從世界通向法（dharma），亦從法通向世界。能確實關照到生活問題的法，才是真正的法，這正是我最欣賞這本書的地方。感謝作者寫下這本書。

一行禪師於法國梅村，一九八九年

〔增訂版推薦序〕

過著覺醒的生活

過去二十五年來，無數的人們發現正念是通往平和喜悅最可靠的方法，而且這個方法每一個人都做得到。大家愈來愈清楚瞭解，原來正念不只是對個人的身心健康非常重要，整個地球的永續與文明發展更需要仰賴正念。這本書是個邀請，邀請每一個人過著覺醒的生活，邀請我們細細品味生活的每一個當下，這對今日的個人、社會與世界都是當務之急。

一行禪師於法國梅村，二〇一三年

〔推薦序〕

善用正念優勢，創造正向能量

王正旭（癌症希望基金會董事長、基隆長庚醫院癌症中心前主任）

本於癌症專科醫師的專業敏感度，乍看書名，就認定這是一本很棒的書，一定可以幫助罹癌病人，細讀之後，更發現不僅能幫助病人，對家屬及醫療團隊也會有極大幫助。

其實，胡君梅老師已經在癌症希望基金會的團體課程做了最好的驗證。透過胡老師的引導，癌友們對疾病的擔憂、恐慌和焦慮都得到極大的安撫，並轉而成為正向思考的賦能，因為大家從胡老師身上學習到了正念療癒力。

感謝胡老師和黃小萍小姐把喬．卡巴金的原著翻譯成中文版，讓更多的台灣癌症病人能體會到罹癌人生的苦樂交融。最後，我相信，台灣民眾是最有福氣來分享喬．卡巴金研究成果的族群，因為我們都是在靜觀取向的宗教氛圍中長大的，期待大家能善用這個優勢，替台灣創造更多的正向能量。

正念減壓，將引導你回到自己

王進財（任林教育基金會董事長）

本書作者就西方醫學和心理學背景融合東方禪的修練，完成和驗證「正念減壓」系統性的步驟，引導讀者在生命中每一刻「看見」和「調正」自己的起心動念來減輕壓力。

佛學心經上說：「觀自在菩薩，行深般若波羅蜜多時，照見五蘊皆空，度一切苦厄，……無罣礙故，無有恐怖，遠離顛倒夢想，究竟涅槃……。」實踐本書每一步驟將會引導你回到自己。

正念，引領我們走過生命的風雨

吳毓瑩（國立台北教育大學教育學院前院長、心理諮商系教授）

打開這本書，您將打開一種生活態度與生活方式。作者卡巴金博士從心靈與科學的角度寫就本書，譯者君梅更是以知識與感情完成翻譯。君梅自己就是身體力行正念的實踐者，且參與了卡巴金博士在北京、韓國與美國的正念工作坊，是故在翻譯時亦把自己對正念的體會，絲絲入扣放入字詞中。原書提及的資訊，君梅更以研讀的精神多方提供讀者深入的訊息。貼心與用功，令人感念。念，不就是今心嗎？老祖宗把梵文的smṛti翻譯成「今與心」組成的念，我們當能體會這是一種什麼樣的智慧，引領自己存活且走過生命的風雨。

遇見內在的完整與圓滿

夏瑞紅（作家）

本書闡述一個人人隨時隨地都能練習解脫痛苦的方法——提起正念。這方法的重點不是去做什麼，而是不做什麼，特別是不做盲目慣性反應的奴隸。它可說是古老「無為之道」的現代論述，也是「內觀禪修」的引導講義。

作者並不鼓吹正念治病的神話，而是從臨床案例和科學研究來說明，正念可開發人人天生的療癒本能，幫助我們洞察當下現實，與任何狀況和平相處，因而超越痛苦、轉化自我，遇見內在的完整與圓滿。

單純地活在當下，品嘗生命的豐盛

鄭存琪（台中慈濟醫院精神科前主治醫師）

正念減壓法，這個源自於東方的智慧，經由西方的科學驗證，證實對促進身心健康有很大的幫助，並且在結合心理學的說明與系統性的架構之後，更加好懂易學，也更容易應用於日常生活中。卡巴金博士正是正念減壓法的建構者。誠摯地推薦您透過此書，透過正念的練習，體驗單純地活在當下，以接納、不批判、好奇、欣賞的態度，體驗身心世界，瞭解自己，品嘗生命的豐盛。

練習正念，培養一畝從容的心田

洪敬倫（台北市立聯合醫院松德院區成癮防治科主治醫師）

大約二〇一三年的此時，我在美國麻州總醫院精神部擔任研究醫師，有機會參與一個正念認知治療團體，協助憂鬱合併疼痛的患者。隨著團體進展，許多成員都找到了和情緒、疼痛共處的新方式。本書許多章節，就是當時的延伸閱讀教材。正念邀請我們抱持著開放好奇與非評價的心態，專注於當下，同時細察平時忽略的感官經驗。卡巴金博士這本奠基之作，英文書名直譯為《充滿災難的生活》，就是要突顯生命中的變化與意外乃是常態，練習正念或可培養一畝從容的心田，以回應時刻更迭的內在狀態與外在現實。

正念可運用於壓力、憂鬱、焦慮、成癮等困擾，在台灣的推廣正要展開，而卡巴金博士也將在二〇一四年來台。本書處處是他帶領團體時的細膩觀察，更涵蓋豐富的醫學與心理學論述，誠摯推薦給有心一探「正念」究竟的你。

致中文版讀者

好高興這本書現在有中文版了，而且是最新的增訂版。我非常感謝胡君梅用細心、專心與愛心來翻譯這本書。在台灣已經有一個很棒的正念減壓老師社群，也有一股很強的動能將正念帶入台灣社會的主流。

我衷心希望此中文版對你既實用又有趣。所謂的實用，我指的是希望這本書在你的日常生活中多少能促進或催化若干的療癒和轉化，尤其是關於你如何面對壓力、疼痛、疾病，或任何你正在經驗的恐懼或失控。這一切未必需要成為沉重的壓迫或讓你感到好像快被淹沒了。如果我們採取一些方法，著手改變自己跟經驗的關係，即便內在或外在的情況一點兒都沒變，大幅的療癒和明智的行動亦將油然而生。當然，沒有什麼是固定不變的，最後這一切終將改變。然而話又說回來，對於所面對的一切，我們選擇跟它們採取什麼樣的關係，確實會帶來大大的不同。

在我們最想轉身背對或最想要離開時，是否願意帶著覺察地迎接我們最不想面對的一切，這是導致不同結果最關鍵的因素。

這本書提供正念減壓課程的學習指南。為數眾多且持續增加的科學研究證實了正念減壓課程的效益，數百萬人在全球各地的醫療中心、醫院、私人診所或其他機構學習，許多人甚至自學，運用此課程大幅促進自己的生活品質與健康。但這一切的發生並非奇蹟，你必須好好鍛鍊正念的「肌肉」，它才能派上用場，換言之，此課程需要每日規律的練習。如果你也同意此做法，我希望你能認真地接受挑戰，**好好投入課程中所要求的各種練習，彷彿「你的生活需要完全依靠靜觀練習」一般**，因為在許多實際生活層面上確實是如此。雖然有時候靜觀看起來好像「沒什麼」，事實上不然。靜觀培育「無為」，或者也可以說培育「同在」。我們真正能活著的時光就只是現在，因此全然充分地活在每一個當下，其影響當然會擴及所有層面，這在書裡會有說明。

這裡必須先提一件很重要的事情。課程中的各種正式練習，例如身體掃描、靜坐、正念瑜伽等，在培育正念的過程中都非常重要。但真正的靜觀練習是超越這些的，**真正的靜觀練習在於你怎麼過自己的生活**，一個瞬間接著一個瞬間，不論你身處何境或正在做什麼。換言之，生活本身終將成為你的正念練習，生活與正念是不可分的。說來這些也沒什麼特別的，真正特別的是你，身而為人就是特別的。身而為人的奇蹟就在於每個人都擁有一顆心，一顆可以善待自己亦慈愛他人的心，一顆讓自己明智存活的心。當然，前提是我們能好好運用機會，培育自己生命中這些隱而未現的層面。

本書充分探討正念及其潛在的強大益處，但是還有一件事情書裡沒說明，就是這些正念練習在你們的文化中其實有源遠流長的歷史，至少一千五百年了吧。「無為」的概念（它其實不是一種概念，而是一種同在的方式）正是中華文化的精髓之一，而西方直到晚近才引進。在我的國家，正念修習大概也只有一百多年，在這一百多年裡，絕大部分人未曾聽聞正念。正念進入美國主要是經由禪宗，在我的觀念裡，禪宗是人類歷史中最優異的智慧體系之一。禪宗發源於印度，大約一千年後傳到中國。禪宗與中國文化和道教的相遇，為這世界激盪出既獨特又深刻的方法，超越所有的二元論（包括佛教徒與非佛教徒的二元論），通往智慧與慈悲。

覺察，是禪宗與佛教的核心，更是全世界通用，完全沒有文化限制，雖然不同文化所強調的覺察面向可能有所不同。**覺察，關乎我們如何使用自己的心思、如何接納事情的真實樣貌、能接納到何種程度。覺察不是消極順從，而是帶著智慧、慈悲和幽默與周圍的世界互動。**

那是一種不過度嚴肅看待自己的生活方式，即便是面臨非常嚴肅的事情或驚恐萬分的情境。在台灣，聖嚴法師的教導和著作清晰且充分地體現覺察，這些教導和文字深植於禪宗與佛教語彙。然而，正念減壓課程所採用的語彙和方法，獨立於各個宗教、傳統和信念體系，因此是更普世通用的。雖然，本質上，它們其實都是一樣的。

在這本書裡，那本質就是正念。我由衷希望正念對你是有意義的、能感動你的心、有助於提升你的幸福和安適，也因而能持續對你自己、家人、朋友、同事有所裨益。

願你的正念練習成長茁壯、繁花盛開、豐沛滋養你的人生與工作，時復一時、日復一日。

喬・卡巴金

二〇一三年八月三十一日於美國麻州偉爾佛利特市

〔譯者序〕

就讓我們一起開始練習吧

胡君梅

在正念減壓教室的課堂上，大家剛走完一輪簡單的自我介紹，這期學員因好奇或職業需求而來的不多，大部分人都有迫切的生命議題，也許是睡不好，也許有擾人的焦慮、強迫或憂鬱，也許罹患難以逆轉的重症或身體正承受某種重大損害，也許工作或關係上遇到重大瓶頸，也許對自我感到極度欠缺或不滿；心好苦，身也受苦。大多數人是親友介紹或是網路搜尋而來，有些人就住附近，有的人單趟需要三個小時車程才能到這裡。每個人都希望這堂為期八週的課程能為自己做些什麼。

仔細聽完後，我直截了當地跟大家說：「正念如果不能運用在日常生活上，那肯定是走偏了。」我跟大家強調：「這是一趟挖寶之旅，在每一個人的內心深處一定埋藏著許多寶藏，這些寶藏被泥土、落葉、石頭、糞便、小生物的屍體等給深深掩埋，其中包括自己的性格特質、價值觀、原生家庭、重要生活事件、周遭環境等等。然而，這樣的寶藏一旦挖掘出來後，你會發現取之不盡、用之不竭，這就是每個人都有的內在療癒力量，只要你還活著，就一定有的力量。但問題是，你的寶藏只能自己去挖掘，我無法幫你挖；相同的，在我內心深處的寶藏，你也不可能幫我，只有我自己能挖掘。這很好耶！表示你的寶藏是專屬於你，除非你不要它，沒人可以拿走。」

課堂中，我會盡量用淺顯具體的說明，協助大家對抽象的正念有清晰的認識。如果這是一種能力的話，主要就是來自於一字一句地翻譯這本書，那歷程好像在大草原拔草，一根一根地拔，沒有除草機亦無除草劑，更不能放一把火燒了沒事，只能老老實實地慢慢來。好多次，我跪在地上拔到筋疲力竭時，一抬頭，竟還是一片廣闊草原！感到筋疲力竭除了這本書的篇幅頗大之外，也來自於卡巴金博士的文字特性，原文讀起來如沐春風、鉅細靡遺、身心喜悅，但翻譯起來除非一路保持高度的覺察與專注，否則肯定會被那一句長達五六行的書寫方式纏繞到自己都不知所云。老實說，這感覺真有夠痛苦，尤其我身為正念減壓課程的教學者，對用字遣詞的精準度與流暢度都是採用最高標準的規格看待，因此每個重要字詞都重新思索體察，而不是依照既定成俗來呈現。

舉個例子，meditation一般翻譯成禪修或冥想，禪修一詞很美卻是顯著的佛教用詞，雖然「正念減壓」的實踐方法來自於佛教的修行傳統，但在執行操作層面確實是完全去宗教化與宗教區隔，單純回歸到人類最原始的普同性。冥想，透顯出深層思索的意味，靜態哲學思維的意象濃厚，然而，正念減壓其實是以直觀取代認知思辨，生活中所有的活動不論動靜都是練習的對象，不會特別去強調某種靜止狀態。因此，最後我選擇使用「靜觀」一詞，「靜」呈現心的平和寧靜狀態，「觀」突顯其直觀與觀察的本質。

又如healing，一般均翻譯為「療癒」，是治療與痊癒的簡稱，廣泛地包含了過程與結果，對於「癒」的期待是很明顯的。但在這本書或正念減壓課程脈絡下的healing，放下了對結果的預設與期待，凝神安住於歷程，不執取任何未來的目標，盡可能融於當下、與當下同在，因此比較貼近培育的概念。換言之，「療育」可能比「療癒」更貼切卡巴金博士使用這個字的原意，因此在翻譯時我統統採用療育。不過出版社幾經思索後認為，雖然療育一詞更貼近原意，確實也有愈來愈多專業領域採用「療育」以替代「療癒」來表達healing，但為避免讓大多數讀者產生不必要的誤解以為是誤譯，我們最後還是採用療癒一詞。

這本書另一個關鍵用詞就是「正念」，英文是mindfulness，中文譯詞相當多元，例如專注、覺照、靜觀等。我相信每一個譯詞都有其獨特的思維背景，不過在這裡我想強調的是譯詞的一致性，對一門學科的發展極為基礎重要的。直接地說，「正念」中的「正」表示現在進行式，因此正念總是在當下，也就是如何讓念頭停留在每一個當下的具體方法。「正」也表示不會東倒西歪，正念就是如何讓念頭時時刻刻維持清明持穩的方法。因此卡巴金博士對正念最簡潔的定義就是：「時時刻刻不帶評價的覺察。」正念不是一般日常生活用語，它其實是佛陀所教導的修行方法之一，佛教經典中的說明為：「若念、隨念、重念、憶念，不妄不虛」，隨時維持念頭的不妄不虛，可沒有想像得容易。另一段經典對正念修行方法的具體說明是：「安住觀察，覺諸受起，覺諸受住，覺諸受滅，正念而住，不令散亂。安住觀察，覺諸想起，覺諸想住，覺諸想滅，正念而住，不令散亂。」此外，正念並非單獨存在，它其實是八正道修行中的一環。關於正念的經典說明還有《念處經》等，有興趣的讀者可以自行用「正念」在佛典中搜尋閱讀（某些佛典翻譯成「念住」）。不過，從這裡可以看到，正念一詞承載著豐厚且具象的練習方向與方法，清楚指引了在西方心理治療界大放光芒之「正念介入」（mindfulness intervention）的起源與出處。

說實在的，以上各詞的翻譯難度大概都抵不過原文書名中的「full catastrophe」（原文的書名叫做：Full Catastrophe Living）。這兩個字的組合我參了好久，直到有一天終於悟出來。原來這裡的full不是「全部或全面」的意思，它不是用來修飾catastrophe，而是豐富的、豐盛的意思，做為catastrophe的相反詞。兩個字合在一起的意思是生活中有苦也有樂，類似於中國思想中的陰與陽，陽中有陰、陰中有陽，如同在首版導讀中所描述的：「愉悅與痛苦、希望與絕望、冷靜與煩亂、愛與恨、健康與疾病都是並存的。」這樣的領悟讓我有茅塞頓開之感，但接下來的問題是要如何用精簡的語彙表達這豐富的概念？沉澱一陣子後，「苦樂交融」四個字浮現腦海。這個領悟與譯詞我都特別跟卡巴金博士確認過，他相當贊同。

事實上還有許多的譯詞值得說明，例如being為何翻譯為「同在」而非「存在」、mind何以有多種譯法，限於篇幅無法深入說明，但至少可以在本書最後的索引處看到中英對照。

翻譯這本書的歷程中，我清晰地意識到自己正在建立一座百年大橋，將西方對正念的實踐科學銜接給中文廣大讀者，某個程度也算銜接回正念的「老家」。然而，進入審閱的角色時，整個心態又完全不一樣，我進入一種更高卻更貼近中文讀者需求的狀態，因此整個譯文又再度重新調整。一而再、再而三地字字斟酌，只希望能留住正念減壓的原汁原味，傳遞卡巴金博士深遠的愛和智慧（雖然他本人或這書裡很少用這兩個字詞）。

很幸運地我因為同時身兼翻譯與審閱，前後閱讀不下十幾二十次，但每一次閱讀都還是會有新的體會與發現。換言之，這是一本可以細細品味的書，是體驗愈深看得愈懂的書，很像我們的古文愈嚼愈有味。因此當你在閱讀這本厚厚的書而且很想趕快讀完時，也許可以停一下下，閉上眼睛，覺察當下的呼吸、覺察自己在趕什麼、覺察此刻身體的感覺，給自己一點留白，即便只是一分鐘，之後再看看是否重新開始。

感謝生命有這樣的機會，讓我在傳授正念減壓課程的同時，能翻譯這本極具療癒的書，甚至做相關研究，整個人浸淫於正念的滋養是很大的祝福。

感謝野人為了高品質的出版而放下市場第一的考量，以及中途接手卻盡心盡力的編輯李依蒨小姐，能有如此優質的合作夥伴是我的至幸。

感謝卡巴金博士兩年多來的協助，當我有任何翻譯疑惑時，即便他是世界級的大忙人，但總是清楚、快速、溫暖地回覆與解惑，讓我親身見識大師的風範。

最後，由衷滿懷地感謝我摯愛的先生及兩個可愛懂事的小孩，這些年如果沒有他們大力、全方位、長時間的支持與鼓勵、包容與配合，我不可能多次出國學習與接受訓練，更不可能利用生活中的所有空檔來完成翻譯的重責大任。親密的家庭關係是我力量的重要泉源。希望，孩子們長大後閱讀此書也會感到很有收穫。

祈祝所有讀者都能從這本書獲益！可以獲得什麼利益呢？套用卡巴金博士的比喻「你無法光看菜單就飽了」，就讓我們一起開始練習吧。

〔目錄〕

PART 1
正念的練習 專注

PART 2

全新思維與典範 療癒和疾病的

PART 3

壓力

PART 4

正念的應用

PART 5

覺醒之道

〔首版導讀〕

壓力、疼痛、疾病：面對苦樂交融的人生

本書邀請讀者跟我們一起展開自我成長、探索、學習與療癒的旅程。書中的內容是根據我們在麻州大學醫學中心的臨床經驗，過去三十四年來，我們持續進行一項每次為期八週的正念減壓課程，至今累計超過兩萬人參加。截至目前為止，全美與世界各地的醫院、醫學中心或診所，至少有超過七二〇個以正念減壓為基礎的正念課程。

從一九七九年正念減壓問世以來，在內科醫學、精神醫學、心理學等領域持續成長並蔚為風潮，統稱為「參與式醫學」。正念減壓課程讓人們有機會參與提升自身健康幸福的任務，不論現在的身心狀況如何，就從決定接受挑戰的這個時點開始。換言之，他們學習真正為自己做些無法假手他人的事情，而這些事情對自己的身心健康又極為重要。

一九七九年，正念減壓是一種新的臨床課程，隸屬於全新的醫學領域，名為「行為醫學」，現在大家比較熟悉的名稱為「身心整合醫學」。身心整合醫學認為即便在必須面對慢性疾病、長期疼痛與高壓的生活型態下，心理與情緒因素的影響都是很大的，包括身體健康、從疾病或受傷中復原的能力、活出滿意生活品質的能力。

這種觀點在一九七九年可是挺激進的，而現在已經是醫學普遍的共識了。因此，我們可以說正念減壓是優質醫學實踐的展現，換言之，有愈來愈多顯著的科學實證支持正念減壓的運用與價值。本書首次問世時，這些科學證據相對稀少。增訂版摘錄了許多傑出的科學研究證實，正念課程對於減輕壓力、調節症狀、平衡情緒、促進大腦與免疫系統都是有幫助的。此外，若干研究亦顯示，正念訓練漸漸成為優質醫學

實踐與有效醫療教育不可或缺的一環。

這是一趟自我成長、探索、學習與療癒之旅，人們為了重新掌握健康與心靈平靜而來參加這趟旅程。愈來愈多學員是自己前來，也有接受醫生建議而來，他們可能有長期頭痛、高血壓或慢性背痛，有些罹患心臟病、癌症、愛滋病或焦慮症，各種醫療問題都有，有老有少，也有中、壯年人來這裡學習**如何好好照顧自己。然而，正念減壓不是醫療處遇的替代選擇，而是醫療處遇極重要的補充輔助。**

多年來，無數的人詢問如何學習我們提供給病人的八週正念減壓課程，本書正是針對這些探詢給予回應，意在成為實用的指南，透過自我導引的密集訓練，協助每一位渴望突破限制的讀者，朝向更健康與幸福安適的人生。

正念減壓課程的基礎是嚴謹且系統化的正念訓練，正念訓練是源於亞洲佛教傳統靜觀修行的一支。簡單地說，正念就是分分秒秒不帶評價的覺察。正念的培育，來自刻意地留心觀照平時不假思索的一切人事物，在我們與生俱來能力的基礎上，有系統地在生活中發展出新的掌握能力與智慧。這裡的「與生俱來能力」就是專注、覺察、洞察與慈悲。

減壓門診不是人們被動地接受支持或治療建議的救援中心，而是一個主動學習的管道。正念減壓課程，強化學員既有的力量，讓學員為改善自己的健康與幸福而努力。

在課程中，我們打從一開始就假設，**只要還有一口氣在，不論你病得多重或多麼絕望，你身上好的地方總是遠比壞的地方多。**但若你希望運用自己的內在潛力，促進個人成長與療癒，在全新的層次上掌握自己的生活，當然也必須付出適當的努力。因此我們總是這麼說：「這減壓課程可能也是頗有壓力的喔。」

我偶爾會這樣解釋：有些時候為了滅火，必須點亮另一把火。世上沒有任何藥物能使人對壓力或痛苦免疫，也沒有任何藥物能神奇地解決生命中的問題或促進療癒。你必須自己有意識地邁向療癒、內在寧靜、幸福安適之路。換言之，我們必須學習如何與磨人的壓力或傷痛和平共處。

現今生活中的壓力不僅龐大，而且往往隱伏難見，因此愈來愈多人寧可選擇好好瞭解這些壓力，尋覓各種創意的方法來改變自己與壓力的關係，尤其是自己無能控制所面對的壓力時。為了活得更健康，有必要學習如何平衡並統整這些壓力的能力，學習如何與壓力共處的能力。等著別人來改善問題是不切實際的。假使你正承受慢性疾病或傷殘的折磨，換言之，在日常生活壓力下又增添身體不適的壓力，此時你的投入決心就更加重要了。

壓力問題無法以草率或應急的方式解決。追根究柢，壓力本來就是生活中的自然，是身為人無可避免的處境。然而，有些人試圖將自己與生活經驗隔離以逃避壓力，有些人則嘗試以各種方法麻木自己。當然，想躲避不必要的傷痛困苦是合情合理的，我們偶爾都需要與自己的麻煩疏遠一下。然而，逃避、躲藏、麻木若成為面對問題時的慣性反應，問題只會加倍嚴重，而不會神奇地消失。**在漠視或逃避問題時，真正消失或遭到掩埋的是我們持續學習、成長、改變與療癒的力量。畢竟，唯一能安然度過問題的方式往往是勇於面對。**

面對困難時，如何在有效解決問題的同時仍保持內在平靜與和諧，是一種藝術。如果我們能巧妙地動員內在資源去面對問題，會發現自己更能重新定位，更能利用問題本身的壓力推動我們走過困境，就像水手能改變風帆的方向，利用風力推動船隻。你不能直接駛入風中，然而若你只會背風而行，那麼就只能隨風漂泊了。假使你知道如何運用風的能量，耐心等待，也能抵達真正想去的地方，同時握有控制權。

想運用問題本身的力量來推進，你必須專注於各種內在感受，如同水手用心感受船身、水流、風向與想要去的方向。你也必須學會在各種壓力下仍能掌握自己，而非只在晴空萬里、風朝著你想去的方向吹時，才有掌控力。

我們都知道沒有人能操縱天氣。好的水手學會細心觀看天候並尊重大自然的力量。他們會盡可能地避開暴風雨，但若不幸陷入風暴，也知道何時該收帆、投下船錨、關緊艙門，在風雨中等待，掌控能夠掌握的部分，其餘的就順其自然。為了發展出這種技能，平時的訓練學習與實作的第一手經驗都很重要，如此一來，遇到暴風雨時才能派上用場。要能面對並有效航行於生活中的各種「天候狀況」，我們必須發展各種技能與彈性，此即為「清醒生活的藝術」。

掌控，是處理問題與壓力時的核心。世上很多事情完全超出我們的掌控範圍，有些則是我們以為超越

了掌控範圍，但事實不然。我們看待事情的態度幾乎決定了處理的能力。什麼是可能的或什麼是不可能的，與我們的信念有關，這些信念包含了自我認知與對環境的解讀。在處理事情與抉擇施力點時，我們的解讀決定了我們有多少能量去面對問題。

譬如有些時候，你覺得快被壓力淹沒，認定再怎麼努力也是徒勞無功，此時很可能落入所謂的憂鬱反芻模式。在這種情況下，那未經檢驗的思索會愈把你帶往沮喪與無望，似乎沒有一件事是可以掌控的，也不值得再做任何嘗試。但若此時，你將情勢解讀為不至於淹沒你的威脅，不安全感、焦慮與擔憂可能仍會盤據心頭，卻不至於感到沮喪。這些威脅可能真實的存在，也可能純屬虛構，不論如何你都會感受到真切的壓迫感。以壓迫感對生活的影響而言，那威脅是真是假並沒多大差別。

被威脅的感覺很容易轉變成憤怒和敵意，在捍衛自我立場及維護控制感的本能驅動下，憤怒和敵意可能轉變成直接的攻擊行為。感覺事情「受到控制」時，或許會有短暫的滿足感。然而一旦事情再度失控，甚或只是感覺好像要失控了，就會引爆最深層的不安全感。在這種情況下，我們甚至可能做出戕害自我或危害他人的舉動。此時我們可能會有各式各樣的感覺，唯獨感覺不到自己的平和與滿足。

如果你罹患慢性疾病或遭遇重大傷殘，無法從事以前可以做的事情，你對生活的控制感可能就此煙消雲散。如果你的狀況也無法獲得比較好的醫療改善，身體的痛苦會再加上情緒的紊亂，因為似乎連醫師也沒有把握治癒你了。

事實上，我們對控制感的擔憂並不侷限於生活中的重大問題，有時最大的壓力來自最微不足道的小事，因為它們以某種形式威脅到我們的控制感，例如你要去某個重要地點時車子突然故障，或是孩子在幾分鐘內已經第十次不聽話，或者在超市結帳的排隊人潮太長了。

體悟生命的本質，與自己的苦痛和平共處

要找到一個字或一個詞精確地描繪生活中令人感到痛苦、疼痛、恐懼、不安全等廣泛的經驗，並不容易。假使列一張清單，其中肯定含括自身的脆弱和必然的死亡、我們的各種創傷疤痕，也包括殘酷與暴力，還有龐大的無知與貪念、妄想與欺瞞，這些似乎經常逼迫著我們與世界。什麼樣的詞彙可以完整地表達我們的脆弱與缺陷、侷限與軟弱、疾病與傷殘、對未來的挫敗感或恐懼、已遭受或唯恐會遇到的剝削或不公不義，以及遲早都要面對死亡或失去所愛的人。這樣的詞彙必須是一種不至於渲染悲傷情懷的隱喻，它能傳遞我們不會只感覺到若干恐懼或折磨就覺得是徹底的失敗，它也必須能傳遞對生命本質的理解，就是愉悅與痛苦、希望與絕望、冷靜與煩亂、愛與恨、健康與疾病其實都是並存的。

在我摸索與思考應如何描繪人類的這種處境時，改編自尼可斯·卡山札基（Nikos Kazantzakis）的小說《希臘左巴》（*Zorba the Greek*）裡的電影場景不斷浮現腦海。影片中，左巴的朋友轉身問：「左巴，你結過婚嗎？」左巴回道：「難道我不是男人嗎？我當然結婚啦。妻子、房子、孩子……這一切可真是苦樂交融啊！（the full catastrophe）」

他這段話不是哀嘆的悼辭，也不是指結婚或有小孩是一種災難。**左巴的反應體現出對生命本質的深刻體悟，同時融合了豐厚富足與無可避免的窘境、悲傷、不幸、創傷、意外的生命。**即使面對個人的失敗與挫折，他仍在苦樂交融的大風中以「舞蹈」的方式歡慶生命，與生命一同歡笑，也開自己的玩笑。這麼做使他不至於消沉太久，不會因此被世界或自己數不清的愚行給擊倒。

任何知道《希臘左巴》這本書的人都能想像，對於和左巴生活在一起的妻子和孩子們而言，生活差不多也是滿「苦樂交融的」。因為如同其他偉人，這位眾人景仰的英雄在從事令人讚嘆的事跡後，很可能會給親人帶來一些傷害。然而，我從第一次聽到「苦樂交融」以來，一直認為這個詞捕捉到人類一種很特別的正面精神，也就是：即便處於最艱困的環境中，人仍有影響力，能在其中增長毅力與智慧。**對我而言，面對苦樂交融的人生，意味著能觸及我們身而為人最深層與最美好的內在，在自己裡面發現到最人性的一**

面，以及與所有層面的自己和平共處。這世間，每一個人的生命歷程都有獨特而專屬於自己的苦樂交融。

這裡所指的苦（catastrophe）並非不幸的災害，而是指生活經驗中各種令人心酸或心碎的艱困狀態，包括危機和災難、不想要的與難以接受的，也包括所有出了差錯的小事。苦樂交融的說法提醒我們：生命是變動的，許多我們認為永恆不變的事物，其實只是短暫現象而且隨時在變化，這當然也包括我們的想法、意見、人際關係、工作、專業、創作、身體等所有的一切！

在本書裡，我們將要學習並練習擁抱苦樂交融人生的藝術。之所以要學習擁抱痛苦或艱困，原因很簡單：**與其任由生命的風暴摧毀自己或奪走力量與希望，還不如讓這些風暴教導我們如何在變動的、有時甚至是充滿痛苦的世界中生活、成長與療癒，並藉此強化自身的力量。**在此藝術中，我們學習以嶄新的方式看待自己和世界，以嶄新的方式和自己的身體、思緒、情緒、想法和平相處，學習在維持身心平衡的同時，也能對所有事物多笑一笑，包括對自己笑一笑。

我們所處的這個時代，苦樂交融的現象無所不在。快速瀏覽早報即可深刻感受到世界各地的人正遭受無盡的痛苦折磨，其中許多是因某一人或某一群人對他人施加磨難的後果。注意聆聽廣播或電視新聞節目，就會發現自己天天承受各種恐怖與令人心碎的影像衝擊，而播報者卻以就事論事的平淡口吻報導，彷彿各地人們所遭受的折磨與傷亡和當天的天氣沒有兩樣，甚至不曾質疑這兩者為何列在一起報導的詭異現象。無數的傷亡發生在敘利亞、阿富汗、伊拉克、達爾富爾[1]、中非、辛巴威、南非、利比亞、埃及、柬埔寨、薩爾瓦多、北愛爾蘭、智利、尼加拉瓜、玻利維亞、伊索比亞、菲律賓、加薩走廊、耶路撒冷、巴黎、北京、波士頓、圖森市、奧羅拉市、新鎮，以及下一個會在這名單的城市，令人難過卻似乎沒有盡頭的名單。

即使不讀、不聽、不看新聞，生活同樣漩入苦樂交融之中，為了在節奏快速的世界中奮力圖存，我們必須同時維持多方平衡。可列入左巴清單的不僅是妻子或丈夫、房子和孩子，帶來苦樂交融人生的尚可擴及工作、帳單、父母、情人、親戚、死亡、失去、貧窮、疾病、傷害、不公、憤怒、愧疚、恐懼、欺瞞、困惑等等數不清的事項。生活中會導致壓力的情況，以及我們對壓力的反應，可列成一張冗長的清單。清單中的項目會持續改變，因為生活總會不斷出現意料之外的新事件，要求我們給予回應。

在醫院工作的人天天遇到各種病人，病人生活中所面臨的問題千奇百怪，很難令人無動於衷。每位來到減壓門診的患者或在醫院工作的人們，都有屬於自己獨特的苦樂人生。轉診來接受正念減壓訓練的人往往有各種醫療問題，包括心臟病、癌症、肺病、高血壓、頭疼、慢性病痛、癲癇、睡眠障礙、焦慮、恐慌症、壓力導致的腸胃消化問題、皮膚病變、聲帶病變等。然而，有時醫療診斷障蔽我們對病患本人的理解，恐怕是遠大於診斷內容所能呈現的。苦樂交融的現象存在於病人學員的經驗和關係中、希望與恐懼中，也存在於他們對切身相關人事物的觀點。毫無例外地，每個人都擁有獨特的故事，這賦予了生命意義與連貫性，在生病或面對疼痛時，自己的生命故事與經驗決定了什麼是可能的而什麼是不可能的。

求診患者不僅常感到身體健康失控，甚至連整個生活都快失控了。恐懼和憂慮使他們心慌、不知所措，背後往往還有令人傷痛的家庭關係。我們聽到各種關於身體與情感磨難的故事，也有醫療體系所帶來的挫折感。在許多沉痛的故事裡，人們被憤怒或愧疚的情緒淹沒，許多人自小遭受各種悲慘境遇的打擊，嚴重缺乏自信與自尊。我們也常看到人們因遭受身體或精神上的虐待而被擊倒。

許多患者來減壓門診前已接受多年的治療，身體狀況卻沒多大起色。他們不知道還能求助於誰，為了舒緩痛苦，即便心存疑慮，還是願意抱著最後一絲希望前來試試。

多數人在進入課程數週後都有大轉變，他們重新看待自己與身體的關係，自己與心靈，甚至自己與所面對難題的關係。一週接著一週，他們的面容和身體出現顯而易見的差異。到了第八週課程進入尾聲時，連最漫不經心的觀察者也能明顯看到他們的笑容與更放鬆的肢體。

他們來此目的是要學習放鬆與面對壓力，但學到的顯然不止於此。課程結束時，他們不僅舒緩了原本嚴峻的身體症狀，也變得更自信、樂觀與堅定，面對自己的限制和無能為力時，更有耐心亦更能接納自我。許多能力無形中日漸提升，包括處理身體疼痛與情緒折磨的能力，面對生活衝擊的能力。因此他們對

1譯注：Durfur非洲蘇丹境內區域，曾遭種族大屠殺。

自己更有信心，焦慮、憂鬱與憤怒隨之降低。即使處在過去會令他們瘋狂失控的緊張情況中，現在的他們也比較沒那麼混亂。不論是後續追蹤研究或是他們日後分享的經驗都是如此。簡言之，他們正以更好的方式與技巧來面對處理生活中的「苦樂交融」，在某些情況下還包括日漸逼近的死亡議題。

有位男士因心臟病發作被迫從職場退休。過去四十年來，他擁有一家大公司，平常就住公司隔壁，他天天工作，不曾放過假，極度熱愛工作。經過心導管手術及血管擴張術後，他參與心血管復健計畫，心臟科醫師送他來減壓門診上課。我在候診室從他身旁走過時，看見他一臉絕望、迷惑、混亂的表情，好像要哭出來了。他正等著與我同事聖多瑞里見面，然而他的悲傷明顯到讓我當場坐下來跟他聊聊。他跟我說，也像在跟空氣說：他不想活了，也不知道自己來減壓門診要做什麼……他覺得自己的生命已經結束了，生活毫無意義，沒有什麼可以讓他感到喜悅，連妻子與孩子們也不行，他不想再做任何事了。

經過減壓門診的八週課程後，此人的眼神熠熠生輝。在接下來的課堂中，他告訴我工作耗盡了他全部的生活，使他未能察覺自己錯失的一切，甚至差點為了工作喪命。他說自己從未在子女成長過程中對他們表達愛意，但從現在起，趁著還有時間，他要開始表達心中的愛。他對生活充滿了希望與熱情，有史以來第一次認真考慮要出售自己的事業。離開時，他給了我一個大擁抱，這可能是他生平第一次擁抱另一個男人吧。

他的心臟病嚴重程度與剛來上課時差不多，但當時他視自己為病人，一個憂鬱的心臟病患者。在這八週中，他變得愈來愈健康與快樂，雖然仍有心臟病，生活依舊存在一大堆問題，卻對「活著」開始懷抱熱情。他對自己的觀點從一位有缺損的心臟病患，逐漸轉變認為自己是一個完整的人。

這段期間發生了什麼使他產生偌大轉變？我們無法斷定，其中牽涉許多因素。可以確定的是，他在這段期間參與了正念減壓課程，而且非常認真。當時我曾心想也許他一週後就會退出了，因為除了眼前要面對的諸多難題，他還得開五十英里的車程到醫院，這對一位憂鬱症患者是相當困難的。然而，他不僅留下來，還完成我們所要求的功課，即便一開始他根本不知課程對他會有什麼幫助。

還有一位七十出頭的先生，剛來時腳痛得極厲害，坐著輪椅來上課。妻子總是陪同著，每次都在教室外面等兩個半小時。第一堂課時他告訴大家，他痛到很想乾脆把腳給砍了，一了百了，他實在看不出來靜觀練習有什麼幫助，只是劇烈的痛苦讓他什麼都願意嘗試。在場每個人聽了都非常難過。

第一堂課的某些層面肯定觸動了他，因為在接下來的幾星期中，他展現面對疼痛的驚人決心。第二堂課他沒坐輪椅，改倚著醫療枴杖前來，之後來上課時都只用一般枴杖。我們看著他一星期接著一星期，從輪椅換到醫療枴杖，再換成一般枴杖，這轉變不言而喻。他說上課前後的疼痛程度其實變化不多，倒是面對疼痛的態度改變很大。靜觀練習後，他比較可以涵容疼痛，課程尾聲時，腳痛對他已經不是重要問題了。八週課程結束後，他的妻子證實他快樂與活躍多了。

在擁抱苦樂交融人生的案例中，還有一位年輕醫師的故事。她因高血壓與重度焦慮症而被轉診過來。當時她正走過一段相當艱困的歷程，她描述這是一段充滿憤怒、憂鬱和自殺傾向的日子。她剛從外地到此完成住院醫師的實習訓練，感到非常孤立與疲憊。主治醫師力勸她試試正念減壓課程，但她對那種無法真的「做些什麼」的課程總是抱持輕蔑與半信半疑的態度，更糟的是課程內容竟然還有靜坐。

主治醫師問她：「去上上課會有什麼傷害呢？」她才同意參與。不過，第一堂課她未現身，診所的課程祕書凱西在電話中親切地瞭解她的困難，凱西的關心使她隔天不好意思地到晚上的另一班補課。

這位年輕醫師經常需要隨醫療團搭直升機到意外現場，將傷勢嚴重的患者帶回醫院。搭乘直升機讓她感到恐慌且非常厭惡，飛行總讓她作嘔。經過減壓門診的八週課程後，她對值勤時的飛行不再感到噁心，雖然她對直升機依然極度厭惡，但為了完成工作，已能調適自己去忍受。此外，她的血壓也降到一定程度，於是她決定停止用藥，看看血壓能否保持穩定（醫生才能如此自行停藥），結果血壓確實平穩了。這時，她進入住院醫師最後幾個月的訓練，除了長期的疲憊，還要持續面對情緒過度敏感及反應過度的問題，但她更能覺察自己的身心起伏。這使她決定再上一次八週課程，因為她覺得才剛要真正進入就結束了。她不但上完第二次課程，以後也持續進行靜觀練習。不過後來我們就失去聯絡了。

這位年輕醫師在減壓門診的經驗，使她對病人產生一種前所未有的尊重。在課程中，她每週都與病患一同上課，不是扮演平日「醫師」的角色，而只是一位自己也有問題的學員，與大家一起聆聽其他人的困境。她一個星期又一個星期地完成被要求的功課，傾聽成員談論靜觀練習的經驗，目睹他們在幾個星期中產生的轉變。看到有些人遭受重大的折磨，但在鼓勵與訓練下，還能為自己做出具有正面意義的事，使她非常驚訝。她也領悟到靜觀練習的價值，因為她所親眼目睹的各種轉變，證實並非一定要**做些什麼事情**才能幫助他人。事實上，她最後看出自己與課堂中的其他人沒有兩樣，她能辦到的，他們也能；同樣地，他們能的，她也做得到。

在減壓門診常可看到類似上述案例的轉變。這類經驗通常也是患者生命的重要轉捩點，擴展了他們的視野與真實體驗，使許多不可能成為可能。

在課程結束時，學員常為他們的進步感謝我們。事實上，這完全是他們努力的成果。他們感謝我們提供得以與自己內在力量和資源接觸的機會、對他們的信任與不放棄，以及提供方法讓這些徹底的自我轉變得以成真。

我們跟學員說，若想完成這個課程，必須先做到不放棄自己。**不論是處於愉快或不愉快、順心或不順心、掌控或失控的處境中，他們都必須願意去面對生活中的苦樂交融，運用這些親身經歷、想法和感受，做為自我療癒的素材**。剛開始大家抱持的想法是這個課程或許可以、也可能無法為他們做些什麼。漸漸地，學員領悟到其實自己就可以為自己做些相當重要的事，而這些事情根本無法由他人代勞。

課程中每一個人都承接了我們賦予他們的艱鉅任務，這項艱鉅任務就是要看重且接納生活的每秒每分，就算是痛苦、悲傷、絕望或恐懼的時刻，並在生活的每秒每分與自己和平相處。要達成這樣的任務，必須規律且嚴格地要求自己時時刻刻保持覺察或保持正念。換言之，就是完全承接生活中每個經驗的每個瞬間，不論那個瞬間是好壞或美醜。面對苦樂交融的人生，這是相當重要的。

每個人都能保持正念

每個人都能保持正念，這來自於培養「專注於當下」的能力，此時我們放下心中的評價，或即便在評價也是清清楚楚而非無意識的慣性反應。在減壓門診，正念培育對於學員的轉化是核心關鍵。為了理解這種徹底的轉化，我們可以把正念想像成是一面鏡片，能將散亂且反應過快的心思，聚焦成一股清晰的能量並運用於生活、解決問題與自我療癒。

我們經常不自覺地耗費大量能量於自動化的直覺慣性反應，不論是對外在世界或對自己的內在經驗皆然。培育正念，我們學習如何集中、開發並利用所浪費的能量。這麼做能使我們沉靜下來，進入並安住於深層的安適與放鬆狀態，感到自己是一個圓滿統整的人。這般品味並安住於自己的圓滿完整中，可以滋養並恢復身心健康。**此外，正念也使我們更容易清楚看見自己實際的生活方式，明白如何改變以增進自己的健康和生活品質。**當我們感到壓力很大，甚至被威脅或無能為力時，正念幫助我們將能量導引到更有效的地方。這股能量本來就蘊藏在我們之內，因此總是垂手可得並可隨時運用，尤其若我們能透過訓練與實踐來培育的話。

正念的培育，引領你發現深藏於內在的安詳、寧靜與洞察。彷若巧遇一片新沃土，未曾邂逅卻又似曾相識，沃土上有永不枯竭的湧泉，這泉水能帶來自我瞭解與療癒的正面能量。更重要的是，要抵達這片沃土一點兒都不困難，並非遠在天邊，而是近在眼前，因為它就存在於你自己的身體、心靈與呼吸之中。這片沃土沒有警衛，隨時都在、隨時都可親近，不受制於你所面臨的任何問題，即便正處於心臟病、癌症、任何病痛或只是活得很有壓力，它的能量都能帶來極大的裨益。

培育正念是佛教靜觀修行的核心

有系統地培育正念是佛教靜觀修行的核心。過去兩千六百年來，正念的培育盛行於亞洲許多國家的寺院和俗世中。一九六〇與一九七〇年代，這類修行方法普及到世界各地，部分由於中國入侵西藏及東南亞各國持續不斷的戰亂，導致眾多佛教的僧侶與導師被迫流亡。另一方面，也有許多西方年輕學子前往亞洲，在寺院中學習靜觀修行後再帶回西方。除此之外，這些西方國家所展現出對靜觀修行的驚人興趣，也使禪師和靜觀修行老師樂意前往拜訪並選擇留下來傳授靜觀修行。

儘管正念靜觀大多是在有佛教背景或環境中傳授與練習，但正念靜觀的精髓其實是普世的。我們看到正念愈來愈快速地進入主流社會，這對整個飢渴世界是非常好的事情。第三十二章〈世界的壓力〉，將詳加討論。

基本上，正念是一種特殊的專注方式，連同以此專注方式而帶出的覺察，亦即以一種探索及認識自我的精神態度，觀察深層的自我。正因如此，即便脫離了亞洲文化或佛教體系，依舊可以教導與練習正念，如我們在減壓門診所做的。以自我瞭解與自我療癒而言，正念本身就是一項強而有力的工具。事實上，正念減壓或其他特定的正念課程（如正念認知治療）所展現的主要力量之一，在於它不依附任何信仰體系或意識型態，因此任何人都能親自驗證它的益處。話又說回來，正念源自於佛教也並非巧合，因為佛教最重要的關懷就是協助人們脫離痛苦與驅離虛幻。本書〈後記〉會再觸及這個縱橫交錯的議題。

展開自我探索、成長和療癒之旅

本書希望提供讀者全面接觸我們在減壓門診所進行的正念減壓訓練課程，更重要的是幫助讀者發展個人化的靜觀練習，從中學習將正念運用於日常生活，促進自己的健康與療癒。

第一篇〈正念的練習〉，描述正念減壓課程的主要靜觀訓練，如何將正念整合到日常生活；裡面也提供八週訓練的進程，如果你願意的話可以跟著做，以擴大加深你對正念的體驗，我們建議你試試看。

第二篇〈療癒和疾病的全新思維與典範〉，說明若干行為醫學上的新發現，幫助讀者瞭解正念與身心健康的關聯。在科學與醫學積極探究身心關聯和療癒歷程下，本篇發展出一種著重於整體與相互連結的「健康哲學」。

第三篇直接、簡單地稱為〈壓力〉，討論何謂壓力，如何透過對壓力的覺察和瞭解，幫助自己以更適當的方式因應壓力，尤其在這愈來愈複雜與快速變化的社會。本篇亦闡釋何以必須將覺察帶入壓力情境，以有效探索與妥善處理壓力，將可能的耗損降到最低以提升自己的健康與安適。

第四篇〈正念的應用〉，說明在各種強大壓力情境中如何活用正念，這些情境包括各種病症、身體疼痛、情緒傷痛、焦慮、恐慌、時間壓力、人際關係、工作、飲食及外在世界的種種事件。

第五篇〈覺醒之道〉。在我們瞭解靜觀的基礎也開始練習後，本篇說明如何維持練習的動能及如何在生活各層面有效運用正念。本篇也包含如何尋找一群人共同練習，提供在美國培養靜觀覺察課程的醫院和社區機構等資訊，還有一份能支援後續練習與成長的閱讀清單。

想要充分運用正念減壓來轉化自己的壓力、疼痛與慢性病的認真讀者，可能會想使用我們在書中所描述的正念靜觀練習光碟，亦即各項正式練習的光碟。你可以在此網站購得：http://www.mindfulnesscds.com[2]。幾乎所有初學者都發現，入門時有光碟可以跟著練習是很有幫助的。不論書本的說明有多詳細，比起自己閱讀書本上的說明練習，使用光碟指引容易多了。事實上，在正念減壓的學習歷程中，光碟扮演著相當重要的角色，會讓你在八週裡每天的正念練習變得更容易，有助於你對正念精髓的領會。當然，一旦完全理解學會，你就可以不用依靠光碟而自行練習。雖然許多人在八週課程結束後，還是會規律地聆聽光碟練習。不論我旅行到哪兒，經常會遇到人們跟我分享這些練習如何轉化他們生命的真實體驗，總是令我很感動。

不論是在麻州醫院減壓門診或其他正念減壓課程的學員，他們之所以獲益良多是因為每天確實投入各項正式練習。撥出時間練習，打從一開始這就是生活方式的重大改變。課程要求他們的練習時間為一週六天、每天四十五分鐘，連續八週。不管用不用光碟，如果你希望自己有收穫，投入練習是一定要的。後續的研究顯示，多年後他們仍繼續自行練習，對許多人而言，正念已經成為他們的生活方式了。

當你打算展開這趟自我探索、成長和療癒之旅，以發掘面對苦樂交融人生的內在資源，請記得，暫時將內心的評價放在一邊，有紀律地練習書中所描述的方法，觀察自己身上所發生的一切，這就夠了。學習

2 詳細購買資訊請參閱〈卡巴金博士引導式正念靜觀練習（光碟訂購資訊）〉。

主要來自於你內在時時刻刻的真實體驗，而不是來自外在的權威、老師或信仰。我們的理念是：你，就是自己生活、身體和心靈真正的專家，或只要你願意仔細自我觀察，你是最有可能成為自身專家的人。這趟靜觀之旅有一部分的冒險，正是來自於你勇敢地將自己當做實驗對象，發掘你是誰、有能力做些什麼。就像紐約洋基隊的傳奇捕手尤吉・貝拉（Yogi Berra）所說的：「單純好好地看，你就能觀察到很多東西了。」

〔增訂版導讀〕

正念地生活

歡迎來到新版的《正念療癒力》。這本書首版發行至今已近二十五個年頭，我之所以想要校訂更新，最主要是希望能淨化與深化靜觀教導，並說明如何運用正念面對日常生活與種種苦痛。二十多年來，有關正念對於健康和幸福安適的科學研究驚人地成長。然而，我愈實際進入新版修訂，就愈覺得本書所要傳遞的基本訊息與內容是需要保持的，僅需在若干處再強化與詳述。科學研究雖然相當吸引人，尤其是關於正念效益的研究，但我並不希望迅速激增的科學證據，模糊了正念減壓本身所提供的內在冒險與深層價值。畢竟，本書打從一開始的立意就是提供一個實用架構，協助普羅大眾培育正念，培育正念裡面所富含的樂觀與轉化能量。

以我個人的經驗來說，第一次練習正念時，我就震懾於它對我生活所帶來的豐沛滋養，當時我深受感動。四十五年多來，這樣的感覺未曾減少，只有不斷增加，而且愈來愈可信賴，彷彿禁得起艱困考驗的多年友誼；在此同時，我也大量受到正念的啟發。

面對苦樂交融的人生

在我第一次寫就本書時，出版社編輯認為書名中有災難[1]這個字眼並不明智。所以我左思右想，努力思索不一樣的書名，想過的書名少說有數十個，其中《專注：正念的療癒力量》是最受歡迎的，此標題當然也符合這本書的內容。但是，《苦樂交融的人生》這個書名就是在我腦海裡揮之不去。我想你很快就會知道為什麼了。最後這書名並不成問題，從某種程度而言，紐約人很快地就掌握到此書名的含義。

直到今天，我還是常聽到人們跟我說，這本書救了他們的人生，或是救了他們某位親朋好友的人生。二〇一三年三月十六日，這樣的情況又再次發生。當時我參加麻州劍橋市的正念教育研討會，隔週又參加新英格蘭查斯勒市的正念會議。當人們跟我說到這本書對他們生命的影響時，我總是深受感動，一種難以言喻的深刻感動。有時候有些故事聽來讓人難過，真的很令人難過，導致他們接近這本書的苦痛是難以想像的。曾在公共電視《療癒與心靈》（Healing and the Mind）[2]系列中報導正念減壓課程的比爾・摩爾斯（Bill Moyers）跟我說，他在一九九一年採訪奧克蘭大火時，看到一個男人在住家燒毀後還抱著這本書。

這些回應一再確認了我最初在減壓門診所感覺到的。當時，我看著正念練習對病人的影響，多數人從醫療健康照護系統的裂縫中掉落，即便在縝密的醫療照顧下，他們的慢性病痛卻毫無好轉跡象[3]。很明顯地，正念培育是有效的，所以能帶來療癒、帶來轉化、讓我們重新掌握自己的生活，而不只是活在浪漫夢幻的空中樓閣。生而為人，就像美國心理學之父威廉・詹姆斯（William James）所說：「……我們每一個人都有自己的生命之泉，可確實從中汲取養分而非遙不可及的想望。」

猶如地球的地下水源、廣闊沉積的石油、埋在岩石裡的礦物，我們這裡所說的正是深藏於每個人自己裡面的內在資源，可以被開發及運用的內在資源。我們必須使其浮現以促進本身的學習、成長和療癒。此轉化是如何發生的呢？這直接來自於我們能從更廣闊的視野來看，領悟我們其實比認知中的自己還要圓滿，亦直接來自於我們能辨識並全然安住與自己同在，與真真實實的自己同在。這些內在資源的開發完全依靠我們發掘、培育及體現覺察的能力，以及我們與此覺察之間的關係。**要如何發掘與培育覺察能力呢？透過一種特別的專注練習：一種刻意地、聚焦於當下、非評價地專注。**

在正念的科學研究開始之前很多年，出於個人親身體驗，我對靜觀已頗親近熟悉。假使科學研究一直沒有出現，靜觀對我的重要性依然不會變。這些修行練習本身就是站得住腳的，本來就有令人信服讚嘆的邏輯道理與實證效度。然而，這一切只能從內在來知曉與驗證，透過在自己生活中刻意地培育落實，遵循親身走過這條路的前輩的指導。這位前輩可以為我們指出沿途要注意什麼、在哪些地方要多著力、在哪些地方應堅持不懈、在哪些地方要特別留心。畢竟，正念練習本身沒有問題，但你個人與正念練習間的關係可能潛藏若干困難、危險或陷阱。其中最大的問題是，我們對自己過度認真，以至於過度認同自己的經驗、想法、意見與好惡，這一切其實都不是我們的全貌，甚至不是最基本的真實樣貌。此外，我們也很可能落入對練習的誤解或壞習慣，卻毫無所知。因此，在關鍵時刻接受有親身體驗且真正關照者的指導，其重要性是無法估量的。

這樣的指導不會抑制或降低你的創造力，也不會否認你的獨特處境。相反地，它提供你一個安全的歷程，協助你與周圍所呈現的一切達成和平協議，即便有時那看起來是多麼不可能。如此一來，它提供了一個可信賴的方法，在你身陷艱困之境時仍能維持開放並與困境合作，為自己或你所愛的人建立或重新建立一種生活。我希望這本書或書中描述的正念減壓課程就像一張路線圖，協助你探索不熟悉，甚至是令你害怕的領域。在最後的〈附錄〉，你可以找到其他參考書籍，協助你的探索之旅更豐富多元並有持續的支持與滋養，讓你從不同視角觀看，是機會也是挑戰。**說真的，全然地活著，或者我會說全然地覺醒，是一輩子的旅程，一輩子的探索。**

話又說回來，沒有任何一張地圖可以完整地描述任何一個領域。我們必須親身體驗，才能真正知曉實

1 譯注：原文書名為《Full Catastrophe Living》，直譯為「充滿災難的生活」，因此書名裡有「災難」一詞。「充滿災難的生活」確實也是一種清晰豐厚的觀點，有趣的是，順此觀點再更深入會發現到相當不一樣的風景，此係何以這裡用「苦樂交融的人生」代之。相關討論請參閱〈譯者序〉。

2 譯注：以Healing and the Mind為關鍵字，可以在網路上搜尋到該影片，亦可直接參閱：http://www.youtube.com/watch?v=PEJGPuPFlvc。

3 減壓門診最初的立意是提供一個安全網，網住那些從醫療裂縫中墜落的人，挑戰他們除了接受醫療團隊的照護，也為自己做些什麼來促進自己的身心健康並做為醫療的輔助。現在看來，那些醫療裂縫似乎更像峽谷深淵，對於當代美國醫療體系強而有力的揭露，並指出應朝向更以病人為導向的整合醫學，請參閱美國有線電視新聞網（CNN）於二〇一三年三月十一日到十六日的專題報導《逃離熱火：拯救美國醫療照護系統的抗戰》（*Escape Fire: the fight to rescue the American healthcare*）。

際風景，好好身處其中到處看看，欣賞其獨特景緻並從中獲益。為了自己，我們必須住在這裡或至少偶爾造訪一下，才能真正擁有直接且第一手的經驗。

放到正念來看，對正念的直接體驗就是對你現在的生活進行大探索，迎接每分每秒所開展的生活，就從現在開始，不論身處何種狀況或處境，亦不論你面臨了多大的挑戰或困難。如我們第一次跟學員見面時所說的：

從我們的觀點來看，只要你仍在呼吸，你身上好的、對的就一定比壞的、錯的多，不管這壞的、錯的是什麼。在未來的八週，我們將以一種特別的專注，大量傾注能量於你好的對的層面，我們幾乎未曾注意這些層面，或總視之為理所當然而未完全開發它們。我們將有問題的、壞掉的一切交給醫療體系與醫療團隊，然後，再來看看會發生什麼。

依此精神，書中所描述的正念，尤其是正念減壓課程，實際上是一種邀請，邀請你以一種嶄新的、更系統化的、更有愛心的專注，展開對自己的身體、心理、心靈、生活的覺察。這些層面你也許一輩子未曾注意或長期忽略，直到現在。

之後我們會發現，以這種新方法專注，是相當具有療癒且健康的作為。有趣的是，你終將瞭解，這其實根本不是任何**作為**，也沒有要到達何種境界或狀態，而是一種**同在**，允許接納當下自己的真實樣貌，探索其中的圓滿與浩瀚的潛能。**八週的正念減壓課程只是一個開始，一個新的開端，真正的探索總是在你自己的日常生活**。某個程度而言，正念減壓課程是個中繼站，也是駛往新領域的月台，這個新領域允許人事物（包括自己）以現有的樣貌存在，也允許自己跟他（它）們同在。此外，不論你知道與否，當你投身於正念練習時，你就已經進入一個全球性的社群，在這個社群裡大家對於同在、對於用這種方式面對生活和面對世界都有深切的體會。藉由網際網路與社會網絡，要找到這樣的社群並不難，如果你願意的話可以搜尋看看，創造與他人產生連結的機會。

正念練習可以是終身夥伴與堅強的盟友。本書探討如何透過練習來培育正念，我們需要帶著堅毅的決心開始這項工程，在此同時，對於我們的經驗和自己本身，卻又是最友善清明的接觸。本書所提供的一切，都是要做為你投入練習的後盾。如何開始練習及練習的本質都在第一篇，你可以依己所好而閱讀其他篇章，希望它們對你有所裨益，讓你明白活在當下的重要性，尤其如果你真的在乎健康、在乎生活品質、在乎你與周遭所有人事物的關係品質。

讓自己的身心靈更圓滿地整合

正念減壓持續在諸多領域開展，例如醫療、健康照護、心理學、正念科學，以及正念在各層面對促進幸福安適的影響，如在生理層面、心理層面與社會連結層面。此外，正念在其他領域也開始有愈來愈大的影響力，例如：教育、法律、商業、科技、領導、運動、經濟，甚至是政治、政策與政府。這是令人興奮且有前景的發展，因為正念本身就蘊含了豐沛的療癒力量。

二〇〇五年時，有關正念的學術文獻與臨床運用研究大約只有一兩百篇。到了二〇一三年，已經超過一千五百篇了，不包括持續增加的書籍，現在甚至有個新的科學期刊稱為《正念》（*Mindfulness*）。此外，許多科學期刊也經常發行討論正念的專刊。專業領域對於正念、正念在臨床的運用、正念發揮效益的機制等研究，是以倍增的速度成長，幾乎看不到盡頭。更重要的是，這些科學發現也激起人們對於身心關聯、壓力、疼痛與疾病的更深入研究。

同樣地，此書增訂版並沒有打算詳細討論解析，正念的培育對於我們的心理機制或大腦神經迴路會產生何種影響，雖然這些也挺有意思的。本書希望可以讓我們對自己的生活與周遭環境，懷著更加溫柔與友善的態度來看待，對於自己所能做的一切、所享有的一切心懷敬意，讓我們過著健全、有意義且心滿意足的生活。大概沒有任何人會為了希望自己的大腦掃描圖更漂亮而來練習正念；即便正念練習真的可以帶來大腦各領域的裨益而非只著重在某個層面，尤其是對大腦結構及其神經連結的改變。這些改變自動帶來生理上的利益，完全不需要我們加以控制監管。在練習正念的過程中，自然就產生了。如果你選擇終身投入正念練習，希望你的動機可以更基本、單純些，例如：為了過一種更加統整與滿意的生活；活得更全然、健康、快樂，甚至更有智慧；或是能更有效與更慈悲地面對處理自己或他人的苦痛、壓力、疼痛、疾病等等（也就是面對「充滿災難」的人生境遇）；或是讓自己的身心靈更圓滿地整合，**事實上，我們已經是圓滿的，但不知為何就是與自己失去接觸、失去連結。**

別把自己的想法「誤解為」事情的真相

過去數十年，我自己的靜觀練習以及在全球各地所做的工作，讓我明白正念培育其實是非常根本徹底的行動，一種讓自己清醒明智、對自我慈悲、最終充滿愛的行動。你會在書裡看到，正念練習涉及你願意進入自己、活在當下，讓自己停下來只為了單純地跟自己同在，而非無止境地陷落於不斷行動作為的漩渦，忘了是「誰在作為」與「為何要作為」。正念練習亦涉及別老把自己的想法「誤解為」事情的真相，別太容易受情緒風暴所左右，因為那只會惡化疼痛與加深受難感，不論那加深的是你自己或他人的痛苦。從每一個層面看，正念都是愛的基本。**它部分的美，在於你完全不需要做任何事情，只需要專注並保持覺察和清醒。你就是現在所呈現的一切，你不需要成為另一個人。**

靜觀練習本質上是同在而不是行動作為，但其實靜觀也是最基本的承擔作為。畢竟，我們都必須挪出時間來練習，而這確實需要一些作為、刻意與紀律。有時候我們在同意學員參與課程之前，會這麼說：

你不用喜歡靜觀練習，只需要好好做。盡可能地依照你已簽字的課程參與同意書上的敘述練習。八週過後，你再來告訴我們這是否浪費時間。但在過程中，即便你的心裡喋喋不休地說：這真是愚蠢、這真是浪費時間、我就是忙到沒時間做；無論如何，持續練習。盡可能用心練習，好像你的生活必須仰賴此練習才能過下去。實際上也是如此，只是這超越了你的想像，超越了你、我或任何人所可以想像的。

今天打算怎麼對待這顆心？

最近在全世界最富聲譽與影響力的《科學》（*Science*）期刊裡有篇文章，名為〈飄移不定的心是不快樂的心〉[4]，該文的前面幾行敘述如下：

不像其他動物，人類花很多時間思索不是當下正在發生的事情，凝思發生於過去的事件、未來可能會發生的事情，或者也許根本不會發生的事情。確實，「不受刺激所左右的思維」與「飄移不定的心」都是人類大腦的內建模式。雖然這是人類進化過程中很重要的能力，使人們可以學習、推理、計畫，但它有其情緒上的代價。很多哲學與宗教傳統都教導人們，快樂，只存在於當下。修行者訓練自己的心能抵抗飄移遊走，而安住於「此時此刻」。這些傳統都認為飄移不定的心是不快樂的心。他們是對的嗎？

哈佛的研究者下了結論，他們認為如同該文的標題所暗示的，那些強調當下力量與培訓此能力的古老傳統，是相當有內涵的。

這項研究的發現非常有趣，而且對每一個人都有影響。這是有史以來關於「快樂」這個主題最大型的研究案，研究者發展一個iPhone的應用程式，針對手機用戶隨機抽樣並獲得數千人的回覆。研究者詢問有關快樂與人們正在做什麼事情的問題，例如：「現在你想的事情，不是當下正在進行的事嗎？」研究結果顯示，人類的心靈大約有一半的時間都是飄移不定的。共同研究者之一的馬修・奇凌斯沃斯（Matthew Killingsworth）表示，飄移不定的心會讓人們更不快樂，尤其是飄到不開心的或中性的想法時，他下結論

4〈A Wandering Mind Is an Unhappy Mind〉，二〇一〇年十一月份，第三三〇期，九三二頁。譯注：台灣無該期刊之中文版，但該雜誌可免費登錄並免費取得期刊文章電子版。

道：「不論人們在做什麼事情，飄移不定的心都比專注的心不快樂」以及「我們至少應該專注於當下身體正在做的事情。然而，對大多數人而言，思維的專注並不在我們的日常計畫之中……我們應該問問自己『我今天打算怎麼對待我這顆心？』」[5]。

往後你將會看到，覺察分分秒秒心中所浮現的一切，同時觀察在此歷程中會有什麼轉變，完全是正念練習／正念減壓在做的事情，這整本書都在講這件事情。不過我還是要提醒你，「正念」沒有要聚焦你的心且不讓它飄移，這恐怕只會讓你更頭痛。**正念指的是，當心飄移時，你能覺察到，然後盡可能溫柔地把它帶回來（如果你想這麼做的話），重新引導你的專注，重新連結到當下對你而言最重要與顯著的事情，就在這裡，此時此刻，生活中不斷展開的此時此刻。**

如同其他技能，正念只有透過練習才能發展出來。你可以把它想像成肌肉鍛鍊，你愈用它，它就會愈強壯、愈靈活、愈有彈性，正念的肌肉也是如此。此外，肌肉訓練時需要有些阻抗力道，有適度挑戰才能更強壯。我們的身體、心理、日常生活所面臨的壓力，不也提供許多阻抗需要面對與處理。因著這些阻抗，我們方能發展出內在能力，瞭解自己這顆心，形塑這顆心好好地活在當下，而當下正是我們生活中最密切也最重要的時間。如此一來，即便什麼事情都沒改變，我們仍能發現快樂、幸福、安適的新天地。

像這類使用最新消費科技來大量取樣人們的即時經驗，採用嚴謹的科學研究並發表於最高等級的期刊，顯示心智科學研究的新紀元已經來了。認清當下心理的狀態對幸福感的影響，遠大於只是表面知道自己的行為正在做什麼。這確實是重要的發現，讓我們從實際可行的層面去瞭解如何讓自己過得健康、活得快樂。**其中最關鍵的是與自我的關係，全面親近並覺察自己，這就是正念減壓在做的事情，也是正念的本質。**

這些年來，科學界包括基因體學（genomics）、蛋白體學（proteomics）、表觀遺傳學（epigenetics）、神經科學等，都以一種嶄新明確的方式揭示**我們與周圍環境的關係**，對於生活中的每個層面都會產生重大影響，例如：對自己的基因、染色體、細胞、組織、器官、大腦、連結各器官的神經網絡等，當然，對想法、情緒或社交網絡也有影響。所有這些及生命中其他各種機能，都是相互緊密連結的。這一切構成所謂的「自我」，也決定了我們能否充分發揮人類的能力，永遠未知卻又總是如此貼近的能力。

正念，做為一種存有形態，其核心是：對每一個人而言，成為一個人的意義是什麼，以及「我今天打算怎麼對待我這顆心？」（哈佛研究者的大哉問）。我將這大哉問稍微調整改為現在式：「我**現在**的心如何？」，亦可延伸為：「我現在心裡面的狀況如何？」以及「我現在身體裡的狀況如何？」。這甚至完全不需要用到思考，因為我們本來就能**感覺**到當下這時刻自己心裡面與身體的狀況。這般的感覺與領會，是認識自我的另一種方式，超越僅以思考為基礎的認識。在英語中有個詞可以形容，就是**覺察**（awareness）。對我們而言，好好運用這個與生俱來的認識能力，可以讓我們以一種相當自在的方式來探索、究問、領會我們自己的狀況與處境。

這般的覺察或正念，需要我們專注並安於當下，也需要善加運用過程中我們所看到、感覺到、知道、學習到的一切。在往後的章節中會看到，我對正念的工作定義是「一種覺察，來自於刻意地、非評價地專注於當下的每個瞬間」。覺察跟思考是不一樣的。覺察是智能的另一種型態，一種奇妙且強而有力的認知方法，與思考不相上下。更有趣的是，我們可以將思考涵容於覺察，這將引領我們對於思考本身及其內容開拓出全新的洞察。如同我們的思考可以去蕪存菁與成長開發，覺察也是。亦如我們可以用訓練來強化肌肉，我們亦可透過練習強化專注力與識別力來培育覺察能力。

很重要且一定要謹記在心的是，當我們提到正念時，我們亦等量指涉用心與真心（heartfulness）。事實上，在亞洲的語言裡，表達心智（mind）的字詞與表達心靈（heart）的字詞通常是一樣的。因此，你在使用正念這個詞時，如果沒有用心與真心，可就錯失正念的本質了。因為，正念不是一種認知概念或很棒的思想觀念，而是一種存有的方式，一種同在的方式。它的同義詞，「覺察」是一種認識的方法，比思考還廣

5請參閱《哈佛商業評論》（*Harvard Business Review*）二〇一二年一至二月號，第八十八頁，馬修的文章〈研究快樂的未來〉（The Future of Happiness Research）。譯注：亦可參閱馬修的演講於http://www.ted.com/talks/matt_killingsworth_want_to_be_happier_stay_in_the_moment.html。

闊的認識，這種認識給我們更多元的選擇，不論是面對心中所浮現的感受想法、身體的感覺或生活中的任何事情，我們都會有更大的選擇空間。這是一種大於認知概念的認識，更近於智慧，以及智慧所帶來的自在。

改變態度，就能帶來深度的轉變

之後你會發現，透過專注於分分秒秒的想法與感覺來培育正念，只是更大樣貌的一部分，但確實是極為重要的部分。最近加州大學舊金山分校的艾莉莎・艾波（Elissa Epel）與伊莉莎白・布萊克本（Elizabeth Blackburn）[6]及其同事表示，人們的想法與情緒，尤其是不斷擔憂未來或強迫性反芻過往的想法，與老化的速度有關，其影響直接深及細胞與染色體的端粒（telomeres）的層次。端粒是染色體末端DNA的重複序列，與細胞分裂和老化有關，隨著年齡增長，端粒會變短，端粒愈短、老化速度愈快。他們的研究顯示，在長期壓力下端粒縮短的速度更快。此研究亦顯示**我們如何感知壓力**，對於端粒縮減的速度也有重大影響，而且這樣的差異可以持續很多年。這是非常重要的發現，表示我們不需要想盡辦法遠離壓力源。事實上，生活中的某些壓力源根本不可能遠離，例如：照顧小孩或患病的家人（生理或心理疾病）。**然而，研究顯示，只是改變我們的態度，調整我們與周圍環境的關係，就能帶來深度的轉變，不論是對自己的健康、幸福、安適，甚至是生命的長度。**

另一個研究探詢端粒長短與活在當下程度的關聯。研究人員探詢兩類問題，第一類，你有多活在當下（在過去一週內，你有全然專注並投入於當下行為舉止的經驗嗎？），第二類，你的心有多飄移不定（在過去一週內，你所做的是不想做的，或是你人在心不在的經驗？）研究人員分析比較兩者的差異，證實端粒愈長者與活在當下程度愈高者，兩者間是有相關的，研究人員暫稱此為「覺察狀態」，這與正念其實是非常接近的。

此外，關注端粒酶（telomerase）而非端粒長度的研究顯示，當我們認為某個情境會帶來威脅時，不論是真的或是想像出來的，都會對血液中免疫細胞的分子產生影響，而免疫細胞對我們的健康與壽命都很重要。此研究有助於激勵我們更清醒點，多花些精力關注生活中的壓力，以及如何以清楚的意向與更大的智慧來形塑我們與壓力的關係。

停下來，面對生活中的難題

這本書與你和你的生活有關，與你的心理和身體有關，學習如何對自己的身與心都擁有明智的關係。本書邀請你運用正念的練習對日常生活進行各種嘗試。這本書主要是為了減壓門診的病人及未來的病人所寫[7]，以及為了周遭跟他們類似的人而寫；換言之，這是為了一般人所寫。我所謂的一般人是指你、我、任何人、每一個人。當我們被許多艱苦辛勤與成就實現給包圍轟炸，又需要面對生活中不斷拋給我們的難題時，所有人其實都是平凡人，只能盡可能地妥善處理。在這裡，我指的不僅是困難的事情或我們不想要的事情，而是指每一件事情，生活中所浮現每一件好的、壞的、醜陋的事情。

對我而言，好的也很重大，因為好的使我有能量足以處理不好的、醜陋的、困難的或不可能的。好的不是只能外來，亦可由內而生。正念的練習就在於發現、辨識、運用我們內在的資源，這些資源永遠垂手可得、永遠美好、永遠完整，這是生而為人的優勢。我們倚賴自己的內在資源過活，對於生活中所發生、所呈現的一切，我們採取什麼立場、我們與這一切的關係是什麼，都是很重要的。

多年下來，我愈來愈覺得**正念本質上就是關係**，亦即我們與所有一切人事物的關係，包含與自己的心靈、身體、想法、情緒的關係，以及我們與過去的關係，往事帶給我們的影響等等。不論如何，我們都還在呼吸，在每一個當下呼吸。關鍵在於：我們要如何妥善選擇並運用所有關係，以使自己生活的每個層面

6 伊莉莎白．布萊克本以發現抗老化的端粒酶榮獲二〇〇九年諾貝爾獎。

7 這本書一向不是八週正念減壓課程的教科書，未來也不會是。正念減壓是一種「實驗性的課程」，我們的教學是奠定於自己的靜觀練習經驗與正念減壓課程本身的教材。

都活得健全完善、慈愛友善、智慧洞察，無論是對自己，也對其他人。這其實一點都不簡單，實際上，這是全世界最艱難的事，不但困難有時甚至顯得麻煩又混亂，就像生活一般。**然而，停下來，反思一下另一個層面：當你沒有全然地擁抱並安住於你的生活（你唯一真正能有所體驗的當下），會有什麼影響？在那裡面可能會有多少的失落、悲傷與痛苦？**

你的社交網絡與幸福息息相關

讓我們再回到前述關於快樂的研究，那些哈佛研究員所敘述的許多事情，與我們密切相關，尤其在我們即將啟航，探索正念與正念減壓時刻：

> 當人們有適當挑戰，嘗試達成有些難度卻非遙不可及的目標時，是最快樂的。挑戰與威脅是兩碼事。面臨挑戰時，人們會成長茁壯；面臨威脅時，人們會枯萎凋謝。

正念減壓是非常具有挑戰性的。從許多層面看來，對於當下每分每秒所發生的一切，都抱持開闊的胸襟與其同在，對人類而言真是最困難的事情。然而，在此同時，又是那麼容易可行，因為全世界有很多人都做到了。他們完成八週正念減壓課程，日後還繼續練習，正念的培育完全融入他們往後的生活當中。在後面的篇章你會看到，面對為我們帶來威脅的人事物時，持續培育**正念讓我們用全新的方式來看待與處理威脅，學習如何有覺察地、明智地回應，而非老採用慣性自動化反應並引發不良後果。**

> 如果我要預測你有多快樂，只需要知道你的一件事情即可。不是你的性別、宗教、健康或收入，而是你的社交網絡，亦即你與親友的關係和連結強度。

根據研究，與親友關係網絡的連結強度，跟自己整體的健康和幸福息息相關。隨著正念練習愈深入，這樣的連結亦將隨之厚實，因為正念本來就是關係，與自己的關係以及與其他人事物的關係。

> 我們總想像那一兩個重大事件深深影響了我們快樂與否。但是，快樂似乎是數百件小事的總合……小事其實是很重要的。

小事不只是小事，它可一點兒都不小，因為小事可以帶來大不同。舉例來說，想法或態度非常微小的位移，或是你稍微努力讓自己覺察當下，就會對你的身體、心靈與整個周圍環境產生重大影響。**不論在任何時候，即便只是最小的正念調整，都可以為我們帶來值得信任的直觀力與洞察力，這會帶來很大的轉化。**若能始終如一地灌溉、培育正念之心，它就會從生澀逐步茁壯，成為更穩固的同在。

我們可以做些什麼事情讓自己更快樂、更幸福呢？快樂研究的另一位作者丹・吉爾伯特（Dan Gilbert）這麼說：

> 最重要的是承諾自己投入若干簡單的事情，例如：靜觀、運動、睡飽、實踐利他行為……澆灌你的社交連結。

若我前面所說「靜觀是愛的根本徹底行為表現」為真，那麼靜觀本身就是最基礎的利他、友善、慈愛與接納，從自己出發，卻不侷限於自己！

因應數位革命帶來的壓力

從本書首度問世以來，這世界已經產生龐大又不可思議的變化，尤其是近二十五年的轉變之大幾乎是前所未有。看看那筆記型電腦、智慧型手機、網際網路、谷歌搜尋、臉書社群、推特社交網絡，以及無所不在的無線設施。持續擴大的數位革命影響了我們所做的每一件事情，加速生活的步調，形成全年無休的生活型態，更別說這段期間全球性的社會、經濟、政治層面的重大變動。這股升溫加速中的改變趨勢，似乎沒有緩和下來的跡象，它所引發的影響會愈來愈顯著，也愈來愈不可避免。有人甚至認為這波科學與科技革命，以及此革命對我們生活的影響，其實還沒開始呢！**可以想見，在未來數十年，如何適應這一切變革所帶來的壓力，將是最重要的課題。**

本書及其描述的正念減壓課程，都是希望有效地協助回復動態平衡，尤其是我們失去平衡或迷惘不清時。我們經常被事情的急迫性鉤住，被我們認為重要的事情鉤住，被我們的想法感覺鉤住。這非常容易落入長期性的緊張和焦慮，長期與當下真實的生活脫節，形成「人在，心不在」的自動導航生活型態。在此同時，如果又必須面對生理上的疾病，如慢性疼痛或慢性病，不論是自己或所愛的人患病，都會加重惡化我們的壓力。在這個時代，正念的重要性遠大於過往，正念協助我們維持有效且可信賴的動態平衡，促進我們的健康和幸福，甚至維持基本的精神健全。

現今我們都受惠於全年無休的便利生活，可以在任何時間、地點與任何人見面。諷刺的是，我們與自己的相遇、與自己生活內在風景的相遇，卻是前所未有的困難。雖然我們每天還是擁有二十四個小時，卻更沒有時間留給自己。我們以各種行動來填滿所有時間，因此幾乎沒有時間跟自己同在，即便只是領受自己的呼吸，遑論花點時間想想自己到底在做什麼以及為何而做。

本書第一章名為〈你只能活在當下〉，這是無可否認的事實陳述，而且會持續為真，對所有人均然，不論這數位化的世界如何變化。我們實在太常與豐厚的當下失連。然而，以更大的覺察安住於當下（我們唯一擁有的時刻），形塑了緊接著的下一秒鐘。因此，保持對當下的覺察就會形塑未來，形塑我們的生活品質與關係品質。

影響未來的唯一方法就是好好擁有當下，不論當下所呈現的是什麼。若我們能全面地打開覺察，安住於每一個當下，那麼下一刻就會大不同。然後，我們會發現自己可以更有創造力地活著，活出屬於自己的人生。

我們是否能體驗愉悅和滿足，亦能體驗苦難？是否能安住在自己裡面，即便跟風暴混亂同在？可以品嘗到安適的自在與真正的快樂嗎？這是此刻最重要的，也是當下的禮物，安住於覺察，非評價再加上些許友善慈愛。

正念練習，落實在每一天的生活

在正式進入這趟探索旅程之前，也許你對正念減壓的最新研究會有些興趣，這些研究呈現有趣且樂觀的結論。然而，誠如前述，正念本身不需外求自有其內在邏輯與詩意，足以提供令人信服的理由讓你將正念帶入生活並系統地培育正念。以下綱要呈現的科學發現或是書中他處所描述的研究發現，只是提供額外的激勵，讓你可以承諾自己好好投入與學習，就像我們醫院裡的病人學員般。

- 麻州綜合醫院與哈佛大學採用功能性核磁共振掃描大腦的研究發現，八週的正念減壓訓練可以使大腦部分區域變厚，這些區域通常與學習、記憶、情緒調節、自我省察意識、感知能力[8]有關。他們也發現深植於腦中的杏仁核對於威脅特別敏感，杏仁核偵測威脅並對威脅採取慣性反應。研究發現，八週正念減壓訓練後，參與者的杏仁核（**amygdala**）變得比較小，杏仁核縮小的程度與壓力感知改進的程度有關[9]。這些初步的發現顯示，正念靜觀訓練對大腦某些區域的結構是有影響的，此現象稱為「神經可塑性」（**neuroplasticity**）。研究也顯示，對於幸福和生活品質有重大影響的若干大腦

8 參考文獻：Hölzel BK, Carmody J, Vangel M, Congleton C, Yerramsetti SM, Gard T, Lazar SW. Mindfulness practice leads to increases in regional brain gray matter density. Psychiatry Research: Neuroimaging. 2010. doi:10.1016/j.psychresns.2010.08.006.

9 參考文獻：Hölzel BK, Carmody J, Evans KC, Hoge EA, Dusek JA, Morgan L, Pitman R, Lazar SW. Stress reduction correlates with structural changes in the amygdala. Social Cognitive and Aff ective Neurosciences Advances. 2010;5(1):11–17.

功能，例如：洞察力、專注調節、學習、記憶、情緒調節、威脅感知等，八週的正念減壓訓練均可帶來正向影響。

・多倫多大學的研究[10]也使用功能性核磁共振，發現完成正念減壓課程者的大腦神經網絡中，體現當下經驗區域的神經元較活躍，相對地，和過往較相關的敘述性網絡（關於自我認知）區域的神經元較不活躍。後者的神經網絡與飄移不定的心關聯最大，如前所述，此特質對快樂程度有重大影響。這兩種自我覺察的形式通常會相伴出現，但研究顯示正念減壓課程可以解開這兩者的關聯。這些研究發現，透過學習安住於當下，人們知道如何不被心中敘述性自我的劇碼給鉤住，也就是不會迷失於飄移不定的心。即便迷失了，他們也有能力辨識並再將自己的注意力導回當下。研究顯示，對於飄移不定的心採取非評價的覺察，也能在當下立即帶來更大的快樂與安適，即便什麼都沒改變。這些研究不只是對有情緒障礙者（如焦慮或憂鬱），對我們每個人都是有意義的。這對釐清心理學家所謂的「自我」往前跨了一大步。區辨這兩種自我參照的大腦神經網絡（敘述性的我會不斷製造關於自己的故事，著重當下經驗的我則不會），呈現它們的合作狀況，呈現正念如何影響兩者之間的關係，多少掀開人類如何認識自己的神祕面紗，對於自我認識與如何活出良好整合的自己有偌大裨益。

・威斯康辛大學的研究以健康的自願參與者為對象，顯示正念減壓訓練可以降低心理壓力（研究情境：參與者要在一群互不認識且情緒冷漠的人面前講話），並引發實驗性的發炎狀態（在參與者的皮膚注射會起水泡的東西，之後再塗上含刺激性唐辛子的乳液）。這是第一個做到有謹慎規畫實驗組與對照組的研究，實驗組接受正念減壓課程，對照組接受的課程叫做「健康促進計畫」（簡稱健促組），此計畫跟正念減壓相當，唯一的差別是沒有正念練習的元素。自陳量表結果顯示，兩者在心理壓力及相關身體症狀的差異並不顯著。然而，正念減壓組身上的水泡均比健促組小。更有趣的是，在正念減壓組花較多時間練習正念者，相對於練習少者，他們對於發炎現象（水泡大小）的心理壓力耐受度明顯高出許多

[11]。研究者將此神經性發炎的初步發現，與我們多年前進行一份關於牛皮癬的研究相關聯，因為牛皮癬也是神經性發炎疾病。關於牛皮癬的研究，我們將在第十三章討論，研究顯示，在照射紫外線的光療過程中，有進行靜觀練習者，相較於未進行靜觀練習者，前者的治癒速度是後者的四倍[12]。

・另一個我們跟威斯康辛大學原班人馬所做的研究，是在一家科技公司的上班時間，成員都是健康但壓力頗大的員工，而不是醫院裡的病人。研究發現，大腦中與情緒表達有關的區域（前額葉皮質），實驗組（參與正念減壓課程）在該區域的電位方向會有所移動（從右側移向左側）。這表示相對於控制組，正念減壓組更能有效地處理各種情緒，例如各種焦慮或沮喪，情緒智商亦較提升。在實驗結束後，控制組也參與了正念減壓課程。正念減壓組大腦從右到左的變化，在實驗結束後四個月依然顯著。這份研究在八週實驗結束後，針對兩組的成員注射流感疫苗。結果顯示在往後數週，正念減壓組的免疫系統產生顯著強烈的抗體反應。對疫苗產生較多抗體反應以及大腦電位活躍區從右側移向左側，這兩者間有一致的關係；控制組則未發現這樣的關係[13]。此研究顯示，短短八週的正念減壓訓練，就能對大腦前額葉皮質兩側的活躍狀況產生實際顯著的影響，那是有關情緒風格的區域，一般認為成年後就相對穩定不變了。

10 參考文獻：Farb NAS, Segal ZV, Mayberg H, Bean J, McKeon D, Fatima Z, Anderson AK. Attending to the present: mindfulness meditation reveals distinct neural modes of selfreference. Social Cognitive and Aff ective Neuroscience. 2007;2:313–322.

11 參考文獻：Rosenkranz MA, Davidson RJ, MacCoon DG, Sheridan JF, Kalin NH, Lutz A. A comparison of mindfulness-based stress reduction and an active control in modulation of neurogenic infl ammation. Brain, Behavior, and Immunity. 2013;27:174–184.

12 參考文獻：Kabat-Zinn J, Wheeler E, Light T, Skillings A, Scharf M, Cropley TC, Hosmer D, Bernhard J. Infl uence of a mindfulness-based stress reduction intervention on rates of skin clearing in patients with moderate to severe psoriasis undergoing phototherapy (UVB) and photochemotherapy (PUVA). Psychosomatic Medicine. 1998;60: 625–632.

13 參考文獻：Davidson RJ, Kabat-Zinn J, Schumacher J, Rosenkranz MA, Muller D, Santorelli SF, Urbanowski R, Harrington A, Bonus K, Sheridan JF. Alterations in brain and immune function produced by mindfulness meditation, Psychosomatic Medicine. 2003;65:564–570.

・加州大學與卡內基美隆大學（Carnegie Mellon University）的研究顯示，參與正念減壓課程可以降低孤寂感。據研究，孤寂感是健康的主要危險因子，對老年人尤其如此。這項研究的對象是五十五至八十五歲的人，結果顯示不但參與者的孤寂感降低，抽血衡量參與者的免疫細胞，發現他們與發炎相關之基因活動力亦相對減弱。此外，發炎指數C－反應蛋白[14]也有降低。這些發現可能是挺重要的，因為愈來愈多研究證實，發炎是許多疾病的核心因子，包括癌症、心血管疾病、阿茲海默症[15]。此外，許多希望能降低社會孤立與孤寂感的研究都沒有成功。

總而言之，正念不只是很棒的觀念或優異的哲學。**正念要有用，就必須盡可能地落實體現於每一天的生活，既不強迫，亦不扭曲。換言之，需要的是輕柔地接觸與對待，此亦為自我接納、友善慈愛、自我慈悲的本質。**正念靜觀，對美國與世界而言愈來愈不可或缺。在這般的脈絡、精神與認識下，我由衷歡迎你來到增訂版的《正念療癒力》。

願你的正念練習成長茁壯並滋養你的生活、工作與使命，時復一時，日復一日。

喬・卡巴金

二〇一三年五月二十八日

14 譯注：C－反應蛋白（CRP，C-Reactive Protein）是發炎指標，身體裡面若有發炎、感染、組織損傷很快就會出現；治癒隨即消失。

15 參考文獻：Creswell JD, Irwin MR, Burklund LJ, Lieberman MD, Arevalo JMG, Ma J, Breen EC, Cole SW. Mindfulness-Based Stress Reduction training reduces loneliness and proinflammatory gene expression in older adults: A small randomized controlled trial. Brain, Behavior, and Immunity. 2012;26:1095–1101.

PART 1

正念的練習
專注

清楚覺察當下的所作所為，事情就會變得更單純、更令人滿意，我們也會感到更有掌控力。當你用這種方式專注於所進行的事情時，你會看到事情內在固有的秩序或事件之間的關聯。將正念帶入，類似這種念頭到行為之間的關聯，你會看得更清楚。透過留心專注於每個當下，你會更覺醒。

〔第一章〕

你只能活在當下

「喔！我已經享受生命中的每一個片刻了。如果我的人生可以重來一遍，我可能會享受得更多。不過，話又說回來，我大概也不會嘗試做些什麼別的了吧。與其想望未來，我寧可選擇活在當下，每一個當下。」

——納丁．史代爾（Nadine Stair），八十五歲，肯塔基州，路易斯維爾鎮

這梯次減壓課程大約有三十位學員，看著他們，想到我們即將一起投入與經歷的一切，我不禁由衷地感動。我猜，在某種程度上，他們也許都在想，今天早上怎麼會來到這間全是陌生人的教室。我看見愛德華親切、開朗的面容，想想他每天生活的樣貌，他是一位三十四歲的保險業主管，罹患愛滋病。我看見彼得，八個月前，這位四十七歲的企業家心臟病發作，來這裡學習如何放鬆，希望降低心臟病再度發作的機率。彼得身旁坐著聰明開朗又健談的比芙莉，一旁坐的是她的丈夫。四十二歲那年，比芙莉的生活發生遽變，腦動脈瘤破裂，使她再也無法確定活著有幾分是真實的。四十四歲的瑪姬原是癌症病房的護士，幾年前為了阻止一位患者摔倒，傷及自己的背部和雙膝，如今承受著劇烈疼痛的折磨，必須用拐杖才能勉強費勁地走路。她已經動過一次膝蓋手術，雪上加霜的是，不久後，她還得接受一項腹部手術，病灶不明，需要開刀才能確定。受傷使她的人生跌了大跤，至今仍未復原。她覺得自己很像緊繃的發條，任何微不足道的小事都足以讓她大發雷霆。

瑪姬身旁的亞瑟是位五十六歲的警官，患有嚴重偏頭痛，還有經常發作的恐慌症。瑪姬另一側坐著

七十五歲的退休老師瑪格麗特，她有睡眠障礙。法裔加籍的卡車司機菲爾從疼痛專科轉診而來，他在搬動基座棧板時受傷，長期的腰背疼痛使他無法再開卡車，幾乎讓他成為殘障人士。菲爾不僅要學習如何適當地面對疼痛，還得設法看自己能做些什麼工作以撫育嗷嗷待哺的四個幼兒。

菲爾的旁邊坐著羅傑，這位三十歲的木工在工作時傷到背部，從此病痛纏身。根據他妻子的說法，羅傑多年來一直濫用止痛藥。羅傑的妻子也報名參加另一堂減壓課程，她直言不諱地說：羅傑是她的壓力來源，她受夠了！相當肯定兩人會離婚。我看著羅傑，好奇他的人生會走到哪兒，經歷過這麼多的痛苦磨難後，他是否能讓自己的生活平穩下來。

海克特正對著我，坐在教室的另一端。多年來他一直是波多黎各的職業摔角手，今天之所以來此是因為他無法控制脾氣，總是反應暴烈，同時又胸痛得厲害。他的壯碩骨架給人留下深刻的印象。

為當下而活？不！是活在當下

這些人的主治醫師把他們送到這裡來減壓，在未來的八週，每週一次的上午來醫療中心上課。我環顧室內，看著大家，心中自問：「我們把大家聚在這裡，到底要做什麼呢？」當然，他們對未來課程的瞭解還不如我多。不過，顯然今天早上這間教室內所匯聚的集體痛苦程度，實在非常大，學員們不但承受著身體的疼痛、情緒煎熬，還有生活中各式各樣的困難，這實在是受苦受難者的聚合。

課程正式展開前的片刻，我突然對於我們竟然膽敢邀請這群人，展開這趟旅程的舉動感到驚訝。

我心想：「今天早上聚集在此的這些學員，和這個星期要在其他時段開始正念減壓課程的另外一百二十人，不論老、少、單身、已婚、離婚、在職、退休、傷殘、失業、接受社會醫療保險[1]或經濟優

1 譯注：美國聯邦政府提供給六十五歲以上、重大殘疾者或年輕的重大殘疾者之醫療補助。

渥的人們，我們能夠為他們做些什麼？即便我們只能影響一個人，那影響的程度會是如何？在短短八週的期間內，我們能為這群人做些什麼呢？」

然而，這項工作有趣之處在於，我們並不打算為學員們做任何事。我想，若我們試圖那樣做，結果大概只會一敗塗地。相反地，我們邀請他們為自己做一些相當新穎的事，也就是邀請他們實驗看看，可不可以在自己生活的每個瞬間都活得清楚明白。

有一次，我在和某位記者談話時，她說：「**喔，你指的是為當下而活**（live for the moment）。」我說：「**不、不是這樣的。為當下而活有一種享樂主義的氛圍，我指的是活在當下**（live in the moment）。」

減壓門診的工作表面看來非常簡單，簡單到除非你親身參與，否則實在很難領會其中奧妙。只要學員準備好了，願意與自己合作並在自己身上下工夫，我們就十分樂意給予協助。即使他們感到挫敗、遭遇困難或斷言自己「失敗」了，我們都不放棄任何人。我們把每一秒視為全新的起點，一個可以重新開始、轉向自身，與自我再次連結的良機。

某種程度而言，我們的工作就是容許人們完全而徹底地活在當下，並提供系統性的方法，教導他們傾聽自己的身體和心靈，開始學習信任自己的經驗。我們真正給予學員的，是讓他們體驗與意識到有一種不同的生活方式、看待問題不同的角度、不同面對苦樂交融人生的態度。相對於他們所習慣的模式，這種不同的方式可以讓他們活得更喜悅、豐富與自在，我們稱這種生活方式為**覺醒之道**或**正念之道**。今早聚集於此，即將展開這趟旅程的學員們，很快地就會邂逅這種不同的生活與觀察方式。

傾聽身體和心靈，學習信任自己

如果你來醫院觀看我們的上課情況，很可能會看到大家都閉著眼睛安靜地坐著，或是躺在地板上不動。這種情況每回可能維持十到四十五分鐘。

對旁觀者而言，這種上課方式即便不算瘋狂，可能也覺得很奇怪，因為這簡直是無所事事。就某種角度來看，確實是無所事事，只不過這是個非常豐富又複雜的無所事事。你所見的這群人並非在打發時間、做白日夢或睡覺。你看不出他們在做什麼，他們其實正非常努力地在練習「無為」，積極地將自己的注意力調整到每一個當下，努力保持時時刻刻的清醒與覺察。他們正在練習正念。

換句話說，他們正在「練習與自我同在」。這輩子他們終於有機會可以刻意停止生活中的所有作為，放鬆地融入當下，不試圖用任何事情來填塞時間。不論心頭浮現了什麼或身體有任何感受，他們都刻意地允許自己的身體和心靈在當下歇息。他們將注意力轉向存在的若干基本體驗，允許自己單純地活在當下，允許一切維持原來的模樣，而不試圖改變任何人事物。

為了成功地報名參加減壓課程，每位學員都得事先允諾從事課程所要求的練習，每天投入一段時間來練習「單純地與自我同在」。我們的日常生活總是充滿了各種不停的行動作為，持續不斷的大量行動，就像汪洋大海幾乎要把我們淹沒了。在這段時間裡，我們允許所有的行動作為暫時停止，彷彿在茫茫大海中建造起一座島嶼，一座可以讓身心安頓安歇的島嶼。

學習「安頓自我」與「培育覺察」

正念的學習包含：如何暫停所有行動作為而轉向同在模式（being mode）、如何為自己騰出時間、如何慢下來以培養內在的寧靜與自我接納、如何觀察自己每一瞬間的起心動念、如何觀察並放下自己的念頭、想法而不受其控制、如何在舊問題中挪出可以容納新觀點的空間，並且重新理解事物的相互關聯。簡言之，這樣的學習涉及如何「安頓自我」與「培育覺察」。

你愈是有系統且規律地練習，就愈能增長正念，愈能從中獲益。對於那些各科醫生轉介來上課的學員們，每週的課程是他們的學習指南；而本書正是你的學習地圖與指南。

然而，地圖並不等於真實的風景。同樣地，你也不該把閱讀本書誤認為這趟旅程的本身。你必須透過親身體驗，才能在你的生活中培育正念。

想想看，除此之外實在別無他法，有誰能為你做這項工作呢？你的醫師、親人或朋友？不論他人多麼想幫你或能幫你到什麼程度，最基本的努力依然得仰賴你自己。畢竟，沒有人能替你生活，任何人對你的關心既無法也不該取代你給予自己的關懷。

從這個觀點看來，培育正念與進食其實沒有兩樣。別人替你吃飯？太怪了吧，而且也不可能。在餐廳裡，你吃的不是菜單，你不會錯把菜單當食物，也無法從聆聽服務生描述菜色的過程中獲取任何養分，你得確實吃下食物才能滋養身體。**同樣地，你必須老老實實練習正念，在日常生活中規律地培育正念猶如規律進食，才能獲得它所帶來的益處並瞭解它的價值。**

即便擁有了所有的練習光碟，你還是必須使用它們。光碟放在架上很容易積灰塵，它們本身也沒有魔法，偶爾聽聽也許可以帶來放鬆，但對你不會有多大益處。若欲獲得最大利益，必須像我們的學員確實跟著光碟練習，而不是隨意聽聽就好。若說這世界真有魔法的話，那魔法就在你自己裡面，不在任何光碟或技巧中。

靜觀就是保持專注，靜觀與生活息息相關

直到不久前，許多人聽到靜觀（meditation）這個字還是會眉頭一皺，直覺地認為那是神祕主義或騙人的把戲。其中部分原因，是人們不瞭解所謂的靜觀其實就是保持專注，如今人們對此總算有普遍的認識。**事實上，保持專注本來就是人人都能做到的，至少偶一為之。於是人們明白原來靜觀與生活是息息相關的，而不是陌生或悖離生活的事情。**

只要開始稍加注意思緒的實際運作，就會發現我們的思緒大部分不是滯留於過去就是遙想未來，而非處於當下。這般飄移不定的思緒，所有人都有體驗，亦可參閱哈佛學者運用iPhone手機所做的快樂研究。對於當下所發生的一切，我們只有局部的覺察，因而錯失許多需要我們真切體驗的時光。這種心不在焉的現象並非只有靜坐時如此，幾乎隨時都可能發生影響，甚至主宰我們所做的每一件事情。在多數時候，我

們會發現自己其實是處於「自動導航」狀態，對於正在做或正在經歷的事情沒有全然的覺察，只是機械式地進行或反應，我們的心思好像外出遊蕩不在家，或者說我們的意識只有一半是醒著的。

下回開車時，你可以自我觀察看以下描述是否適用於你。許多人在開車時，對於沿途所見景物幾乎沒有或只有少量的覺察。也許你開車時也經常處於自動導航狀態，未能全神專注，只不過仍保有足夠的注意力，讓你平安抵達目的地。

你可能會發現，要長時間專注在一件事情上還真不容易。一般而言，我們的注意力很容易分散，這顆心喜歡四處遊蕩，不是落入各種思緒就是開始做白日夢。

有多少次，你的心思想著過去或未來，而忽略了此時此刻？

我們的思維慣性其實非常強大，尤其在面對危機或情緒激動時，以至於種種思緒輕易地障蔽了對當下的覺察。即使在相對放鬆的時候，我們的感官所領受到的感覺仍大量受到思緒左右。譬如，在開車時，我們可能會發現自己腦中一直想著方才行車途中所看到或聽到的某個東西，儘管那東西已經離得很遠，而我們早該回神到眼前的道路上了。那一刻，我們其實沒在開車，車子處於自動駕駛的狀態，某個印象、景象、聲音或其他吸引我們的事物，逮住了我們的心，拉開了我們的心與當下的同在。也許我們的心還停留在路邊的廣告招牌、拖吊車，或任何抓住我們注意力的事物上。在那心不在焉的片刻，我們名符其實地「迷失」於思緒之中，而未能覺察到其他的知覺感受。

大多數時候，不論你在做些什麼，這樣的狀態經常重複地發生，不是嗎？試著自我觀察，你對當下的覺察多麼容易被思緒帶開，試著觀察在一天之中有多少次，你的心思是想著過去或未來，而完全忽略當下。觀察的結果可能會使你大吃一驚。

嘗試以下實驗，你就能立即體驗到，我們這顆心慣於脫離當下的強勁力道：

1. 閉上眼睛，坐著，讓背脊挺直而不僵硬，然後開始覺察呼吸。
2. 自然呼吸，別試著操控它，單純地覺察呼吸，領受呼吸時的各種感覺，見證自己的吸氣與吐氣。
3. 試著像這樣與自己的呼吸同在，三分鐘就好。

如果你覺得單純坐著觀察自己的呼吸實在很荒謬或很無聊，提醒自己這只是心意識正在產生並浮現的一個想法、一個評斷，然後放下這樣的想法與評斷，把注意力再拉回呼吸上。假使不認同的感受還是非常強烈，可以試試接下來的實驗：舉起你的左手或右手，用拇指和食指緊緊捏住鼻子，嘴巴閉著，觀察一下，需要多少時間才會讓你開始對自己的呼吸感到有興趣！

當你完成了觀察氣息進出身體的實驗後，回想過程中的感覺，也回想在這段時間裡，你的心思從呼吸移開的頻率。這只是三分鐘的實驗，想像假使要持續五或十分鐘，甚至是半小時或一小時，會是怎麼樣的狀況呢？

大部分人的心思都喜歡四處遊蕩，快速從一件事跳到另一件事，這讓我們很難將注意力長時間維持在呼吸上，除非我們能訓練自己穩定思緒並讓心思平靜下來。這短短三分鐘的實驗，能讓你一窺靜觀的樣貌。這是個刻意觀察自己身體與心靈的歷程，讓我們充分體驗並如實接納生活中分分秒秒的經驗。

在這歷程中，對於心中浮現的各種想法，你不需要拒絕、排斥、緊抓、壓抑或控制它們，只需要集中注意力，將注意力投入於觀察呼吸與內在的覺察。

有些人以為靜觀是消極被動，這其實是種誤解。事實上，要能掌握注意力、維持裡外一致的平靜、同時不做出任何直覺慣性反應，這需要偌大的能量與努力。然而，弔詭的是，正念練習沒有要引領你到任何境界或產生任何特殊的感受。相反地，不論你現在處於何種狀態，正念只是協助你接納所在即是，協助你愈來愈貼近自身分分秒秒的實際經驗。因此，假使你在這三分鐘內並未感到放鬆自在，或者實在難以想像安靜專注維持半小時的樣子，不用擔心，只要持續練習，放鬆的感覺會自然產生。

需強調的是，這三分鐘練習的重點，純粹在於練習讓自己專注於呼吸，觀察內在所發生的一切，而不

是追求放鬆或更放鬆的狀態。當我們這般全然用心專注時，放鬆、平靜、安適將油然而生。

心太忙？錯失了生活經驗的價值與意義

一旦你開始時時刻刻注意心思之所在，很可能會發現你花了許多時間和能量緊握回憶或沉溺幻想，對往事感到遺憾或後悔。也許你也發現你花了一樣多，甚至是更多的能量在期盼、規畫與擔憂未來，對於冀望發生或不希望發生的事情充滿了各種想像。

我們幾乎隨時都處於內在忙碌的狀態，這使我們很容易錯失生活經驗中的質感，低估生活經驗的價值與意義。舉例來說，假設你剛好有空看夕陽，正感動於光影和色彩在雲朵天際間的變化萬千。在那當下，你只是單純地與夕陽同在，接收眼前的景象，確實看著它。接著，你的思緒開始浮現，你可能跟旁邊的人講話，說這夕陽有多美麗，順便聊聊夕陽所勾起的回憶。談話中，你已擾亂當下片刻的直接體驗，注意力飄離了夕陽、天空和光影。思緒和想要開口表達的衝動占據了你的心，你的評論打破沉寂，你已經離開當下眼前的夕陽了。也許你當下什麼都沒說，但腦海中不斷浮現的思緒或回憶，實際上也將你抽離了眼前真正的夕陽。因此，你所享受的其實是你腦袋裡的夕陽，而非實際正在變化中的夕陽。你可能以為你在看夕陽，卻只是與以前所看過的夕陽同在，或是與被勾起的回憶念頭同在。這一切可能都發生於你意識覺察之外，整個過程一轉眼就溜逝了。

多數時候，這種半專注狀態不會給你惹麻煩，至少表面看來不會。但你因此錯失的其實比你意識到的還要多。如果多年來你一直持續處於半專注狀態，如果你對生活中的每個片刻是慣性地匆匆略過而缺乏全神投入，你可能已經錯過了生命中某些最珍貴的經驗，例如：與所愛的人相聚時光、純然觀賞獨一無二的夕陽、大口呼吸早晨的清新空氣。

為什麼會這樣呢？因為你「太忙」了，腦海中塞滿你認為重要而待完成的事情，忙到沒有時間停下來，好好地聽一聽、看一看，注意一下周遭事物。或許你的步調太快了，快到慢不下來，快到難以瞭解眼神交會、碰觸以及與自己身體同在是多麼重要。當我們處於這種狀態時，很可能視而不見、聽而不聞、食而不知其味、言而不知其義。在這種情形下，如果你剛好在開車，而另一位駕駛也跟你一樣心飛他處，隨之而來的後果實在不堪設想。

培育正念的價值不是只會欣賞夕陽，事實上，一旦心不在焉成為某種慣性，我們所有的決定與作為都會受到影響。心不在焉使我們與自己的身體疏離，忽略身體所釋出的信號與訊息。這種現象轉而帶來生理的問題，我們甚至不知道這其實是自己給自己製造的問題。**長期處在心不在焉的狀態，可能會讓我們錯失生命中許多最美麗與最有意義的事情**。此外，一如剛剛所舉的駕車之例，或是酒精成癮、藥物濫用、沉迷於工作的習慣等，或早或晚，心不在焉的傾向與慣性是有可能致命的。

當你開始注意自己的起心動念後，可能會發現，在表面的言行舉止之下，你的內心正產生很多沒有表達出來的情緒與想法。這些持續不斷的思緒和感受無形中會耗弱你大量的精力，阻礙你對寧靜滿足的感受與體驗。

當我們的內心充斥了各種不滿卻未能覺察時（我們通常不願意承認自己有這個現象），要體驗到平靜與放鬆是很困難的。我們可能會感覺到生活很緊迫，甚至四分五裂，我們想往東**也**想往西、想要這個**也**想要那個，然而**這個**與**那個**往往是相互衝突的。這樣的內心狀態，會嚴重影響我們處理事情或看清局勢的能力。在這些時刻，我們可能不知道自己正在想什麼、感覺到什麼或在做些什麼。更糟的是，我們可能對自己的無知一無所知，自以為知道自己正在想、正在感受、正在做什麼以及正發生什麼事情，但充其量這只是不完整的知。實際上，我們受到自己的慣性與好惡驅策，對於自己想法的專制性渾然不察，這通常會導致若干自我傷害的行徑。

蘇格拉底以倡導「認識自己」而聞名雅典。傳說中，有位學生問他：「蘇格拉底，你到處宣揚『認識自己』，但你認識你自己嗎？」

據說，蘇格拉底回答：「不認識。但是，我對此不知略有所知。」

一旦你開始練習正念靜觀，就會逐漸認識到自己的不知（not knowing）[2]。**這並不是說正念是所有生活問題的「解答」，而是當我們心如明鏡時，對於生活問題自然就能看得更清楚。**事實上，能夠覺察我們自以為是的現象，學習不被自己的想法所障蔽，感知事物本來的樣貌而非我們所想像或想要的樣貌，就已經往前邁一大步了。

覺察身體傳遞的訊息，回應身體的需求

人類的生活與經驗中有一個很重要的特性，就是對於熟悉的事物有自動導航的能力。處於自動導航的狀態時，我們可能會對某些人事物（包括自己）失察、忽略、濫用或失控而不自覺。我們多數時刻可能未覺察自己身體的感覺，使我們幾乎不曾與自己的身體真正地接觸。因此，對於身體如何受到環境、自己的行為、想法和情緒的牽動，不夠敏銳。假使無法覺察這其中的關聯性，我們很可能覺得身體不聽使喚卻也不解箇中原因。如第二十一章所述，生理症狀是身體在傳達某些訊息，使我們瞭解它的狀況與需求。當我們開始有系統地注意身體，與它有更多真實的接觸後，就能更敏銳地讀懂身體傳達出的訊息，更能以適當方式回應身體的需求。學習傾聽自己的身體，這對改善健康與生活品質是不可或缺的。

假使對自己的身體渾然不知不覺，很可能簡單如「放鬆」都令人深感挫折。日常生活中的壓力往往會引發特定肌肉群產生緊繃，包括肩膀、下顎和額頭。為了放鬆這些局部緊繃的部位，你得先知道緊繃現象的存在並確實感覺到它們，然後你需要知道如何關閉自動導航，如何掌握自己的身體和心理。這需要集中注意力於自己的身體，體驗來自各肌肉群的感受，向它們傳遞鬆弛與釋放的訊息，這些我們往後都會學到。若是你具有足夠的專注力與覺察，就可以在壓力剛開始累積時自我放鬆，而不用等到身體硬得像木頭

2 譯注：「not knowing」在本書中翻譯成「不知」或「未曉」，這跟「無知」是不一樣的，無知隱含了若干的價值判斷或貶抑，而不知或未曉只是表示老實安穩地面對未知，不急於尋找答案或編織答案。

時，才發現需要放鬆。假使任由壓力持續堆積過久，緊繃狀態可能根深柢固到使你忘卻放鬆的感覺，如此一來，你可能會覺得放鬆只是個渺茫的奢望。

十年前，一位越戰退伍軍人因背痛前來減壓門診，在測試他的肢體活動和筋骨彈性時，我注意到他整個人非常僵硬，尤其雙腿硬得像石頭，就算要他放鬆也沒用。自從他在越南踩到陷阱受傷後，雙腿便一直如此。醫生告訴他必須放輕鬆，他回答：「醫生，叫我放輕鬆，就跟叫我變成外科醫師一樣啊！」

說實話，告訴他放輕鬆對他而言實在毫無幫助。他知道自己必須放輕鬆，但他得先學會如何放輕鬆，也就是在身體與心理層面，他必須真正地經驗到放下（let go）的歷程。開始靜觀練習後，他漸漸學會放鬆，他的大腿肌肉群最終也重獲健康與活力。

身體或心理有狀況時，我們總認為吃藥就會好，這通常也沒錯。但如後續章節將看到的，病人主動配合對所有治療都非常重要，尤其對慢性疾病或難再改善的病症，更是如此。在這些情況下，病人的生活品質將大幅仰賴他對自己身體與心理狀況的瞭解程度。因為只有確實瞭解自己的身心狀況，才可能在自己可承受的範圍內做出最大努力，促進自己的健康。**透過仔細地傾聽自己的身體需求與培育內在資源，我們學習為自己的健康負責。這才是病人、醫師、藥物三方共同合作的最佳模式。**靜觀練習在這個層面很有幫助，因為它能為病人提供支持力量與實質協助並促進康復。

飲食靜觀，真正地品嘗食物的滋味

我們在第一堂對靜觀練習所做的介紹，常會讓學員大吃一驚，因為人們往往以為靜觀就表示要做一些不尋常的事情，會有些神祕或不凡的體驗，或至少可以放鬆吧！為了立即降低學員的這類期待，我們給每位學員三顆葡萄乾，引導大家一顆一顆慢慢地品嘗，一秒接著一秒地全神貫注在我們實際從事與體驗的活動之中。閱讀完下文的說明，也許你也可以試著自己做做看。

首先，我們引導學員仔細觀察手上的葡萄乾，彷彿這輩子第一次見到這玩意兒，領受葡萄乾在手指間所呈現的色澤、質感與觸感。對你心中升起的任何想法保持覺察，尤其是關於葡萄乾或食物的想法。看著葡萄乾時，心中也許會浮現喜歡或不喜歡葡萄乾的念頭，特別注意一下這樣的念頭與相關的感覺。接下來，把葡萄乾放到鼻子下，聞聞它的氣味。最後，帶著清晰的覺察，將葡萄乾放到雙唇間，同時覺察這動作的整個歷程，例如：移動手臂，好讓手指能將葡萄乾放在正確的位置、我們的身心都準備好要吃葡萄乾，口中唾液因而產生的變化。帶著清楚地覺察，我們讓葡萄乾進入嘴裡，緩慢地咀嚼，充分品嘗一顆葡萄乾的滋味。當我們覺得可以吞下時，留心觀察想要吞嚥的念頭及其所帶來的影響，甚至可以感覺身體多了一顆葡萄乾的重量。整個過程，讓自己保持念念分明。然後，我們吃第二顆葡萄乾，但這次沒有任何引導，大家自行安靜地品嘗。接著，再第三顆。

通常，學員對這項吃葡萄乾練習的回應都很正面，即使是不喜歡葡萄乾的人。他們說這種吃東西的方式真令人滿足，這是他們有記憶以來，第一次真正地品嘗到葡萄乾的味道，沒想到一顆葡萄乾竟可令人如此滿足。一般而言，學員都會聯想到如果平常就用這種方式吃東西，就會吃得比較少、吃得比較愉悅、吃得更心滿意足。有些學員分享他們發現自己在還沒吞下第一顆葡萄乾之前，就已經自動塞進另一顆了，在這當下，他們領悟到原來這正是自己平時吃東西的慣性。

很多人會將食物當做撫慰情緒的工具，特別是我們感到焦慮、憂鬱或甚至只是無聊時。這個小練習讓我們體驗到，單純只讓步調慢下來，全然專注於正在進行的行為，這本身就相當強而有力。**這練習也讓我們觀察到，內在衝動是多麼不受控制，尤其是與食物有關的衝動。此外，我們也看到，能清楚覺察當下的所作所為，事情就會變得更單純、更令人滿意，我們也會感到更有掌控力。**

當你用這種方式專注於所進行的事情時，你與事情之間的關係就改變了。你將看得更多、更深入也更清晰，你會看到事情內在固有的秩序或事件之間的關聯。舉個例子，你一時升起想吃東西的念頭，回神時，赫然發現不但已經吃完還吃太多了，過程中你完全忽略身體所傳遞的訊息。將正念帶入，類似這種念頭到行為之間的關聯，你會看得更清楚，你會更覺醒。透過留心專注於每個當下，這跟我們平常慣性而機械化的做事習慣是很不同的，慣性的活動沒有全然的覺察。當你正念飲食時，因為沒有分心、沒在想別的事情（或想得比較少），只是專注地吃，所以你真正地與食物同在，猶如在課堂中看著葡萄乾，你真正看到它，咀嚼葡萄乾，你真正品嘗著它。

做一件事情時，清楚知道自己正在做該事情，就是正念練習的精髓。這般的知道是非概念性的，或者說比概念性的知道還要寬廣開闊，其本身就是覺察，一種你已經擁有的能力。這正是何以我們將吃葡萄乾的練習稱為「飲食靜觀」（eating meditation）。此有助於讓我們理解靜觀或正念的學習，沒有什麼奇異或神祕的內容，唯一要做的就是時時刻刻專注於自己當下的經驗。如此一來，你可以體驗到一種全新的生活、全新看待事物的方式，領悟當下是我們唯一擁有的時間，此領悟將為你的生活帶來特別與神奇的力量。**當下，確實是唯一可以學習、感知、行動、改變、療癒、付出愛的時間，這正是何以我們如此高度重視時時刻刻的覺察**。也許我們需要透過若干練習來訓練自己活在當下及安於覺察，然而這樣的努力本身就是目的了，這使我們的生活經驗更豐富鮮明，也讓我們的存在更加真實。

不追逐未來的境界，只練習每一天的專注

如果你想展開正念靜觀練習，稍微刻意地引進一些簡單淳樸的氛圍到你的日常生活中，會很有幫助。舉例而言，你可以在一天中撥出若干相對平和安靜的時間，運用這段時間專注地體驗各種維持生存的要素，像是呼吸、身體的感覺、心中念頭的起伏等。這種「正式的」練習不會花很多時間，但是逐漸地，你自然會把它擴及日常生活，不論你在做什麼，會更專心於當下的一切，你可能會發現自己隨時都能自動專注，而不是只有在靜觀或靜坐時才能專注。

盡可能地提醒自己，以一種溫和友善加上決心與紀律的態度，提醒自己在醒著的時候盡量保持對當下的覺察。如此一來，我們可以練習正念地倒垃圾、正念地飲食或正念地開車。任何狀況下，我們都可以練習正念，不論在逆境或順境，或是處於心靈或身體的風暴、處於外在環境或內在心境的動盪。我們學習覺

察自己的恐懼和痛苦，與更深層的內在自我連結，此連結有助於穩住自己並賦予自己能量。**這種具有識別力的智慧，幫助我們洞察並超越恐懼與痛苦。因此在未改變處境的情況下，我們依然可以找到自己內在的平靜與希望。**

值得一提的是，在這裡我們所採用的「練習」（practice）一詞，其實有不同的含義。通常我們所講的練習是指「排練」或將某個技巧操練到更完美，以利將來的某些時候可以展演或使用這些技巧。**然而，在靜觀的脈絡下，練習的意思卻是「刻意地處在當下」。在靜觀中，方法與目的是一樣的。因此我們不追逐任何未來的境界，只用功於每一個當下，練習全然地與當下同在。**也許多年練習後，我們能深化並內化靜觀練習，但這是自然的進程而非練習的目的，如同邁向更健康的狀態也是這趟正念之旅的自然進程。事實上，如果我們願意專注於當下的每分每秒，同時牢記我們只能活在當下，當時機成熟時，醒悟、洞見與健康就會水到渠成。

〔第二章〕

正念練習的基本原則：態度與投入

練習專注與活在當下的過程中，你所持有的態度相當重要。態度猶若土壤，可以培育你安頓身心的能力，培育你專注與看清的能力。把靜觀當成一種生活方式，才能產生實質的作用。八週的正念減壓課程只是個開始，正念是一輩子的功課。

正念療癒能力的培育，並非來自不假思索地遵循某套祕訣或指導方針，真正的學習、觀察與改變，來自於開放的胸襟。練習正念，你必須學習將全然的自己帶到當下。你無法只是做出靜坐的樣子，就想像會發生什麼美好的事情。也無法只是播放練習光碟，就認為這些光碟會帶來任何神奇的效果。

在練習專注與活在當下的過程中，你所持有的態度相當重要。態度猶若土壤，可以培育你安頓身心的能力，培育你專注與看清的能力。假使你投入練習的意願是低落的，猶如枯竭的土壤，很難從中生出內在的平靜與放鬆。假使你試著強迫自己放鬆或追求某些特殊的感受與境界，這土壤就被你汙染了，如此一來，就更長不出任何東西，之後你很快就會做出「靜觀無效」的判定。

培育靜觀覺察，需要用一種嶄新的觀點來看待學習的歷程。我們經常自以為知道自己需要什麼，也知道如何獲得，這樣的想法如此根深柢固，以至於我們很容易努力控制事情依照我們想要的方式進行。然而，若把此學習態度運用於學習覺察和療癒，將適得其反。因為覺察僅需專注於當下，如其所是地觀察，而不需要去改變任何事情。療癒是通往連結與圓滿的歷程，需要的是傾聽與接納而非控制。不論覺察或療癒，都是勉強不來的，就像你無法強迫自己入眠，你只能創造適合睡眠的環境，然後就要放下，順其自然。相同的道理亦適用於放鬆，放鬆是無法透過意志強迫的，費力地放鬆只會導致緊張和沮喪。

你若抱著「這是沒用的。不過，我就試試看吧！」的態度來練習正念，可能也不會有多大的收穫。因為一旦你感到疼痛或不舒服，就會跟自己說：「看吧，我就知道疼痛不會減緩的啦！」或是「我就知道自己沒辦法專注。」

如此一來，你證實了自己先前認為這沒用的猜疑，然後就放棄了。

相反地，你是正念的「忠實信徒」，非常篤定這就是正確的道路，正念靜觀就是一切的「解答」。你可能很快就會失望了。因為一旦你發現自己還是依然故我，也終於明白這需要的是持續練習而非浪漫的信仰（不論是信仰靜觀、放鬆或正念的價值），你的熱情很快就會消退。

在減壓門診中，我們發現學習成效最好的是抱持懷疑卻態度開放的病人。他們的態度是：「不知道這對我是否有用，我確實存疑，但我會盡力，再來看看結果如何。」

正念練習的基本態度

練習正念靜觀時，所抱持的態度影響非常重大，因此有意識地培育這些態度是相當有幫助的。練習意向決定了什麼是可能的，這些意向時時刻刻提醒自己朝著練習的方向。事實上，在心中保持某種態度，這本身就是訓練的一部分，在成長與療癒的過程中，可以有效地引導與凝聚你的能量。

有七個態度是正念練習的主要支柱：非評價、耐心、初心、信任、非用力追求、接納、放下。它們並非各自獨立，而是相互依存且相互影響，你用功於任何一項，便會迅速帶動他項的提升。建立這些態度可以為你奠定良好的練習根基，因此練習正念時，你必須刻意培育這些態度。我們在進入方法之前先詳細說明，以讓你在一開始就能熟習並善加運用。練習一段時間後，可以再回頭重閱本章，以此持續澆灌你學習正念的土壤，使你的正念練習枝繁葉茂。

1. 非評價（non-judging）

正念的培育是透過仔細專注你自身分分秒秒的經驗，在此同時，盡可能不受自己的好惡、意見、想法所牽制。這讓我們直接看透事理，以一種客觀的、不偏不倚、不加掩飾的態度來觀察或參與，而不是帶著有色的眼鏡或心中的想望來扭曲事理。要能對自身的經驗採取這種立場，首先，對於各種內在或外在的經驗，你必須能覺察心裡川流不息的評價與慣性反應；其次，學習從這些評價與慣性反應中往後退一步。**當我們開始學習關注自己的內心狀態後，會驚訝地發現原來我們總是不停地在評價各種經驗，對於所見的一切，幾乎都以自己的價值和偏好為基準，不斷地分類並貼上標籤**。我評價某些人事物是「好的」，出於若干理由我對他（它）們感到愉悅。我抱怨某些人事物是「不好的」，因為我對他（它）們感覺不好。其餘的則歸類為中性，因為與我不相干，我幾乎不會注意到他（它）們的存在，通常也不會引起我的興趣。

基於這種分類與評價的習慣，我們會毫無覺察地落入慣性反應，而慣性反應幾乎都是機械式與欠缺客觀基礎的。各種大大小小的評價盤據心頭，讓我們很難感受到平靜，很難對內在或外在正發生的事情有敏銳的洞察，於是這顆心像溜溜球，整天隨我們的評價上上下下。如果你對這樣的說法感到質疑，只要在上班或上學途中撥出十分鐘觀察自己，你就會發現心頭充斥各種的喜歡與不喜歡。

如果我們想要找到一種更有效的方式來面對生活中的種種壓力，第一要務就是能覺察這種自動評價的習慣。如此我們才能看穿自己的偏見與恐懼，也看到偏見與恐懼如何支配我們，之後才能從中釋放自己。

練習正念時，心中一旦升起任何評價，能加以辨識且刻意採取更廣闊的觀點、暫時停止評價、保持不偏不倚的觀察是相當重要的。當你發現自己的心已經在評價時，不需要阻止它，只需要盡可能地覺察正在發生的一切，包括你所採取的各種慣性反應。此外，對已發生的評價可別再加以評價，這只會把情況弄得更複雜。

舉例來說，在練習觀察呼吸時，你心中升起「這真無聊」、「這根本沒用」或「我做不來」的想法，這些其實都是評價。當這些想法浮現時，以下的做法非常重要：首先明白這些都是評價性的想法；其次提醒自己先擱置這些評價，既不追隨這些想法，亦不對這些想法起任何慣性反應，只要單純地觀察心中所浮現的一切；然後繼續全心全意地覺察呼吸。

2.耐心（patience）

耐心是智慧的一種形式。耐心表示我們瞭解也接受，若干人事物只能依其自身速度展現。一個孩子可能會把蛹打開，好方便蝴蝶飛出來，蝴蝶卻無法因此受益。任何成年人都知道，蝴蝶只能依照自己的速度破繭而出，是無法加速的。

同樣的道理，當我們透過正念練習來滋養自己的心靈與身體時，我們得時時自我提醒，別對自己失去耐性。不論失去耐性的理由是因為我們發現自己老是處在評價的狀態，或是我們感到緊張、焦慮、害怕，或是因為我們已經練習一段時間卻毫無所獲。無論如何，我們都需要給自己若干空間來涵容不舒服的經驗。為何？因為這些都是我們當下生命的真實呈現。**我們學習對待自己猶如對待蝴蝶之蛹，既然如此，何須為了某些所謂「更好的」未來而急急催促現在呢？畢竟，每一個時刻，在那當下都是自己的生命啊！**

當你如此練習與自我同在時，就會發現你的心裡還有「一個它自己的心」。如第一章所述，這顆心最喜歡的事情之一，就是徘徊於過去未來及沉迷於東想西想。有些想法令人開心，有些則令人難過或焦慮，無論開心與否，東想西想本身即可強勢地占據或遮蔽覺察，大部分時間裡我們對當下的感知都被各種想法淹沒，完全失去與當下的連結。

當心動盪不安時，耐性協助我們接納它，也提醒自己不需要受動盪所困。練習耐性使我們明白，更多的活動或思考其實無法讓我們活得更富足，反向操作才有可能。耐心，就是單純地對每個瞬間全然地開放，承接蘊含其中的圓滿，明白事物只能如蝴蝶般，依其自身的速度開展與呈現。

3.初心（beginner's mind）

當下的豐富性就是生命的豐富性。我們經常以自己的想法和信念來看待我們所「知道」的一切，這反而阻礙了當下的真實體驗。我們視所有平凡為理所當然，錯失了平凡裡的不凡。為了體察當下的豐富性，我們需要培養「初心」的態度。初心，指的是當我們面對每個人事物時，都好像是第一次接觸。

在正式靜觀練習時，這種態度尤其重要，不論是練習身體掃描、正念瑜伽或靜坐，都要以初心的態度來進行。唯有如此，我們才能不被過去經驗所衍生的期待或恐懼所影響。開放且初心的態度，讓我們涵容人事物的各種新可能，讓我們免於被自以為是的專精所捆綁。**生命中沒有任何一分一秒是一模一樣的，每一秒都是獨特的，蘊含了各種可能。初心，提醒我們這個簡單的道理。**

初心在日常生活就可以培育了。就當做個實驗吧！下次在你看到熟人時，試著問自己看看，你是用一種鮮活的眼光看到真實的他，還是只看到你心裡所認定的他，或是只看到自己的感覺。試著用初心的態度來面對你的孩子、配偶、朋友與工作夥伴，或是你養的狗兒、貓兒，也試著用這種態度來面對問題。當你在戶外時，看看你是否能以清明平靜的心，真正地看到天空、白雲、樹叢、石頭，如它們當下所呈現的？抑或你只是透過自身想法、觀點、情緒的有色面紗來看這一切？

4.信任（trust）

在靜觀訓練中，逐漸發展出一種信任自己與信任自身感覺的態度，是不可或缺的。過程中也許會犯錯，但總比你一味追求外來指導好多了。有時候你可能會覺得不對勁，此時何不尊重一下自己的感覺呢？為何要因為某位權威人士或某些團體有不同的意見，就輕易忽略或抹煞自己的真實感受？在往後所有練習中，信任自己與信任自己基本智慧的態度是很重要的。特別是在練習瑜伽時，當身體告訴你停止或緩和點兒，你必須尊重這些感覺，否則很容易就會受傷了。

有些學習靜觀者過度臣服於老師的聲譽或權威，反而不重視自己的感受或直覺。他們相信老師一定充滿了自己所難以企及的智慧，他們景仰老師是完美智慧的化身，因此毫不質疑地模仿老師。說實在的，這樣的態度與靜觀練習是背道而馳的，靜觀練習強調做你自己並明白做自己的意義。任何人只要還在模仿另一個人，不論被模仿者是誰，在靜觀的路上已經走錯方向了。

你永遠不可能成為另一個人，你只能期待更充分地成為自己，而這也是練習靜觀的首要理由。雖然對學習來源保持開放與尊重的態度是很重要的，不過到頭來你還是必須自己過生活，因此老師、書籍、影音媒材都只是導引與建議。練習正念，就是練習負起做自己的責任，學習傾聽與信任自己。**有趣的是，你愈培養對自己的信任，你就愈能信任別人，並看到別人良善的一面。**

5.非用力追求（non-striving）

一般來講，幾乎我們所做的每一件事情都有目的，例如：為了獲取某些東西或到達某個地方。然而，在靜觀練習中這樣有所為而為的態度可能會導致不小的阻礙，因為靜觀其實不同於人類其他的活動。即便需要很多的努力與能量，但終極而言，靜觀是無為的、是非行動的，除了做你自己之外，靜觀沒有別的目標。有趣的是，你已經是你自己了。這聽起來頗弔詭且有點瘋狂，但足以引領你朝向新方式來看待自己，少點兒追求而多點同在（being），這來自於刻意培養非用力追求的態度。

舉例而言，當你坐下來練習靜坐時，你想著「等一下我就可以放鬆了」或是「我會變得更有智慧，我將可以控制疼痛或成為一個更棒的人」，此時你心裡已經為自己設定一個應該達到的境界，這也正暗示其實你現在是不好的。

「如果我能更冷靜、更聰明、更努力、更這個、更那個就更好了！」，「如果我的心臟能更健康、膝蓋能更強壯，那該有多好！但是，現在的我是不好的！」

這種態度會侵蝕正念的培育，正念要求純然專注於當下所發生的一切。如果你是緊張的，就專注於這緊張；如果你是痛苦的，就盡所能地專注於痛苦；如果你正在批判自己，就觀察你的心正在進行評價的活動；就只是觀察。請記住，我們允許分分秒秒所經歷的一切存在於當下，因為它已經是如此了。只要單純地在覺察中擁抱、涵容它，不需要對它做任何事！

許多人聽了醫師的建議前來減壓門診，第一次來時，我們會探詢他們的學習目標，但之後則會鼓勵他們在這八週中別朝向所設定的目標邁進，這讓他們非常驚訝。尤其若病人懷著降低血壓、疼痛或焦慮的渴望而來，他們會被告知先別試著降低血壓，也別嘗試遠離疼痛或焦慮，只要單純停留在當下，仔細地跟著靜觀的指示練習。

你很快就會發現，在靜觀的領域中，達成目標最好的方式，就是別用力追求你所渴望的結果。取而代之的是，分分秒秒如其所是地仔細觀察所有的人事物（當然也包括自己），進而接納當下所呈現的一切。

6.接納（acceptance）

接納，意味著看到事情當下的本來樣貌。如果頭疼，就接受自己頭疼；如果過重，何不接受這就是此刻對自己身體的描述？其實早晚我們都得面對並接受事情的本來樣貌，不論這是個癌症診斷或得知某人辭世了。**通常我們都得經過情緒化的否認或憤怒後才懂得接納，這是自然的發展，也是療癒的歷程。事實上，我對療癒的工作定義就是：如其所是地與所有人事物達成和平協議。**

撇開耗費大量精力的重大災難不講，日常生活中，我們其實消耗很多能量來否認或抗拒已經發生的事實，因為我們總希望事情能依照自己想要的方式進行。但這只是製造更多緊張與壓力，也阻擾了正向轉變。我們急於否認、強迫與掙扎，只剩下少許的力氣留給成長與自我療癒，更糟的是，這少許的機會在缺乏覺察下又常被我們自己揮霍殆盡。

如果你過重，對自己的身材非常不滿意，而你必須達到理想體重才能欣賞自己與身體，這可就不妙了。假如你真的不想落入令人沮喪的惡性循環中，必須明瞭，即便過重還是可以愛自己的。請記住，當下是你唯一擁有的時間，也是唯一可以愛自己的時間，只有在當下你才有機會開創新局。**因此在真正改變之前，你必須先接納自己的真實樣貌，這是一種對自我的慈悲與智慧的選擇。**

當你開始這樣想時，減重似乎就沒那麼重要卻也簡單多了。藉由刻意培養接納的態度，你就在為療癒鋪路了。

接納，不表示你必須喜歡每一件事情，不意味你必須採取一種消極的生活態度或放棄你的原則與價值觀，也不表示你必須對現況滿意或只能宿命地順從容忍。接納，不表示你應該停止改進不好的習慣或是放棄追求成長的欲望，更不表示你必須容忍不公不義或迴避投入改善環境的努力。接納，單純代表著你願意看到人事物的真實樣貌。不論生活中發生什麼事情，你能確實看清所發生的狀況，不受自己的評價、欲望、恐懼或偏見所障蔽，如此一來，你才更能採取適切合宜的行動。

靜觀練習培育接納的方法，就是好好承接每分每秒的真實樣貌，全然與此真實樣貌同在。我們不強迫或勉強自己應該如何，只是提醒自己對於所感受到、所想到與所看到的一切，都抱持涵容與開放的態度，因為這就是當下的存在。如果我們能夠維持對當下的持續專注，就會明白並確定，一切都是會改變的。每分每秒都是練習接納的良機，而學習接納本身即已富含智慧。

7.放下（letting go）

據說，在印度有一種抓猴子的好方法。獵人在掏空的椰子挖個洞，大小剛好可以讓猴子的手穿入洞內，然後在洞的另一頭鑽兩個小孔，穿線將椰子固定在樹上，獵人將香蕉放入椰子後便躲起來。不久，猴子過來，伸手去拿椰子裡的香蕉。這洞口做得巧妙，鬆開的手可以自由進出，但握起拳頭的手就出不來了。此時，猴子唯一該做的就是鬆手並放下香蕉，而這卻是猴子最不想做的事。

即便擁有聰明才智，我們的心還是經常像猴子般地被困住。因此，培養放下的態度在正念練習是十分重要的。當我們開始專注於自己的內在體驗時，很快就會發現這顆心總希望掌控某些想法、感覺或狀態。如果是愉悅的經驗，我們試圖延長、擴展，甚至一次又一次地召喚相關經驗。若是不愉悅的、痛苦的、令人恐懼的經驗，我們就會努力滅除、阻止或閃避。

靜觀練習中，對於所經驗到的一切，我們刻意學習放下心中看重或排斥的傾向，僅讓各種經驗如其所是地呈現，保持時時刻刻地觀察。**放下，是一種順其自然並接納事物本來樣貌的態度。當觀察到自己的心正在抓取或推開某些東西時，我們有意識地提醒自己放下這些衝動，再看接下來內在會如何轉變。**當發現這顆心正在評價時，我們覺察此現象，卻不跟隨任何評價的內容，允許評價升起、存在與消逝，以此學習放下評價。類似的做法，當過去或未來浮上心頭時，藉由直接觀察這些思緒並安歇於覺察本身，因而得以放下它們。

若某些事情特別盤據心頭實在難以放下，可以將注意力引導去領受這些「緊抓不放」的感覺像什麼。緊抓是放下的相反，是種情感的黏著依附。不管是哪種依附情感或對生活產生什麼影響，都可以好好認識它們。當我們確實放下時，再領受那感覺像什麼以及產生何種影響。願意仔細觀察那緊抓不放的思緒，終會讓我們對放下有許多學習與領悟。**所以，不論是否能「成功地」放下，只要持續觀察，正念就會不斷地引領並教導我們。**

我們對放下其實不陌生，每天睡覺時都在放下。我們在一個安靜的地方躺下來，把燈熄掉，放下自己的身與心；若無法放下就無法睡著了。

多數人都曾因思緒無法停止而睡不著，這是壓力升高的第一個徵兆。我們無法釋放某些想法，因為實在太過投入了。此時若強迫自己入睡，情況只會更糟。因此整體看來，如果你還可以入睡，表示你已經是放下的專家了。現在，只需學習將這種放下的能力，運用到清醒時刻就可以了。

正念的培育——承諾、投入、自律、意向

正念練習除了上述七項基本態度外，還有若干心態也很有幫助，可強化落實正念實踐於日常生活中。這些心態為：不傷害、寬容、感恩、自制、原諒、慈愛、悲心、喜悅、能捨。在許多層面，這些心態與七原則並非各自獨立，而是相輔相成。試試這個實驗：盡量在心裡記住這些心態，例如：感恩、寬容、友善，然後留心觀察，看看自己要活出這些心態有多困難，尤其是面對自己時。當我們對自己缺乏信任、耐心、非用力追求、原諒、慈愛、悲心、喜悅、能捨的時刻，依然試著保持正念，正念地面對自己處於不信任的狀態，正念地面對自己的沒耐心或貪求執著，而非不理會或製造更多傷害，亦非表面不傷害卻又陷入自我中心的情緒漩渦，更非盲目地慷慨、寬容。這一切需要刻意地培育非評價的覺察，在此覺察中正念逐漸浮現，讓我們一點一滴轉向更寬闊、更美好的德行；有趣的是，生而為人，這些德行本來就已經在我們裡面。我們可以自我觀察這些「對生活品質影響」[3]的幅度有多大。

練習正念時，刻意培育非評價、耐心、初心、信任、非用力追求、接納與放下這七個態度，對自己會非常有幫助。

不過如果你只是想想：「嗯，對事情多一些覺察是個好主意」，正念並不會因此就神奇出現。正念的培育過程中，非常重要的是你堅定的投入與足夠的自律。如果真的想要發展並領受正念的力量，自律與規律練習是至關緊要的。

減壓門診中的基本規則是，每個人都要參與練習，沒有人例外。如果有任何觀察者或配偶想要進入，他們就必須願意與病人一起進行每天四十五分鐘、每週六次的靜觀練習。無論是實習醫生、醫學院學生、治療師、護士或其他健康專業人員，都必須同意參與和病人相同規格的練習。因為如果沒有這些個人體驗，他們將無法真正瞭解病人的經歷，更無法理解病人所進行的身心改造工程有什麼困難。

我們對病人在這八週的要求，精神上類似對運動員的訓練。一位運動員接受某種培訓，不會只有在感覺良好時才進行練習，也不會只在天氣好、有人陪、時間多到可以做完時才去練習。這位運動員會每天規

3 這句話出自梭羅《湖濱散記》：「能對生活品質產生影響，才是最高藝術。」

律地訓練自己，不論晴雨、不管感覺好不好或這樣的目標是否值得。

我們鼓勵來診所的病人培養類似的態度，於是打從一開始就告訴他們：**「你不必喜歡這樣的練習，只需要做。八週結束後，再告訴我們這對你是否有用。現在，你只管持續練習。」**

靜觀是一種生活方式，正念是一輩子的功課

病人所經歷的痛苦，讓他們至少在這八週內願意努力投入，以促進自己的健康。對大多數人而言，像這樣不為別的，只為系統性地開發自我同在能力的密集身心訓練，確實是一種全新的體驗。參與者的生活型態會產生重大改變，因為他們需要每天挪出四十五分鐘進行正式練習[4]，並學習將正念帶入時時刻刻的生活。然而，這時間不會奇蹟似地出現，為了配合練習要求，他們需要重新安排自己的生活，規畫出可以練習的時間。這是何以剛參與正念減壓課程時，反而可能覺得壓力增加的原因之一。

在診所教正念減壓的老師，把靜觀練習視為日常生活不可或缺的元素，也是自我成長的必要元素。我們不會對病人要求連自己都做不到的事情，會要求他們是因為我們自己也這樣做。我們明白每天挪出時間練習所需的努力，也明白這種生活方式的價值。想要成為正念減壓的老師，必須擁有數年的靜觀訓練，落實每天的靜觀練習。我們不要求老師去治療或矯正任何人，而是進行一種更高階的訓練，此訓練著重於啟動個人的內在資源，以妥善因應壓力並邁向自我療癒。對練習的投入傳遞了我們的信念，因此我們邀請病人共同參與並承擔自己的部分，在這八週自我探索的旅程中同舟共濟。這種擁有共同目標且一起投入的感覺，讓每天規律練習的要求容易許多。**然而，我們對自己與病人的要求其實並不僅止於每天的練習，而是要把靜觀當成一種生活方式，如此一來，靜觀才能產生實質的作用。八週的正念減壓課程只是個開始，正念是一輩子的功課。**

若真想將靜觀融入於生活，建議你在連續八週內，每天特別撥出一段時間來練習，至少一週六天。事實上，光是每天保留若干時間給自己，這本身就是非常正向的轉變了。大部分時候，我們的生活太複雜、

心思太忙碌不安，實在有必要挪出一段專屬時間，維護與培育個人的靜觀練習，尤其是在初期。如果可以，試著在家裡找到一個專屬空間，你會感到格外舒適與自在的練習空間。

正式練習時，你需要保護自己免於受干擾，也不做其他事情，如此一來，你才能單純地與自己同在，無須忙於做任何事或應付任何人。這麼做確實不簡單，若能落實對你很有幫助的。**衡量你有多少投入意願，就看你在練習時可否把電話關機或不去接電話，同時遠離所有的電子產品，這個行為本身就是放下**[5]。正式練習時，你什麼都不做，單純地安頓身心，之後美好的平靜將油然而生。

保留時間給自己，規律練習

一旦下定決心要好好練習，自律就會出現了。努力於自己有興趣的事情是容易的，但若執行過程中遇到阻礙或是效果未能立竿見影，你是否仍能持續在你所選擇的道路上用功，即可準確測量你的投入意願。在這階段，意識清明的決心就派上用場了，練習的決心可以支撐你像運動員般地鍛鍊自己，不論喜不喜歡或是否感到便利。

當你下定決心並找出適當時間後，就會發現規律練習不如想像中困難。事實上，大部分人在若干生活層面已經相當自律了，例如：每天準備晚餐需要自律，早上起床去上班也需要自律。保留時間給自己當然也需要自律，即便沒人會付錢給你。報名課程時，你可能會想，大家一起做有團體壓力，比較可以讓自己

4 譯注：在正念減壓中，所謂的正式練習（formal practice）是相對於非正式練習（informal practice），前者是指在日常生活中，暫時放下一切事物，挪出一段獨立的時間與空間所進行的練習，例如：靜坐、身體掃描等；後者是融於日常生活中所進行的練習，不需要特別安排練習的時間與空間，時時刻刻都可以進行。

5 過程中，你可以將正念帶入，看看這有多困難，看看你的心有多想查閱電子信箱、發布網路訊息或簡訊，也許你會發現自己有多沉溺於這些電子產品。網際網路使我們一天二十四小時、一週七天總是可以跟人聯繫，也讓我們想要立刻回應每一個人。我們不時地抓著手機，好像手機是生活的供氧線。在此過程中，我們與自己的距離卻愈來愈遙遠，這會嚴重侵蝕我們與自己身體的連結，以及我們與自己每個當下經驗的連結。諷刺的是，這些連結才是真正最重要的。

撐到最後。不過，你最好有其他練習動機，比如讓自己能有效因應壓力，或讓自己更健康、愉悅、放鬆、自信或快樂等等。基本上，你必須下定決心，清楚明白自己為什麼決定要這麼做。

有些人對於把時間保留給自己會有阻抗，例如：在美國的清教徒做事的出發點若是為了自己，通常會有罪惡感。有人則覺得這樣做是自私的，或是認為自己不配擁有屬於自己的時間。這通常來自於年紀還很小的時候，就被告誡：「你要為別人而活，不可以為自己而活」、「幫助別人，別老想著自己」等等。

假如你真的覺得不配把時間保留給自己，何不把這看成是正念練習的一部分。想想這種感覺是從哪兒來的？感覺背後的想法是什麼？可以用接納的態度來觀察這些感覺嗎？這些感覺是正確的嗎？

即便你的信念認為幫助別人是最重要的，不過幫助的品質其實直接取決於你自己本身的平衡狀態。就像樂曲演奏前需要先定音，為自己保留一些能量實在不能說是自私，「明智」應該才是更貼切的形容。

幸運的是，一旦開始練習正念，大部分人很快就會發現，把時間留給自己既不自私亦不自戀。他們體會這樣的練習確實有助於提升他們的自尊、生活品質與關係品質。

我們建議每一位病人找到自己的最佳練習時段。我的最佳時段是在清晨，我喜歡早起一個小時練習靜坐與瑜伽，我喜歡清晨的寧靜。一早起來什麼都不做，只單純地安住於當下，與萬事萬物如所是地同在，我的心靈保持開放與覺察，這是非常棒的感覺。我知道這時候電話不會響，我不去碰網路或任何電子產品。我知道家人還在熟睡，因此不會占用我們的相處時間。當孩子們都還小的時候，老么經常可以隨時敏感地覺察到家中有人在活動。有時候我必須把靜觀練習的時間提早至清晨四點，以避免干擾。現在，他們都長大成人了，有時候會跟我一起靜坐或做瑜伽。我從不敦促他們跟我一起練習，因為這就是爸爸每天做的事，他們對靜坐或瑜伽有些概念，或有時跟我一起練習是再自然不過了。

一早練習靜坐或瑜伽對我一整天都有幫助。我安住於寧靜和覺察中，因此得以棲息於同在領域，滋養同在領域，培育某種程度的冷靜力與專注力。如此一來，白天我會更具正念也更放鬆，面對壓力也更能清楚辨識並妥善因應處理。練習瑜伽時，我專注於身體，伸展關節肌肉使身體充滿生氣與活力。瑜伽練習也讓我知道自己當天的身體狀況，假如練習時我的後腰或頸部特別緊繃或疼痛，白天我就會小心這些部位以避免無心的傷害。

有些人喜歡在早晨練習，但許多人不喜歡或無法如此。每個人可以自己試試，找到最適合自己練習的時間與空間。不過，初期我們不建議在深夜練習，因為身體可能已經相當疲憊，要保持練習所需的專注力會相對困難。

在課程前幾週，許多人發現練習身體掃描（參閱第五章）實在很放鬆，以至於要維持清醒是頗費勁的，即便在白天練習亦然。如果我一早起來發現自己依舊神智不清，我會用冷水洗臉直到覺得自己醒了，因為我不想在迷迷糊糊的狀態中練習，我要保持覺醒。這看起來似乎有點極端，不過，那是因為我深刻明白進入正式練習前處於清醒狀態的重要性。這有助於自我提醒，正念是全面的覺醒，在沒有覺察或昏沉的狀態下，是不可能培育正念的。因此我們主張盡所有的可能讓自己保持清醒，甚至去沖個冷水澡，如果有必要的話。

你有多少動力來驅散昏沉的濃霧，決定了你靜觀練習的成果，昏沉時，你很難體會練習正念的重要性，更難為自己定錨。疑惑、疲憊、憂鬱與焦慮都是強而有力的心理狀態，會暗中逐漸破壞你想規律練習的決心。你可能很容易被它們纏困住，卻還不知它們的存在。

此時，你對練習的投入承諾將產生最大效用，這承諾讓你持續維持參與的態度。規律練習可以增強你心理的穩定度與耐受力，尤其是在高壓、混亂、困惑、缺乏清明或停滯不前時。然而，我們沒有要驅逐這些看似負面的狀態，而是保持覺察並接納它們，如此一來，它們可能會為你帶來最豐碩的練習成果。

願景，讓你成為最好的自己

許多來減壓門診的人都有身體上與心理上的苦痛，然而不論身體症狀為何，他們都會表達尋求心靈平靜的渴望。然而，想要獲得心靈的平靜，他們需要為自己勾勒心中的願景，知道自己真正想要什麼，在面對內在或外在的困境、阻礙或挫折時，仍能記得自己的願景。

以前我總認為單純是靜觀練習就非常強而有力，且具備療癒效果，只要持續規律練習，自然會看到成長與改變。但經驗也教導我，有些個人的練習願景也是重要的，這願景指的是：**當你可以接受身體的限制，更清晰地看到自己身體的潛力時，你希望成為什麼樣的人。**這樣的景象或理想，可以在你處於低潮時，把你帶回持續練習的正途。不過你給自己的願景最好務實些，別去奢望空中樓閣或浪漫地渴望追求某種完美之境。從我們的觀點看，你本來就是完美的，也許有些缺點、缺陷或缺憾，但完全無損於你的圓滿完整。你的每一個當下，都可以讓你開放地領受自己的圓滿完整，在覺察中充分體現你本來的全貌。

有些人的練習願景是促進活力或健康，其他人則希望更放鬆、仁慈、平安、和諧、有智慧。**你的願景對你而言必須是最重要的，換言之，此願景能讓你成為最好的自己、讓你擁有祥和平靜、讓你成為一個充分整合的人。**

成為圓滿完整的人所要付出的代價，就只是全然投入，看清你天生的圓滿完整性，而且堅信自己在任何時刻都可以體現你的圓滿完整。卡爾．榮格（Carl Gustav Jung）說：「想要成為一個圓滿完整的人，需要讓自己完全豁出去，一點兒都不能保留。沒有更簡單的方式，也沒有替代方案或任何妥協餘地。」

你已經明瞭進行靜觀練習對你最有幫助的精神與態度，現正蓄勢待發，接下來就讓我們一起好好探索各種靜觀練習吧。

〔第三章〕

呼吸的力量——療癒旅程中的堅實盟友

呼吸，是一條康莊大道，只要跟隨就很容易親近的力量。正念呼吸有助於讓自己的身體與心裡平靜下來，以較平靜的心與敏銳的眼光，覺察自己的想法與感受，面對事情可以看得更清晰也更有洞見。

詩人與科學家都明白，我們這有機體與祖先的脈動是一致的。所有生命都有其節奏與脈動，例如：細菌的跳動、植物的光合作用、人體全天候的律動等。這些有機生命的律動是鑲嵌在更大的地球脈動之中：潮起潮落，大氣中碳、氮、氧的循環，夜晚與白晝的循環，季節的週期轉換等。身體的物質與能量也參與了地球的節奏交替，並與環境交互影響。有人統計，人的肉體平均每七年就會換過所有的原子。**想想看，如果每隔十年，我這個物質性的身體就只剩下很小的部分與先前的身體是相同的話，那我到底是什麼、到底是誰呢？**

物質與能量循環交替的方式之一就是透過「呼吸」這個動作。每一次的呼吸，我們把體內的二氧化碳與環境中的氧氣相互交換，吐氣時做廢物處理，吸氣時進行更新。如果這樣的歷程中斷了，即使只是短短幾分鐘，大腦就會因缺氧而形成不可逆轉的傷害。當然，沒有呼吸我們就死了。

呼吸，靜觀與療癒歷程中的要角

呼吸有個相當重要的工作夥伴，就是心臟。打從我們一出生，心臟就未曾停止跳動，日復一日、年復一年，無歇無息，甚至死後還可藉由人為的方式讓心臟繼續跳動。

呼吸與心跳是生命的基礎律動。心臟將來自肺臟的氧氣透過動脈與微血管輸送到身體的所有細胞，使細胞可以正常運作。紅血球釋放氧氣後，立刻承載細胞組織的主要廢棄物二氧化碳，透過血管將二氧化碳送回心臟，心臟再輸送給肺臟，肺臟透過呼氣將二氧化碳釋放到大氣之中。緊跟著另一次的吸氣，紅血球再度充滿氧氣，心臟收縮時再將氧氣傳遞全身。這是生命的脈動，也是生命最原始的節奏，物質與能量在我們體內如海洋潮汐般地起伏律動。

打從出生到死亡，我們都在呼吸。隨著所從事的活動與內心感受不同，呼吸的節奏會有很大的變化。在進行劇烈活動或情緒低落時，呼吸會比較快；而在睡眠或放鬆狀態時，呼吸會變慢。你可以實驗地觀察自己在不同狀態下的呼吸，例如興奮、生氣、驚訝或放鬆時。有時候呼吸相當規律，有時卻不規則，有時甚至是相當沉重的。

有一些方法可以有意識地控制呼吸，例如：屏息一小段時間，或是控制呼吸的速度與深淺。不論快或慢、刻意或自然，呼吸都持續進行，日以繼夜、年復一年，伴著我們經歷人生的各個階段。我們視之為理所當然，完全不會注意到呼吸，除非有什麼事情阻礙了正常呼吸或是我們刻意地觀察呼吸，如靜觀時。

在靜觀與療癒的歷程中，呼吸扮演著極重要的角色。沒有接觸過靜觀訓練者可能認為這真是無聊與無趣，但呼吸確實是靜觀練習中不可思議的堅強盟友與導師。

專注於呼吸，是進入正式靜觀練習的第一步

呼吸，是身體最基本的律動，在靜觀練習時是格外豐沛的專注對象，因為它直接關乎我們的生命。理論上我們可以覺察心跳，不過覺察呼吸實在容易多了，而且呼吸的律動性與不斷改變的本質，對我們更有意義。在靜觀或靜坐的練習中，專注於呼吸的同時其實就在學習適應變化，因為練習過程中，我們將體認自己必須有彈性方能覺察呼吸的循環起伏以及呼吸和情緒的關聯。而情緒不佳時，適度調節呼吸的節奏，有時會有相當戲劇化的轉變。

呼吸還有一個好處就是非常便利，只要活著，呼吸隨時與自己同在，我們是無法把它留在家裡的。不論做什麼、感覺如何、經驗到什麼、也不管在哪裡，呼吸總是跟我們在一起。**覺察呼吸可以立即把自己帶回當下，馬上將自己的專注力定錨於身體，定錨於一個重要的、有節奏的、流動的生命歷程中。**

有些人焦慮時會感到呼吸困難，他們的呼吸愈來愈快卻愈來愈淺，直到出現「過度換氣」的現象，也就是未吸入足夠的氧氣卻吐出過多二氧化碳。這會導致頭昏眼花，常伴隨著胸悶的感覺。此時只要你感到缺氧，恐慌或排山倒海的恐懼就會跟著發生。一旦陷入恐慌，要自行調節呼吸就更困難了。

處於過度換氣的人常認為自己是心臟病發作且快要死了，最糟糕的情況就是昏倒，這確實是很危險的。但是，昏倒其實是身體中斷惡性循環的機制，此循環開始於你認定自己無法呼吸而產生恐慌，恐慌再導致你呼吸困難。昏倒後，呼吸就恢復正常了。因此如果你無法掌握並調節自己的呼吸，身體與大腦會適度地讓你的意識短路一會兒，以幫助你正常呼吸。

如同其他學員，受恐慌之苦的病人經轉介到減壓門診時，我們要求他們的第一件事，就是**專注於呼吸，這是進入正式靜觀練習的第一步**。對許多恐慌者來說，光是想到專注於呼吸就足以令他們相當焦慮，單純觀察呼吸而不試著操控呼吸，對他們而言是非常困難的。然而，堅持不懈的態度，讓多數人在靜觀練習中愈來愈熟悉自己的呼吸，也學會信任自己的呼吸。

葛瑞格，三十七歲，消防隊員，從精神科轉介過來。他有過度換氣的現象已經持續一年了，藥物未能產生實質幫助。問題始於他逃離一個濃煙密布的火災現場，從那天開始，每當他要戴上防護面具進入火場滅火時，他的呼吸就會變得非常急促，根本無法戴上面具，甚至時而感覺自己好像心臟病發作，反而需要緊急送醫急救。來減壓門診之前，葛瑞格已長達一年無法進入火災現場執行任務。

第一堂課，我們介紹觀察呼吸的基本做法。葛瑞格開始專注於吸氣與吐氣時，焦慮就來了。他沒有因此離開教室，繼續與大夥兒一起努力學習，回家後即便覺得很不舒服或感到很恐懼，依然每天認真練習。第一週練習身體掃描，需要大量專注於呼吸，這對葛瑞格簡直是酷刑。因為一專注於呼吸，他就感到很可怕，好像呼吸是他的敵人。

他不信任也無法控制自己的呼吸，所以根本不能再執行任務。他與同袍的關係也因此產生變化，更糟的是，他對自己的男子氣概也感到懷疑了。

然而，他依然堅持不懈地勤練身體掃描，甚至是帶入呼吸覺察的身體掃描。兩週後，他發現自己竟然可以再度戴上消防面具，甚至能夠進入火災現場。

隨後葛瑞格在班上分享這戲劇化的轉變。持續練習讓他對自己的呼吸逐漸重拾信心，身體掃描協助他一點一滴地放鬆，即便一開始他並未感覺到，不過當放鬆程度愈來愈擴大，他發現呼吸也跟著改變了。練習身體掃描時專注力會遍巡周身，此時他仔細觀察自己的呼吸變化，開始瞭解自己呼吸的樣貌。過程中，他發現自己可以漸漸不被想法挾持，對呼吸的恐懼亦隨之降低。他親身體會呼吸非但不是敵人，還可幫他放鬆。

葛瑞格學習覺察呼吸並運用到日常生活，讓他自己更為平靜。但這不是一蹴可幾，初期他偶爾可以出勤，不過只能做些輔助工作。有一天他試著進入火場，戴上防護面具時他刻意留心呼吸，觀察而不去改變呼吸，就讓呼吸如其所是地存在。葛瑞格接納自己戴上面具的心情感受，如同在家裡練習身體掃描時接納所有浮現的感受。然後，他發現，沒事耶！

那天起，葛瑞格可以重新戴上面具進入火場滅火，沒有恐慌或過度換氣的現象。往後三年，他多次經歷跟先前導致恐慌一模一樣的場景：在濃煙瀰漫的封閉空間救火。這樣的情況又出現時，他可以清楚地覺察到內心的恐懼，於是他放慢呼吸的速度以保持內心平靜。從此以後，他再也沒有過度換氣的現象了。

覺察呼吸，領受呼吸時所浮現的各種感覺

開始練習正念最簡單也最有效的方法，就是如第一章所述：花三分鐘專注於呼吸，仔細觀察與呼吸有關的各種身體感覺。身體有許多部位可以觀察呼吸，最顯著的就是鼻孔。從鼻孔觀察呼吸，可以感覺到氣息進出鼻孔的變化。另一個可觀察的部位是胸膛，胸部會隨著呼吸擴張與收縮。此外，肚子也是個觀察部位，如果肚子是放鬆的就會隨著呼吸而上下起伏。

不論你選擇哪個部位來觀察，重點是呼吸時仔細覺察這部位分分秒秒浮現的各種感覺，例如：感覺空氣進入與離開鼻孔，感覺相關肌肉的變化，感覺腹部的上下起伏。

專注於呼吸，就是單純地專注於呼吸，除此之外沒有別的。不需要去改變呼吸，例如：試著吸深一點或改變呼吸的頻率。畢竟在你沒有關注呼吸的這許多年，你的呼吸也還是運作得好好的。因此實在沒必要在你一開始決定要覺察呼吸，就試圖控制它。事實上，嘗試控制呼吸會導致不良的後果。在正念學習中，我們對呼吸的關注，只要單純地覺察每次氣息進入與離開身體時的知覺感受。如果你願意，也可以在吸氣與呼氣交替時，仔細覺察空氣流動轉向的感覺。

當人們第一次聽到靜觀的指導語時，常犯的錯誤就是以為我們要他們去「思考」呼吸，這絕對是不正確的。**專注於呼吸不等於思考呼吸，而是去覺察呼吸，領受呼吸時所浮現的各種感覺，並注意各種變化。**

在正念減壓中，我們通常會專注於呼吸時腹部的感覺，而不是在鼻孔或胸部，因為在初期練習階段，這樣的做法特別容易帶來放鬆與平靜。所有把呼吸融入工作的專業人士，例如：歌劇演唱家、管樂器吹奏者、舞蹈家與演員等，都明白腹式呼吸與集中注意力到這部位的價值。他們從自己的第一手經驗中體會，深及腹部的呼吸會有更多氣息進出，也會提升自己的調節能力。

專注於腹部的呼吸方式可以帶來平靜。如同海洋表層因風起浪，我們的呼吸也會隨著心情的「天候狀況」而受影響，當外在環境或內在心境不安、不平靜時，總是會攪動我們的呼吸。然而，如果下到海底十到二十英尺深的地方，你會發現那裡只有輕微的起伏，即便表層波濤洶湧，海洋底層卻是寧靜的。呼吸時，專注在腹部也是類似的情況，我們把焦點放在身體較不受思考攪動且本質上較寧靜的地方（也是距離大腦較遠的地方）。當你心情不好或心煩意亂時，這是重建內在寧靜與平衡的重要方法。

靜觀時，呼吸是個可靠又永遠處於當下的定錨。一旦把注意力移轉到呼吸覺察，就可以在不改變任何事情下，讓我們穿越表面的波動，進入放鬆、平靜與穩定的狀態。心的表層依舊波動紊亂，如同海洋表層的風浪，然而，安歇於覺察呼吸，即便只是一兩秒，我們就可以脫離風暴，免於風暴的肆虐與影響。若欲不假外求地連結到內在的平和寧靜，全面促進心靈的平衡穩定，尤其是在非常困難的時刻，也就是你最需要清明與穩定的時刻，這是極為有效的方法。

當你與平靜穩定的內在接上線，對事情的觀點會立刻改變。你會看得更清楚，所採取的行動將是出於平靜的心而非紊亂的心。這是何以專注於腹部的呼吸如此有用的原因之一。理論上，你的腹部是身體的「引力中心」，遠離頭部也遠離混亂的思考。因此，在學習建立內心平靜與覺察的開始，我們就先「拉攏」腹部成為你的盟友。話又說回來，我們真正拉攏的其實是覺察本身。我們漸漸學習與這奧妙的能力親近，天生卻無價的能力。我們學習一瞬間接著一瞬間、一個呼吸接著一個呼吸地安於覺察、體現覺察。

任何時候，當你把注意力放到呼吸，這樣的片刻就是靜觀覺察了。這是回到當下的有效方法，引導自己覺察身體正在經歷的一切感覺，不是只在刻意練習靜觀時才如此，生活中的時時刻刻都可以。

練習正念呼吸時，閉上眼睛可能更容易專注。然而，正念靜觀練習不需要每次都閉上眼睛。如果睜開眼睛練習，勿將注意力放在外物之上以維持心的穩定。試著將敏銳的覺察帶入呼吸，就像第一章的吃葡萄乾練習，試著對自己時時刻刻的感覺都保持正念。盡你所能地專注於呼吸，一旦發現心已經四處晃蕩不再停留於呼吸，稍微看一下是什麼把心帶走了，接著只要溫和、堅定地把注意力再帶回腹部呼吸就可以了。

橫膈式呼吸法

有種特別的呼吸方式對放鬆是很有幫助的，就是橫膈式呼吸。也許你正用這種方式呼吸，如果不是的話，隨著你練習呼吸時專注於肚子，也愈來愈熟悉自己的呼吸模式後，你可能自然就採用橫膈式呼吸了。橫膈式呼吸較慢、較深，胸部呼吸較急、較淺。觀察嬰兒的呼吸，你會發現嬰兒就是採用這種方式呼吸。換言之，我們還是小嬰兒時，都是用橫膈式呼吸。

橫膈式呼吸又稱為腹式呼吸。事實上，所有的呼吸型態都與橫膈膜有關。為了更清楚地瞭解這種呼吸方式，我們先來看看空氣是如何進出肺部（參閱九十頁）。

橫膈膜是一大片雨傘狀的薄膜，附著於胸腔的整個下緣處，隔開胸部（裡面有心臟、肺、大動脈）與腹部（裡面有胃、肝、腸等）。橫膈膜收縮時，它會變得比較緊且往下凹，這下凹使胸腔的空間變大，導致胸腔內肺臟的壓力變小。身體內部肺臟的壓力降低，使身體外部壓力較高的空氣得以進入體內，以平衡大氣壓力，這就是吸氣。

接著，收縮後的橫膈膜會放鬆，回復原來黏附於胸腔較高位置的狀態，胸腔空間減少導致壓力增加，使空氣從肺部經由鼻子（或嘴巴）出來，這就是吐氣。簡言之，橫膈膜收縮與降低時，空氣就會進入體內的肺部（吸氣）；而當橫膈膜放鬆與回到原來的狀態，空氣就會離開身體（吐氣）。

橫膈膜收縮時往下推擠到胃、肝及腹腔內其他器官，此時腹部肌肉若緊繃的話，就會產生阻力而使橫膈膜難以動彈。呼吸就會很淺，下不去，只能停留在較高的胸腔位置。

腹式呼吸或橫膈式呼吸的概念是，盡可能有意識地放鬆腹部。如此一來，當空氣進入身體，橫膈膜會從上往下推擠腹部，放鬆的腹部順此往外擴張，橫膈膜再往下降多一些，於是，吸入肺部的空氣就多一些，呼出的空氣也跟著多一些。整個呼吸循環無須刻意勉強，自然就會較慢且較深。

圖1

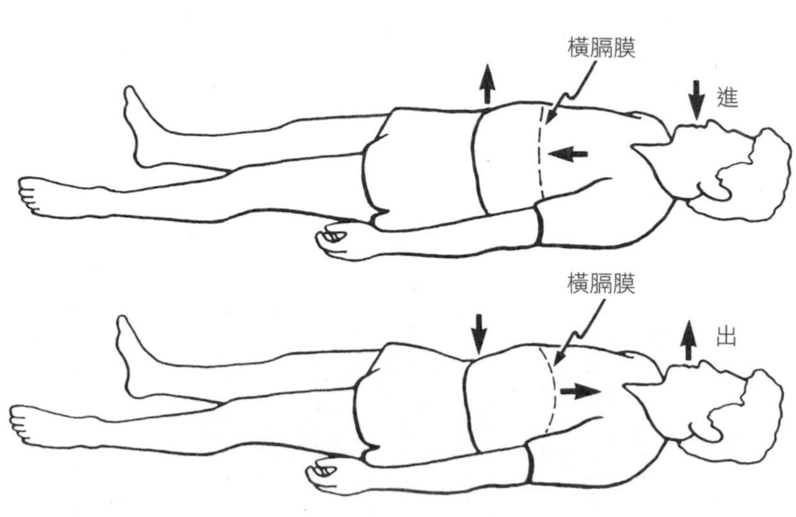

如果你不習慣放鬆自己的肚子，一開始可能會覺得洩氣與困惑。只要不強迫地持續練習，很快就會習慣成自然，就像嬰兒的呼吸，而不需要努力讓自己放鬆。不過，如果身體已經發展出某種慣性緊繃（隨著年紀增長，是很有可能的），那麼要讓肚子放鬆就需要一段時間了，即便如此，這個練習還是相當值得。

剛開始躺著練習會很有幫助，閉上眼睛，一隻手輕放在腹部。注意力放在手上，感覺手隨著呼吸起伏。如果吸氣時手升高而呼氣時手下降，這就對了。這起伏不會很大，既不勉強也不用力，好像一顆氣球，吸氣時擴張而吐氣時收縮。如果你現在就感覺得到，這很好。感覺不到也沒關係，只要持續練習觀察呼吸，時間到了，它自己就會來了。當然，你的腹部並無氣球，這只是具象地表達腹部的起伏變化。若真有什麼比較像氣球的話，那就是肺了，而肺是在你的胸腔。

我們曾調查數百位上過正念減壓課程的學員，詢問課堂中最重要的一項學習是什麼，大多數人回答「呼吸」。這是相當有趣的現象，因為所有人在接受減壓訓練之前也都在呼吸，何以突然間「呼吸」變得如此重要又有價值？

答案是，一旦開始靜觀，呼吸就不只是呼吸了。聚焦於呼吸幫助我們聚焦於自己，呼吸提醒我們關照自己的身體，也提醒我們在這當下正念地與自己的經驗交會。因此，規律地注意呼吸，我們與呼吸的關係就會產生戲劇性的變化。

正念地呼吸有助於讓自己的身體與心理平靜下來，之後方能以較平靜的心與敏銳的眼光，覺察自己的想法與感受，面對事情可以看得更清晰也更有洞見，因為我們一點一滴地增加了自己的覺察能力。隨之而來的，是更大的心靈空間與更多選擇，即便在壓力下，仍可自在地選擇有效且適當的回應方式（respond），而非單靠直覺的慣性反應（react），因為直覺的慣性反應通常只會讓我們感到被掩沒、失去平衡與自我。

這一切來自於單純且規律地練習覺察呼吸。當你可以精確地把呼吸導引至身體的任何一個部位，尤其是受傷或疼痛的部位，你就可以透過呼吸，穿透疼痛不適的部位，撫慰這些部位，穩定自己的心靈。我們可以運用呼吸，提升自己安於深層平靜與專注的能力。讓這顆心有一件事情可以定錨，亦即觀察領受自己的呼吸。這會比任由外在事物包圍占領這顆心，更能有效增強我們的專注力。**靜觀時專注於呼吸，早晚會導向平靜與覺察的深層體驗。呼吸，是一條康莊大道，只要跟隨就很容易親近的力量。**

有系統性地將覺察帶入呼吸與持續練習，這樣的力量就會開發出來，你會明白呼吸確實是最可靠的盟友。我想這就是為什麼病人常會認為「呼吸」是他們最重要的學習。在簡單而古老的呼吸裡，蘊含了完整卻被忽略的生命轉化力量。想運用此力量，只需強化專注技能並且保持耐心即可。

簡易的正念呼吸練習，可賦予我們從慣性與心煩意亂中解脫的力量。瑜伽修行者很早就明白這個道理。呼吸確實是靜觀練習的普遍根基。

在持續練習下，我們終將發現，原來，呼吸也不是最重要的，覺察本身才是，有覺察才有真實轉化的可能。呼吸是在培育覺察過程中極為有用的工具，它具備所有足以有效提升專注覺察的重要特質，非常值得我們好好親近，勿以等閒待之。此外，如同我們的病人所發現的，專注於呼吸亦可漸趨領悟覺察本身無與倫比的重要性。一旦將覺察帶入呼吸，呼吸便不只是呼吸，它已經轉化了，就像我們帶入覺察的其他事物般。一言以蔽之，**我們對自身經驗採取什麼樣的關係，影響重大。**

練習正念呼吸有兩種主要方法。第一是有紀律的練習，即「正式練習」：一天中挪出一段時間，放下所有事，採用某種姿勢，安住於每一個吸氣與吐氣的覺察，前面所講的就是這種方法。藉此規律的練習，專注於呼吸的能力會自然提升。這對增強日常事物的專注力也很有幫助，因為這顆心更能聚焦也更加平靜，較少隨著想法或外在壓力起舞。持續長時間單純地專注於呼吸，會帶來平和穩定。屆時不論採用何種方法，找時間練習靜觀就不會成為你的負荷，而是回歸深層自我、進入內在祥和寧靜、自我充電的時刻。

第二種練習覺察呼吸的方式，不管時間、地點或甚至你在做什麼，就是持續對呼吸保持正念，也許是間斷的練習，也可能一整天都如此。於是，靜觀覺察所帶來的身體放鬆、情緒平靜與洞察等，都交織於日常生活的每個層面。我們稱此為「非正式練習」。非正式練習與正式練習是同等重要，卻很容易被忽略。**如果只有正式練習而沒有非正式練習，日常生活中可能會大量流失穩定心性的機會**。正式練習與非正式練習是彼此補足與相互豐厚的。第二種方法完全不需要額外挪出時間，只需要記得練習。然後，真正的靜觀練習成為單純的生活本身，覺察分分秒秒所開展的生活。

正念呼吸是所有靜觀練習的核心，往後的各種正式練習如靜坐、身體掃描、瑜伽、行走靜觀都會用到。此外，當我們學習將覺察貫穿於一整天的生活時，也會運用到正念呼吸。保持這個練習，你很快就會認識呼吸這位古老又熟悉的朋友，療癒旅程中的堅強盟友。一瞬間接著一瞬間地、一個呼吸接著一個呼吸地，隨時與此盟友同在。

練習一

1. 找個舒服的姿勢，躺或坐均可。如果是坐著的話，盡可能背脊打直而不僵硬，雙肩自然下垂。
2. 如果閉眼對你比較舒適的話，就閉上眼睛。

3. 溫柔地把注意力放到上腹部[6]，猶如你在樹林中巧遇一隻害羞的小動物。吸氣時，感覺上腹部微幅凸出擴張；吐氣的時候，上腹部下沉縮小。

4. 盡可能地保持專注於呼吸，不論呼吸是長、短、深、淺，跟自己的吸氣與吐氣同在，也跟呼吸相關的其他身體感覺同在，彷彿乘著呼吸的波浪。

5. 每當發現自己的心不再專注於呼吸而四處神遊時，注意一下讓自己分心的是什麼，然後溫和地把注意力再帶回上腹部與呼吸時的感覺。

6. 假如心飛掉了一千次，你的「工作」就是在你發現的那個當下，稍微注意一下占據心頭而使你無法專注於呼吸的是什麼。然而，不論令你分心的是什麼，接下來便溫和地把心再帶回呼吸，盡可能持續安住於覺察，覺察氣息進出身體的感覺，持續溫柔地回到呼吸。

7. 不管喜不喜歡，每天練習十五分鐘，持續一個禮拜，再觀察這對你生活的影響。每天花一些時間什麼事都不做，全然且單純地與自己的呼吸同在，仔細覺察這樣的感受吧。

練習二

1. 在一天中的不同時段，覺察自己的呼吸，覺察上腹部凸起與落下循環的感覺。

2. 覺察呼吸時，也覺察想法與情緒，單純、友善、仁慈地觀察，勿評價這些想法、情緒，更不需要評

6 譯注：原著用詞是「肚子」，經作者同意後，在此改為「上腹部」。如此調整，主要是在中華文化的脈絡中，氣功與太極拳盛行，此等養生良方一般會強調「氣沉丹田」。丹田的精確位置眾說紛紜，約於肚臍下方一至三寸處，練功者可經由多年修練或透過呼吸控制而達到氣沉丹田的境界。因此，在中華文化盛行區域，提到腹式呼吸時，人們經常會自動連結到這種呼吸方式。另外，許多學過某種呼吸訓練者亦會如此。然而，正念減壓強調自然呼吸，完全不控制呼吸的深淺快慢，讓呼吸依當下的真實樣貌直接呈現，僅對該呼吸賦予全然的覺察。此外，從本文對橫膈膜作用的說明得知，呼吸即橫膈膜的收縮與放鬆，因此在橫膈膜處領受自然呼吸是最直接的位置。橫膈膜位於胸腔肋骨下方，因此，這裡所謂的上腹部，就是胸腔下方與肚臍上方約一個手掌寬的位置。於此位置領受自然呼吸，不但容易上手，更不會與丹田或其他呼吸法混淆。

價自己。

3. 覺察自己看事情的角度或對自己的感覺，觀察是否有任何變化。

4. 問問自己也深入地自我觀察，是否已經被當下所浮現的感覺或想法給銁住了？

〔第四章〕

靜坐——滋養同在的領域

在靜坐或靜觀練習中重要的是，過程中是否能覺察自己的想法與感受，同時覺察自己與它們的關係為何。壓抑你的念頭或感覺，只會導致更大的壓力與挫敗。單純地明白「想法就只是想法」，可以讓你從扭曲的事實中釋放，為生活帶來更遼闊的視野。

正念減壓第一堂課時，每位學員都有機會說說自己為什麼想來上課，以及對課程的期待。上週琳達形容她的腳下好像有一部大卡車，總是跑得比她自己真正能走得還快。這是許多人都有的體驗，大夥兒對她生動的描述紛紛報以點頭微笑。

我問她：「妳認為那卡車實際上是什麼呢？」她回答那是衝動、渴求與欲望（琳達的體重是過重的）。換言之，就是她的心，她的心就是那輛卡車，不斷地督促、驅使、強迫自己，讓她不能休息也沒有平靜。

太忙、太趕、太焦慮？一切都是「心」的驅使

心的好惡驅動著行為與情緒。我們的心持續往外尋求滿足，努力要求事情依照我們想要的方式進行，努力獲取自己想要的或覺得需要的，努力避開自己感到害怕或不希望發生的事情。這些心常見的把戲，驅

使我們用所謂該做的事情來拚命把時間填滿。過程中，我們難以享受所做的事情，因為總是被時間壓迫，太趕、太忙、太焦慮了。計畫、責任、角色，即便我們做的每件事情都是重要的或出於自由意志，但也確實感覺到快被壓垮了。我們深陷於不斷的行動（doing）之中，很少有機會碰觸同在（being）的領域。

回到同在領域並不困難，只要提醒自己保持正念就好了。進入正念的瞬間就是平安與寧靜的瞬間，即使在行動之中。如果你整個生活都塞滿了各種行動，正式的靜觀練習可以為你提供一個避風港，讓你的清明與穩定得以不受侵襲干擾，而清明穩定可以維護你的平衡與洞察。正式練習可以適度停止不顧一切向前衝的狀態，提供你安頓於深層放鬆與平靜的時間，也讓你記得自己是誰。再回到行動時，正式練習可以賦予你力量與自知之明，你會看清楚什麼是真正需要做的，而什麼是想要做的，你的行動將出於同在的體悟而非慣性反應。如此一來，耐心、平靜、清明與平衡，將灌注到你正在從事的行動之中，壓力與忙碌就沒那麼繁重了。實際上，壓力與忙碌的感受可能就此消失，因為在練習時，你跳脫時間的框架，進入剎那即永恆的當下。

練習停下來，觀察你的心……

靜觀確實是非行動或無為的。據我所知，這是人類唯一不嘗試要到達某種狀態而只強調安住於當下的一種努力。大部分的時間，我們受到各式各樣的行動、計畫、奮鬥、反應、忙碌所支配，以至於一旦我們停下來，單純地去感受當下的自己時，一開始反而顯得有點古怪。尤其我們一向很少去覺察自己的心是多麼毫無休止地躍動，也沒意識到自己如何被這躍動不已的心所驅使。**我們很少停下來直接觀察心，看看是什麼浮上了心頭，也很少不帶情感地觀察心的慣性反應、習性、恐懼或欲望。**

單純與自己的心同在，會看到豐富的樣貌，然而要能自在地領受這豐富樣貌就需要一些時間了。這有點像是與多年不見的老友相聚，剛開始我們可能有點尷尬，對這個人似乎有些陌生，不太知道如何跟他共處，因此重新建立彼此的連結與熟悉感，是需要一點時間的。

雖然我們都「擁有」心，然而對於「我們是誰」這樣的議題，似乎總要不時地提醒自己，否則各式各樣的行動就會接管我們的心。我們追逐各種行動或被各種行動追逐，彷彿只是行動的傀儡，有時看來甚至像個神經錯亂的傀儡。不受拘束的行動動能會經年累月地驅策著我們，甚至一起進入棺材，使我們忘卻唯一可以活著的時間只有現在，忘卻我們才是行動的主人。

在這麼多做不完的行動下，要落實體驗當下的珍貴，似乎需要一些不尋常甚至是激烈的方法。這正是何以我們每天需要挪出特定的時間，來進行正式的靜觀練習。**正式練習是一種讓自己停下來、重新提醒自己的方法，也是一種滋養同在領域的方法。**

挪出一些時間什麼事都不做，單純地與自己同在，一開始會感到不自然與造作，好像只是多一件要做的「事情」。

你會這麼想：「現在我必須找時間練習靜觀，即便生活中已經有這麼多的工作與壓力了。」從某個角度看，這也沒錯。

不過，一旦你明白滋養自己是多麼至關重要，也明白在面對紊亂生活時，冷靜與內在平衡是多麼重要，你自然就會把這件事列為第一順位，發展出不可或缺的練習紀律。如此一來，挪出時間練習靜觀就會容易許多，因為如果你真的發現它確實可以滋養最根本、最美好的內在，你一定會找到方法的。

靜坐的核心——培育自我接納、自我倚靠與清醒覺察

我們稱正式靜觀練習的核心為「坐式靜觀」或直接稱為「靜坐」。如同呼吸，坐，對每個人都不陌生，所有人都會坐，一點兒也不特別。**然而，正念地坐著與一般地坐著，就像正念呼吸與一般呼吸是不同的，其中的差別就在於覺察。**

練習靜坐時，需要挪出一段時間與合適的空間，讓自己什麼都不做，刻意維持一種清醒且放鬆的姿

圖2

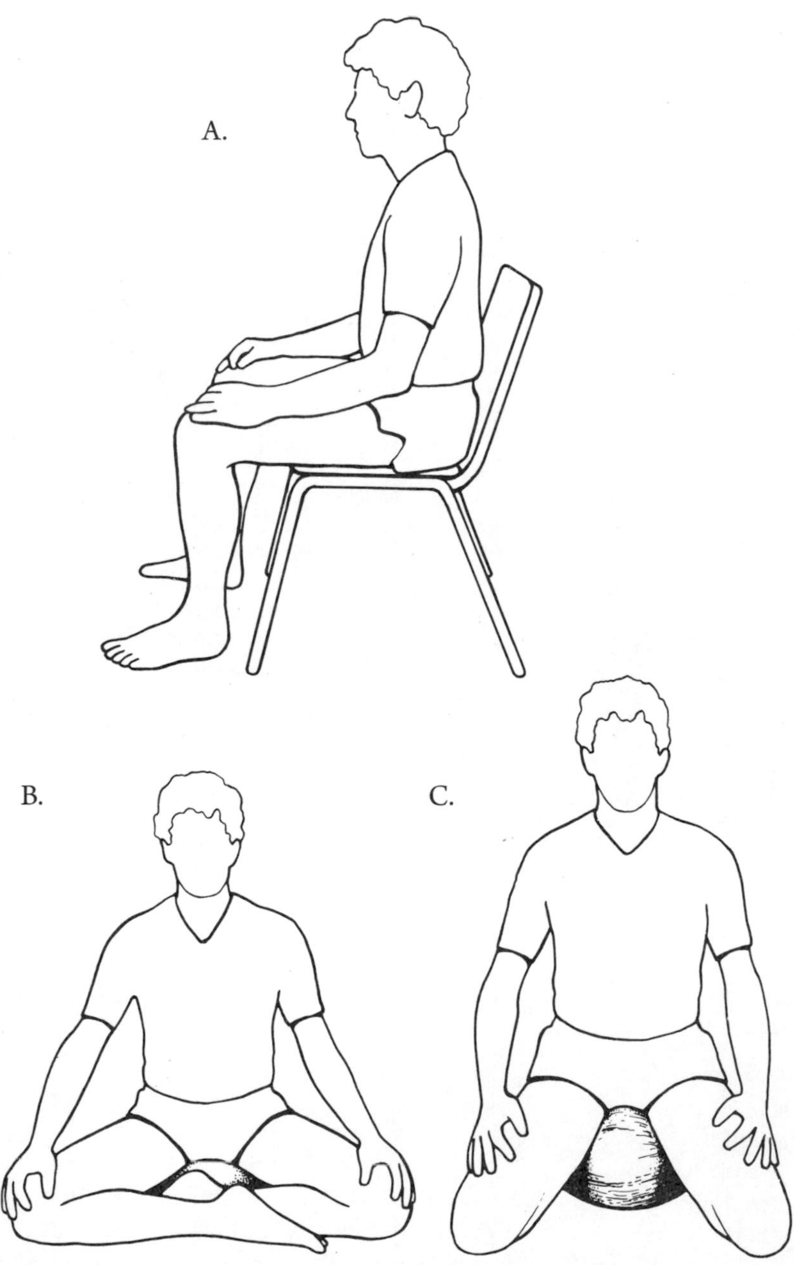

勢，所以即便有一段時間身體沒動，也不會覺得很不舒服。我們單純平靜地接納當下、安於當下，不用任何事情來填滿自己的時間、空間。事實上，當我們觀察呼吸時，便已經開始這項練習了。

讓腰、背、頸維持不僵硬或緊繃的直線，此莊重的姿勢對練習靜坐幫助很大，因為這是呼吸最順暢的姿勢。此外，這身體姿勢也與課程核心相互呼應，課程核心就是培育自我接納、自我倚靠與清醒覺察。

坐椅子或地板都可以。理想的椅子有垂直的椅背，高度足以讓腳底舒適平放地面。如果可以，背部不靠椅背，如此才可用你的脊椎撐住自己（如圖2A）。當然真的需要的話，靠著椅背也無妨。假如你坐地上，找個三到六吋高的厚實墊子，例如將毯子對折數次或買個靜坐專用墊如蒲團，坐於墊子前側二分之一到三分之一處。

坐在地板時，雙腿交叉的單盤或雙盤都可以，亦可採跪姿。我最常用所謂的緬甸式坐姿（如圖2B）：把一腳的腳跟盡量靠近身體，另一腳則放在該腳的前端（散盤）。膝蓋是否碰觸地面與髖關節、膝蓋、腳踝的柔軟度有關，當然如果膝蓋能碰到地面，通常會舒服些。採用跪姿者將墊子放在兩腿中間（如圖2C），亦可使用專屬跪凳。

在地上靜坐會有一種「扎根」與自我支持的感覺。但不盡然都要坐地上或雙腿交叉，有些病人喜歡坐地上，多數人更喜歡坐在有垂直椅背的椅子上。事實上，坐在哪裡不是重點，重要的是全心全意地投入。練習靜坐時，不論坐於椅子或地上，姿勢都是重要的。**姿勢可以具體烘托自己的狀態，我們希望培育莊重、耐心、自我接納的態度，就要採用相對應的姿勢**。盡量維持腰、背、頸舒適自然的直線，肩膀與雙手放鬆，雙手可以放在膝上（如圖2A），亦可自然下垂，左手疊右手上，雙手拇指指尖互觸。

選好適合自己的姿勢後，就把注意力放在呼吸上，感覺氣息的進與出，安於當下，一瞬間接著一瞬間，一個呼吸接著一個呼吸。聽來很簡單，確實也是。對你吸進的氣息與呼出的氣息保持全然的覺察，觀察氣息自然地進出，領受所有與呼吸相關的感覺，不論是粗重的或細微的。

這很簡單，卻不容易做到。你可以久坐電視前或車子裡，卻完全沒意識到自己正坐著。如果你坐在家裡，除了觀察自己的呼吸、感覺、想法之外，沒什麼可看、沒什麼可玩、也沒要去哪裡，你大概不會想要維持這樣很久。一分鐘、兩分鐘、三分鐘、四分鐘後，這身或心就會覺得「夠了，來點兒其他的吧」。於是，你可能不停地變換姿勢或乾脆起身去做別的事情。這幾乎是無可避免的，每個人都一樣，不是只有初學者。

「心」若是浮躁的，身也不得安寧

事實上，只有在這時候，自我觀察才顯得格外豐富有趣。**正常情況下，心意識一浮動，身體其實就會跟著浮動。如果我們的心是煩躁的，身體也得不到安寧。**例如：心想要喝水的時候，身體就會往廚房或冰箱移動。如果你的心說「這真無聊」，在你意識到之前，身體已經起身去看看有什麼可以讓心快樂的事情。反之亦然，如果身體感到不舒服，即便只是輕微不適，你的身體就會自動調整到舒服的姿勢，或者身體會教唆心去找別的事做，於是在你意識到之前，你可能已經起身，也可能落入了無止境的思緒或白日夢之中。

假如你對擁有平靜與放鬆是認真的，也許會好奇為什麼這顆心這麼快就對與自己同在感到無聊、為何你的身體如此地焦躁不安與不舒服？對於總想找些事情來填補每一秒鐘的這股衝動，背後是什麼呢？那種一旦你覺得空虛就要找事情來娛樂自己的背後又是什麼？是什麼讓你跳離當下，是什麼讓你又回到行動而東忙西忙？那驅使身心遠離寂靜的到底是什麼？

練習靜坐或靜觀時，我們並不回答上述問題，只需要觀察起身的衝動與心中浮現的想法。不論心裡想做什麼，試著不隨之起舞，只是溫和而堅定地把注意力帶回呼吸與上腹部，一秒接著一秒地持續觀察呼吸。偶爾我們可能會懷疑這顆心怎麼會這個樣子？不過，基本上，我們是在練習接納每個瞬間所呈現的樣貌，而不去對「怎麼會這樣」起反應。因此，我們會繼續坐著，繼續觀察呼吸。

靜坐的基本指引——觀察呼吸

練習靜坐的基本指引相當簡單，就是觀察呼吸。吸氣時，保持全然的覺知以感受氣息進入；呼氣時，保持全然的覺知以感受氣息出去，如同第一章與第三章的練習般。不論心飛哪兒去了，也不管思緒內容為何，發現心飛掉時就放下思緒，溫柔地再把注意力護送回呼吸與上腹部的起伏。

如果你試過這方法，就會明白心猿意馬是多麼容易。你可能跟自己約法三章，無論如何都要把注意力聚焦在呼吸。只是沒有多久，這顆心又閃神了。呼吸，早已被拋到九霄雲外。

靜坐時，每當發現這個現象，就先稍微留心那盤據心頭的思緒為何，或者是什麼把你的心帶離對呼吸的專注。不論引開專注的是什麼，接下來就只要溫和地把注意力再帶回呼吸與上腹部。如果心飛走一百次，就平靜地把它帶回一百次。

藉此方法，你訓練自己的心少些慣性反應而多些穩定，你平等地看待生命的每一秒鐘，未重視某些卻忽略其他，你使每一秒鐘都有價值。藉此方法，培育你自身本有的專注力，意識到自己閃神時不斷地把心再帶回呼吸，專注力因此獲得強化與深化，如同以舉重來鍛鍊肌肉。內心若產生阻抗，只需要規律練習，不需要掙扎對立，便可建立自身的內在力量。在此同時，你也培育了自己的耐性與非評價。發現心離開呼吸而四處晃蕩時，不需要責備自己，只要單純就事論事地把它再帶回呼吸即可，溫和而堅定地帶回呼吸。

身體不舒服時，怎麼辦？

坐下來練習靜坐，你很快就會發現，幾乎任何小事都足以把你的注意力從呼吸引開。導致分心的一大來源就是你的身體。常理而言，採用某種姿勢穩定地坐上一段時間後，身體多少會覺得不舒服，此時我們會自動地移動身體以回應這樣的不舒服。然而，練習靜坐的過程中，身體第一次有移動的衝動時，稍微撐住不動是會有幫助的，試著把注意力放在這些不舒服的感覺並歡迎它們。

為何如此？因為這些不舒服的感覺進入我們的覺察領域時，這就是我們當下的真實體驗，值得深入且全面地觀察探究。它們提供機會，讓我們得以直接看到自己種種自動化的慣性反應，也讓我們看到心失去平衡與感到焦慮時的整個歷程。

因此，膝蓋的疼、背部的痛或肩膀的緊，都不再是讓你從呼吸中分神的事項，而是你的覺察領域，只要單純地接受，不對它們起慣性反應，也不把它們視為令人不悅而欲除之後快的苦，這將可發展你面對不舒服時的不同做法。即便不舒服依舊，這些身體的感覺現在卻有機會成為瞭解自我的導師和盟友。身體的不適不再只是強大阻礙，反而成為幫助你發展專注、平靜與覺察的力量。

這也是彈性的培育，迎接任何情況並與該情況真實同在的彈性，而非只全然地專注在某件事情上，例如：呼吸。這是正念靜觀最獨特也最有價值的特色之一。如我們先前提過的，最重要的不是呼吸，而是覺察本身。覺察可以在生活經驗的任何層面，而非只在呼吸，不論你選什麼做為專注對象，覺察本身都是一樣的。

明白這是當下的體驗，在覺察中擁抱身體的不適

換言之，靜坐時假如有不舒服的感覺升起，試著與這不舒服的感覺同在，未必要超越疼痛，但至少跨越某些慣性反應。我們與這些不舒服感覺一起呼吸，甚至把氣息吸入那不舒服的地方，歡迎它們，嘗試在它們出現時，依舊保持連貫的覺察，一秒接著一秒地。之後，如果還是覺得有需要，可以帶著清晰的正念移動身體以降低不適，過程中保持分分秒秒的覺察。

這並不表示在靜觀練習中，應該忽略身體的疼痛或不舒服。相反地，疼痛與不舒服是相當重要的，非常值得深入探索（詳見第二十二章與第二十三章）。**最好的探索方式，就是當疼痛或不舒服降臨時，歡迎它**

們，**不因自己不喜歡就一股腦地抗拒，並用力把它們撐開。藉由與不舒服一起靜坐，接納它們，即便真的很不喜歡，但明白這確實也是自己當下的體驗。**如此一來，我們將發現，原來在身體不適時也能夠放鬆，原來我們可以在覺察中擁抱身體的不適。這是不舒服或疼痛之所以能成為我們的老師，並促進療癒的原因之一。

有時，在不舒服中放鬆可以降低疼痛的強度。練習得愈多，就愈能發展出更多減低疼痛的技巧，或至少對疼痛更具穿透力，如此一來，疼痛比較不會磨蝕你的生活品質。然而，在靜坐過程中，不論你所經驗到的疼痛是否減弱，刻意地覺察面臨不舒服時的慣性反應，對於發展沉著、平靜與心理彈性是很有幫助的，這些特質在你面對艱難挑戰與壓力情境時，將格外有用（參閱第二篇與第三篇）。

靜坐時很多念頭，怎麼辦？

除了身體不舒服與疼痛外，還有許多事項足以分神，其中最主要的就是念頭與思考。即便你決定要好好安穩地坐著，一秒接著一秒地觀察呼吸，不表示你的心就會跟著配合，這顆心不會因為你決定要靜坐就安靜下來！

專注於呼吸時，很快就會發現我們活在永無歇止且雜亂無章的思考之流，一個念頭快速地接續一個念頭，再接續一個念頭。很多人在上了正念減壓第一堂課且回家練習後都感到好放鬆，尤其在他們發現，原來不是只有自己的念頭會如瀑布般狂瀉，大家都一樣！這多少讓自己感到寬慰些。事實上，「心」本來就是這個樣子。

對許多成員而言，這個發現實在大開眼界。回顧課程，他們認為最有價值的學習，往往就是明白**「我不等於我的思考或念頭」**。這意味著自己可以有意識地選擇是否需要回應各種思考或念頭。在他們領悟到這個簡單道理之前，此選擇機會是不存在的。

靜坐練習的初期，大腦的思考活動不斷地把我們的注意力從核心任務中抽離，這核心任務就是發展平靜與專注，亦即與呼吸同在。為了要建立靜觀練習的動力與持續力，練習過程中不論心中浮現了什麼，都要一再提醒自己回到呼吸。

放下思緒不等於把思緒推開

靜坐練習時所想到的事情，也許很重要，也可能不重要。然而，不論重要與否，如我們已經看到的，心似乎有自己的生命。處於高壓時，心被困境所纏，不停地思索未來該怎麼辦、早該怎麼做、之後不該怎麼做、早不該怎麼做等等。在這種情況下，思考讓你充滿焦慮與擔憂。

壓力較少時，本質上心裡的各種念頭比較不會令人焦慮，但它們依舊能有效地把你從呼吸的關注中抽離。你可能發現自己不斷地想著曾看過的一部電影、聽過的一首歌，想著晚餐、工作、父母、小孩、別人、假期、健康、死亡、帳單或任何其他事情。靜坐時，思考不知不覺地如瀑布狂瀉，你沒有覺察，直到突然間你終於清醒了，發現自己完全沒在觀察呼吸，甚至不知道自己想了多久或怎麼掉入思考漩流的，你明白呼吸已經被遺忘了。

在這時刻，你可以跟自己說：「沒關係，現在就回到呼吸吧。不論剛剛想的是什麼，放下吧！不過先讓我看看，剛剛的一切其實都只是想法，只是我覺察領域中的一些事件。」**同時也可以提醒自己「放下思緒不等於把思緒推開」，這樣的提醒會很有幫助的。**讓想法如其所是地存在，正如我們在覺察中讓呼吸如其所是地存在。此時順便檢視一下自己的姿勢，看看身體是否已經彎腰駝背，因為陷入昏沉或分神的身體姿勢很容易如此，如果是的話就再次讓自己溫和地坐正。

靜坐時，我們刻意地以平等之心看待每一個念頭、想法。當念頭升起時，盡可能地覺察它，然後刻意把自己的注意力輕柔地帶回呼吸，以呼吸做為主要的觀察焦點，而**不管念頭的內容或情緒的強度！**換言之，我們刻意地練習放下每一個讓我們分心的念頭，不論它是重要或不重要的、有深刻見解的或只是瑣碎的想法。我們視其為單純的思考與意識領域中的獨立事件，覺察它們，因為在這當下它們就是浮現了。靜坐時，我們有意識地降低被思緒占據的現象，不論它有多重要。取而代之的是，提醒自己看清那些只是想法，只是意識領域中的獨立事件。靜坐時，我們注意念頭想法的內容及其所承載的情緒，瞭解它們如何強勢或微弱地主導我們的心。接下來，不論這些思緒與情緒的分量有多重、是愉悅或不愉悅的，我們都有意識地放下，再度回到呼吸，再度「進入身體」，與自己的身體同在。若有需要，我們會重複這樣的程序千百次。跟你保證，一定會需要的。

需注意的是，放下念頭想法不等於壓抑。很多人產生這樣的誤解，以為靜坐就是要關閉思考與感覺。他們誤把指導語理解為「如果思考或念頭浮現，那就是『不好的』」，以及「『好的靜坐』是沒有或只有一丁點兒的念頭」。

因此，以下這段說明是很重要的：**在靜坐或靜觀練習中，思考念頭並非不好或令人討厭的。重要的是，過程中是否能覺察自己的想法與感受，同時覺察自己與它們的關係為何。**壓抑你的念頭或感覺只會導致更大的壓力與挫敗，造成更多問題，無法帶來任何祥和、洞察、清明或寧靜。

學習正念，絕對不會為了獲取心靈的平靜，而要求你消弭或隔離思維想法。當念頭、情緒如瀑布狂瀉時，我們不需要試圖停止，只要提供空間，觀察它們，明白這就只是念頭、情緒，然後放下。運用呼吸穩住自己，運用持續地觀察呼吸讓自己安於專注與平靜之中。此外，這樣的自我提醒也許會有幫助：「領受思緒與情緒的覺察，與領受呼吸感覺的覺察，其實是一樣的覺察。」

以此方向培育正念，你會發現每一次的正式靜觀練習都有不同的風景。有時候你會感到相當平靜與放鬆，不受任何念頭或情緒干擾。有時候某些念頭或情緒是那麼強烈地重複出現，以至於你頂多只能盡量地觀察它們，在念頭、情緒川流不息的夾縫中，盡可能地與呼吸同在。**靜觀練習時，不用太在意你有多少念頭流過，**而是一秒接著一秒地去留意你有多少的心量來覺察與涵容這一切。

當你領悟到你的想法就只是想法，想法不等於「你」也不等於「事實」時，這將是意義非凡的大釋

放。舉例來講，如果你心想「今天應該完成所有事情」，你不覺得這只是一個想法，而認定本當如此。在那個當下，你就創造了一個「今天非得完成所有事情的『事實』」。

第一章曾提到的彼得，因為渴望預防心臟病復發而來接受正念減壓訓練。有一天，他赫然發現已經晚上十點了，自己竟然還在洗車。突然間，彷彿醍醐灌頂，他第一次發現其實不需要這麼做。以往他滿腦子努力地去完成每一件他「認為」應該做的事情，這只是其中之一。那天，他終於看到多年來他對待自己的方式，看到自己毫不質疑地認為每件事情都必須當天完成的信念，此信念如此根深柢固，使他全面地受到控制。

如果你發現自己也有類似的行為，或許你常感到緊繃、焦慮與壓迫，卻不知這些感覺從何而來，就像彼得一般。因此，當你在靜坐時，假如突然想起有某些事一定要立刻或當天完成，必須小心地提醒自己「那只是一個想法」。否則，在你意識到之前，可能已起身去做那些事情了。你突然決定停止靜坐，只因為心中閃過一個該做某事的念頭。

相反地，如果這樣的念頭升起時，你往後退一步，即可較清明地分辨事情的輕重緩急，對於真正該做的事情做出明智的決定，也知道什麼時候該停下來。

因此，單純地明白「想法就只是想法」，便可以讓你從扭曲的事實中釋放，為生活帶來更遼闊的視野，也會覺得更容易處理事情。

靜觀練習讓我們從專制的思考心智中解放出來。每天花一些時間處於無為並安於覺察，觀察呼吸的流動，觀察身體與心理的活動而不受其束縛箝制，就是在培育平靜與正念了。隨著我們的心愈來愈穩定，愈來愈少受到思維內容的纏困，專注力與內在寧靜亦漸豐厚。每當一個想法升起時，我們單純地視其為想法，標出它的內容，覺察它對我們的影響，覺察內容的正確性，然後放下它，回到自己的呼吸與身體感覺。藉此增強正念，我們會更瞭解自己，更接納當下的自己，而非未來的自己。

靜坐練習的其他面向

我們通常在正念減壓的第二堂課介紹靜坐。第二週的作業除了每天四十五分鐘的身體掃描（詳見第五章），還有十分鐘的靜坐。靜坐的時間逐週增長，直到可以一次坐上四十五分鐘為止，此練習擴展了成員對靜坐與覺察的體驗。

前幾週的靜坐只簡單地觀察呼吸的進與出。這其實是可以練習一輩子的，沒有終點，只會愈來愈深入。這顆心會日益平靜放鬆，正念或分分秒秒不帶評價的覺察會日益穩固。

在靜觀練習中，最基本的方法（如觀呼吸）所具備的療癒力量和所能釋放出來的能量，與其他更複雜的方法其實是一樣的。有時候人們以為比較複雜的方法是「進階的」，觀呼吸相對於專注其他內在或外在體驗，是比較遜色的，這是個誤解。這些方法對於培育正念都有獨特的作用和價值。**追根究柢，重要的是你的心、練習的品質與理解的深度，而不是你採用了何種「方法」或你所專注的對象。如果你真的很專注，任何東西都可以成為通往覺察的大門。**請記住，不論我們在某段練習時間的專注對象為何，那覺察都是一樣的。話又說回來，正念呼吸確實是非常強而有力的方法，能快速有效地穩定自我，因此我們會經常回到這裡。

覺察，練習接納當下的一切，然後放下

隨著正念減壓課程的開展，我們也將逐步擴展靜坐的覺察領域，從對呼吸的覺察，到身體的特定部位、整個身體、聲音、念頭本身。有時專注某個單一面向，有時涵蓋廣闊。最後階段不特別專注某個面向（如呼吸、聲音或念頭），就單純覺察任何升起的存在，我們稱此練習為「無選擇的覺察」（choiceless awareness）或「開放的覺察」，就是純粹安於覺察，接納每秒所呈現的一切。這聽起來很簡單，不過真要練

習起來，需要相當穩定的專注與平靜。有趣的是，培育平靜與專注，來自於先選定一個覺察對象，好好進行長時間地練習，這對象最常用的就是呼吸，這一練可以是好多年。因此，有些人在靜觀練習初期會發現，最受用的就是覺察呼吸與整個身體。現在，我們建議你先依照本章最後的步驟學習，到第十、三十四、三十五章時，你對八週課程及課程內的正式練習與非正式練習都有完整概念後，就可以跟著正念減壓的課程表練習，系統且全面地發展並深化所有的靜觀練習。我在旅行途中，經常遇到人們告訴我，他們運用這本書及相關練習光碟自行完成了八週課程。

我們在課堂中介紹靜坐時，經常引起騷動與焦躁不安，特別是身體疼痛、焦慮或非常行動導向的學員，剛開始要安穩地坐著幾乎不可能。他們經常自忖，這樣會不會太痛、太令人緊張或太無聊了。但幾週後，不論是坐二十或三十分鐘，課堂裡鮮少騷動或焦躁不安，整間教室都是寂靜的，即便身體疼痛、焦慮或靜不下來的人也是如此。這是他們在家裡確實練習的具體呈現，在某種程度上，身心已發展出對平穩寧靜的熟悉感。

不用多久，大多數人就會發現靜坐是挺讓人開心的事，有時甚至根本不像一件事。**靜坐只是不費力且開放地讓自己釋放於同在的寂靜，接納每個當下的一切，安於覺察。**

這是完整又真實的時刻，是所有人都可以親近的。這樣的時刻從何而來？無處，它們永遠都在當下。每當你清醒且莊嚴地坐著，注意力放到呼吸，不論持續多久，你就回歸內在完整的自我，強化身心本有的平衡，不管在靜坐之前的身心狀況如何。**靜坐讓你穿越浮躁不安的表層，直達內在深層的寂靜、平和與自在。然而，靜坐卻簡單到就只是看到然後放下，看到然後放下，看到然後放下。**

練習一：覺察呼吸

1. 持續練習覺察呼吸，上半身採取一種舒適但莊重的坐姿，每天至少一次，每次至少十分鐘。
2. 每當發現這顆心已飄離呼吸，稍微看一下盤據心頭的是什麼。然後不管那是什麼，就讓它如其所是地存在。之後再將注意力導回呼吸，在腹部覺察呼吸。

3. 每次試著多增加一點時間，直到你可以一次坐上三十分鐘或更久。請記住，真正處於當下是沒有時間的，因此時鐘的時間並不重要，重要的是你願意盡可能地讓自己專注，一秒接著一秒、一個呼吸接著一個呼吸地讓自己乘著呼吸的波浪。

練習二：覺察呼吸與整個身體

1. 當你可以持續一段時間專注於呼吸後，試著擴大你的覺察範圍，除了呼吸時腹部的起伏外，將覺察主要放在整個身體，正坐著與呼吸的身體。

2. 覺察這個正在呼吸與坐著的身體，當你發現自己的心已經飄移不定，觀察一下浮現心頭的是什麼，再溫柔地把心帶回對呼吸與身體的覺察。

練習三：覺察聲音

1. 如果你想要的話，在某個靜坐時段，試著把覺察主要放在聆聽聲音本身。但不要尋覓聲音來聽，只要單純地聆聽進入耳朵的聲音，一秒接著一秒，不評斷也不思索這些聲音，它們就只是單純的聲音。想像這顆心是「聲音的鏡子」，就只是反映，反映所有浮現的聲音。同時，也聆聽聲音之間或聲音裡面的寧靜。

2. 可以聽音樂來做這項練習，聆聽每個音符，可以的話也聆聽音符的間隙。吸氣時，試著把聲音吸入你的身體，吐氣時讓它們流出。想像聲音可以穿透你的身體，穿過肌膚的毛細孔進出你的身體。想像你的每個細胞、每根骨頭都可以聽到也感覺到這些音符，這感覺如何呢？

練習四：覺察念頭與感覺

1. 當你可以很穩定地專注於呼吸後，試著把注意力移轉到念頭或想法的歷程本身。讓呼吸的感覺成為一種背景，允許想法或念頭的歷程成為主要的覺察對象。觀察念頭的浮現與消失，猶如空中浮雲或水上波紋。允許這顆心成為「念頭或想法的鏡子」，單純地直接映照而不以概念來理解[7]，單純地觀察念頭的升起與消逝。
2. 提醒自己這些來來去去的念頭、想法，只是心裡的不連貫「事件」。
3. 盡可能注意念頭的內容與所承載的情緒，盡量別被念頭拉著走或想更多，只要單純地保持對念頭歷程「架構」的觀察就可以了。
4. 留心觀察念頭其實都不會久留，都是暫時的，如果它來了，它就會走。持續保持覺察，同時記得念頭或想法的這個特性會很有幫助的。
5. 留心某些念頭如何持續地回來。
6. 特別留心由「我」、「我被」、「我的」等人身代名詞所驅動的想法，或是以這些人身代名詞為中心的各種想法。仔細觀察這些想法的內容本身有多自我中心。當你不對這些想法起慣性反應，單純視這些想法為想法，不那麼地視為跟你有絕對相關時，你跟這些想法之間的關係會產生何種變化？當你能不帶評價地觀察這些想法時，你的感覺如何呢？在這經驗中，你學到什麼？
7. 當你的心已經開始在製造一個「自我」，並以此看待你現有生活的好壞時，留心此現象。
8. 留心與過去有關的念頭以及與未來有關的念頭。
9. 留心與貪心、欲望、緊抓不放、依戀有關的念頭。
10. 留心與生氣、討厭、敵意、反感、拒絕有關的念頭。
11. 留心感覺或情緒的來來去去。
12. 留心哪些想法與哪些情緒有關聯。

13. 如果你已經迷路了，就回到你的呼吸，直到你的注意力再度回到穩定狀態。之後假如你願意的話，重新以念頭、想法做為觀察的主要對象。請務必記得，這項練習不是邀請你產生更多想法，而是邀請你單純地留心觀察想法，覺察念頭或想法在意識領域中的升起、停留與消逝。

這些練習需要高度穩定的專注力。初期只要練習很短的時間，即便只是兩三分鐘正念地覺察念頭或想法的歷程本身，都會產生非常大的裨益。

練習五：無選擇的覺察

1. 單純地坐著。不停留也不尋覓任何事物。練習全然地開放並接納進入覺察領域的一切，讓它們來也讓它們走，在寂靜中留心觀察。允許自己成為非概念性的覺察，也是未曉的覺察。

7 譯注：原文書中所採用的字為register，經請益作者後表示此register意指knowing non-conceptually（非概念性地理解），與命名（naming）無關。

〔第五章〕

身體掃描靜觀——與自己的身體同在

不論你身體的外型如何，在抱怨身體之前，是不是應該多接觸、去真實體驗你的身體有多麼美好？把注意力放在身體上，正念地與身體同在，不評斷或評價自己。一旦你專注於身體的感覺，在此當下，你正在改造自己的人生與身體，讓自己活得更真實也更鮮活。

有個現象我一直深感驚訝，那就是雖然我們非常在乎身體的外型，卻對自己的身體極不熟悉。現代商業社會中，我們被無數強調外貌的廣告所掩沒，尤其是鎖定人生某年齡層該有的身體形象。有魅力的男人或性感女人的形象深植人心，讓人將自己與該形象產生連結，而覺得自己應該像廣告裡的人物般，看起來是特別的、開懷的、更年輕的或更美好的。廣告商大量利用人們對特定身體形象的強烈認同，汽車、手機、啤酒的廣告尤其如此。

你滿意自己的身體嗎？

對自己身體壓根兒地不滿意，會影響一個人的自我觀感。大多數人在成長過程中，多少都不喜歡自己的身體，覺得不夠輕盈或不夠有魅力。通常這是因為自己心裡有個理想的外觀樣貌，然而這樣的外貌別人有，我沒有。通常這類的比較在青少年時期會達到巔峰。假如我們無法從不同角度看，就會不斷想辦法讓自己趨近心中所期待的外貌，不然就做些補救措施。如果我們一籌莫展，無法讓自己成為「應該有的樣子」，就會不斷受挫。有些人會認為這是極嚴重的缺憾，覺得自己的外貌糟透了，甚至影響社交生活。而在另一個端點的人們，擁有別人心目中的「正點」外貌，卻可能因此而過度自戀或被讚美沖昏了頭。

雖然大多數人早晚都會克服這些問題，但缺憾依舊深植體內。許多成年人認為自己太矮、太高、太胖、太老或太難看，好像他們應該有另一個完美的樣子。不幸的是，我們可能永遠無法滿意自己的身體，而這可能會增加自己與他人互動接觸上的困難，甚至影響親密關係。隨著年紀漸增，我們知道身體在外觀或實質上都會無可避免地老化，於是對自己的不滿與無奈亦將與日俱增。

不評價、去真實體驗你的身體有多美好

之所以如此，是因為一開始我們就採取某種狹隘的觀點來看待自己的身體，此狹隘觀點嚴重障蔽我們可以真實體驗到的感受，對自己的身體產生難以動搖的觀感。除非，我們願意改變自己體驗與覺知身體的方式。

當我們願意花精神來真實體驗這個身體，拒絕用各種充滿評價的想法觀點來看待自己的身體時，我們對身體與自我的瞭解會產生戲劇化的轉變。看看我們的身體是多麼奇妙！它可以走路、講話、坐下、站立、拿東西，它可以判斷距離、消化食物並有清楚的觸覺。通常我們把這些能力視為理所當然，一點也不覺得有什麼特別或值得感謝，直到我們受傷生病，身體無法自主時，才明白原來它有多好。

所以，不論你身體的外型如何或討不討你喜歡，在抱怨身體之前，是不是應該實際多接觸、去真實體驗你的身體有多麼美好呢？

怎麼做？把你的注意力放在身體上，正念地與身體同在，不評斷或評價自己的身體。實際上，打從你在靜坐正念地與呼吸同在時，就已經這麼做了。當你把注意力放在腹部並領受其起伏，或是放在鼻孔感受

氣息的進出，就已經把注意力放在身體的感覺了，雖然你很容易因為太熟悉而忽略。**一旦你專注於身體的感覺，在此當下，你正在改造自己的身體與人生，讓自己活得更真實也更鮮活。在分分秒秒的覺察中，你實實在在地活著，實實在在地活在每一個當下。**

重新與你的身體建立連結——身體掃描靜觀

在正念減壓中，用來重建與身體連結的強效靜觀練習，就是身體掃描。練習身體掃描時，我們關注全身亦停留在身體的各部位，促進專注力與靈活力。身體掃描大部分都是躺著練習，逐步將注意力移轉到身體的各個部位。

我們從左腳的腳趾頭開始，慢慢將注意力移到身體的各部位：左腳掌、左小腿、左大腿。在全然的覺察中，安住於身體各部位一段時間，領受該部位所呈現的各種感覺，即便是麻木或沒有感覺，我們都把注意力轉而向內，安於覺察。通常我們還會搭配呼吸，刻意地把氣息吸入／吐出所專注的部位。掃描到骨盆時，再將注意力移到右腳的腳趾頭，從那兒慢慢往上到右足，再慢慢到右腿、右臀，再回到骨盆。從骨盆慢慢往上移，經過腰部、腹部、上背部、胸部，抵達肩胛骨、腋下、兩肩。

從這裡，我們將所有的注意力同步移到雙手的手指，再慢慢同步移到雙手的掌心、手背，慢慢地再移到手腕、下手臂、手肘、上手臂，之後到肩膀。然後將注意力移到脖子與喉嚨，再往上到臉頰、後腦杓與頭頂。

之後想像你的頭頂有個「小洞」，猶如鯨魚的噴氣孔。吸氣時，想像氣息從這氣孔進入體內，從頭到腳充滿全身。吐氣時，觀想氣息從腳往上送，周遍全身後從頭頂氣孔釋放。有時候我們也會覺察裹覆全身的肌膚，觀想、領受它的呼吸。

專注地覺察你的身體

完成身體掃描時，整個身體會覺得身體好像是透明的，物質性的身體似乎被消融，彷彿除了遍布周身的自在呼吸外，沒別的東西了。不過話又說回來，需要注意的是雖然提到這種練習狀態，但我們完全不以此狀態為目標，換言之，完全不試著「進入或達到」這種體驗。**在無為的精神下，我們一點都不嘗試達到任何境界或特殊狀態，只是專注於身體的所有經驗，一瞬間接著一瞬間地，用上述所說的方法帶入覺察。**在覺察中，我們的每一個當下和每一個經驗都是特別的，即便是困難或痛苦的時光亦然，因此完全不需要「達成」任何東西。隨著持續練習，這一切會愈來愈清晰。

完成練習時，別急著起身，讓自己清醒地徜徉於靜默平和一段時間，之後再慢慢地回到這身體，領受完整的身體。緩慢溫和地轉轉手腕、動動腳、按摩臉部、搖晃整個身體，領受過程中的所有身體感覺。睜開眼睛，坐起來一段時間後再站起來，返回日常生活的軌道。

身體掃描的目的，是確實感受當下所專注的身體部位，讓心停留於該部位，感受該部位的表層與裡層。試著把氣息吸入與呼出該部位數次，然後放掉一切，移往下一個身體部位。一旦放下該部位所有的感受、想法與內在影像，該部位的身體肌肉組織也會跟著放下，肌肉組織所累積的緊繃亦將隨之釋放。如果你感到身體是疲累的，可以在吐氣時把疲累吐出去，吸氣時吸入能量、活力與開闊。

維持初學之心，放下所有的期望與想法

我們密集地在前四週的正念減壓課程中練習身體掃描，這是系統化正念正式練習的第一個項目。配合呼吸的覺察，身體掃描為往後的所有靜觀練習奠定了良好的基礎，包括靜坐。在身體掃描中，成員第一次學習維持一段專注的時間，這也是他們培育平靜、穩定、專注及正念的第一個方法。**對許多人而言，身體掃描讓他們初次體驗到靜觀練習中那種安適與剎那永恆的特性。對任何人而言，身體掃描都是正式正念靜**

觀練習的最佳入門。身體掃描對有慢性疼痛或其他病痛者格外有益，尤其是躺著的練習方式，當然這也包括躺在醫院裡的病人。

課程前兩週，我們的病人每天至少跟著身體掃描光碟練習一次，每週六次。這表示他們每天花四十五分鐘緩慢地掃描整個身體！再往後的兩週，他們隔天練一次，即一天練習身體掃描、一天練瑜伽。如果他們無法練習瑜伽，就繼續每天練習身體掃描。他們日復一日地使用相同的光碟，日復一日地掃描相同的身體。**其中的挑戰當然就是維持初學之心，讓每個時刻都是新鮮的，彷彿第一次邂逅自己的身體。這表示每一分每一秒都承擔與放下自己所有的期望與想法，也放下前一天的練習狀況。**即便指導語都是一樣的，但你每一次的練習樣貌確實都不一樣。從另一個角度看，每一次你練習，你就不一樣。

正念減壓課程一開始就練習身體掃描有許多原因。首先，躺著練習相較於直挺地坐個四十五分鐘，相對容易與舒適很多。許多人發現躺下時，更容易放下與進入深層的放鬆狀態。當我指導身體掃描時，偶爾會引用莎士比亞在《哈姆雷特》的名言，放下我們的「堅實的肉體，讓它融解、融化、消融為露珠」。

將仁慈、友善、接納的態度帶入身體，提升自我療癒

此外，身體掃描可以有系統地發展自己的專注力，讓自己想專注在身體的哪裡，就專注在那裡，而且將仁慈、友善、接納的態度帶進那個部位。這需要對身體感覺敏銳，親近身體各部位的感覺。配合呼吸的身體掃描，是發展與促進這種敏銳與親近能力的理想方法。因此，這訓練對提升自我療癒有偌大助益。對很多正念減壓課程的參與者而言，身體掃描是多年來他們第一次對自己的身體有正向體驗。

身體掃描有助於培養秒秒分分、不帶評價的覺察。假如你沒有跟著光碟練習，過程中若發現心已飛離身體，我們就把心再帶回分神時的身體部位，如同靜坐時把心再帶回呼吸。假如你是跟著光碟練習，發現自己分神時，就看光碟走到哪個部位，直接銜接上就可以了。

練上一段時間後，你會注意每次練習的身體感覺都不太一樣，你會察覺身體的不斷變化。舉例來講，

每次跟著光碟練習，你的腳趾頭可能都有不同的感覺，甚至每一秒鐘的感覺都不一樣。每次練習，你所聽到的指導語或許也不盡相同，就像許多人直到幾週過後才聽到光碟中的某些字句。這些觀察可以讓人看到他們如何看待自己的身體。

瑪麗的故事

早期我在醫院上正念減壓時，有個學生叫瑪麗。課程前四週，她每天都很認真練習身體掃描。四週後，她在班上分享說她已經可以好好地做身體掃描，不過掃描到頸部就不行了，每次到脖子都會卡住，根本無法上到頭部。我建議她下次練習時，觀想自己的注意力與呼吸流出肩膀而環繞這些卡住的部位。那一週，她特別到辦公室跟我討論練習過程中所發生的事情。

她確實練習身體掃描，試著刻意環繞頸部的堵塞。掃描到骨盆時，她第一次聽到「生殖器」這個字，引發了某個經驗片段的記憶閃現，瑪麗立刻明白，這是她打從九歲就一直壓抑的事情。她的記憶突然被喚醒，回憶起從五歲到九歲這段時期，父親經常猥褻她。然而，父親卻在她九歲那年突發心臟病，在她面前猝死。當她跟我講述這段時，她（當年那個小女孩）真的完全不知所措。可以想見這對一個孩子而言是多大的衝突，一方面是對父親的愛，另一方面她來自父親的折磨終於可以結束了。當時她整個人愣住，什麼都沒做。

媽媽衝下樓，發現丈夫已經死了，瑪麗卻蜷縮在角落。媽媽嚴厲斥責瑪麗沒有求救而害爸爸死掉，她暴怒地用掃把狂打瑪麗的脖子和頭。瑪麗心中所浮現的記憶閃現，就跟這段有關。

這整個經驗包括四年的性侵，壓抑了五十多年，即便瑪麗曾接受五年的心理治療，這經驗也未曾浮現。然而，練習身體掃描時，頸部堵塞的感覺與數十年前她所承受的鞭打，清晰地連結起來。我實在很驚訝，她當時只是一個小女孩，卻必須努力壓抑自己完全無法處理的狀況。長大成人後，她擁有幸福的婚姻、養育五個小孩。但這些年來，她的身體日益惡化，患有各種慢性病，包括高血壓、冠狀動脈血栓症、潰瘍、關節炎、狼瘡與最近發現的尿道感染。瑪麗來減壓門診時五十四歲，她的病歷厚達四英尺，醫院必須為她用兩位數的病症編碼系統。醫生推薦她來減壓門診學習控制血壓，因為降血壓藥似乎作用不大，尤其她對多數藥物都嚴重過敏。幾年前，她才動過冠狀動脈繞道手術，雖然還有動脈堵塞，但醫師認為她不宜再動手術。瑪麗跟先生一起參加正念減壓課程，她先生也有高血壓的問題。當時瑪麗最大的抱怨就是無法好好睡覺，總在半夜醒來，輾轉難眠。

八週課程結束時，她已經可以規律地睡覺（參閱圖3，一一九頁），血壓從165/105降為110/70（參閱圖4，一二〇頁），背部與肩膀的疼痛也減輕不少（參閱圖5A與圖5B，一二一、一二二頁）。上課前，她對身體症狀的各種抱怨，這段期間戲劇性地下降許多。然而，過往壓抑經驗的潰堤卻增加了情緒困擾，為了好好處理這部分，瑪麗把心理治療從每週一次增為每週兩次，同時持續練習身體掃描。課程結束後，她又報名下一梯次的八週課程。第二次上課過程中，她的情緒困擾顯著減少，她已修通內心深處的若干苦痛。日後的追蹤研究顯示，她的頸部、肩膀、背部的疼痛均已降低（參閱圖5C，一二三頁）。

瑪麗先前在團體中是相當害羞的，第一堂課自我介紹時，她甚至連講自己的姓名都有困難。往後幾年的追蹤顯示，她規律持續地從事靜觀練習，大部分是做身體掃描。課程結束後，她多次回來跟新生分享她的親身體驗、這課程對她的幫助，建議大家要規律練習等等，她總是優雅而巧妙地回答學員的提問。對於自己竟能自在地在團體中講話，她覺得很不可思議。其實她依然會緊張，但她更想跟新學員分享自己的生命經驗。之後她參與了一個亂倫倖存者團體，以自己的生命故事提供協助。

往後幾年，瑪麗常因心臟病或狼瘡住院。一開始都是因症狀做檢查，但之後總是得持續住院觀察，住了幾週後，還是沒人可以準確地告訴她何時可以出院回家。有一次，她的身體嚴重浮腫，臉是平常的兩倍大，幾乎難以辨識。

整個過程中，瑪麗展現驚人的接納與平靜。她明白自己必須持續地運用靜觀練習，來面對急遽下滑的健康狀況。照顧瑪麗的醫護人員莫不驚訝於她竟然可以用靜觀來控制自己的血壓，並用靜觀來處理治療過程所必須面臨的極大壓力。有時候，他們在進行一項醫療行為前會跟她說：「瑪麗，這會痛喔，妳最好做

圖3：瑪麗在完成課程前後的睡眠狀況圖

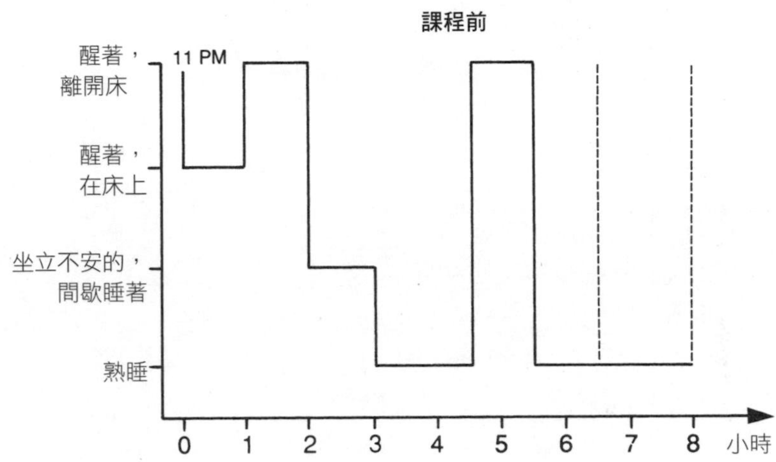

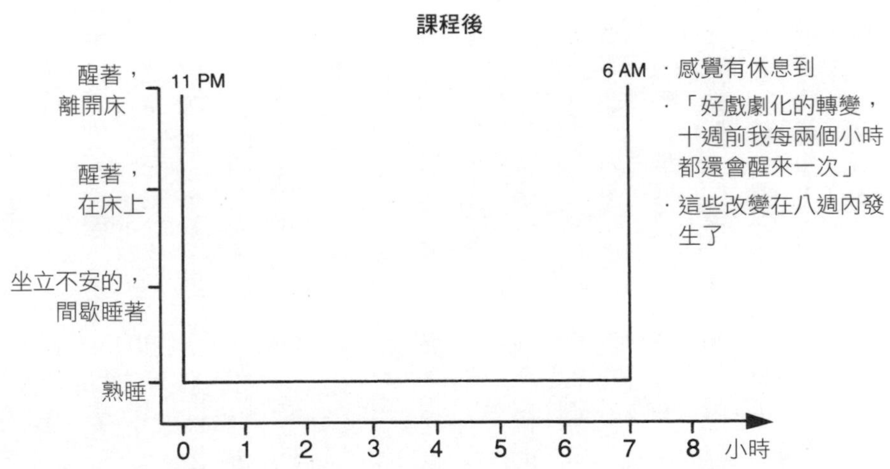

圖4：瑪麗在這些年（橫跨課程前後）的血壓測量值

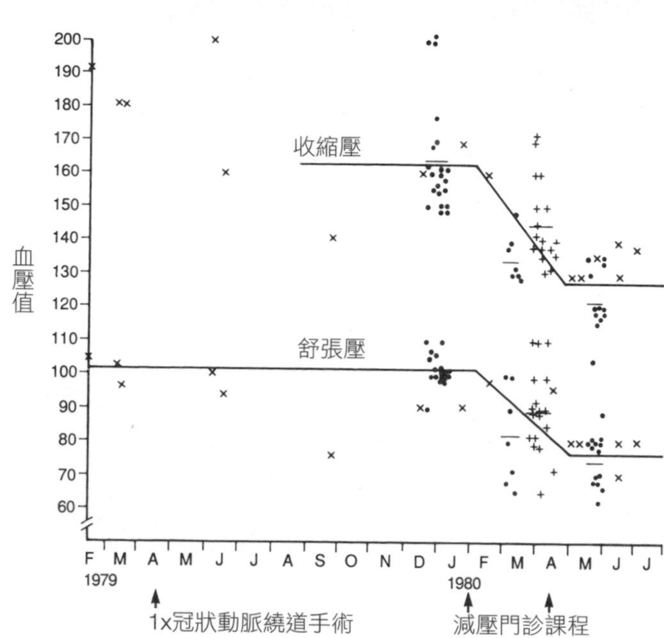

一下靜觀。」

一個週六早晨，我們正在醫院的減壓門診進行一日靜觀（one-day-meditation，詳閱第八章），工作人員告訴我，瑪麗過世了，我即刻趕去病房，安靜地跟她道別，獻上我對她的關愛與讚嘆。事實上，她先前就知道自己不久人世，卻平靜地一步步走向死亡，連她自己也深感訝異。她明白受苦的日子即將結束，然而才剛有解脫與覺醒的喜悅，卻沒能多活幾年，她也有些遺憾。為了紀念瑪麗，我們把當天的一日靜觀獻給她。許多治療她的醫師都來參加瑪麗的喪禮並坦率地淚流滿面，她教導我們生命中真正重要的是什麼。

過去這些年來，我在減壓門診中陸續看到許多症狀嚴重的病患，他們小時候曾遭性侵害或精神虐待。童年時期就遭遇重大創傷，讓他們學會壓抑與否認，因為這是當時唯一的生存策略，卻可能帶來往後的身體病痛。這些被隔離卻依舊存在的創傷經驗，一定為身體帶來龐大的壓力，年復一年，損害身體健康。

瑪麗在一九八〇年參加正念減壓課程，那幾年正值創傷後壓力症候群（PTSD）創造出來

圖5

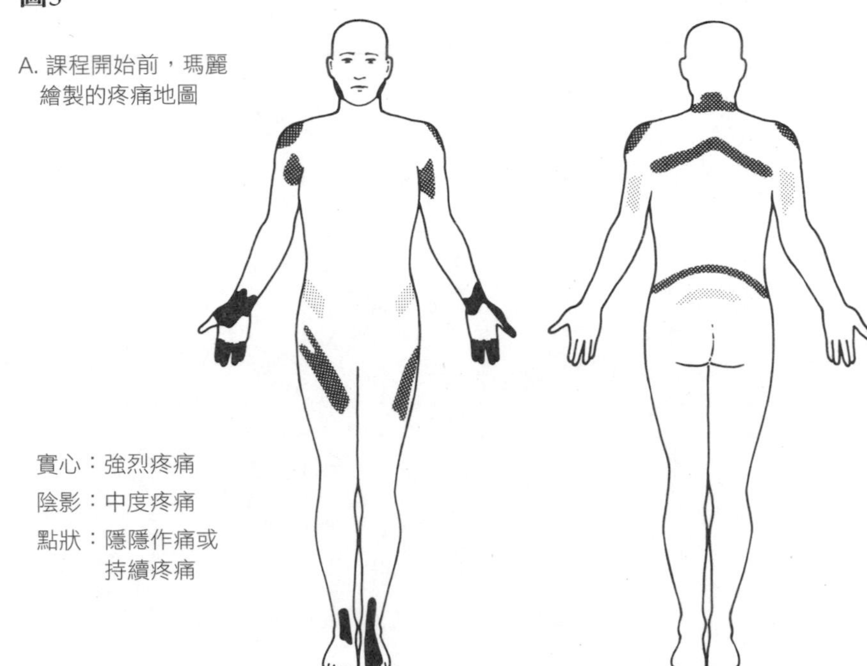

且列入《精神疾病診斷與統計手冊》第三版（DSM-III）。醫界與學界後續又花了好多年，才真的瞭解創傷後壓力症候群，不論是孩童時期或成人後的創傷，隨後才有包括生理、神經與心理層面的高品質研究。在一九八〇年代的早期與中期，這些知識並不普遍，當時即便是最好的診斷也是不精確的，或是像瑪麗般未能被認出是這類問題。相較於今天，當時的處遇還在很初期的發展階段。這些年來，不論是針對成人或小孩的重大創傷，運用正念練習以做為治療或處遇，已經愈來愈普遍了。

瑪麗練習身體掃描的經驗，不代表會發生在其他人身上，換言之，不是練習身體掃描就會觸碰過往的壓抑事件，這其實是稀少的。[8] **人們發現身體掃描的好處，在於它可以重新連結自己的心與身。藉由規律的練習，與自己的身體更親近、身心更放鬆、更能安於自己身體之內，這些是前所未有的體驗。**一言以蔽之，

8 這種現象雖然少見，但還是會發生。一旦出現這種現象，最好與有治療創傷經驗的心理治療師合作。然而，正念減壓老師亦應有足夠的背景知識與相關訓練，足以辨識創傷經驗的可能徵兆和症狀，尤其若該經驗浮現於正念練習過程的話。在此同時必須迅速採取適當的回應，協助可能造成再度受創的記憶浮現。正念減壓老師可與相關專業的心理師合作，以安全友善的治療環境共同促進學員的療癒。

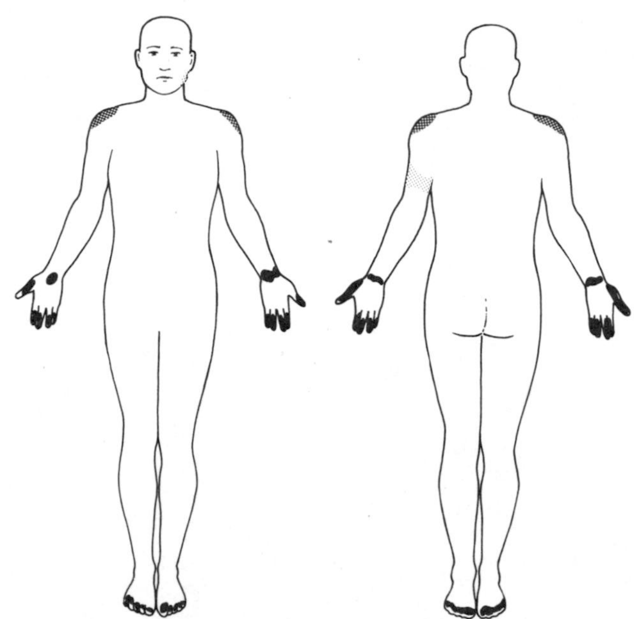

B. 十週後，瑪麗繪製的疼痛地圖

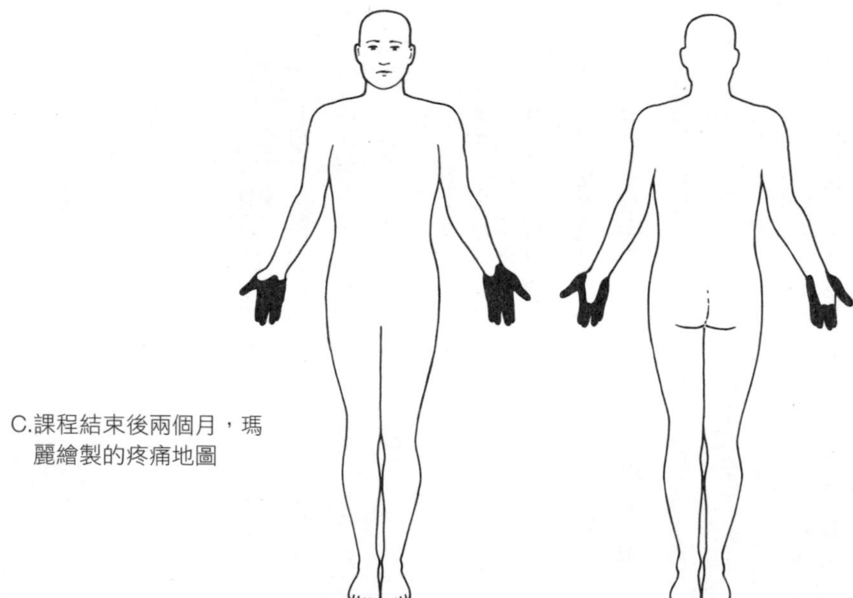

C.課程結束後兩個月，瑪麗繪製的疼痛地圖

身體掃描練習可以幫助我們對自己的身體友善，因而採取適當的方法也就是明智的專注（wise attention）來滋養自己，讓我們活得更充實自在。

剛開始練習身體掃描常見的挑戰

練習身體掃描時，有些人很難覺察到自己的腳趾頭或身體的某些部位。有些人可能在一開始就感到難以承受的疼痛，以至於根本無法專注在身體其他部位，這常見於有慢性疼痛者。有些人則發現自己不停地睡著，當他們進入更放鬆的狀態時，要保持清醒的覺察相當困難，總是陷入昏沉。

這些經驗如果真的發生，可以透露很多關於自己身體的訊息。下決心好好跟它們合作，畢竟它們已經清楚浮現在你面前了，持續練習這些都不是什麼大問題。當我們把自己交託給更深層的正念練習時，這些經驗都是我們的重要導師。

假如什麼感覺都沒有或很疼痛，該如何運用身體掃描？

練習身體掃描時，把注意力放到身體的各個部位，領受在那部位浮現的任何感覺。舉例而言，假如你把注意力移到腳趾頭，在那裡你什麼都沒覺察到，於是，「沒任何感覺」就是你當下對腳趾頭的體驗。這沒什麼好壞對錯，我們如其所是地知道與接納它，然後繼續往前，有些人也許想動動腳趾頭以激起一些感覺，雖然初期這樣做無妨，不過其實是不需要的。

如果身體的某些部位有問題或疼痛，身體掃描會特別有用。以慢性後腰痛為例，假如你躺下來做身體掃描時，後腰非常痛，移動姿勢也沒有用。為了練習，你還是努力覺察呼吸，把氣息吸入與呼出於左腳的趾頭，也努力把注意力移到左腳掌。然而，後腰的疼痛如此強勢，讓你實在很難專心於左腳或身體其他部位。

發生這種情況時，試著把專注力再帶回左腳趾。一旦後腰又拉開注意力，發現時便溫和地把呼吸再帶入你正在掃描的部位。持續規則地把注意力漸次地放到左腿，然後右腳，一絲不苟地關注各部位的所有感覺，以及過程中所浮現的念頭或感受。不用去理會這些念頭感受的內容，雖然這些內容可能都與腰痛有關。而當你的注意力移到骨盆與後腰時，維持開放與接納的態度，好好仔細覺察這部位的所有感覺，如同你關注其他部位。

現在，觀想氣息吸入後腰，並將氣息從後腰吐出來，同時也覺察任何浮現的念頭或感覺。棲息於此，呼吸，直到你覺得妥當時，刻意地放下後腰，繼續把注意力移到上背部與胸部。過程中，你正練習穿越最緊繃的部位，當聚焦於該部位時，你全然且深入地體驗它，允許自己開放地涵容此部位當下的所有感覺，不論那些感覺是多麼強烈，觀察它們，與它們一同呼吸。然後當你要繼續往前時，放下它們。

在身體掃描時，另一個處理身體疼痛的方法，就是直接專注在最不舒服的身體部位。使用本法前，你最好已試過上述方法，然而因為疼痛實在太過劇烈而讓你無法專注於其他部位。此時，你不再繼續掃描，取而代之的是單純地把氣息吸入最痛的部位，也從那部位把氣息吐出來。試著觀想吸入的氣息穿透該部位的身體組織，直到氣息完全被吸收。觀想吐出的氣息是個渠道，釋放該部位的不適到身體之外，不論那不適是疼痛、毒素或任何不舒服，讓身體自行決定當下的釋放幅度。這麼做，你持續專注於分分秒秒的瞬間與每一個呼吸間，但也關照身體最不舒服的位置。你仔細領受最不舒服的感覺，一個瞬間接著一個瞬間；然後，你會發現不舒服是會改變的，不論是疼痛本身的質量或強度，其實都會改變。假如疼痛漸漸消退，你就可以如上所述，回到你的腳趾頭並掃描全身。在第二十二與二十三章，我們會更詳細討論如何運用正念與疼痛共處。

身體掃描是一種淨化的歷程

我在發展正念減壓課程時，影響我形成身體掃描練習的老師，他在成為靜觀導師之前是一位航太科學工程師。他在指導身體掃描時喜歡用「區域淨化」的譬喻。區域淨化是一種工業技術，透過轉動環形熔爐來使金屬純化。高溫使熔爐內盤上的金屬融化，液化金屬的雜質漸漸集中，純化的液態金屬流向熔爐的另一處，再還原為固體。內盤上的金屬一塊塊地重複這個淨化過程，直到最後一塊金屬融化、吸納所有的雜質並還原為固體，這塊金屬會被截斷丟棄，只留下純化的金屬。

身體掃描可視為一種積極淨化身體的方法：移動的注意力逐步搜刮了身體各個區域的緊繃與疼痛，最後掃描到頭頂時，藉由呼吸的幫忙，我們允許所有不舒服自體內釋出，留下更輕也更清澈的身體。下次你練習身體掃描時，可以想像這是個淨化或解毒的過程，透過復原對身體的圓滿整體感與健全感，促進自我療癒。

當我使用這樣的隱喻來描述時，似乎讓練習身體掃描有淨化身體的「目的」。因此需要特別強調的是，所有正念減壓練習的精神依然是非用力追求。在第十三章會看到，我們不執取學習過程中任何可能產生的淨化，只是持續不懈地練習，每天練習，練習本身就是目的。如果還有其他目的，那就是成為更全然的自己，已經存在卻經常失連的自己。

重複練習身體掃描一段時間後，我們將領會原來在每個當下，我們的身體都是圓滿完整的。不論你的身體有什麼毛病，都可以領會這種圓滿的整體感，即便你的身體某部分或許多部分生病、疼痛，甚至失去了，依然有可能在覺察中輕輕擁抱它們，滋養這身體與你本人內在天生的圓滿與完整。

每次掃描自己的身體時，你就在學習自然地放下，而不是強迫自己要放下或淨化，因為這種強迫也不可能奏效。放下，是一種接納當下的行為。放下，不是臣服於恐懼。放下，是能看到你自己，看到你大於你的問題與你的疼痛、你大於你的癌症、你的心臟病、你的身體。充分地認識與認同你自身的圓滿完整，而不只是認同你的身體、你的心或是你的恐懼。**規律地練習身體掃描，自然就會體悟到：你的內在超越了**

你的種種問題而本來就是圓滿完整的。練習過程中，每次你在某個部位把氣息呼出去並讓自己放下時，就已經在滋養自己了。

身體掃描練習中的「接納」與「非用力追求」

練習身體掃描時，重點在於盡可能每分每秒都保持覺察，專注地體驗自己的呼吸與身體，從腳趾到頭頂，一個部位接著一個部位。盡量採取最輕柔的接觸，不帶任何強迫或跳過某些部位。過程中，專注的品質、單純的領受各種感覺、與自己身體同在的意願，是更重要的。吐氣時，釋放焦慮與緊繃；吸氣時，身體恢復生機。如果你滿腦子只想去除焦慮或緊繃，不論成功與否，這都不是在練習正念。相反地，**你練習讓自己每分每秒都活在當下，容許用呼吸與專注來淨化身體，覺察並接納一切，這就是在練習正念，同時也將練習的能量運用於自我療癒中。**

這樣的區別是重要的。身體掃描的練習光碟開宗明義就說，想要從靜觀練習獲益的最佳方法，就是別想從中獲得什麼，單純地做就對了。成員在使用這片光碟時，每次都會聽到這樣的訊息。他們每個人都有嚴重的病症，必須尋求協助，然而卻不斷被提醒，從靜觀練習獲益的最佳方法就是每天練習，而且要放下所有的期待、目標，甚至放下來減壓門診的目的。

這樣的說明似乎讓他們陷入某種自相矛盾的狀態：既然來到減壓門診，當然希望有正面效益，然而卻教導他們練習時完全別想會達到什麼效果。同時，我們也鼓勵他們嘗試用一種接納的態度，全然地與當下的自我同在。誠心地建議大家，在這八週中暫時停止對課程的任何評價，等整個結束後，再來評估課程是否有價值。

何以如此？我們透過這種自相矛盾的情境，邀請學員去體驗同在領域中的自我接納與非用力追求。我們對生活總有各式各樣的評價、標準、觀點、對應有感覺或做法的期待等。但我們亦須明白，所有的評價標準都有其侷限與慣性。**此提醒讓成員每次練習時都從原點重新出發，在不執著成功或失敗的標準下，開發一種新的自我觀察力與感受力。這是一種無為的態度**。之所以採用此態度來練習靜觀，是因為人們總努力想去「別的地方」，嚮往他處通常來自對當下的不滿或嫌棄，對當下並沒有充分的覺察與瞭解，因此，這種努力相對於療癒幾乎是背道而馳。

渴望任何人事物與現在呈現的樣子有所不同，說實話，對於帶來真實的改變沒有多大助益。因為一旦你看到自己未能「到達別的地方」，或是沒能成為你認為該有的樣子，就會覺得失敗、挫折、不知所措、失去希望、抱怨外在因素或乾脆放棄。因此，根本沒有產生任何實質改變。

從靜觀的角度來看，不論當下的現實狀況令人感到多痛苦、恐懼或討厭，只有透過接納現實的當下，才有可能改變、成長與療癒。如同我們將於「典範」篇章中看到的，唯有在當下才有新的可能，此等新可能只要受到滋養就能自然呈現或是被發現。

因此，在做身體掃描或其他正念練習時，你根本不用嘗試去別的地方、別的狀態或別的境界，只需要真正地處於目前所在的位置或狀態，瞭解它，讓它成為真實。事實上，若以這種角度看，你就會明白靜觀練習根本沒有冀望進入別的狀態。努力追求進入別種狀態或境界反而是有害的，因為這種追求注定帶來沮喪與失敗。相反地，若不冀求別的而只安住於當下所處的狀態，就沒有做不到的問題，因為你已經處於當下了。所以，在靜觀中，如果你願意如其所是地與一切同在，你是無法「失敗」的。

靜觀超越了成功或失敗的框架，因此在成長、改變與療癒等領域是如此地強而有力。然而，這並不表示靜觀練習是原地踏步不求進步，或隨便怎樣練習都不會出錯。**靜觀練習確實需要特殊的努力，不用力追求某種狀態的努力，例如：寄望達成放鬆、無疼痛、自我療癒或有智慧的狀態**。事實上，時機成熟時，這些狀態自然會從練習中顯現，因為它們本來就存在於當下。因此，任何時刻相較於其他時刻都一樣好，畢竟它們都體現了當下真實的自己。

如果你用這種觀點來看事情，每一時每一刻，你就可以完整地感知、接納它本來的樣子，清晰地看到它內在的豐富性。然後，放下它。

如果你不確定自己的練習是否「正確」，以下是自我檢測的好方法：你心裡也許正嚮往他處、想要別的東西、別的狀態、關於「成功」或「失敗」的評價等等，當你看到自己浮現這些想法時，可不可以尊敬每一個想法都是當下觀點的真實呈現？你可不可以清晰地觀察並接納：那只是一個想法、一個衝動、一個欲望、一個評價？可不可以讓它自然地停留，也自然地離去，不去追逐或為它加油添醋，也不在過程中迷失了自己？這，就是培育正念之道。

因此，我們可以一次又一次、一天又一天地掃描自己的身體，卻不期待淨化身體或去除任何東西，甚至不渴望放鬆，即使這些可能都是最初的學習動機或支撐持續練習的動機。**實際上，當我們練習時，可能真的會感到更放鬆或對自己感覺更好。不過，為了要在每一秒鐘都有正確的練習態度，我們必須放掉所有動機與期待**。如此一來，身體掃描練習就只是一種與自己的身體同在、與自我同在的方式，亦即全然與當下同在之道。

練習

1. 在一個舒適的地方平躺，如：瑜伽墊或床上。一開始就提醒自己，這項躺著的練習要盡量「保持清醒」而非昏沉入睡。確定自己夠保暖不會受寒，若房間不夠暖和，可以蓋被子或在睡袋裡練習。
2. 允許自己溫和地閉上眼睛。不過如果你感到睡意來襲而想睜開眼睛，也沒有關係。
3. 溫和地將自己的注意力放在腹部，在每個吸氣與吐氣時，感覺肚子同步升起與下沉。換言之，帶著全然的覺察、乘著呼吸的波浪，全程貼著每一個吸氣，全程貼著每個吐氣，一波接著一波。
4. 花點時間感受一下這身體是一個「整體」，從頭到腳，包裹全身的肌膚。領受身體與地板或床鋪接觸的感覺。
5. 把注意力帶到左腳的腳趾頭，覺察左腳趾目前呈現出來的感覺。之後看看可不可以順便把呼吸「導向」或引入左腳趾，彷彿氣息可以吸入／呼出於左腳趾。帶入呼吸的練習可能需要花點時間學習，一段時間後才不會覺得費力或做作。以下方法也許有幫助：吸氣時，氣息從鼻孔進入肺部，觀想氣息從肺部繼續下到腹部、左大腿、再一路往下直到左腳趾；吐氣時，氣息沿著原路回來，再從鼻孔呼出去。事實上，透過血管，體內的呼吸確實是這麼走，也走其他路徑。

6. 容許自己領受左腳趾的所有感覺，可以的話，稍微區分這些感覺，觀察感覺的變化。如果沒感覺也無妨，只要容許自己領受「沒任何感覺」就好了。

7. 準備好要離開左腳趾時，來個深呼吸。吸氣時，刻意觀想氣息吸達左腳趾，吐氣時在「心靈之眼」觀想氣息於左腳趾「消散」體外。多做幾次，與自己的呼吸同在。然後將專注力依序移往腳掌、腳跟、腳背、腳踝等。當你覺察每個部位的感覺時，持續地把氣息吸入／吐出於該部位，然後放下該部位，繼續往其他部位前進。

8. 一旦發現自己分神，如同呼吸覺察練習（第三章）與靜坐練習（第四章），在你發現時，稍微看一下是什麼把你的注意力帶走了，或那盤據心頭的是什麼，然後單純地把注意力再帶回呼吸，以及你正聚焦的身體部位。

9. 用這個方式，注意力繼續慢慢移到左大腿與其他身體部位，注意力移到哪個部位，就覺察那個部位的感覺與呼吸。與身體每個部位一同呼吸，卻也逐一放掉每個部位。如果感到身體疼痛或任何不適，請參閱本章相關說明，或是參考第二十二章與第二十三章。

10. 至少每天練一次身體掃描。開始時，使用身體掃描指導光碟練習會很有幫助，因為它的速度夠慢，也可幫助你正確地記下指導語和語調裡的質感。

11. 請記住，身體掃描是醫院成員的第一個正式正念練習。在正念減壓課程的前兩週，他們每天至少練習四十五分鐘，每週六次。因此如果你想要體驗完整的正念減壓課程，請給你自己、也給這個方法一個公平的機會，好好練習。在你準備好時，就可以進入下階段，開展你自己的靜觀練習。

12. 如果你很難保持清醒，試著睜開眼睛練習身體掃描，如第2點所述。

〔第六章〕

瑜伽也是靜觀——培育力量、平衡與彈性

正念瑜伽最令人愉悅與放鬆的層面，就是可以在動靜之間感受身體的流動。每當你帶著清楚的意識練習正念瑜伽的各種姿勢，就在改變你的身體定向、行為舉止與內在觀點，所有的伸展與舉手投足，都可以正念地覺察自己的想法、心理感受、心情狀態、呼吸與身體的感覺。

閱讀至此，也許你已經感覺到，只要把正念帶入任何活動，該活動就會轉化為一種靜觀。將正念帶入所從事的一切活動，將大幅地擴展對自我的理解與對事物的觀點。有趣的是，大部分的正念練習就只是一種提醒，提醒自己保持全然地覺察，不落入昏沉，也不受思索的心智所障蔽。刻意的練習是至關重要的，如果忘記提醒自己練習，大腦的自動導航功能就會迅速接收一切。

人本來就是圓滿、完整的

我喜歡想起（remember）與提醒（remind）這兩個詞，因為它們意味著連結到本來就存在的事物或狀態，僅需再次確認。想起，可視為與內在狀態的重新連結，也是與自身所擁有的存在連結。我們遺忘了原來它還在這裡，在我們裡面的某處，是可以親近的，只是暫時被遮蔽了。被遺忘的需要刻意地提醒，例

如，當我們「想起」要專注於當下、「想起」要與自己的身體同在時，就在這想起的片刻，我們就是清醒的。而當我們想起自己的圓滿整體時，與自我的連結瞬間就自動完成了。

「提醒自己」也是一樣的道理，提醒讓我們連結到內在的「大心」（big mind），讓我們與自己見樹又見林的圓滿之心連結。既然我們一直都是圓滿完整的，哪需要做任何事情來讓自己圓滿呢？只需要「提醒」自己就好了。

我相信來減壓門診的人們之所以能快速進入狀況，發現靜觀本身的療癒力量，是因為正念練習提醒他們本來就已經知道的事情。但不知怎的，他們不知道自己知道，或即便知道但就是無法好好發揮運用它。這裡的「它」是指人們本來就是圓滿完整的事實。

我們毫無困難地想起自己圓滿完整的本質，因為這個它本來就近在咫尺。它總是在我們之內，像個朦朧的感覺或兒時的回憶，深層而熟悉的記憶，一旦感覺到它，立刻就可以辨識出來，如遊子返鄉。然而，若你總是不停地做這做那，未能單純地與自己同在，在那當下你就立刻讓自己離鄉背井了。假如能與同在連結，即便只是短暫片刻，你會知道那種回家的感覺，不論實際上你人在哪兒或正遭遇何種困難。

這種回家的感覺，有一部分也是回到了你的身體之內。英文裡沒有「重回身體」（rebody）的表達，不過這倒是有用且必要的提醒。我們在正念減壓課程所做的，或多或少都與重回身體有關。

無可避免，身體注定會損壞，如果欠缺適當地照料或不理會身體的訊息，身體會損壞得更快卻復原得更慢。因此，不論從疾病預防或是傷病療癒來看，照顧自己的身體都是相當重要的。

照顧身體的第一步——在覺察中與你的身體同在

不管現在的你是生病、受傷或健康，照顧身體的第一步，就是練習停留在自己的身體「裡面」，在覺察中與自己的身體同在。關注呼吸與身體的感覺，是留在身體裡面非常實用的方法，幫助自己停留在與身體的親密接觸中，學習聆聽身體的訊息，身體掃描是「重回身體」強而有力的方法。此外，身體掃描亦有助於規律且系統化地聆聽、善待、擁抱身體的每一個部位，這可有效幫助你拓展對自己身體的親密感和自信心，更重要的是，當你如此對待自己的身體時，身體一定會變得更鬆、更柔軟，即便你沒有做任何事情讓自己放鬆或柔軟。

正念哈達瑜伽——探索你的身體、安住於此

練習與身體同在有許多不同的做法，都可以促進成長、改變與自我療癒，如果這些做法能結合靜觀覺察那就更好了。從轉化身體的動能以及做完後所能產生的美好感覺而言，哈達瑜伽都是非常有用的。

正念哈達瑜伽是正念減壓課程採用的第三種正式靜觀練習，前兩項是身體掃描與靜坐。正念哈達瑜伽包含了溫和的伸展與平衡練習，每個動作都相當緩慢，不論身體在做何種姿勢，過程中都帶著分分秒秒對呼吸與身體的覺察。減壓門診中的許多學員練習瑜伽時會流汗，他們喜歡瑜伽更甚於身體掃描或靜坐，至少在剛練瑜伽時是如此。規律瑜伽練習會帶來輕鬆感，肌肉骨骼的力量和彈性也會增強，這些都深深地吸引著他們。更有趣的是，在忍受了數週靜態的身體掃描與靜坐之後，他們終於可以動了！

正念瑜伽使學員瞭解，原來我們在身體掃描時所採用的姿勢就是一個瑜伽姿勢，稱為「攤屍式」。據說，在數千種瑜伽姿勢裡面（包括我們根本做不到也很難想像的姿勢），攤屍式是最困難的。為何，它看似再簡單不過？挑戰在於，這姿勢需要保持對每一個當下全然的清醒與覺察，從過去與未來中死去（此係何以它稱為「攤屍式」）。

接納身體當下所有的展現，學習與自己的限制共處

不論你的身體狀況或你與此運動的適配程度，正念哈達瑜伽均可協助你探索自己的身體，幫助身體更

放鬆、柔軟、強壯、平衡又有彈性，更有助於體驗身體的圓滿完整與認識自己。雖然它看起來像個運動，確實也有運動的各種好處，但它不光只是運動。正念地練習，它就是靜觀，如同身體掃描與靜坐。

我們把身體掃描與靜坐的練習態度也帶到瑜伽練習，不用力追求也不強迫，一秒接著一秒地接納身體當下所有的展現。**每個伸展、抬舉或平衡的動作，都學習與自己的限制共處，維持時時刻刻的覺察並保持耐心。**舉例來說，伸展時，我們小心地拉到自己可以做到的程度，在這裡正常呼吸，不過度逼迫身體也不至於都不挑戰身體，在這兩極中間創造出另一個空間，安住於此。

這跟大多數運動、有氧，甚至瑜伽課程的要求是很不一樣的，那些課程幾乎只聚焦於身體的行動，強調進步，它們喜歡催促、催促再催促。非行動層面與非用力追求的藝術，在運動課程中是不受重視的，更別說對當下或對心的關注。運動完全是以身體行動為導向，鮮少關注「同在」的層面。當然，任何人只要願意，即便在運動場域也可以隨時進入同在領域，因為它本來就在。只是要在一個氛圍態度完全迥異的環境中，隨時保持與自己同在的體驗，確實是困難的。話又說回來，一切都在改變，現在很多瑜伽老師也會把正念帶入教學當中。事實上，很多瑜伽老師都學過正念，也會規律地在正念中心參與靜觀訓練。

從行動模式切換到同在模式

要從行動模式（doing mode）切換到同在模式（being mode），大多數人都需要特別學習，因為我們從小就被制約地認定「行動」比「同在」重要。從沒有人教導我們如何與自己同在或如何找到同在模式。因此，大多數人都需要一些指引，告訴自己如何透過放下而安住、透過安住而同在，進而對同在狀態產生信任感。

運動時，啟動專注與覺察

運動時，我們的心通常是搶先求快、慣性反應與缺乏覺察的。因此要在運動時提醒自己進入同在領域其實沒那麼容易，尤其該項運動是非常行動與成就導向時更是如此。

為了定位並安住於同在領域，我們需要學習在運動時啟動專注與覺察。專業或業餘的運動員早已理解，除非他們能夠專注於心如同專注於身，否則就完全忽視了可以在專業領域開創重大成就的層面。

即便特別用以協助手術後復原與慢性疼痛的物理治療，也鮮少注意呼吸層面，鮮少注意人們在做這些運動時，自然會有的內在深層放鬆能力。**物理治療師經常教導人們療癒自己的身體，卻忽略療癒最重要的兩位盟友：呼吸與心靈**。那些有慢性疼痛的病人一次又一次地告訴我們，當他們把正念呼吸運用到物理治療運動時，效果好很多，因為這些治療運動會變得更新鮮，好像全新的體驗，他們的轉變經常令治療師深感驚訝。

在從事緩慢溫和的伸展或運動，如：瑜伽或物理治療時，若能積極培育同在能力，則傳統的「運動」就會轉化為一種靜觀。相較於強調速度與不斷追求進步的運動，這種練習方式可以讓人們做得更好也更樂在其中。

聆聽身體的訊息，不壓抑，不忽略，不過度或不及

正念減壓的團體規範之一，就是在做瑜伽時，每個人負責好好覺察自己的身體訊息，仔細聆聽並尊重身體正在告訴你的各種訊息，不壓抑，不忽略，不過度或不及。**除了你自己之外，沒有人可以聆聽你的身體。如果你渴望成長與自我療癒，就必須承擔起聆聽自己身體的責任**。此外，想要明瞭自己身體限制的唯一方法，就是謹慎且正念地探索一段時間。

如此練習你將體會，不論現在的身體狀況如何，一旦把覺察帶入自己的身體與身體的限制，那些限制

會隨著時間經過而慢慢減少。你將發現身體可伸展的程度與可處於某個姿勢的時間長度，不是固定或靜態的。所以你對自己可以或不可以做到的各種想法，也不該如此固定或靜態。**事實上，只要仔細聆聽，你的身體就能帶你去體會不一樣的風景。**

這種觀察方式其實並不新奇，運動員早已用此法來提升專業能力並挑戰各種極限。差別在於，運動員這麼做是為了未來的某個目的，我們這麼做是為了安於當下與探索當下。有趣的是，我們也會發現自己有所不同，只是我們的不同裡面沒有用力追求的成分。

常覺得「健康狀況不好」、「一直在走下坡」？

對於健康出狀況的人來說，學習運動員般去正視自己的限制是非常重要的。因為一般而言如果身體某部位「有狀況」，我們就會退縮且不再使用該部位，其實這是身體敏銳的短期保護機制，尤其是生病或受傷時，身體需要休息以利復原。

麻煩的是，短期的解決方式常會不自覺地演變成長期固定的生活型態。隨著時間過去，特別若是我們的身體受傷或有問題時，一種非常狹隘的身體意象會慢慢滲透，而成為我們對自己的觀點。若是我們對此內在歷程毫無覺察，就會如此認定自己而且深信不疑。於是，我們不再透過直接體驗來認識自己的種種限制，而是臣服於我們的想法，臣服於醫生、家人等關懷我們的人所說的觀點。這麼一來，我們可能不自覺地搬了大石頭堵在通往自我安適福祉的路上。

這些想法漸漸成為僵化、固著的自我信念，例如：總認為自己的身體「健康狀況不好」、「一直在走下坡」、某些部分就是有「毛病」或「失能」。此等信念讓我們不再活動，看待自己的身體猶如以管窺天[9]，甚至認為自己需要整天臥床，認為自己無法離開家門辦事。

有時，這類觀點很容易導致「病態行為」。心態上，我們以疾病、受傷或失能築起高牆，只記得身體不適的部分，忘了其他部位而令其逐漸萎縮。即使身體沒有任何毛病，若從此不再打探自己的能耐，便會畫地自限，想像自己這個做不到、那個做不好，而且對於自己設想出來的種種限制會深信不疑。此類貶抑的自我意象或身體意象，如果再加上過重，恐怕會更惡化了。現今在許多先進國家，過重的問題已經愈來愈嚴重。

愈是不動，健康狀況就愈不好

物理治療界有兩句至理名言，第一句是「如果這是物理性的，就是可治療的」，第二句是「如果你不使用它，就會失去它」。前者意味著，重點不在於你做了什麼，而是你需要與自己的身體一起做些活動。後者提醒我們，身體不會永遠處在某個固定狀態，總會因需求而持續產生變化。如果這個身體從不被要求彎曲、蹲下、扭轉、伸展或奔跑，那麼身體做這些動作的能力不會維持不變，而是隨著時間每況愈下。**有時候，我們稱這個現象為「健康狀況不好」，這個詞隱含了某種固定樣貌的味道。事實上，你愈是不動，健康狀況就愈不好。**

這種衰退的專有名稱叫做「未使用的萎縮」。舉例而言，假如你正在術後復原期，整天躺在床上，很快地，你的許多肌肉群就會萎縮，尤其是大腿，你會看到自己的大腿一天一天地縮小。一旦肌肉組織沒有經常使用就會萎縮，這些組織會壞死並由身體吸收。當你下床開始四處活動並使用大腿時，它自己就會慢慢地修復。

不是只有大腿肌肉會因未使用而萎縮，所有的骨骼肌肉都是，會變得愈來愈小並且失去正常功能，更容易受傷，尤其是久坐不動者。更糟糕的是，愈久沒用或太少用也會影響到關節、骨骼、血管，甚至神經系統，這些組織的結構與功能均將退化與萎縮。

在早期醫療中，治療心臟病發的方法之一是讓患者長期臥床。現在，人們心臟病發作後沒幾天就被邀請下床活動，因為醫學研究顯示，不活動只會讓心臟的狀況更惡化。即便是心血管動脈硬化症也會從規律漸進的運動中獲益（對於正在進行嚴格低脂飲食者更是如此，詳見第三十一章）。

當然，運動的程度必須配合自己的身體狀況，不需要求超越極限，但至少對心臟要有「訓練效果」。當限制慢慢減少時，就可以逐漸增加運動量，此時心臟也會更加強壯。時至今日，心臟病患者把自己訓練到可以跑二六．二英里的馬拉松，已經不是新聞了。

瑜伽是一種全身的運動，全面地喚醒身體

瑜伽是一種很好的運動形式。首先，它非常溫和，不管是任何身體狀況都可以從中獲益，規律地練習可以降低萎縮的機率。瑜伽可以在床上、椅子上或輪椅上練習，也可以站著、躺著或坐著練習。實際上，哈達瑜伽可以用任何姿勢練習，唯一的要求是可以自行呼吸以及多少可以自由移動。

瑜伽也是一種全身的運動，可以提升全身的彈性、平衡與活力，就像游泳會用到身體的每個部位並從中獲益。如果強而有力地練習瑜伽，甚至可以強化心臟血管。不過，在正念減壓所練習的瑜伽並沒有強化心血管的功能，主要目的在於伸展、平衡與增強肌肉關節，全面地喚醒身體。**有強化心血管需求或單純只想讓自己更健康的人，除了瑜伽之外，可以多走路、游泳、騎腳踏車、跑步或划船等。當然，這些活動若是正念地進行會更好。**

9 譯注：這裡不是指把身體的小病痛看成了大問題。問題不在於病痛的大小，有時確實是很大、很嚴重的狀況。但不論是多大、多嚴重，這裡強調的是不要用「觀點」過活，不要用過去的經驗或想法整個框限對當下的體驗，而要開放自己給當下的真實體驗，用當下的真實體驗來探索自己（的限制）。

瑜伽最令人印象深刻的是練習後的感覺。做完某些瑜伽後也許會覺得筋疲力竭，卻可在短時間內恢復活力。在正念減壓課程中，有些人練習了兩星期的身體掃描依舊無法放鬆，到了第三週卻興奮地發現，原來透過瑜伽可以這麼容易進入深層放鬆，跟自己的身體同在，而且幾乎每位學員都感受得到，除了慢性疼痛者（有此症狀者對於所從事的活動與瑜伽練習均需要格外留心）。此外，這些學員也發現在瑜伽練習時，他們可以保持清醒，品嘗寂靜與祥和的滋味。他們在練習身體掃描完全無法有這種感受，因為不是很難專注就是睡著了。有趣的是，一旦有了這樣的體驗，許多人對身體掃描亦隨之產生正向的感受，他們開始更瞭解身體掃描，練習起來更容易維持在清醒狀態，亦更能與分分秒秒的體驗同在。

用自己的速度，盡情地專注於身體的體驗

四十五年來，我幾乎每天練習瑜伽。起床後，我用冷水洗臉讓自己清醒，然後透過瑜伽正念地與我的身體一起活動。有時候我的身體感覺很舒服，有時候並非如此。不論如何，我都知道當天的身體狀況，因為我一早就花時間與身體同在，滋養它、強化它、伸展它、聆聽它。**如果你有身體上的毛病或限制，或是你每天對自己的身體狀況都沒信心，這種與身體同在後的感覺會讓你倍感安心。**

有時候我只練習十五分鐘，做一些基本的背、腿與肩膀的活動，尤其是我需要早起工作或長途旅行時。有時候，我練習半個小時或一個小時，通常會練習一些多年下來我覺得對自己格外有益的系列動作。我所教的瑜伽課通常是兩個小時，以運用各種姿勢來學習探索自己的身體限制，我喜歡讓學員可以用自己的速度，盡情地享受專注於身體的體驗。不過即使每天只做五或十分鐘也會很有幫助的。話又說回來，如果你正在接受八週的正念減壓訓練或正打算參與課程，從第三週開始，你最好還是每天練習四十五分鐘，與身體掃描交錯練習，這部分將於第十章說明。

生活本身就是實在的瑜伽練習

瑜伽（yoga）梵文的意思是「牛軛或連接物」，練習瑜伽就是在練習連結或統合身體與心靈，真實的意義就是洞察體會身心合一，而非視身心為二元分離。此外，瑜伽還有統合或連結個人與全體宇宙的意義[10]。至於瑜伽的其他意義，就不在此討論了，但其基本要旨都是一樣的，亦即：**透過規律地練習，體悟生命的相互連結、非相互分離與統整性，換言之，即體悟自身的圓滿完整**。牛軛或連接物的意象，剛好與我們先前所說的提醒與重回身體相互呼應。

在動靜之間感受身體的流動

瑜伽的麻煩之處在於，你沒辦法透過講話討論就知道怎麼做，即便最好的瑜伽書亦無法真實呈現練習後的感受。**正念瑜伽最令人愉悅與放鬆的層面，就是你可以在動靜之間感受到身體的流動**。不過，假如你是對照著書本練習，一下子要翻書，一下子要做動作，就感受不到這種流暢的動能了。對我而言，從書本學瑜伽常令我很頭大，不論這本書有多好。因此，我會強烈建議如果想練習正念瑜伽，剛開始最好借助練習光碟。如此一來，你唯一需要做的事情就是播放光碟，讓它帶領你練習各種姿勢。這讓你可以每秒每分、全心全意地覺察自己的身體、呼吸與心靈。本章最後的練習指示有助於理解與釐清模糊之處，但真正的理解來自於你親身的練習體驗。一旦你熟悉各個動作後就可以不用跟著光碟，而依照自己的需求組合出各種姿勢與先後次序。

在正念減壓課程中，我們的瑜伽做得相當緩慢，以便讓自己有機會一秒一秒正念地探索身體。此外，

10請參閱第十二章愛因斯坦的話語。

學員通常有各式各樣的醫療狀況，因此課堂上練習的瑜伽姿勢其實非常有限，大概只算是介紹大家淺嘗這珍貴悠長的身體覺察練習與身心關聯的殿堂。有些學員因此而愛上瑜伽，在正念減壓課程結束後去上更多瑜伽課程。當然不同的瑜伽課程會有不同的方法，有些強調有氧、有些強調強力、有些強調特殊困難的動作。**對我們而言，瑜伽本身就是靜觀的一種形式，透徹瞭解的話會發現所有的瑜伽都是一種靜觀。因此，瑜伽與生活是不分的。生活本身就是實在的瑜伽練習，如果我們帶著覺察來進行每一個肢體動作，那麼每一個身體的動作和姿態都是瑜伽的姿勢。**

在靜坐的章節中，我們看到姿勢是非常重要的，因為身體的姿勢可以立即影響心境與情緒狀態。覺察自己的行為舉止、身體語言（包含臉部表情），以及身體語言所透露的想法與感受，就可以透過調整身體姿勢，改變自己的想法與感受。舉例而言，微微地將嘴角上揚，做出半微笑的樣子，即可引發愉悅與放鬆的感受，而此感受在臉部做該動作之前是不存在的。

帶著清楚的意識練習正念瑜伽

請記住，每當你帶著清楚的意識練習正念瑜伽的各種姿勢，就是在改變你自己的身體定向、行為舉止與內在觀點了。

你全心投入的任何瑜伽動作都是在練習正念，所有的伸展與舉手投足，都可以正念地覺察自己的想法、心理感受、心情狀態、呼吸與身體的感覺。不管你是靜止的或活動的，做這個或那個練習，覺察都是一樣的。某個程度來講，正念減壓的各種正式練習（當然也包括瑜伽動作），猶如通往同一個房間的不同大門。因此，當你覺得某些姿勢對你頗不適合，不用介意，就跳過吧！如果你想要的話，往後隨時都可以回頭試試。這是能夠一輩子投入的練習，因為這本來就是你與自己身體的關係。

舉例而言，像胎兒抱著雙膝滾動後背、肩膀、後頸與後腦杓的動作（圖6的姿勢21，參閱一四七頁），也許不容易或者你覺得根本做不到。若是如此，可以改試試姿勢9和10替代。不過，若你有任何頸部問題或高血壓，像這類脖子倒懸著的姿勢恐怕就不適合了。如果你沒有任何問題，可以輕易地做到這些動作，會發現這個姿勢帶來了令人愉悅的改變與正向的心境，你的身體分分秒秒都可以體驗到不同角度的伸展。**實際上，如果你願意將自己全然交託給所做的動作，適當地留心並尊重身體，即便只是幾分鐘，每一個動作都會對身體帶來若干影響，觸發洞察的調整與提升，讓自己更具正念。**

正念瑜伽是終身的練習

即便只是簡單地坐著，你的手掌是打開朝向天花板或是往下貼著膝蓋、你的掌心是否相疊、拇指是否互扣，這些簡單的手部位置與不同姿勢都將影響你的心境，這也都是發展身體覺察的豐沛資源。

練習瑜伽時，你應該像站在守望哨般地注意許多事項，其中有些是相當細微的。不論是轉換姿勢或停留在某個姿勢，都可能會改變你的想法、對身體的感覺和自我的觀點。**好好全心全意地覺察，一秒接著一秒地覺察，用這種方式練習瑜伽，身體不但可以從伸展中自然獲益，更能大幅豐厚內在體驗**。以我的經驗來看，這種溫和的正念瑜伽是終身的練習，也是一個豐富的實驗室，使我們得以更深入瞭解自己的身體。當我們以自在而慎重的態度面對自己的身體時，它確實會告訴我們豐沛的訊息。

如何開始練習？

1. 以攤屍式躺在瑜伽墊或其他平坦的東西上，以保護背部，勿直接躺在地板上。
2. 覺察呼吸過程中的氣息流動，感覺吸氣與吐氣時的腹部起伏。
3. 花點時間領受自己的身體是一個整體，從頭到腳；領受包裹全身的肌膚；領受身體與墊子接觸的感覺。
4. 如同靜坐與身體掃描，盡可能將注意力保持在當下，一旦發現自己分神，稍微留心一下是什麼把心帶走了，接著再把心帶回當下的呼吸。

5. 盡可能跟著下列圖示的姿勢練習。專注於呼吸時，就稍微停留一下。圖6與圖7是正念瑜伽光碟的練習順序，光碟名稱為「躺式正念瑜伽」與「立式正念瑜伽」。在光碟中，有些姿勢會重複做，不過在圖中就沒顯示了。若某個姿勢有對稱性的話，就左右兩邊都做，即便圖示看似只做某一邊。

6. 做每個姿勢，覺察身體各個部位所經驗的各種感覺。如果你願意的話，將呼吸導入伸展過程中感到最強烈的身體部位。在每個姿勢中盡可能地放鬆，與自己的感覺一同呼吸。

7. 如果某些姿勢會讓本身既有的問題惡化，就跳過這些姿勢。**若頸部或背部有問題，請與醫生、治療師或瑜伽老師討論這些姿勢是否適合自己。這需要自行判斷，負起照顧自己身體的責任非常重要，而且必須謹慎。**在減壓門診中，許多有頸背問題的學員發現他們可以做若干姿勢，不過必須很小心，不強迫不勉強。雖然這些運動非常溫和也有療癒功能，但如果不是緩慢地、正念地、漸進地練習，可能導致肌肉拉傷或舊疾復發。

8. **不要一直想超越自己、與自己競爭，如果發現自己會這樣的話，留心注意，然後放下這個心態。正念瑜伽的精神在於每一個當下的自我接納**。在尊重身體的前提下，溫和慈愛地探索自己的限制。練習正念瑜伽不是要突破身體限制，或讓身材更好以利於夏天穿著泳衣。如果持續練習，這些也許會自然發生，不過如果刻意催迫自己超越限制，未能在姿勢中放鬆自己，最後可能還是會傷到自己。如此一來，你會受挫並終止練習，可能會抱怨瑜伽害你受傷，而沒看到其實是你用力追求的態度讓自己做過頭了。有些人很容易落入惡性循環，當他們感覺良好且完全熱衷時就會做過頭，之後就會有一段時間什麼都不能做而覺得洩氣。如果你有這種傾向，花些精神好好留心這個現象是值得的。

9. 雖然在圖6與圖7呈現的是一系列的動作，不論是躺著或其他姿勢，**在各個動作之間應該休息一下**。運用動作間的休息時刻，仔細覺察呼吸，感覺腹部隨著氣息的進出而起伏。如果是躺著的姿勢，吐氣時感覺身體的肌肉更下沉，順著呼吸的波浪讓身體更鬆。站立的動作亦可採取同樣的方法，在動作轉換時休息片刻。吐氣時，感覺雙腳接觸地板並且放鬆肩膀。不論躺著或站著練習，放鬆肌肉時也容許自己放下心中的任何想法，持續地觀察呼吸的自然波動。

10. 練習瑜伽時，若能記住兩個原則會很有幫助。第一個原則是，當你所做的動作會讓腹部或上半身收縮時，吐氣；當所做的動作會讓腹部或上半身擴張時，吸氣。舉例來說，躺著把腿舉起來的動作（參閱圖6，姿勢14，一四六頁），舉起腿時，吐氣。不過如果全身趴著抬腿（圖6，姿勢19，一四七頁），那就是吸氣了。需注意的是，此呼吸的調節僅適用於姿勢的移動過程，一旦腿舉起來後，就維持並觀察自然呼吸。第二個原則是，安於每一個姿勢一段時間，讓自己鬆入該姿勢中，也就是溫和地讓自己融入每一個動作，帶著全然的覺察「居留於」該動作，即便一開始能停留的時間也許很短暫。如果身體告訴你某些動作在當下不適合自己，就先跳過吧。若發現自己很用力或掙扎地做某個動作時，試著透過呼吸讓自己放鬆。一開始也許會發現自己很容易在某些特定姿勢中用力撐著，一段時間後，身體就會有所瞭解並自行調節，然後你會發現自己正在放鬆與沉入該姿勢。每次吸氣時，全面而微幅地擴展所做的姿勢，每次吐氣時更沉入該姿勢一點點，容許地心引力成為自己的朋友，探索自己的限制。此外，做動作時，不需要用的肌肉就別用它，例如：當你發現臉部肌肉不自覺地緊繃時，就可以練習放鬆。

11. **永遠要與自己身體的限制一起用功，觀察與探索身體的界線，那個介於容易做到與非常勉強之間的界線。**雖然用功於自我限制的同時某種程度的不舒服是無可避免的，但是千萬別讓自己伸展到會疼痛，逐步正念地學習與進入安全的「伸展區域」是非常重要的，因為這麼一來透過瑜伽探索自我限制，才會滋養自己的身體又不至於使它受傷。

圖6 瑜伽姿勢的順序

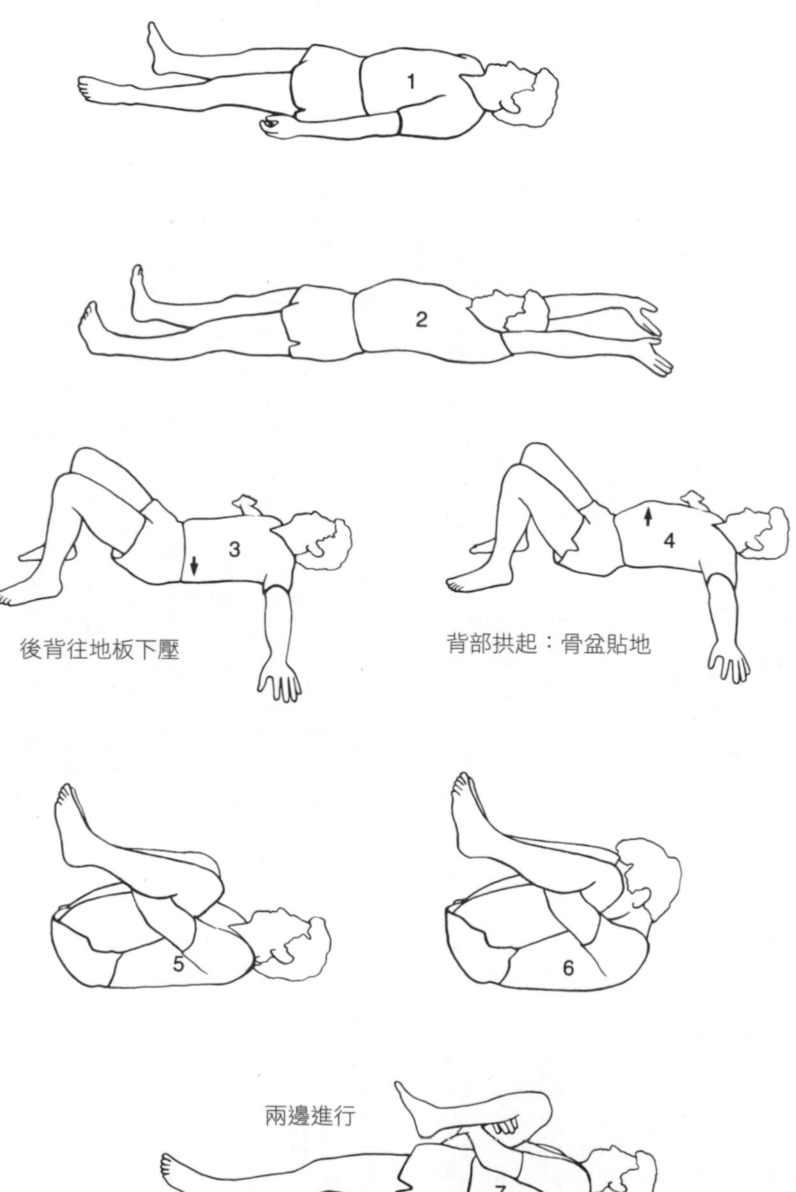

兩邊進行
8
9
10
兩邊進行
11
12
13
兩邊進行

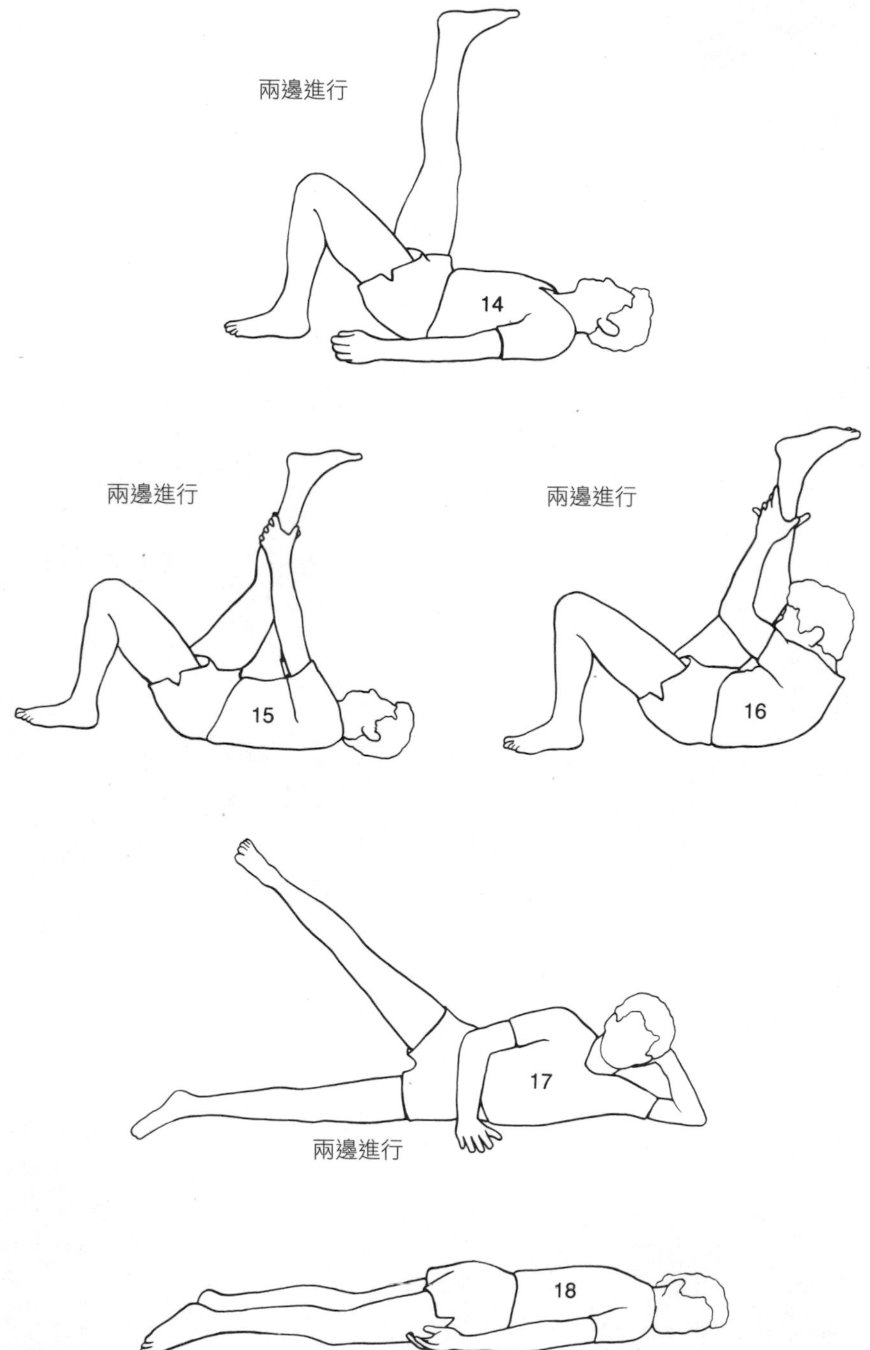
兩邊進行
14
兩邊進行
15
兩邊進行
16
17
兩邊進行
18

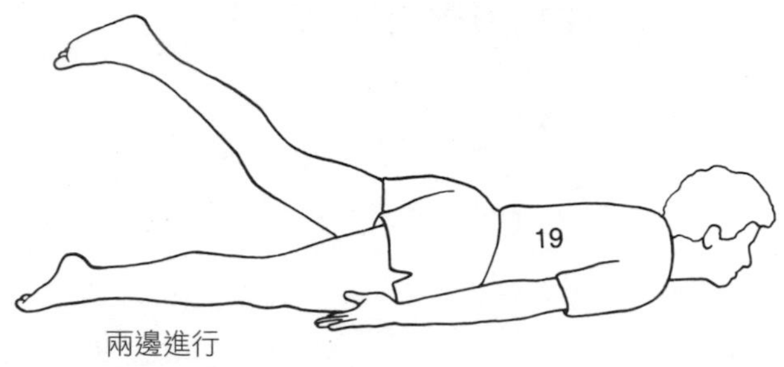

兩邊進行

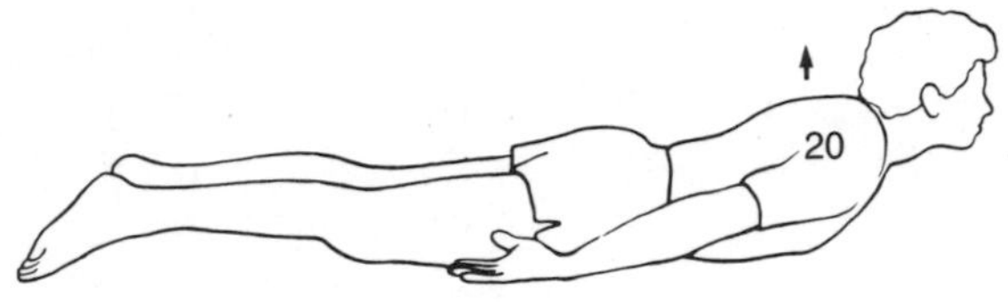

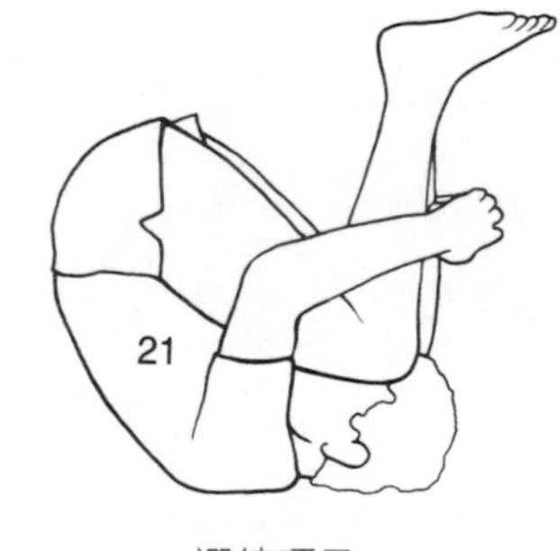

選練項目

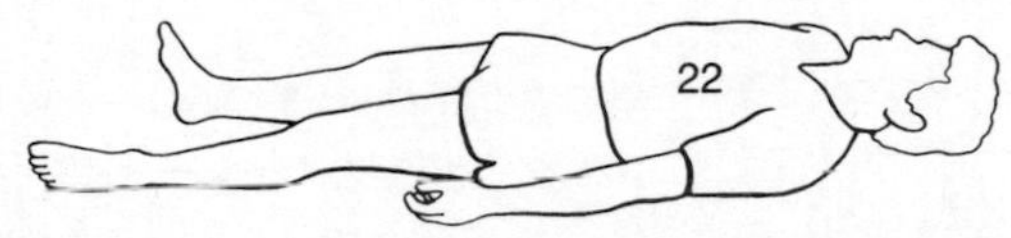

圖7　瑜伽姿勢的順序

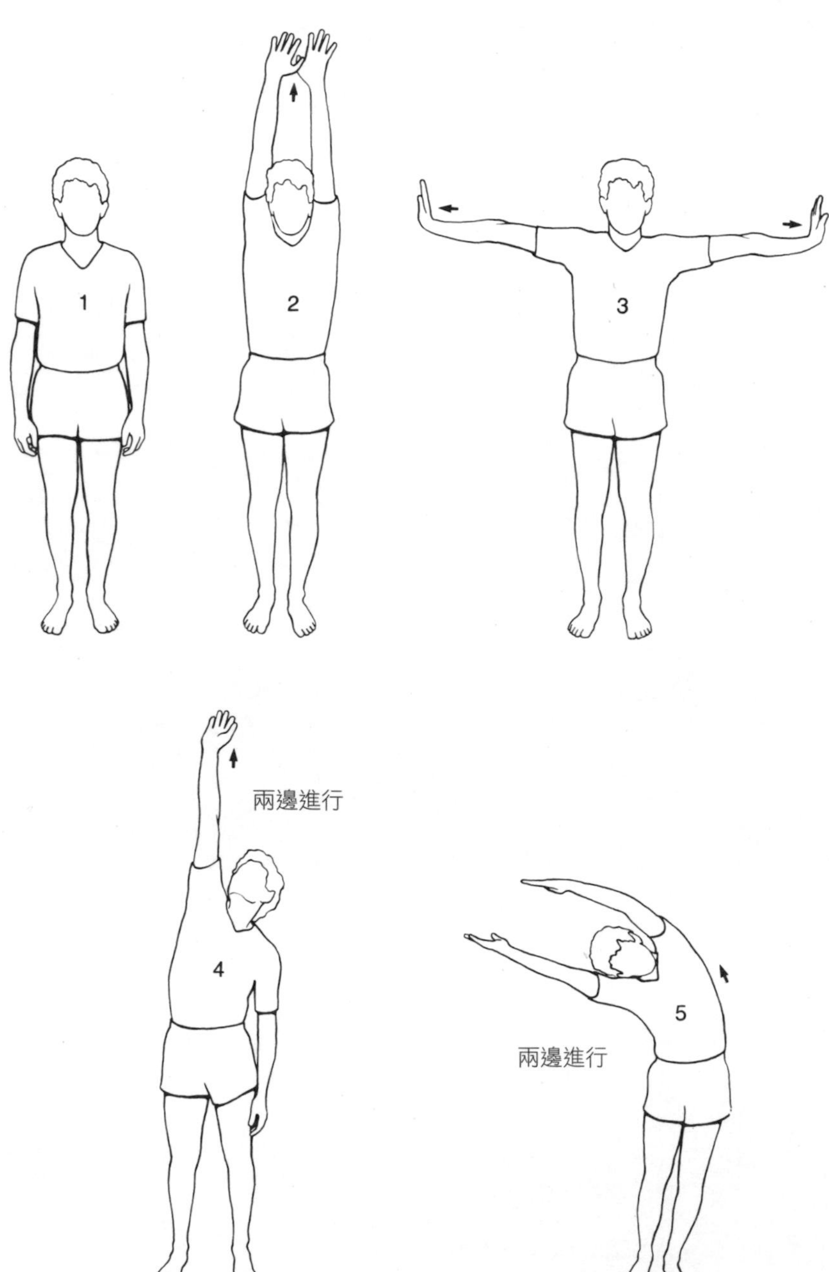

轉動肩膀：先往前，再往後

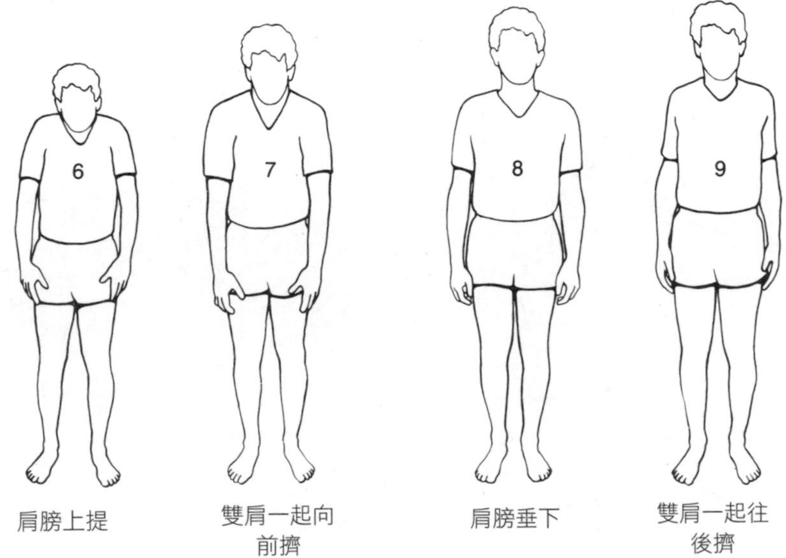

轉動脖子：先向右轉，再換另一邊

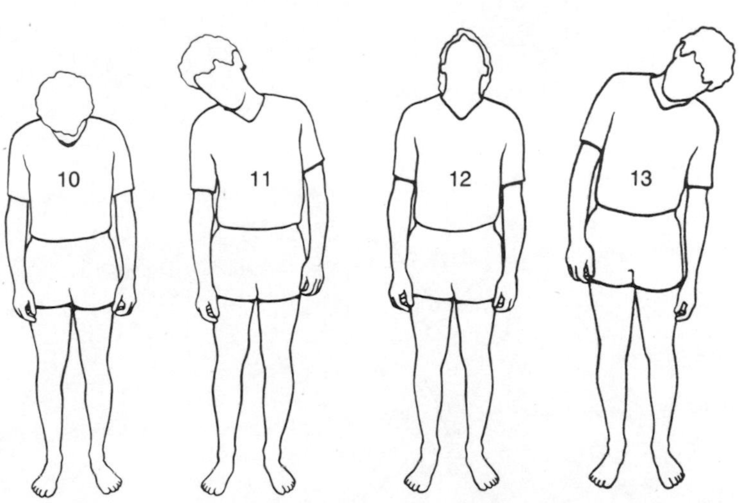

14
15
16
17
18
19
兩邊進行
兩邊進行
兩邊進行

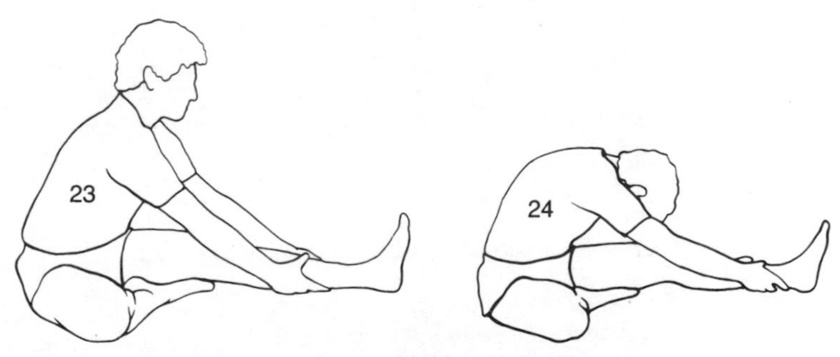

另一隻腳重複22-24的動作

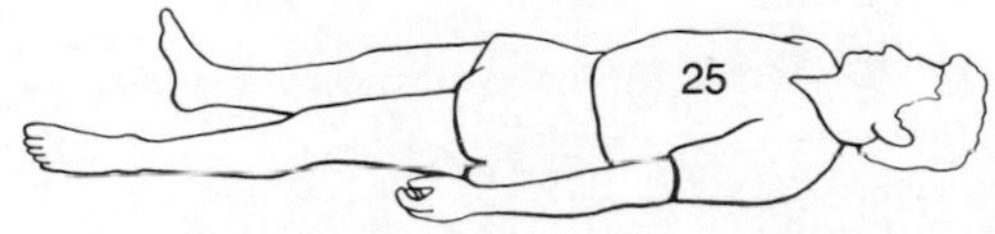

〔第七章〕

行走靜觀

平常行走時，我們通常帶著某些意念或目的，並專注於那些意念或目的，很少單純地走路，即便我們原本說要「出去走走」。練習行走靜觀時，我們刻意地提醒自己「現在沒有要去哪裡」。單純地邀請自己，好好練習與自己同在，這樣做有助於把「心」安頓下來。

將覺察帶入日常生活最簡單的方式之一，就是練習正念地走路或者更正式的行走靜觀。也許你已經猜到了，行走靜觀是指你在走路時，把注意力放到你正在走路的實際體驗，單純地走路，清楚覺察自己正在走路，但完全不需要低頭看自己的腳！

練習正念一段時間後，你會發現天底下沒什麼事比正念更簡單了，走路其實也是。**平常行走時，我們通常帶著某些意念或目的並專注於那些意念與目的，很少單純地走路，即便我們原本說要「出去走走」。**

練習專注地「走路」，安頓匆忙的心

通常我們走路都是有原因的，最常見的就是打算到另一個地方，而走路是最好的方式。當這顆心想去哪兒或想去做什麼，心就會指使身體來完成這項任務，身體是心的專屬司機，甘不甘願都需要執行指令。

如果心是急切的，身體就會是匆忙的。如果心受到某些它認為有趣的事物吸引住了，我們的頭就會轉向，然後身體可能也跟著轉向或停下來觀看。當我們安靜地坐下來關注呼吸時，各式各樣的想法就會像瀑布般地湧現。這些身心的連結互動在剎那間就發生了。

行走靜觀是刻意地專注於行走本身的經驗。行走時，將注意力聚焦於腳與腿的感覺，或是領受全身移動的感覺，也可以在行走時覺察自己的呼吸。

真實地體驗行走歷程

開始時我們穩穩地站著，領受這站立的全身，也領受自己的呼吸。之後我們的身體可能會產生想走動的欲望，留心那原始的推力。然後留心重心如何移轉到一隻腳以便讓另一隻腳可以舉起來，繼續覺察腳提起、向前移動、落地的感覺。注意腳掌與地板的接觸，覺察身體重心的移轉，覺察另一隻腳的提起、往前跨、往下放到地板，於是往前跨了一步。我們以此方式行走，一步接著一步，每一步的每一個動作都清楚明白：舉起、移動、放置、重心位移。過程中不要在心裡念著「舉起、移動、放置、重心位移」；相反地，我們只是直接又單純地領受自己的足、腳與整個身體。在正念減壓課程中，我們會走得相當緩慢，因此才有機會清楚體驗完整的行走歷程：有覺察地將腳提起、往前跨出、放下，一步接著一步的循環。

就像先前探索過的其他正念練習，**當你發現「心」飄離了自己正在移動的腳或身體時，觀察一下盤據心頭的是什麼，接著溫和地把注意力再帶回正在行走的身體。**另一個做法是停止行走，站在原地整理自己一下，領受這身體的站立與呼吸。之後我們可能感覺想往前跨，覺察那想重來一遍的推力。

為了深化我們的專注力，行走時不要東張西望，只要凝視前方即可。不需要低頭看自己的腳，它們很知道怎麼走路的。藉此，我們培育一種內在的觀察能力，單純領受走路時的感覺，除此之外沒有別的。這不表示正念行走是無聊或嚴肅的。就像其他的靜觀練習般，我們可採輕柔自在的方式進行。畢竟，這其實也沒什麼特別的，只不過是走路以及很清楚地領受自己正在走路。話又說回來，能好好走路也實在是夠特別的。

我們習慣不知不覺地活著，以至於把很多事情都視為理所當然，走路就是其中之一。一旦你開始好好觀察，就會由衷感謝這奇妙的平衡動作，雙足底部這麼小的空間就撐起整個身體！當我們還是小嬰兒時，幾乎要花上一年才能讓自己準備好，學習這項充滿活力平衡的行動。

雖然我們都知道如何走路，但如果有人刻意觀察我們走路，或是我們刻意觀察自己走路，就會感到不自然與笨拙，還會因此而失去平衡。行走是協調一致地往前落下，又再提回自己的循環。有時候我們一旦很仔細觀察，就會反而不知道自己在做什麼，也許我們根本不知道怎麼走路啊！優秀的演員上舞台前必須一再練習「單純地走路」，可見走路並不簡單呢。

也許你可以找一天去醫院瞧瞧，那裡有許多人因受傷或生病而永遠無法走路。對他們而言，能不需要協助地跨出一步都是奇蹟了，更何況是走出醫院或走去開車。然而，能自由活動的我們，對於「行走」這個大奇蹟幾乎是不懷任何感激之意的。

即使匆忙地行走，也可以保持正念

最重要的是，練習行走靜觀時，我們要刻意提醒自己「現在沒有要去哪裡」。單純地邀請自己，好好練習與自己同在，就在這當下，就在這一步，別讓自己的身心分離了。單純地與每一步同在，一步接著一步、接著一步、接著一步。

我們在正念減壓課堂上練習行走靜觀時，是在教室裡面繞著圓圈或前後直線地行走。這也呼應了先前所述，我們在練習行走靜觀時沒有要去哪裡。這樣做有助於把「心」安頓下來，因為沒有目的地，這顆心的注意力比較不會被引開。不論你是走圓圈或直線，在這樣的環境下，心會明白，既然沒要去哪兒就沒什麼好急了。這樣一來，心可能會比較甘願地停留在你所在的每個位置，好好覺察你的腳、你的肌膚、你的身體以及你的呼吸，這完美和諧的統合。

然而，這不表示你的心從此就會安安靜靜地跟隨你，聽從你希望專注於每一步的意圖。很快地，你會發現心在嘀咕「這練習真是愚蠢」、「這哪有什麼用」或「真白痴」。另一方面，心也許開始玩起了速度或平衡的遊戲，或四處亂看或想到別的事情。如果你堅持繼續好好練習正念行走，只要把注意力再帶回你的腳、腿與身體就好了。一開始就單純地覺察自己的腳部與腿部，是比較妥當的方式。一段時間後，等你的專注力提升了，再將覺察擴及行走時全身的感覺並領受呼吸。如果你想要的話，可以擴展至去領受你臉部與肌膚上的空氣、眼前的號誌、周圍的聲音。**請記住，不論你專注的對象為何，都是一樣的覺察，這般覺察可以涵容每個瞬間完整的行走體驗。**

練習正念行走可以採用任何速度。有時候我們進行得很緩慢，一步可能就要花上一分鐘，這讓你可以確實與每一步的每一個動作同在。我們也會練習用正常速度走路。在正念減壓課程的一日靜觀中（詳見第八章），我們會用很快的速度練習行走靜觀，這是要學習即便在快速移動時，仍能保持覺察。如果你真的試過，就明白在快速行進時，要維持每一步的清晰覺察並不容易，不過你可以轉而以一種整體的觀點來看這身體在空間的移動。**因此即便在匆忙中，依然可以保持正念，唯一需要的只是提醒自己。**

找出你最能專注的行走速度

對許多人而言，緩慢地走來走去又沒有特定目標看來很怪異。所以一開始你需要找個不會被注視的地方練習，像是你家的臥室或客廳。**好好練習一段時間，例如：十分鐘。在這段時間內，最好只專注行走中的某一個面向，不要變來變去，才能保持穩固的正念。**因此，如果你想專注於腳，整節的練習就全專注於腳，而不要觀照呼吸、專注於腿或其他部位。找一個你最能專注的行走速度，這速度可能每次練習都不太一樣，重點是應該要比你平常走路的速度慢一些。

有位年輕女士剛到減壓門診時整個人好緊繃，完全無法容忍任何靜止的狀態，根本靜不下來。她會不停地抖動、踱步、敲牆，我們在講話時，還會持續亂動電話線。練習身體掃描和靜坐對她而言是不可能的任務，連瑜伽都太靜態了。然而，直覺告訴她：靜觀有助於進入清明平靜，只要能找到方法好好練習。有次，她在極端心煩意亂時練習了行走靜觀，很驚訝地發現行走靜觀竟然可以安住她狂亂的心，好像救生圈般。一段時間後，她的情況逐漸改善便開始從事其他的靜觀練習。當所有練習對她都顯得困難時，行走靜觀是唯一發揮效用的練習。行走靜觀的深刻程度確實可以與靜坐、身體掃描或瑜伽是一樣。

當我們家孩子還是嬰兒時，我經常「被迫」練習行走靜觀，而且通常發生在半夜。我想既然都得抱著孩子走來走去、走來走去，何不利用這機會來練習靜觀？這有助於維持我百分之百的清醒，也能隨時知道孩子的任何狀況。

說實話，大半時候我是很抗拒半夜起床的，雖然談不上睡眠被剝奪或是真的睏到不行，我想每個爸媽都知道那種感覺，尤其是當孩子生病時。

既然現實狀況是一定得起床，我決定好好維持清醒。換言之，我練習讓自己全然地與手中所抱的孩子同在，全然地與孩子一起走來走去，放下我是否想做這件事情的想法或心中的抗拒。有時候這種半夜漫步會持續數小時，正念的練習讓這項必須完成的任務顯得容易許多，也讓我在這些情況下與孩子更加親近，因為我會把自己的覺察擴大到依偎在我臂膀上的小嬰孩，我們一同呼吸。**當共處的時間是全然同在時，孩子會感到非常地放心與撫慰，愛與平靜會流入孩子體內。**

也許在你生活中也有必須走來走去的時刻，不論你喜不喜歡。這其實是練習將覺察帶入行走的大好機會，如此一來，你就可以將「行走」這看似無聊且大部分是無意識狀態下的苦差事，轉換成豐富與滋養的時光。

日常生活中，就能練習正念行走

一旦你把正念行走當成一種正式練習並有些體驗，就會發現自己可以輕易地在許多場合練習非正式的正念行走。舉例來說，你開車到超市買東西，如果保持覺察，從下車到走入超市的過程中，就是練習正念行走的好時機。一般而言，面對例行工作時，我們多少會覺得需要被迫完成它們，因此總傾向一件接著一件匆匆忙忙地做，直到所有事情都完成為止。如果這些事情總是如此單調與一成不變，長期下來我們可能覺得筋疲力竭，甚至意志消沉，因為這顆心總是渴望來點不一樣的。然而，**如果在執行例行工作時，把覺察帶入過程中的行走，便可適時切斷執行例行工作時無意識的自動導航狀態。**如此一來，例行工作將會切換到更鮮活有趣的狀態，我們完成工作時會覺得更平靜，也比較沒那麼疲憊。從這個精神來看，當你在做某些事情時，也許完全遠離手機，純然地投入正在進行的事情，對你會是個好選擇。如果這麼做很困難，至少將收發頻率降到最低。

我經常在每天的日常生活中練習正念行走，走路時覺察整個身體與呼吸。你可以用正常速度行走，也可以慢一點以使自己更專注。這麼做，沒人會發現你有什麼異狀，卻可能對你的內心帶來很大的不同。

很多學員規律地練習行走靜觀，甚至當成一種運動。他們發現，每走出一步都刻意地覺察呼吸與身體的感覺，讓他們更享受行走本身，有些人甚至每天早上固定練習。約翰，四十四歲的股票營業員，也是兩個孩子的爸爸。他患有原發性心肌症而經轉介來上正念減壓課程，這是一種鮮為人知但相當危險的疾病，因為心肌將逐漸擴大而降低心臟功能。他剛進來的時候，形容自己有如行屍走肉。兩年前，他經歷了一場可怕的心臟病發作後，診斷出這個疾病，這讓他陷入極度沮喪與自我毀滅的行為中，他消極地認為**「反正我都要死了，幹麼還照顧自己」**，他迷上了所有對他不利的事物，如飲酒、高鈉與高脂的飲食。他狂亂的情緒起伏引發呼吸急促與嚴重焦慮，明知故犯地吞下許多不該吃的東西。這些行為導致嚴重的肺積水而住院治療，他不斷重複這樣的惡性循環。

上完課後的第三個月，我們追蹤他的情況，他說剛進教室時連走五分鐘都困難。然而課程結束時，他已經可以每天早上五點十五分起床，上班前正念地行走四十五分鐘。三個月過去，他依舊如此。他的脈搏降到七十以下，心臟科醫師說他的心臟已經縮小了，這是相當好的徵兆。

六個月後，約翰打電話告訴我，他依然持續練習也覺得很有幫助，因為最近生活中有許多壓力事件而他處理得很好，例如數週前媽媽過世了，他感到自己可以比較平靜地接受這個事實甚至協助家人；最近他剛完成一個專業考試，準備期間經常一晚只睡三個小時。他說靜觀練習協助他度過這些難關，而未將焦慮訴諸藥物或食物。他持續跟著光碟練習身體掃描，大約每週三次。有練習的那幾天，他每天下班到家便立刻上樓練習。上正念減壓的前兩年他嚴重處於自憐自艾的狀態，只會坐在家哀嘆「老天爺啊，我就快死啦」。現在，他每天清早外出散步，即便是在新英格蘭酷寒的冬季裡，每天都覺得自己愈來愈健康。他的心臟科醫師最近跟我說，正念對約翰再恰當不過了。依照醫師的看法，約翰應該終其一生都維持正念。當約翰真正地專注於生活中的每個面向，他做得很好；而他不是如此時，就會在不知不覺中觸發嚴重危機。

同樣地，在課後三個月的追蹤報告顯示，許多成員都提到練習行走靜觀讓他們更享受走路。羅絲說課程結束後，她規律地練習行走靜觀，專注在行走時的觸感，例如灑在肌膚的陽光或吹拂身上的微風。四十五歲的凱倫說她每天晚上都會走三到四英里，做為靜觀練習的一部分。她已經二十二年沒有規律的運動，對於可以再度「使用身體」，凱倫感到相當興奮。

總而言之，任何時刻只要你發現自己正在走路，就是練習正念行走靜觀的好時刻。不過有時候闢出一段獨立的時空，練習稍微慢一點的正式行走也很棒，走來走去，一步接著一步，一瞬間接著一瞬間，在地球上溫柔地走著，用你全然的生命溫柔地走著，不論走到哪裡，你整個人全心全意地就是在那裡。

〔第八章〕
一日靜觀

一天的寧靜，身體的疼痛可能會更顯著或嚴重，情緒的苦也是，例如：焦慮、無聊或罪惡感。這些，都是自己的「課題」。靜觀像是完美的鏡子，讓我們觀察到思考所引發的問題，也看到自己的心所設置的各種陷阱。就在正念明鏡照見心的瞬間，原本費力與困難的事情會變得容易許多。

這天是新英格蘭六月初的美麗早晨，湛藍的天空萬里無雲。早上八點十五分，人們陸陸續續來到醫院，帶著睡袋、枕頭、毯子與午餐，看起來更像是要去露營而不像病人。教職員會議室內，藍色的椅子已經擺成一個大圓圈。八點四十五分，一二〇人齊聚在這間寬敞舒適、光線充足的會議室，每個人把自己的外套、鞋子、袋子、午餐放在椅子下面，大夥兒坐在椅子上或是坐在五彩繽紛的靜坐蒲團上。今天有十五位已經上過正念減壓的舊學員也來了。七十四歲的山姆和四十歲的兒子肯恩一起來，他們多年前就上過八週課程，這次決定一起來「進修」，他們認為父子同行會很有意思。

山姆是退休貨車司機，他今天的氣色很好，看到我時笑得合不攏嘴，他過來給我一個大大的擁抱並說好開心來到這裡。山姆的個子矮瘦，神情愉悅自若，現在的他看來與兩年前剛進教室時的緊張、憤怒、消沉模樣，判若兩人。當時，他的臉部肌肉表情是僵硬的。我回想起他曾被診斷為A型人格、非常易怒，與妻子孩子都相處困難，他坦承自己退休後就很難相處，對家裡的每件事都滿腹牢騷。然而，他現在竟成為全家人公認的好人。我非常驚訝他的轉變，跟大家分享我現在所看到的他。他回應說：**「喬，我已經脫胎**

換骨啦。」他的孩子肯恩點頭贊同地說，山姆再也不像以前那樣充滿敵意、愛唱反調與難相處了。他現在跟家人相處融洽，讓人感到很愉快、放鬆與隨和。我們開心地取笑山姆，直到九點鐘課程準時開始。

同仁們[11]準備開始今天的課程時，我環顧四周。除了像山姆與肯恩那樣的「畢業生」外，其他人目前進行到正念減壓課程的第六堂課，今天過後再上兩堂就完成所有的課程。我們把各班集合，在這星期六共同進行一日靜觀，這是課程中不可或缺的部分，總是在第六堂與第七堂之間舉辦。

這家醫院裡有多位醫師都參與過八週的正念減壓課程。一位心臟科醫師轉介了多位病患來減壓門診後，也決定來上課。他穿了件足球衣與運動褲，把鞋子脫下來，就和我們所有人一樣。這跟他平時在醫院的穿著，白袍、領帶、聽診器很不一樣。今天，這裡所有的醫師都跟大家一樣，即便這是他們上班的地方。今天，他們是為了自己而來到這裡。

諾瑪（Norma Rosiello）也在。一九八〇年，她以一個疼痛病患的身分第一次上課，跟第五章討論身體掃描時提到的瑪麗在同一班。諾瑪在減壓門診中擔任祕書與接待工作長達十多年，多數時候，她是門診的核心人物，因為病人被醫師轉介過來時，諾瑪是第一位與他們接觸的人。她與這會議室裡大多數的人都講過話，提供他們安慰、安心與希望。她是如此優雅、平穩、獨立地完成工作，以至於我們很少注意到她為了維持各班正常一致地運作，花上了多少的心力。

諾瑪第一次參與時，患有嚴重難忍的面部疼痛與頭痛，她幾乎像時鐘般每月衝去急診室報到，但問題依舊無法解決。她是一位美髮師，常因疼痛問題而丟掉工作。她為疼痛所苦已經十五年了，不斷地尋求各種專家的協助。**在減壓門診的短時間內，她透過靜觀讓自己的疼痛獲得控制，而非借助藥物或到處求醫。**然後，她開始成為我們的志工，有需要時過來幫忙。一段時間後，我成功地說服她擔任我們的祕書與接待，即便她是美髮師，不會打字也沒有任何文書工作經驗，我認為她是這職務的最佳人選。因為她有親身體驗，跟病人講話的態度必定與另一位只把這職務當成「工作」的人不一樣。我想打字或文書作業都是可以學習的，的確如此。在這裡工作的前幾年，她只有偶爾因疼痛而無法上班，後幾年就不曾因此而請假。我看著她，再度為她的轉變感到驚喜，很開心她今天在這裡跟我們一起練習。

今天的參與者包含了各種年齡，有滿頭閃亮白髮的老者，也有二十出頭的年輕人，大部分介於三十到五十歲之間。此外，有些人需要拄枴杖才能站起來。

艾美，一位腦性麻痺的畢業生。多年來，每次她都會坐著輪椅參與一日靜觀。不過艾美今天沒有來，她最近搬去波士頓讀研究所。昨天她打電話跟我說她不能來，因為找不到人可以一整天陪她。事實上，艾美自己有車，裡面有特殊的輪椅升降功能，不過她還是需要有人幫忙開車。當我看著今天參與者的臉龐，突然領會到，雖然每次艾美來，我們都得撥出一個人力協助她吃午餐、擦嘴巴與上廁所。但是對艾美而言，每次要全程參與需要多大的意志力！**對我而言，艾美的勇氣、堅忍不拔以及對自己健康狀況的泰然自若，讓我看到一日靜觀的深刻意義。**今天她不能來我有些難過，因為她的參與及她所講的話總讓我們獲益良多。雖然有時候要聽懂她講的話是有點困難，不過她願意在這麼多人面前說話、提問與分享自身經驗，這勇氣對所有人都是莫大的激勵啊！

體驗一整天「什麼都不做」

九點整，我的同事兼好友薩奇．聖多瑞里（Saki Satorelli）歡迎大家，邀請所有人入座。換言之，靜觀開始了。他一講話大家的交談聲就減少了許多，當他建議大家坐下來回到自己的呼吸時，整個偌大的會議室立刻安靜下來。一二〇人同時專注於自己的呼吸時，你真的可以感受到室內寂靜的波動。這是美妙的寧靜樂章，對此，我總是相當感動。

六個小時安靜的正念練習，在這美麗的星期六早晨正式展開。所有人今天可能都有其他事情要做，不過我們選擇齊聚在此，**為自己的心與身練習一整天的專注，一瞬間接著一瞬間，深化我們平靜與安於覺察**

11譯注：麻大正念中心的一日靜觀參與人數眾多，通常會有數位正念減壓老師共同帶領。

的能力，不論今天內在或外在會發生什麼事情，學習放鬆單純地與自己同在，練習純然地活在當下。

專注當下的感受，身體的痛、情緒的苦都是課題

簡短的開場靜坐後，薩奇說今天大家都大幅簡化了自己的生活，因為到了這裡，我們已經選擇不去做平常在週末會進行的事情，例如：處理各種雜務、打掃家裡、外出旅遊或繼續工作。此外，今天的「基本規則」，如：不交談與無眼神接觸，也讓日子單純許多。何須如此？薩奇解釋這些規則可以協助大家更深化靜觀練習，也可以保留正念練習所需的能量。**六個小時專注於「什麼都不做」，只是坐著、行走、躺下、吃東西與伸展，各式各樣的感受會因而升起**。這些感受可能是非常強烈的，特別是當所有人都刻意停止日常活動，如講話、做事、東跑西跑、閱讀、聽音樂等。我們跟所有學員強調，今天所浮現的一切，不管是什麼，都是很好的「課題」，既然出現了，就需要我們好好面對並和平共處。有些人打從一開始就很享受這樣的安排，有些人就相對困難，他們可能偶爾才領略到放鬆與平靜。**一天的寧靜，身體的疼痛可能會更顯著或嚴重，情緒的苦也是，例如：焦慮、無聊或罪惡感（尤其是對需要排除萬難才能來參與的人）。這些，都是自己的「課題」**。

與其將這些不舒服的感覺跟周圍的人說長道短（過程中也許摻雜了自己的慣性情緒反應，也攪動了他人當下的體驗），薩奇建議我們不如好好觀察今天所浮現的一切，單純接納自己每一分每一秒的感受與體驗。他說禁語與無眼神接觸，有助於更進入自己、接納自己，也可熟悉並靠近自己身體與心理來來去去的感覺和想法，即便它們可能是悲傷的或痛苦的。不能跟周圍的人講話，對於正在進行的事情或我們所感受到的一切，就無從抱怨、評論或分享。唯一能做的，就是練習與事物當下所呈現的樣貌同在，練習讓自己平靜，練習對所浮現的一切抱持著「歡迎光臨」的態度，並且練習過去六週在正念減壓課程中學到的靜觀（唯一的差別是今天練得更密集，時間更長，或許壓力也更大）。

薩奇提醒我們，今天大家齊聚一堂需要刻意撥出時間。這是正念的一天，也是與自我同在的一天。我

們通常不會有時間像這樣跟自我同在，因為我們總是有很多義務、牽連與活動，因為我們不喜歡靜止與安靜，**內心深處其實不想花太多精神跟自己同在，尤其是心裡受傷時。因此，即便有「自由的」閒暇，一般而言，我們會立刻用各種事情和活動把時間填滿，讓自己有事可做**。我們樂於用各種方法分散自己的注意力，好「打發」時間或「殺時間」。

薩奇說，今天會很不一樣，因為我們今天不用任何習慣的方式來打發時間或讓自己分心。今天的重點是，與自己每一個當下的感受同在並且如實接納，練習時時刻刻都與自己的呼吸、行走、伸展同在，也與帶領者的引導同在。他指出，今天沒有要追求任何特殊感受，只是單純地允許事物自然呈現。所以他建議我們放下所有期待，包括期待今天會放鬆愉悅。只要保持全然地覺察，覺察任何發生或浮現的一切，一瞬間接著一瞬間。

今天的課程由依蘭娜、凱西、薩奇和我一起帶領，前兩位也是減壓門診的老師。薩奇講完話後，所有人都移到墊子上練習一小時的瑜伽，我們緩慢、溫和、正念地做各種姿勢。開始帶領瑜伽練習前，我提醒大家要仔細聆聽身體所呈現的訊息，尊重身體，不要做任何對身體不當的行為。有些病人（特別是有背痛或頸部問題者）不方便跟大家一起練，他們會坐著觀看或各自靜坐。另一些人只做自己身體可以承受的部分。心臟病患者會留意自己的脈搏，如心臟復健時一般，他們會在脈搏正常的前提下練習，因此伸展時間比較短，他們也會休息，重複自己做得來的部分。這時候，其他人會繼續練習，維持在某個姿勢稍微久一點，但不強求超越自己的極限，因為只要輕鬆地維持在某個姿勢，原本的限制自然就會成長與改變。

每個人都盡己所能地練習。帶著全然的覺察，透過緩慢地伸展，我們每分每秒正念地與自己的限制合作，不強迫也不用力。把氣息吸入感到限制之所在，也由此呼出，與自己的限制逐漸產生親密感。在身體進行各種動作，如：抬、伸、拉、滾、彎時，在每個動作轉換的中間休息一下。整個過程試著讓自己持續覺察身體而不中斷。在此同時，也覺察腦中浮現的想法與感受，練習看到它們自然升起，看到它們自然消逝。每次發現心飛掉時，先把心帶回呼吸再帶回身體。

練習瑜伽後，我們靜坐三十分鐘，之後正念地在室內繞大圈行走約十來分鐘，再靜坐二十分鐘。我們所做的每個活動都安靜地保持覺察。午餐也是安靜地完成，如此才能食而知味，清楚領受咀嚼、嚐味、吞嚥、停頓的過程。這麼做其實不容易，讓自己停留、聚焦、專注於當下是需要許多能量的。

午餐期間有人在看報紙，這違背了一開始說明不閱讀的團體規則。我們希望每個人都可以理解團體規則的意義，尊重它，或至少當做實驗般去遵循也好。然而，也許在這個時間點如此正念地用餐對他來說太困難了。**所以我一笑置之，觀察自己內心那股很想糾正他、要求他遵循「我們的方式」的衝動。然後，我放下這個衝動。**畢竟，他已經來了，不是嗎？也許這樣就足夠了。誰知道他平常的早上都在做什麼呢？

有一年，我們為地方法院的法官開了一堂特別的減壓課程，這團體都是圈內人，所以他們可以很自在地討論當法官的壓力與問題。法官的工作總是「坐在」法官席上，因此給他們一些關於如何坐與如何刻意培養非主觀評斷的訓練，對他們應該很有意義。當我們第一次共同討論特別規畫給他們的團體方案時，有些人對正念感到相當有興趣。要做好一位法官需要龐大的專注、耐心、憐憫與冷靜。他們需要不斷聆聽令人傷心或反感的事情，很多是無趣且可預料的證詞，他們還得保持鎮定、冷靜，仔細注意法庭上所發生的一切。學習有系統地管理自己的主觀想法、感受與慣性反應（有時可能帶著強烈的情緒），對法官而言應該是很實用的專業訓練，更何況這有助於降低他們沉重的壓力。

他們是匿名來參加一日靜觀課程。我注意到他們都坐在一起，吃午餐時也一同坐在草地上。事後他們跟我分享，用餐過程中雖然他們都沒講話也沒看彼此，卻感到格外親切，這對他們而言是很特別的經驗。

生活是活在分分秒秒的體驗，不是急著填滿你的時間

今天會議室裡的能量頗為清爽，大部分人都保持清醒，走路或靜坐時都能專注。你可以感覺到大家努力地保持覺察狀態。這寂靜是很美的。

經過半小時自由安靜地行走後，我們以慈心靜觀開始下午的課程。這簡單的靜觀（參閱第十三章）常會引發人們悲傷哽咽或喜極而泣。接著，我們進行靜坐，再緩慢地行走。

我們在下午進行「瘋狂亂走」以提升團體能量。大部分人喜歡這個活動，雖然有些人無法參與而必須坐著觀看。瘋狂走路會走得很快，每七步、四步、三步換個方向，緊握雙拳、緊閉雙脣，沒有眼神交會，但仍保持分分秒秒的覺察。然後我們用相同的速度行走，但彼此眼神交會，注意其中的差異。之後我們停下來，閉上眼睛，慢慢地往後退，允許自己可能會碰觸到別人的身體，當我們碰到別人或物品時再轉彎。成員繼續慢慢往後走，直到他們認為走到教室的中心位置為止，此時大家會擠成一團。最後我們把頭斜靠在任何可支撐的東西上，這時大家會笑成一團，笑聲帶來了緩和的氛圍。

然而，多年來我們一直有在考慮是否不再做瘋狂亂走，而以安靜的行走與靜坐取代。主要是這非常短暫又極為珍貴的一日共聚，核心的內在邏輯是「減少」而非更多，不論那「多」本身有多好。**正念減壓的基本準則是盡可能地保有更多留白，而非將其填滿，即便那可能是很棒的或跟主題有關的活動。**身為正念減壓的老師，我們相信任何學員必須瞭解的事物，在正念基本單純的練習下，都會隨著時間經過自行再現。因此，我們盡可能維持正念減壓教材的簡化，以留出更大的空間，用全然的覺察與基本的自我慈愛，在留白空間裡領悟到「少即是多」，領悟真正的學習教材是生活本身以及我們分秒所經驗到的一切。

山的靜觀——開發內在的平靜和沉著，面對身心的狂風暴雨

下午最長的靜坐，稱為「山的靜觀」（mountain meditation）。此時大家有點累了，我們運用山的意象協助大家穩穩地坐著。山的意象是令人振奮的，我們鼓勵學員觀想自己是一座山，穩固、厚實、靜止地坐著。我們的手臂是山坡，頭是高聳的山頂，身體是雄偉的，就像山一般。在寂靜中，我們坐著，所在即是，如山一般，任憑日出日落、天候季節變化，山也是「坐著」。山永遠扎根於大地、永遠寧靜美麗。不論有人欣賞或沒人觀看、白雪覆蓋或綠草如茵、陰雨綿綿或烏雲密布，山，都是美麗的。

下午的時間慢慢過去了，灑入會議室的陽光逐漸轉弱，山意象的靜坐有助於喚醒我們自身的力量與意圖。**我們身體或心理的種種變化就像內在的「氣候」，山提醒我們，即便面對身或心的狂風暴雨，內在仍有一股力量可以穩定而平衡地坐著**[12]。

人們喜歡山的靜觀，因為這為他們帶來一種力量，可以在靜坐中安頓自己，開發內在的平靜與沉著。不同於山的是，我們是會講話、會思考、會走路、會跳舞、會唱歌，當然也會保持寧靜的「山」。

一整天的寧靜比對話更能讓人彼此溝通

這天過去了，一瞬間接著一瞬間，一個呼吸接著一個呼吸。很多人早上進來時擔心無法完成這六小時的靜觀，不確定自己是否可以什麼事都不做，單純安於走路、坐著、呼吸。下午三點了，沒有人提早離開，每個人都在，而且看來頗自在。

現在，我們結束了不講話與無眼神接觸的規定，改用一種特別的方式進行。首先，我們安靜地環顧教室，彼此間可以眼神接觸，在接觸的剎那，體會當下所浮現的感覺，通常這會引發眾人開朗的微笑。然後，我們在一陣安靜中找個夥伴，兩人盡量坐得靠近些才好輕聲講話，在兩人的喃喃細語中結束這一天的寧靜。每個人跟夥伴說說自己這天看到的、感覺到、學習到、令人掙扎或感到驚訝的，過程中如何與所浮現的一切和平共處，尤其是不舒服的感覺，而現在的感覺又如何。一個人先講，另一人單純專注聆聽，之後再互換。一二〇人兩兩一組散布整間會議室，所有人都輕聲細語地分享自己這一天的經驗。在這段喃喃細語的時間裡，教室的氛圍既平靜又有活力，像是一群勤奮的蜜蜂在蜂窩的嗡嗡聲。輕聲對話後，所有人再度回到大團體，用平常講話的聲音進行分享。我們邀請學員用自己的方式說說這一天的體驗。大家舉手發言時，可以感覺到教室裡的祥和與平靜，也有一種特殊的熟悉感，即便現場有這麼多人。任何一個人講話時，大家都很仔細聆聽且用心體會，如同大家共同分享一顆大大的心，在一來一往中映照出彼此不同的樣貌。

一位女士分享在慈心靜觀時，可以將若干的愛與仁慈送給自己，然後她發現，面對她先生多年嚴重的暴力與虐待時，自己竟能沒有仇恨，甚至給予一丁點兒的原諒。她說以這種方式放下的感覺真好，即便只是一點點。原諒先生時，她內心深處彷彿受到撫慰與療癒，她看到自己可以不用一輩子扛著沉重無比的憤怒，也看到放下這巨大負荷，她就可以過自己的人生。

另一位女士則說，她懷疑自己總是原諒別人是否真的合宜。她認為自己現在不適合練習寬恕，因為長大成人後，寬恕讓她成為一個「專業的受害者」。她總是原諒別人，別人卻不斷占她便宜。她認為目前需要的是去感覺自己內在真實的憤怒，今天她第一次感覺到潛藏心底的怒氣，發現自己過去其實一直在逃避。這次她領悟到自己要多注意與尊重心中強烈的怒氣，「寬恕可以等一等」。

許多舊學員說他們藉由一日靜觀回來「充電」，協助他們導回日常規律的靜觀練習，有些人甚至已經搬離這座城市。珍娜說，這樣共同練習喚醒了她當初每天規律靜觀時的美好感覺。馬可說，規律的靜坐讓他可以信任並聆聽自己的身體，而非只求助於醫師。他罹患了僵直性脊椎炎，脊椎逐漸變成像竹竿般不能彎曲的僵直組織。馬可的醫師說，脊椎日益惡化後他什麼事都不能做。然而，馬可發現自己現在漸漸回復許多原本已經不能做的事情。

在一個小時的討論中，團體經常回歸安靜，彷彿集體進入了無聲勝有聲的境界，寧靜似乎比話語更能讓我們深層溝通。我們緊密連結，置身其中令人感到祥和與平靜。

一天就這樣地開始與結束了。在靜坐十五分鐘後，我們互道珍重。山姆依舊笑容滿面，他今天過得很好，我們相互擁抱，承諾要保持聯絡。有些人幫忙捲起瑜伽墊並收拾好。

12 譯注：關於山的靜觀，亦可參閱《當下，繁花盛開》（心靈工坊出版）。

一日靜觀，找回平靜的自己

下一次的課堂上（第七堂），我們針對一日靜觀的體驗多做了些討論。賓妮絲說一日靜觀的前一天夜晚，她緊張到睡不著，到了凌晨五點，她第一次沒用光碟練習身體掃描，想說多少讓自己放鬆一下，不然就沒體力參加了。沒想到這招竟然管用，她睡著了。不過，還是睡眠不足，所以精神恍惚。此外，她也覺得自己無法跟那麼多人在一起卻只是沉默靜坐地撐過一天，因此她幾乎決定要放棄了。然而，出於某些難以解釋的理由，她相信自己可能完成一日靜觀。她進入車內，一路播放身體掃描光碟到醫學中心的上課教室，運用我的聲音來讓她放心。她靦腆地說著這件事情，跟成員一起大笑，因為大家都知道開車時並不能播放靜觀光碟。

那天早上賓妮絲因恐慌發作，有三次幾乎要奪門而出，但她沒有。每次她都告訴自己，如果真的需要，隨時可以離開，沒有任何事情可以把她像囚犯般地關在大會議室裡。如此重新理解自己的處境，就足以協助她與自己的焦慮感覺同在，並在焦慮高漲時，與焦慮一同呼吸。到了下午，她體驗到完全沒有恐慌的感覺，取而代之的是內心的平安，她第一次可以真正地跟自己的感覺同在，不逃跑地面對它們。

她發現原來恐慌會自然消失，也發現自己多了些自信，因為她有能力在恐慌發作時自處。即便前一晚幾乎沒睡，**她有充足的「理由」預期自己的狀況會很「糟」，但她沒有用想法框住真實的體驗**，到了下午她確實體驗到輕鬆與平靜。她很激動地表示，終於發現自己過往如何受制於恐懼及相關惡性循環。

賓妮絲對這項發現格外興奮，因為她患有克隆氏症，一種慢性腸潰瘍，一旦感到緊張或是有壓力，腹部就會劇痛。一日靜觀的上午，她設法調節恐慌的情緒，讓自己安然度過，因此下午完全沒有出現任何不適。

另一位學員拉夫分享了兒時的一次經驗。當時他爸媽的車子塞在長長的隧道裡，不知為何，小拉夫嚇得半死，竟衝出爸媽的車子死命地跑向隧道盡頭。拉夫的回憶牽動了賓妮絲，她說自己不敢去波士頓機場，因為路上必須經過一條隧道。不過下課後她表示，也許穿過隧道就像一日靜觀當天的體驗，而她在一日靜觀是成功的，所以賓妮絲決定去試試。她已經在盤算怎麼做了，像是給自己的一項功課，也像一種通行儀式，測量自己在減壓門診的學習狀況。

芙瑞說一日靜觀的體驗很「好玩」，她不覺得那是放鬆或平靜，更像是「實在」與「無拘無束」，即便只是午餐後躺在草坪上，她都覺得很特別。她記得某個年紀後就不再躺在草地上仰望天空，覺得「真是浪費啦」！她十分惋惜過去的歲月未能好好與自己連結。我提醒她，有過去的歲月才有今天無拘無束與實在的體驗，也請她留心自己會不會慣性地貼上「糟糕」或「浪費」的標籤。如此一來，她才能用更寬廣的接納態度來看待過去的那些年，也能看清當下的事物，就像她在一日靜觀時所做的。

一位心臟科醫師說，他領悟到自己終其一生都在努力追求未來的目標，用每一個當下去贏得日後想達到的狀態。在一日靜觀中，他理解到即便開始活在當下、欣賞當下本身，也不會有什麼壞事降臨。同樣令他感到訝異的是，瘋狂亂走對他來說竟毫不費力。他說光是想像這麼多人快走，還要每兩步換個方向，大家一定會相互碰撞甚至受傷。然而，他發現自己很少擦撞到別人，別人也很少碰到他。他認為這是因為早上的靜觀練習讓大家提升覺察，因此在快速走動中，雖然沒有講話或眼神溝通，仍然能保持高度敏銳。

一位年輕的精神科醫師提到一日靜觀時她有多沮喪，因為她難以將注意力放在呼吸與身體上，覺得好像「步履蹣跚地走過泥沼」，因此必須「一次又一次地從最低階處重新開始」。

她的說法引發更多討論，因為「重新開始」與「從最低階處重新開始」很不一樣。「重新開始」意味著與當下同在，每一口新的呼吸都帶來新的開始，即便發現心已飛離當下，都能毫不費力地把心再帶回呼吸。因此只要活著，每一口呼吸本來就是新的開始。然而，當她使用這個詞時，其實是帶著強烈的負面評價，「從最低階處重新開始」暗示了她感覺自己已經迷失無依、已經被淹沒了，必須用力地拉拔自己。從她使用泥沼的譬喻所隱含的沉重與抗拒，就可以理解，為何當她的心飛掉而必須將心重新帶回呼吸時，她會感到這麼沮喪。有所領悟後，她會心地笑了。

靜觀像鏡子，讓你看見「心」設下的陷阱

靜觀像是完美的鏡子，讓我們觀察到想法所引發的問題，也看到自己的心所設置的各種陷阱，我們被這些陷阱卡住或纏困住。就在正念明鏡照見心的瞬間，原本被我們弄得費力與困難的事情，就會變得容易許多。就在洞察浮現的瞬間，她的困惑與困難都消融了，留下無物的明鏡，至少在那個片刻。然後，她開懷地笑了。

〔第九章〕

日常生活中的正念——人在心在

假如你能在做日常瑣事時，都維持人在心在，假如你願意積極地提醒自己：即便做日常瑣事也可以是平靜與專注的時刻。你會發現自己更享受做事的過程，也更能對自己或對生活產生洞察。

潔琪在一日靜觀結束後回家，已經傍晚了。努力了一整天，她頗疲累卻感覺很好。她成功地完成課程，也很享受跟大家一起保持安靜卻又像是獨自一人的練習。事實上，她很訝異自己這麼喜歡這七個半小時單純地坐著與行走，什麼都不做。

到家後，潔琪發現她先生留了一張字條，說要去整理他們夏天度假的房子，因為在鄰州，所以要隔天才能回來。他曾提過可能會做這件事，潔琪不以為意，因為她先生很清楚潔琪不願一個人在家過夜。早知道他不在家，潔琪就會事先安排好讓自己不會獨處，以往總是如此。事實上，潔琪這一生中很少獨處，光是想到這樣的情景就讓她很害怕。她的女兒還小的時候，潔琪經常鼓勵她們出去，跟朋友在一起或做什麼都好，就是不要單獨待在家裡。

她們總是回答：「但是，媽媽，我們喜歡獨處。」

潔琪永遠無法理解她們怎麼會喜歡獨處，獨處的情景真是嚇死她了。

潔琪回家後看到丈夫的字條，第一個動作就是立刻拿起電話，想邀請一位朋友到家裡吃晚餐並過夜。

電話撥到一半時，她停下來問自己：「為什麼我這麼急於把時間填滿？為什麼我不認真試試人們在減

壓中心所說的『全然與自己同在』？」

生活的每個瞬間，都是你的人生

她掛上電話，決定延續從一早開始的正念。她下定決心獨自留在家裡，單純感覺這個歷程，這是她長大以來第一次獨處。

幾天後她跟我說，那是一段相當特別的時間。她沒有感到孤單、寂寞或焦慮，反而整個晚上都充滿了喜悅。她費力地將床墊移到另一個房間，這樣會讓她感覺比較安全，尤其是星期六晚上一個人在家。她很晚睡以便好好享受一個人在家的時光。隔天早上，天還沒亮，她就起床了，看著旭日東升，感到朝氣蓬勃。

潔琪有個重大發現，在人生過了半百之際，她才領悟到，原來她的時間都是自己的。獨處那晚與隔天早上的經驗讓她看清，其實她一直都在過自己的人生，她生活中的每個瞬間都是自己的。如果她願意，每個瞬間都是她可以感知與享受的。我們邊走邊聊，她擔心那次美好、平靜的感覺再也無法重現。我提醒她這個擔心只是對未來的想法，在上次的經驗中，她把自己開放地交託給當下，不以想法遮蔽當下的體驗，第一次為自己帶來了深層的平靜，這樣的正向經驗本身已是一大突破。

一個人也可以怡然自得

「自己一個人也可以怡然自得」，潔琪這個發現來自於她運用了一日靜觀的練習體悟。我們重新探討她如何在回家後仍能維持同在模式，如何敞開心胸與突如其來的一切真誠相遇。其實，她第一個反應還是要找人填滿時間，以逃避與自我同在。然而，她刻意而平靜地選擇安住於當下，接受每一個當下的呈現。

基於這樣的體驗，也許她根本不用擔心能否重現上次的經驗，或擔心那樣的經驗會消失，因為她所體驗到的愉悅，是直接來自於自己的內在，當時她覺察到自己的處境，並且選擇正念地面對自己的不安全感，因此那其實是她自己的勇氣與想望所釋放出來的愉悅。在邊走邊聊的過程中，她逐漸認清，**原來自己就可以開發與自我同在的能力，這本來就是她的一部分，唯一需要的只是維持正念的意願，以及調整自己時間的優先次序**。如此一來，她才會珍惜並保護自己的獨處時光。

送自己一份禮物——重新過你的每一天

事實上，如果正念練習足夠的話，潔琪可以在任何時刻、任何情境體驗類似的平靜。這是我們可以送給自己的美好禮物，意味著我們可以重新開拓自己的人生，而不是只冀望精心安排的假期或其他活動，這些活動的目的也不過是想讓自己擁有渴望中的祥和、平靜。然而，我們都知道那些方法未必有效，因為即便在度假中，我們也不一定會感到祥和平靜。

學習在日常生活中為自己帶來平靜、內在平衡與清明的觀察力，確實是個挑戰。但話又說回來，其實在任何時刻都可以維持正念，就如同平常我們在走路時就可以保持正念地行走，而不用等到正式練習行走靜觀時才保持正念。我們可以在平常的事務工作中維持分分秒秒的覺察，例如：整理餐桌、吃東西、洗碗、洗衣、清理家裡、丟垃圾、整理花園、除草、刷牙、刮鬍子、淋浴或盆浴、擰乾毛巾、陪孩子玩、幫孩子們準備好去上學、處理電子郵件或發簡訊、講電話、清理垃圾、修車或牽車去修、騎腳踏車、搭乘捷運、坐公車、撫摸小貓、遛狗、擁抱、親吻、觸摸、做愛、照顧需要倚賴我們的人、去上班、工作，或者什麼事都不做，就坐在公園、廣場或家裡。

做日常瑣事也要維持正念

只要你可以命名或感覺到的事情，就可以在做的過程中維持正念。將正念帶入你進行中的任何活動或事情，不論那是什麼，都可以使其更豐富、更生動、更鮮明與更真實。某個程度而言，會更生動是因為你的思考巨流在此時稍微退卻，不再盤據**你與正在發生的事情**之間。日常生活中的任何活動，都可以覺察這種更美好的清明豐沛，如同身體掃描、靜坐與瑜伽練習所感受到的。平時正式練習所下的功夫會增強你隨時與自我同在的能力。規律地練習，正念就會在日常生活中時時自然湧現，你會發現自己更平靜也更少慣性反應。

當你愈來愈熟悉如何將覺察帶入當下，就會發現覺察當下不但有可能，更是令人愉悅，即便普通如洗碗，都可以成為一種享受。你會明白原來你不用匆忙地把碗洗好，以便進行下一件更重要或更有趣的事情，因為你洗碗的每個瞬間都是你的人生。就像先前討論過，如果你的心已飛往他處而錯過了現在，無形中你就在欺騙自己的人生了。因此，下次當你拿鍋子、杯子或盤子時，覺察身體正在進行的動作，如：握著、搓揉、清洗等，覺察你在呼吸時，氣息的進出與心裡的波動。當然，此方法也適用於整理餐桌或是把洗好的碗筷收好。

類似的方法可以運用到任何一件你正在進行的事情上，不論這件事是一個人或跟別人一起完成。既然正在進行，全神貫注地做本來就很合理，不是嗎？即便那些都是日常瑣事。如果你選擇正念地進行正在做的事情，你的作為就是出於非行動模式，這會讓你感到更有意義，也會消耗較少的氣力。

人在心在，就是平靜與專注的時刻

假如你能夠在做日常瑣事時，都維持人在心在，假如你願意積極地提醒自己：即便做日常瑣事也可以是平靜與專注的時刻，你會發現自己更享受做事的過程，也更能對自己或對生活產生洞察。

舉例來說，當你正念地洗碗筷時，可能會對世事無常有清楚的感知。現在，你又在洗碗了，你已經洗幾次了？在你的一生中還需要洗幾次？那個我們稱之為洗碗的動作是什麼？那個正在洗碗的人又是誰呢？需注意的是，**這種深入的探詢其實不追求答案，尤其是概念性的解答，但求在覺察中看得仔細也看得深入**。以此方式探詢日常瑣事，如洗碗，或許會發現你的整個生活都在洗碗的過程中重現。當你全神貫注、興味盎然地帶著探詢的態度洗碗時，對自己與生活都會有許多學習。如此一來，那些碗筷就會教你若干重要的事情，成為你心的鏡子。

這並不表示生活就像那些弄髒的碗筷，你只能機械性地清洗。重點是，你在洗碗筷時人在心在，保持覺察與生趣，正念地不落入自動導航模式而成為無意識地洗碗。也許你可以覺察自己不想洗的抗拒、耽擱或對某些人生氣。正念可以協助你因洞察而做些改變，也許你會勇於要求別人公平地分攤洗碗的工作。假如你是使用洗碗機，那就正念地覺察你如何擺放碗盤，尤其是你會不會堅持只有自己的排放方式是對的，除了你之外，沒人知道怎麼擺最恰當？用這樣的方式觀察自己的心，或許你會發現有時候自己真有夠誇張，因而也可能會變得比較謙恭。

以日常生活的清掃為例，如果你必須打掃家裡，何不正念地完成呢？很多人告訴我，他們家裡一塵不染，因為他們無法容忍在亂七八糟的環境下生活，所以總是不停地在清理與打掃。然而，他們是帶著覺察地打掃嗎？打掃時，可以覺察到自己的身體嗎？曾經自問要到什麼程度才算乾淨嗎？對於「家」應該呈現的樣子會不會太過執著呢？這麼做，你得到了什麼？其實，你的心裡是否很討厭做這些事情？曾自問何時該停止嗎？除了把家裡打掃得像展示屋，還可以運用這些體力來做些什麼呢？是什麼驅使你如此強迫性地打掃？多年後，你過世了，誰會打掃呢？你心底會介意誰來打掃嗎？

把打掃家裡變成靜觀練習，這項例行性雜務會轉化為嶄新的體驗。也許你會採用不同的方式打掃或做少一點，不是放棄對整潔的在乎，而是更深入看到自己的需求、你的優先次序、你的執著、你與潔淨的關係。這番自我探詢是以非評價的覺察看穿障蔽的心。我們經常以障蔽的心做事，特別是對例行性的事情。

這裡所提的正念洗碗與正念打掃也許可以給你一些點子，觸發你更多元地將覺察帶入任何一件在做的事情上，透過洞察自己的心與生活，為自我注入豐沛的滋養。很重要的是，你活著的每一秒鐘，都是你唯一可以百分之百活著的一秒鐘，所以不要錯過任何一秒鐘，好好充分地活在每一個當下吧！

喬治每週都會獨自去採購家用品，他必須正念地採買，因為他所做的任何事情都可能導致呼吸困難，時時刻刻的覺察讓他能掌握自己的身體與呼吸狀況。

喬治有慢性氣管阻塞肺病（COPD），所以無法工作。太太去上班時，他會試著多幫忙家務。喬治今年六十六歲，罹患這病已經六年了，過去他是老菸槍，更糟糕的是，他一直在通風不良的工廠上班，持續吸入有化學與腐蝕作用的粉塵。最近他開始需要二十四小時戴著氧氣，使用附輪子的可攜式氧氣筒，透過軟管將氧氣帶入鼻子，這樣他才能到處走動。

四年前，喬治參加我們醫院的肺部復健活動而開始學習正念。活動中有一部分是運用正念呼吸來穩住自己，特別是發生呼吸短促或呼吸困難而引發恐慌時。過去四年裡，他持續地練習正念，每週四到五次，每次十五分鐘。靜坐時，他感到呼吸是不費力的，好像不需要配戴氧氣筒，不過他還是會使用。

對喬治而言，正念靜觀的練習大幅提升了他的生活品質。透過將覺察帶入呼吸，呼吸困難的頻率降低了。發生呼吸困難時他會告訴自己：「我的呼吸沒這麼困難，別擔心，只是吸進去的空氣量少了些，不必過度擔心，會穩定下來的。」雖然他知道自己的狀況沒有比較好，有很多事情依舊做不來，然而喬治已經可以接受這個現象。他學習接受以緩慢的速度生活，敏銳地覺察自己的限制，嘗試整天都對自己的身體與呼吸保持正念，他感到很開心。

今天喬治到了醫院停好車，慢慢地往教室走，休息一下，調節自己的呼吸。他走向電梯，又休息一下，調節呼吸。不論走到那裡，他都小心翼翼地覺察自己可以接受的速度並且給自己時間。他必須這麼做，否則就會一天到晚掛急診。

當他發現自己必須二十四小時戴著氧氣筒時，確實花了一段時間做心理調適。一開始他根本不願意去購物，因為他覺得戴著氧氣筒既丟臉又尷尬，不過後來他突然發現「這太蠢了！我的所作所為只是在傷害自己」，之後才恢復採買。他把購買的東西分裝到小塑膠袋裡，因為他拿得動小袋的東西，之後再把所有的小袋放入車廂。他做每件事都慢慢地並保持覺察，唯有這樣才能順利完成。

他從住家停車場走到家門口必須走一小段路。他一手推著氧氣筒，一手拿幾個他還提得動的小塑膠袋，比較重的就等他太太下班回家後再拿。他說：「現在超市裡的店員都認識我，願意主動給我塑膠袋，所以我已經克服這個問題了。我跟自己說『我做得來就做，做不來就放下』，就這麼簡單。」

即使生病很不方便，喬治經由幫忙家裡採買日常用品，貢獻自己的心力，讓家庭可以正常運作，減輕太太的負擔，這讓他感覺自己還有用。在可允許的範圍內，他積極地面對生活中的各種挑戰，而不是窩在家裡自怨自艾。他承接生活中的每一分每一秒，想出可以好好活在每分每秒的方法，保持放鬆與覺察。藉由探索自己的限制、放慢速度、全日覺察自己的呼吸，即便有嚴重的肺疾，喬治仍然能夠好好地活著，換做是別人可能早就什麼事都不能做了。尤其是這種病，在接受良好醫療的前提下，心理因素對疾病進程的影響比什麼都大。

以喬治的處境都可以在每天的生活中找到運用正念的方法，我們每個人也該好好地在日常生活中培育正念，而不論是處在何種環境下。在討論時間與時間壓力的第二十六章，我們會看到若想妥善運用時間，將全然的覺察帶入生活中的分分秒秒，會特別有效。用這樣的方式生活，日子會過得更平衡，我們的心也更穩定與平靜。

正念的挑戰：真正瞭解「這就是我的人生」

正念的挑戰在於明白「這就是了」，現在就是我的人生。然而問題是，我跟它的關係是什麼、會如何發展？我的人生處境只是自動化地「發生在」我身上嗎？我是否已經成為囚隸，成為我的處境、工作、身體、疾病、過去經驗，甚至是代辦事項的囚隸？我是否會因為被踩到某些地雷就變得有敵意、防衛或憂鬱，被踩到另一些地雷就害怕、焦慮，而非得要有某些順意之事才會開心？我的選擇是什麼？是否有其他選擇呢？

後面在壓力慣性反應與情緒如何影響健康的章節中，我們會深入這些議題。現在，我們只需要清楚明白地將正念練習帶入日常生活就可以了。**試著觀察自己，在日常生活中，當你處於全然且清醒的覺察時，你的生活是否因而更富足與鮮活呢？**

〔第十章〕

開始練習囉！

不論是什麼樣的痛與苦引領你接觸正念，最重要的是每天都要挪出時間從事正式練習，八週的正念減壓課程是個平台，引領你開始積極投入正念練習以及自己的人生，這個冒險的旅程將持續下去。

到目前為止，你可能對正念靜觀練習感到很有興趣，也許已經自行嘗試前幾章所討論的方法。也許你很好奇該如何練最恰當，是從靜坐開始還是身體掃描？瑜伽何時練？如何將呼吸覺察與靜坐融合在一起？練習的頻率與長度呢？行走靜觀呢？如何在每天的生活中練習正念？

前面章節大致指出了在正念減壓課程中，我們如何兼顧這些正式練習。這一章，我們將提供課程的完整方案，協助你開始建立自己的正念練習。你可以一邊閱讀一邊開始練習，也可以閱讀完再開始。至於如何發展與維持規律地正念練習，將於第三十四章與第三十五章詳細說明。

假如你現在就想開始練習是很棒的！正念或靜觀的概念或知識非常廣闊，包括：練習說明、正念的運用、正念與醫學的關聯、正念與疾病的關聯、正念與身心的關聯、正念與壓力的關聯等等。然而，相較於實際練習，這些其實都是次要的，每天規律地實作才是最根本的，因為只有投入實際練習才有可能成長、療癒和轉化。

在正念減壓課程中，我們從第一堂課就開始練習。如果你已經準備好要在日常生活中培育正念，往後的章節會很有幫助。假如你現在就躍躍欲試，本章將說明在往後的八週該如何進行。也許你進行到前兩週就把這本書讀完了，那也很好。重點是，當你覺得已經準備好並承諾自己會投入練習時，就開始吧。

我們強力建議：一旦開始，最好就承諾自己堅持完整做完八週。我們是這樣告訴我們的病人：「你不用喜歡這些練習，只要好好做。」完成八週練習後，你才有充足的力道與第一手的真實經驗，讓你在日後能持續練習。這三十多年來，全球已有數百萬人完成正念減壓課程或是以正念為基礎的相關課程了。

第一個開始的練習當然是「呼吸」。如果你還沒做過三分鐘專注於呼吸並觀察念頭的實驗（詳見第一章），現在就可以試試看。如此一來，當我們提到「把注意力放在呼吸上，如果念頭跑掉了，就再把它帶回呼吸」，你才能確實理解這些話的意思。不論是坐著或躺著，我們建議你每天至少花五到十分鐘練習，任何你覺得方便的時刻都可以。需要的話可以參考說明呼吸的第三章，領受你在呼吸時的腹部起伏，試著跟隨該章練習一與練習二的說明進行練習。

最重要的是，記得提醒自己每天練習。即便你一天只能撥出五分鐘，五分鐘的正念練習對健康與自我療癒都是相當有益的。然而，如前面的章節所述，在減壓門診中，我們要求病人每次練習四十五分鐘到一個小時，一週六次，持續八週。因此，我們強力建議你進行類似的規畫與投入，跟著光碟練習，如我們的病人學員般。一開始就撥出時間練習靜觀，確實是生活方式的一大轉變。沒有人會一天多出一小時，尤其是專門用來練習無為的一小時，這對轉不停的心來說，實在太恐怖了！然而，無為的練習卻會正面地影響生活的各個層面。你必須每天刻意撥出時間，不然你是不會有時間的。從我們的觀點看，不論是什麼樣的痛與苦引領你接觸正念，最重要的是每天都要挪出時間從事正式練習，彷彿你的日子必須仰賴正念練習才能過活。其實這不是彷彿，而是確實如此啊！

正念減壓課程的進度

在起步階段，正念引導練習光碟對深化你的八週學習非常有幫助。所有參與正念減壓課程的學員都會有引導光碟，許多人即便在課程結束多年後，還是會跟著光碟的引導練習。這可以簡化練習，不需要刻意記住練習的次序。正念的核心是同在而非行動，然而在心煩意亂或身心處於艱困狀態時，要記得並且信任「無為而無不為」的同在是不容易的，此時運用光碟練習會格外有益。

如果你想依照自己的速度練習，本章有些說明格外有用。不論你是否使用練習光碟，我們都建議你先把本篇的章節讀完，隨著練習的推進，不時地回頭參閱相關章節的說明與指引，會大有幫助。

第一週與第二週——每週找一樣例行的活動練習

在正念減壓開始的前兩週，我們建議你練習第五章所描述的身體掃描。不論你喜不喜歡，都要每天練習，每次大約四十五分鐘。不過，四十五分鐘只是時鐘的時間，我們邀請你在這段時間裡，盡量讓自己安於剎那即是永恆的當下。實驗看看，一天中哪個時段是你的最佳練習時段。請記住，重點是保持覺察，盡量不要讓自己睡著了。讓每一次身體掃描練習彷彿都是第一次，盡可能放掉所有期待或預期。如果你真的很想睡，就睜開眼睛練習。除了身體掃描外，在一天中的其他時間，當你坐著的時候，就可以練習十分鐘的正念呼吸。

在日常生活中培育正念，我們稱為「非正式練習」，亦即在例行性的活動中試著保持分分秒秒的覺察，例如起床、叫小孩起床、刷牙、淋浴、擦乾身體、穿衣、飲食、開車、離開車庫、購物、烹飪、洗碗、處理電子郵件等。這份清單是無止境的，重點是不論你做什麼，對當下正在進行的事情都能人在心在。換言之，隨著你的人生不斷地在分分秒秒中展開，盡量讓自己全然地處在當下，這當然也包含你的感覺和想法，以及它們如何在你的身體表達呈現。

如果這樣做對你來說太多了，你可以每週找一樣生活中的例行活動來練習。以淋浴來說吧，每當你淋浴時，觀察自己是否能全然地專注於淋浴。試過後，你會很驚訝原來這挺困難的，雖然你的身體在淋浴，但是你的心可能還在跟親友聚餐、心繫工作或想著剛剛發生的事。此外，你也可以試試在一週中至少練習一次正念地進食。

第三週與第四週——每天覺察一件讓你愉悅的事

兩週後，將身體掃描和正念哈達瑜伽隔日交互練習，持續兩個禮拜。跟著第六章所描述的做法練習。請記住，做你身體可以做到的姿勢即可，保守一點，練習過程中仔細地聆聽身體的各種訊息。如果你有肺病、心臟病、慢性疼痛、肌肉骨骼問題，在開始練習之前，記得跟醫生或復健師討論，這些姿勢是否適合你。第三週，繼續練習坐著的正念呼吸每天十五到二十分鐘，到第四週則延長為每天三十分鐘。

第三週的非正式練習：試著在每天生活中覺察一件令你感到「愉悅的事情」，隨筆記下這些愉悅的經驗（這是作業，需要認真但不需要太嚴肅看待），當愉悅事件發生時，你是否有覺察到？當時身體有什麼感覺？浮現哪些想法與心理感受？寫下時，對你的意義是什麼？記錄的表格詳見本書後的附錄。進行到第四週時，以相同的方法每天記錄「不愉悅事件」或壓力事件。同樣地，這些事件發生時，帶入你的覺察。

第五週與第六週——正式練習改為一天靜坐、一天瑜伽

到了第五週與第六週，改以靜坐和瑜伽（各有練習光碟）取代身體掃描。這時候，你差不多可以一次坐上四十五分鐘了（雖然你很可能不這麼認為）。引導式光碟可以協助你專注並逐漸擴展專注對象：呼吸、身體

局部的感覺、身體整體的感覺、聲音、想法和情緒、無選擇的覺察（不特別專注在某個特定對象，在每個當下什麼顯著就覺察什麼，也稱為「開放的覺察」）。

如果你沒有使用練習光碟，請參考第四章最後描述的方法。你可以整個過程都專注於呼吸（參閱第四章・練習一），也可以逐漸擴展你的覺察至不同領域，如：身體各部位的感覺及身體整體（正在坐著與呼吸的身體，練習二）、聲音（練習三）、想法與情緒（練習四），或者沒有特別的關注對象，即無選擇的覺察（練習五）。在這些練習中，請記得呼吸總是穩住自身專注力的最佳支柱。

因此，靜坐時最好都從呼吸覺察開始（尤其如果你沒有使用光碟的話），可以練習數週或數月。經過數週或數月觀呼吸練習後，你會從靜坐中深深地獲益。初期練習靜坐時，你可能會擔心不知道該專注於何處、也擔心到底自己做得「對不對」。這樣說好了，不論是專注於呼吸或其他部位，均試著將自己的能量持續灌注於時時刻刻的自我覺察及正在發生的經驗。如果發現自己閃神了，稍微觀察一下那盤據心頭的是什麼，然後就溫和、輕柔地把注意力再帶回來你原本所在專注的呼吸或其他部位，絲毫不需要苛責自己。如果你是這麼練習，那你就做對了。相對地，**假如你期待某些感覺或境界，例如：放鬆、平靜、專注或洞察，這表示你正嘗試進入別種狀態，未安住於你當下的存在。**當你發現這個現象時，提醒自己，就單純地跟呼吸與身體感覺同在吧。如前各章所述，弔詭的是，「不試著進入或追求某種狀態」，才是進入那個狀態最有效的方法，尤其是放鬆、平靜、專注與洞察的狀態。依照指示持續規律地每天練習，有一天這些狀態會自然湧現。

到了第五週與第六週，正式練習改為一天靜坐、一天瑜伽，分別為四十五分鐘。如果你不適合做瑜伽，可以將瑜伽改為身體掃描或全部練習靜坐。這時也可以開始練習第七章所描述的行走靜觀。

到了這個階段，你大概會開始思考並且決定往後要何時練習、練習哪些項目、練習時間多久等。四、五週過後，學員會愈來愈想規畫自己個人化的靜觀練習，而將光碟的指導視為某種提醒或建議。第八週結束時，我們希望你能整合對自己最有用也最適合的練習項目（正式與非正式練習），落實這些方法並融合於你的日常生活之中。

第七週——實驗各種正念練習的組合

為了建立自發的練習與增加自我倚靠，正念減壓課程的第七週是不使用光碟的。學員們運用靜坐、瑜伽與身體掃描，自行發展出一套每天四十五分鐘的練習。他們投入於實驗各種的組合，例如：三十分鐘的瑜伽後，靜坐十五分鐘，或是二十分鐘的靜坐接著練習瑜伽二十五分鐘，也可在其他時間補上三十五分鐘的瑜伽。

不過，有些人認為自己還沒準備好這種練習方式，寧可繼續使用光碟導引，因為這讓他們更舒適、放心與放鬆，不用操心練習的時間配置以及接下來要做什麼。從我們的觀點來看，這沒有任何問題。希望假以時日，學員能內化練習，在不依靠光碟或書籍的導引下，也能舒適自在地自行練習。然而，要發展出這般對自己靜觀練習的把握與信任，確實需要時間，每個人的狀態與所需時間都不一樣。很多學員在完成課程多年後，即便已經可以自行練習了，還是喜歡使用光碟。

第八週——課程結束，自行練習的開始

第八週，我們又恢復使用光碟。從停用到恢復使用的過程中，你可能會聽到先前沒聽到的內容，練習時有更深的體會。這週我們建議你跟著光碟練習，即便你可能不想這麼做。透過這個方式，可以確立自己想在生活中從事哪些靜觀練習。你可以單獨練習靜坐、瑜伽或身體掃描，端看你的狀況而定，或者你也可以混合兩、三種的練習方式。

現在，你對三種正念的正式練習及行走靜觀有一定的熟悉度了，可以在很多地方發現它們的實用面。舉例而言，即使你給自己的規律練習是靜坐，可能會發現自己偶爾也做做瑜伽或身體掃描。身體掃描對於臥病在床、嚴重疼痛或失眠者很有幫助，不論是否有規律地練習。同樣地，正念瑜伽在某些時候會特別好

用，例如：當你感到疲憊卻還需要讓自己維持活力，或是你的身體某些部位覺得僵硬時，或是你獨自在大自然中，周圍的美景與新鮮空氣自動地觸發你隨心地做些瑜伽動作。

第八週，是課程的結束，也是你自行練習的開始。我們告訴所有成員，第八週將延續進入你的生命，我們視為新的開始更甚於結束。正念的練習不會因為我們停止用正式的方式引導你就劃上句點。八週的正念減壓課程是個平台，引領你開始積極投入正念練習及自己的人生，這個冒險的旅程將持續下去。

此時，我由衷希望你可以堅定地引導自己坐在駕駛座上，繼續規律、有紀律地練習。如此一來，你會更熟悉自己在這八週所累積的動能，運用此動能引導自己持續練習。在本書的最後，你將閱讀如何維持並深化正念練習動力的方法，不只包含正式練習，也包含如何將正念帶入日常生活中，如何運用正念因應自己所面臨的情境。當你可以這麼做時，很可能會發展出更好的因應方法。

下一篇，我們會看到健康與疾病的新觀點，正念靜觀練習對健康的影響。我們將從靜觀練習的角度探索壓力與改變，探討在面對不同疾病與壓力時可以如何運用正念。我們建議你持續練習，如此一來當你閱讀得更多，你的生命與你的心方能擁有更豐碩的體驗。

PART 2

療癒和疾病的全新思維與典範

如果你想增進健康，同時關注個人經驗與醫學研究發展是很重要的。然而，如果你只是用大腦來思索與研究這些資訊，那就沒有多大的實用價值了。

我們的目的不是要告訴你更多專業領域的知識，而是要擴展你對自己的認識，擴展你與周遭世界的關係，鼓舞你對自己的身體與心靈看得更深，也對自己的身心更有信心，因為你本來就是個能思考、能感受、能社會互動且充分整合的人。

〔第十一章〕

新典範的介紹

為了維持你投入練習的承諾，亦為了保持經年累月靜觀練習的鮮活，發展出你自己的觀點很重要。這樣的觀點可以引領你努力練習，也在關鍵時刻提醒你「練習」對你而言的價值何在。你會發現，你對練習的觀點是支持練習的唯一理由。

為了讓靜觀練習順利開展並扎根於日常生活中，你必須明白為何而練。在充斥著不停行動與作為的世界中，你如何保持無為？每個人都還在睡覺時，是什麼讓你一早起床練習靜坐，並安住於覺察與呼吸？在繁重的工作與責任下，在強調行動作為的巨輪下，你如何能什麼事都不做，只是「單純地與自己同在」？你如何產生練習的動力？如何將分分秒秒的覺察帶入日常生活？如何避免失去練習的熱忱？如何讓練習穩定，而不只是一時的熱情澎湃卻又迅速凋零？

生活中的每件事都會反映你的身與心

為了維持你投入練習的承諾，亦為了保持經年累月靜觀練習的鮮活，發展出你自己的觀點很重要。這樣的觀點可以引領你努力練習，也在關鍵時刻提醒你，「練習」在你生命中的價值。你會發現，你對練習的觀點是支持練習的唯一理由。

你的觀點來自生活環境、個人信仰與價值觀，也來自於你對靜觀練習的體驗，以及讓每一件事成為你的導師的經驗，這包括你的身體、你的態度、你的思慮、你的疼痛、你的愉悅、你與他人的互動、你的錯誤、你的成敗、你的特質等等。**簡言之，生活的每個片刻都可以成為你的導師。如果你在生活中落實培育正念，你所做的每件事情或每個經驗，都會反映你的身與心，教導你更加瞭解自己。**

除此之外，你的觀點也來自於對周遭環境的理解、你對自己所在狀態與位置的認知、你怎麼會處在此狀態的想法等。舉例來說，如果你來參加正念減壓課程的動機是出於身體健康議題，那麼你怎麼看待自己的身體、你對自己身體的瞭解、你對醫療功能與限制的理解程度、你對身心交互影響的認識情況，就會影響你對靜觀練習的觀點。靜觀練習是需要終生投入的學習歷程，需要持續地探索，因此若有新資訊或新認識時也要持續修正，好讓自己的理解與思辨能力更往上提升。

在正念減壓課程中，我們鼓勵學員對自己的身體有更多探索與學習，邀請他們探究內心狀態對健康與疾病的影響，這對學員的學習、成長與療癒都很重要。這些做法根據新的醫學研究與健康思維，我們也探索靜觀練習和健康醫療的關聯。在這個網路時代，想要取得最新的相關科學研究容易多了。如果你有興趣的話，可以定期查閱。

減壓門診與正念減壓課程均非遺世而獨立。一九七九年減壓門診成立，一開始隸屬於醫院的日間醫療中心。數年後轉到醫學院下，隸屬於新成立的預防行為醫學部。當時行為醫學是醫學的新潮流，致力研究健康與疾病的關係，不斷有新的研究發現。行為醫學對醫學界的影響包括：愈來愈重視健康的整體觀、正式承認身與心基本上是一體的、認同病人應該積極參與自己的健康照顧。最後一項是指病人也該學習何謂健康、如何促進並保持健康、如何與醫師及醫療人員密切合作，這股醫學潮流匯聚為現在所稱的「參與式醫學」。參與式醫學認為，**每一個人只要活著，都有深層豐沛的內在資源可以學習、成長、療癒和轉化。**這樣的內在資源可以開發、滋養與啟動，讓我們在各個層面活得更實在與安適：從最基本的分子與細胞層面（基因、染色體與細胞）、到較高階的身體構造（組織、器官、系統，當然也包括大腦與神經系統）、到心理層面

（想法與情緒的領域），乃至於人際關係（社會和文化領域，包括我們與他人的關係，我們與整體社會、環境、大自然的關係）。

參與式醫學也強調，病人學習與醫師有效溝通的重要性，一方面病人正確理解醫師所要傳遞的訊息，包括病情與可能的醫療選擇；另一方面，醫師也需要確實聽到、瞭解和尊重病人的需求[13]。基於這樣的精神與觀點，我們鼓勵減壓門診的病人參與和正念減壓有關的重要且具前瞻性的研究，例如在神經科學、心理學與醫學等領域，以協助醫學界發展新的觀點，他們亦可藉此更瞭解課程對練習要求的重要性。

身體狀況與心理狀態不是各自獨立

過去幾十年來，醫學領域最重要的發展之一是：我們不再把健康視為各自獨立的身體狀況或心理狀態，身心其實是完全交互關聯的。這項新觀點指出，如果真的想要瞭解並且處理疾病，就必須採用一種整體（wholeness）與相互連結（interconnectedness）的觀點，也必須關注身、心、行為之間的交互作用。此觀點也強調，若未能從整體的視域來理解有機體，僅專注於局部器官或部位的分析，不論這等分析或這些器官有多重要，科學永遠無法全面地解釋複雜的動力過程，不論是健康或相對起來較輕微的慢性病。

對於何謂健康與疾病，醫學正在發展的新模式認為，生活型態、思維慣性、感覺、習慣、人際關係、環境因素等，都會對個人的健康狀態產生交互影響。這個新模式清楚地推翻身心二分的舊有思維。在這樣的趨勢下，醫學正在尋求一種更開闊的新視野來理解與解釋何謂「心」、「身」、「健康」與「疾病」。

醫學界稱這種轉變為「典範轉移」，是從某種世界觀全然地轉換到另一種世界觀。進入二十一世紀之際，我們對自然與人類的認識產生革命性的改變，事實上不只是醫學界，整個科學界都在經歷這樣的轉移。過去三百年來，我們對於物質世界的想法，對於這個世界、身體、事物與能量的各種假設，都是根據過時且變化不大的理論。科學界正在探究更全面且更真實的理論，以解釋事物之間的相互連結現象，例如：時間與空間、物質與能量、身體與心理，甚至是意識與宇宙之間的相互連結。同時，科學界也在廣泛探究人腦的功能，到目前為止，人腦大概是我們所知這世界中最複雜、最交互關聯、最特殊化又最持續變異的東西了。

擴展你的觀點，深入瞭解正念在日常生活中的價值

在這一篇中，你會看到一些新觀點，這些觀點是奠基於整體與相互連結的視域，以及這些觀點對醫療、健康照護、對你人生的影響。我們會依據兩個主軸進行，這兩個主軸密切相關，也和正念練習密切相關。第一個主軸討論專注的整體歷程，下一章將仔細探究我們如何看到（或沒看到）人事物、我們如何思考人事物，我們如何把人事物呈現給自己。這些跟我們如何思索自己的問題，如何面對、瞭解、因應壓力和疾病的能力，都有直接關係。我們將探究何謂整體與相互連結，何以它們對健康和疾病的影響如此之大。在本篇最後一章會再回到這個主題。

第二個主軸是關於行為與整合醫學、健康心理學、神經科學的全新發展。我們會看到身與心和健康及疾病如何交互影響，此等新觀點與健康照護的關係，而我們提到「健康」與「療癒」時，又是指什麼。

兩個主軸結合，擴展你對正念練習的觀點，讓你更深入瞭解正念在日常生活中的價值。在此強調的是：如果你想增進健康，同時關注個人經驗與醫學研究發展是很重要的。

然而，如果你只是用大腦來思索和研究這些資訊與觀點，就沒有太多實用價值了。本篇與下一篇關於

13病人到醫院時都要填一張與日後醫療費用有關的「訪談表」。從參與式醫學的角度來看，不論是從醫療本身或醫療倫理來看，讓訪談不流於形式，讓病人真的覺得有被聽到與看到，也覺得醫師與整個醫療團隊是真心在乎他們的狀況，是相當重要的。這樣的觀點與原則漸漸成為醫療的新標準。醫學界與健康照護領域愈來愈認同人的獨特性，也愈來愈明白每個人特有的生理、心理、社交、文化因素，可以影響病人對醫療處遇的選擇、堅持、信任度與參與度。

壓力的主題，都是希望激發你對自己身體的興趣、尊重與感謝，看到自己身體的精緻美好、錯綜複雜、優異的自我調節能力以及在各個層面的療癒能力。我們的目的不是要告訴你更多專業領域的知識（例如，生理學、心理學、心理神經免疫學或神經科學），而是要擴展你對自己的認識，擴展你與周遭世界的關係，鼓舞你對自己的身體與心靈看得更深，也對自己的身心更有信心，因為你本來就是個能思考、能感受、能社會互動且充分整合的人。我們希望這裡呈現的訊息可以幫助你拓展自己的觀點，協助你進行規律的靜觀練習，將正念的療癒力量有效地灌注在日常生活的點點滴滴。

〔第十二章〕

整體的體驗，孤立的錯覺

當你的心改變了，新的可能就產生了。實際上，如果你能同時看到事物的不同面向，整體與個別的層面、相互連結與孤立的層面，每一件事情都會改變。眼界變寬，思維也隨之擴大。這其實是一種深層的釋放，協助你超越自己先入為主的觀點或偏見，以更開闊的態度來看待所有人事物。

你曾看過狗狗而且看到牠完整的「狗性」嗎？當你好好地看著一隻狗時，會發現狗真是個奇蹟。狗是什麼？牠從哪兒來？要去哪兒？牠在這兒幹嘛？何以會長成這個樣子？牠對事物或對鄰居的「觀點」是什麼？牠會有哪些感覺呢？

孩子們通常會用這種鮮活的眼光，他們看待事情的方式好像每次都是第一次看到。有時候，我們會認為那不過是一隻狗，非常概括地認為「如果你看過一隻，那就看過全部啦」。這麼一來，我們根本沒有好好地看到狗，只是透過想法與意見去看，而不是用眼睛用心去看。**我們的想法猶如眼罩，讓我們無法以鮮活的眼光去看待人事物**。透過思考與分類，我們的腦子迅速標示「這是一隻狗」，這樣的心智讓我們難以看到狗的全貌，心智極為快速地處理並歸類出「狗」及其他相關的標誌後，便移轉到其他的事情或想法，再用相同的做法面對其他事物。

人事物沒有改變，會改變的是「心」

我兒子兩歲時，很想知道我們家狗的肚子裡有沒有躲著一個人。在那一瞬間，我警覺到需要從他的角度去看，才能明白他為什麼會這麼問。謝奇確實是家裡的一分子，在家中有自己專屬的位置，我們感知牠的存在，牠參與了家庭的活動，牠是全然的個體，就像家裡任何一名成員。所以，我能對孩子說什麼呢？

別說是狗了，即便是鳥、貓、樹、花或犀牛都是奇蹟啊！好好地觀看，你會很難相信這樣的存在，就在這裡，完美的創造，單純地做它自己，它本身就是完整的。想像力豐富的孩子會夢想騎在犀牛、大象或長頸鹿的背上，但牠們並非孩子想像力的產物，牠們來自宇宙，我們也是。

每天用這種方式看待周圍的人事物，可以讓我們更能保持正念。當我們取下慣性思維的眼罩，即便只是一秒鐘就會領略到，所有的生命都是迷人且美好的。

我們可以用很多方式來看待人事物。狗就是狗，似乎沒什麼特別，卻又那麼令人驚奇，甚至是奇蹟，這完全取決於我們怎麼看待牠。我們可以說牠平凡又非凡，然而不論你怎麼看或如何認定，狗其實都沒有改變，就是那個樣子。**這就是為什麼狗兒、花朵、山岳、大海都是偉大的導師，因為它們可以反映出我們的心靈。會改變的，是這顆心。**

當你的心改變了，新的可能就產生了。實際上，如果你能同時看到事物的不同面向，整體與個別的層面、相互連結與孤立的層面，每一件事情都會改變。眼界變寬，思維也隨之擴大。這其實是一種深層的釋放，協助你超越自己先入為主的觀點或偏見，以一種更加開闊的態度來看待所有人事物。當然，也會改變你看待狗狗的方式。

用正念來觀察人事物，一定會開始產生新的體會，因為你最根本的感知能力已經改變了，平凡的可能突然顯得非凡。**人事物沒有任何改變，還是原來的樣子，只是現在你更能感知與欣賞他們本來的樣貌，因此每件事情都有改變的可能。**

以吃東西為例，吃，是一種平凡又普通的活動，我們每天都在做，經常是沒什麼感覺也沒多想。然而，當我們以葡萄乾練習飲食靜觀時，就可以看到自己對飲食的態度。你的身體從消化食物到獲取能量，每個階段都是非凡、精緻、完美的過程：你的舌頭與下巴把食物放在牙齒中間以利有效咀嚼，咬碎的食物進行生化作用以利分解與吸收，食物被吸收後轉化為身體的能量並可修復細胞與器官組織，最後有效地將過程中產生的廢物排出體外以避免毒素囤積體內，讓身體的新陳代謝與生化狀態維持平衡。

事實上，也許你未曾想過，你的身體所進行的每一件事都是那麼地精采奇妙。行走是另一個好例了，如果你曾經無法走路，就會知道行走本身是多麼珍貴與神奇，那真是非凡的能力啊！同樣地，觀看、思考、呼吸、在床上能翻身、任何一項身體的功能都是。

只要好好感受自己的身體，你就會明白身體的運作真是不可思議，即便你可能全都視為理所當然。舉個例子，肝臟隨時都在進行卓越非凡的任務，你上一次想到你的肝是什麼時候？它是人體內最大的器官，每秒執行超過三萬次的酵素反應以確保身體的生化值維持平衡。路易士・湯姆斯（Lewis Thomas）博士，一位偉大的免疫學家暨前斯隆—凱特琳癌症中心（Memorial Sloan-Kettering Cancer Center）主席，在他的經典著作《一個細胞的生命》（*The Lives of a Cell*，久大出版）書中寫道，即便不知道如何駕駛飛機，他都寧可被指派去開波音747而不願去執行肝臟所承擔的任務。

肝臟尚且如此，你的心臟、大腦、神經系統呢？當它們把工作做好時，你曾經想到它們嗎？如果你曾想過，你看到的是它們的平凡或非凡呢？你身體其他的能力例如讓你能看見的眼睛、讓你能聽聞的耳朵、讓你能移動的手臂與雙腿、讓你站立時能維持全身平衡的雙腳呢？雙腳完美地承擔你全身的重量，讓你在走路時不至於搖搖晃晃或失去平衡。這些身體的能力都極為非凡優異。我們的健康取決於身體所有功能無縫且良好地統整運作，包括感覺器官、肌肉、神經、細胞、組織、系統等。我們很少會這樣看或這樣想，因此總會忘記或忽略身體其實是相當奇妙的。身體本身就是個「宇宙」，有超過十萬億個細胞，而這全源於一個細胞。身體的細胞經整合為各種組織、器官、系統與結構，以穩定的能力相互調節成一個整體，維護內在的平衡與次序。**簡言之，我們的身體在各個層面均具備優異的統整與療癒能力。這也是何以我們認**

真地視正念減壓的學員為「神奇的生命」與天賦者，實際上每個人都是。

人體透過反饋迴路（feedback loop）達成身體優異的內在平衡。舉例來說，當你賣力地跑步或爬樓梯時心跳會加快，如此方能提供更多血液與氧氣到你的肌肉群，使它們順利完成任務。當你不再費勁時，心臟就會回復平靜的休息狀態，肌肉也會休息與復原。如果費力的活動持續一段時間，你的體溫會升高，身體可能會以流汗的方式來冷卻體溫。假如你流了很多汗，會覺得口渴想喝水，身體藉此補充流失的水分。這些管控良好的相互連結作用，都是透過反饋迴路系統來連結並統整全身的所有器官。

這般相互連結的功能直接內建於生命系統之中，例如當我們受傷時，身體會送出生化訊息，啟動細胞的凝血功能，以阻止血流並治癒傷口。當身體遭微生物入侵（如細菌或病毒），免疫系統便開始行動：辨識、孤立，並且讓這些微生物無法作用。假如任何控制細胞成長的反饋迴路失靈了，導致細胞開始不良地擴散，此時身體的免疫系統就會啟動特殊的淋巴組織，稱為自然殺手細胞（natural killer cell），殺手細胞可以在逐漸擴散的細胞表層辨識出結構的改變，及時破壞不良擴散的細胞。

身體的每一個組織，從細胞的分子結構到所有器官系統的運作，都是受訊息流（information flow）的管控。某個功能要運作時，訊息流會連結到每一個相關組織與系統。這不可思議的相互連結網絡，是由神經系統監控與調節。腺體、大腦與神經系統所釋放出的荷爾蒙及神經傳導物質，經由血液流動與神經纖維將化學訊息送達身體的目標部位。免疫系統中全副武裝的特殊細胞，擔綱重要卻不同的角色，組織並管控體內的訊息流。以上種種功能均須正常運作，方能讓我們的身體以一種整合、協調與整體的方式存在。

如果相互連結功能對身體健康是如此重要，那麼它對心理與社會也同樣重要。感官功能讓我們可以連結外在世界與內在狀態，它們傳遞外在環境與他人的重要訊息給我們，讓我們對周圍世界組織出一個協調的觀感，也才能在「心理空間」內運作，例如學習、記憶、推理、有覺察地回應、充滿情緒的慣性反應，或任何我們稱之為心的功能。若無此等協調的觀感，即便是在最基本的層次，我們也難以生活。因此，身體系統影響了心理的狀態，而心理狀態既來自於身體狀態亦包含了身體狀態，這可真神奇啊！我們存在的每一個面向或層次都是一個小整體，而每一個小整體又再嵌於一個更大的整體，層層地擴展，每一層都是圓滿完整的存在。事實上，這樣的完整性總是存在於每一個人的體內，亦存在於我們自己時時刻刻開展的人生，更可在大腦的鏡像神經元（mirror neurons）細胞網絡系統獲得呼應，因為當我們看到有人做某些動作時，鏡像神經元讓我們可以深層地同理並感覺跟對方同在。

這個相互連結的網絡遠遠超越了個人。從單一個體來看，我們確實是一個完整的整體，同時也是一個更大範圍整體的部分，與我們的親友相互連結到更大的社群。如此推衍下去，最終我們和地球上的所有人類與生命，都是彼此相互連結的整體。**我們透過感知與情感，明白自己與這個世界的相互關連，我們也經由科學探索，看到自己的存在與大自然的循環是如何緊密交織。**舉幾個例子吧！我們仰賴大氣中的臭氧層保護我們免於紫外線致命輻射的威脅；我們倚賴雨林與海洋的再循環系統所衍生的氧氣來呼吸；我們倚賴大氣中穩定的二氧化碳以緩衝地球氣候的變化。事實上，科學界的蓋亞假說（Gaia hypothesis）認為，地球是一個能自我調節的有機體。蓋亞這個名稱取自希臘神話中的地球之神。這個假說認為，本質上地球上所有的生靈都是相互連結與相互依存的，這樣的觀點立基於科學推論，也蘊含在所有的傳統文化與族群中。

用不同的方式看待人事物——走出慣性思維與偏見的設限

藉由正念訓練可以培育感知相互連結與圓滿完整的能力。在一定的程度上，我們可以透過正念訓練，辨識出自己的心如何在迅雷不及掩耳之際，就落入某種慣性或無覺察的框架裡；也能辨識出我們對事情或自我的觀點，多麼容易受到先入為主的偏見、認定與好惡所左右。如果我們希望看清事物的真實樣貌，感知事物內在固有的圓滿整體與相互連結，就要對自己的慣性思維、對人事物未言明的各種假設多加留意、多保持正念，學習用不一樣的方法去看待與處理。

九點難題——慣性思維讓你看不見問題的全貌

為了示範人們的觀察與思維的自動化慣性模式，以及對比出從整體視域所將產生的力量，我們在第一堂課就給學員一道「難題」。通常這會帶給學員一些壓力，因為有些人會擔心自己的答案將受到評論，此顯然是學生時代的影響。在課程設計中，這是第一週的作業之一，第二堂才會說明作業與減壓課程的關係。我們稱此作業為「九點難題」，也許你小時候就做過了。這個生動而簡單的例子，讓我們看到自己感知問題的方式如何決定了觀察力與解決能力。

作業題目是：圖8A有九個排列整齊的點，請用四條直線但一筆畫地串起所有的點，過程中不可以把筆提起來，也不可以往回畫。如果你不知道答案，先別往下翻，花個五到十分鐘，自己試試看。

如果你自動地用過去的慣性來看這些點，就會把問題的範疇侷限在這九個點本身，那就永遠找不到解答了。如此一來，你可能會抱怨自己怎麼那麼笨，或對問題生氣認為這根本無解或真是個蠢問題，或喃喃自語這跟你所在乎的健康有什麼關係。**一下子，你就把自己的能量放錯位置了，你看不到問題的全貌，錯過了更大的範疇脈絡，也錯過了可能與問題相關的重要議題。**

九點的習作提醒我們，如果我們真的想要處理某些難題，可能需要採取一種更加寬廣的視域，自我探詢問題的脈絡是什麼，關照問題各個層面與整體之間的關聯。這是一種「系統觀」。如果我們無法辨識系統中的整體，就不能找到滿意的解答，因為我們忽略了重要的關鍵，也就是整體。

九點難題的作業教導我們，假如真的希望解決或處理某些問題，就必須超越自己平常的觀察慣性、思考慣性與行動慣性，這些通常已經被高度制約的習慣。若非如此，我們想要嘗試解決問題，就經常會受到自己的偏見或先入為主的觀點所阻礙。未能覺察系統的整體性，就會被問題或危機給纏困住；未能透視問題的解決方法，就會看不到解決問題的新選擇或新方法；錯估了實際的狀況與局勢，就會做出錯誤的決策或選擇。當我們被纏困時，通常只會製造更多問題讓情況更糟或放棄處理的嘗試。這樣的經驗讓我們感到心灰意冷、更沒信心也更沒安全感。當我們的自信心被侵蝕，隨之而來的其他問題就更難處理了。對自身

圖8

A.

大部分人幾乎都會從某個角落的點開始，順著方形的周邊畫出三條線。之後發現此路不通，因為這種方式總是會有一個點串不到。

能力的質疑會形成自證預言，一步一步掌控我們的生活。**我們被自己的思考歷程所限制，感到被困難纏住而無法超越，卻忘了這些限制其實都是自己創造的。**

日復一日地維持正念，你會更清晰地觀察到內心的自我對話與信念，它們在哪些情況下如何影響你。未練習正念時，我們鮮少能夠公正地覺察內在的自我對話，思考這些對話的有效性，特別是如果這些對話與我們有關的時候。舉例而言，當你面臨某種情況或困境，譬如學習使用某個工具、修理某種機械、在公眾場合為自己發聲等等，此時若你習慣性地告訴自己「這個我沒辦法」，有件事情很肯定，就是你會真的做不來。在那個瞬間，你的想法果真實現了。說「我不行……」或「我永遠不會……」都是一種自證預言。

如果在這種情況下你都會這麼想，那麼即便你有機會做點不一樣的或是去解決問題，大概都會畫地自限而難以施展。真正的狀況是，在很多情況下，你其實不確定自己是否可以做些什麼。假若你承接問題並試試不一樣的做法，也許當下你根本不知道自己在做什麼或是壓根兒懷疑自己做不到，但最後你可能會對自己感到很訝異。我就是用這種態度多次修理過時鐘與車門，有時我面對這些時鐘或車門會有點概念，但有時真的沒輒只能胡亂嘗試。

這麼說的重點是，我們其實並不明白自己真正的限制所在。然而，如果你的信念、態度、想法與感覺都是去找種種

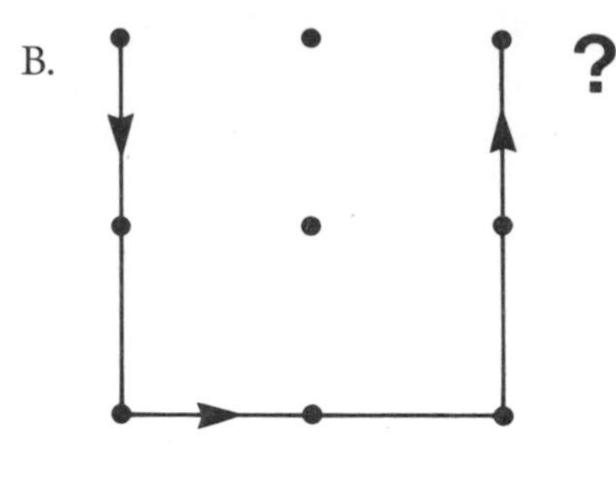

在這種情況下，會感覺到有些壓力。你試過愈多方法，卻沒一個成功，就會愈沮喪。在第二堂課中，我們邀請解不出題的學員們仔細地觀察自己內在的反應，尤其是有學員自願在白板上畫出解答時。

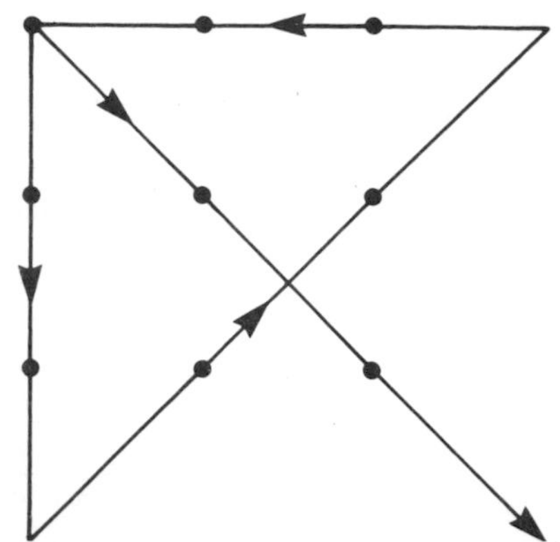

在你試過一段時間後才看到或發現解答，那個當下常會有種「啊哈！」（原來如此）的體驗，原來解答是在你所設想的正方形之外。問題描述中並沒有告訴你不可以超出這些點，但是一般人會習慣將九點所連成的正方形視為解答範圍，而不是將這些點放在整張紙的脈絡下思考，從整張紙的角度來看這些點。

藉口不接受新的挑戰、不冒任何風險、不探索新的可能、不關照問題的整體、不去理解你與問題之間的關係，就會嚴重限縮了自己的學習、成長及改變的能力，這是不必要的。舉凡減重、戒菸、不對小孩吼叫、重回校園、創業、經歷重大失落後為自己找到活下來的力量等等，你能做的多半取決於你如何看待所面臨的人事物、所擁有的限制與資源，以及你對生命的觀點。第十五章會看到，信念、態度、想法與情緒對於我們的健康有重大的影響。在正念減壓課程中，學員學習以正念和真心來接受挑戰，承擔勇於面對生命苦難時所必然會產生的風險。**他們接觸到自己新發現的勇氣與清明時，通常會對自己與家人的反應感到很訝異。過程中，透過感知自己內在的整體與連結，他們發現自己的限制縮小了，原本以為自己一定做不來的，卻發現自己做到了。**

聆聽身體，是自我療癒的開始

圓滿完整與相互連結其實都是生而為人的基本特質，不論我們從過往的受苦經歷中背負了多少傷痛，我們完整的本質還在，不然是什麼在涵容傷痛呢？任何人都不需要因為過去發生或未發生的事情，而成為一個無助的受害者。即便我們正面臨苦難，也不需要讓自己陷入無可奈何的絕望。在受傷之前，我們都擁有原始的圓滿完整，也是一出生就擁有的整體。這圓滿完整不因我們受傷、受創、生病而消失，因為它總是存在當下，也只存在於當下。因此，我們隨時可以跟它連結，跟我們本性中的圓滿完整連結，而它也是我們的真實樣貌。所以，從深層的角度看，我們進行靜觀練習而與當下同在時，就已經超越了創痛、超越孤立與支離破碎、超越我們所經歷的一切苦難。這表示只要你還能呼吸，對於過去重大創傷（即便不知何時開始）所帶來的有害影響，永遠都有可能採取一些有意義的做法。若是你能用系統整體的眼光去理解，即便是恐懼、破碎、脆弱、不安全感，甚至是絕望，永遠都有可能面對、承認、處理甚至是超越。

在正念減壓中最重要的工作，就是協助人們看到、感覺到並信任自己的整體性，協助人們趨近、善待並癒合支離破碎的傷口，協助人們療癒孤立、分裂又疏離的痛苦，協助人們在自己裡面發現本來就有的圓滿完整與相互連結。顯而易見地，這是一輩子的工作，對減壓門診的病人而言，通常是他們有生以來第一次有意識且刻意跨出的第一步。

無疑地，身體是自我療癒旅程最理想的開始。首先，身體相當方便。其次，身體會給我們很多教導，而且這些教導可以運用到生活中的其他面向。此外，身體確實需要療癒，因為每個人多少都內化了生理或心理上的傷害、緊繃、壓力，而有些內傷。有些心理學家將創傷區分為災難式的重大創傷（如第五章的瑪麗或big-T trauma）與日常創傷（little-t trauma）。然而，不論我們經歷了哪種創傷或從哪類創傷中倖存，看似破碎的心智與心靈仍然擁有深刻的療癒資源。只要仔細聆聽身體，身體會教我們很多東西，包括面對我們最不想承認的、如何與過去達成和平協議、如何以仁慈智慧來靠近自己的傷痛。身體也會教導我們許多關於壓力、痛苦、疾病、健康的議題，以及讓自己脫離苦海的可能。**正念，是趨近與滋養內在最深層、最美好、永遠不會被傷害的那個自己最關鍵的要素。**

壓力與痛苦，是療癒與智慧的泉源

在療癒過程中，身體是非常重要的，而身體本身也背負了許多的疼痛和創傷。這就是為什麼我們大量聚焦於呼吸，因為呼吸是身體與情緒的橋梁。這也解釋了為什麼正念減壓一開始就要求學員連續兩週、每天練習身體掃描，為什麼要有系統地領受身體各部位的感覺，為什麼我們要培養對身體的整體感（亦即感覺這身體為一個整體），為什麼在靜觀練習時，要專注於日常基本生活如飲食、行走、移動、伸展等。這些身體的各個面向，打從一開始就是讓我們可以通往圓滿完整的大門。透過天天練習、時時練習，一段時間後，我們便能輕易地登堂入室，安住於全然覺察的圓滿完整之中。學習親近並安住於覺察，會比我們所選擇的專注對象更重要。透過天天練習與時時練習，我們活得更加統整和諧，體悟自身的圓滿完整與相互連結；體悟自己跟他人的相互連結，跟一個更大世界的相互連結，在那更大的世界裡，我們發現自己。**就在這裡，我們體悟生命本身，即便只是驚鴻一瞥，都足以深深地滋養自己，尤其是在面臨壓力與痛苦時，更是療癒與智慧的泉源。**

每個人都是圓滿、完整的

在英文中，健康（health）這個字本身有圓滿、完整（whole）的意思。圓滿、完整意味著整合，是一種可以相互聯繫所有局部的系統或有機體，一個完善的整體。圓滿完整，只存在於當下。即便是截肢者、殘障人士、器官切除者、面臨死亡者，他的本質依舊是圓滿完整的，只是他必須與生理上的缺失達成和平協議，領悟殘疾的意義，如此便能體驗到內在的圓滿完整性。**這當然需要深刻的轉變，尤其是對自己、對世界、對時間，甚至是對生命本身的各種觀點。就在這達成協議並接納事物如其所是的歷程中，療癒，悄然開展。**

每一個活著的有機體本身都是圓滿完整的，同時存在於另一個更大且圓滿完整的系統之中。就像前面討論的，我們的身體是完整的，但也不斷產生物質與能量的變化並與環境產生互動關係。我們的身體存活於一個更大的整體中，亦即環境、地球、宇宙之中。以這種角度看，健康其實是動態的歷程，而不是一種固定的狀態，不是你可以「得到」然後就一輩子擁有的。

靜觀是體驗圓滿整體的途徑，讓人從制約的狀態中解脫

事實上，不只是健康與療癒（healing）這兩個詞蘊含了圓滿、完整的寓意（當然，神聖／holy這個字亦然）。我們發現，靜觀與醫療的深層意義裡也有圓滿完整的意思，它們在某些層面上確實是相互關聯的。博學著名的物理學家大衛・波姆（David Bohm）指出，圓滿完整本為自然界的基本屬性。他亦指出靜觀（meditation）與醫療（medicine）這兩個詞均來自於拉丁文的mederi，意為「治療」（to cure），而mederi這個字本身則來自於早期印歐語系字根，表示「衡量」（to measure）。

「衡量」跟「靜觀」與「醫療」有什麼關係呢？如果用一般角度來看「衡量」的話，完全無關，這時「衡量」是指一個物體與外在標準相互比較度量的歷程。然而，「衡量」這個字還有更精神層次的意義。以波姆的用語來說，所有事物均有其「適當的內在度量」（right inward measure）以構成事物的樣貌，並賦予事物本身的屬性。「醫療」這個字確實有這層意義，基本上，當我們的適當內在度量因生病或受傷而遭受干擾毀損時，「醫療」是修復的方法，協助我們再次回到適當的內在度量。「靜觀」也具有相同的意義，因為靜觀是透過仔細且非評價的自我觀察，直接覺知自身存有的適當內在度量。在這樣的脈絡下，「適當的內在度量」就是「圓滿完整」的同義詞。如此一來，在醫學中心提供以靜觀為基礎的臨床服務，就不足為奇了。

在正念減壓及其他以正念為基礎的課程中，選擇以靜觀訓練做為核心與整合的練習並非偶然。**靜觀訓練的許多特質跟一般放鬆減壓技巧不同，最重要的差異是，靜觀訓練是直接體驗圓滿整體的途徑。**一般放

鬆減壓技巧聚焦於行動作為並追求某種進展，既非無為也非同在，因此並不容易觸及內在的圓滿整體，即便觸及也難以深化。加州大學愛文分校醫學院，精神病學與行為科學教授羅傑・華許（Rodger Walsh）博士曾說**「靜觀是一種意識的訓練」**，他本身也是長期的正念修習者。華許博士精研東方與西方的心理學，他強調東方心理學與西方主流心理學對於意識訓練所根據的典範是截然不同的。從意識訓練的視角而言，我們清醒時的意識狀態嚴格來講是次優的。西方心理學在病理學大幅影響下，至少直到最近，所有治療總希望協助病人恢復「正常的」功能，亦即一般清醒的意識狀態。這點，東方不是與西方典範對立，而是自古便開創出不同的路徑。截然不同的東方典範認為：投入於個人的、密集的、系統化的心智訓練相當重要；**透過靜觀訓練，可以讓人從連接不斷且高度制約的扭曲狀態中解脫；此扭曲來自於每天情緒與思維的波動，這足以持續侵蝕我們對內在固有圓滿完整的體驗。**

許多偉大心靈也深受圓滿整體的吸引，思索探究如何將其實踐在日常生活中。卡爾・榮格，瑞士傑出的精神科醫師，對東方的靜觀傳統抱持高度敬意。他寫道：「在東方，兩千多年來，最具前瞻性的心靈均關照於生命圓滿整體的探詢，從中開展各種實踐方法與哲學觀點，西方在這些層面就顯得相形見絀了。」榮格深切明白靜觀練習與活出圓滿整體的關聯。

愛因斯坦亦曾清楚表達，以圓滿整體之眼觀察的重要性。一九七二年三月二十九日，《紐約時報》（*The New York Times*）刊登了愛因斯坦的一封信。我們在正念減壓課程的最後一堂時，將此信發給了學員。這封信之所以別具意義，是因為它掌握了靜觀練習的精神，又出自對世人影響深遠的科學家，這位科學家改變了世人對於物質世界的觀念，證明空間、時間、物質、能量是統合的整體。

愛因斯坦在普林斯頓高等研究院期間，經常收到來自世界各地的信件，請求愛因斯坦針對他們個人的問題給予忠告。愛因斯坦的科學成就很少人懂，頂多知道那是某種革命性的改變。但大家都明白他相當有智慧，和善的臉龐與對人道議題的深切關懷，展現了他的慈悲。很多人認為他是「全世界最聰明的人」，雖然他終其一生都不懂人們怎麼會對他這麼感興趣。

不要過度認同自己的孤立性，而忽略了人類生存的事實

以下是他回覆給一位猶太教祭司的信。這位祭司表示，他遍尋各種方法都無法釋懷女兒的死，所有方法都無效！「無辜美麗的十六歲孩子」。喪子，是人類經驗中最悲痛的經驗之一，這位祭司向愛因斯坦求助。愛因斯坦如此寫道：

每一個人都是圓滿整體的一部分，這個圓滿整體我們稱之為「宇宙」，同時每一個人也受限於時間與空間。人們感覺到自己的想法與感覺都是分別孤立於其他人，這多少是來自於意識層面的視覺錯覺。這樣的錯覺像牢籠般，讓我們把自己禁錮於個人的欲望之中，也讓我們的關懷僅侷限於最靠近我們的一小群人。我們的任務就是擴大關懷範圍，擁抱所有生靈與大自然，欣賞它們的美，藉此讓自己從牢籠中解脫。沒有人可以百分之百地做到這些，但即便只是往這個方向努力，就是一種解脫的歷程，也是內在安全感的基石。

愛因斯坦的回覆給我們莫大的啟發，由於我們總是如此自我中心又把自己視為孤立的個體，我們只關心自己的生活和欲望，而蒙蔽了自己的思想與感受，這一切讓我們輕易地陷入牢籠的禁錮。愛因斯坦完全沒有貶抑人們所受的苦難與失落，**但他告訴我們，不要因為過度認同自己的孤立性，而忽略了人類生存更基本的事實**。從他的觀點，所有人不論是來到或離開這世間，都是一種結構性能量的短暫聚集。愛因斯坦提醒我們，以一種圓滿整體而非分別孤立的觀點來觀察，因為圓滿整體才是更根本的。同時他也提醒我們，那種持續分離孤立的體驗，其實是一種錯覺，一種最終會把自己關入牢籠的錯覺。

確實，從時間與空間的觀點來看，我們都是孑然一身，侷限於時間（這輩子）與空間（這身體）。我們擁有若干特別的想法與感覺，一些獨特、美好、摯情的關係，而當這些連結關係斷裂時，我們會感到心痛、心碎。我們都存活於這世界上，卻也像水流中的小漩渦與大海中的波浪，稍縱即逝。每個漩渦或波浪

都有其獨特性，人生也是，它們同時也是一個更大整體的部分，而此更大的整體，最終超越了我們可以理解的範圍。

愛因斯坦提醒我們其實沒有那麼地分離孤立與獨特。只是一旦忽略了圓滿整體與相互連結，我們所看到的生命實相將是以管窺天，於是無形中產生了自我膨脹，**我的**問題、**我的**損失、**我的**痛苦就會變得極為重大，使我們難以看到更寬廣真實的存在。對愛因斯坦而言，我們認為自己是一個恆常與堅實的「自我」，其實是一種意識的錯覺，一種自我的囚禁。愛因斯坦在其他文章中寫道：「一個人的真正價值，主要取決於他可以從『自我』這個牢籠中解放的程度。」

要打破這種虛妄的意識錯覺與小我疆域的困境，愛因斯坦開出的處方是刻意地去培育對萬物的憐憫之心，培養對一切有情眾生的感激之情，愛因斯坦傾盡畢生之力如此倡導。他不是浪漫或哲理地倡導，他明白如果真的想從慣性的牢籠中解脫、想要獲得內在的自由與祥和，需要下功夫，他也瞭解這下功夫的歷程本身就是具有療癒性的。

再回到九點難題的作業，這項練習讓我們觀察自己是如何覺察與理解問題，甚至如何看待自己及世界。這樣的看見，對於我們所能採取的行動會有重大啟發。在整體的觀點下，我們明白沒有任何事情是孤立的，所有事情或問題都發生於整體系統的脈絡之中。從這個視域觀察，可以覺知內在本有的相互連結網絡，交織出我們的種種經驗。以這種方式觀察本身就是一種療癒，它讓我們看到自己的非凡與奇妙，而不會因為我們只是某個更大整體的一部分就覺得自己微不足道。生命的歷程就像海上的波浪，在短暫的瞬間升起降落、升起降落。

〔第十三章〕療癒

療癒向來是獨特又深刻的個人體驗，每個人的療癒過程和內容都不一樣。不論健康或生病，每一個人都必須面對自己特有的生活環境並妥善因應。以探索自我為基礎的靜觀練習，能夠轉化我們面對任何艱難問題的能力，讓我們放下並進入同在領域，在覺察中安於剎那即永恆的圓滿完整。這就是療癒的根基。

當我們在正念減壓使用療癒（healing）[14]這個詞來描述學員的體驗時，指的是學員正在經歷一種深刻的轉變。此轉變來自於學員偶然地與自己的圓滿整體相遇，並在靜觀練習中進一步催化出自我的圓滿整體。有時，我稱這種現象為「意識的自轉」（rotation in consciousness）。無論何時（也許是在練習身體掃描、靜坐或瑜伽時），寧靜中一旦與內在圓滿完好的整體邂逅，就在此當下，我們將清晰地領受，原來自己既是圓滿完整的，也是另一個整體的部分。就在此當下，我們對自己的問題與痛苦產生了一種嶄新且深入的視野，一種從整體出發的觀點。不論我們面對的問題有多艱難，轉換視野確實可以帶出截然不同的理解，我們會從支離破碎與孤立無援，轉變為相互連結與圓滿整體，這將是永恆的轉變。此轉變讓我們從失序、無助、悲觀的感覺，過渡到希望、接納、內在平和與可調節的感覺。**療癒，總是涉及態度和情緒的轉化。療癒，有**

14譯注：在本文與本書脈絡下的healing，是放下對結果的預設與期待，凝神安住於歷程，不執取任何未來的目標，盡可能融於當下、與當下同在，較貼近於培育的概念，應以「療育」稱之。Healing，一般譯為「療癒」，係治療與痊癒的簡稱，廣泛地包含過程與結果，對於「癒」的期待頗為顯著。大眾對healing一字的譯詞也多為「療癒」，為顧及一般大眾的理解，全書統一以「療癒」稱之。

時亦可減緩身體不適的症狀或改善身體狀況。

當學員投入正念靜觀練習，會以各種樣貌浮現上述的轉化。靜觀練習帶給學員看待事情的不同方式，某些學員會有戲劇化的體驗與轉變，大多數人則漸進地體會到深層的放鬆與自在。這般放鬆自在浮現時，也許學員根本沒意識到或者不覺得有什麼重要，即便他們先前並沒有類似的體驗。如此的轉變可能相當隱微卻頗為深刻，甚至比戲劇化的顯著轉變還來得深刻。不論顯著或隱微，視野的轉變表示此人已經能以整體之眼來看待事情了，隨之而來的是更加平衡的處事能力與內在的安全感，尤其是在面對壓力與痛苦時。

法裔加籍的菲爾是位五十七歲的卡車司機，三年前在一次意外事件中背部受傷，經由疼痛門診的醫師轉介來上課。第一週，他躺下來要練習身體掃瞄時，他的背非常痛，他跟自己說：「天啊，真不知道我是否可以完成練習」。然而，他已經承諾自己，即便再痛都要「好好學習」，因此還是聽著光碟繼續練習。二十分鐘後，他開始感覺到自己的呼吸可以「遍暢全身」，也發現自己可以全然地專注於呼吸中的身體。他告訴自己：「哇，真是太棒了」！之後只要他練習身體掃瞄，背部就完全不痛，他每天認真練習。來上第二堂課時，他欣喜若狂。

然而，第二週的練習狀況與上週完全相反，他所練習的每個項目沒有帶來任何轉變。他每天都跟著光碟練習身體掃瞄，然而背部依然疼痛。不論他做何努力，都無法找回第一週練習時的感覺。我跟他說，也許他太用力想要找回第一週的體驗，他現在可能正在跟疼痛搏鬥，用盡一切力氣試著消除疼痛，以拾回先前美好的感覺。回家後，他決定好好依照我的建議做做看：**不論練習時發生什麼情況，就單純地讓它發生，不嘗試尋求改變**。一段時間後，在練習身體掃瞄時，即便背部感到疼痛，他已經可以專注與維持平靜，停止與疼痛交戰。他發現自己愈專注，疼痛就愈緩解。他說平均而言，可以減緩四〇％到五〇％的痛感，有時候四十五分鐘的練習結束時，疼痛減緩程度更大。

蕎伊思由腫瘤科醫師轉介來減壓門診，當時她五十歲，剛被診斷出大腿長了惡性腫瘤也進行了處理。

兩年前，她先生因食道癌在可怕的疼痛中過世，沒想到在先生病逝那天，蕎伊思的媽媽也因意外過世。在照顧先生時，蕎伊思的身體已經開始出狀況了，右大腿的疼痛與日遽增。她看過很多醫師，得到的答案都是情況不嚴重，多半是靜脈曲張或是老化的自然現象。在先生與媽媽過世兩年後的某一天，蕎伊思跟兒子合力將聖誕樹搬出去時，她的大腿骨突然斷了。在手術台上，醫師發現她有血漿細胞惡性腫瘤，腫瘤侵蝕殆盡她大腿骨斷掉的部位。醫師將腫瘤切除並進行骨骼移植，醫師通知她兒子情況並不樂觀，蕎伊思感到非常悲傷。然而，她卻活下來了，完成六週的放射線治療後隨即到了減壓門診。

第一堂課，蕎伊思把光碟拿回家時，她告訴自己一定要好好參與課程並落實課堂中所有的要求。第一次練習身體掃瞄時，她感覺到那是一種非常強而有力的體驗，來自於某種神祕的力量，這樣的感覺一直持續到光碟結束，一段長時間的寧靜。在那寂靜中，她告訴自己：「喔，這就是神的樣子了」。她描述這段經歷時表示，在那當下，她「同時感覺到空無與滿盈，那不是任何人或人為的，那是神祕與神聖的」。

十年後，蕎伊思依然記得當初的感動，她說就是這樣的感動協助她度過往後的種種難關，包括多次的骨骼修復手術、髖關節重建與嚴重的家庭壓力。她認為靜觀練習是十年來持續緩解血漿細胞惡性腫瘤的功臣，使腫瘤沒有變成多發性骨髓癌。幾乎所有罹患血漿細胞惡性腫瘤的病人，大約在五年後都會演變為多發性骨髓癌。蕎伊思的主治醫師說他不曾見過例外的狀況，不確定靜觀練習是否真的是緩解病情惡化的主因，但他坦承實在不知道何以病情未如此發展。不論原因何在，醫師對於這樣的轉變都感到很開心，也希望能持續下去，他支持蕎伊思從事任何能夠協助她保持身心和諧的事情。

探索自我，學著放下，就是療癒的開始

菲爾與蕎伊思都是在一開始就對身體掃瞄很有體會，許多人則是在數週過後才經驗到些許的放鬆平靜或觀念轉化。然而，如果能與學員好好討論，就會發現對規律練習身體掃瞄的學員而言，大約在兩週後，

或多或少就會產生正向轉變。有時候轉變很不明顯，直到課程進行到下一階段練習瑜伽時，學員才有感覺。當學員連續數週因身體掃描練習而開始對身體有更多的體驗、瞭解與掌握時，就會在觀念層次慢慢地轉變，即便這樣的轉變通常不在意識的覺察範圍內。

療癒向來是獨特又深刻的個人體驗，每個人的療癒過程和內容都不一樣。不論健康或生病，每一個人都必須面對自己特有的生活環境並妥善因應。以探索自我為基礎的靜觀練習，能夠轉化我們面對任何艱難問題的能力，讓我們可以涵容並妥善處理問題。若欲擁有這般轉化能力，你必須落實基本練習，如此一來，它才會是你的，切合你的個人需求，而你的性格與你的生活環境將決定你會如何選擇。

靜觀練習是一種同在之道（a way of being）。靜觀練習不是一套療癒的技巧，療癒蘊含於靜觀練習本身，當我們能調頻到同在狀態時，療癒自然就發生了。如果你想利用靜觀來達到某種目的（例如，追求自我的圓滿整體），療癒就很難發揮。事實上，你本來就已是圓滿整體，何須費力追求你已經是的樣子呢？**最重要的是：放下，進入同在領域，在覺察中安於剎那即永恆的圓滿完整。此方為療癒的根基。**

融入生活的練習，面對生活的種種難題

在減壓門診中，我們總是驚訝於學員把正念融入生活所帶來的轉變，正念練習對學員的效益是無法預估的。盡可能地把自己交託給靜觀練習，放下任何結果的期待或執取，即便那是學習正念減壓的動機。

大多數人都是來學習如何放鬆、如何獲得心靈的平靜、如何有效因應壓力或疼痛。最後他們會發現，自己所學習或領悟到的，早已遠遠超出原先的預期。舉幾個例子吧，海克特是來自波多黎各的摔角手，他剛來門診時有易怒與胸痛的問題。八週課程結束時，他不但能調節這兩個問題，還赫然發現，原來自己深層的內在也有溫和的一面。比爾是一位肉品販賣商，數年前他的精神科醫師敦促他來上課，當時比爾的太太自殺，留下他獨自撫養六個孩子。

比爾後來吃素，他最近告訴我：「喬，靜觀練習已融入我深層的內在，我甚至覺得從此以後我都不能

再說謊了。」

完成八週課程後，他開始組織自己的靜觀練習團體。艾蒂思是在肺部復健課程中學習到正念，當時她希望藉此調節呼吸急促的現象，課程結束後，她依舊持續自行練習。多年後，她驕傲地跟我分享自己的親身經歷，當時她在手術台上，正準備要動白內障手術，就在動刀前一刻，醫師說因為她的肺部疾病，手術過程無法使用麻醉藥，醫師必須活生生地在沒有麻醉的眼睛上直接插針。那真是恐怖至極的經驗，但她運用靜觀，成功地調節了劇痛。亨利來上課時，有焦慮、心臟病、高血壓的毛病。第四堂課時，他因腸胃潰瘍嚴重吐血被送到加護病房，鼻子與手臂都插管了，他覺得這次一定會死掉。然而，他躺在病床上運用覺察呼吸，漸漸讓自己平靜下來。奈特是一位中年的高階主管，他來上課時的狀況非常糟糕，當時他有嚴重的高血壓，上課前兩週剛被解僱，正接受藥物治療。他太太在盲腸切除手術中接受輸血，因感染愛滋病而過世，雪上加霜的是，奈特也被檢驗出人類免疫缺陷病毒（HIV）陽性反應。當時的他如此憔悴，以至於內科門診護士還陪著他到減壓門診，以確定他確實報名了。八週過後，奈特的血壓回復到正常值，他的壞脾氣獲得了調節，這大幅改善了他與獨生子之間的關係。即便面臨這麼困難的處境，他對人生卻開始抱持樂觀的態度。愛德華是一位罹患愛滋病的年輕人，過去六個月來，他每天練習靜觀。某日上班時，他忽然不再覺得自己只是個「緊張的殘骸」。要做骨髓檢測時，他好怕痛，但他運用呼吸釋放對疼痛的恐懼，他赫然發現過程中竟然一點兒都不痛。

這些成員個別的學習結果都是無法事先預測的，卻都直接來自於持續地靜觀練習。

當然，在讓靜觀練習融入你自己生活的過程中，你也會開始學習關注自己生活的某些特殊面向（這部分後面會討論），尤其是與健康直接或間接相關的習性。舉例來說，你的飲食與運動慣性，不良的習慣如抽菸、酗酒、嗑藥，負面的態度特別是敵意與譏諷，以及你所面對的種種壓力和困難等。**在這些領域培育正念，可以促進並推展個人的深層轉化，而這樣的轉化來自於規律地讓自己處於同在狀態。**

每個人都擁有正念療癒力

當我們使用「療癒」這個詞時，並非指「治癒」（curing），雖然這兩個詞經常交互使用，然而清楚區分還是必要的，因為它們所指涉的意義其實相當不同[15]。後續章節會看到，其實慢性病或與壓力有關的疾病很少能被徹底治癒。也許我們無法治癒自己或找到可以治癒我們的人，但卻有可能療癒自己——學習與每個當下所呈現的情況和平共處。療癒，是以圓滿整體的視野，對疾病、困頓，甚至是死亡，產生不同的連結方式。如上所述，療癒來自一些基礎的練習，這些練習協助我們進入並安住覺察的廣闊空間，這空間與身心深層的放鬆有關，我們可以在這空間裡看到並擁抱自己的恐懼、限制與脆弱。在此寂靜片刻，你將領悟即便你的身體可能有癌細胞、心臟病、愛滋病或疼痛，即便你可能不知道自己還可以活多久或接下來會發生什麼，無論如何，你確實都是圓滿完好的整體。

接納生命的每一刻，感覺它、擁抱它

不論對誰，有無任何慢性病、有無壓力相關疾病，圓滿整體的體驗都近在咫尺。就在體悟圓滿整體的瞬間，就在連結自我同在的瞬間，你會有一種清晰的感覺，那就是：**你，大於你的疾病或你的問題**，你會立足於某個更好的位置來面對它們。這麼說吧，如果你已經練習靜觀一段時間了，卻會因為自己「仍然」有疼痛、心臟病、癌症或愛滋病，就覺得自己是個「失敗者」，那你鐵定走錯路了。**靜觀練習，沒有要驅除任何東西，沒有要達到任何感覺或境界**。事實上，不論我們現在是健康的或已病入膏肓，都不知道自己可以活多久。生命的呈現總是在當下。對每一個活著的人而言，正念的療癒力量都存在於我們之內，存在於充分地跟每一個當下同在，存在於開放地接納生命每一刻的呈現。

弔詭的是，這般覺察與定位的轉向，對每一件事情均可產生轉化的力量。請記住，接納，完全不等於消極的屈服順從。接納，是仔細閱讀當下的情況，在覺察中盡可能地感覺並擁抱它，不論那情況有多困難或多可怕。**如其所是地承認當下所呈現的一切，跟我們對那局勢的好惡偏見脫鉤，即便我們很希望事情有所不同**。然後，我們才能刻意且直觀地在此當下選擇明智的關係，也許是採取某些行動，如果需要的話；但也可能什麼都不做，只在心裡提醒自己，每一件事情總是隨時變化無常。若能讓我們的心、我們的態度、我們的能力歇息於開放廣闊的覺察，對於理解整個局勢甚至達成和平協議都將是很有幫助的。達成和平協議正是療癒歷程的基礎，而無為本身其實是一種強而有力的行動。

一位罹患乳癌的女學員，某次靜觀時突然體會到，她不等於她的癌症。在那鮮活的片刻，她領悟自己是一個完整的人，而癌症只是身體現正經歷的過程。在這之前，她全然地認為自己的人生就是疾病，而她只是個「癌症病患」。當她領悟自己不等於癌症時，她感到好自由。她開始可以更加清晰地思索自己的人生，決定在有生之年，運用罹患癌症的機會好好地充實成長。就在她自我承諾要盡可能地過充實生活並運用癌症來幫助自己，而非不斷地自怨自艾時，她已經開始自我療癒的旅程了，她消融某些限制，同時與發生在自己身上的一切達成和平協議。她知道自己確實希望透過這個方式讓癌細胞獲得控制，但她也明白沒有人能保證癌細胞會因此而收縮，她也未必會活得比較久。她不是因為這些理由而承諾自己活得更有覺察，相反地，她不為任何理由，只希望無論如何都可以盡量活得充實。**她對疾病的病程保持開放的態度，當然也期許身心在透過正念練習而獲得深層整合後，對病情帶來正向的影響。**

壓力會降低你的免疫力

數量眾多的研究文獻證實，這是有可能的。有個新興的領域，稱為心理神經免疫學（psychoneuroimmunology, PNI）[16]，此領域的研究顯示，我們的免疫系統（例如精良的細胞與分子的辨識防衛機制）不是在孤立狀態下運

15 有些語言無法區分這兩個字，例如法語，在法語裡面guérir這個字同時表達了療癒和治療。
16 譯注：心理神經免疫學研究心理因素對免疫系統的影響。

不是在孤立狀態下運作。正如心理神經免疫學這個名詞所傳遞的訊息，免疫系統某部分會受到神經系統的影響，神經系統則和諧地整合所有的器官使我們可以正常生活。在這裡我們看到大腦與免疫系統重要的相互連結，此連結允許資訊雙向交流。換言之，大腦可以影響與調節免疫系統，免疫系統亦可以其特殊方式影響調節大腦。此雙向連結的發現表示科學界現在已有一套解釋模型，說明我們的想法、情緒與生活經驗，如何影響我們對疾病的態度，這樣的態度可能是敏銳地接納，也可能是強力地抗拒排斥。

很多的研究文獻顯示，生活的壓力會影響免疫系統的活躍程度。俄亥俄州立大學醫學院的珍妮絲・葛拉瑟（Janice Kielcot Glaser）博士與朗恩・葛拉瑟（Ron Glaser）博士及他們的同事，貢獻數十載的精力闡釋兩者的關聯。他們證實醫學院學生體內自然殺手細胞（NK）的活躍起伏程度，與他們當時所承受的壓力有關。相對於非考試期間，考試期間自然殺手細胞會縮減。這些研究與其他的研究均證實寂寞、分離、離婚、照顧失智的配偶，均與免疫功能的降低有關，而各種放鬆練習與因應學習則可保護並促進免疫力。免疫功能的防衛機制（例如自然殺手細胞的活躍程度），對於癌症或重大感染的預防是至關重要的。

其他研究證實了正念減壓訓練與提升免疫力的關聯。我們與威斯康辛大學的理察・戴維森（Richard Davidson）教授及其同事合作，共同進行了第一個有隨機分配的正念減壓研究。這份研究蒐集的資料包括學員的自陳式心理問卷、生理狀況（特別是用腦電波EEG來衡量腦部某些區域的活躍狀況）、學員對流感疫苗的免疫反應（以血液中的抗體數量衡量）。研究對象是一群健康但壓力很大的員工。研究顯示，參與八週正念減壓訓練的員工對流感病毒的抗體反應，明顯高於控制組。控制組在整個研究結束後也會接受正念減壓的課程，不過他們的測量時間點與實驗組是一樣的。我們也發現學員的免疫反應和他們大腦活化區域的改變有關。大腦的活化區域從右側移向左側者（表示較不情緒化，情緒彈性較高），對流感疫苗的抗體反應也較強。

一九七〇年代中期，羅徹斯特大學醫學院的羅伯・阿德爾（Robert Ader）博士與尼可拉斯・科恆（Nicholas Cohen）博士進行一系列優異的實驗，啟動了心理神經免疫學的發展，觸發大家對這個領域的廣泛興趣。他們進行相當聰明優異的實驗，發現大腦與免疫系統戲劇性的關聯。他們為實驗組的老鼠注射降低免疫力的藥物，同時在牠們的飲用水裡加入糖精。過了一段時間後，即便只是單獨地飲用糖精水，而未注射降低免疫力的藥物，這些老鼠也會出現免疫力自動降低的現象。這顯示老鼠的身體透過先前的制約，已經學會一嚐到糖精水就抑制免疫功能的反應。對照組並沒有呈現這樣的制約反應，顯示對於那些被制約的老鼠而言，牠們的免疫功能的確受到某種心理學習經驗的影響，而這樣的學習只能透過神經系統完成。

許多研究顯示，動物在承受難以控制的壓力時，免疫功能會產生缺損，也會降低對癌細胞或腫瘤增生的自然抵禦能力。人體研究亦顯示，壓力或無望感對免疫系統缺損或疾病（如癌症）等，是息息相關的。未來研究需要回答的問題是，心理與精神如何影響疾病的療癒，不單只是間接地促進生活方式的改變（雖然這也很重要），也要探究心理與精神如何對免疫功能和大腦產生直接影響。目前為止，沒有任何有力證據可以證實，研究所觀察到的免疫功能改變與某些特定疾病或病程有直接關聯，因此在解釋這類研究的意義時，要格外小心，不要驟下結論。此外，雖然許多動物或人類的研究都顯示慢性壓力會導致免疫力降低，增加罹病風險；但也有研究顯示，壓力確實可以提升免疫力，諸此種種都還需要進一步研究。

心是否可以影響療癒歷程？

一九九八年，我們發表了一個實驗研究，探究心理精神對於療癒是否會產生直接的影響[17]。研究對象是罹患牛皮癬的病人，參與者包括皮膚科醫師傑佛瑞．本哈德（Jeffrey Bernhard）及其同事。牛皮癬患者的皮膚表層細胞會不停增生鱗狀組織，這種疾病頗不穩定且與情緒壓力和其他因素有關。病患皮膚的鱗狀組織會完全消失後又再出現，那不是癌細胞，不過與皮膚癌的成長因子類似。長期以來，我們一直在探究心是否可以影響療癒的歷程？是否有某種療癒歷程可以從外表就觀察得到？在瞭解更多牛皮癬的特性後，我們

17 Kabat-Zinn J, Wheeler E, Light T, et al. Influence of a mindfulness meditation-based stress reduction intervention on rates of skin clearing in patients with moderate to severe psoriasis undergoing phototherapy （UVB） and photochemotherapy （PUVA）. *Psychosomatic Medicine*. 1998;60:625–632.

癬的療癒歷程是頗具象的。

乾癬的標準治療方式是照射紫外線B光（UVB），此為光療法，紫外線B光可以抑制皮膚鱗狀組織的細胞增生，若增生嚴重的話鱗狀組織會瀰漫身體很大的部位。病情如果更嚴重則改用感光劑藥物，之後再照射紫外線A光（UVA），使藥效深入皮膚以抑制細胞增生，此為光化學治療。這兩種治療方式，患者都需要赤裸裸地站在一個像老式電話亭的圓形封閉空間內，裡面從上到下充滿了紫外線的燈管，患者站在裡面的時間漸進拉長。通常療程是一週三次，持續四個月，需要慢慢來，療效較好也不至於燒傷肌膚，因此要完全清除皮膚增生的組織，需要耗上一段時間。

在這項研究中，共有三十七位光療門診的病患參與，隨機分配為兩組。實驗組在照紫外線時，進行正念靜觀的練習，隨著照光的時間拉長，有一系列錄音指導他們專注於自己的呼吸與身體的感覺（感覺站立的身體、光的熱、通風口的氣流），然後再將覺察擴及聲音、想法與情緒。隨著治療時間愈來愈長，他們亦可觀想紫外線緩止了細胞的分裂。在二十次療程後，他們可以選擇練習時不聽正念練習引導，而改聽靜觀豎琴音樂。控制組則沒有任何正念訓練亦不聽音樂，就單純接受光療。

雖然這項實驗設計有瑕疵，我們確實複製並以其結果做為早期前導研究。研究發現，在治療期間，靜觀者皮膚清理的速度比控制組快了近四倍。不論是針對光療或光化學治療的病人，結果都一樣。此外，因為最長的治療時間大約為十二分鐘，表示他們靜觀的時間非常短。不像正念減壓的學員，他們沒有引導式光碟可以回家練習，事實上，他們被要求在其他時間都不要練習靜觀。我們認為這戲劇化的進步也許表示：正念對於身體和心理都可以帶來正向影響，即便是短時間的練習可能都很有幫助。第二十三章討論疼痛研究（由實驗所誘發的疼痛），我們會看到類似的短時間靜觀練習。

除非有其他研究者加以複製驗證，否則乾癬的研究仍然在初步階段。不過其中亦不乏耐人尋味之處，最明顯的是**心可以影響療癒歷程**，至少在某些情況下。我們沒辦法很肯定地說這是正念練習的影響，因為過程中還有觀想與音樂，控制組的變項控制亦不夠精準。但是研究結果顯示，某個層面而言，在加速皮膚的療癒過程中，心扮演著關鍵角色。我們現在已經知道大腦可以影響身體的發炎反應、各種表觀遺傳與免疫因素（這可能與乾癬息息相關）。因此，很有可能心也會影響基因表現及細胞免疫力。這些提問都需要後進加以研究闡述。

再更深入去看，這個研究是符合成本效益的，因為靜觀實驗組清理皮膚的速度比控制組快很多，他們所需要的治療較少而可降低醫療成本。本研究也是參與式醫療的好例子，病人積極參與治療讓自己更健康與安適，如同正念減壓本身也是參與式醫療，只是人數更多。本研究也是整合醫療的實例，將靜觀練習整合進醫療處置中。再說紫外線本身就是皮膚癌（基底細胞癌）的危險因子，如果可以降低必要的照光次數亦可降低光療本身的潛在風險。

培養無為的態度，不要老想著你的疾病、目標

幾乎每隔一段時間，身心連結與療癒的議題就會廣受媒體重視，特別是有許多神經科學、健康心理學與心理神經免疫學研究支持的正念。眾多癌症或愛滋病患者在聽聞許多實驗研究的報導後，都想學習靜觀以調節自己的壓力或提升生活品質，期待透過靜觀練習的刺激增加免疫力，提升戰鬥疾病能力。雖然練習正念與某些觀想很可能對免疫功能有重大影響，不過其中的因果關係還需詳加研究。

從我們的觀點看，如果有人帶著強烈的期待或目標來到正念減壓課程，例如：希望透過靜觀練習來增強他的免疫力等，在身心療癒的旅程上，可能正在搬石頭砸自己的腳。過於強烈地想要投資免疫系統以符合你的期待，可能是阻力而非助力，**靜觀練習的品質與精神非常容易因為側重任何目標而遭到破壞。靜觀的本質是無為，如果練習時心中老想著自己所設定的目標，肯定會破壞與侵蝕靜觀練習的核心**，如放下與接納。這些重要核心是讓你可以體驗圓滿整體的關鍵，而圓滿整體的體驗實為療癒的根基。縱使靜觀最終可以帶來免疫功能的正向轉變，而免疫功能轉變又使身體擁有更好的能力去進行疾病療癒，但是過於強調學習目標對靜觀練習確實是不適當的阻礙。

話又說回來，這不是說你不能使用靜觀來達到某種目的，事實上，無數的方法融合了特殊的觀想或目

標於靜觀練習之中，第九章「山的靜觀」是一例，我們剛才看過的牛皮癬實驗以及很快會談到的慈心靜觀也是。全世界各地的靜觀傳統，經常會使用觀想與意象來喚起某種特別的心靈狀態。舉例而言，有觀想慈愛、上帝、慈心、平安、寬恕、無私、永恆或苦難，也有觀想能量、身體狀態、特殊情緒、平等心、慈悲、慷慨、愉悅、智慧、死亡或療癒。意象的運用以及能量專注的引導，都被整合到這些練習之中。

然而，很重要且必須強調的是，它們全部都是練習，結合於某種系統化的訓練與投入的承諾之中，並且總是存在於更大範疇的靜觀之中，這更大範疇的靜觀指的就是同在。如果我們把這些練習視為某種孤立的技巧，只有當我們不開心或想要某種東西時的祈求方法，無可避免地，我們必然會忽略或摒棄這個更大的範疇，甚至完全沒有意識到此範疇的存在。如此一來，蘊含於無為之中的偉大智慧、力量與特殊觀想的深層能量，將輕易地喪失或被忽視。這樣做非但不明智，還可能會導致龐大的挫敗與失望，只是白費力氣罷了。

為了讓療癒能發揮最大效用，我們相信觀想與意象的使用，最好是嵌置於某個更大的範疇，而此範疇對於無為和非用力追求確實瞭解並深深尊敬。否則，觀想練習非常容易從靜觀退化為渴求，單純正念練習本身所固有的療癒力量與智慧將無法開發，而只是讓外求與目標導向的心更加複雜與瑣碎而已。即便很多臨床研究證實，靜觀有助於降低血壓，但如果只是為了這個目的而練習靜觀，其實是不智的。這會讓靜觀練習變得呆板機械化，得失心也會過重。我們相信，只要單純規律地練習，放下任何目標，讓你的血壓自己照顧自己，這將是最能發揮效用的做法。

當你把靜觀練習視為學習同在之道，而非達到某種特定目標的方法，同時在某個更大範疇之內使用觀想，在這些前提下，觀想會非常有幫助。

尚未有足夠的研究能確定在療癒過程中，觀想或單純時時刻刻的覺察練習，哪一個比較重要。牛皮癬的實驗也許可以帶動這類的研究。

正念減壓的經驗使我們相信，若欲透過靜觀練習來解除症狀或移轉觀點，最好的方式是在練習時好好培養一種無為而為的態度，而不是滿腦子老想著你的血壓、症狀、免疫系統或目標。

我們告訴減壓門診的學員，如果他們有高血壓、癌症或愛滋病，出於希望控制血壓或促進免疫系統的動機而來上課，這沒關係，很多人也是想要學習放鬆與平靜才來報名。然而，一旦決定要上課，從這個點開始，他們就需要放下目標，單純無所求地練習。八週後再平心靜氣地觀察血壓是否降低、自然殺手細胞或T細胞是否在活動與數量上有所增加、疼痛是否緩解等。我們希望學員直接開放地實驗探索自己的身心狀態，而非追求某種既定任務的達成。**要有平靜的身心，我們必須開放與涵容，放下執取與渴求，接受事物當下的樣貌，也接受自己當下的樣貌。這般內在平和與深層接納是健康與智慧的核心。**

開發自己的療癒能力

理想的醫院，應該是一個能夠欣賞與滋養病人內在自我療癒力的地方，此自我療癒力是醫療的輔助。許多醫師與護士都推崇這樣的做法，在自己的能力範圍盡力協助病人，即便他們工作的環境並非那麼理想。在參與式醫療中，用各種有創意的方法動員病人自己的內在資源以提升病人的健康與安適，是重要的做法。

為了協助住院病人直接開發自己的療癒能力，以及協助醫師與護士能給病人提供更好的資源，早期減壓門診曾製作一個電視節目，教導住院病人如何練習靜觀。我們希望即便是臥病在床的病人也能學習自我照顧，如同沒住院的正念減壓學員。

一般來講，電視會使我們分心，受到吸引而離開當下與自己。所以我們特別製作了《放鬆世界》（The World Relaxation）這個節目，這部分將於第三十二章詳加討論。我們試著發展一種新的方式，也許可稱為人對人的互動電視吧。

在住院期間，很多病房內的電視大部分是開著的，我去拜訪住院的朋友時，常會看到電視正上演著情境喜劇、實境秀、新聞、電影或競賽節目。病人通常沒在看，但還是開著電視，這實在很難帶來安適與療癒，雖然這樣可以讓時間過快一些。**安靜的環境應該比較好，尤其如果人們知道在安靜中可以做些什麼、**

知道如何置身於安靜之中、知道在安靜中如何集中自己的能量、知道如何安住於寧靜與祥和。

除非住單人房，否則即便你關掉了電視機，大概也得忍受室友電視的影像和聲音。對於有病痛、即將過世或處於某種危險狀態的人，還要容忍電視上的肥皂劇或競賽節目，對照病人自己所處的狀況，實在是不人道、令人沮喪又自慚形穢啊！在這樣的氛圍下承受病痛或面對死亡，其實頗無尊嚴亦不利病情復原。「放鬆世界」背後的想法是，也許透過病房牆上的電視，我們能夠協助躺在床上的住院病人。

我們跟住院病人這麼說：「嘿，既然你已經住在這裡並擁有自己所有的時間，也許你會有興趣運用部分時間，練一下你從不知自己擁有的肌肉，舉例來說，專注的肌肉、正念的肌肉、不論處於何種狀態都能活在當下的肌肉。這需要刻意地探索，學習如何有系統地進入並安住於一種放鬆與安適的狀態。跟著這個節目練習，至少能讓你感到比較有控制感，協助你降低部分的壓力、疼痛與焦慮。如果情況更好的話，也許還可以促進療癒喔。」

「放鬆世界」的呈現很簡單，螢幕上只有我的臉，持續一個小時，沒劇情也不熱鬧。更糟糕的是，在一段簡短說明後，我會要求觀看者閉上眼睛，我也閉上眼睛。這一個小時，大部分的畫面就只是我閉上眼睛的臉。過程中，我自己在靜觀，也引導聽電視者一起練習具備療癒能量的靜觀。我們會一起練習呼吸、修正後的身體掃瞄、將呼吸導入病人感到最不舒服的位置。口語的指導交織著令人寬慰的美妙豎琴樂聲，這是由投身於音樂療癒的喬治亞・凱利（Georgia Kelly）編曲與彈奏。

你可能會問：「如果病人眼睛大部分時候都閉著，哪還需要電視節目？」我會這麼說：「因為另一個人的影像一直都在，對病人多少可以帶來一種信任與接納的感覺」。如果他分神了或感到無聊，隨時睜開眼睛就可以看到另一個人在螢幕上，這提供了一種保證，就是平靜與專注是可能的。如此一來，也許他就會再次地回到自己的呼吸上、回到當下、回到豎琴的樂音。

我們鼓勵病人跟著電視一起練習，乘著豎琴美妙聲音的翅膀，學習與自己同在。遠自聖經時代，豎琴這種樂器就被認為有益於療癒。樂章中的音符來自空無，亦回到空無，深層的寧靜蘊藏於撥動的琴弦間，無邊無際的永恆，當下即是，而不將聽者帶往他處。凱利的音樂提供正念練習很好的氛圍（尤其是對初學者），**映照出我們的想法、感覺與觀點，猶如豎琴樂音，從空無升起，亦消逝於空無，一秒接著一秒地。**

我們醫院的內部有線頻道一天播放七次「放鬆世界」，已經數十年了。醫師可以「開此處方」給病人，協助他們改善疼痛、焦慮與睡眠障礙，增加放鬆與幸福感，降低住院本身所帶來的壓力。開處方的方式，就是醫師將節目播放時間表與練習須知送給病人，建議病人在住院期間一天「做」兩次就好了。我們認為，用這個節目協助病人規律地練習靜觀所帶來的好處，遠大於病人一般使用電視的方式，我們確實也聽到許多病人的良好反應。在美國與加拿大已經有一百多家的醫院使用這個電視節目，也在自己醫院內部的有線電視頻道播放。如果讀者有需要，可洽www.betterlisten.com。

很久以前有一位女士與我聯絡，她在紐約大學醫學中心住院的時候，使用了「放鬆世界」。我們聊了很久，我探詢她是否願意寫下當時自己的情況與經歷，以下是她對自身體驗的描述。

親愛的卡巴金博士：

「在你身上，總是好的比壞的多」，您的話語縈繞我心，協助我度過前兩次恐怖的癌症手術。您在錄影帶中好多撫慰人心的話，讓我在住院期間保持精神上的健康與清明。

夜晚當所有訪客都離開後，我迫不及待地打開紐約大學醫學中心的內部有線電視，我開始變得倚賴您的慰藉。即便現在，我都可以清晰看到您的臉龐，猶如您單獨在跟我講話。您為一個飽受驚嚇的靈魂提供了意義非凡的撫慰，讓每一件事情都對她產生意義並帶來希望。非常感謝您！我相當努力地想要記住那些放鬆的技巧，不過還是需要錄影帶的幫助。

在我住院期間，許多病人也同樣受惠於您的撫慰。當我被要求在醫院走廊散步的時候，經常聽到許多房間都在播放你的節目。只要有機會跟同樣受苦的病人聊天時，我一定會告訴他們要看這個節目，而他們都會回過頭來謝謝我（我第一次住院待了二十三天，因此有許多機會跟病患聊天）。

我依然因為最近的一次手術而感到疼痛，也依然害怕。但是，因著您的協助，我擁有非常多美好的、實際上是超棒的體驗。我真的非常感謝您。

慈心靜觀

正念與真心的療癒能量可以導入自己的身體，也就可以導向他人以及你的各種關係。當你對他人心懷慈悲、同理、憐憫與慈愛，這本身就能淨化心靈。如果不帶強迫地真心迎接這些情感，送給自己，之後送給其他人，這樣的做法可以帶來相當大的利益，而你會是第一個受益者。

我們在一日靜觀那天進行慈心靜觀，讓學員體驗一顆專注平靜的心進入仁慈、慷慨、友善、慈愛與寬恕的狀態時，所產生的深刻力量。學員會很感動，很多人掉淚，不論是開心或難過。這種靜觀深深撼動很多人的心弦，協助我們對自己培養堅定正向的情感，協助我們放下惡念、憤慨與怨恨。我們在第八章討論一日靜觀時曾經提過這樣的氛圍。

練習慈心靜觀時，我們先覺察自己的呼吸，接著有意識地喚醒愛與仁慈的情感，也許可以回想一下，你曾經被誰完全接納與理解時的那種感覺，這時候身體的感覺如何呢？然後靜靜地對自己說：「願我沒有內在或外來的傷害，願我快樂，願我健康，願我活得安然自在。」你未必需要說一樣的話，可以有自己的祝福語。將你的心真正、真正、真正地導向你給自己祝福的話語，而不是假裝要有什麼感覺、到什麼境界，或甚至思索你應該要有什麼感覺。**當成是一個實驗，看看當你真心地把自己全然交託給這個歷程時，那早已駐留在你心底的是什麼。**

一段時間後，我們把這樣的情感引導至另一個人身上，也許是我們所關心的人。在心中觀想此人，把這個人給你的感覺放在心上，祝福他：「願XX快樂，願XX沒有痛苦，願XX充滿慈愛和愉悅，願XX

活得安然自在。」XX可以包括我們認識與關愛的人如父母、孩子、朋友等等。

接下來，把這樣的情感引導至另一個讓我們感到難相處的人，不管任何原因，但你一想到他就覺得反感或討厭，不過這個人沒有對你真的造成任何重大傷害，只是你不喜歡的人。如果你願意的話，刻意地培養友善、慷慨、慈愛的情感送給此人，刻意辨識並放下心中對此人的怨恨與厭惡，提醒自己他也是一個完整的人，有血、有肉、有感情、有希望、有恐懼、有困難、有焦慮、也有痛苦，他跟你一樣是值得被祝福的人。

接下來，如果願意的話，我們在心中召喚一個曾經傷害過你的人。這麼做並不表示要求你必須原諒他，只是單純地承認他也是人，不論他為你帶來多少傷害，他跟你一樣也有想望、也受苦、也渴望安全與快樂。事實上，可能不是只有我們自己背負著受傷與憤怒的感覺。因此當你準備好時，何不實驗看看，將少量的仁慈送給曾經傷害過你的人，即便只是一丁點兒。這麼做，我們可以將自己的苦痛往前送到一個更大的領域，也就是自我的圓滿完整。對方也許完全無法因此受益，但是你可以，而且獲益匪淺。此時，如果你願意的話，可以刻意地原諒對方。不過在慈心靜觀練習中，你可以決定要把誰納進來或做到什麼程度。如果我們曾經傷害過別人，不論是有心或無意，我們亦可將此人帶入心中並請求對方的原諒。

在慈心靜觀裡的人可以是活著的人，也可以是已經過世的人。當你尋求對方的原諒也原諒對方之後，心中長久壓著的負面情緒將獲得大大地釋放。這將是你與過往傷痛進行和解並放下的深邃歷程。如果沒有任何強迫、分分秒秒尊重我們自己的界限與限制，就像在練習瑜伽的時候，那麼慈心靜觀的培育就可為自己帶來深層的釋放。

我們可以繼續將慈愛情感帶給他人，不論認識或不認識，也許會規律見面但未必真的知道的人，例如洗衣店店員、高速公路上的收費員、餐廳的服務生。我們可以進一步擴大自己的心量，把慈愛的情感散播給所有正在受苦者、曾有重大創傷者、被壓迫者、迫切需要人道與照料者。如果我們願意的話，可以繼續將這樣慈愛情感從我們內心深處，往四面八方上下前後左右擴展開來，遍布所有一切的生命，不只是人類，而是星球上所有的生靈。

最後，我們回到自己的身體、回到呼吸，單純地安於完成這整個過程後的感覺，不論當下升起何種感覺，就單純地承接與接納，當然也包括心中自然流露的溫暖、慷慨與慈愛。

沒有真正的智慧，就沒有仁慈與慈悲

第一次練習慈心靜觀時，我實在覺得有點奇怪與做作。因為它跟正念是那麼地不同，好像在叫練習者產生某些情愫，而不是單純地覺察與接納任何當下所呈現的一切。對我而言，正念的練習本身就是愛與慈悲，慈心靜觀似乎顯得多餘，尤其它好像會跟正念練習中所強調的非用力追求與無為相左，很可能會讓學員搞混。

然而，當我看到並領受到刻意練習慈心靜觀所產生的力量時，我改變了。規律地練習，慈心靜觀可以大幅讓心變得柔軟，讓你對自己與對他人更仁慈，領悟所有生靈都值得友善與慈悲對待。如此一來，即便爭端升起，你也能保持一顆清明而開放的心，而不至於封閉自己落得自私迷惘，或陷入自我毀滅的負面情緒中。

有時候要打開我們受限的心靈慣性，需要耗費很多年。對某些人而言，需要先以慈悲和仁慈軟化自己，才能培育出智慧。否則，在堅硬的土壤上實在很難真正滋養出智慧。**畢竟，智慧與慈悲是不分的，是相輔相成的。畢竟，萬事萬物都是相互連結的，在自己與他人之間其實沒有絕對的分隔。因此，沒有仁慈與慈悲，就沒有真正的智慧；沒有真正的智慧，就沒有仁慈與慈悲。**

療癒不是治療疾病，而是轉化觀點，讓內心祥和平靜

總而言之，療癒是一種觀點的轉化，不是一種治療。療癒，是體悟你內在固有的圓滿整體，體悟你與所有其他人事物的連結。**最重要的是，療癒可以讓你不假外求就感覺到祥和平靜。**就像前面的章節或是往

後會再提到的，扎根於正念減壓練習所產生的療癒，可以讓病症產生戲劇化的改善，邁向更好的健康狀態與幸福安康，甚至改變大腦而產生重要的變化。

〔第十四章〕

醫師、病人與民眾：健康與疾病邁向整合的觀點

如果在醫師的訓練過程中，不是只看到病人的生理問題，也能稍微重視病人心理與人際特質的觀察訓練，就可以輕易地避開很多問題。醫師可能沒有一個準則來衡量自己的溝通與態度可能對病人造成的影響。正念，提供了這樣的衡量準則。

過去十五年來，基礎科學界有三大令人興奮的發展，改變了人們對身體、對心靈、對身心如何交互影響以及身心如何影響健康的觀點。

首先是神經可塑性的發現。**研究顯示，大腦是一個持續體驗的器官，終其一生都會不斷地依經驗而成長、改變與重塑。**各種系統化的訓練以及重複出現的挑戰，可以驅動大腦若干與生俱來的能力。神經可塑性的發現推翻了長久以來神經生物學的核心信念，神經生物學認為人大約兩歲後，大腦與中樞神經系統的神經元就會不斷流失，流失的速度隨著年紀增長而增加。然而現在看來，似乎至少在大腦的若干區域，即便上了年紀還是會持續產生新的、有功能的神經元，亦能持續有新的突觸連結（此連結來自於經驗與終身學習）。有個新領域稱為「凝思神經科學」（contemplative neuroscience），深入研究資深禪修與資淺規律靜觀修習（例如，正念減壓課程）對於大腦功能、意識及身心關聯的影響。

第二個新出現的領域是表觀遺傳學。此領域的研究發現，基因組的可塑性同樣顯得不可思議，甚至只需要很短的時間。表觀遺傳學詳細探究我們的態度、經驗、行為、生活型態等，將如何影響染色體的哪些遺傳因子（基因）會打開（專業術語為活化／upregulated）而哪些基因會關閉（去活化／downregulated）。這意義非

常深遠，因為以前的論點總認定人類是被囚禁在遺傳基因內。但研究顯示，原來我們也可以影響自己遺傳基因的表現，因此亦有影響某些疾病的可能。表觀遺傳學認為胎兒與小孩發展中的大腦，對壓力與其他環境因素是相當敏感的，換言之，環境可影響大腦發展健全與否。**這表示，從出生前到青少年某些發展關鍵時刻的壓力，均可能危及日後長大成人所需具備的若干能力。**其中會受影響的關鍵能力包括學習能力（執行功能、工作記憶容量）、最佳成長狀況（體現能力，包含基本大動作與精細動作的運動協調能力）、調節情緒或人際關係的能力（發展同理心、對自己或他人情緒及潛在動機的解讀，有時稱為情緒智商）、療癒能力（洞察力、深層同理、能處理對自我有意義的刺激）。

第三個科學與醫學的革命性發展是端粒與端粒酶的發現（端粒酶修復端粒）。端粒是染色體尾端的結構，為細胞分裂所必需。一旦端粒耗盡，細胞就永遠不能再複製。加州大學舊金山分校的伊莉莎白・布萊克本（Elizabeth Blackburn）教授及其同事，因這項研究獲頒二〇〇九年的諾貝爾獎。在發現壓力會縮短端粒後，她與同事開始研究正念與其他靜觀練習對防止端粒縮短的影響，獲得樂觀的早期結果。端粒的長度與壽命長度有直接的關係，而端粒會損耗與縮短的程度則與承受的壓力以及是否妥善因應壓力息息相關。

醫療實務的大變革

過去七十多年來，這些突破性的大發現與探索生活科學的強大動能，讓我們感到自己身處於一個非常樂觀的轉捩點，在醫療、醫學科學及健康照護機構均有重大進展。隨著「人類基因組計畫」（Human Genome Project）的完成及基因體學及蛋白體學的發展，讓我們對生物體（尤其是人類）各層面的結構和功能產生前所未有的瞭解。生物學的研究亦進展神速，每天都有新發現。一九四四年發現的遺傳物質ＤＮＡ，讓分子生物學為醫學提供一個整全遼闊的科學基礎，這帶來了醫學實務全面的變革，相關的研究持續如火如荼地發展中。

我們已經頗瞭解某些疾病的基因及其分子基礎（包括多種癌症）。因為每個人的基因組都不一樣，即便面臨相同的疾病也會有不同的體驗，甚至可能需要不同的特殊標靶藥物。我們知道如何運用藥物來控制傳染病，當回饋系統失靈時如何用藥物來調解。我們知道細胞裡有一種基因，稱為「原癌基因」（proto-oncogenes），此基因控制細胞的正常功能，一旦發生突變就會導致腫瘤生長及癌症。相較於十年前，我們更知道如何預防與治療心臟病，在心臟病發作時若能及時發現，並注射一種特殊的酵素（TPA或鏈激酶），它就可以溶解導致血管堵塞的血塊，大幅降低心肌的損害。事實上，我們已經知道很多疾病的預防之道，然而我們的醫療體系與健康照護政策的落實仍遠遠落後。**終身教育人們促進健康與安適之道，可大幅降低社會成本**。這正是何以參與式醫學對增進社會整體健康與降低社會成本愈來愈重要，因為可以預防的疾病，若因忽視、貧窮、欠缺教育或欠缺政治意願而不去預防，整個社會均將承受極大的負擔。

醫療與健康照護現在已經例行地運用複雜的電腦控制醫療診斷科技，包括超音波掃描、電腦斷層掃描、正子斷層掃描、核磁共振掃描等，協助醫師看到身體內部並加以診斷。

外科手術亦大幅躍進。雷射經常被用以修復視網膜剝離或恢復視力，人工髖關節與人工膝關節協助飽受關節炎之苦者能夠走路，心臟血管繞道手術，甚至器官移植現在都已經很普遍了。

醫學的未知領域，疾病預防的挑戰

相較於從前，我們對疾病診斷與治療的掌握已經進步很多，不過仍有許多未知領域，當代醫學對於根除或控制疾病還有很大的努力空間。即使在遺傳學、分子與細胞生物學、神經科學等領域迅速地進步，但我們對於有機體依舊所知有限，尤其是對於某些醫療束手無策的疾病，即便到今天，我們仍真切地感受到限制與無知。

當代醫學的驚人成就，讓我們自然而然地非常信服它。因此，當我們發現醫學所不知或做不到的領域，就會相當震驚。有時候我們對於醫學這般真實的限制一點兒意識都沒有，直到疼痛或生病的是自己的身體或我們所關愛的人。突然間，我們的幻想嚴重破滅，感到洩氣，甚至是生氣，因為醫學所能做到的與我們的期待落差太大，即便這是真實現象。

話又說回來，對於這般醫學的限制，我們實在不能怪罪任何一位醫師。當我們從幻想回到現實，就會發現到目前為止，仍有許多慢性疾病或慢性症狀（例如各式各樣的疼痛）是很少被治癒的，而這通常又導致苦惱、殘障或死亡。如果可能的話，最好一開始就避開這種狀況，而不是任其變嚴重了才被迫處理。**然而，真正的預防總會持續遇到很多挑戰，尤其是生活方式改變與社會資源的重整。**

許多疾病的起因至今成謎，許多疾病與社會問題息息相關，例如貧窮、社會剝削、危險的工作環境、過大的壓力或有害的環境、文化中根深柢固的習慣等，這些都不是現代醫學或科學可以直接影響的地方。

雖然分子生物學對某些癌症已經發展出相當有效的治療方法，然而許多癌症到目前為止仍不被瞭解，也沒有良好的治療對策。在這種情況下，有些患者卻意外地存活下來，有些患者的腫瘤在沒有醫療處遇下意外地縮小或消失。醫學對於怎麼會有這些現象或如何變成這樣，幾乎一無所知，只知道就這麼發生了。這對於在傳統醫學領域已經試過所有可用醫療行為的疲憊患者而言，確實是一絲希望。在這裡我們看到瞭解與動員表觀遺傳因子，可以帶來很大的不同。

病人內在的療癒力，是治病過程中的最佳盟友

大部分醫師都認同精神與心理及社會因素在療癒和健康層面的影響，他們通常覺得這跟「求生意志」有關，許多醫師在自己的病人身上看到這類求生意志，卻沒有人真正的瞭解。這樣的求生意志通常是在所有醫療選擇耗盡時，才會以一種模糊而神祕的姿態被喚醒。它似乎傳遞著這樣的訊息：「我們什麼都做不來了，但是我知道奇蹟依然可能發生，傳統醫學無法解釋這樣的奇蹟，也不知道如何協助人們把它召喚出來。」

一個人如果覺得自己快死了或喪失希望，這種情緒投降本身對於身體的復原系統就是重大打擊，個人的求生動機對於存活率確實是有影響。當一個人重病及面臨老去時，親友的態度與支持會帶來很大的不同。然而直到最近，醫師才開始接受一點訓練，學習如何協助病人運用自己內在的療癒資源，或是病人不經意地忽略時如何協助他們辨識這樣的資源，畢竟病人內在的療癒力量，才是治病過程中的最佳盟友。

傳統醫療科學與醫療科技的精密複雜，很容易讓它在實務的層面對病人相對冷淡，彷彿醫學知識是最重要的，在治療過程中病人對病情或治療的瞭解及合作態度，似乎沒有多大的價值。一旦有這樣的想法，就會產生不當的醫療行為，例如醫師對病人的不耐、病人覺得被怠慢或被忽略、病人抱怨沒有得到適當的回應等等。

一九二六年，哈佛醫學院的法蘭西斯・皮博迪（Francis W. Peabody）醫師所說的「照顧病人的祕訣，就是好好關心病人」（the secret of the care of the patient is in caring for the patient），已經成為醫學中最重要的至理格言。對於從事健康專業的人，這句格言實在需要銘記在心。**醫師與病人最理想的互動狀態就是彼此尊重，這對療癒頗為重要，這樣的氛圍在兩人一碰面，甚至還沒開始診斷之前就浮現了。不論最後醫療的結果「成功」與否，病人的尊嚴在整個醫療過程中，都是需要被重視與維護的。**

許多醫師第一次生病而求助於醫療體系時，才發現病人的自尊與自我控制感如何被剝奪了。就在從「醫師」轉換為「病人」的瞬間，後者的角色會讓他感到相形見絀、失去自我動力感、自尊降低，即便在角色轉換之前，他根本就是同一個人。如果已經很瞭解醫療體系的醫師都會有這樣的感覺，那對於沒有任何醫學背景或者對醫療一無所知的人而言，這種疏離的健康照顧系統，怎麼協助他們保有尊嚴呢？

我們生病，需要醫療協助並轉換為「病人」的角色時，疾病自然占了大部分的心思，因此我們經常會處於一種心理特別脆弱的狀態。相對於醫師，我們好像什麼都不知道，也沒什麼專業。在這種情況下，我們對於醫師口語或非口語的訊息會相當敏感。**這些訊息可以大為提升我們內在的療癒力量，然而，如果醫師對於自己的行為或影響力不夠敏感，也可能輕易摧毀這個療癒力量。**

頗負盛名的心臟科醫師伯尼・羅恩（Bernard Lown）[18]，曾經說過一個故事，當時他在哈佛醫學院及伯

明翰醫院實習受訓：

即便這個經驗實在難以置信，但到現在對我而言想來還是令人膽戰心驚。大約三十年前，我跟著哈佛大學醫學院暨彼得潘伯明翰醫院的心臟科教授雷文醫師做博士後研究員。雷文教授對人的觀察力非常敏銳，擁有令人景仰的風采，能精準地指出問題，還有驚人的記憶力。事實上，他幾乎是完美的臨床醫師。雷文醫師在醫院有每週一次心臟科教學門診。每次我們這些年輕的實習醫師為病人做完檢查後，他會簡短地介入，評估我們的檢查結果，提出進一步檢查的建議或是調整治療計畫。雷文教授總是鼓舞病人，他的觀點有憑有據令人信服，因此病人非常尊敬他。在我初期某次看診時，來了一位中年太太，右側心臟三尖瓣狹窄，不過她保養得很好，還能在圖書館工作。她有低度的心臟血液不足的現象，腳踝水腫但不算嚴重，她可以正常上班，也可以有效率地做家事。她服用強心劑並每週注射利尿劑。雷文醫師已經照顧這位太太十多年了，他親切地跟她打過招呼後，轉過頭跟大隊隨行參訪的醫師們說：「這位女士有ＴＳ」，就匆匆離開了。

雷文醫師才跨出門，這位太太的行為舉止突然產生劇烈變化。她顯得相當焦慮、恐懼、呼吸急促，明顯地過度換氣。她不停地流汗，脈搏加速到一分鐘一百五十下。我再度檢查她的肺，好驚訝地發現幾分鐘前還算相當乾淨的肺，底部怎麼開始有些分泌物的聲音。這是很不尋常的現象，她右側心臟的瓣膜阻塞，因而導致肺部開始累積液體。

我詢問這位太太怎麼突然間變化如此劇烈。她說雷文醫師說她有「ＴＳ」，表示她即將不久人世（terminal situation，末期狀態）。一開始我對於她誤解了「三尖瓣狹窄」（tricuspid stenosis）這個醫學簡稱，還覺得很好笑，不過很快地我就收起開玩笑的心情，以善解人意的態度跟她好好解釋。但是，我的話顯然

18羅恩醫師為「國際防止核戰爭醫生組織／IPPNW」創始人之一，於一九八五年獲頒諾貝爾和平獎。譯注：羅恩醫師著有《搶救心跳：心臟名醫羅恩的治療藝術》（*The Lost Art of Healing*，天下文化出版）。

不足以讓她安心，因為她堵塞的狀況愈來愈糟，肺積水的速度相當快，完全無法控制。我試著到處找雷文醫師，但當時就是怎麼都聯絡不上他。幾個小時後，她因棘手的心臟衰竭而死亡。回想起當天的這個悲劇依舊令我震顫，也不禁讓我對於醫師話語所產生的力量，抱持著一種極為謹慎的態度。

從這個故事，我們可以看到身心非常快速且戲劇化的互動狀況，令人難以置信卻直接導致死亡。從羅恩醫師的描述，我們看到這位病人最景仰的醫師，不經意中說出的專有名詞，觸發她的心中一個特定想法，她將不久人世。雖然這完全與事實不符，但她信以為真，於是立即引發了心理與生理一連串的激烈反應。她對自己的想法百分之百地認定與肯定，以至於反而把自己整個封閉起來，即便有另一位專業醫師保證那真的是個誤解，她也聽不進去了。於是，在那瞬間，她的心陷入一片混亂，全部被焦慮與恐懼所淹沒，情緒明顯地壓垮了身體維護生理平衡的調節機制，而讓她的身體進入一連串嚴重的壓力反應，這些反應強烈到連她自己或醫師都救不了她。即便她當時已經身處於全世界最好的醫院之一，擁有良好的活命與救援方法也派不上用場，而這一切只來自於一個無心隨口的評論。

羅恩醫師的故事生動地呈現，堅定的信念對健康的影響是難以估量的，即便這些信念實際上也只是一些想法。想法與情緒影響大腦與神經系統，這些又立即影響生理狀況。換言之，我們如何看待自己的想法與情緒，對當下或未來的生活品質和健康，會導致相當大的差異。羅恩醫師的臨床軼事清楚呈現：如果這位太太的反應不要那麼激烈，願意將這突發的信念視為一個可能需要澄清或未必正確的想法；如果她可以稍微放下自己的想法，留一點空間給羅恩醫師的說明或保證，她可能就不會死了。不幸的是，當時的她，心中沒有任何彈性，也許她過於信任雷文醫師而不信任自己。我們可以從羅恩醫師的敘述中清楚看到，這位病人對醫師評論的誤解引發強烈的情緒反應，直接構成了她的死因。

如果當時雷文醫師沒那麼匆忙急促地離開診間，如果他有觀察到自己的話語對她的影響，一定會注意到她已經陷入痛苦。如果醫師有注意也探詢她當下突發的焦慮反應，在那個時間點，他一定有辦法緩和平息她的焦慮並防止這整起事件。

正念地保持醫病關係

雖然在醫療實務中，這種情境下的死亡案例很罕見。但令人遺憾地，像這位太太所經歷到的痛苦、焦慮甚至是偶爾的羞辱，在醫療系統中就不是那麼稀有了。如果在醫師的訓練過程中，不是只看到病人的生理問題，也能稍微重視病人心理與人際特質的觀察訓練，就可以輕易地避開很多問題。

有些天生熱忱的醫師因為個人的心理特質，對醫病關係自然就有良好敏感度，並奉行希波克拉底的訓諭「首先，不造成傷害」。**當然，要能時時刻刻都不造成傷害需要高度覺察力，尤其是覺察醫師與病人的互動，而且在互動過程中病人聽到的是什麼，**否則醫師將沒有一個準則來衡量自己的溝通與態度可能對病人造成的影響。**正念，提供了這樣的衡量準則。大部分病人都希望能被醫師看到和聽到，這需要醫師有能力可以真誠地聆聽病人的擔憂，甚至聽出病人難以啟齒的牽掛。**

現今在醫學院的學生或住院醫師的醫療訓練中，學習如何正念地保持醫病關係與正念地臨床溝通，已經愈來愈受重視。有些醫師，例如羅徹斯特大學醫學院（U. of Rochester）的朗・艾普斯坦（Ron Epstein）便極力倡導正念對行醫的重要性，並在重量級的期刊發表他的看法與研究。艾普斯坦博士曾在《美國醫學學會期刊》（*American Medical Society*）發表一篇名為〈正念練習〉（Mindful Practice）的文章，強調醫師「在日常生活中就要能關注自己的身體與心理狀態」，並提到「這種關鍵的自我反映能力，讓醫師可以聽懂病人的痛苦、看到自己的錯誤、修正自己的技術、採取有實證基礎的決定、澄清自己的價值觀，如此一來，才能以慈悲行醫，以醫術、同在、洞察行醫。」艾普斯坦及米克・克雷斯納（Mick Krasner）、提姆・奎爾（Tim Quill）與其他同事，在羅徹斯特大學開創一個正念溝通的課程給一般醫療醫師。這課程可以降低醫師的耗竭（精神上的筋疲力竭）、去人性化（視病人為物體）以及低成就感。這短期課程有助於提升以病人為中心的醫療態度與安適感[19]。

19 顯然，一般醫療醫師承受了過高的壓力，不論是在專業上或個人生活。有些研究發現超過六〇%的醫師都有過勞耗竭的症狀。詳請參閱：Krasner, MS, Epstein, RM, Beckman, H et al. Association of an Educational Program in Mindful Communication With Burnout, Empathy, and Attitudes Among Primary Care Physicians *JAMA*. 2009;302:1284–1293。

這類參與式並以正念為基礎的專業訓練，對醫學教育與實務帶來大幅改變。連同其他課程，這些訓練以一種新穎、開放的方式，促進醫師本身的安適與意義感。類似於瑞秋・納歐米・瑞門（Rachel Naomi Remen）在加州大學舊金山醫學分校提供給學生和醫師的課程「療癒者的藝術」（The Healer's Art），現在於全美各地及國外的醫學院都可以看到。**這類課程對於在個人層面與人際層面如何落實醫療服務，顯然有愈來愈多正面影響。**

這項重大醫學教育變革始於喬治・恩格爾（George Engel）教授，數十年來，他一直是羅徹斯特大學醫學院的領導人物。他大力改革醫學教育，提倡訓練醫師瞭解病人在心理與社會人際擔憂的重要性，不亞於在看病人的生化報告或X光片時所採用的科學嚴謹態度。恩格爾教授倡議將行醫的模式擴及關照病人的心理與社會狀況，把病人視為是一個完整的人，這正是一種系統的觀點（參閱第十二章）。恩格爾教授最著名的就是他的生物心理社會模式（bio-psycho-social model），這影響一整個世代的年輕醫師（包括上述的克雷斯納醫師與艾普斯坦醫師）所接受的訓練，讓他們在行醫時得以超越傳統醫學模式的限制。

即便從希波克拉底的希臘時代就已經知道心理與精神對疾病和健康影響重大，然而在當代傳統醫學教育中，其實並不重視心理因素如何影響生理疾病，直到恩格爾教授大力推動生物心理社會模式。醫學教育之所以把不可或缺的心理精神層面排除在疾病的考量之外，是因為西方科學界在十七世紀笛卡兒之後，就把本質完整的人劃分成身體與心理兩個互不相干的範疇。這樣的劃分範疇用於理解他人確實比較方便，但最大的問題是我們忘記這種二分法其實只存在於思想層面，而非實際層面。二元對立的思考與觀察，廣泛地滲透瀰漫於西方文化，以至於科學界在探索健康時，幾乎完全忽略身心的互動。**我們的語言亦呈現這種二元對立，因而限制了我們對非二元對立與非分離孤立的思維，例如我們會說「我的身體」、「擁有這個身體」，但卻不會進一步探詢「誰跟這個身體分開了、誰聲稱對此身體的所有權？」**直到最近數十年，因二元對立典範的弱點與衝突愈來愈顯著又站不住腳，情況才開始改變。對於非二元對立的接納，還有一個重要緣由是凝思神經科學的出現。這門學科顯示，經過禪修訓練的人，大腦神經元細胞連結形式會產生改變，尤其是針對資深的修行者，這是前所未見的。**這表示非物質性的心（心靈、精神）可以改變物質性的大**

腦（身體），兩者構成一個毫無縫隙的圓滿整體。

傳統標準生物醫學模式最明顯的弱點是，它無法解釋為何暴露於相同的病媒與環境下，有人生病有人卻安然無恙。抵抗力的遺傳差異也許可以做部分的解釋，但其他因素似乎也同等重要。生物心理社會模式提出心理與社會因素，能夠預防生病或提升對疾病的敏銳度，例如個人的信念與態度、個人感覺到親友支持與關愛的程度、個人所承受的心理與環境壓力、個人對健康的態度等。心理因素可以影響免疫系統，這個發現提供了以生理的角度來合理解釋身心互動的模式。現在，隨著許多專科領域的出現，例如認知神經科學（cognitive neuroscience）、情意神經科學（affective neuroscience）、凝思神經科學等，身心關聯暨健康和疾病的關聯均將有更清晰的闡釋。

安慰劑效應，假設的行為力量

另一個標準生物醫學模式無法解釋的現象，就是著名的安慰劑效應。這提醒我們確實應該採用一種比較正確模式，來解釋心理與精神層面對健康和疾病的影響。數量眾多的研究顯示，當人們相信自己所服用的藥物可以治病，他們就會呈現出明顯的臨床效益，即便實際上所服用的只是一顆糖錠，也是所謂的安慰劑，而且有時候安慰劑的作用幾乎跟真的藥品一樣。此現象只能這樣解釋：如果你相信所服用的是有效的藥物時，大腦與神經系統就會在體內創造出該藥物出現時會有的分子反應。這表示個人的信念可以改變體內的生化反應，或者至少在功能上會模仿應有的生化改變。**這個現象說明了假設所帶來的力量，心中的假設會戲劇化地影響所有的行為，包括疼痛知覺與記憶，而這其實是人們早就知道的事情。同樣地，標準醫學模式也無法解釋催眠現象。**

健康與疾病觀點的另一個重大轉變，是西方世界開始接受針灸治療。最戲劇化的一刻大概是《紐約時報》記者詹姆士・瑞斯騰（James Reston），於一九七一年在中國採訪時突然盲腸炎發作，在手術後，醫院運用針灸幫他緩解疼痛。針灸源自於中國五千年的醫學傳統，治療方式是刺激能量通路，即所謂經絡，但從西方解剖醫學的觀點來看是找不到經絡的。詹姆士的經驗至少擴展了西方的思維，看到不同傳統對身體的理解雖然與西方不同，但也可能是有效的診斷與治療方法。

哈佛醫學院的哈伯・班森（Herbert Benson）醫師在一九七〇年代早期，針對一項稱之為「超覺靜坐」的靜觀練習團體所做的研究顯示，靜觀練習可以帶來放鬆反應，放鬆反應的生理現象包括血壓降低、耗氧量降低、激發（arousal）全面地減少。班森醫師提出，在心理上，放鬆反應剛好與一般處於壓力或受威脅時會經驗到的過度警覺（hyperarousal）相反。**他進一步假設，如果放鬆反應可規律地被引導出來，那麼它對於健康將會有正向的作用，可以保護我們免於某些壓力的破壞**。班森醫師指出，所有的宗教傳統都有辦法引出這類的放鬆反應，祈禱與靜觀均蘊含某種智慧並與身體健康息息相關，值得進一步研究。更多近期的研究顯示，放鬆反應訓練對表觀基因有戲劇化的影響，會讓數百種基因開啟與關閉。類似的基因反應也在狄恩・歐尼許（詳閱第三十一章）針對前列腺癌的研究中看到，參與此研究的男士遵循一種生活方式改變計畫，此改變包括靜觀練習及低脂素食的飲食。在這項研究中，許多與發炎和癌症有關的基因都關閉了。

回到一九六〇年代晚期到一九七〇年代之間，關於生理回饋系統（biofeedback）與自我調節（self-regulation）的研究眾多。**這類研究顯示，透過學習，人們可以控制原本以為是無法自主控制的生理功能**，例如心跳、皮膚的溫度、皮膚的傳導性、血壓、腦波等，被研究者身上會配戴一種生理回饋儀，隨時偵測他們的反應。這些先驅研究的主導者有明寧格基金會的艾爾瑪與艾麗斯・葛恩（Elmer and Alyce Green）博士，當時還在哈佛醫學院的大衛・史賓若（David Shapiro）博士與蓋瑞・史瓦茲（Gary Schwartz）博士，在英國的辰壯・沛特（Chandran Patel）博士，以及其他參與者。許多這類生理回饋系統的研究都會使用放鬆、靜觀或瑜伽的方法，來協助參與者學習如何調節身體的反應。

真心的笑，是身心整合與協調的健康狀態

一九七七年，肯尼士・派樂悌爾（Kenneth Pelletier）博士出版《心，療癒者與凶手》（*Mind as Healer, Mind as Slayer*），這是第一本多方彙整這方面研究的大眾讀物，書中提出廣泛有力的證據，說明不論在疾病或健康層面，心都是主要積極的參與因素。這本書激發大家對身心整合的興趣，倡導為自己的健康負責，而非等到被壓力擊垮了再尋求協助並寄望醫療照護。本書是此領域的經典著作。

諾曼・卡森斯（Norman Cousins）[20]的著作，對於提升大眾自我健康照顧的意識也相當有幫助，尤其是當身體狀況不好時。卡森斯細數了自己的生病經驗，以及他如何決定負起療癒的主要責任，而不再仰賴醫師，這在醫療機構中引發很多辯論。在《笑退病魔》（*Anatomy of an Illness as Perceived by the Patient*，天下文化出版）一書中，他詳細說明如何戰勝膠原退化性疾病（degenerative collagen）與其他疾病，他給自己開立高劑量的大笑處方。真心的笑，是一種身心整合與協調的健康狀態。對卡森斯而言，**幽默可以培養正向的情緒狀態，培養不過於嚴肅的生活態度，即便在面對死亡威脅時亦然，這正是療癒的主要因子**。卡森斯的精神與希臘左巴很像，左巴在面對生活中各式各樣的苦難時，依舊能開懷地唱歌跳舞。

另一本書《療癒之心》（*The Healing Heart*）則描述卡森斯在罹患膠原退化性疾病數年後，心臟病發作與療癒的歷程。在這兩本書中他解析現有的醫療知識，明白這些知識運用於自身的限制並深入認識自己的疾病。書中亦描述他如何在與醫師的密切合作下，詳細規畫適合自己的獨特復原計畫，雖然有時連醫師也對他的計畫感到茫然不解。

卡森斯頗負盛名，原為現已停刊的《週六評論》（*Saturday Review*）編輯，他具有相當豐富的醫學知識，因此受到醫師們截然不同的待遇。醫師們必須格外容忍他老是擁有自己的想法，並要求全面性地參與所有與他相關的治療決策。

20 譯注：美國的新聞記者與作家，力倡世界和平，生於一九一五到一九九〇年。

其實，不論是諾曼．卡森斯或任何人，只要他想參與疾病復原的過程，應該都要受到重視，猶如醫師或健康照護系統的「治療夥伴」。**為了要讓這樣的觀念成真，我們需要能夠向醫師探詢病情資訊或要求解釋，堅持積極地參與和自己有關的醫療決策。**許多醫師相當歡迎並鼓勵病人的參與和互動。卡森斯啟發了許多病人與醫師，他讓人們瞭解原來病人的參與對於疾病是不可或缺的。然而，還是有很多人被醫師的權威嚇到，尤其是當他們覺得身體脆弱或醫學知識不足時。如果你有這樣的感受，必須特別用力地伸張自己，並讓自己在伸張的過程中保持心理與自信上的平衡。**如果你有這樣的現象，在看診之前與看診時，保持正念地與醫師互動，可以幫助你構思並提出你想知道的問題，也可以比較有效率地表達自己。**

另一個影響醫療典範轉移的潮流（也許不是那麼直接），是發源於二十世紀初並持續發展的物理科學革命，伴隨著關於希格斯玻色子的最新發現，以及針對弦理論、超對稱和物質、能量、空間之終極本質的論辯，人們開始探討宇宙是否為單一，而我們所在的宇宙是否僅為多重宇宙之中的一個。某些基礎科學的研究發現，在最底部與最基本的層次上，自然界是無法以現有傳統詞彙加以描述亦無法被理解，這點連最精密的物理科學都必須承認。我們對於事物的基本理解，例如事物就是它所呈現的樣子或位於它所在的位置、某些特定的刺激總是會帶來特定的反應，這些觀念都已經被徹底推翻了。如果我們觀察的是非常小與非常快速變化的世界，就會知道事實不然，舉例而言，次原子粒子（例如電子、質子與中子）構成了原子，原子又再構成所有一切物質，包括我們的身體。次原子粒子的組成有時候是波動狀的、有時候則是顆粒狀的，因此我們無法百分之百地肯定，在某一個特定時間下一定會有某個特定相應的能量出來，在這個層次的物質世界，事件之間的連結是隨機的。

為了描述原子內的新發現，物理學家必須擴展他們對於物理實在（reality）的觀點。他們採用互補原理（complementarity）一詞來傳遞這樣的觀點，就是一件「事情」（例如一個電子）可以擁有兩種截然不同、甚至看似互斥的物理特質（換言之，以波動狀或顆粒狀呈現）；至於會觀察到什麼特質，取決於你所採用的觀察方法。於是，他們發展出測不準原理（principle of uncertainty），以做為自然界的一種基礎原理。此原理說明對於一個次原子粒子，我們只能擇一地知道它的位置或它的動能，而無法同時知道兩者。他們也發展出量子場（quantum field）的概念，此概念假定物質無法與它所處的環境空間隔離，換言之，粒子只是它所持續存在場域的「凝聚」。在這樣的世界裡面，探詢虛空中物質出現或不出現的「原因」可能並沒有意義，即便我們還是會這麼問。電子構成了我們的身體，而這些關於電子內部結構的描述，以及關於物理實在的描述，與我們原先的認知大異其趣，因此我們有必要調整自己的想法。

在過去一百多年來，物理學家所努力解決的問題，帶來了這些革命性的觀念，而這些觀念正逐漸地滲透至知識文化圈，敦促人們多用互補原理的觀點來思考事情。這意味著當科學界或醫界提出某個健康觀點時，可能並非唯一有效的觀點。互補原理提醒我們，所有的知識系統可能都是不完備的，都只是某個更大整體的部分描述，而此更大整體超越了所有意圖描述它的知識系統或理論模型。互補原理並非持知識無效論，但僅指出，知識是有限的，知識的使用必須注意其脈絡性與有效性。

勞瑞．杜西（Larry Dossey）的書《空間、時間與醫學》（*Space, Time and Medicine*），是從一位醫師的角度來看此物理學的新視野。

杜西醫師認為：「一般我們關於生命、死亡、健康與疾病的觀點，都是來自十七世紀的物理學。如果這樣的物理學已經被一個更為正確的論述所取代，一個無法避免的問題是：我們對於生命、死亡、健康與疾病的觀點，是否也需要改變呢？」

杜西醫師相信：「我們正在面對一個非凡健康照護系統的形成，此系統強調生命更勝於死亡、強調統整與合一更勝於分裂、黑暗與孤立。」

在美國，政治力正進行健康照護改革（其實更像是健康照護補償的改革，而不是真正的健康照護改革），有些人（實在應該是每一個人）持續耐心地推動具有長期效益的改革政策，參與式醫學亦有長遠的貢獻。有些國家在這方面進步得比我們快，例如在英國正念認知治療（MBCT）已經是國家醫療保健系統正式承認的治療方式，用以降低重鬱症患者的復發。我們將在第二十四章討論正念認知治療。

在英國，數位議員現正大力倡導將正念運用到更廣大的社群，不論是下議會或上議會都有議員上過正念認知治療（改自正念減壓）以學習正念。蘇格蘭首席醫療官哈利・伯恩斯（Herry Burns）爵士力倡將正念運用到社會弱勢與健康照護領域。美國俄亥俄州的議員提姆・萊恩（Tim Ryan）寫就《正念國家》（*A Mindful Nation*）一書，他長期倡議將正念帶到健康照護、教育、軍隊、刑事、司法等領域。他在書中舉出一個強而有力的例子，說明這個國家社會為何需要正念。

關照身與心，專注於身心互動

如上所述，用更加廣闊的概念來理解健康與疾病，已經形成新的典範。雖然仍在初期階段，但對醫療實務已產生重大影響，其中之一就是發展出一個新的醫學領域，稱「行為醫學」或「整合醫學」。整合醫學致力於對健康有更深刻的理解，例如健康的意義、如何更有效地促進健康與預防疾病、如何更有效地治療與療癒殘疾。

行為醫學明確指出並肯定身體與心理是密切互動的。他們的研究對於從更全面的角度來瞭解健康與疾病，是相當重要的。這是一個跨領域的研究，整合了行為科學與生物醫學科學，互取兩者的養分以創造出對健康與疾病更全面的認識。行為醫學認為我們的思考模式與情緒，對於健康與疾病舉足輕重，它指出人們對於自己的身體與對疾病的想法，在療癒層面上是相當重要的，而我們的生活方式、思考與行為都會影響到健康狀況。

改變生活方式會直接影響身心健康

對於無法再從健康照護系統中改善病情的人們，會感到相當無助、挫折與痛苦，行為醫學提供一種新的希望，猶如正念減壓課程讓學員有機會為自己做些什麼，並與傳統醫療取得相輔相成的效果。醫師鼓勵病人來上這樣的課程，學習靜觀及其他方法，以因應壓力、疾病與疼痛。**在此類課程中，人們學習面對他們自己的人生問題，發展個人化的解決策略，而不是把自己統統交給「專家」，期待專家可以「修復」他們的疾病或讓問題奇蹟般地消失。**這樣的課程猶如交通工具，協助人們更健康與更有彈性，協助人們改變對自我的信念，協助人們學習以更有效的方法放鬆及因應生活的壓力。在此同時，人們也正用明智的方法調整自己的生活方式，而改變生活方式將直接影響到身心健康。也許，上這類課程最重要的改變，就是擴展他們在生活中對自我的觀點，以及擴展他們對人生與對世界的關係。除了正念減壓（MBSR）和正念認知治療，還有許多改編自正念減壓的課程，例如為預防大學生狂飲的正念課程（MBRP）、正念暴食症治療（MB-EAT）、協助退役軍人處理創傷後症候群的正念課程（MBTT）、為老人的正念課程（MBEC）、為癌症病患結合藝術治療的正念課程（MBSR-AT）、為調節孩童焦慮的正念課程（MBCT-C），這些只是一部分，還有許多發展中的正念課程。

行為醫學擴充了傳統醫療照顧的模式，它關照身也關照心、關照症狀與治療也關照信念與感覺。透過讓人們對自己的醫療與健康有更多參與，行為醫學有助於平衡人們對自己健康的負責程度，從絕對地仰賴醫師，逐漸朝向自己可以做到的努力。相較於全然仰賴醫院、治療與醫師，這個方式會讓他們更有自我控制感。好好參與並投入可以促進自己的健康與安適的練習，是接受醫師與醫療團隊照顧之外很好的醫療輔助。任何時候，只要你想為自己的健康負責，就是投入的時機了。

也許你是經由醫師建議或自己報名來上課，也許你有壓力、疼痛或健康問題，無論如何，藉由參與課程，你為自己的健康負起責任，同時亦步上療癒之旅。在正念減壓的學習中，一個很小卻重要的成分，就是學習若干最新的身心醫學，這會讓你更明白專注於身心互動的重要性。

這本書初版發行時，幾乎沒有正念的科學研究或以正念為基礎的臨床課程（如正念減壓）。**現在許多科學實證顯示，正念減壓及其他以正念為基礎的課程，均可以影響大腦的特定區域、提升若干免疫力、調節壓力下的情緒、降低疼痛、促進健康。**我們依據第一篇正念減壓課程教材的說明，來深化自己的靜觀練習。現在我們接觸若干醫療及健康照護的典範知識，透過科學實證研究讓我們更瞭解身心關聯，更瞭解訓練自己的心的重要性，更明白醫師為何建議須調整生活型態。這些知識讓我們知道為什麼正念練習會有幫助，為什麼要好好練習正念彷彿日子必須依靠正念練習才能過下去。藉由分享健康專業工作者的知識來源以及專業工作者如何陳述事實，可以揭開醫療知識的神祕面紗。在正念減壓課程中，我們鼓勵人們思考醫學知識的隱含假設與限制，合理地質疑該知識與自己狀況的關聯程度。花點時間探究心理因素對健康與疾病的研究成果，能夠刺激我們檢視自己的種種信念（通常非常狹隘），例如：我們對健康的信念，我們如何看待開發自己內在資源這件事，對於學習、成長、療癒、轉化是否有任何既定的觀點。**事實上，只要我們還能呼吸，邁向療癒永不嫌遲，這本身就是個探索之旅，一輩子的探索。**

檢視正念以及身心關聯的科學研究，我們看到科學界證實了長久以來眾所周知的事情：每一個人對於自己的健康與幸福都扮演著相當重要的角色。對於影響健康的生活方式有更多覺察，也願意適度調整是挺重要的。我們的態度、想法、信念、情緒、在關係中的立場、行為等，都會影響健康，都與壓力以及因應壓力的方式有關，正念練習則能直接薰陶並影響所有這些領域。下一章我們將檢視身心如何影響健康的若干研究，突顯學習正念對我們的思考、感覺與行為的重要性。

〔第十五章〕

心與身的關聯——載舟亦能覆舟的信念、態度、想法與情緒

身與心本來就無法切割二分，身體健康多少會受心理狀態的影響。研究證實，正向情緒可以促進療癒，協助自己啟動一致的、樂觀的、有自我效能的、積極投入的生命態度。

覺知與思考模式對健康的影響

前一章，我們看到一個戲劇化的案例，那位女士的誤解啟動一連串的想法，排山倒海地引發身心危機而導致死亡。在她患有三尖瓣狹窄的情況下，她單一、錯誤的想法卻快速破壞身體正常的內在平衡系統，迅速且致命地攪亂心臟與肺臟的和諧運作，這種生理歷程幾乎史無前例，卻以迅雷不及掩耳的速度發生了。**雖然我們經常未能意識到「想法只是想法」，但想法卻對我們有莫大影響，甚至對健康也是，不論是好或壞。**另一個典型例子是憂鬱症患者的反芻現象：一旦啟動負面思考模式，立即加速陷入難以自拔的憂鬱深淵。後續我們將以正念認知治療為例，討論正念訓練如何終止負面想法的骨牌效應並帶來重大差異。

想法決定了我們如何覺知與解釋一切存在的人事物，也決定了我們與世界的關係。每個人對於所發生的事情，自有一套獨特的理解方式。思維模式形塑了動機與選擇，影響了自信水平以及自己認為能完成的事。思維模式也是各種信念的核心，尤其是關於周遭世界、周遭世界如何運作、自己在該世界中的定位等

信念。想法可以同時承載很多情緒，有些是正向的情緒例如喜悅、快樂與滿足，有些則隱含了悲傷、孤立、無望甚至是絕望。想法經常建構出大量的敘說，一些關於世界、關於自己、關於過去與未來的種種敘述。**然而，如果我們把正念帶入整個思考與情緒的歷程，就會發現我們的思考及想法其實多半是不正確的，甚至是不真實的。**這為我們製造了很多問題也令人盲目，導致某些固著的信念及行為模式並深陷多年。這些模式在很多層面都會帶來深遠的影響，例如我們如何看待自己與他人、我們認為什麼是有可能的、我們對學習成長和行動的信心，甚至也影響了我們有多快樂或多不快樂。科學家系統化地針對思維模式進行研究，詳細分門別類以呈現具備哪些思維模式會有什麼特質。

樂觀與悲觀的基本分類——你的「解釋風格」是什麼？

馬丁．塞利格曼（Martin Seligman）博士是「正向心理學」的發起人之一。多年來，他與賓州大學同僚及各地學者深入研究，當人們遇到事情時，採取樂觀或悲觀的態度對健康的影響。這兩種人對於發生於自己身上「不好的」事件，所採取的解釋大相逕庭（所謂「不好的」事件包含中性的自然災害，如水災或地震；個人的挫敗，如失業、遭關愛的人拒絕、疾病、受傷或其他壓力事件）。

對於不好的事件，有些人的解釋傾向消極悲觀、自怨自艾，認為不好的情況會延續很久、對生活的影響層面很大。塞利格曼博士稱此為「解釋風格」（attributional style），悲觀者的形態為「都是我，一直這樣下去，我做的每一件事都會受到影響」。這樣的解釋發揮到極端，就會呈現憂鬱、絕望、過度專注於自己，有些學者稱為「災難化思考」。舉個例子，有些人在經歷挫折時，會這麼說：**「我就知道自己很蠢，現在又證實了吧。我就是什麼事都做不好！」**

樂觀的人在經歷相同的事情時，會有截然不同的觀點，他們比較不會因為不好的事件而自責，即便自責也會認為事件是短暫且可以解決的。他們知道不好的事件會過去，帶來的損害再怎麼樣也是有範圍的。換言之，樂觀的人專注於已發生事件的某些特定結果，而不會採取全面且徹底地陳述或不成比例地過度投射。舉例而言，樂觀者會說：**「嗯，這次我確實搞砸了，不過我學到一些東西也做些調整，下次就沒問題了。」**

塞利格曼博士及其同僚發現，慣於高度悲觀解釋風格者在遇到負面事件時，落入憂鬱的風險遠高於樂觀者。悲觀者較容易有生理上的症狀，在負面事件發生後，他們的賀爾蒙與免疫系統弱化，讓他們更容易生病。一份研究癌症病人的文獻中，研究者發現解釋風格愈悲觀者愈早因病辭世。另一份研究則是針對棒球名人堂裡的球員，研究者發現，相較於擁有樂觀解釋風格的球員，年輕健康卻悲觀的球員比較早逝。

整合這些研究與其他研究後，塞利格曼博士總結，並非事件或世界本身提高了我們暴露於疾病的風險，而是我們如何看待與對待它們。負面或壓力事件發生後，過於悲觀的解釋型態是會產生毒素的。塞利格曼博士的研究顯示，人的思考方式左右了自己暴露於疾病的風險程度。這也讓我們理解，何以某些人就是比另一群人更容易生病或過早死亡，即便年紀、性別、抽菸嗜好與飲食習慣類似。相對地，面對不順利時，樂觀的思考模式提供了保護機制以免於憂鬱、疾病與早逝。

自我效能——對自身成長能力的信心會影響你的成長狀況

另一種對促進健康極有幫助的思考模式稱為「自我效能」。自我效能是一種對自身能力的信念，相信可以掌握自己的生活。實際從事一些事情時，自我效能反映出信心水準，即便在面臨新的、不可預期、充滿壓力的情況下，也能信任自己有辦法達成。艾伯特．班度拉（Albert Bandura）博士及其同僚在史丹佛大學醫學院的經典研究，說明在各種醫療情境中，自我效能都是重獲健康最好也最穩定的預測指標，例如誰能在心臟病發作後最成功地復原、誰能妥善地因應關節炎的疼痛、誰能成功地改變生活方式（如戒菸）等。對於決定要做的事情，有一種堅強的信念認為自己會成功，將影響你所採取的行動、影響你在不熟悉的情況下願意付出的程度，也影響了你會感受到的壓力程度。

當你所在意的事情有成功經驗時，就會增加自我效能。舉例而言，你練習身體掃描，因著練習而覺得跟自己的身體更親近也更放鬆，此成功體驗讓你對自己的放鬆能力更具信心，亦更能持續練習身體掃描。**此外，看到別人的成功經驗也會鼓舞自我效能的增加。**在正念減壓課程中，一旦有人分享自己做身體掃描時的正向體驗，通常會對班上尚未有類似體驗者產生戲劇化的正向效果。

他們可能會對自己說：「如果那個人擁有這麼多問題都可以有正向體驗，雖然我的問題不少，但或許我也可以。」

看到有問題者「成功」或是有正向體驗，可以激發班上每一個人對自我與練習的信心。

班度拉博士及其同僚研究了一群罹患心臟病、正進行心臟復健的男士，結果顯示，在病情嚴重程度相同的情況下，對自己的心臟有高度信心並相信自己會痊癒者，比缺乏信心者更能完成復健中的各種活動。舉個例子，練習踩腳踏車時，面對運動本來就會產生的疲憊、呼吸急促或其他不適感，他們比較不會過度擔憂或感到挫敗。他們可以接受這些不舒服，而不去擔心這是個「不好的徵兆」，他們專注於復健運動所帶來的正向效益，例如感覺更強壯且可以逐漸練習做更多。相反地，不具備這種正向信念的男士很容易停止運動，因為他們將運動本身必然會產生的疲憊、呼吸急促與不適，理解為「心臟衰弱的徵兆」。進一步的研究則顯示，自我效能低落者在接受一些增強控制感的訓練後，也會增加對自己的信心，進而對生活各層面產生正向影響，即便是一度感覺失控的層面。

壓力會影響你的健康！

有關想法和感覺對健康的影響，另一項有意思的文獻是研究在壓力下反而更加茁壯的人，或是經歷過極度壓力情境下的生還者。研究目標欲確認是否有某些特殊的人格特質，足以顯著地提升對於壓力或壓力相關疾病的「免疫力」。進行這項研究的是紐約市立大學的蘇珊・卡貝莎（Suzanne Kobasa）博士及其同僚，連同以色列的醫療社會學家亞龍・安東諾夫斯基（Aaron Antonovsky）博士。

耐受度（hardiness）[21]

卡貝莎研究許多生活在高壓環境的人們，例如企業高階主管、律師、公車司機、電話公司職員等，她發現即使處於相同的壓力下，有些人就是比較健康，她因而懷疑這些人是否有某些共同的人格特質，保護他們免於高壓的負面影響。她發現一種獨特的心理特質，足以區別誰容易生病而誰能維持健康，稱此為「心理耐受度」，有時亦稱為「壓力耐受度」。

如同我們先前看過的心理因素，耐受度影響了我們如何看待自己、看待周遭的一切，以及如何看待這世界。根據卡貝莎博士的研究，壓力耐受度佳者有三項顯著的心理特質：掌握（control）、投入（commitment）與挑戰（challenge）。**掌握度高的人深信自己可以影響周圍環境並使某些事情發生，類似於班度拉博士的自我效能。高度投入者對於他們所進行中的事情能日復一日地全力以赴。勇於面對挑戰者能中性、持平地面對生活中的困難狀況，認為至少這是某種改進的機會，也能將新處境或局勢視為一種機會而非威脅。**

卡貝莎博士強調有很多方法可以增加個人的壓力耐受度，最好的就是問自己一些困難卻重要的問題，例如你的生活將通往何處、你如何透過選擇與改變來提升自己的能力，尤其是與掌握、投入和接受挑戰有關的能力。這些問題可以讓你對自己的生活有更深層的理解。她同時也強調，即便在高壓的工作環境下，透過機構內的角色重建與關係重建，確實可以提升壓力耐受度，個別員工的掌握、投入與面對挑戰的能力亦將隨之增加。現今職場上的複雜度與挑戰程度與日俱增，愈加顯現出壓力耐受度的重要性。

21 譯注：根據《心理學辭典》（溫世頌 主編，三民，二〇〇六）的解釋：「指身心對險惡環境壓力的抗拒能力」，本辭典翻譯為「堅強性」，此處採「耐受度」是根據國內第一本介紹到正念減壓的翻譯書《情緒療癒》（李孟浩 譯，立緒，一九九八）。譯者認為在此處「耐受度」比「堅強性」更能清楚表達該詞所要傳遞的內涵。

一致感（Sense of coherence）[22]

亞龍．安東諾夫斯基博士的研究關注在高壓情境下的生還者，如納粹集中營。安東諾夫斯基博士認為若欲保持健康，必須能夠在不斷幻滅中持續重獲平衡。他好奇那些在納粹集中營的人們，在所有足以因應緊張壓力的資源持續瓦解崩毀的過程中，何以有些人能對抗如此極端的高壓。安東諾夫斯基博士發現，那些生還者不論是對自己或對這世界，均有一種與生俱來的一致感。安東諾夫斯基定義的一致感包括三個內涵：充分理解（comprehensibility）、可管理性（manageability）、意義感（meaningfulness）。一致感高者可以充分理解發生在自己內部和外在的種種經驗（充分理解），因此他們能有內在資源以因應所處環境的變化與要求（可管理性），對他們而言，這些變化與要求是種挑戰，讓他們從中找到意義並全力以赴（意義感）。

正念減壓、壓力耐受度與一致感

多年來，我們評估參與正念減壓課程的病人，在八週課程之前與之後有關壓力耐受度與一致感的變化，發現這兩項數據都增加了，增加幅度不大，平均約五％，卻相當顯著。就連發展出壓力耐受度與一致感的學者都認為，這些人格變項或人格特質（trait）在成人的世界中是不容易有變化的。這也是何以一致感的測量足以區辨在死亡集中營中誰能生還、誰能在重大創傷後減少自身的心理損害。在短短八週的正念減壓課程中，我們看到這些原本被認為不容易改變的指標卻顯著微幅地增加。尤有甚者，在後續三年的追蹤研究中，我們發現學員的壓力耐受度與一致感仍持續增加，平均約為八％。這是值得注意的現象，表示正念減壓的學習必定為他們帶來某些深刻影響，超越了生理或心理症狀的減緩，更像是重新整理了看待自我與世界的方式。

安東諾夫斯基博士過世前一兩年，我們曾跟他分享這些研究發現，他好驚訝這麼簡短的課程介入就能產生這些轉變，尤其此介入強調的竟是無為。他一直認為只有社會或政治大規模變動，才可能帶來如此的轉變。然而，這些年來根據學員們的各種陳述，我們相信他們確實經歷了若干深刻的轉變：關於他們如何看待獨一無二的自己、如何看待自己與他人的關係、如何看待自己與更大世界的關係等。正是這直觀的確信讓我們開始從壓力耐受度與一致感來觀察學員，並探究這些評估指標是否禁得起時間考驗。未來的研究也許可以清楚指出這些指標對應於大腦的哪些部位產生改變。不過對病人而言這並不重要，**重要的是轉變確實發生，重要的是他們持續練習並讓練習更深入生活。**

早期家庭生活經驗能預測日後的罹癌機率

到目前為止，已知的研究發現主要聚焦在認知層面，著眼於人們的思考模式與信念本身，以及思考模式和信念對健康與疾病的影響。另一類同等重要的研究則專注於情緒對健康的影響。顯然，思考模式與情緒狀態形塑且影響了每一個人，哪一個比較重要是很難說的。現在，我們要來看一些關於情緒如何影響健康的研究發現。

有一段時間曾大量辯論與討論某些人格特質是否容易罹患某類疾病，例如若干研究認為，也許有「易罹癌」或「易罹患心血管疾病」的人格特質。易罹癌者的特質如：習慣隱藏自己真實的感受，相當在乎別人卻深感自己與他人的疏離，覺得自己不被疼愛或不討人喜歡等。這些特質，可能來自於成長過程中的親子關係疏離。

支持此項論點的證據，大多來自約翰霍普金斯醫學院的卡洛琳・比岱爾・湯瑪士（Caroline Bedell Thomas）醫師所主導的研究案。湯瑪士醫師從一九四〇年代開始大量蒐集進入該醫學院就讀的學生資訊，從學生二十一歲左右，持續追蹤每一位學生的個別狀況長達四十年。隨著時間過去，學生變成了醫師，漸

22 譯注：根據《心理學辭典》（溫世頌 主編，三民，二〇〇六）的解釋：「內部邏輯的一致程度。」

漸老去，有些人生病或身故。藉由這個方式，湯瑪士醫師得以研究若干心理特質及早期家庭生活經驗與各種疾病間的關聯。**研究顯示，相對於其他指標，早期家庭生活經驗更能預測日後的罹癌機率，其中最顯著的就是，成長過程中欠缺親密的親子關係，以及早年對生活與周遭的人充滿矛盾情緒。研究結論是，人類早期的情緒經驗確實對日後的健康有重大影響。**

我們檢視思考模式與情緒因素對健康影響的相關研究時，必須謹記：即便研究證實，某些思考或行為模式與某些疾病有關，不表示擁有這些思考或行為模式者一定會罹患這些疾病，這樣的論斷是危險與錯誤的。比較正確的說法是：在某種程度上，這可能會、也可能不會增加罹病風險，罹病與否取決於相關程度與許多其他因素。因為科學研究所呈現的是統計上的相關，不是一對一的對應關係，因此並非每個擁有易罹癌特質的人都會得到癌症，就像不是每位老菸槍都會死於肺癌、肺氣腫或心臟病，即便研究證實吸菸容易導致這些疾病。這是一種統計上的相關，還要考慮機率的因素。

如果我們看了一些情緒與癌症相關的研究就驟下結論，認為某些人格特質會「導致」癌症，這就不對了。然而，為數眾多的研究也證實某些心理與行為模式可能會使人容易罹癌，而某些人格傾向則能保護人們免於罹癌，或者即使罹癌也有較高的存活率。從這個角度看，你對自己的感覺、對他人的感覺、你如何表達或不表達這些感覺，顯得格外重要。

另一個例子是，一九五〇年代，蘇格蘭格拉斯哥大學（University of Glasgow）的大衛・凱森（David Kissen）醫師及其同事進行一系列針對男性肺癌病患的研究。當時，他們蒐集了數百位就診病患的個人史，這些病患都抱怨胸部不適，但尚未被醫師進行任何診斷。日後研究發現，後來經診斷罹患肺癌者相較於診斷出其他毛病者，前者的童年明顯地比較不幸，例如家庭不幸福、父親或母親身故。這項發現與湯瑪士醫師針對醫學院學生所做的研究結果是一致的。湯瑪士醫師發現，癌症病患通常在童年時期和父母不親，也對周圍的人際關係感到矛盾，即便這些已經是四十年前的關係。凱森醫師的研究亦發現，患有肺癌的男士在成人期的困頓也比較多，如人際關係不佳。整體而言，他們在表達情緒上都有困難，面對不好的事件，他們幾乎不表露自己的感覺，尤其如果該事件是跟他人有關，例如婚姻問題或是親近的人過世。即便從研究人員的角度看，顯然這些都是當時讓他們感到情緒困擾的根源。然而，當他們與研究人員說到所面對的困境時，都是採取就事論事且不帶情感的口吻，矢口否認自己有任何情感上的傷痛。這與對照組的表現大不相同（對照組是指罹患其他疾病而非肺癌者），這些人表露出的情感與所面對的狀況是比較一致的。

根據研究，無法表達內在情感與肺癌的死亡率息息相關，在這些肺癌患者中，最無法表達情緒者的死亡率是最能表達情緒者的四．五倍，即便把吸菸變項考慮進去亦然（雖然吸菸是肺癌的危險因子，吸菸者的罹癌機率是無吸菸者的十倍）。

倫敦國王學院醫院的葛瑞爾（S. Greer）醫師與緹娜．莫瑞斯（Tina Morris）醫師，針對乳癌病友做了一項類似研究。他們為一百六十名就診婦女進行深度訪談，這些婦女的就診原因都是發現自己胸部有腫塊，但並未確定是惡性或良性。訪談對象除了婦女本人，也包含她們的先生與其他親戚，以做為評估婦女隱藏或表達感覺程度的參照。

研究人員發現，最後經診斷不是乳癌的婦女，情緒表達的型態為一般常態。**然而，日後經診斷罹患乳癌的婦女，多數是長期極度壓抑自己的感覺（最常壓抑的是憤怒）或長期處於情緒火爆狀態。這兩個極端都是癌症的高風險群**。對這些婦女而言，壓抑比火爆更常見。

研究人員針對完成切除手術的五十名婦女持續追蹤五年，發現手術過後三個月，擁有「戰鬥意志」樂觀面對未來，也相信自己可以活下來的病友，相較於無奈卻堅忍地接受、完全被擊倒或深感無助、無望、挫敗的病友，前者存活率較高。另一群病友則全然否認自己有癌症，拒絕討論與癌症相關的事情，對自己的情況一點兒也不感到焦慮、憂愁或痛苦，這些人在術後五年的存活率也比較高。這項研究顯示，情緒會影響癌症的存活率，高度正向的情緒（戰鬥意志，徹底否認）帶來了保護作用，而情緒表達有障礙（禁慾式的堅忍或無望感）則降低了存活率。不過，正如研究人員提到的，這份研究的參與人數不夠多，因此研究發現只能做為參考而非定論。

欲建立心理特質與疾病的關聯性，還需要非常大量（通常也是極昂貴）的臨床實驗。在美國曾有一個六千人的大型實驗，研究憂鬱症與癌症的關係。雖然許多設計未盡精良的小型研究顯示憂鬱症與癌症的關係，不過在這項大型研究中倒是沒看到憂鬱症與癌症的關聯，有憂鬱症狀卻未罹癌者約達一〇%。然而，許多設計良好的研究確實發現行為模式與憂鬱症的關聯。在動物實驗中，無力感確實可以降低免疫功能並使癌細胞增生；至於人體研究則需要更多臨床實驗，畢竟這領域的爭議性仍大。

癌症是身體的生化機制出了問題，無法調節細胞增生，導致腫瘤的形成。許多科學家相信，癌細胞是身體持續處於某種低檔狀態的「正常」過程，此時免疫系統無法辨識這些癌細胞，以至於未能在癌細胞產生破壞之前先行消滅。根據這個說法，關鍵在於免疫系統是何時被削弱的（不論是出於生理上的破壞或心理壓力的影響），導致免疫功能無法在癌細胞還小時，便有效地辨識與摧毀，而讓癌細胞增生到無法控制，甚至發展出自己的血液供應系統，最後成為硬塊而完全癱瘓某個系統，例如血癌。

除此之外，大量暴露於致癌物質下也會使健康的免疫系統不堪負荷，就像著名的愛河事件[23]，居民長期居住於有毒的垃圾掩埋地。類似的，暴露於大量輻射下也會致癌並削弱免疫系統的正常功能，例如長崎和廣島的原子彈爆炸與車諾比核災事件[24]。簡言之，癌症的形成是一個複雜且多階段的過程，牽涉到基因、細胞代謝過程、環境、個人的行為與活動等等。

正向情緒可以促進療癒，啟動你的生命態度

即便有統計數字支持負面情緒與癌症的關聯重大，但如果你面對一個癌症病患，你告訴對方，他的癌症是源於心理壓力、未解決的衝突或是未表達的情緒，這就非常不恰當了，因為這似乎在暗示對方他得病是活該。我們經常會不自覺地這麼做，也許為了合理化所承受的痛苦，也許為了尋覓更好的因應方式，我們總是要找出原因來進行解釋，才能讓自己覺得好過一些，因為這樣我們才會覺得自己確實「瞭解」對方為何會「得到」癌症。然而，這個瞭解其實是錯誤的，而且這種僅根據臆測與無知的說法，會擾亂與破壞對方的心靈完整。此外，也會嚴重地把對方的注意力從現在綁架回過去，然而在這面臨死亡之疾威脅的當頭，最需要的是把能量專注於現在而不是回到過去。不幸的是，這種傾向把癌症的「病因」簡化為某種心

理缺失的做法，在某些領域卻愈來愈流行。充其量，這只會製造更多痛苦，而無法引領病人邁向療癒。**因為所有關於情緒與健康的研究都顯示，只有接納與寬恕，能培育與增強自己的療癒能力，而非自我譴責或自我詛咒。**

若有癌友認為壓力或情緒因素是他罹癌的病因之一，這個認識或發現也許有助於讓他好好檢視自己，但也可能並非如此，端看此人的生活狀況與這個議題是如何被帶出。有些人可能覺得受激勵，因為他們領悟原來過去自己處理情緒與感覺的方式可能跟罹病有關。這意味著他們現在可以透過改變自己，讓自己更有覺察，進而提升當下的生活品質，甚至提升療癒與復原力。但是，這樣的洞察不應該是被強加在他們身上，不論強加背後的出發點有多良善。洞察與探索必須是在充滿慈愛與關照下進行，不管是自己來或有醫師或是治療師的協助。當我們在探究疾病的可能原因時，唯有對自己及自己的過去，採取一種非評價的、非自責的、慷慨的、慈愛的、接納的態度時，才可能產生真正的裨益。

說實話，我們都無法確切地知道在某人的疾病中，心理因素到底是原始肇因或是病情惡化的因素，畢竟身與心本來就無法切割二分，身體健康多少會受心理狀態的影響。然而，一旦經診斷出某種疾病，心理肇因的議題立刻變為次要了，因為在這關頭，最重要的是現在應該要做些什麼。**研究證實，正向情緒可以促進療癒，被診斷為癌症可以是一個人生命的轉捩點，協助自己啟動一致的、樂觀的、有自我效能的、積極投入的生命態度，也協助自己降低悲觀的、無助的、矛盾衝突的心理狀態。刻意地將慈愛、溫柔與接納導入自己裡面，是非常好的開始。**

要怎麼做呢？就與當下的自己融為一體吧！當下，是我們唯一真正擁有的時刻，善待它吧。安住在當下，歇息於當下。你可以使用第一篇所提的各種方法，提醒自己、回到自己的身體，進而回歸自我。其餘

23譯注：美國紐約州尼亞加拉瀑布城的一起化學汙染事件。一九四二至一九五三年間，虎克（Hooker）公司將大約兩萬噸的化學物質廢料封存入鐵桶中，放入愛河。日後調查顯示，愛河地區中大約有八十二種化學複合物，其中若干種可能致癌。

24譯注：一九八六年四月二十六日凌晨時分，車諾比核能電廠四號機組爆炸，為歷史上最嚴重的核電廠意外事故。這次核災釋放的輻射線劑量是廣島原子彈的四百倍以上。

的就放下吧，在某個深邃的層次，你內在的療癒力量會處理一切的。

正念與癌症

現在有愈來愈多特別設計給癌症病友的正念課程。卡加利大學的湯姆貝可癌症中心的琳達・卡爾森（Linda Carlson）與麥克・斯貝卡（Michael Speca）開發出「正念癌症復元課程」，發表數篇研究文章顯示，對乳癌及前列腺癌而言，這種改編自正念減壓而特別為癌症病友設計的課程，確實對生理與心理層面都有幫助。他們做了一年的追蹤研究，顯示病人的改善狀況有：提升生活品質、壓力症狀減輕、可體松和免疫模式改變（與壓力和情緒困擾減少一致）以及血壓降低。另一個課程是由英國北威爾斯大學的崔許・巴特禮（Trish Bartley）根據正念認知治療所改編的。這兩個團隊都出版了相關書籍，以讓大家更容易接近此課程。

高血壓與憤怒

研究證據顯示，情緒壓抑對高血壓的影響如同對癌症一樣，這大部分是指憤怒的情緒。被別人激怒時，習慣於表達生氣者相對於習慣壓抑生氣者，前者的血壓會比較低。瑪格麗特・錢士尼（Margaret Chesney）與杜爾・雋壕（Doyle Gentry）博士及其同僚研究四三一位底特律的成年男子，他們發現血壓最高的那一群人，通常都處於高家庭壓力或是高工作壓力，且均習慣壓抑生氣的感覺。在高壓下，若能適度地發洩怒氣，似乎有助於預防高血壓。此外，有研究顯示，情緒表達的兩個極端（過度壓抑憤怒或過度宣洩怒氣）都與高血壓有關。在乳癌婦女的研究中也可以看到這樣的關聯，很多罹患乳癌者都是情緒表達困難或是表達過於火爆者。

冠狀動脈心臟病、敵意與譏諷

有關人格特質與慢性疾病的關聯，做得最徹底的科學研究也許就是心臟病了。科學界曾一度認為A型人格與心臟病的關聯已經確認，但更深入的研究發現，並非所有的A型人格都與心臟病有關。

A型人格者一般被形容為好競爭，經常有時間壓迫感，沒有耐心，充滿敵意與攻擊性，他們的動作與講話比較快與魯莽。A型人格以外的就歸類為B型人格。建構A型人格概念之一的梅爾・費德曼（Meyer Friedman）醫師認為，B型人格比A型人格好相處，因為B型人格者不會受時間壓迫感的驅策，不會易怒、懷有敵意或攻擊性，較深思熟慮。無研究顯示B型人格者的生產力或成功機率比A型人格差。

A型人格與冠狀動脈心臟病的關聯研究，始於一個名為「西方合作團體調查」（Western Collaborative Group Study）的研究案。這個研究案蒐集了三千五百位健康且無疾病徵兆的人，將之分類為A型與B型人格。八年後，他們檢視哪些人有心臟病，發現A型者罹患冠狀動脈心臟病的機率是B型者的二到四倍（取決於年紀或風險程度）。

其他研究顯示，A型人格確實與冠狀動脈心臟病有關，不論是何種性別。然而，杜克大學醫學院的瑞德佛・威廉斯（Redford Williams）醫師及其同事的研究顯示，A型人格中的「敵意」才是關鍵的風險因素，而非整個A型人格都有風險。換言之，即便經常有時間壓迫感與競爭感的A型人格者，如果敵意是低的，罹患冠狀動脈心臟病的風險相對較低。**敵意指數不僅可用來預測心肌衰弱、心血管阻塞與死於心臟病的機率，更可預測死於癌症及其他疾病的風險。**

有趣的是，威廉斯醫師特別為男性醫師做了相關後續研究，研究人員蒐集許多醫學院年輕男學生的心理測驗資訊。二十五年後，他們追蹤這些醫師，發現二十五年前在心理測驗顯示低敵意者，相較於當時測驗出來是高敵意者，前者罹患心臟病的機率是後者的四分之一。當研究人員轉向死亡率時，兩者的差異更大。這些受試者都是醫學院畢業的學生，在同一時期，二十五年前測出是低敵意者的死亡率是二％，而高敵意者的死亡率高達一三％，換言之，高敵意者的死亡率是低敵意者的六・五倍。

威廉斯形容敵意為「對他人基本良善的不信任」，此根植於「深信他人是心地不好的、自私的與不可靠的」。他強調這樣的態度是來自早年與照顧者（父母或其他人）的生活經驗，並反映出此人在發展「基本信任」的過程中受到阻礙。威廉斯指出，這樣的態度裡有敵意也有譏諷，如同問卷中檢測敵意的兩個典型問題所呈現的：「許多人交朋友是因為朋友可能會對自己有用」以及「我的上司經常是那種爭功諉過的人」。任何深信這兩句話的人，對人的態度大概也都是充滿譏諷。如果對人、對世界都充滿了譏諷與敵意的觀點，當然很容易讓自己感到壓抑或比一般人易怒。

這些針對醫師的研究提供有力的證據，證實敵意與譏諷會增加罹患疾病與提早死亡的風險。根深柢固的敵意與譏諷對健康確實是一大危害。這些研究連同其他相關研究可以參閱威廉斯醫師的著作《信任之心》（*The Trusting Heart*），在這本書裡，威廉斯也提出世界上所有主要的宗教傳統均提倡發展許多重要價值，例如，寬容、慷慨與慈悲。猶如對正念培育的興趣，研究人員對於親社會情感（有時與正向情緒有關）與良善素質所產生的影響，也愈來愈感興趣。

親社會情感（Prosocial Emotions）與健康

北卡羅萊納大學教堂山分校的芭芭拉・佛瑞爵克森（Barbara Fredrickson）及同事的研究顯示，九週的慈心靜觀訓練可以增加生活的意義感並降低疾病症狀。此外，英國的保羅・吉爾伯特（Paul Gilbert）、德州的克里斯汀・奈夫（Kristin Neff）、哈佛的克里斯多福・爵門（Christopher Germer）的共同研究則顯示，對自我與他人的慈悲訓練，可大幅改善身心狀況並提升相關安適感。最近東北大學、麻省總醫院、哈佛大學[25]共同進行一個臨床實驗，不同的受試者分別進行八週的正念訓練與慈心訓練，研究設計是教室裡有一個人突然很明顯地產生劇痛，教室裡有若干人也是參與研究者，研究設計要求他們對那人顯得一副事不關己的樣子，然後看看接受正念或慈心訓練者的表現差異，以及他們與未接受靜觀訓練者的差異。研究發現，不論是接受正念或慈心訓練者，主動提供協助的是未受過靜觀訓練控制組的五倍，正念組與慈心組願意提供協助的程度則無差異。**此研究顯示，正念本身就是友善與慈愛的表現，可隨練習而日漸深化。**

許多研究顯示情緒與健康息息相關，其中非常棒的一本書名為《情緒大腦的祕密檔案：從探索情緒形態到實踐正念冥想》（*The Emotional Life of Your Brain*，二〇一三年，遠流出版），是由理察・戴維森及夏倫・貝格利（Sharon Begley）合著。在這本書裡提到情緒形態（emotion style）的六個向度：

- 復原力（resilience）：從逆境復原的速度，即挫折復原力。
- 展望（outlook）：保持正向情緒的持久度。
- 社會直覺（social Intuition）：對於周遭人們的社交暗示所能掌握的程度。
- 自我覺察（self-awareness）：對於反映情緒的身體感覺，能覺知的程度。
- 情境敏感度（sensitivity to context）：在考慮所處情境下，調節自己情緒回應的能力。
- 注意力（attention）：專注力的敏銳清晰度。

也許你已經看到了，這些向度也都是正念培育的面向。最重要的是，戴維森與貝格利清楚證明：靜觀訓練可以涵容並轉化情緒形態。

其他人格特質與健康

動機，是另一個被視為對健康頗有影響的心理因素。一九六〇至一九七〇年間，頗負盛名的哈佛心理學家大衛・麥克葛蘭德（David McClelland）博士發現某種動機型態與疾病的關係密切，稱此為「壓力下權力動機症候群」（stressed power-motivation syndrome）。有此現象者，在人際關係中格外需要一種有權力的感覺，

25 Condon, P, Desbordes, G, Miller, W, and DeStephano, D. Meditation Increases Compassionate Responses to Suffering. Psychological Science 2013。

在人際互動中，對他們而言權力需求比其他需求更重要。他們積極進取、好爭論、喜競爭，為了提升地位與聲望而加入某些組織或團體。然而，一旦發生任何有壓力且可能讓他們覺得權力受到挑戰的事件，他們就會感到非常挫折、備受阻礙與威脅。有此特質者面對壓力事件時，會比沒有此特質者更容易生病。

麥克葛蘭德也辨識出相對的動機模式，更有耐受性且對疾病更具抵抗力，稱此為「無壓力的聯繫動機」（unstressed affiliation motivation）。具有該特質的人相當需要與人聯繫，他們天生喜歡與人相處，對人和善也希望別人會喜歡自己，他們這麼做不是為了達到某種目的（就像充滿譏諷的A型人格者），而是本能地如此。他們能自然無礙地表達對人際連結的需求，不會因為壓力就覺得自己的連結需求受挫或受威脅。一項針對大學生的研究顯示，有壓力下權力動機者較容易生病，而無壓力聯繫動機者較不會生病。

類似上述壓力耐受度與一致感的研究，我們再次看到科學證實：某些看待自己與世界的方式更容易使人生病，而其他方式則可帶來更大的復原力和健康。我們曾進行一項前導研究，合作對象為麥克葛蘭德博士及其同事、以及喬・溫伯格（Joel Weinberger）與卡洛琳・麥克勞（Carolyn McCloud）。我們發現實驗組學員經過八週訓練後，人際合作信任度（affiliative trust）增加，但尚未上課的控制組就沒有任何差異了。此發現與我們先前在醫院的研究有異曲同工之妙，我們的病人反映正念減壓課程訓練讓他們對自己與對世界都有不同的觀點，帶來正向且長久深遠的影響，連帶使他們更相信自己與他人。

社交對健康的影響

我們已經看到一些具體的證據，說明思維模式、信念、情緒（簡言之，即人格特質）如何在許多重要層面影響健康。此外，許多研究顯示社交因素（當然也與心理因素有關）對健康和疾病有重大影響。舉例來說，大家都知道從統計數字來看，相較於有社交生活者，社交孤立者的身與心都比較不健康，而且容易提早身故。在各年齡層，未婚者的死亡率均高於已婚者。這些統計資料說明，與他人連結是健康的基本要素之一，雖然這其實光靠直覺就可以理解。歸屬感、擁有支持及有意義的人際關係，都是基本人性需求。關於聯繫信任、慈愛與友善的研究，顯示這類的連結對健康與幸福安適都是至關重要的。

國內外很多研究證據均支持社交連結對健康非常重要。研究中的社交連結，以婚姻狀態以及和家人以外的朋友、宗教團體、其他團體的接觸狀況等為衡量指標，發現社交連結非常少的人相較於社交活躍者，前者往後十年的死亡率是後者的二到四倍，即便將所有變數都考慮進來，如年紀、既往症、收入、抽菸、喝酒、運動習慣、種族等等。此外，研究也證實了社交孤立對憂鬱症和癌症都是重要的風險因素。

許多研究探索上述現象的成因，馬里蘭大學的教授詹姆士・林區（James Lynch），同時也是經典著作《寂寞會致命：溫暖的人際情誼是健康的關鍵》（*The Broken Heart: The Medical Consequences of Loneliness*，遠流出版）的作者。他的研究發現，在令人感到頗有壓力的加護病房裡的病人，光是肢體接觸或有另一個人出現，都可以使心臟的機能與反應放鬆緩和。更近期的研究是大衛・克羅斯維爾（David Creswell）及其同僚在卡內基美隆大學與加州大學洛杉磯分校所做的研究。他們發現正念減壓課程可以有效降低老年人的孤寂感，然而，若干強調可增加社交能力的課程卻反而無此效益。此外，他們也發現相對於控制組，參與正念減壓課程的實驗組不但可以降低孤寂感，更能減少許多體內的發炎前驅物，這些發炎前驅物與很多疾病有關。老人的孤寂感對於心血管疾病、阿茲海默氏症與死亡都是重要的危險因子。克羅斯維爾的研究顯示，透過社群網路課程並發展社區中心，對於鼓勵老人發展新的關係以降低孤寂感並無實際效益，因此上述研究發現顯得格外重要。

史丹福大學的菲力浦・高汀（Philippe Goldin）與詹姆士・葛若斯（James Gross）及其同事做了一系列研究，對象是被診斷有社會焦慮症（social anxiety disorder, SAD）患者，他們在接受正念減壓課程之前與之後進行功能性核磁共振造影（ｆＭＲＩ），掃描大腦的變異狀況。研究人員發現，經過八週的正念減壓訓練後，參與者的焦慮、憂鬱和自尊都獲得改善。研究人員要求參與者在大腦被掃描的同時，練習呼吸的覺察，發現正念減壓課組的負面情緒經驗減少，杏仁核的活躍程度降低，而大腦中與專注力調節有關的區域則較活躍。此研究亦觀察參與者在自我參照過程中，大腦裡敘述性網絡區域（參閱〈增訂版導讀〉中多倫多大學的研究）的狀況。此區域活躍者一般而言，心思容易飄浮不定、易有社會焦慮、易對自己過於嚴苛與誇大，這一切使得社交互動顯得格外困難與充滿挫折。研究顯示，完成八週正念減壓課程的參與者，他們大腦與敘述性網絡相關區域的活化程度降低，這表示他們對於自己產生負面評價的現象更有掌控力[26]。

林區博士的另一個經典研究發現，心肌梗塞者若有寵物相伴，會比沒寵物者活得更久；甚至只是出現一隻友善可愛的寵物，就足以降低病人的血壓。**這些研究顯示關係是健康的關鍵。事實上，正念的核心就是關係。**

人類與動物的接觸，受益的不只是人類，動物也是。根據林區博士的研究，貓、狗、馬或兔子等在高壓情境下若受到疼愛，則心血管的反應就會趨於緩和。在俄亥俄州大學有個關於人與動物互動的卓越研究，研究人員用高脂肪與高膽固醇的食物餵養一群兔子以讓牠們罹患心臟病，之後他們發現住在矮籠子裡的兔子比住在高籠子裡的兔子，心臟病程度較緩和。這是一個很奇怪的發現，何以在相同的飲食與照料下，住在低處兔子的心臟病嚴重程度也比較低？之後一位研究人員發現，原來並不是每一隻兔子都得到相同的照料，因為研究團隊中有一名成員偶爾會把住低處的兔子抓出來，撫摸牠們、跟牠們說說話。

這引發研究人員進行一項更嚴謹的實驗，在給予兔子相同高脂肪與高膽固醇的飲食下，刻意地寵愛某些兔子而忽略其他兔子。研究結果發現，相對於不被疼愛的兔子，受寵愛的兔子對心臟病有較高的抵抗力，大約可以降低六〇%的病情嚴重程度。研究人員又再重複相同的實驗以確定此非偶然，發現結果確實一樣。

總而言之，這些研究都支持：思維與感受的慣性模式、自己與他人的關係品質、自己與世界的關係品質，這些對身體健康都有重大影響。研究證實某些思維與感受模式讓人容易生病，例如：無望與無助的思維或信念、失控的感覺、對別人的敵意與譏諷、對生命的挑戰缺乏投入與熱情、難以表達自己的感覺、社交孤立等，這些對身體健康都是相當有害的。

相反的，某些思維、感受以及與人連結的方式則有助於讓自己健康茁壯，例如對事物抱持樂觀的看法（或至少不悲觀）、有「放下」不好事情的能力、明白世事無常因此相信情況定將有所改變。這些能力與習慣會使人更健康。**樂觀者直覺地知道，生命總是有許多種選擇、總是有自己可以施力與掌握之處，他們適度地嘲笑自己，有一種正向的幽默感。**

其他心理特質與健康關聯的研究則證實一致感的重要性，具備一致感者確信生命是可以理解的、是操之在我的，他們對生活有一種投入的精神，能將阻礙視為挑戰並勇於嘗試重要的改變。

健康的社交特質則包含了珍視並尊重關係、可以感覺到良善、對人有基本的信任。

以上所有的證據都只是統計上的數據，因此我們不能斷言某一種信念或態度必將致病，只能說如果人們有某類固著的思維模式是比較可能生病或早逝的。如同我們將在下一章看到的，健康與疾病不是非此即彼的狀態，而是在一個連續光譜的兩端，生活中的種種狀態都會左右自己在光譜間的移動，有些讓我們朝向生病，有些讓我們更平衡與健康，不論是在何種年紀。有些時候我們可以掌控，至少當我們全力投入時或多或少還能掌控，但有些時候根本無法產生任何作用。每個人所能承受的壓力程度在其崩潰之前是無法確切得知的，因人而異，即便是同一個人也會因時因地因事而異。然而，不論我們處在「健康—疾病」光譜中的哪個位置，相互影響的動力總是存在，而且一輩子都是變動的。**本書與正念減壓都在傳遞一個訊息：透過非用力追求與無為，透過採取必要的行動，我們總是有一些溫和的、慈愛的與堅定的方式可以影響事情的開展，讓事情朝向更安適、更善待自我與更有智慧的方向前進。**終其一生，我們都能如此前進，沒有人知道我們可以走到什麼程度或者終點會在哪兒。

26 Goldin PR and Gross JJ. Effects of Mindfulness-based stress reduction (MBSR) on emotion regulation in social anxiety disorder. Emotion 2010; 10: 83-91.

如何在日常練習中運用這些知識？

以上這些科學證據對我們個人而言，主要是協助提升自己思維與感受的覺察，亦提升思維感受所導致後果的覺察，不論是生理的、心理的或人際上的層面。當一些有害的信念、思維模式與行為浮現時，若我們可清楚看到，就可降低自己受其支配的程度。知道這些科學證據，有助於更仔細地觀察自己，尤其是當自己陷入悲觀、壓抑憤怒、對他人或對自己充滿譏諷時。**任何時候，只要這些想法、感覺與態度升起，我們都可將正念帶入。**

舉例而言，當你處在生氣狀態時，你可以好好觀察此時身體的感覺。當你釋放生氣時，身體感覺又如何？此時對他人產生什麼影響？當你對他人的敵意或不信任浮現，你可以看到這立即的影響嗎？這會不會讓你驟下毫無根據的結論、讓你把對方想得很糟、讓你說出日後深感後悔的話？你可以看到這些態度為別人帶來的傷害嗎？當這些感覺升起時，你可以看到這些態度為你製造了多少無謂的麻煩與痛苦嗎？

另一方面，正向的想法或感覺浮現時，你也可以將正念帶入。例如：當你可以將阻礙視為挑戰時，身體有什麼感覺？當你體驗到愉悅時，身體有什麼感覺？當你信任他人時？當你充滿慷慨與友善時？當你心中有愛時？在這些時刻，你可以體驗到內在有股更平靜的感受嗎？你自己的這些內在體驗對別人又有什麼影響？你可以觀察到自己處於樂觀情緒與悲觀狀態下的瞬間差異嗎？這些會影響到他人的焦慮和痛苦嗎？

上述的科學研究顯示某些態度、某些看待自己與別人的方式，確實可以促進健康，例如信任、慈愛、友善、人際連結、能看到別人與自己的基本良善，這些態度本質上都是有療癒力的。若我們能夠覺察自己的內在個人經驗，認識這些科學研究，也能將危機甚至威脅視為挑戰與機會；那麼我們就能時復一時、日復一日地帶著清楚的意識與正念，自行發展並培育這些促進身心健康的特質；於是我們就會有嶄新的視野來看待這世界，嶄新的觀點生活於這世間。

〔第十六章〕連結與相互連結

一個人身心的連結與和諧程度，反映了此人將覺察帶入當下經驗的程度。如果自己都無法和自己有所接觸，長期而言是不可能和他人有滿意的關係。你愈能提升與自我的關係品質，就愈能提升與他人的關係品質。

茱蒂絲・羅汀（Judith Rodin）與艾倫・蘭格（Ellen Langer）兩位優秀的心理學家多年前曾共同進行老人研究。在護理之家的協助下，羅汀與蘭格博士將研究參與者分成兩組，其年齡、性別、疾病嚴重程度與疾病種類都是一樣的。甲組的老人被鼓勵自己多做決策，例如在哪兒接見訪客、何時看電影等。乙組的老人則被鼓勵多讓護理之家的工作人員協助做類似的決策。

工作人員在每位老人的房間裡放了盆栽，這是實驗的一部分，不過工作人員給老人盆栽時所說的話是不一樣的。

工作人員對鼓勵老人多做決策的甲組說：「這個盆栽可以讓你的房間更有朝氣喔！現在它是你的了，你可以自行決定要讓它茁壯，還是讓它枯萎，也可以自行決定是不是要澆水，或者你覺得怎麼做對它最好？」

工作人員對乙組則說：「這盆栽可以讓你的房間更有朝氣喔！不過別擔心，你不需要澆水或照顧它，護理之家的工作人員會幫你處理好的。」

一年半後，許多老人陸續過世，這在護理之家是預期中的事。然而，令人驚訝的是，兩組老人在相同期間內的過世數量卻差異很大。讓工作人員協助做生活決策與照顧盆栽的乙組，其死亡率與護理之家的正常死亡率是一樣的。然而，多自行做決策與自己照顧盆栽的甲組，其死亡率是護理之家死亡率的二分之一。

羅汀與蘭格博士認為，這項研究發現顯示：護理之家的老人若能在生活中擁有更多掌控權，即便只是做些小小的決策如幾點澆花，某種程度而言確實是可以預防他們提早死亡。只要對護理之家有點瞭解的人就會知道，在那樣的環境下，個人可以控制的事情少之又少。（此與卡貝莎博士關於耐受度的研究結果一致，其研究顯示掌控是對抗疾病的重要因子之一）

我相當喜歡對此實驗的另一種解釋。那些被告知需要好好照料植物的老人家會與植物產生某種連結，因而產生被需要的感覺，即便只是小小的被需要，老人家可能認為植物的存活需要仰賴他們。此解釋並非從掌控層面來看，而是強調人與植物之間的連結。決定在哪裡接見訪客、何時看電影或其他對自己生活上的決策，多少會讓老人家覺得自己在護理之家擁有更多的參與和連結，相較於不鼓勵做決策的乙組老人，甲組老人對護理之家會有更高的歸屬感。

連結是一個人身心健康的基本要素

當我們感覺到與若干人事物有所連結時，這樣的連結會讓我們立即對「活著」產生一種意義感。事實上，關係本身就能賦予生命意義。各種關係即便是與寵物的關係，對健康都有防護作用；而聯繫、意義與一致感確實均能促進安康幸福。

意義與關聯編織出連結與相互連結，使生命從單獨、個別走向一個更大的整體，此整體豐富個別生命，使個別生命具有獨特性。在護理之家照顧植物的實驗中，我們可以假設，那些不需要照料植物的老人們比較難發展出與植物的連結。他們很可能認為該植物只是房間裡另一個中性的東西，就像家具般，而不覺得植物的枯榮與自己息息相關。

對我而言，連結是一個人身心健康的最基本要素，而連結或相互連結強調所有關係的內在都會產生交互作用。此觀點在社群投入與健康關聯的研究中確實獲得支持，研究顯示關係或連結的數量（例如婚姻、家庭、教會或參與團體組織的數量），足以有效預測死亡率。這是一個相當簡易的研究，因為它並未考量到關係的品質、關係對個人的意義、關係歷程中的相互狀況等。

遺世獨立卻喜悅平靜的隱居士，也許對大地萬物的有情眾生均有連結感，即便孑然一身卻絲毫不以為苦，面對生老病死早已處之泰然。相反地，已婚的人也許對婚姻關係感到重若巨石，家庭的關係品質更是平淡如咀蠟，這可能帶來很大的壓力，也可能導致病痛或英年早逝。有關社群連結數量與死亡率關聯的研究有數量龐大的參與者，**此研究至少說明了連結在人們的日常生活中有多重要**。除非我們有辦法自己開心地獨立過活（很少人能如此），不然即便是負面的、有壓力的人際連結，都比完全沒有連結來得好。

自我的關係品質愈好，就愈能提升與他人的關係

許多以動物為樣本的研究也證實了連結對健康的重要性，撫摸與疼愛對動物和人的健康都是有益的。即使是同窩出生，在孤立環境下長大的動物永遠就是功能較差，也較容易早死。研究人員將出生四天的猴子跟媽媽分開，在小猴子住的房間裡放入毛線所編織的代理媽媽與金屬線所編織的代理媽媽。小猴子會抱住毛線媽媽，長時間與毛線媽媽在一起，而不與金屬媽媽在一起，即便金屬媽媽供應牛奶而毛線媽媽不供應。威斯康辛大學的哈利．哈洛（Harry Harlow）博士在一九五〇年代進行了這項實驗，清楚證實了溫暖的肢體接觸對猴子母子的重要性。同樣是面對無生命的替代媽媽，哈洛的那些小猴子寧可選擇柔軟的毛線媽媽而非供奶的金屬媽媽。

知名人類學家艾胥黎．蒙泰古（Ashley Montagu）在他的卓越著作《觸摸：人類肌膚的重要含義》（*Touching : The Human Significance of the Skin*）中指出，**觸摸對心理與生理健康都深切重要。人類最基本的連結方式**

之一就是肢體的觸摸，例如：握手與擁抱都傳遞著樂於和對方連結的象徵，是對關係認可的正式禮節。互動過程中若能正念且全心地投入，就會從純粹的禮節俗套轉變為更加深刻的連結，一種真誠地相互致意，即便在立場互異的情況下，仍能表達真實的感覺，這是可貴且能彼此互惠的。

肢體接觸確實是傳遞感覺很棒的方式，但非唯一。實際上，我們可以透過所有的感官來與他人產生連結，例如眼睛、耳朵、鼻子、嘴巴、身體與心靈，這些都是我們與他人產生連結的門戶。若能帶著覺察而非一味出於慣性地互動，互動的過程就會更有意義與品質。

然而，當肢體接觸成為一種慣性或只是敷衍了事，那連結就會迅速被切斷，取而代之的是挫折與惱怒。沒有人喜歡被機械式地對待，我們當然也不喜歡被機械式地觸摸。就以做愛為例吧，這是人類透過觸摸表達連結最親密的方式之一，做愛過程中的撫摸若是自動化或機械化，我們會深感受傷，因為那感覺就是沒有愛意，也沒有兩人的專屬關係，透露了對方並沒有全然在此。這種距離感可以從各種層面突顯出來，例如肢體語言、時機、動作和話語等。也許其中一人的心在某個時間點剛好飄到其他地方，但這可能導致兩人當下愛意之流的驟然斷裂，那感覺是很糟的。如果此現象成為兩人的長期模式，就很容易帶來憤怒、放棄與疏離。不過話又說回來，一個人在做愛時無法將覺察帶入、無法投入於當下、無法體驗到與對方的深刻連結，這表示他在更大的生活層面可能也是斷裂的，因為這樣的斷裂不會只發生在床上。

可以這麼說，一個人身心的連結與和諧程度，反映了此人將覺察帶入當下經驗的程度。如果自己都無法和自己有所接觸，長期而言是不可能和他人有滿意的關係。你愈能提升與自我的關係品質，就愈能提升與他人的關係品質，這是靜觀練習的應用層面，是相當豐富的，我們將於第四篇看到。

生命早期的連結經驗，會影響親子關係

上一章我們看到卡洛琳・比岱爾・湯瑪士博士對醫生做的研究顯示，幼年時期缺乏親密連結與成年後

的癌症是有關聯的。因此我們推測幼年時期的連結經驗與成年後的健康息息相關，這也許是因為所有的正向態度、信念、情緒能力、對人的基本信任、與人連結的需求等，都是打從這個階段開始發展。不論是出於任何原因，幼年時期若無法有這些經驗，在往後歲月中培育出這些特質就格外重要，唯有如此方能在成年後感覺到自己是個完整的人。

每個人生命的原始經驗都是連結與合一的體驗。我們都是經由另一個身體來到世界，都曾為母親的一部分，與她的身體連結，涵容於她的體內。我們都擁有連結的標記，就是肚臍。外科醫師都知道執刀於下腹部時，是需要避開肚臍的，因為沒有人願意失去肚臍，即便它已經沒什麼用處了。畢竟，它是我們出處的標記，是身為人類物種的會員證。

小嬰兒出生後身處外界，他的身體已經與母體分開了，透過吸吮母乳，小嬰兒與媽媽的身體再度融合為一。**媽媽溫暖地懷抱著嬰兒，以溫柔的眼神和語調圍繞著嬰兒，即便孩子日漸長大，這些早期的連結體驗仍可鞏固和深化母子的連結。**

如果沒有父母或其他人的照顧，人類的嬰兒是全然無助的。然而透過家庭連結網絡的保護與照料，透過全然仰賴他人所提供的基本關照，小嬰兒得以健全妥適地成長茁壯。我們每一個人都曾經歷過這種全然無助的階段。

愛需要與當下連結，需要表達

孩子慢慢長大，體驗到愈來愈多的不同與自我，知道自己擁有這個身體，知道「我」、「我的」、「我的東西」，擁有各種感覺也能操作各種物品。隨著年紀日益增長，孩子學習獨立也認識自己是獨立的個體。在此同時，他們依舊需要與他人連結，需要有歸屬感，才能有安全感與心理健康。這不是依賴或獨立的問題，而是人本來就需要相互倚賴。孩子不再像過往成為母親身體的一部分，然而他們確實需要一種持續性的情感連結，不論是跟父母或其他人，這樣最終才能感覺到自己是完整的。

此情感連結之所以能夠持續當然是因為有愛。然而，愛本身是需要澆灌方能開花結果，即便在孩子與父母之間亦然。**愛並不會總是在那兒供人源源不絕的取用，愛需要與當下連結，需要表達出來。**如果你很愛你的小孩或父母，但總是無法表達出來，或因內心有強烈的憤怒、怨恨或疏離以至於難以表達，這樣的愛其實沒有多大意義。如果你表達愛的方式就是強迫別人採納你的觀點或聽從你的指令，這樣的愛也沒什麼意思。假若這是你表達愛的方式，卻完全沒有覺察，也不瞭解對方怎麼看待你所謂的關愛，這是很不幸的，尤其是對自己的孩子。

培養充分表達關愛能力的方法，就是將覺察帶入我們的真實感受，正念地觀察種種感受，對自己的感受少些評價而多些耐心與接納。假如我們忽略自己的感受與行為表現，而只是慣性地相信自己所給的愛是充分、強烈且美好的，親子關係遲早會變得緊張、嚴重衝突甚至斷裂，尤其是我們無法看到與接納孩子的真實模樣時。這正是何以表達無條件關愛的慈心靜觀（請參閱第十三章）即便只是很短暫的時間，亦能產生濃郁的滋養。

安全依附決定孩子的身心發展

過去多數小兒科醫師與兒童心理學家相信剛出生的嬰兒是沒有感覺的，他們認為嬰兒沒有痛感，即便有痛感也不記得了，所以疼痛對嬰兒是沒有影響的。換言之，孩童在嬰兒時期如何被對待是無關緊要的。媽媽的感覺當然不同於此，不過，即便如此，媽媽們還是很容易受文化規範與小兒科醫師權威觀點的影響。

近期的研究推翻了此類觀點，研究發現嬰兒是機靈且有察覺的，即便是在媽媽的肚子裡亦然。打從嬰兒出生之始或甚至之前，他從周圍環境接收到訊息，就已經開始形塑他的感覺以及他對世界的「觀點」。

有些研究認為新生兒若與媽媽長期分離（一般是出於醫療所需），導致無法發展出這時期本來會有的母嬰連

結，則往後母子間的情感比較容易產生距離與干擾。這位媽媽可能永遠無法感覺到對這孩子的強烈喜愛，也許會欠缺一種深刻的連結感。沒人能斷言此現象對這孩子二、三十年後的情緒或心理健康會產生什麼影響，不過這中間很明顯是有些關聯的。

由約翰・鮑比（John Bowlby）、瑪麗・愛因斯沃斯（Mary Ainsworth）、溫尼考特（D. W. Winnicott）及其他相關人士所共同開創出來的依附研究，探究親子關係品質的重要性與影響。**孩子在成長過程中若有安全依附，在長大的過程中就比較能健全發展。不安全依附或其他不良的依附型態**[27]**，會導致日後的嚴重問題，即便進入成人階段亦然。**精神醫學教授丹尼爾・席格（Daniel Siegel）認為，安全依附的核心與正念減壓課程所教導的正念是相互呼應的。

早期童年經驗若盡是與安全依附相反的孤立、殘酷、暴力與虐待，在日後的生活就會有嚴重的情緒障礙。因為這些早期經驗深刻形塑一個人對世界的觀點，例如這世界是有意義或無意義的、是仁慈善意或毫不關心的、是可掌握或失控的，以及自己是否值得被愛或被尊重。在惡劣與惡意環境下長大的人，有些可以邁入成長與療癒之途，然而更多人卻難以從中復原，他們身負著未曾癒合的傷疤，他們輪廓模糊亦不被瞭解。現在人們已經能理解這些具有創傷後壓力症候群（PTSD）的人，幸運的是有愈來愈多的治療師能有效協助這些人。這些年以正念為基礎的介入亦大量運用於此領域，例如有早期童年創傷者、從伊拉克或阿富汗戰役中退伍的軍人。童年經歷過可怕事件者如嚴重意外、重大失落、校園喋血，或是在烽火戰爭中的倖存者，他們所承受的是極重大的創傷。除此之外，日常生活中有愈來愈多人可能因著某些過往的失序事件，而導致或多或少的創傷。那些事件也許難以指認，卻足以影響生活，讓人們感到痛苦或受傷，甚至引發不良的行為模式。例如酗酒或藥癮者的孩子、遭受肢體虐待或性侵的孩童，他們從小在情感與情緒上便經常深深受苦。

27 譯注：依附理論闡釋幼童在成長過程中，至少需要和一位主要照顧者發展出親密關係，否則日後將造成心理與社交功能的不健全。依附類型有：安全依附型、焦慮矛盾型、焦慮逃避型、紊亂型。

小時候若欠缺與父母的親密接觸，無論是否有覺察也不管是大創傷或小創傷，在內心深處都會留下深深的缺憾與傷口。但，這傷口是可以癒合的，只是它必須被看到，那個破碎的連結必須被意識到。這裡面也許還隱藏了一種疏離感，甚至連對自己的身體也感到疏離。但，這是可以療癒的，其實傷口經常會喊痛，只是未曾被注意、未曾被認出，甚至未曾被聽到。

如何療癒傷口？

要如何療癒這些傷口呢？首先，必須先承認它們的存在。其次，運用身體與自己的真實感受，系統地開發聆聽的能力，重新建立連結感。

在減壓門診中，我們看到好多經年累月的傷痕，許多人帶著痛苦和壓力來到這裡，有生理的痛而更多是心裡的苦。許多人難以感覺到對自己的愛與慈悲；許多人認為自己不值得被愛；許多人難以對同一個屋簷下的家人傳遞溫暖，即便心裡想這麼做；許多人感到無法與自己的身體連結，甚至連感覺是什麼，都是模糊的。他們的生活欠缺個人或人際的一致感或連結感。許多人自小就被家裡、學校或教會（或三者都有）評斷他們是惡劣的、愚蠢的、醜陋的、無價值的或自私的。這些話語深深地刻在心上，成為他們自我概念的部分也形塑他們的世界觀，即便長大成人這些話語仍舊低吟迴盪。

當然大部分的成年人不論是父母、師長或神職人員，均非有意如此評價孩子。只是我們對互動關係不夠用心時，就很難覺察自己的言詞和行為。**複雜的心理防衛機制，總是讓我們毫無疑問地相信自己的所作所為對孩子一定是最好的，也深信我們清楚明白自己正在做什麼以及何以如此。**如果有一個中立的第三者在某個時間點突然停止我們的作為，從孩子的觀點看事情，告訴我們這些言詞、作為對孩子可能的影響，通常會令我們大吃一驚。

舉個簡單的例子，爸爸或媽媽說自己的孩子是「壞小孩」時，他們真正的意思是不喜歡孩子正在做的事情，但父母卻不是如此溝通傳遞，真正傳遞出去的訊息是：孩子是「不好的」。當孩子聽到這樣的評價，只會理解字面上的意義，也就是他不值得被愛。這樣的訊息太容易輸入孩子的腦袋瓜，也太容易讓孩子認為自己一定有什麼問題。有些父母甚至毫無保留地跟孩子說：「我真搞不懂你到底有什麼毛病！」

在我們的社會裡，父母、師長或其他成人出於無心所傳遞給孩子的隱微心理暴力，對孩子的自尊影響程度遠比直接的肢體或心理虐待，更為嚴重。這樣的影響代代相傳，左右人們的自我觀點及生活的可能性，粉碎許多重要連結而導致傷痕累累，使人嘗試用各種方式補償以讓自己的內心深處好過一點。然而，除非這些傷口不再被掩蓋或否認且獲得療癒，否則所有的努力都實在難以導向圓滿完整或真正的健康，而可能只會讓我們身陷某種疾病的泥沼之中，這部分我們已經看到很多例子了。

連結與健康的模式

耶魯大學的蓋瑞・史瓦茲（Gary Schwartz）博士在七〇年代末期提出了一般性的自我調節模式（self-regulation model）。此模式認為疾病的終極起源是失連，而健康之道就是保持連結（connectedness）。這模式奠基於第十二章曾探討過的系統觀，系統觀從一種整體全面的視野來看所有事物，而非將整體化切割約成各個部分並將各部分獨立視之。多年來，自我調解模式經由史瓦茲的學生筱娜・夏比洛（Shauna Shapiro）博士（她也是一位教導正念的老師）不斷地發展與修正，現已成為科學與醫療融合的新典範。

在第十二章我們曾看到，身體的各個功能與整個系統之間會有反饋迴路，反饋帶來的自我調節機制使有機體可以保持內在的平衡、和諧與秩序，例如心跳速率會受肌肉用力程度的不同而有相對應的調節。**系統適應外在環境變化的同時，又能維持內在各功能的穩定運作，這過程就是自我調節。**自我調節包含調節能量如何進出系統、調節進出的能量如何妥適運用，亦即調節有機體在面對外在不停變化的同時，如何維持本身的動態平衡，此專業術語稱為「恆定性」（homeostasis）。為了達成並維持良好自我調節狀態，主系統內的各個次系統均需將自己的狀態持續傳遞給其他相關部分，這些傳遞出來訊息被用以調節各次系統的功能以使其能合作無間，並使主系統的所有能量能保持穩定與平衡。

史瓦茲博士用「失調」（disregulation）一詞來描述有機體的反饋迴路處於不平衡的狀態，其導因正是若干重要的反饋迴路之間產生失連或干擾的現象。失調的系統喪失了內在平衡與動態穩定，規律減弱而失序增加，導致反饋迴路難以被妥善利用。失調的現象可以從系統的行為層面去觀察，亦可由若干局部的互動狀況觀察。有機體的失序狀態在醫學上被稱為「疾病」，而疾病的種類取決於哪個次系統的失調程度最為嚴重。

這個模式強調失去連結的主要來源之一就是失心（disattention），亦即輕忽維持身心和諧穩定的反饋訊息。於是，在史瓦茲的模式中，失心導致失連（disconnection），失連導致失調，失調導致失序（disorder），失序導致失常（disease，即為疾病狀態）。

重要的是，從療癒的角度看，這樣的路徑是可以反著走的，亦即專注帶來連結，連結帶來調節，調節帶來秩序，秩序帶來舒適常態，口語的說法就是帶來健康。在不涉入心理層面的細節下，可以這麼說，一般而言連結品質決定了自我調節能力與療癒能力，其向度包含自我內在各個功能之間的連結、自我與他人之間的連結、自我與更廣大世界之間的連結。而維護或修復連結品質之道，就是專注於重要的反饋訊息。

接下來的問題是，重要的反饋訊息到底是什麼意思？它的樣子為何？要如何專注才能從疾病邁向健康、從失序邁向秩序、從失調邁向自我調節、從失連邁向連結？若干具體的例子可以讓我們一窺究竟，也讓我們看到此模式與靜觀練習的關聯。

當整個有機體的身心均處於健康狀態時，幾乎不需我們額外關照便能正常運作，所有自我調節機制均在大腦與神經系統的協調控制下自行正常運轉。我們很難用意識控制這些調節機制。若真的需要調控這些機制，我們大概不會有時間做其他事情了。

身體最棒的地方就是它通常可以妥善地自我照顧，大腦在接收了外界訊息與各器官的訊息後，會自動調節所有器官以進行妥善回應。若干維持生命所需的基本功能會喚起我們的注意，例如飢餓。「飢餓」的感覺來自於身體器官提供了反饋訊息，此訊息讓我們去吃東西，一旦飽足了就會停止進食，而「飽足」感也是身體吃夠了之後所提供的反饋訊息。這是自我調節的典型例子。

然而，人們吃東西的理由可能不是出於身體產生「飢餓」的訊息，而是出於其他理由，例如焦慮、憂鬱、情感上的空虛或匱乏，進而採用自己容易完成的吃東西這個行動來彌補心中的空乏。此時，若對於自己的行為及其影響毫無覺知，就會為自己的身體系統帶來嚴重的危害，尤其萬一此已演變成某種長期行為模式的話。這終將導致強迫性進食，完全忽略身體所發出它已經吃夠的反饋訊息。如此一來，原本簡單飢食飽止的飲食機制，將陷入嚴重失調並導致疾病，例如暴食症、厭食症、普遍流行的肥胖症等，這些幾乎是後工業社會才有的飲食疾患。

通常疼痛與生病的感覺能引領我們開始關照身體的訊息，讓我們留心某些器官的基本需求。以胃痛為例，可能來自於吃到某些食物、壓力或菸酒過量。不論如何，若只吃胃藥來緩和疼痛而生活依舊我行我素，其實就是完全不理會身體所發出的強烈訊息。我們不知不覺地與自己的身體失連，無視於身體想要尋求並保持平衡秩序的努力。相反地，若我們真的聽到並在乎此訊息，為了減輕痛苦，我們多少就會有所調整，以協助身體系統重獲調節與秩序。在第二十一章，我們還會看到如何妥善地回應身體的訊息。

當我們生病而求助於醫師時，醫師便成為我們反饋系統的一部分。醫師聆聽病情，運用診斷工具偵測我們的體內狀況，然後他們開立處方，任何他們覺得有益於重新連結反饋迴路並恢復自我調節機制的處方。之後我們將處方的效果反饋給他們，畢竟我們對於發生於自己體內的狀況通常比醫師清楚，他們也許會因而調整用藥。

處於健康狀態時，身體的各個反饋迴路能自行良好運作，無須費心。一旦系統不平衡了，要保持健康就需要額外的努力方能重新擁有良好的連結。我們會採取若干行動以利恢復健康，但亦須留心身體對行動的反饋訊息，才知道所採取的行動是否確實有益於改善健康。**其實，健康時若更有自覺，更敏感於身、心、環境的種種關聯，我們就能整體且全面地邁向更平衡與穩定的狀態。**療癒和不適是體內不斷變化的歷程，兩者相對穩定的程度決定了我們需要費多少心力維持身心健康，也決定了我們是否能建立良好的連結與接納的能力。雖然這些能力多少可以自動由內而生，但正如筱娜．夏比洛在修改史瓦茲的原始模型中所強調的，如果希望為自己的身心健康帶來全面的影響，刻意且紀律地培養專注，並保持於專注狀態一段時間，通常是必須的。這就是正念所做的事，因為正念就是刻意地培養專注，輔以培養第二章所揭示的若干基本態度。經過多年的研究，夏比洛博士及其同僚發展出IAA模式（Intention／刻意，Attention／專注，Attitude／態度）。他們廣泛地運用此模式來探索正念如何對健康產生正向效益，此類研究如雨後春筍般地見於生物實驗領域及心理學領域。

正確解讀身體發出的訊息！

大部分人不會特別敏感於自己的身體感覺或思考歷程，開始練習正念時，這現象尤其顯著。我們會很驚訝地發現，單純地聆聽自己的身體或觀察自己的思緒且不被思緒帶著跑，是多麼不容易的事情。當我們有系統地將注意力導入身體，例如練習身體掃描、靜坐或瑜伽時，無形中便已提升與自己身體的連結程度。**我們學習安住於體內，與其為友，我們更親近、瞭解與信任自己的身體，於是對身體所發出的訊息得以更加正確地解讀。**練習過程中，我們體會到全然與自己身體合而為一的感覺是多麼舒暢，如魚得水般地自在，即便只是短暫的片刻。而白天工作時，透過運用所提升的覺察力，我們方能妥善地調節身體的緊張與壓力。

同樣的情況亦適用於我們和想法思緒、我們和情緒感覺以及我們和周遭環境的關係。**當我們將正念帶入想法思緒的歷程時，就會看到自己的心思如何飄忽不定，也會看到自己思維上的偏誤以及伴隨著偏誤而來的破壞性行為。**如同前面各章討論過的，分離孤立感（雖為嚴重錯覺，我們卻深信不疑）、深深被制約的思維慣性、從小到大的心靈創傷、一般習慣性的渾渾噩噩，諸此種種加起來，便足以導致身體與心靈的嚴重毒害與失調。而當我們必須全面地面對與處理生活中接踵而至的困頓時，那感覺更是捉襟見肘。

相反地，若我們對自己的想法與情緒間的互動關聯能更清晰地覺察，更清楚地明白自己的選擇與行動時，便更能洞察事理。而面臨阻礙、挑戰與壓力時，亦更能有效地面對與處理。

假如想要啟動內在最有力的資源以提升健康和幸福的水平，我們就需要學習如何能在面臨極大壓力時銜接上這些資源。為了邁向此目標，往後的章節將討論壓力到底意味著什麼、如何因應壓力，而這種出於慣性無覺察的因應方式又如何影響著我們的身、腦、心與生活的各個層面。同時，我們也將探索如何運用相同的壓力來學習、成長、做出新的選擇，進而帶來療癒與祥和寧靜。

PART 3

壓力

在許多層面上，壓力都與行事作為有關，包含生理層面、心理層面與社交層面。我們可以想見，這些層面都會交互作用，而這不但影響了自己的身與心，也影響了自己面對與因應壓力時的選擇廣度。

〔第十七章〕當壓力來襲

有效處理壓力的主要大道，就是去瞭解我們正在經歷什麼。要做到這個最好的方法，就是培育我們全面感知當下經驗的能力，如此一來，我們方能清明地看到某些連結、關係以及我們所沒有注意到的若干反應。

這個時代面對生活中所有困頓，最普遍的用詞就是壓力。任何語詞只要含括範圍廣闊，注定會複雜一些，但話說回來，「壓力」一詞的核心意義卻又簡單直接，它將人類龐雜互異的回應方式，統整為人們強烈認同的單一概念。

不論我跟任何人提到我的工作跟減壓有關，得到的回應幾乎都是「喔、這個我需要」。人們精確地明白壓力的意涵，至少對他們而言是如此。

壓力有很多種不同層次，來源也大不相同。每個人都有自己的壓力，也許在細節會有若干持續的變化，但大致來看所承受的壓力模式是差異不大的。想要瞭解壓力是什麼，明白在不同情境下如何有效地與壓力共處，需要系統性地審思這個議題。本章我們將討論壓力概念的起源與壓力的各種定義，以及在日常生活更有效因應壓力的一些原則。

壓力，從何而來？

在許多層面上，壓力都與行事作為有關，包含生理層面、心理層面與社交層面。我們可以想見，這些層面都會交互作用，而這不但影響了自己的身與心，也影響了自己面對與因應壓力時的選擇廣度。為了簡化說明，我們先分別看待這些層面，但也明白它們彼此間的交互作用性，它們只是同一現象的不同面向。

壓力一詞的普及始於一九五〇年代漢斯．塞耶（Hans Selye）博士所做的大規模生理研究。這些研究探索，當動物受傷或被迫面臨不熟悉或極端惡劣的環境時，所會產生的生理反應。

這個字眼逐漸被廣泛採用，終而包含了我們在生活中所經驗到的種種困難。然而，這種用法反而讓人搞不清楚壓力究竟是因還是果，更科學化的問法是，壓力究竟是刺激或是反應。例如我們經常會說「我覺得好有壓力啊」，此意味著壓力是果，是我針對某個經驗或事件所反映出來的感受。相反地，「我的生活中有好多壓力」，隱涉壓力是因，是某種外來的刺激，此刺激導致我們產生若干感受。

塞耶選擇將壓力定義為一種反應，他創了個新字詞叫「壓力源」，用以描述會產生壓力反應的刺激或事件。他將壓力定義為：「有機體在面對困難或要求下的非特定反應。」換言之，在經歷壓力源的過程中，個體所有的身心反應即為壓力。然而，複雜的是壓力源可以是內在的，亦可為外來的。舉個例子，某個想法或感覺若導致了壓力，就會成為壓力源。但在其他情況下，相同的想法或感覺可能是來自於某些外來刺激的反應，這時它就會成為壓力本身。

塞耶指出疾病可能來自於在面對壓力環境時，各種嘗試適應環境方法的失敗。當年他在發展壓力理論時，就非常重視內在因素與外在因素的交互作用，尤其是在區辨疾病的終極肇因層面。在心理神經免疫學尚未發跡之前的三十年，塞耶就相當清楚壓力會危及免疫力與感染的抵抗力，他這麼說道：

> 很明顯地，令人難以承受的壓力（導因於長期飢餓、擔憂、疲憊或凍寒），可以瓦解身體的保衛機制。

不論這瓦解是來自於發炎反應的增加或適應能力的崩潰（後者與免疫力息息相關）。這正是何以在戰爭或饑荒時，很多疾病猖獗蔓延到無法控制。假如有種微生物一直存在於我們體內或生活環境中，我們卻從不生病，直到處於壓力下才生病，請問此時「病因」是微生物還是壓力？我認為兩者都是，而且等量齊觀。在大部分情況下，疾病既非源於病菌本身，亦非單獨源於適應不良，而是來自我們面對病菌時的不當反應。

塞耶深具洞見的特殊貢獻在於強調壓力反應的非特殊性。他認為壓力最有意思也最基本的層面，就是有機體在努力面對要求與適應困難下，不論這些要求或困難是什麼，都會經歷某種普遍性的生理反應，塞耶稱此反應為「一般適應症候群」（General Adaptation Syndrome）。塞耶認為，這是有機體維持健康的關鍵，即便處於威脅、創傷與異動的情況下。**他強調壓力是正常、中性且無可避免的，在此同時，為了存活，最終都需要妥善適應壓力。**

塞耶觀察到在某些情形下，壓力會引發所謂的適應性疾病（diseases of adaption）。換言之，我們在面對異動或困難時所採取的作為或反應，其本身若不恰當或不受控制，反而會耗竭身體引發疾病。從這個觀點延伸，在經歷壓力源時，若能留心於自己所採用的因應方式的效能，就比較能避免不當的因應方式或失控狀態，而不讓自己落入生病狀態或是病得更嚴重。

六十年後的今天，科學研究大量揭示了在面對壓力與因應壓力時，大腦、神經系統、情緒、認知、各種生化機制等所扮演的角色，不論是因應得更好（具適應性的）或更差（適應不良的）。這使我們明白原來在面對壓力時，我們其實還有很多選擇，其中覺察與自信將會帶來很大的不同。

如同第十五章塞利格曼博士關於樂觀與健康的研究，壓力的產生並非決定於潛在壓力源本身，而是決定於我們如何感知與處理該壓力源。其實我們都瞭解這個道理，有時候小小的事情就足以引爆我們強烈的情緒反應，這反應與事情本身根本不成比例。這在我們處於壓力下或感到焦慮與脆弱時，特別容易發生。但有時候我們幾乎又可泰山崩於前而色不變，甚至一點兒壓力的感覺都沒有；也許在事件結束後，身心俱疲的感覺才讓我們意識到所經歷的一切並不容易。

壓力本身沒有好壞，只是事物所呈現的本來樣貌

某個程度而言，壓力的因應能力取決於壓力本身的危險性。想像個壓力光譜，一邊的極端是不論該壓力如何被感知，都具有絕對的毀滅性，例如身處於高化學劇毒或高輻射環境或遭到槍擊，這些都會導致嚴重傷害或死亡。

壓力光譜的另一個極端則令人一點兒都感受不到壓力。舉個例子，我們都持續受制於地心引力，亦持續地暴露於季節與氣候的變化中。因為地心引力總是存在，所以我們不會注意到它。站立時，鮮少有人能覺察為了適應地心引力，我們會讓身體重心在兩腳間移動或讓身體靠牆。然而，如果你的工作需要連續八小時站在水泥地板上，你就會很清楚明白地心引力這個壓力源。

當然，除非你的工作是鐵匠、尖塔彩繪家、馬戲團的高空盪鞦韆表演者、跳台滑雪運動員或是你上了年紀，不然你是不會感覺到地心引力壓力的。這清楚指出某些壓力源是無可避免的，而且我們能持續地適應它加諸於我們身上的力道。就像塞耶所說的，這些壓力源是正常、中性的。地心引力的例子提醒我們，壓力本身並沒有好或壞，它就是事物所呈現的本來樣貌。

位於兩個極端中間的大量壓力源，既不會立即致命，也不至於溫和到讓你都沒感覺。這類壓力源是否會構成心理上的壓力或所感知到的壓力程度，取決於你如何看待與處理事情。**在因應壓力的內在資源與生活中無可避免的壓力源之間，你有權力左右平衡所在位置。藉由腦筋清楚且明智地落實這項能力，你便能掌握壓力的承受程度。**此外，面對生活中層出不窮的壓力源，你不需要逐一創造新的因應方法，針對一般性的問題或一般性的壓力，你可以發展出一般性的處理方法。當然，第一步就是當你處於壓力狀態，要能在第一時間辨識與承認。

早期許多關於壓力之生理反應的研究都是以動物為樣本，而且無法區分壓力反應中的生理因素和心理因素。例如有個研究發現，當動物被迫在極度冰寒的水中游泳時，牠們的生理會受到嚴重損傷。但塞耶質疑此損傷可能多半出於動物的恐懼，而非純粹來自於對寒冷或冰水這些壓力源的生理反應。因此在研究損傷經驗時，塞耶會去評估心理層面的影響，而非只看到生理反應。跟著塞耶的脈絡，許多研究者開始著手調查壓力反應中的心理因素，不論是對動物或對人。這些研究發現，心理因素在動物面對生理壓力源的過程中，扮演著重要角色。進一步的研究更顯示，暴露於壓力源下的動物，若能有不同的選擇來有效因應該壓力源，則其生理失調或損壞的程度也會有所不同。對動物而言，欲免於因壓力所誘發的疾病，掌控這項心理因素是重要的關鍵。

相同的狀況也適用於人類，還記得第十六章提到老人護理之家栽種植物的實驗嗎？以及第十五章卡貝莎博士關於心理耐受度的研究。相對於在實驗室裡的動物，人類的心理選擇其實更多元，因此在面臨壓力的情境下，若能對於所做的選擇有更多覺察，若能對自己回應壓力的方式與效能更具正念，我們也許就能對於所身處的壓力有更多影響力，甚至左右這樣的壓力是否會導致疾病。

動物實驗研究顯示，習得的無助毒害很深，這是指在某些情況下我們發現不論怎麼做都不會有什麼影響。但是，如果無助可以透過學習而來，當然也可以透過學習解除。**即便極度高壓的環境無法改變，或是我們根本不能從事任何有意義的外在作為，人類依舊擁有強大的內在心理資源，足以讓自己感到有所事事並在某種程度上有掌控感，藉此保護自己免於陷入無助或絕望的深淵。**這樣的觀點是來自於安東諾夫斯基博士關於納粹集中營倖存者的研究。

身心的資糧帳戶——培育內在資源，因應高壓情境

加州大學柏克萊分校的壓力學者理察・拉札瑞斯（Richard Lazarus）博士與其同僚蘇珊・芙克門（Susan

Folkman）指出，以心理角度而言有個相當好的方法來看待壓力，就是將壓力視為人與環境之間的交互作用。拉札瑞斯將心理壓力定義為「在當事人評估該環境為沉重負荷或估量該環境超過當事人的處理能力並損其福利安康時，當事人與環境之間的特別關係」。這是相當有洞見的定義，一方面它突顯出關係的重要性，另一方面也強調評估的關鍵角色與清明的選擇。此觀點與正念不謀而合，為正念提供理論性的支持，因為正念的基礎核心就是關係。**不論當事人認為該環境多具威脅性，若能在每個逐一開展的當下，運用正念來面對、評估情勢，進而選擇明智的關係，對當事人都是很有幫助的。**難怪芙克門博士是將正念帶入整合醫學的重要角色。這也可以解釋何以同一事件對不同人會有不同的壓力反應，處理該事件資源較少者會覺得壓力較大，因應資源較多者會覺得壓力較小。換言之，我們對此交互作用所賦予的意義、看待人事物的方式、與其共處的方式、我們的整體系統觀點等等，都決定了某個情境是否被我們貼上很有壓力的標籤。若你將某事件評估為一種威脅，它鐵定為你帶來沉重負荷。但若你採用不同的觀點，試著戴另一副眼鏡看看，同樣的事件也許毫無壓力感，或至少對你不再那麼沉重。

這是很棒的訊息，因為任何事件或境遇，通常都有許多不同的觀點與不同的潛在處理方法。往後隨著我們討論得愈仔細，你就會發現在日常生活中有好多增加你內在資源「帳戶」的方法，你可以提早存入以備不時之需，哪天當你身處無可避免的高壓情境時，你會準備得比較好。正念練習當然也是方法之一。我無法告訴你，有多少人在必須處理可怕的困境、痛苦的失落與種種艱難的挑戰時，這麼跟我說：「我實在不知道除了正念練習之外，我還能做些什麼。」這也是我個人的真實體驗。一旦開始練習一段時間後，你就會發現生活中少不了它，雖然它看起來沒什麼大不了，卻如此地簡潔有力與不可思議。正念，沒什麼奇特又妙不可測，全然平凡又徹底不凡。

交互作用的觀點說明了我們看待、評估與評價問題的方式，決定了我們會如何回應該問題以及所感受到的痛苦程度。這表示對於令我們感到有壓力的事情，我們可以發揮的影響力，其實比自己所想得還要多。確實，生活中有許多壓力源讓我們莫可奈何；然而，藉由改變自己和壓力源的關係，我們可以擴增對該關係不一樣的體驗，進而調節與減緩它所帶來的負荷或對我們的威脅程度。

心理壓力交互作用的觀點提醒我們，若能確實累積自己的資源並促進自己的身心健康，在面對壓力時我們就會更有防護力與復原彈性，其方法還有規律的運動、靜觀練習（清醒、放鬆、無為的時段）、充足的睡眠、人際的親密關係（舉出四個對你最重要的人）。在沒有感到特別沉重或尚未被壓倒時多多累積，這些就是身心的資糧「帳戶」，平時有存入，需要時方能從中取用，此即「健康生活型態」的意涵。這些內在與外在的支持和力量是我們真正的資源，協助我們因應變化無常的世界。外在資源如互相支持的家人、朋友或你所投入的社團成員，他們有助於緩和你所承受的壓力。內在資源則包含了你對自己處理逆境能力的信任、你對自己身而為人的觀點、你對變化的觀點、你的宗教信仰、你在面對特殊挑戰時的自我效能、你的壓力耐受度、一致感、對互利行為的信任等。一如我們在先前各章所見，所有這些都可以透過練習正念獲得增強。

瞭解我們正在經歷什麼，才能有效處理壓力

在相同的情況下，壓力耐受度高的人會比較有因應能力，因為他們將生活視為一種挑戰，在渴望發揮有意義的調節下，他們會賦予自己一種比較積極的角色。一致感高的人也是如此。此外，堅強的信念如生活是可理解的、可控制的、有意義的，這些都是強而有力的內在資源。經由培育而具備這些能力者，在面對大事時比較不會感到負荷沉重或被威脅。同樣的道理亦適用於第十五章所提之種種促進健康的認知情緒模式。

相反地，我們也經常會受到以下的感覺或想法所蒙蔽，例如恐懼、絕望、憤怒、貪心、懷疑、擔心失去或害怕遭背叛，因而啟動我們的直覺慣性反應模式。這些模式打從我們小時候就漸漸萌芽長大，定型為各種「基模」，形塑我們看待世界的方式與情緒模式，卻鮮少被詳加檢視。我們任其宰制自己的生活，而當它們被觸動時，這類直覺慣性反應幾乎只會製造更多麻煩，為自己挖更大的坑洞讓我們更看不到出口，

一切似乎只令人愈來愈感到快被淹沒。我們深陷泥沼動彈不得，以至於更容易覺得敏感脆弱、不知所措與無能為力。

拉札瑞斯指出，一般認為會帶來心理壓力的事情，估計多少具有威脅性。然而，我們經常對自己的內在狀態與外在環境的關係毫無覺察，對自己的資源如何被耗損一無所悉。實際上，我們很多生活方式都是在削弱自己的身心健康，在不知不覺中耗盡自己的身心能量。許多關於自己、關於他人、關於什麼是可能的種種負面態度與信念，阻礙了我們的成長與療癒，閉塞了我們面對困難的動力或是為自己帶來一丁點兒清明與智慧的能力。更糟的是，我們對這些負面的態度和信念可能渾然不察。

感知與評估扮演著如此重要的角色，不論是面臨改變、疼痛或威脅時，都決定了我們的適應力與回應能力。**對於個人而言，有效處理壓力的主要大道，就是去瞭解我們正在經歷什麼。**要做到這個最好的方法，就是培育我們全面感知當下經驗的能力，如同在第十二章所提到的「九點難題」。如此一來，我們方能清明地看到某些連結、關係以及我們所沒有注意到的若干反應。這讓我們看清自己所處的狀況，在困難情境下，慣性反應所引發的壓力方能加以調節，也得以掙脫跟著我們長大的信念枷鎖與情緒基模。因此在心中時時自我提醒，重點不在於生活中的各種壓力源，而在於我們如何看待這些壓力源，以及我們對這些壓力源所採取的方法。我們跟壓力源的關係，決定了壓力的程度。如果我們可以改變自己的看法，就能改變對事情的回應方式。

〔第十八章〕

你唯一可以確定的事——改變

靜觀練習可以引領我們直視自己身心的不斷變化，練習中我們會看到此起彼落交替不止的念頭想法、心裡感受、身體感覺、感知與衝動。這已經足夠讓我們體會原來我們是活在變動的大海中，不論選擇專注於何物，它總是來來去去。

上一章關於壓力的討論讓我們明白，生活中或多或少都需要適應某種壓力或困難，基本上，也就是適應改變。若我們能學會將改變視為生活的一部分，而非幸福安康的威脅，對於如何因應壓力就立足於較有利的位置了。事實上，靜觀練習本身即可引領我們直視自己身心的不斷變化，練習中我們會看到此起彼落交替不止的念頭想法、心裡感受、身體感覺、感知與衝動。這已經足夠讓我們體會原來我們是活在變動的大海中，不論選擇專注於何物，它總是來來去去。

即便是無生命的物質也會持續地改變，陸地、山巒、岩石、海岸、海洋、大氣層、地球本身，即便是空中的星辰與星系也會隨著時間而改變，不停地生滅。**相對而言，人類在地球上的生命相當短暫，因此容易把這些物質視為永恆不變，但事實並非如此，沒有任何事物是永恆不變的。**

仔細觀照自己的生活，我們必須承認的第一件事，就是沒有什麼是絕對固定不變的，即便看似非常平穩而毫無變化。單純地只是活著，即處於某種持續起伏變異的狀態。看，我們不都是逐漸發育和成長嗎？我們經歷一連串的改變與轉化，難以明確地標出何始何終。我們從先祖的大河中看似分離地獨立出來，然後在某個陌生的時刻，走入終點。跟無生命物質與大多數生靈不同的是，我們知道這無可避免的改變，也知道自己終將死亡。我們可以思索自己所經歷的一切變化，也可以對死亡感到好奇或甚至是恐懼。

想想這輩子的生理變化，這個身體不停地在改變。我們的生命都從單一細胞的受精卵開始，這極微小的實體蘊含了日後成為一個人的所有必要訊息。受精卵從輸卵管掉落，著床於子宮壁後開始細胞分裂：從一個細胞變兩個、兩個變四個、四個變八個，諸此不斷分裂。隨著細胞的分裂，漸漸地受精卵會形成一個圓形中空的囊胚，囊胚分化為兩種細胞，一種成為胎盤，另一種成為胚胎（日後形成身體）。胚胎細胞持續分化，形狀也持續改變，直到形成各種功能互異的身體組織與器官，如骨頭、神經、肌肉、皮膚、眼睛、耳朵、鼻子、舌頭、毛髮、牙齒等等。

然而，即便處於生命最早期的階段，死亡也是過程中的一部分。某些形成手與足的細胞會選擇性地死去，以利手指之間和腳趾之間能有空隙而不會形成蹼。此外，在出生之前未能與其他細胞形成連結的神經細胞也會死亡。由此可見，即便只是在胚胎階段，細胞與整體的連結，已經攸關細胞本身的生死。

離開母體的身體是由超過十萬億個細胞所組成，所有的細胞均在自己的崗位上各司其職。然後我們準備邁向各種轉化的歷程：嬰兒、幼兒、兒童、青少年、青年、壯年、老年。**若我們善於接納持續的進步，成長、發展與學習就不會止於青年階段。事實上，我們根本不需要停止學習與成長。**

正常的話，很多年後我們的身體會老化與死亡。死亡本為自然的一部分，即便透過遺傳基因有新一代或新物種的產生以使生命可以延續，所有個別生命終究都會結束。

重點是，生命打從一開始就變化不斷。整個生命歷程中，我們的身體以無數的方式成長與茁壯，我們對自己與對世界的觀點不斷調整，我們所居住的外在環境持續變動。事實上，沒有任何人事物是永存不朽的，雖然有些事物因變動緩慢而看似永恆。

身體系統如何適應「變化」？

有機體發展出相當多的方法，避免讓自己處於過度變異的環境，並保存生命內在的基本穩定度。首次提到內在生化穩定概念的是十九世紀法國生理學家克勞德・伯納（Claude Bernard）[28]。他假設身體精密的調節機制是由大腦所指揮，神經系統則居中傳達，將訊息遞予內分泌中的賀爾蒙，賀爾蒙再把訊息傳給全身的血管。以此方式確保不論外在環境如何變化，全身細胞都是處於最佳工作狀態，不論外在的異動是氣溫變遷、食物長期匱乏，或掠奪者與競爭者的威脅。所有調節性的回應都是透過反饋迴路來完成，調節性的回應維持身體內部的動態平衡，使體內對應於外在環境的調節機制能維持在某個限定範圍內，而不至於陷入混亂，血液溫度、血液中的氧與葡萄糖都是如此調節的。此稱為「恆定性」（homeostasis）或者更正確的用辭應該是「體內平衡」（allostasis），如果要嚴格區分的話，恆定性指的是生理系統需保持在某個限定的小範圍以維持生命，例如體溫、血液生化值、血氧濃度等。然而，其他生理系統可變動的安全範圍就比較大，例如血壓、可體松的分泌、體內組織的脂肪含量等。這些系統的調節部分來自於大腦，部分來自於體內平衡，而不是身體的恆定性。體內平衡是我們面對不斷變化的環境，經年累月的適應過程。無論如何，這兩者系統健康都非常重要，而且很容易在長期壓力下嚴重失調。

人類的本能或天性會引導行為來滿足身體的需要，使體內平衡得以維持，例如當身體需要水時就會口渴、需要食物時就會感到飢餓。當然某種程度上，我們也可以透過有意識的行動來調節生理狀態，例如依據外在氣候而穿脫衣物、開窗戶以吸入新鮮空氣。

不論是自然界或社會環境，外面的世界永遠變動不居。然而，這個身體生理上是相當受保護與適當調節的。在不斷變化的狀態下，我們天生有穩定的「體內化學」機制以提高人類的存活率。過程中萬一出了差錯，體內也有內建的修復系統以利辨識與偵測，例如不良的細胞得以被偵測與消滅、斷掉的骨頭得以癒合、破裂的傷口得以縫合治癒等等，在染色體的尾端甚至有端粒酶可以修復端粒。長期壓力會使端粒變短，即便心中的想法亦可影響端粒的長短，何況是練習正念。

身體有無數的調節路徑來為回應內部的化學訊號。我們無須思索肝臟的化學作用，肝臟就能自行調節。不需要煩惱如何呼吸，呼吸自然就會進行。我們不需要在特定時間提醒腦下垂體去分泌成長激素，以利正常長大成人。當被割到或受傷時，不需要思索如何運用血小板來止血結疤，也不需要思索如何修復皮下組織，它們自己就會做得很好。

但是，如果我們過度濫用這個身體系統，例如飲酒量超過身體負荷，一段時間後可就需要煩惱自己的肝臟了，只不過屆時肝臟可能已經損壞到難以修復的程度。相同的情況亦適用於抽菸與肺臟。即便身體本身擁有超優異的修復、保護與淨化系統，它所能承受的工作量依然是有限的。

活著，必然要適應變動

人類的身體經過數百萬年的演化而擁有健全茁壯與優異的復原彈性機制，這使我們在面臨持續變動的外在環境中，仍能維持穩定與活力。這實在是件令人欣慰的事情。當我們面臨生活中的壓力與變動時，這本有的復原力與穩定力實在是最佳盟友。**這提醒我們，其實已經有充足的理由可以相信自己的身體，即便是處在有壓力的環境下，此時我們更應該好好跟自己的身體合作，而非跟它作對。**

如前所述，漢斯．塞耶強調生活不可能沒有壓力。活著，必然需要適應內在與外在環境的變動，過程中必然會有損耗。問題是，到底需要多少的損耗呢？

當代用以表示生物性損耗的專業術語叫「身體調適負荷」（allostatic load）[29]，這個詞由洛克斐勒大學研究壓力的著名學者布魯斯．麥克艾文（Bruce McEwen）所創allo意指變動而stasis意指穩定。史德林（Sterling）與艾爾（Eyer）將身體調適負荷概念整合了克勞德．伯納的體內平衡，針對壓力生理狀態和大腦調節反應之

28 譯注：伯納為實驗病理學創始人，提出外環境與內環境的概念。生物所賴以生存的環境為外環境，內環境則指生物本身的體內環境。內環境的穩定與內外環境的平衡是生命得以存續的基本要件。伯納的思想影響深遠。

29 譯注：身體調適負荷亦稱「適應負荷」，係指透過血壓、內分泌及其他身體耗損訊號衡量個體所承受的壓力。

間的關係做更精確的闡述。**一言以蔽之，有利於身體妥善回應壓力的各種功能，長期而言是會耗損的。調適（allostatic）是指身體系統「透過使自身適度改變，以維持穩定」**。麥克艾文認為「身體系統沒有任何地方的波動比壓力反應更劇烈」，此推到極端就是戰鬥或逃跑的慣性反應機制。隨後章節我們將討論如何更具正念地回應壓力，以降低壓力對身體的負面影響，亦即如何降低身體的調適負荷。

一九六〇年代，學者們開始調查改變與健康的關係，研究一個人在一年內所經歷的改變對其日後健康的影響。威斯康辛大學醫學院的湯瑪斯·賀姆斯（Thomas Holmes）與理查·若禾（Richard Rahe）兩位博士列出一系列生活中的改變，包括配偶死亡、離婚、入獄、自己受傷或生病、結婚、被解僱、退休、懷孕、性問題、家人或摯友死亡、工作內容或責任改變、抵押貸款、傑出個人表現、生活環境改變、個人習慣改變、度假、買到車票等等，受試者依自己在面臨這些生活事件時所需要的調整程度自由評分。研究結果顯示得分最高的是配偶死亡一百分，最低的是輕微不守法令十一分。研究人員發現面對分數較高的生活改變事件，受試者隔年生病的機率也較高，他們認為改變本身就使人容易生病。

有趣的是，此清單裡有許多項目通常被認為是「開心的」事情，例如結婚、升遷、傑出個人表現。**這些看來是「正面的」事情之所以會列入，是因為它們對生活帶來深遠的改變，所以也是頗有壓力的**。用塞耶的術語講，這些是「良性壓力」（eustress／good stress）。這些良性壓力日後是否會成為痛苦煩惱，取決於過程中你如何調適，而調適狀況又取決於這些事情對你的真實意義為何，此意義是否隨著時間過去而變調。若你能輕易調適成功，這些良性壓力相對地就顯得無害且溫和。但若你很難適應新環境或新狀況，這些生活中的正面事件很容易就從良性壓力轉變為痛苦煩惱了。

舉個例子吧，多年來你一直期盼退休，剛退休時，你好開心終於不用每天早起上班。一段時間後，你可能會覺得無所事事，時間多到不知道怎麼用，你開始懷念同事與上班時的連結感。此時除非你能在生活中形成新的連結並找到新的意義，否則你可能很難調適如此巨變，你會覺得這種生活真有壓力啊！即便你當初是多麼期待過退休生活。

美國社會的高離婚率，證實了開心的事情（結婚）也可能會導向重大的痛苦或傷害。如果一開始兩個人就不合適，或彼此無法調適住在一起所必然面臨的改變，或無法允許自己或對方的成長與轉變，離婚的機率就更大了。若再加上孩子的因素，雙方無法適應為人父母的重責大任，也難以接受隨之而來的角色與生活型態轉換，這麼一來擁有孩子的良性壓力很容易就變成痛苦的深淵。相同情況亦適用於職位的升遷、從校園畢業、日漸長大成熟以及所有其他生活中的正向轉變，任何正向轉變都需要去適應改變的本身。

生活中的轉變對你的意義，主要取決於整體脈絡。這麼說吧，如果你的配偶長期臥病在床或你們兩人的關係疏離交惡，配偶死亡對你的意義可能就很不一樣，而你需要調適的程度相對於鶼鰈情深卻突臨死亡的夫妻也大不相同。賀姆斯與若禾的量表評估出來「配偶的死亡」是一百分，其實並未考慮到已逝一方對存活一方的意義，以及存活一方所需要的調整與適應程度。

不只是生活中的重大轉變需要調適，每一天我們都會面臨許多需要處理的事情，不論我們想不想去面對。當我們失去清明與平衡時，會把事情弄得更糟，但這卻是最需要我們保持清明與平衡的時刻。

賀姆斯與若禾的量表確實貢獻重大，但也有些缺失，除了前述之外，另一個明顯的缺失就是它完全忽略了個人性的創傷以及任何人都難以脫逃的重大環境性創傷。創傷經驗本身就足以加重惡化或嚴重扭曲生活中的其他事件。但這些被扭曲的生活事件若能經由辨識、突顯、有創意地運用，也許可以連結到當事人生命原初的完整，也許可以為當事人開創新的生活意義和愉悅滿足。創傷治療正持續發展中，他們使用許多方法協助受創者，其中也包含了正念和瑜伽的運用。

壓力對健康的最終影響，很大部分取決於我們如何感知「改變」本身，不論那改變是以何種樣貌呈現。另一方面亦取決於在適應持續改變的同時，我們如何維持內在的平衡與一致。**這些其實又來自於我們為事件賦予何種意義，對生活與對自我抱持何種信念；特別是，當有人踩到我們的地雷，啟動無心的自動化慣性反應機制時，我們又能帶入多少覺察。**壓力，來自於對日常生活事件的慣性反應，此時最需要正念，也是正念轉化生活品質的力道可以發揮得最淋漓盡致的時候。

〔第十九章〕

卡在壓力的慣性反應

卡在壓力的慣性反應循環裡，其實既不正常亦非不可避免。面對問題時，我們所擁有的選擇與資源經常比我們想像得還多。當我們落入這種自我毀滅的模式時，健康的應對之道是停止對壓力的慣性反應，並開始採取有覺察地回應。

仔細想想，人類的復原力真是不可思議。我們不屈不撓、力求生存，在面臨種種困頓、壓力、疼痛或悲傷時，偶爾還能給自己小小的愉悅、平靜或成就感。從這個層面看，我們是傑出的問題因應與解決專家，透過堅定的決心、創造力和想像力、祈禱與宗教信仰、進一步投入或分散注意力，我們滿足自己所渴望的需求，例如意義感、愉悅感、歸屬感、超越自己或關懷他人的需求。**自己對生命的熱愛，接受親友的支持、鼓勵與關愛，都是讓我們能因應困難並從中振作的原因。**

當我們面臨各種挑戰時，在表面意識投入之下，還有許多令人敬畏的非意識層的生理智能，例如感知能力、運動反應、身體負荷機制等，這些系統可以運作得非常快速。加州大學戴維斯分校心智與大腦中心的神經科學家克里夫．沙隆（Cliff Saron）強調，人類有極優異的能力可以運用片段資訊形成一個完整的樣貌。這是身體的智慧，包括大腦、神經系統、肌肉、心臟等等，每個部位相互合作以形成一個整體。在這些系統和諧運作下，一旦遇到某些緊急狀態，此類自動化的立即反應甚至可以保住我們的性命。這表示，擁有某些自動化的反應沒什麼不對，這些直覺慣性反應在生理上是非常有價值的。

我們天生具備了身心平衡能力與相當有彈性的身體調適負荷力，然而這些能力若被過度使用並超越其極限，便會陷入失調和失序的狀態。某些根深柢固的行為模式會使壓力惡化加劇，並逐漸侵蝕健康的根基。面對壓力源時，慣性與自動化的反應方式，大幅地決定了我們會感受到的壓力程度。**自動化的慣性反應經常只會加重壓力的程度，把原本簡單的問題弄得更複雜、更糟糕，讓我們無法看清事理或有效處理問題**。而當我們需要和他人溝通或甚至與自己溝通時，這種反應方式讓我們難以妥善表達自己的情緒與想法，難以獲得內心的平靜。如果我們毫無覺察地用這種不健康的方式反應，無形中就會強化不平衡的狀態。假如一輩子都是這樣過活，最終可能會崩潰或生重病。

想像你自己是圖9（參閱二九四頁）的人。外來壓力源（方格上方的小箭頭）以各種形式加諸在我們身上：生物性的、生理的、社群的、經濟的、政治上的；改變了我們的身體狀況、生活與社會地位。**我們的內心會隨著對這些外在壓力源的感知與反應而起伏**。眾所周知，這顆心也能自行創造各種需求並產生相對應的能量，為自己帶來全套的壓力反應，此即圖9的「內在壓力源」（方格內的小箭頭）。如果想法和感覺帶來了沉重的負荷而我們卻沒有能力適當有效地回應，則想法和感覺就會成為重要的壓力源，即便未必有相對應的事實做為依據。舉例而言，單純地認定自己得了重病，就會導致很大的壓力，甚至讓自己失能，即便這個認定可能根本不是事實。極端的話，想法確實足以嚴重混亂生理機制，就如第十四章伯尼．羅恩醫師的例子。

有些壓力源的影響會持續好長一段時間，稱為「長期慢性壓力源」。如果家裡有位慢性病患者或失能者，對於照顧者而言，可能就是一種長期慢性的壓力源，因為這通常會持續很多年，而且需要做大幅的改變與調適。對患者本身當然也是長期慢性的壓力源。另一方面，有些壓力源在短時間內來了又去，此為短期急性的壓力源。在截止期限內完成綜合所得稅申報就是一例，其他如意外事故、短暫失業、至親好友過世等，都會導致短期急性的壓力，而且都需要妥善因應以免轉變成長期慢性的壓力。

加州大學舊金山分校的壓力研究學者艾莉莎．艾波用短距賽跑來形容面對急性壓力，因為它很快就過去了，之後我們又可恢復原先的狀態[30]。艾波博士將慢性壓力形容為馬拉松，在這過程中通常還是會有幾次的短速跑。舉個例子，家庭主要照顧老弱殘疾者通常會長期承受慢性壓力，但也總會有些需要處理的突

圖9：壓力慣性反應的循環（自動化／習慣的）

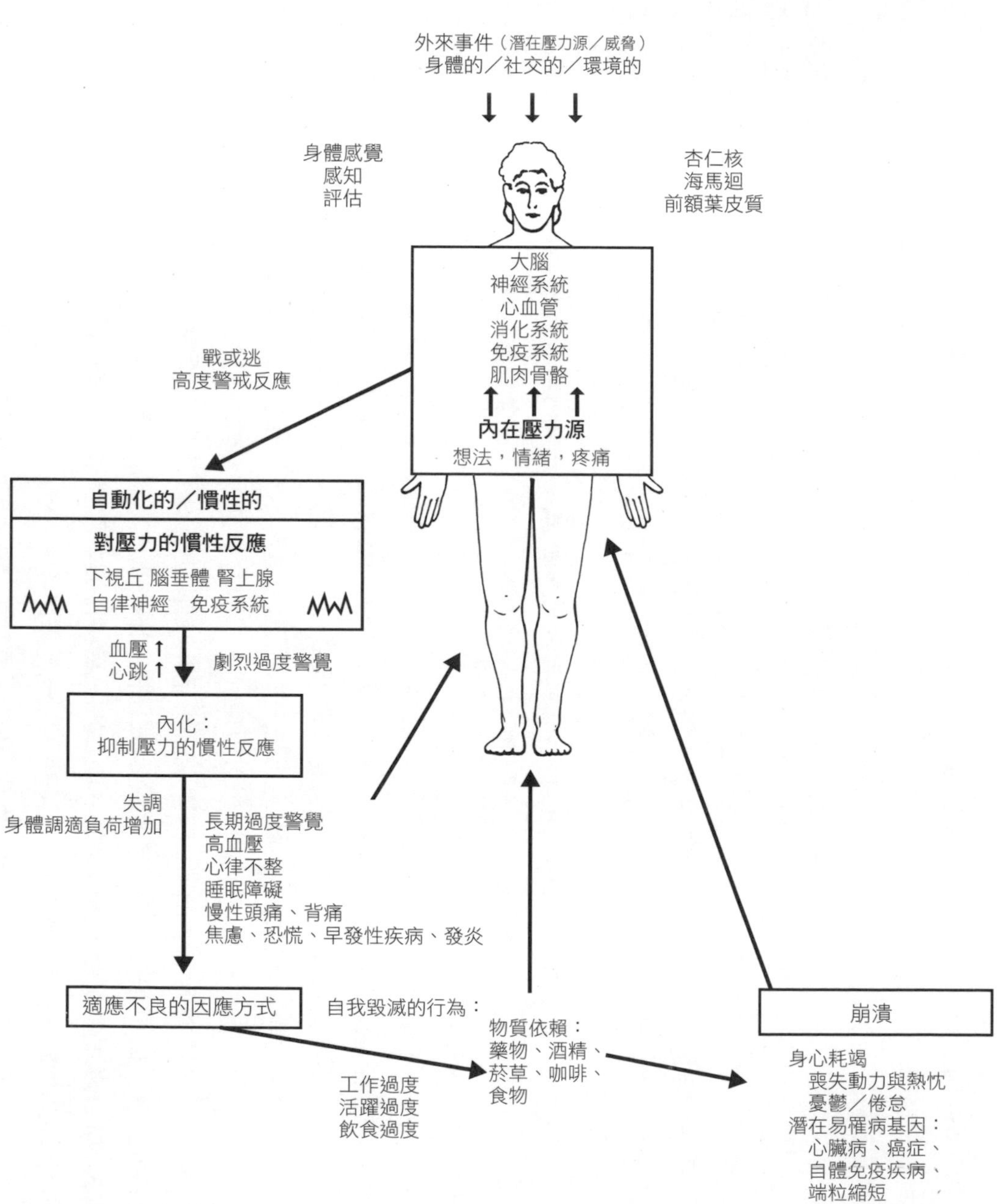

發事件。如果我們沒有領悟這其實是長期持續的馬拉松，就很容易讓自己跑到沒力，用光了所有因應能量，覺得筋疲力竭與燃燒殆盡。因此，當我們有這類長期壓力時，調整自己的步伐就是必要的了。甚至需要規律地休息以儲存能量，就像在銀行存款，當我們可以時要多存一點，需要時才有得用。艾波博士提到，各種強勢入侵的想法、持續的擔憂與反芻會使急性壓力變成慢性壓力。這樣的思維模式本身就構成內在壓力事件，惡化並擴大原本的壓力。反芻的思維習慣甚至可以讓慢性壓力導致高血壓。往後的章節我們將看到，艾波博士研究長期處於高壓者的端粒與端粒酶後，證實這類毫無節制的反芻確實會造成有害的影響。

有些壓力源可以精準預測好像該繳的稅金，其他的壓力源就相對難以預測了，例如意外事故或需要處理的突發事件。圖9的小箭頭呈現了所有內在與外來、急性與慢性的壓力源。雖然圖中只標示出部分器官，但其實包含了所有層面與所有器官，亦即代表全面的身與心，如心血管系統、肌肉與骨骼系統、神經系統、免疫系統、消化系統等等；當然也包含了心理層面，例如種種感知、信念、想法和感覺等。所有這些過程，大腦均扮演了相當關鍵的統帥角色，以令各個功能運作正常，讓生命得以延續，使我們能整合生活中的種種經驗與身體的各個系統，如感知系統、神經內分泌系統、思想、情緒以及我們對事件所賦予的意義等。

在某個時刻，你感覺到壓力，心裡認為那對你是一種威脅，不論是身體上或個人感覺上的威脅。一般而言，你會產生某種特定的慣性反應。假如那是某種一閃即逝的威脅，或者在下一秒鐘你評估那其實沒什麼，此時你便不會有任何反應或者反應力道會減弱很多。**但如果你評估那是個持續性的威脅，或者該壓力源相當讓你心神不寧，此時，你極可能會自動化地進入某種高度警戒反應（alarm reaction）狀態。**

高度警戒反應是我們的身體清除一切障礙，以利採取防衛或攻擊行動。在威脅情境下，這樣的迅速反

30 想像在大草原上一隻羚羊遇到一頭獅子，牠會立刻啟動戰或逃的慣性反應而盡速跑掉。一旦到了安全的距離，羚羊就會像什麼事都沒發生似地繼續低頭吃草。不過換作是人類可就不一樣了，我們會回想剛剛所發生的狀況，即便那立即的威脅已經結束，光再回想就會讓我們又嚇得半死。跟我們擦身而過的重大創傷可以在心中縈繞很久。如果我們真的想要處理它，是需要花些時間與注意的。

應有助於自我保護、維持或重回掌控狀態。此時，大腦與神經系統都「卯起來」準備執行某些任務。在生命受到威脅時，高度警戒反應使我們能在短時間內集結所有內在資源以應外敵。

華爾德・坎能（Walter B. Cannon）二十世紀初美國偉大的生理學家，當年他在哈佛醫學院工作，他將克勞德・伯納的內在生理穩定概念，以一連串的實驗研究高度警戒反應的生理機能，其中一項研究是觀察貓在面對狗吠叫威脅時會產生的反應。坎能稱貓的反應為「戰或逃的直覺反應」（fight-or-flight reaction）[31]，因為他觀察貓受到威脅時的軀體生理變化，就是啟動了戰或逃的機制。

人類也會有相同的生理反應，當我們感受到威脅時，戰或逃的反應機制幾乎是瞬間啟動，結果就是瞬間激起一連串生理與心理的過度警覺（hyperarousal）[32]狀態，其特徵為肌肉緊繃與強烈情緒。情緒的變異很大，可以從恐懼、害怕到焦慮與憤怒等。戰或逃反應意味著大腦與神經系統極迅速的骨牌效應，例如：釋放若干與壓力有關的賀爾蒙，其中最有名的就是兒茶酚胺類（當面臨立即緊急威脅時，腎上腺素與正腎上腺素會被迅速釋放）與可體松（釋放速度較緩）。過度警覺時感官力會大幅提升，使我們能在最短時間吸收最多且重要的資訊，例如瞳孔會放大以利更多光線進入、聽覺更敏銳、身上毛髮豎起以利偵測周遭空氣的波動。我們變得相當警覺與留意，心跳加快、心肌收縮變強（使血壓升高），如此一來，更多血液與能量才能送到大肌肉如手臂與大腿，以利戰鬥或脫逃。

在此同時，通往消化系統的血流會關閉，消化功能也會暫停。畢竟如果你已經快被一隻老虎吃掉了，消化在你胃裡的食物並沒多大意義，它一樣可以在老虎的胃裡被消化掉，萬一你真的被抓到的話。但是不論戰或逃，肌肉都需要盡可能地獲取更多血液，血流會因此轉向，所以可能會讓你覺得胃很不舒服。

許多身體與情緒的迅速改變均來自自律神經（ANS）的活化。自律神經是神經系統的部分，掌管多種身體內部狀態，如心跳、血壓、消化等。處於戰或逃直覺反應時，自律神經中的交感神經會被刺激活化，交感神經的整體功能就是加快事情的速度；另一種副交感神經則扮演著煞車的功能，使事情緩和下來。

下視丘（hypothalamus）是大腦邊緣系統的一種腺體，為自律神經系統的控制中樞，掌控交感神經與副交感神經的活化狀況。邊緣系統又被視為「情緒所在地」，位於大腦皮質層下方，透過下視丘而與自律神經系統、內分泌系統、肌肉骨骼系統均有連結。這些盤根錯節的交叉關聯，使各情緒和眾器官能和諧適切地回應任何外在事件。

邊緣系統當然也跟大腦皮質層（functional cortex）關聯密切，尤其是與情緒調節、感知提取、決策執行有關的區域。**這些連結讓我們得以過著整合的生活，使我們可以運用情緒資訊，在面對壓力源或特殊情況時，根據我們的價值觀、自我意識、覺察能力、評估判斷等，來調節各種情緒反應與行為。**

邊緣系統調節身體內部狀態、情緒與動力，是人體生物調節機制的重要一環。刺激下視丘的某個區域而觸動交感神經系統時，影響身體各個器官的神經傳導物質將被大量釋放，其路徑有二，直接透過神經單元細胞連結到所有內部器官，或是透過血管中的賀爾蒙與神經肽（neuropeptide）。有些賀爾蒙是由腺體所分泌，而有些是由神經細胞所分泌（此即為神經肽），有些則是兩者都可分泌。賀爾蒙與神經肽是化學傳導物質，它們在體內四處長途旅行以將訊息傳遞給全身，並透過觸動某些細胞群組以引發不同的回應。當它們抵達預定目標後，會與特定接收分子結合並將訊息傳遞給接收分子。你可以把它們想像成化學鑰匙，負責控制體內若干特定開關。我們所有情緒與感覺狀態，都仰賴在不同情境下特定神經肽賀爾蒙的分泌[33]，其中若干賀爾蒙與戰或逃的慣性反應有關。舉例來說，面對壓力時，交感神經將訊息傳到下視丘、再傳到腎上腺體（adrenal galnd，部分腺體位於腎臟的上方，故稱為腎上腺體），腎上腺髓質會分泌腎上腺素（the adrendal glands）與正腎上腺素（norepinephrine），這些賀爾蒙在緊急狀態下，使你「趕快」並給你額外的能量，此即

31 坎能原本稱此為「戰或逃的回應」（fight-or-flight response），我之所以改為反應（reaction）是為了強調其自動化與相對無意識的特質。如此一來，我便可以將回應（response）這個字，用以表達在面對威脅或挑戰時，所採取相對有意識的行動。不論如何稱呼，戰或逃都是大腦與身體極為複雜的現象，廣泛地涉及相關的感知、評估、想法與選擇。過程中也許我們一點兒覺察也沒有，除非能將正念運用於觀察分分秒秒的身心狀態。許多這些慣性的直覺反應是經年累月發展出來的，即便未必有害但可能也沒什麼益處。我們長期身處其中卻毫無感知，直到我們能將正念帶入，方能使這類慣性的直覺反應調整為有覺察的回應，後者將更適切與恰當。

32 譯注：「過度警覺」為大陸學者普遍的譯法。arousal在台灣一般翻譯為「激發」，指警覺與活躍的狀態，hyperarousal則為「過度激發」。但就字義而言，過度警覺似乎更能清楚表達，故本章暨本書均採用過度警覺。

33 舉例來說，多巴胺由下視丘和大腦其他部位所分泌，與專注、學習、保持工作記憶中的資訊、愉悅經驗等有關。血清素主要由腸道所分泌，和調節情緒、食欲、睡眠並與幸福感有關。

圖9的「壓力慣性反應的循環」。壓力下，大腦中的腦下垂體也會受到刺激而觸動若干賀爾蒙的釋放（有些則來自腎上腺皮質的腺體），這些都是壓力直覺反應的部分。此外，杏仁核亦扮演著重要的角色，一旦感到有威脅、挑戰、阻撓、挫敗或反對，杏仁核就會活化起來。

別讓慣性反應控制你！

《波士頓環球報》上的一則新聞說明了在壓力反應下所能產生的巨大能量，內容如下：

> 住在密西根州南門市的艾爾諾・里蒙瑞德今年五十六歲，六年前他罹患心臟病因此無法提重物。這星期當他看到五歲男童飛利浦・塔斯被卡在遊樂場附近的鐵製大水管下面時，他毫不猶豫地提起水管，救了男童一命。他提起水管時，心想這水管重量大約是三百到四百磅吧，但那其實重達一千五百磅，幾乎是一頓。之後，里蒙瑞德、他的兒子們連同多位警察和記者通力合作，都無法再提起大水管了。

此新聞一方面呈現生命在受到威脅的緊急情況下，戰或逃的直覺反應可以激起多大的能量；另一方面也呈現出在這種情況下，思考會暫時停止。這可真是幸運，假如里蒙瑞德在第一時間思索水管的重量或自己的心臟狀況，他大概就提不起來了。生命面臨威脅且必須採取行動的當下，里蒙瑞德的過度警覺系統立即啟動，使其思考短暫關閉，取而代之的是不可思議的力量以及純粹、複雜卻美好的直覺反應，這實在比思考快多了。不過一旦立即性的威脅解除，即便在許多人的幫忙下，他也無法再做出那般英勇的事蹟了。

可以想見動物在面對險不可測的環境時，這種天生的戰或逃反應有多重要。對人類也是如此，在生命面臨威脅時，戰或逃反應有助於讓我們存活。這樣的反應並非沒頭沒腦，它涉及高度明智理性的能力，帶領我們衝破威脅生命的困境。如果沒有這種能力，人類是不可能存活下來的。**但是，如果我們不知如何掌**

握與調節這樣的能力，或者在沒有實際、立即、緊急的生命威脅時也濫用這樣的能力，麻煩就大了。因為漸漸地，它就會開始控制我們。

辨識與調節各種壓力反應，以正念回應來面對生活

生活於現代社會，我們不會在上班途中遇到獅子、老虎或其他威脅，因此每天的生活大多不會那麼生死交關。然而，當我們心裡感受到威脅、目標受阻、安全感受挫、感到失控，甚至只是開車在高速公路上、進公司時發現有些突發狀況必須處理，很容易就觸動戰或逃的機制。我們的心智依舊採用那種生命遭受脅迫的態度，來感知與看待這許多事件，如此一來，每一個壓力情境就成為一個威脅，即便還存在著無數妥善處理的可能，我們卻完全漠視。在生命沒有遭受威脅的情況下，我們的戰或逃機制依然沒有關閉，它們長期開著。如前所述，當它們開著時，我們的生理與心理狀態是會改變的。於是，我們一直處於備戰狀態，其影響甚至深及基因中的染色體，例如糖皮質激素（glucocorticoid）而使我們長期對於壓力源過於敏感。此外若不斷受到刺激，基因也會產生促進發炎的細胞因子，這種細胞因子會引發許多發炎性的疾病。如我們曾經看過的，長期過度警覺也會使端粒縮短，以至於在細胞層次就加速老化。**其實所有這些都是可避免的，假如我們能夠學習去辨識與調節各種壓力反應，以一種較具正念的回應方式去面對生活。**我們不需要「篤信」自己的各種想法或情緒，迎面而來的各種情境或挑戰也未必都是針對自己，在第三篇我們將會看到，單純地發現這些，即可讓我們在回應問題時有更好的轉圜空間，也可以為我們帶來偌大的自由與解放。

動物在遇到可能會把自己當午餐吃掉的其他物種時，會立即啟動戰或逃的直覺反應機制。但話又說回來，動物在自己的族群內也會啟動此機制，例如當牠們要在團體中爭奪社群地位時。此時，雙方會激烈互鬥直到有一方屈服稱臣或逃離走避，屈服的那方會「知道自己的位置」。於是，戰或逃的反應機制止息，體內過度警覺的生化反應亦隨之風平浪靜。

人類在面臨各種社群壓力或衝突時，可以選擇的因應方法比動物多很多。但我們經常還是陷落，卡在與動物相同的模式裡，不是戰鬥或落跑，就是嚇呆了完全動彈不得或變得麻木不仁。在若干情境下，我們的行為跟動物其實差不了多少，但動物很少會因為衝突而殺掉同類，人類卻會。

很多的壓力來自於我們感受到威脅（不論是真實的或想像出來的）**，而且所威脅的是我們的社會地位並非生命。**即便沒有生命遭受脅迫的真實情境出現，單純地感覺到受威脅，就足以讓戰或逃的反應機制瞬間到位。34

如此自動化且迅速的直覺反應，在社會生活的脈絡下經常會為我們製造許多麻煩，而未必讓我們有更多精力去解決問題。任何事情只要我們感覺威脅到自身利益，或多或少都會啟動這種反應機制，例如威脅到我們的社會地位、自我意識、強烈認同的信念或信仰、想控制某些事情的欲望、希望某些事情依照某種方式進行的渴求等等。一旦覺得受到威脅，交感神經便立刻開火，不論喜不喜歡，我們都已經掉入過度警覺或「戰或逃」的狀態了。

從壓力的直覺慣性反應中重獲自由——覺察

不幸的是，過度警覺可以成為一種長期固定的生活方式。很多參與正念減壓課程者，剛開始時都會描述自己的生活幾乎總是充滿了緊張與焦慮。他們長期受肌肉緊繃之苦，緊繃出現於肩膀、面頰、額頭、下巴與雙手。在長期過度警覺的情況下，心跳通常也較快，其他現象如頭暈而感覺搖晃、胃部翻騰、心臟怦怦跳或心悸、流手汗等。渴望脫逃的呈現方式很可能是經常性的生氣、辯論或爭吵。

這些是面臨日常生活壓力情境時的共同反應，而不只是生命受到威脅才會如此。當我們的身體與心理感知到威脅或危險，這些反應就會自動出現。畢竟戰或逃的反應能力是人類本能的一部分，即便我們已經不常在日常生活中遇到肉食性的掠奪者。然而，此反應機制若長期處於失控狀態，就會造成許多嚴重後果，生理的、心理的、社會的，甚至是聰明才智。**因此，如果我們不希望一輩子受這種壓力反應模式的控制，希望免除被此模式控制所帶來的沉重負荷，覺察自己對壓力的反應，觀察自己的反應機制多麼容易被引爆，真的非常重要。**尤其在你感覺第一個衝動就是想要逃跑、採取逃避行為、激起攻擊與戰鬥欲望或讓自己變成呆若木雞時，「覺察」幫助你學習從壓力的直覺慣性反應中重獲自由。畢竟這些直覺慣性反應實在不適合讓你一早帶進公司，或是在一天疲憊辛苦的工作後把它們帶回家裡，這對你或其他人都是不健康的，更何況它們完全不符合你的最佳利益。

你總是壓抑情緒、假裝沒事？別讓「毒性」模式入侵你的生活！

到此，也許是提出這問題的時刻了：「在面對戰或逃機制已經就定位的情境下，但出於社會考量或效益評估而無法真的做出戰或逃的反應時，我們可以怎麼辦？」因為此時我們仍然感到被威脅、受傷、害怕、憤怒、怨恨，仍然擁有準備好要攻擊或脫逃的壓力賀爾蒙與神經傳導物質，我們的血壓繼續升高、肌肉繼續緊繃、胃繼續翻騰。

在社會脈絡下，我們處理這些壓力反應常用的方式，就是極盡所能地壓抑它們，為它們築起城牆，假裝沒事，努力在別人面前甚至在自己面前隱藏這些感覺。我們唯一想到能塞藏這些壓力反應的地方，就是自己的內心深處。於是，我們將之內化，盡可能地抑制任何可能外顯的徵兆（雖然明眼人看得出來也感覺得到），然後試著若無其事地繼續其他事情，把一切不爽都往肚裡吞。**可以想見這樣的做法毒性有多強，特**

34 實際情況其實比這模式所闡述的還要複雜，因為女人在面對挑戰時所產生的反應未必都和男人一樣。加州大學的心理學家雪莉・泰勒（Shelly Taylor）認為女人在遭受威脅時也可能會「照顧與協助」，照顧年幼者並尋求社會支援。壓力下身心反應的更多資訊，可參閱羅伯特・薩波斯基（Robert Sapolsky）有趣的書《為什麼斑馬不會得胃潰瘍？：壓力、壓力相關疾病及因應之最新守則》二〇〇四年第三版。（遠流出版）

別是如果這已經成為一種生活模式的話。

遇到高壓情境時，戰鬥或逃跑有個好處就是可以把你搞得筋疲力竭，因此一旦結束後你就會休息。你的血壓與心跳會恢復正常，血流速度會調整回來，肌肉會放鬆，高漲的想法與情緒會冷卻下來，你重獲全面的復原，此復原深及生物層次與染色體層次，相關的基因可以開啟，也可以關閉。

然而，當你把所有這些壓力反應都往內壓時，就不會有戰鬥逃跑後的復原，因為沒有達到巔峰，所以沒有身體上的放鬆與後續的恢復。於是，你的身體便一直保持在激發狀態，不論是壓力賀爾蒙（將對你的身體造成很大的破壞）或是依然激動的情緒和想法，它們都沒有退卻，而且甚至導致若干大腦迴路的失調。

日復一日，我們面對各式各樣的情境，其中許多會大量消耗我們的資源能量。假如每一次遇到不舒服的情境，我們自動化的反應都是或大或小的戰或逃，但大部分時候我們又壓抑該反應的外顯表現，進而把所有負面能量一股腦地吸納進來，當一天結束時，我們就會發現自己不可思議地緊繃與疲憊。假如這樣的反應模式成為一種生活方式，又沒有健康的因應之道以放鬆內在的緊繃，過了數週、數月或數年後，我們會進入一種慢性卻長期的過度警覺狀態，在這種狀態下我們很少獲得歇息，甚至慢慢會告訴自己這是「正常的」。我們使超量的身體適應負荷常態化，許多時候甚至不知它們的存在，我們沒有任何足以信賴且具系統性的解決方法，讓我們在面對壓力時可以用得上。這確實會導致不必要的身心損耗。

堆積如山的研究證據顯示，交感神經系統若長期處於刺激狀態，會導致長期的生理失調並引發各種問題，如高血壓、心律不整、消化問題、發炎、慢性頭痛、背痛、睡眠障礙，或是心理上的痛苦如慢性焦慮、憂鬱或兩者兼具。當然，具備任何一項都會帶來更多壓力，成為惡化問題的額外壓力源。我們可以在圖9看到，這些就是長期過度警覺反過來對人產生的影響。

在減壓門診中，我們看到很多如此生活的人。人們之所以來找我們是因為他們受夠了，實在受夠了，終於決定必須學些更好的方法來處理他們的問題。時至今日，許多人來上課是因為他們在報章雜誌、電視或網路看到關於正念或靜觀的報導及科學研究。在第一堂課，有時候我們會邀請成員描述一下他們最放鬆的狀態是什麼樣子，許多人這麼說：「我已經不記得了，那已經是好久以前的事情了」或是「我不認為我曾經感到放鬆過」，此立即與圖9的過度警覺症狀相呼應，因此許多人會說：「這張圖根本就是在講我嘛！」

每個人都有各式各樣因應生活壓力的方法。有些人在極端高壓下依然有卓越的應對之道，他們發展出自己的壓力因應策略，也知道何時需要停下來休息一下，他們規律地運動、靜坐或做瑜伽，與好友分享自己的事情，有許多習慣和興趣可以讓自己的身心獲得喘息。他們會給自己一些忠告，提醒自己從不同的面向看待事情又不失真，這些人擁有良好的壓力耐受力。

然而，許多人因應壓力的方法卻是無效的或只是讓事情變得更糟，例如圖9所顯示的「適應不良的因應方法」。這些方法也許可收一時之效，讓我們覺得有掌控感，但長期而言都是不健康的，因為它們會導致更多壓力，增加更多困難而使自己更受苦。

最常見的不良因應方式，就是完全否認有任何問題。「誰、我、緊繃？我哪有啊！」否認者會這麼說，即便他臉部緊繃的肌肉與未處理的情緒，已經透過身體語言流露出他的真實狀況。**對有些人而言，單純只是靠近自己、承認自己身上帶了許多盔甲，或者承認自己內心感到受傷與憤怒，就要花上好長一段時間。如果自己都不承認有壓力，要釋放壓力就很困難了。**若被人質疑自己的這種否認模式，或是不願意面對生活中的某些面向，種種強烈情緒便會被挑起，例如生氣或憤慨。這些確實都是拒絕觀照更深層自我的徵兆。因此，如果你真心想要找一個新方法來面對人生，這些拒絕的徵兆相當值得注意，它們可以成為你的朋友與盟友，如果你願意轉向好好面對它們、給它們一些空間、歡迎它們進入覺察、仁慈與對自我慈悲的領域中。你可以溫和刻意地實驗對它們好一點或友善些，這沒有你想像中的難。

話又說回來，否認也未必永遠都是適應不良的因應方式，有時它確實是短暫有效的策略，例如該問題並不嚴重，你可能持續否認它，直到你真的必須好好面對並找出更好的處理方式。另一種也頗令人心碎的情況是，在一個充滿傷害的環境下，「否認」是唯一足以讓自己活下來的方式，例如受虐兒童、活在死亡威脅下的孩童、一旦洩露什麼就會面臨恐怖後果的孩童。在減壓門診中，我們見過有類似經驗的病患，他們在孩童時期完全沒有其他選擇，尤其如果傷害者是父親或母親或任何一位他們應該愛的人（即便在這種情況下，他們通常還是愛對方的）。如同我們在第五章看到瑪麗的痛苦經驗，在她兒時所生活的狂亂世界中，否認使她得以維持精神正常。然而，否認早晚會失靈，必須想出其他方法。即便否認也許曾經是最好的方法，最終都必須付出慘痛的代價。這也是何以創傷治療師如此重要，以正念為基礎的方法如此重要。**有愈來愈多動物或人的研究顯示，小時候若生活在充滿壓力與創傷的環境下，長大成人後，在面對壓力情境時會更無招架之力，更容易受傷亦更容易被責難。**在輕微壓力下他們還能應付自如，但在高壓下就容易崩潰了，除非他們能學會調和身心的策略，例如學習正念，讓他們可以有意識地調節情緒、想法和身體狀態。

迴避面對真正的問題，是不健康的因應方式

日常生活中，除了否認壓力的存在，假裝一切都沒事之外，還有其他不健康的方式來控制與調解壓力。這些方式不健康是因為它們迴避面對真正的問題，其中之一是沉湎於工作。舉例來說，如果你對家庭生活感到很有壓力也不滿意，工作，可以成為不回家的完美藉口。尤其假如工作為你帶來很大的樂趣、同事給你正面回饋、工作時你覺得可以操之在我，你擁有權力和地位，感覺自己頗有生產力與創造力，你就更容易埋首於工作了。這是令人陶醉的，也是容易上癮的，如同酒精一般。如果你因為需要工作而不在家，這是社會可接受的託辭，畢竟事情確實總是做不完。有些人用工作來解愁，多數人則是無意識地過度投入工作，因為在內心深處他們不想去面對生活的其他面向，卻又必須努力維持一種健康的平衡。亞莉·霍奇斯柴德（Arlie Hochschild）的書《時間的綑綁：當工作與家庭生活水乳交融時》（*The Time Bind: When Work Becomes Home and Home Becomes Work*）詳細闡述此不良的因應模式。

用工作來填滿時間是一種自我毀滅的迴避行為，你東奔西跑地做各種好事情，理由正當地不用面對自己的問題，你的生活充斥了各種承諾與義務，你完全找不出時間給自己。雖然忙得不得了，你可能並不真的清楚自己正在做的事情。**這種活動過多的現象，有時可以滿足控制感與意義感的渴望，但也可能剛好相**

反，因為你所有休息、反思、無為的機會都消弭殆盡了。

此外，在感到有壓力與不舒服時，我們也很喜歡向外追求快速解藥。當我們不喜歡當下的感覺或只想讓自己覺得「更有趣些」，一個相當受歡迎的方法就是使用化學製品來改變我們的身心狀態，以因應生活中的壓力與痛苦，例如酒精、尼古丁、咖啡因、糖，以及各式各樣的成藥或處方藥。之所以會走上這條路，通常是因為我們在低落時太渴望有所不同，而我們又有很多低落的時刻。在美國社會引人注目的藥物依賴，不正反映出每一個人的痛苦，證明我們多麼渴望內在的祥和。

這般低落的時刻或心境也是憂鬱性反芻思維模式的根源，對某些人而言若未妥善處理，就會引爆重鬱症復發的思緒。這是有毒性、相當不正確且向下旋落的思維模式，尤其是對年輕時即有憂鬱現象卻未完全處理好的人。此即正念認知治療的研究領域，一個研究成果豐碩的臨床工作，將於第二十四章討論。

很多人認為如果沒有來一杯（或兩三杯）咖啡，大概撐不過早上或一整天。喝咖啡成為自我照顧的方式，暫時停歇一下，與他人或與自己連結。喝咖啡有其美感及內在邏輯，在面對各種要求時，以溫和的方式有效地讓自己緩和下來。這種日常的生活儀式，可以帶來一種暫停的感覺；相同的目的，有些人採用香菸。也許未必有意識，但許多人在深感壓力與焦慮時會點上一根菸。曾經有很多年，某家菸草公司的廣告如此宣傳「讓你重獲鮮活的暫停」。點根菸，深吸一口氣，一切都停頓下來，即便只是片刻的平靜、滿足與放鬆，然後再繼續手邊的事情，直到下一個壓力時刻。面對壓力和情緒苦痛的另一種常見化學製品，就是酒精。它可以讓肌肉放鬆，暫時逃離問題的沉重負荷，喝一杯，生活似乎更容易過得去。很多人只有在喝酒後覺得樂觀、有希望、有自信、喜歡交際。一起喝酒的伴通常比較好相處，這也強化你對喝酒的觀點，認為喝酒可以有掌控感、是正常且很好的事情。**這也許是真的，如果是在一種溫和合宜的情境，而非落入一種習慣性的自我毀滅。**

同樣地，食物也被用來因應壓力與情緒困擾，幾乎就像服藥一樣。很多人一感到焦慮或憂鬱就會吃東西，食物成為度過痛苦時刻的支撐與後續的獎賞。如果你感到空虛，想加以填補是再自然不過了，而吃東西就是捷徑，至少表面上你也填補了自己。雖然此動作長期而言未能真的讓人感到舒服，但我們還是持續這麼做。以食物來滿足自己可能會變成頑強的上癮，因為實驗證實刺激大腦的酬償中樞會釋放類似鴉片的神經傳導物質，此物質可以抑制下視丘腦下垂體若干會觸發壓力慣性反應的賀爾蒙，使我們感到自在、舒服與美好。問題是能帶來這種紓壓感的食物都是高脂肪與高糖分，所以它們被稱為「慰藉食物」（comfort foods）。於是當我們感到低落或有壓力時，最吸引我們的都是這類食物。一旦上癮之後就很難斷，畢竟它們可以短暫地帶來壓力減輕的感覺，很容易會想要多吃一點，然後不知不覺就真的會吃太多，即便自己已經有意識這樣的模式很容易吃太多。要改變這項長期習慣需要有堅強的決心與對應策略，後續有關食物壓力的章節將有更詳細的討論。

此外，人們也很習慣用藥物來調節情緒狀態。在美國，減緩疼痛的藥品維可丁（Vicodan）與鎮定劑都是醫院最常開的處方藥，卻也是最被濫用的藥物。在英國，有一種公認的流行病，就是大量使用醫師所開立的鎮定劑，這種藥的副作用會嚴重削弱體力而且容易成癮，因此使用後便很難減藥。鎮定類藥物如煩寧（Valium）[35]與贊安諾（Xanax）更是經常開給女性長期服用。這所傳遞的訊息是：假如你感到不舒服、有睡眠障礙、覺得焦慮、老是對孩子吼叫、在家裡或上班地點總是被一點小事就弄得很抓狂，服用一顆吧！你就可以回到過去的自己，讓事情獲得控制，尖尖角角不再存在。在醫療系統中，使用藥物來調節第一線的不舒服是很普遍的，例如焦慮、憂鬱及各種壓力症狀等。藥物確實相當方便有效，至少會有效一段時間，因此為何不使用藥物呢？為何不給人們一個便捷有效的方法來獲得掌控感呢？

這樣的用藥觀點在醫界大部分是毫無爭議的，也是行醫每日未言明的工作架構。醫師不斷地被醫學期刊上的藥品廣告與藥商業務轟炸，藥商總是免費送上最新開發的藥品樣本讓醫師給病人試用，或是致贈免費的筆記本、咖啡杯、月曆、筆等，上面一定有各種藥名，藥商會確保藥品的能見度很高。

藥品本身並沒什麼問題，如我們所知，在醫學領域中，藥品扮演著極為重要的角色。**問題在於藥品的強勢廣告與行銷策略所創造出來的氛圍，無形中大幅左右了醫師的用藥態度，以至於他們在面對問題時的第一個直接反應，很容易是「這種情況應該開哪種藥？」，而非自問「真的有需要開藥嗎？」**尤其是病人的問題、疾病或擾人的症狀並非與用藥有關，而主要是生活型態的議題時。這類議題有時透過正念練習可以產生正面、巨幅的轉變，將正念運用於疼痛或焦慮的闡述可參閱第四篇，尤其是第二十五章中克蕾兒的故事。

當然，這種用藥態度並非只存在於醫學領域，而是瀰漫了整個社會，我們有喜歡服用藥物的文化。病人求醫時會期待醫生可以給他們些什麼以解除病痛，如果沒有拿到處方箋，他們會覺得醫師不想提供協助。各種成藥如緩解疼痛、控制感冒症狀、讓腸胃蠕動快一些或慢一點的藥品，在美國是商機龐大的產業。各種排山倒海的訊息不斷告訴我們，如果身體或心理覺得哪裡不對勁了，只要服用「X」藥或吃某些東西，我們就可以回復正常，再度讓自己感到有掌控感。

誰能拒絕這樣的邀請？頭痛或任何不舒服時，為何不服用一顆阿斯匹靈或止痛劑就好了？**我們經常忽視一個現象，就是在很多情況下，我們都用藥物來壓制不舒服的症狀，因為這可以讓我們省得去關注那些擾人的頭痛、感冒或腸胃不適。然而，這也讓我們失去了良好的自我觀察機會，看看在那些不適症狀的底層，是否有某些僵化卻值得注意的思維或行為模式。**

除上述外，大家都知道在美國某些社會階層流行服用禁藥。服食禁藥者的基本動機與心態幾乎都是一樣的：假如你不喜歡某些人事物所呈現的樣子，來一錠，你就會感覺好多了。當人們感到被主流社會機構或規範排擠或孤立時，他們很可能會嘗試最便捷與迅速有效的方法，來解放那種令人難受的孤立感，藥物相當方便而且立即見效。違禁品的使用從青少年濫用藥物與酒精開始，確實已瀰漫於社會各階層。根據全國藥物濫用及健康調查二〇一〇年的資料顯示，全美十二歲以上的人口超過兩千兩百萬人服用禁藥，幾乎占了美國總人口數的九%。

35 譯注：精神科處方用藥，鎮靜用。

你寄望能減輕壓力的製品，都是身體的壓力源

不論是合法的藥物或違禁藥品，人們之所以服用都是想要獲得掌控感、平靜、放鬆與好心情。然而，本質上這些都是適應不良的因應方式，假如這些方式已經成為某種習慣，甚至是主要或唯一面對壓力時所採取的方法，那就更不妙了。即便這些方法可以帶來一時的舒暢，但長期而言反而會加重壓力，因為它們無法有效地因應壓力源或周遭環境，無法促進自我調節與情緒平衡，更無法提升體內生化平衡或身體調適的能力。

實際上，這些方法最終只會加重與惡化我們所承受的壓力，如同圖9那個從藥物依賴指向人體的箭頭。對化學製品的依賴很容易導致感知扭曲、障蔽觀察力、腐蝕尋找更健康生活方式的動機。於是也阻礙了我們的成長與療癒，直到我們領悟，其實還有別的選擇。

這些我們寄望能減輕壓力的製品，實際上都是身體的壓力源。舉例而言，尼古丁與抽菸過程中的其他化學物質已經證實跟心臟病、癌症和肺病有關；酒精對肝臟、心臟和大腦都會產生不良的影響；古柯鹼與心律不整和猝死有關。尼古丁、酒精和古柯鹼都是心理上的成癮，也是生理上的成癮。

以負面的方式因應壓力，是一種惡性循環

面對壓力時，為了使身心迅速獲得控制而採取適應不良的因應方式，必然會帶來更大的壓力，於是再以更多不良的方式來因應，這樣的循環可以周而復始地持續很多年，就像圖9所呈現的一般。過度工作、過度飲食、過多活動與藥物依賴等習慣可以幫你撐過好多年。如果你願意靜心瞧瞧，這些習慣通常只是讓情況變得更糟，而不是更好。在這種情況下，周圍最親密的人可能很努力讓你看到並面對真相，帶你尋求專業協助。**然而，一旦這些習慣已經成為你生活的一種方式，他們對你所說的話就很容易被你漠視，你甚**

至會否認身體或心靈正在對你說的話。因為這樣可以提供若干的舒適感與安全感，你不願意放棄，即便它們正一步一步地在坑殺你。說實在的，所有適應不良的因應方式都是會上癮的，而且必須付出極大的身心代價。這些方式讓我們持續處於失調的狀態，而無法活出生命的豐足美好。

如圖9所示，這些不良的壓力慣性反應，再加上不當且有毒的處理方式，日積月累下來早晚會導致崩潰。大部分情況下，崩潰的時間點會比預期的早而不是晚，因為我們維持體內平衡穩定的內在資源與可負荷量是有限的。表觀遺傳學這個新領域有許多清楚的研究報告。表觀遺傳學發現基因體的調節，是發生於基因與環境的互動過程中，例如所選擇的生活方式、行為模式、慣有的思維內容與方式、慣用的表達內容與方式、是否練習正念或其他靜觀方法等。基因體若調節良好，則會降低生病的機率。

透過明智地選擇我們和自己身體的關係、和自己心靈的關係、和周圍人事物的關係，可以讓我們的表觀遺傳基因擁有種種最佳選擇，促進與滋養自己整體的健康和幸福。但若未能如此，在面對長期壓力與無效因應模式下，哪些內在資源會先耗盡，取決於我們的基因、環境以及我們所選擇的生活方式。最弱的地方會最先耗盡。例如，假設你有明確的家族心臟病史，此時你就很容易罹患心臟病，尤其如果你的習慣或生活方式是會提高心臟病風險，例如抽菸、高脂飲食、高血壓、憤世嫉俗、悲觀、對別人充滿敵意等。

或者你會進入免疫系統失調的狀態，這可能導致癌症、自體免疫性疾病[36]或其他類似狀況。你和自己基因的關係、你暴露於致癌物質的程度、你的飲食、你與自己情緒的關係等等，不同的選擇會導致不同的結果，也許更貼近疾病也可能逐步遠離。此外，因壓力所引發的免疫功能低落，可能會增加罹患感染性疾病的風險。

最脆弱的器官最後就生病了，有人的問題浮現於皮膚、有些人在肺、有些人在大腦血管而導致中風、有些人則是腸胃道或腎臟出了毛病。有些人是頸部或下腰的椎間盤問題，如果生活習慣不好的話就更糟了。另外有一群人則是過胖，身體因而負荷更多不需要的重量與過剩的脂肪。

36譯注：體內免疫系統攻擊體內正常組織所引發的各種疾病，例如全身性紅斑狼瘡、類風濕性關節炎等。

不論實際的危機浮現於身體何處，面對壓力的不良因應方式最終一定會導致某種耗弱衰竭。此衰竭若未直接引發死亡，也一定會成為另一個強勢壓力源，迫使我們放下生活中已經擁有的一切來好好面對它。如圖9所示，耗竭崩潰本身又再指回人體以索求更多的適應。

健康的應對之道——將正念帶入生活的每一個當下

現在我們要來討論一下圖9（參閱二九四頁）所未顯示的壓力反應，亦即無可避免又持續很長時間的壓力，例如需要照顧生病或罹患阿茲海默症的父母、照顧失能的孩童等。此類壓力源讓日常生活中的其他壓力源愈形沉重，若未發展出長期與短期的妥當因應策略，日常生活的壓力就會上升到最高點，使當事人經常地處於過度警覺狀態，重複因小事而發飆、緊張、煩躁或易怒。**對基本壓力源若一直未能掌控而持續處於激發狀態，無助與絕望的感覺終將統治一切。**相對於過度活躍，慢性憂鬱將悄悄進駐，誘使賀爾蒙和免疫系統產生改變，一段時間後，終將侵蝕健康並導致耗竭崩潰。有個研究清楚呈現此現象，研究顯示：需長期照顧有慢性病孩童的父母相較於健康孩童的父母，前者的基因端粒剝損程度與氧化性損傷程度都明顯的高於後者。

對壓力反應的耗竭未必都是生理性的，面臨太多壓力又無足夠有效的因應之道，可以導致情緒或認知資源的嚴重損耗，甚至達到神經衰弱的程度，陷入一種再也無法好好過活的感覺，嚴重的話還需要服藥或住院。近年來，過勞或身心耗竭（burnout）一詞相當流行，用以描繪心理上的筋疲力竭伴隨對生活熱情的喪失。生活中原本令你開心的人事物，你不再有任何感覺，思維歷程與情感生活都陷入嚴重失調的狀態。

當一個人處於疲憊倦怠狀態時，對工作、家庭、朋友都會產生疏離感，沒有任何事情是有意義的。在這種情況下，深層的憂鬱感出現，導致許多生活功能漸漸流失，愉悅和熱忱也不見了。如同生理上的耗竭般，心理上的潰堤亦將構成主要的壓力源，迫使當事人必須去面對與處理。

某個壓力源觸動了某種壓力的慣性反應（尤其是內化抑制的反應），為了獲得掌控感而採用適應不良的因應方式；這成為另一種壓力源，引發更多壓力的慣性反應，直到最後突然不支崩潰，甚至突然死亡。這似乎是許多人的生活方式。陷入這種惡性循環時，會覺得好像生活本來就是這個樣子，以為這是正常的退化現象，能量、熱情、掌控感只是正常地流失。

但是，卡在壓力的慣性反應循環裡其實既不正常亦非不可避免。如我們已看到的，面對問題時，我們所擁有的選擇與資源經常比我們想像得還多。**當我們落入這種自我毀滅的模式時，健康的應對之道是停止對壓力的慣性反應**（reacting），**並開始採取有覺察地回應**（responding）。當然，這需要我們可以覺察當下所處的壓力、覺察我們正如何感受此壓力，以及此壓力正對我們產生的影響。這也需要我們覺察自己所落入的處理模式，覺察我們想要一次解決的渴望，覺察想要隨時處於快樂與自在的渴望。所有這一切都是正念之道的部分，正念將生活的每分每秒都帶回當下（而不是停留在過去或未來），每一個我們真正可以活著的當下，就在這裡、就是現在。

〔第二十章〕

有覺察地回應壓力，以取代慣性反應

當你願意將覺察帶入你所遇到的情境，就已經在練習以有覺察的回應來取代慣性反應了。不過，可別期待自己日後所遇到的每一個情境都能如此回應，這太不切實際了。只要提醒自己將更廣闊的感知帶入每時每刻，你就可以將壓力轉變為挑戰與成長。

現在，我們來到正念最核心的部分。前一章我們詳細討論對壓力的慣性反應，這左右我們一輩子的習慣。若想脫離被此習慣牽制並重獲自由，第一步、也是最重要的一步，就是對於正在發生的事情，能夠清清楚楚地覺察。本章我們將仔細探討怎麼做。

讓我們再回頭看看圖9（參閱二九四頁）那人所面臨的狀況，此人隨時都承受著外在壓力源或（和）內在壓力源，壓力源引爆各種複雜的感覺與行為的慣性反應，此稱為「壓力的因應」（stress reaction）。圖10（參閱三一四頁）與圖9其實有相同的壓力慣性反應，然而卻有一條截然不同的路徑，我們稱之為「對壓力有覺察的回應」（stress response），以區分自動化、直覺化的慣性反應。**面臨壓力時，相對於各種不良的因應方式，有覺察的回應不但是健康的選擇，更是有適應力且優良的因應策略。**

壓力降臨時，你真的不需要每一次都走相同的路徑，不用每次都經歷戰或逃的反應，更無須陷入無助、抓狂或抑鬱之中。若將正念帶入壓力情境，透過一瞬間接續一瞬間非評價的覺察，可以為你開創出更廣闊的空間，使你在最有可能對壓力產生自動化慣性反應、過度警覺或採取不良因應策略之際，依舊能夠保持清醒，影響事情的走向，左右你和事情的關係，讓事情不至於整個失控。

壓力的慣性反應涉及高度的認知歷程並整合許多有用的資訊，有時甚至可以救命，就像前一章里蒙瑞德的例子。然而，如果從定義層面來看，壓力的慣性反應其實是自動化且無意識的，經常是在表面意識的底層嬉戲作怪。但是，當你正處於某種高壓狀態時，任何時刻，只要你刻意地將覺察帶入當下所發生的一切，光是不讓這一切成為無意識的自動化歷程，你就已經戲劇化地改變整個局勢，開啟各種潛在的可能。因為現在的你願意盡可能地放開自己，讓自己停留在當下，也因為你是整個局勢不可或缺的部分，透過你自己覺察水平的提升，無形中你就在改變整個局勢了。對於當下分分秒秒陸續所發生的事情，你能清楚地覺察，你的心裡開始產生位移。因著位移你看到不同的光景，於是你有不同的因應選擇。如此一來，你便開始影響正在發生的事情。在高壓情境下，帶入覺察花不到一秒鐘，所帶來的結果卻大不相同。事實上，此正為圖10中「對壓力的慣性反應」與「對壓力有覺察的回應」之關鍵分野。

讓我們來看看你會怎麼做到。處於有壓力的情境時，你駕馭好自己，讓自己雖處於壓力之中卻依然不偏不倚，你承認現在的情境充滿壓力，也承認內在有股想直接反應的衝動。然而，你沒有自動化地採取習慣性的情緒表達，因此也就沒有必要壓抑任何的想法或感覺，因為這些想法或感覺都只是為了避免失控的過度警覺。**你允許自己確實領受當下的各種感覺，例如被威脅、害怕、生氣、受傷等，也允許自己領受身體所呈現的緊繃。**將覺察帶入此時此刻，你可以輕易地辨識與承接一切的煩亂不安與身體的緊繃，換言之，你可以如其所是地承接自己所有的想法、情緒和身體感覺。

簡單地從無心直覺的慣性反應位移到正念覺察，便可大幅降低對壓力慣性反應所帶來的衝擊以及它對我們的負面影響。在這些時刻，你真真切切地擁有不一樣的選擇。你依舊可以回到壓力慣性反應的舊模式，但你不一定非要這麼做。每當你的地雷被踩到時，你不再需要使用老方法直覺且自動化地反應。對於正在發生的一切，你可以帶入更多的覺察而改採有覺察的回應。你擁有更遼闊的眼界，因而更能看到新的選擇與機會，正如同第一堂課的「九點連成線」作業所帶來的啟發（參閱一九八頁）。

話又說回來，如果我們期待一旦感到壓力時，不偏不倚的覺察自然就能從虛無中浮現，或者身心不安穩時，我們應該就有辦法使它們平靜下來並要求自己做有覺察的回應，這可就太沉重了。事實上，我們是

圖10：壓力的因應 有覺察地回應相對於慣性反應

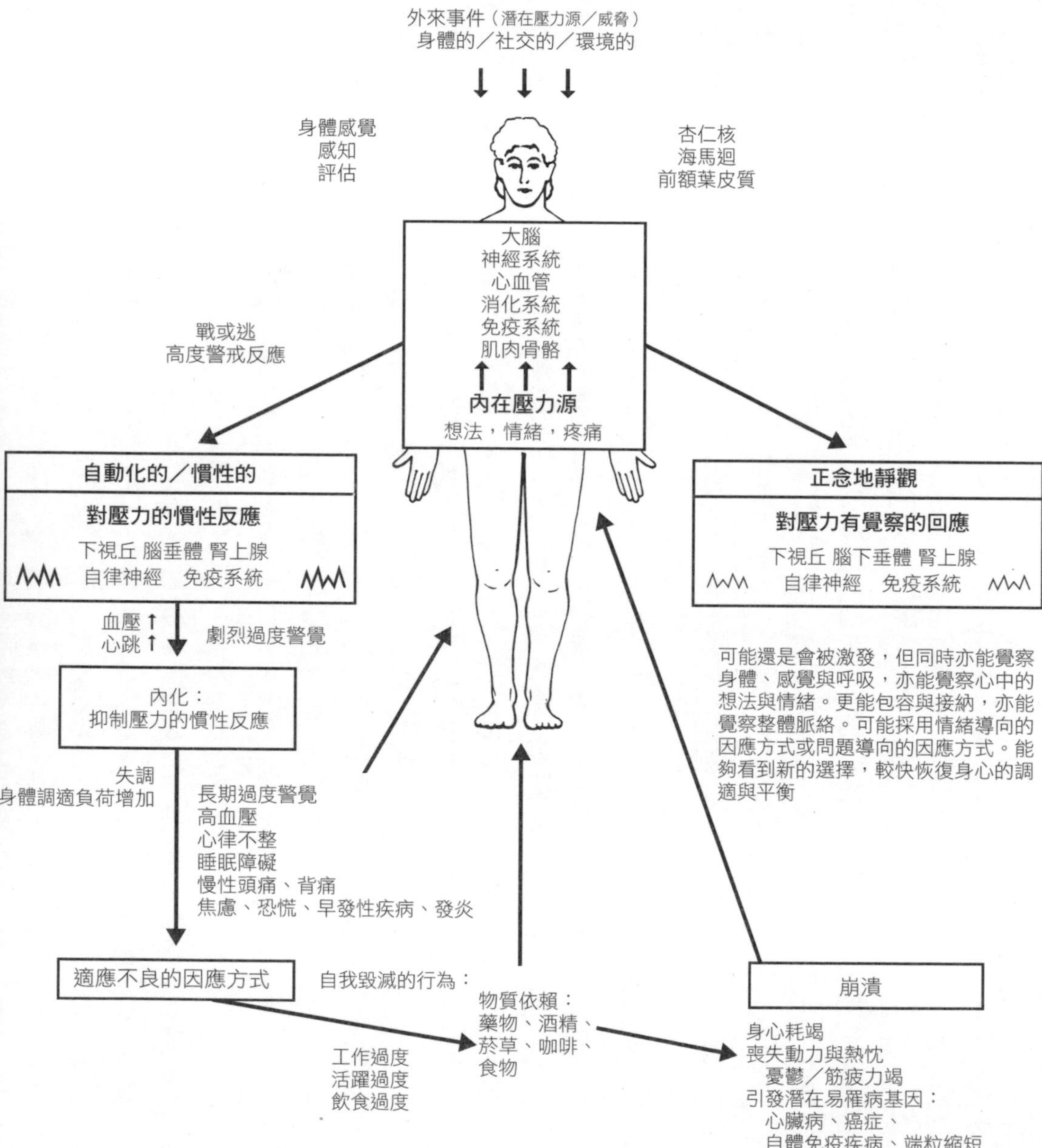

透過各種正式的靜觀練習，來訓練自己的身體與心智做有覺察地回應，並逐步發展與強化這些能力，而不是要求自己應該要有覺察地回應。舉個例子，在練習身體掃描、靜坐或正念瑜伽時，你也許已經歷過各種情緒與認知的慣性反應，例如不耐煩或厭惡。但是透過持續規律地練習，你逐漸鍛鍊出正念的「肌肉」。於是，處於有壓力甚至是高壓情境時，平時所操練出來的沉著力與覺察力才派得上用場，也才能協助你採取更平穩、更富創意的方式來回應壓力。

在正式練習的過程中，我們可能會經驗到種種的不適、疼痛或強烈的負面情緒。我們學習單純地觀察它們，學習允許它們如其所是地存在，而不對它們起慣性反應。如此一來，以正念回應的能力會逐步提升。正式練習分分秒秒的歷程，讓我們無須外求就可以觀察到自己的各種慣性反應並學習有覺察地回應，為我們開啟一個嶄新的方式來面對不悅、反感、厭惡或煎熬，真正地與不適同在。這使我們可以在更廣闊的覺察下，辨識、評估與承接某個事件或情境，對於正在發生的一切可以更靠近與更有接觸，為我們帶來更穩定與更有重心的感覺。這是一種新的存在方式，因此會帶來新的感受，對於自己和經驗的關係會覺得更有連結亦更能掌控，即便是處於困難的情況下。換言之，我們從親身的體驗中領悟，明智的關係也是更合宜與有效的回應；而明智的關係來自於內在的平和、清明、接納與開放，**亦將領悟，其實我們不需要老是跟自己的想法和情緒奮戰，我們不可能也不需要強迫事情如我們所願。**

可以確定的是，如果任由戰或逃的反應機制自動亂竄，它就會凌駕我們，老實說，大部分時候我們都是這麼過活的。然而，真正的挑戰在於我們是否能確實瞭解：不論何時何地，藉由刻意地位移我們和自身經驗的關係，便可讓自己立足於決定事情走向的關鍵位置。請容我再次直言，**只有在此當下**，我們可以和自己所經驗到的一切產生關聯，現在、就是現在。

當然，選擇對壓力採取有覺察地回應而非直覺反應，不表示從此之後你不再有自動化反應，例如感到被威脅、恐懼或憤怒，也不表示從此以後你不再做愚蠢、對自己不利或甚至是有害的事。**差別在於，這些感覺與衝動升起時，你會更有覺察，覺察時間會更久。**這樣的覺察也許可以、也可能無法緩和你所感受到的強烈情緒，取決於當時的狀況以及你對練習所下的功夫。但是，一般而言，有覺察的回應會開啟更寬廣的知覺空間，因而得以緩和過度警覺的狀態，即便沒有緩和也會復原得比較快。就像圖10中「對壓力有覺察的回應」框格裡細小的彎曲線，相對於「對壓力的慣性反應」框格裡粗大的彎曲線。這些彎曲線代表各種壓力賀爾蒙、自律神經系統活動及腦內活躍路線的總和，決定了在某個特定時點對壓力的慣性反應究竟是增強或減弱。

在許多情況下，被激起的情緒與身體緊繃完全是合宜的，但在其他時候可能就是無益的、不恰當的，甚至具有毀滅性。在這些時刻，你將如何處理分分秒秒所浮現的一切，一方面取決於你能多安住於覺察以及多信任覺察本身；另一方面則取決於事情不是針對你或不是與你切身相關時，你有多大的能耐可以不把它們攬在自己身上。

在某些時候，你那被威脅的感覺跟事件本身的關聯其實並不大，反而主要受制於你的心理狀態。假如能夠用一種開放與好奇的心態，來覺察你感到最有壓力的時刻，也許就能清晰地觀察：肇因於先前事件的高漲情緒或偏頗觀點，如何引發你不合宜的過度反應，甚至是與事件本身不成比例的反應。**然後，在這時刻，你提醒自己試著放下自我設限的觀點，這表示你單純地允許此等觀點存在著卻不隨之起舞，平靜地看看接下來會如何。**你盡力用一種更為開放、寬廣、平靜與清明的心態來面對一切，於是你可能發現事情比你所想像得還要平和些。試著這麼做做看吧！一次、兩次都好，反正也不會有任何損失。而這正是我們擴展察覺範疇的方法。

將正念帶入倍感壓力的時刻，你會發現這創造了某種**暫歇**，在此須臾之間，你感覺好像多出額外的時間，讓你可以更全面地靠近當下正在發生的事情。透過這般刻意地引導自己進入當下，也許有點兒挑戰性，但你將獲得絕佳良機來緩和壓力慣性反應所激起的衝擊。在壓力慣性反應剛剛升起時，你從自己身體與心理的反應中覺察到它們，允許它們的存在，甚至在你可以的範圍內「歡迎」它們，在覺察中仁慈地涵容它們，如此一來，壓力慣性反應的衝擊便有機會獲得緩和。在此暫歇的片刻，你又擁有多一點的時間可以選擇更具正念、也許情緒上更中立的方式來回應，選擇一種可以確實緩和或降低暴衝慣性反應的方式，選擇一種讓你更有創意也更開放的回應方式，就在這暫歇的須臾之間。奇妙的是，即便在時鐘上這暫歇的時間也許根本不到一秒鐘，但它在你心裡的長度卻可以延續，甚至是永恆的，各種更具適應力選擇會變得更加清晰、具體且容易取得。這般有覺察回應的能力可以被運用到各種情況，這是我們與生俱來的能力，卻經常忘記自己擁有。當然，面對令人不悅的情境，要能採取有覺察的回應不會是渾然天成，而是需要練習與提醒的，這也是正念可以產生最大效益的時刻。經常提醒自己練習確實是很重要的啊！

當你這麼做時，會很訝異地發現原本許多會踩到你地雷的事情，已經不再令你激動或抓狂，你甚至不再對它們感到任何壓力。這不是因為你無助地被打敗、宣告放棄或消極地順從，而是因為你擁有更多的空間、更放鬆也更信任自己。

在有壓力的情境下採取這種回應方式是一種了不起的體驗，因為在此困難的時刻裡，你仍然讓自己維持（甚至強化）身心平衡與不偏不倚。這可不是什麼浪漫的完美境界，而是艱困的工程，即便有再好的意圖，我們都可能一而再、再而三地失足於自己慣性反應的坑洞裡。而這本身就是正念練習的核心，在持續不斷培育正念的路上，我們所認為的失敗並非失敗，而是揭示高度有用訊息的禮物。這來自於對生活中每一天、每一刻所發生的事情，都能開放自己抱持正念並善加運用。

練習有覺察地回應壓力，是一種挑戰和成長

如何在日常生活中刻意地培育對壓力有覺察地回應呢？方法就跟我們在正式靜觀練習中培育正念一樣：一瞬間接著一瞬間地，安住於自己的身體，安住於自己的呼吸，安住於覺察本身。當你的地雷被踩到，或出於某些原因你感到很受不了、覺得戰或逃的機制即將啟動，此時你可以將覺察帶入你的臉龐、緊縮的下巴、皺起的額頭、聳起的肩膀、緊握的拳頭、怦怦跳的心臟、你開始覺得不舒服的胃腸等等，任何你當下所領受到的身體感覺；也看看當憤怒、傷心、恐懼等心底的感覺升起時，你是否覺察得到；甚至看看你可否標示出情緒在你身體所引發的反應。

此時，你甚至可以跟自己說「機會來了」或「壓力情境出現了」或「回歸呼吸並保持自己不偏不倚的時刻到了」。正念使你在此時此刻即能合宜地回應。如果你夠靈敏的話，有時候你可以在壓力慣性反應完全浮現之前就先停住，並轉向有覺察的回應。

當壓力的慣性反應升起時，要能逮住它們是需要練習的。別擔心，當你願意將覺察帶入你所遇到的情境，就已經在練習以有覺察的回應來取代慣性反應。不過，可別期待自己日後所遇到的每一個情境都能如此回應，這太不切實際了。**但要提醒自己將更廣闊的感知帶入每時每刻，如此一來你就可以將壓力轉變為挑戰與成長**[37]**。所有的壓力源對於你，正如風之於水手，你熟練地運用它們以推往你想去的地方。**水手無法控制風，你也不可能「掌握」整個局勢。這種實驗態度，使你對於所處情境有能力採取一種更加明智與有創意的關係，將情境的能量導向能為你所用，降低周圍環境中危險或有害的因素，協助你在天候不佳的情形下依然能安然航行。

呼吸，提醒你覺察和檢視自己的想法與感覺

也許最佳開始的起點就是你的呼吸。留意於自己的呼吸，即便只是很短暫的瞬間，都可以協助你用一種更清明的心來面對此刻與下一刻。如同我們已經看過的，呼吸本身就能使人鎮定，尤其如果採用腹式呼吸的話。就像一位老朋友，呼吸協助我們定錨、使我們穩定，猶若橋墩立足於川流不息的河床中。呼吸也提醒我們，不論海面波濤多麼洶湧，在深及十到二十英尺的海底，總是平靜無浪。更重要的是它超級方便攜帶，我們可以帶它到任何地方，不論情況如何演變，它都跟我們在一起，因此呼吸是培育情緒穩定的真正盟友。

當我們失去平靜與覺察時，呼吸把我們帶回來。假若你落實練習，一定體會過在充滿壓力的時刻用呼吸將覺察帶入身體的感覺，包含體內器官的收縮感或肌肉的緊繃感。畢竟呼吸本來就是身體感受的重要一環，因此可以將你帶回對身體的整體感受。歇息於呼吸的覺察中，即便只是一兩次的呼吸，都可提醒你覺

察和檢視自己的各種想法與感覺，觀察它們如何透過身體某些特定部位的收縮或緊繃來傳遞訊息。也許你會觀察到它們有多容易衝動，也許你會質疑它們的正確性。

在面對壓力時，從保持自己穩定的不偏不倚，到任何你可以自我調節的程度，就在你將覺察帶入的那個時刻，你會感知事情的整體脈絡。你會感知自己的種種衝動，例如想逃跑、想爭吵、想對抗、想保護自己。你會感知快要恐慌的感覺、被嚇呆的感覺或被撕裂的感覺。這一切連同其他在那個時刻重要的事項，都可以在更廣闊的空間中現身。用這種方式知覺事情，可以讓你打從一開始就比較冷靜，也可以讓你比較快速地恢復內在平衡。一位在減壓門診完成課程的執行長，將九點難題（參閱一九八頁）掛在辦公室的顯眼處，以提醒自己在工作中若感到有壓力就去尋找事情的整體脈絡。

當你能扎根於平和寧靜與分分秒秒的覺察，面對具挑戰性的情境時，你會更有創意，更能看到新的選項與新的解決方案。你將更能覺察自己的情緒卻不會被情緒牽著走。這使你更容易在艱困時刻依然能保持平衡與洞察力，也就是保持平等心。

如此一來，當壓力解除時，在那個當下，你才比較容易真正地明白：過去的已經過去了，已經結束了，那已經是往事了。這般遼闊洞察的視野可以釋放你自己，讓你把能量用於面對現在這個時刻，處理當前面臨的問題或挑戰。

以此方法對焦並調節自己的注意力，即便在高壓的情境下，當你身體的慣性反應平靜下來時，你的心理平衡與身體平衡（也就是我們所說的體內平衡或身體調適負荷）亦將更迅速地恢復。注意圖10之中不像壓力慣性反應的路徑，對壓力有覺察的回應不會製造更多壓力，所以沒有指向人體的箭頭。**你回應，然後就完成了，你繼續向前，下一刻不會背負著前一刻的包袱，因為它們在前一刻升起時，你已經面對也處理過了。**以分分秒秒帶著正念的覺察來回應壓力，可最大幅度地降低並限縮自己所製造的緊繃，因此需要用來處理

37在〈增訂版導讀〉時曾提過一位研究快樂的學者丹．吉爾伯特，他曾說：「當人們認為是挑戰時會成長茁壯，認為是威脅時會枯萎凋謝」，這是很重要的差異。

那些緊繃所需要的能量亦可隨之減少。

當我們感到有壓力時，經常訴諸不良的因應方式，卻反而因此卡住。擁有不同處理壓力的方法，可以降低我們對不良因應方式的依賴。一位完成課程後又再回來上課的學員在一日靜觀結束時，她說終於瞭解自己抽菸衝動最強烈的時間會延續三秒鐘。她發現呼吸兩三次也差不多是這麼多時間，因此她想，當強烈的抽菸衝動升起時，她可以試著將覺察帶入呼吸，乘著衝動的波浪，看著浪起與浪落，而不用去拿菸。打從那時起，她已經兩年半沒抽菸了。

透過正式靜觀練習，你會更熟悉自己的放鬆與平和狀態，因此當你需要它們時，會比較容易召喚回來。而當你感到有壓力時，容許自己乘著壓力的波浪起伏，無須關閉自己也不用逃跑。確實，你還是會有上下起伏，但相對於自動化慣性反應所帶來的起伏，有覺察回應的起伏會小與少很多。

有覺察地回應壓力，會改變你的生活！

每個禮拜，學員們來減壓門診都會分享他們上課後的體會或實際運用狀況，有的很激勵人心、有的很有趣。菲爾說他運用對壓力有覺察的回應，成功地調節背痛，使自己能專心地完成保險業務人員考試。蕎伊思在醫院緊張焦慮地等著進手術房，她提醒自己回到呼吸而使自己冷靜下來。裴特跟外出度假的精神科醫師通話後，當晚半夜警察來敲門，當著所有鄰居面前硬是把裴特帶走，因為醫師認為她有自殺的風險而報警。雖然覺得非常丟臉，但她還是鎮定地因應了。珍娜特，一位年輕醫師，克服了搭乘直升機執行救人勤務時的暈機噁心。當伊莉莎白的妹妹還是用充滿敵意的方式對待她時，她決定保持沉默而非以怨報怨，這令她妹大感驚訝，於是她們開始對話，這是姊妹倆多年來第一次良好的溝通。

道格出車禍，肇事責任不在他亦無人受傷。道格說如果是以前，他一定會對肇事司機大發雷霆，火爆地譴責對方毀了他的車子、造成他忙碌生活的嚴重不便。但那次他淡淡地對自己說：「還好沒人受傷，已經發生了，還能怎樣呢？」於是他回到自己的呼吸，以平靜的心開始著手後續該處理的事情。他說這完全不像他。

一天晚上，瑪莎開著她先生新買的休旅車來醫院上正念減壓課程。出門前她先生千叮嚀萬叮嚀地叫她要小心開車。她確實做到了，一路上她都非常小心。停車時，她覺得車子停在車庫裡會比停在外面的空地安全，所以就把休旅車開進車庫。就在此時，出現一個很奇怪的聲音，來自於車頂。啊，太遲了！車庫入口的吊桿劃過了休旅車的天窗，她忘了天窗是開著的。愣了一秒後，她知道自己做了什麼事，也明白她先生會有什麼反應，因而感到驚恐萬分。不久後，她笑了，她告訴自己：「損害已經發生了耶，真不敢相信這是我做的！哎，不過，也已經結束了。」然後她進入教室並跟大夥兒說這件事，她很驚訝自己竟然可以掌舵好當時的驚恐，保持冷靜並給自己一點兒幽默感，她也明白她先生只能接受這已經發生的一切。

凱斯說他發現自己竟然可以在牙醫診所裡練習靜觀。凱斯很怕看牙醫，所以都會拖到疼痛難熬才去就診。有一天候診時，他發現自己竟然在觀呼吸，感覺到身體沉入椅子裡。他發現即便牙醫師用儀器在他的嘴巴裡鑽來鑽去，他依然可以繼續覺察呼吸與覺察身體感受。沒有慣常的緊張害怕，反而是平靜穩定，他好訝異這帶給他那麼大的助益。

密集靜觀訓練可以影響你的身心狀況

我們將於第四篇廣泛地討論正念練習的實際運用，會有許多例子說明透過正念的學習，人們如何有覺察地回應壓力，而非被無心的、自動導航的慣性反應所控制。

如果你一直有在練習正念，或許會發現自己在面對生活中的壓力與問題時，所採取的回應方式已經不一樣了，這才是最重要的！

規律練習靜觀者的共同特徵，是在面對壓力時擁有較大的復原彈性，又能降低對壓力的慣性反應，這在許多研究都有報導。一九七〇年代早期，哈佛大學的學者丹尼爾．高曼（Daniel Goleman）與蓋瑞．史瓦茲進行一項研究，他們給靜觀者[38]和非靜觀者觀看一部生動刻畫工業災難的影片。研究發現，靜觀者的敏感度與情緒參與度都比非靜觀者高，但前者後續生理與心理恢復平衡的速度也比後者快。近期一項著名研究稱為「奢摩他計畫」（Shamatha[39] Project），由加州大學戴維斯分校的克里夫．沙隆教授所主導，此計畫廣泛地研究長達三個月的密集靜觀訓練所會產生的影響。研究發現不論生理上或心理上，靜觀禪修者與隨機分派的臨床對照組的差異都很大，例如靜觀者的端粒酶高出三〇％、較有掌控感、神經質的指數較低等，這些都會增加正念程度與生活的意義感。擁有較高的端粒酶表示對壓力慣性反應的程度會較低，而較好的掌控感正是我們在回應壓力時所渴望的。這份研究所蒐集的資料相當多，分析資料正陸續呈現，大約需要花上數年的時間。但到目前為止，所分析出來的資料明確顯示，密集靜觀訓練（這部分的研究特別聚焦於正念呼吸與慈悲的培養）確實在身心兩方面都產生重大影響，使人對壓力的慣性反應轉向有覺察的回應。

另一個早期但有發展性的研究是狄恩．歐尼許（Dean Ornish）醫師與其同事所完成的（詳見第三十一章）。參與者都是有冠狀動脈心臟病的人，他們完成一項二十四天生活方式調整的密集課程，內容包括了低脂和低膽固醇的素食飲食、每天練習靜觀和瑜伽。研究顯示，這種生活方式可以大幅降低實驗組的血壓和心理壓力。控制組的成員既未改變飲食亦不做靜觀練習，因此他們在面臨壓力時血壓依舊容易飆高。**當我們感到有壓力時，血壓升高本來就是正常現象，因此這些人經歷這麼短暫的訓練後，就能如此戲劇化地改變他們對壓力的慣性反應，這確實是值得注意的。**

與自己的慣性反應和平共處

學習有覺察地回應壓力，不等於從此以後不再有慣性反應，亦不意味著你永遠不會被氣憤、悲傷或害怕給淹沒。**面對壓力時，不論是情緒上或身體上的反應，我們都不去壓抑、否認或掉頭假裝沒事。相反**

地，我們學習如何與自己所有的慣性反應和平共處，情緒上或身體上的慣性反應均然。如此一來，我們才有更清晰的觀察能力，才有機會不受慣性反應的控制，也才知道如何有效地回應。在某個特定的情況下，事情會如何發展取決於它本身的嚴重性與它對你的意義。你無法事先就擬好一個放諸四海皆準的壓力因應策略，回應壓力需要分分秒秒的覺察，承接每分每秒所呈現的一切。你必須仰賴自己的創意，信任自己的能力。以這種方式面對壓力，你將每次都有新的發現。也許你知道自己不再想用舊有的慣性反應模式，但也還不甚清楚用一種嶄新且不同的方式回應是什麼意思。每一次的狀況都不一樣，選擇權的多寡決定於當時的情境；但當你將覺察帶入該情境時，至少你已經擁有所有垂手可得的資源，你擁有發揮想像力的自由。在日常生活中好好培育正念，面對最困難的時刻，你依然擁有全然活在當下的能力，這能力本身就可以撫慰與懷抱所有的苦難。有時候光是這樣便足以緩和你的痛苦，但有時卻不行。無論如何，「覺察」多少一定會帶來撫慰與舒適，即便是在受苦之中。我們可以稱此為智慧的撫慰、核心的信任、身為圓滿人類的美好。

38譯注：靜觀者的原文為meditator。Meditate之所以譯為「靜觀」，請參閱〈譯者序〉。

39譯注：此為佛教術語，意指禪定，以某種高度的專注來安頓身心終至解脫。

PART 4

正念的應用

願所有人，在日常生活中、在追逐工作成就與實現夢想的同時，都能全然安住於覺察。否則，那可能的冷酷無情與恐怖猙獰，實在令人難以直視。也願我們全面了知，我們是如何威脅自己。面對世界如此繁多重大又緊急的變化，或許可以敦促我們選擇正念地過活，甚至是以一種全球性的視野正念地生活。

〔第二十一章〕

與身體的症狀合作——聆聽身體的聲音

以充滿正念的能量來看病症，不論那是心悸、呼吸短促、發燒或疼痛，都可以適時地提醒你，尊重自己的身體，仔細地聆聽身體正在告訴你的訊息。當我們未能尊重這些訊息，不論是出於否認或過度認同病症，都會讓自己陷入嚴重的困境。

緩解各種病症是數百億美元的商機，從最輕微的鼻塞、頭痛、胃痛到任何身體的症狀，都可以促使人們立刻到醫藥箱或藥房尋求某種藥物，好把那不舒服的感覺驅逐出境。有些藥可以讓腸胃道的消化速度減慢，有些藥則可令其變快；有些藥可以緩解胃灼熱，有些藥則可以中和過多的胃酸。如果你有醫師的處方箋，還可以去拿鎮定或降低焦慮的藥品如煩寧或贊安諾、降低胃酸分泌的藥物如泰胃美（Cimetidine）、善胃得（Zantac）、或是緩解疼痛的各種止痛藥，這些都是在美國最常見的處方藥。它們的主要作用都是為了緩解身體的不適症狀，在大部分情況下也確實有效。然而，因為症狀獲得緩解，人們反而輕忽造成問題的根源，這是廣泛使用這麼多藥物最大的問題。

如此迅速尋求藥物以緩解症狀，反映出一種普遍的態度：症狀只會給我們帶來不方便，阻礙我們，讓我們無法過自己想要的生活，真是無用的威脅。因此不論採用何種方法，都必須消除症狀或好好抑制。但**事實上，症狀通常是身體正在告訴我們體內有些東西已經失去平衡，是體內失序的外顯訊息。如果我們忽略這些訊息甚至壓抑它們，往後可能衍生更嚴重的問題，此外，這樣的做法會使我們無法學習怎麼聆聽或信任自己的身體。**

在麻大正念中心的減壓課程上課之前，成員會需要填寫一些問卷，裡面有一百多項關於生理或心理症狀的描述，詢問成員在過去的數月間是否有這些狀況。在八週課程結束後，他們需要再填寫一次相同的問卷。

過去三十年來，比較這些不同時間點所填的問卷，我們觀察到一些有趣的事情。首先，大部分人一開始都有相當多的症狀，在我們所羅列的一百一十種身心症狀中，成員們在上課前平均有二十二種，這的確相當多。當成員們完成課程後再重新檢視，平均大約剩下十四種，減少了三六%。這可是相當大幅的改變，一方面時間這麼短，另一方面這些症狀其實很多都是痼疾。三十多年來，我們親眼目睹每一次的八週課程都有這樣的成效。

你可能會認為這些症狀的減少沒什麼，因為人們只要接受到任何一種專業照顧，都會讓他短暫地感覺好轉。你也可能質疑，症狀的減少只是因為人們每週規律地來醫院並置身於一個正向的團體中，而不是他們在減壓課程中做了些什麼特別的事情，例如練習靜觀。

這的確是很合理的假設，不過在這裡情況是不太一樣的。因為參與減壓門診的病人在醫療照護體系裡都已經接受了多年的專業照護，平均而言大約七年，而這也是他們被轉介過來時的主要抱怨。因此，不太可能只因為病人規律地來到醫院、與一群同樣罹患慢性疾病的人齊聚一堂，或有人注意到他們，就可以讓症狀如此大幅減少。然而，確實有個因素可能是有幫助的，就是在課程中我們挑戰並鼓勵他們為自己的健康做些調整。這可以協助病人成員徹底脫離他們過往在醫療體系中的被動角色，或是被迫進入某種被照顧的狀態。就如我們所強調的，這就是「參與式醫學」的實例。

人們在正念減壓課程中確實有學到一些東西，因為多年的後續追蹤研究顯示，在課程結束後，這些症狀依舊持續減少，甚至獲得進一步的改善。我們在不同的時間點研究了四百多位的參與者，有些追蹤甚至長達四年之久。

四年的追蹤研究中，超過九〇%完成八週課程的人表示，課程結束後他們或多或少都會繼續練習靜觀，並認為正念減壓的訓練對促進健康是相當重要的。

正念之道就是接受當下的自己

雖然在這八週內我們會看到許多戲劇化的轉變，然而，在課堂中我們其實很少提到病症，即便提到也不是為了要消除或減少症狀。二十到三十五位有各樣疾病的人齊聚一堂，每個人的生活狀況、病情症狀與治療計畫都不一樣，但每個人心裡頭都感到焦慮、都關心自己的病症，也都希望能消除病症。在這種情況下，如果還專注於個別狀況，恐怕只會讓大家更自我中心與專注於疾病。當我們的心思如此地被病症所占據時，這樣的團體很可能會激起大家無止境地討論每個人心裡所在乎的病症，這的確可以帶來相互同情與團體支持的力量，雖然也有療效，但恐怕無助於啟發觀點或行為面的深層改變，亦難以帶動個人的轉化。**在正念減壓課程中，我們完全不否定有問題的那個層面，但我們選擇專注於人們「正常健全」的一面，而非「有問題」的那一面，這使我們得以跨越問題的細節與自我中心的成見（雖然在某些狀況下，問題的細節也是相當重要的），直接進入關鍵事情的核心，協助人們從他們當下所呈現出來的樣貌，體驗到自己的內在整體性。**

我們在課堂中討論到病症時，不會視病症為悲慘而須除之後快的苦難。在病症出現並強勢主控我們的身心時，就在這個當下，我們以一種特別的方式，專注於對病症本身的真實**體驗**，並稱此為「明智的專注」。明智的專注，一面是指將正念的安穩、平靜與清明，帶入我們的病症，也帶入我們對病症所產生的慣性反應。另一方面亦指在面對某些事件或境遇時，如果不是真的跟自己有關，就別老跟自己扯上關聯或攬在自己身上。之所以稱其為「明智的」，主要是為了區分平常我們在面對問題或危機時的一般性的專注，在這種情況下，我們很容易變得非常自我中心，以自己所編織的故事或敘說纏繞自己，而這些故事通常不完全正確，因此在面對我們不想要或不開心的處境時，無法使我們看到更廣闊的脈絡與更多元的選擇。

舉例而言，如果你有嚴重的慢性病，你會很在乎這個病甚至感到害怕，對於身體大不如前的變化，你感到頗沮喪；對於未來所須面對的種種難題，你感到憂鬱。你花了很多精力注意這些病症，只不過這些可能都是無益或無助於療癒的專注。因為這種專注通常是慣性反應，裡面有很多評價、恐懼、自我中心，或是充斥了焦慮、成見及自我耽溺，因此心裡已經沒什麼空間留給接納或留給不同的可能，這與明智的專注是完全相反的。

正念之道就是接受當下的自己，不論有無病症、疼痛或恐懼。對於我們不喜歡的經驗不加以排斥，相反地，我們探詢：「這個病症要表達什麼？關於我當下的身體與心靈，它要告訴我什麼呢？」即便只是一秒鐘，我們允許自己直接進入病症所帶來的一切感受。這是需要勇氣的，特別是如果這樣的病症是會疼痛、與慢性病或與死亡的恐懼有關。這裡的挑戰在於你能否至少「用腳趾頭試一下水溫」，試試看，更靠近病症也看得更清楚些，即便只是十秒鐘？對於當下所展現的一切，你能否以一種「歡迎光臨」的心態來迎接？原因無他，因為它已經在這裡了！你能否仔細瞧瞧當下所展現的一切，甚至允許自己在不舒服時仍能全面領受當下的體驗？

這其實是用一種非凡的態度，我們用此態度來面對自己時時刻刻的經驗，或者也可以把這樣的態度當成一種實驗。這麼一來，當情緒升起時，我們可以清楚覺察，其中也許包含了對病症或處境的種種感受，裡面可能有生氣、排斥、害怕、絕望或放棄。此時，我們依然仔細地覺察它（們），愈不感情用事愈好。為何如此？沒有什麼特別的原因，只因為它（們）已經在這裡並成為我們經驗的一部分。**想要邁向更美好的健康與祥和，我們必須從現在所在的位置開始，畢竟，現在才是通往所有可能的平台。只有現在、只有當下的自己，可以通往更好的健康狀態。**因此，仔細地覺察我們的病症以及我們對病症的感受，接納病症當下所呈現的一切，是至關重要的。

身體症狀是一種歷程，並不等同於「我」

從這個觀點來看，疾病本身的症狀或痛苦，外加你對病痛的種種感受，都是信差，都是來告知你若干身體或心理重要且有用的訊息。在古代，如果國王不喜歡信差所帶來的訊息，有時甚至會殺掉那個信差；好像我們不喜歡病症與感受，便盡力壓抑它們一樣。殺掉信差、否定訊息、對訊息暴怒，都無法通往療癒的大門啊！我們真正最不該做的事情，就是忽略或切斷跟內在的連結，因為這樣的連結可以全面打通與健康息息相關的反饋迴路系統，可以復原身體的適應負荷，促進自我調節與身心平衡。**當我們有任何病症時，最大的挑戰就在於：我們是否願意聽這些信差，好好地確實聆聽，把它們所傳遞的訊息放在心上，也就是與這些訊息充分連結。**

當學員在正念減壓課堂中告訴我，他在練習身體掃描或靜坐時會頭痛，我就會問他：「好的，現在請你說說你是如何跟它（頭痛）合作的呢？」

如果你在靜坐時感到頭痛，是否可以利用這機會好好觀察頭痛這個經驗，因為即使你沒在靜坐，頭痛可能也是你日常生活的困擾之一。就在此時，你可以採用明智的專注來觀察它嗎？你可否正念地領受並接納這些身體感覺呢？你有觀察到自己的念頭嗎？你的心，是否已全自動地落入某種排斥或評價的狀態？或者你正在跟自己喃喃自語如：「這次的靜坐真是失敗、我是個『不好的禪修者』、我就是無法放鬆、靜坐其實沒什麼用、哎，我的頭痛沒救了……」

任何人在這種情況下，都可能有上述反應或更多想法，這是對頭痛的一種慣性反應，相關的想法在心裡來來去去。**此時的挑戰在於，讓自己明白這些都只是想法，未必等於事實；讓自己平靜地迎接當下的頭痛，因為不管怎樣、不論你喜不喜歡，它都已經在這兒了。**你是否可以專注於當下身體的感覺，以此來解碼身體所要傳遞的訊息？你**現在**是否覺察到任何情緒或心情，它們發生於你的頭痛之前嗎？是否有任何事件觸發了這樣的心情呢？你現在感覺到有情緒上來嗎？你現在感到焦慮、憂鬱、悲傷、生氣、失望、挫折或惱怒嗎？在這個當下，你可以與你的感覺同在嗎？也許你感覺到太陽穴不停地被重擊，或是有其他感覺，你可以跟這些感覺一起呼吸嗎？若此時你採用了明智的專注，是否觀察到自己後續的反應呢？可不可以看著種種的感覺與想法而不對其加油添醋，單純地視之為感覺與想法，換言之，它們只是覺察領域中**與你個人無關**的事件？而當你已經將自己等同於「我的」感覺、「我的」生氣、「我的」想法、各種「我的」時，你可以清楚地看到嗎？此時你是否可以放下這些「我的」，純粹如其所是地接納每一個當下？

當你開始往內探索頭痛時，會看到許多想法和感覺，看到正在發生的慣性反應、評價、對當下感覺的排斥等，也看到自己多渴望情況會有所不同。之後，或許你將領悟，你並不等於你的頭痛，除非你自己如此認定，除非你自己把它變成「你的」頭痛。也許它就只是一個頭痛，只是腦袋瓜裡的一個感覺，在這個當下，我們甚至根本不需要為它命名。

我們使用語言的方式，清楚呈現我們如何自動地將症狀個人化與疾病個人化，例如我們會說「我有頭痛」、「我有感冒」、「我有發燒」。然而，正確的說法應該是「這個身體正在頭痛」、「這個身體正在感冒」、「這個身體正在發燒」。當我們自動化且無意識地將每一個所經驗到的病症，都與我和我的黏繫在一起時，就已經給自己找大麻煩了。為了更清楚聆聽身體的訊息，也為了免於落入自我誇大的慣性反應，當我們對病症產生強烈認同時，必須能覺察並刻意放下。**若我們能看到頭痛或感冒是一種歷程，我們就能明白它是動態而非靜態固定的，它不是「我們的」，而只是某種我們正在經驗歷程的展現。**於是，我們將明白，我們跟自己所說的話，不管是一丁點兒的念頭或已編織成完整故事，它們其實都不是全面的整體。但若深信念頭想法就等於「事實」時，我們便已經嚴重地限縮自己的選擇，阻礙自己的學習與成長，更別說療癒了。

尊重自己的身體，聆聽身體告訴你的訊息

以充滿正念的能量來看病症，不論那是心悸、呼吸短促、發燒或疼痛，都可以適時地提醒你，尊重自己的身體，仔細地聆聽身體正在告訴你的訊息。當我們未能尊重這些訊息，不論是出於否認或過度認同病

症，都會讓自己陷入嚴重的困境。

一般而言，即便在意識層面你與身體連結的程度很糟，但你的身體還是會拚命想把訊息傳遞給你。某日在課堂上，一位傳教士如此描述自己的歷程：高壓的生活方式讓他在工作時總會頭疼，即使已經愈來愈嚴重，但他始終沒聽到。後來他的身體送給他一個潰瘍，他還是聽不到。最後他的身體送他一個輕度的心臟病，這次他嚇壞了，也終於聽到了。他第一次仔細聆聽身體的訊息並尊重它們，讓他有機會好好認真對待自己的身體。他明白這可能是他最後的機會，也明白原來自己的身體長久以來，一直努力讓他從原本快節奏的生活方式慢下來。他由衷感謝這次的心臟病，視其為生命的禮物。這是他學習靜觀數週後的體悟。

〔第二十二章〕

與身體的疼痛合作——疼痛不等於你

如果你不是你的身體，那「你」當然就不會是你身體上的疼痛囉！你的核心本質一定大於你的疼痛。當你學會拿回居留權並安住於純粹的存在，你跟疼痛的關係，或是跟身上任何強烈不適的關係，就會進入一種深層轉換和療癒的歷程。

下次當你被重物砸到或被車門夾到時，試著做個小小的正念實驗。看看你是否可以觀察到自己裡面瞬間爆炸的強烈感覺、聽到自己的尖叫、嚷嚷、呻吟或抱怨，看到可能接踵而至的暴力或反擊行為，這所有行為在一兩秒內就發生了。在這一兩秒內如果你夠迅速的話，可以將正念帶入，覺察當下所體驗到的各種身體感覺。然後也許你會發現自己已經停止詛咒、吼叫或抱怨，而且你的動作也比較沒那麼暴力。當你觀察疼痛區塊的感覺時，留心它們如何改變，觀察各種感覺如何迅速地流過那個區塊，例如：刺痛、抽痛、灼痛、割痛、撕裂痛、連續痛等等，觀察所有這些痛感亂七八糟地攪和在一起。不論你接下來的動作是冰敷、泡水、舉高或擦藥，任何當時你覺得該做的事情，試著持續關注這個區塊的各種感覺。

實驗中如果你夠專注的話，可能會發現在你裡面有一股沉著冷靜，藉此得以觀察整個變化的過程。那感覺好像你跟身體感覺是可以分開的，好像你不只是「你的」疼痛而已，或者根本不需要稱它為疼痛，就是某種強烈的感覺，小心別讓詞彙把感覺給綁死了。也許你會感受到在疼痛的「裡面」或「底層」有種平靜的感覺，**也許你觀察到你對疼痛的覺察是超乎疼痛本身的，覺察成為你的避風港、使你站在有利位置，而不是一種逃避。**但話說回來，假如你沒有這些體驗也無妨，下次如果你倒楣到有機會體驗疼痛時，可以再來好好檢視覺察與意向和你稱為「疼痛」這感覺之間的關係。

指頭被重物砸到或被車門夾到會立即帶來劇烈的感覺，急性疼痛一詞代表的就是這種突發的疼痛。急性疼痛一般而言都很強烈，但也相對短暫，一下子過後就不痛了，要不然你就會想別的法子讓它不痛，例如迅速就醫。如果在這種時刻你實驗將正念帶入，可能發現：你如何看待這個經驗所帶來的感覺，跟你會感覺到的疼痛程度與受苦程度息息相關，你的情緒與行為也將同步被牽動。這真是令人大感意外的發現，原來面臨急性劇痛時，除了自動化地被疼痛淹沒外，還有別的方法可以處理。

從健康與醫學的角度看，相對於急性疼痛，慢性疼痛是更棘手的。慢性疼痛會持續很長的時間而且不易緩解，可能持續不斷也可能來來去去。此種痛感變異很大，從極度令人難以忍受到隱隱作痛都有可能。

老實說，醫學在處理急性疼痛比慢性疼痛強多了。急性疼痛的肇因通常可以迅速找到，因此可以對症處理。但有時候即使已經服藥或手術處理，疼痛就是不走，而且找不到明確的病因。某種急性疼痛六個月以上持續來來去去，就成為慢性疼痛了。本章與下一章所要討論的都是針對慢性疼痛以及有關疼痛和受苦的研究發現，尤其是如何運用正念來善待疼痛（雖然這聽起來可能很古怪），亦將探討各種可以讓我們和疼痛之間有更明智關係的選擇，換言之，就是如何因應疼痛，學習如何與疼痛和平共處。

我們恐懼的是痛苦，而非疼痛

有件重要的事情，請讀者務必謹記在心：所有由醫療專業人員轉介來上正念減壓課程的病人，在上課之前都已接受完整的醫療照顧以確保參與者並非處於需要立即醫療處置的狀態，這非常重要的。**聆聽疼痛當然也包括讓自己有恰當的醫療照顧，這才是理性的決定。正念減壓的課程設計從未要取代任何醫療處遇，但確實是醫療處遇的重要輔助。**

如同我們先前討論過的，壓力本身不是壞事，疼痛本身也不是壞事。疼痛是身體最重要的監督功能之一。沒有痛感，你可能會做出對自己更不利的事情而毫無所知，例如觸碰熱爐子，或罹患急性盲腸炎卻因不會痛而不知道身體裡面發生了什麼事情。在這些情況下，急性疼痛直截了當地告訴我們需要注意某些事情或需要採取某些行動，這些健康的警訊讓我們知道該緊急把手縮回來或盡速就醫。疼痛的力道驅使我們立即行動。

天生疼痛神經迴路有缺損者，學習基本安全技能的歷程是很辛苦的，但對我們而言卻是如此地理所當然。多年來生理的疼痛經驗教導我們很多，不論是關於我們的身體、我們自己本身或周圍環境。疼痛是很有效能的老師，但絕大多數人都會把疼痛歸類為「不好的」。

在我們的社會中似乎有種反疼痛的氛圍，甚至未必真的痛而只是我們認為會痛，便避之唯恐不及。這就是何以我們一感覺到好像快頭痛了就趕緊吃藥，或是只要感覺到肌肉有點兒僵硬就立刻換姿勢。這種反疼痛的態度，對於學習如何與慢性疼痛共處可是個大障礙。

人們經常把厭惡疼痛（pain）與厭惡痛苦（suffering）混為一談。一般而言我們不會去區分疼痛與痛苦，但兩者確實是很不同的。疼痛，是自然生活經驗的一部分。面對疼痛可以有許多種回應方式，痛苦的感覺只是其中之一。痛苦，可以來自生理上或情緒上的痛，與我們的想法和情緒有關，也與我們對其所賦予的意義有關，因此痛苦本身其實也是中性的。實際上，無可避免的痛苦對人類的影響是很大的。很重要的是，我們要記得，痛苦，只是疼痛經驗的回應方式之一。即便是很輕微的疼痛，如果我們懷疑那是癌症或其他可怕狀況的話，都可以帶來巨大的痛苦。然而，一旦獲得證實沒事，同樣的疼痛就無足輕重了。**因此，真正決定痛苦程度的不是疼痛本身，而是我們如何看待疼痛以及對疼痛的反應。換言之，會讓我們恐懼的是痛苦，而非疼痛。**

諾貝爾獎得主丹尼爾・康納曼（Daniel Kahneman）[40]及同事進行了一個非常優異的研究，發現人們對於

40 譯注：心理學家，專長包括判斷與決策心理學、行為經濟學、快樂心理學。二〇〇二年以展望理論（Prospect theory）榮獲諾貝爾經濟學獎。著有《快思慢想》（Thinking Fast and Slow，天下文化出版）。文中結腸鏡實驗說明可參閱康納曼的演講短片：http://www.ted.com/talks/daniel_kahneman_the_riddle_of_experience_vs_memory.html。

如何依據事實說明疼痛狀況其實是非常不擅長的。以做結腸鏡檢查為例，人們所回溯的疼痛狀況並非根據疼痛整體的強度或長度，而是根據最痛點與檢查最後的感覺記憶。此現象在實驗室的研究亦有相同的結果。這研究提供我們對於疼痛記憶以及在疼痛中我們有多痛苦，產生深度認識。

當然，沒人想要有慢性疼痛，但事實是，慢性疼痛真的很廣泛。我們社會整體為慢性疼痛與受疼痛之苦者所付出的代價是相當驚人的。根據二〇一一年美國醫學科學院的統計，慢性疼痛所消耗的醫療資源與所降低的生產力，每年少說有五六〇〇到六三五〇億美元，而其心理代價如情緒壓力更是難以估量。

逗留不去的疼痛真的可以使人完全失去能力，疼痛可以侵蝕生活品質，可以一點一滴地榨乾你，使你煩躁、抑鬱，更容易自憐，感到無助與無望。你可能會覺得失去了掌握身體的能力與謀生能力，遑論享受你原本喜愛或是讓你感到生活有意義的活動。

更傷腦筋的是醫療對慢性疼痛的處遇經常只是部分有效。病人在經過一段累人的治療期間後，不論是手術或服用許多藥物，常會被醫師或醫護人員告知，他們必須「學習與疼痛和平相處」，卻未被教導該怎麼做。**被告知需要學習與疼痛和平相處不應該是終點，而是起點**。正念減壓可以在這個起點發揮很好的作用，對一般個人、對病人、對照顧病人者均然，也許對於從戰爭中退役的軍人更形重要，因為他們可能有各種創傷後壓力症候群或身負各式重傷，而不得不接受疼痛已經是生活的一部分。

在最佳情況下（雖然這可能是特例而非通則），有慢性疼痛者將獲得訓練有素的醫護人員的細心照料。心理的協助或諮商可能也會被整合進照顧計畫中，醫療行為包括神經阻斷手術、注射類固醇、注射靜脈止痛劑、肌肉放鬆訓練、服用止痛藥、物理與職能治療，幸運的話還會有針灸和按摩。心理諮商協助病人跟自己的身體和平相處，重組生活以使生活中無可避免的疼痛獲得某種程度的控制，學習正向積極且具有自我效能的觀點，設法在能力範圍內創造有意義的活動或工作。

多年前，我們醫院麻醉科下的疼痛門診因預算問題而關門，但在此之前他們轉介許多病人到減壓門診接受正念減壓的訓練。決定誰適合來受此訓練的主要因素，在於病人本身是否願意為自己做些什麼來因應疼痛，尤其是做過完整醫療處遇後卻依舊疼痛者。至於那些只希望醫生可以「治好」自己或滿腦子只渴望

「疼痛遠離」的人就不適合正念訓練了，因為他們尚未體會到他們也需要為自己的情況負些責任。所以當我們提到心智在調節疼痛時扮演著重要角色時，他們可能誤解這暗指了他們的疼痛只是「想像出來的」，所有的問題都只是在他們的腦袋裡面。**其實當醫師跟病人建議一種身心整合的疼痛治療方式時，病人很容易誤解醫師認為他們的疼痛不是「真的」，因為疼痛者通常只想要疼痛遠離。**

我們實在太常把這個身體當成機器看待了。當機器有毛病時，你找到問題所在，然後「修理」它。同樣的道理，當你有疼痛問題，你尋求「疼痛醫師」，期待他能把問題修好，好像車子壞掉送修般。

但你的身體並非機器。慢性疼痛的問題在於肇因難辨，即便是醫師或專家都很難肯定地說明疼痛的由來。許多診斷測試，例如X光、脊髓造影、電腦斷層掃描或核磁共振等，即便病人疼痛難當，可以呈現的其實不多。就算醫師精準地知道某個疼痛的肇因，幾乎也不會考慮切斷某段神經路徑以降低疼痛。這種手術過去做得比較多，被當作是處理極端疼痛的最後一條路。然而這樣的手術卻經常失敗，原因很簡單，在神經系統中並沒有特定且固定的「疼痛路線」。

因此，如果有慢性疼痛者在尋求醫療協助時，還只是把自己的身體當成機器，並認為醫師唯一需要做的事情就是找出疼痛的問題所在，或切、或割、或打針、或給藥，只要能將疼痛去除什麼都好。這樣的病人通常還有滿長一段路要走，因為慢性疼痛很少是這麼簡單的。

新的醫學典範認為疼痛不只是「身體問題」，而是整個系統的問題。感覺神經脈衝來自於身體的表面與裡層，透過神經纖維傳到大腦，大腦處理此資訊並命名為「疼痛」，在我們意識到痛感之前這些就已經完成了。然而，在大腦與中樞神經系統還有許多路線與控制點，使認知與情緒功能可以調節對疼痛的感知。身體整個系統對於疼痛開了大門，有各種可能的路徑使我們得以刻意地運用心智來影響疼痛的經驗，這正是為何靜觀在學習與疼痛共處上可以發揮這麼大的效益。因此，假如有醫師告訴你，靜觀練習可能對你的疼痛有幫助，不表示你的疼痛不是「真的」，而是你的身體和心智並非截然分離，因此，總是有些可以著力的心理層面；也意味著透過啟動你的內在心智資源，對於身體的疼痛你自己或多或少必定有些影響力。

正念減壓對疼痛的影響——區辨疼痛的不同面向，減輕痛苦的體驗

上述觀點已經由一系列近期研究證實，這些研究探討正念訓練對疼痛的影響。參與者包含沒有任何靜觀經驗的自願者以及長期禪修者。研究中的疼痛是在實驗室中誘發出來的，通常不是過熱就是過冷，但實驗過程中會妥善保護參與者以確保不會產生任何傷害。整體結果顯示，靜觀練習（類似於在正念減壓課程中所學）對疼痛有很大的影響。現在大部分的研究都聚焦於大腦的疼痛調節機制。一項由威斯康辛大學健康心智研究中心的安東尼・魯茲（Antoine Lutz）、理察・戴維森及其同事所做的研究[41]顯示，相對於控制組，修習超過一萬小時的長期禪修者使用一種稱為「開放監控」的禪修技巧（類似於正念減壓中的『無選擇的覺察』），顯著地降低因疼痛刺激所帶來的不適與不悅程度。但兩組所接受的疼痛強度其實是一樣的。另一項研究發現，有經驗的禪修者大腦活動的改變與突顯網絡（salience network）[42]有關。明顯地，禪修者可以透過確實停留在當下而減少預期性的害怕，因此得以減低對疼痛的慣性反應[43]。

這些研究發現疼痛有不同的面向，包括身體感覺的痛、情緒的痛、認知的痛；所有這些連同身體的不適，合併轉換為痛苦的感覺。疼痛的經驗猶如團狀物，當我們能夠看到「疼痛」這一整團經驗的各種不同面向時，就可以善加區辨並進而顯著減輕痛苦的體驗。這正是慢性疼痛病人在正念減壓課程中所體驗到的[44]，我們會在本章與下一章詳細討論。

有些研究顯示長期練習佛教禪宗靜觀的修行者，對不悅事件本身及其後續影響的波動幅度均較小，他們大腦的灰質較厚，尤其是與疼痛經驗有關的部分[45]。有些實驗室的研究甚至顯示，即便是短暫的正念訓練（主要專注於呼吸，每次二十分鐘，共四次）都可以調節大腦中與疼痛有關的區塊[46]。

何以不同的實驗室會有不同的發現還需詳加檢視，不過這在科學界是常見的情況，尤其此研究領域其實還在萌芽階段。然而，整體而言，這些研究重複驗證並延伸了我們早期的發現。針對各種慢性疼痛的病人，研究均發現正念減壓訓練對病人有相當正面的影響。

減壓門診的疼痛研究結果

在進入討論正念如何協助處理疼痛之前，先來看看早期在我們醫院的減壓門診，慢性疼痛學員接受正念減壓課程後的狀況。這些研究發現經過八週的正念減壓訓練，疼痛的平均值戲劇化地降低了，當時採用的是麥克吉爾—麥爾札克疼痛評量問卷（McGill-Melzack Pain Rating Index, PRI）。年復一年我們重複以此問卷評估慢性疼痛病人的狀況。

在一份研究中，七二%有慢性疼痛的病人在該問卷上的疼痛值平均降低了三三%，六一%的病人疼痛值平均降低了五〇%。這表示，經過八週在家與在醫院的靜觀練習，大部分有慢性疼痛的病人均可顯著地降低疼痛水平。

除了疼痛外，我們也觀察這些學員如何看待自己身體的負面意象，研究是讓他們自行評量覺得身體有問題的程度。**研究發現在課程結束時，覺得自己身體有問題的程度平均降約三〇%。當人們能做的很有限**

---

41 Perlman D.M., Salomons, T.V. Davidson, R.J. and Lutz, A Differential effects on pain intensity and unpleasantness of two meditation practices. *Emotion*（2010）10: 65-71.

42 譯注：突顯網絡（SN）為解釋大腦運作的一種理論，該理論認為有效的行為與大腦內許多網絡的活動、互動及調節相關。

43 Lutz, A. McFarlin, D.R., Perlman, DV, Salomons, TV, and Davidson, RJ.Altered anterior insula activation during anticipation and experience of painful stimuli in expert meditators[Reference to come.]

44 Kabat-Zinn, J.An Outpatient program in behavioral medicine for chronic pain patients based on the practice of mindfulness meditation: Theoretical considerations and preliminary results. *General Hospital Psychiatry*（1982）4: 33-47; J Kabat-Zinn, Lipworth, L. and Burney, R.The clinical use of mindfulness meditation for the self-regulation of chronic pain. *Journal of Behavioral Medicine*（1985）8: 163-190;Kabat-Zinn, J. Lipworth, L. Burney, R, and Sellers, W, Four-year follow-up of a meditation-based program for the self-regulation of chronic pain:Treatment outcomes and compliance. *The Clinical Journal of Pain*（1986）2: 159- 173.

45 Grant, J.A., Courtemanche, J., Duerden, E.G., Duncan, G.H., and Rainville, P.Cortical thickness and pain sensitivity in Zen meditators. *Emotion*（2010）10: 43-53.

46 Zeidan, F. Martucci, K.T., Kraft, R.A., Gordon, N.S., McHaffie, J.G. and Coghill, R.C.Brain mechanisms supporting modulation of pain by mindfulness meditation. *Journal of Neuroscience*（2011）31: 5540-5548.

時，這種負面意象會更強烈。此研究顯示人們對自己身體的負面意象與感受，可以在短期間內大幅改善。

同時，這些有疼痛問題的學員，他們的生活能力則改善了三〇％，這主要都是一般日常能力，例如準備吃的、開車、睡眠、行房等。此改善與負向情緒巨幅降低（五五％）及正向情緒提升有關，焦慮、憂鬱、敵意、身體化傾向（過度敏感於自己身體的感覺）都有大幅改善。課程結束時，在此研究中有慢性疼痛的病人，顯示服用較少的止痛藥，較活躍，大體而言感覺也較好。

更令人振奮的是，這些改進是可以延續的。我們檢視這些學員四年後因應疼痛的狀況，發現平均而言大部分人在課程中的獲益是持續的，有些甚至變得更好。

後續的追蹤研究顯示，這些疼痛病人依舊持續進行靜觀練習，有些人甚至已經到很穩固的程度了。九三％的人說多少都還是會練習，幾乎每個人都繼續運用觀呼吸及其他非正式練習。大約四二％的人三年後仍維持一週至少做三次正式練習，每次至少十五分鐘，四年後的統計數字為三〇％。有些人則是在感覺有需要時才做正式練習。多年前所學習的正念練習能如此持續，這樣的投入與紀律水平是令人印象深刻的。

追蹤研究也詢問這些疼痛病人，正念減壓課程對他們的重要性。評分一到十分，十分表示「非常重要」。研究顯示，反應分數落在八到十分之間，三年內有四四％，四年內達六七％。超過五〇％的人四年的評比為十分。六個月的追蹤顯示六七％的人評比於八到十分間，兩年的追蹤評比落在此區間的有五二％的人。

至於正念減壓課程所學與疼痛減緩的關聯性，追蹤研究顯示四三％的人認為關聯性達到八〇％到一百％之間，二五％的人認為關聯性為五〇％到八〇％之間。換言之，從疼痛改善的角度看，靜觀練習的影響是持續的。

另一份研究比較兩組疼痛病人團體，參與成員共四十二位，都是我們醫院疼痛門診的病人，他們接受標準化醫療及支持性治療如物理治療，其中的二十一位被轉介到減壓門診接受正念減壓課程。兩個團體均追蹤了十週，有參加課程者從進入課程到課程結束，未參加課程者則從開始疼痛門診治療到十週後。

我們從先前的研究可以預期，參與正念減壓課程的那一組將會大幅減輕疼痛與心理苦惱。問題在於，這兩組要如何比較，因為未參與課程者雖然沒有學習靜觀，但接受有力的醫療，如利多卡因（lidocaine）[47]注射？

十週下來研究發現，未參與課程的那組改變並不顯著，參與正念減壓課程者的改變倒是挺大的。舉例來說，正念減壓團體在麥克吉爾－麥爾札克疼痛評量問卷上，平均進步了三六%，另一組沒有明顯改進。正念組的身體負面形象改進了三七%，另一組改進二%。正念組情緒提升了八七%，另一組僅提升了二二%。正念組心理苦惱程度減輕了七七%，另一組減輕了十一%。

即便這項研究不是隨機分派，但結果確實顯示，為自己做些事情是相當有益處的，而且可以帶來許多正向轉變。相對地，單純只採用醫療方法則顯示要產生這些轉變並不容易。以正念組為例，除了接受傳統醫學對疼痛的治療，他們還要來上課，並完成許多靜觀練習和家庭作業。這項研究發現也讓我們看到參與式醫學的強大潛力：**為了讓自己更健康，病人既是合作者亦為參與者。透過系統化地培育自己清明的專注力，對自己的身心狀態更加熟悉，病人因而得以發掘自己的內在資源，引領自己學習、成長、轉變與療癒。**

在正念減壓課程中最有趣的發現之一，就是學員不論是哪裡痛，隨著規律地培育正念都會有類似的進步。學員可能有下背痛、頸痛、肩痛、臉痛、頭痛、臂痛、胃痛、胸痛、坐骨神經痛、腳痛等，其導致的病因有關節炎、椎間盤突出、交感神經營養不良等，所有這些都可以使用靜觀練習來大幅減輕忍耐多年的疼痛。這顯示正念減壓課程對各式各樣疼痛狀況均能產生正向作用，其中最核心的作用來自於病人願意轉向，願意以更大的慈悲和友善，開放地面對分分秒秒的疼痛經驗並從中學習；而不再只是背向疼痛，滿腦子只希望將疼痛趕走。換言之，病人學習以痛為師、以不悅為師、以厭惡為師。

47 譯注：麻醉性止痛藥。

運用靜觀練習以因應疼痛

有些學員很難理解，他們就是厭惡疼痛也只希望疼痛滾蛋，為何我們卻要強調試著**進入**疼痛呢？

他們說：「當疼痛太劇烈時，我為什麼不可以忽略它、移轉注意力或是咬緊牙關忍過去就好了？」

其中一個原因是，這些招數有時候是無效的。而當這些招數無效時，除了忍耐與藥物外，口袋裡還有其他方法會很有幫助。若干優異的實驗室研究顯示，如果疼痛很密集並持續一段時間，即便移轉注意力也沒有用時，轉向直接面對當時身體的感覺，對於降低疼痛反而是比較有效的做法。事實上，即便移轉注意力有時可以降低疼痛或產生若干助益，將正念帶入，確實可以讓你對自己和你的身體有新的認識與體會，這是忍耐或移轉注意力永遠做不到的。若欲真正學習與疼痛共處並與自己的狀況達成和平協議，認識與體驗是極為重要的，而不光只是會忍耐。也許其中一個重要的體驗，就是發現原來疼痛中的身體感覺、情緒、想法之間是可以彼此分開的，是可以不用糊成一團的，換言之，在覺察中這些經驗的不同面向是可以獨立運作的。舉個例子，一旦你真的體會「對於疼痛的想法不等於疼痛本身」，你的身體感覺便可以與你的想法脫鉤；又例如身體不適的感覺，未必需要勾動情緒的慣性反應。**讓身體感覺、情緒感受、念頭想法脫鉤而不糾結在一起，可以讓我們歇息於覺察並涵容在這三個領域所升起的一切，讓我們更自在，亦可大幅降低所經驗到的痛苦。**

那麼，從何開始呢？如果你有慢性疼痛的毛病，希望閱讀至此你已經開始依照第一篇所建議的方式做些正念練習。也許透過閱讀或進行正念減壓的練習，你發現自己可以從不同的角度來看待自己的情況，或開始想去留心那些被你視為理所當然的事情，或甚至讓自己對於那被稱為「疼痛」的現象感到好奇。也許你已經開始依照第十章的大綱進行一項或多項的正式練習。假如你都還沒開始，假如你希望至少在未來八週能將正念減壓的學習成為你生活的一部分，第一件要做的事情，**就是承諾自己每天務必挪出時間好好練習，妥善保護自己的練習時光，每週至少六天，不論晴天、雨天、心情好或壞、喜歡或不喜歡那些練習。**最好從身體掃描開始，依照正念靜觀的錄音光碟每天至少練習四十五分鐘，每星期至少六次。給自己一個動機，彷彿你的日子必須仰賴這些練習才能活下來，而不管你是否喜歡身體掃描，或甚至你根本覺得原地踏步一點兒改變都沒有。

每日的靜觀練習，就是你的疼痛實驗室

所有在第一篇提到的建議，對你或對沒有慢性疼痛的人都一樣重要，這包含培育學習正念的基本態度（參閱第二章）。另一方面覺察並審視將自己認定為「慢性疼痛病患」的這個想法，也許你可以轉而規律地提醒自己依然是個圓滿完整的人，只是剛好必須面對與處理慢性疼痛的狀況，而且為了自己的生活品質與幸福，能愈明智地處理愈好。用這樣的方式重塑你對自己的觀點非常重要，尤其如果你長期以來都有疼痛的問題，也感覺到已快被病情和過往經驗給淹沒擊敗的話。

當然，你比誰都清楚，除了疼痛之外，你跟其他人一樣必須面對生活中的問題或困難。**然而，你可以跟這些難題合作，正如同你面對疼痛並跟疼痛合作。提醒自己依然有能力感受愉悅和生活中的幸福，是很重要的，尤其你若經常覺得挫敗或鬱卒的話**。如果你記得如此培育自己更廣闊的視野，你的正念練習就會扎根於比較肥沃的土壤，亦較能有新的眼界來開創你與自身經驗的關係。最後你可能會發現，靜觀練習竟然對疼痛以外的其他生活面向也有幫助。

在上一章討論症狀時曾提過，立即使疼痛遠離並不是那麼實際的目標。疼痛是否會整個消失、消退或較能控制，取決於很多因素，而其中你所能掌控的實在有限，大部分是決定於你的疼痛類別。

舉例來說，頭痛相對於下背痛，就比較容易在短時間內消失卻不易治癒。一般而言，下背痛所花的改善時間會比較久也比較麻煩。但是，不論你是哪種疼痛問題，最好能使自己規律地練習，時常提醒自己，甚至好好培育在第二章所說的各種學習態度，然後再看看情況如何演變。**每日的靜觀練習，就是你的疼痛實驗室**。隨著落實各種練習（身體掃描、靜坐、瑜伽——假如你適合做的話），隨著持續將正念帶入分分秒秒的日常生活中，你將提升自己調節疼痛經驗的能力，也會提升與疼痛建立更健康關係的能力。

試著認識自己的疼痛，而非阻止它、消滅它或逃離它

到目前為止，以身體掃描開始練習，對有慢性疼痛者仍是最好的，尤其是不方便靜坐或行動困難的學員，因為身體掃描可以躺著練習或是採取任何讓自己覺得舒適的姿勢。輕輕地閉上眼睛，回到自己的呼吸，觀察自己的上腹部隨著吸氣而微幅鼓起、隨著吐氣而微幅下沉。接下來如第五章所述，運用你的呼吸將自己的注意力導往左腳的腳趾頭，從這裡開始，維持分分秒秒的覺察。**當你的心停留在身體的某個區域時，就持續停留在那裡，盡可能地領受那裡當下所呈現的一切感覺（或沒感覺）；隨後，將氣息「吸入」那個區域，並從那個區域將氣息「吐出來」**。每當你將氣息吐出來時，隨著全身肌肉的放鬆，看看你是否可以讓整個身體更沉入你所躺的墊子、床鋪或椅子。當準備好要離開該區域進入下一個區域之前，在你的「心靈之眼」中完全放下該區域，安住於寧靜，至少維持幾個呼吸。然後，再繼續身體的覺察之旅，左腳、右腳、乃至於全身。萬一你真的痛到難以專注於疼痛以外的任何區域時，請參閱第二八三至二八五頁。否則第五章關於分心的處理依然是適用的，換言之，當你發現到自己已經分神時，觀察它跑去哪兒了，再溫和地將你的注意力帶回原本正在專注的區域。假如你使用身體掃描的光碟做練習，你分心了、你也發現了，就將注意力再帶回光碟當下正在播放的區域即可。

緩慢移動，以此方式掃描完你的全身。當你進入某個讓你覺得格外不舒服或疼痛特強的區塊時，看看是否可以對待這些區塊如同身體的其他部分，亦即溫和地將氣息吸入與吐出該疼痛區塊，仔細地觀察當下此區塊的感覺。允許自己對這些感覺開放並真實領受，每一次的吐氣讓你整個身體放軟與放鬆。**基本的心法就是：帶著全然的覺察「安住」於身體的每一個區塊，歡迎任何當下所浮現的感覺，以溫和友善的態度對待自己的身體**。在此同時，你也允許並接納任何與所專注區塊有關的想法或情緒，在這時刻，你感覺到它們、與它們相遇，卻一點兒都不冀求去改變、修理或解決什麼，單純地安住在那個不舒服的區域，歇息於覺察中。當時間到了，該移往下一個區域時，就完全放下。如果你沒有跟著光碟練習，離開的時間就由

自己決定。如果需要的話，也許可以在吐氣時無聲地道「再見」。在此短暫片刻，讓自己單純地停歇於平和與寧靜之中。即便身體疼痛的感覺毫無變化甚至更痛，盡你可能地，帶著全然地覺察，繼續移往下一個區塊吧。

如果該不舒服區塊的疼痛感覺有改變，不論多寡，看看你是否能仔細覺察並用心體會這些改變；之後再繼續向前。

說實話，期待疼痛消失是無用的，沒有任何期待反而比較有幫助。也許你會發現疼痛的密度改變了，時而較強、時而較弱，或者你發現身體的感覺改變了，例如疼痛從劇烈到模糊，或轉變為刺痛、灼痛、抽痛。在此同時，若能覺察任何當下所浮現的想法或情緒反應也很有幫助，不論那些想法或情緒關聯的是你的疼痛、你的身體、光碟、靜觀練習或任何事情。就只是單純地觀察—放下、觀察—放下，一個呼吸接著一個呼吸地、一瞬間接著一瞬間地。

當你在練習身體掃描時，請記得，對於任何想法、情緒或身體感覺，均抱以非評價的態度。在正念減壓課程中，我們每天如此練習並持續數週。這可以是無聊的，有時甚至是令人惱怒的，但卻是無礙的。無聊與惱怒其實也是種想法，是可以放下的。我們提過很多次，也跟學員這麼說，「你不用喜歡它，只需要練習它」，尤其是針對身體掃描。因此，不論你發現身體掃描是放鬆有趣、或是你覺得困難不舒服、或你根本很討厭它，這些都跟它是否可以幫你無關。如同我們已經看過的，從身體掃描開始可能還是最適切的。幾週後，如果你喜歡的話，就可以改練習靜坐或瑜伽。但即便如此，也別太快放棄身體掃描。

此外，很重要的是，練習過程中，對於「成功」別過於興奮，對於沒有「進展」亦別過於失望。每一天都是不一樣的。事實上，即便是每一個瞬間或每一個呼吸都是不同的，因此，最好別上了一兩堂課後就急著下結論說這些練習（對你）有沒有用。**成長和療癒的工程是需要時間的**。練習靜觀需要耐心與穩定，如果不是數年、數月，至少也需要數週。如果你長年有疼痛的問題，因為自己開始練習靜觀就期待那疼痛會奇蹟式地在短時間內消失，這可就不合理了。但是，話說回來，如果你已經試過所有方法，痛還是在，持續八週（或甚至更長時間）規律地練習靜觀，對你有什麼損失呢？每天的四十五分鐘練習時間，不論你如何看待它，如果沒有拿來練習好好地跟自己單獨相處、學習友善慈悲地對待自己（並非自憐）、學習安住於跟自己同在，你可以做些什麼對自己更有益的事情嗎？當你感覺到失望時，就觀察那失望的感覺本身，讓它們來、也讓它們去，持續地練習、練習、再練習。

有時候疼痛的感覺如此劇烈，以至於你實在難以專注身體的其他部位。若是如此，就放下身體掃描吧，停止播放光碟（如果你使用光碟的話），將你的注意力直接聚焦於疼痛本身。除上述外，還有許多其他方法來面對疼痛，其中的關鍵在於你必須溫和而堅定地將自己的注意力停留於疼痛之上與之內，以一種堅定不移的決心，不論那疼痛多難忍受。畢竟，這就是你當下的感覺，即便只是一點點，都試試看是否可以溫和地接納它，因為它已經在這兒了。

有時候當你直接進入疼痛，用一種開放的態度來面對疼痛時，會感覺好像被關起來徒手跟疼痛搏鬥，經歷很大的折磨。此時，如果我們可以辨識這些其實都只是想法，對自己會很有幫助。這也可以提醒你，正念的學習沒有要促使你跟你的疼痛決鬥，絕對不會如此，除非你自己把局勢搞成這個樣子。如果你把它弄得好像在對抗疼痛，你只會感到更緊繃，疼痛只會更加劇。正念，需要一種堅定的努力，讓自己能觀察與接納所有身體的不適與攪動的情緒，一秒接著一秒地。請記得，**你是要試著多認識自己的疼痛，從中學習，更瞭解與熟悉它，甚至跟它產生某種親密感；而非阻止它、消滅它或逃離它**。如果你可以採取這樣的態度，平和地跟你的疼痛同在，友善地對待它，即便只是一個或半個呼吸的時間，都已朝著正確的方向往前跨一步。就從這兒開始，你將擴展你的涵容範圍，在面對疼痛時依然可以保持冷靜、平和與開放，也許長達兩三個呼吸，也可能更久些。

在減壓門診中，我們用來形容在靜觀時如何與疼痛或不適共處的習慣用辭，就是「放張歡迎光臨的腳踏墊」吧。因為疼痛也代表了某種特別的時刻，我們僅能盡可能地容納它、接受它。或許我們未必需要稱之為疼痛，而只需要說那是一種強烈不適的感覺。我們學習盡可能採用中性的態度面對不舒服的經驗，不帶評價地觀察它，仔細體會它真正的樣子。這需要對身體感覺本身保持開放的態度，而不論那感覺是什麼。我們分分秒秒跟它們一起呼吸，一起安在，乘著呼吸的波浪，順著感覺起伏，歇息於專注和覺察中。

我們也許可以進一步地問自己：「現在的感覺有多糟，就是現在？」假如你練習這麼做，可能會發現大部分時候，即便是在感覺頗糟的時刻，當你直接進入身體感覺並自我探詢：「**就是現在**，還過得去嗎？還可以接受嗎？」很有可能你會發現其實是可以的。問題在於，下一刻會來、下下刻也會來，而你「知道」所有這些時刻都將被疼痛所填滿。

怎麼辦呢？實驗看看，清楚地承接每一個降臨的片刻，看看你可不可以百分之百地處於每一個當下，然後如法炮製到下一刻、再到下一刻，直到四十五分鐘的練習結束，或直到你那疼痛強度有減緩的感覺，就可以繼續回到身體掃描。或許，你將發現我們所稱之為「疼痛」的體驗並非固定不變，如果我們將覺察帶入，就會發現它們其實是不斷在變化的，每一分每一秒不停地變化。

領悟你的想法不等於疼痛本身

除了觀察身體感覺本身，疼痛還有兩個相當重要的面向，我們可以深入探究。當有某種身體感覺時，你可以將覺察帶入當下所浮現的想法和心理感受，也許你會發現，當時你的心正在將整體的經驗形塑與定調為「疼痛」。這其實也只是一個想法，一個名稱，未必等於經驗本身。然而，就在你如此將感覺貼上標籤時，需要多加留意，因為這樣的名稱可能會使不舒服的感覺更加強烈。何不自己仔細瞧瞧每時每刻的真實感覺？也許你可以用一種更加開放與好奇的態度來貼近這些經驗，輕和溫柔地接觸，就像你輕柔地靠近林間空地樹幹上的害羞小動物。

當你開始如此觀察自己的經驗時，會發現原來除了疼痛之外，還有許多不同的想法與情緒混雜在一起，它們出現又消失，例如你可能正在下評論、起慣性反應、評價、災難化、感到鬱卒、焦慮、油生思念、渴望等。你可能會對自己說：「這會要我的命啊」、「我再也受不了了」、「還要多久啊」、「我的人生全毀了」、「我沒有希望了」、「我的疼痛永遠不可能變好」，**這些想法可能在你心裡來來去去。它**

們大部分都與恐懼有關，或是未來會如何糟糕的預設性想法。若能辨識這些沒有任何一項是疼痛本身，會很有幫助的。

當你練習時可以覺察到這些嗎？這是非常關鍵的領悟。不僅是這些想法不等於疼痛本身，它們也不等於你！它們既不等於事實，也未必是正確的，充其量只是這顆心還沒準備好要接受疼痛、一心只希望消滅疼痛所產生的慣性反應。當你確實明白你正在經驗的就只是簡單直接的身體感覺，就會瞭解在那個時刻，這些想法其實一點兒用處都沒有，只會讓情況無謂地變得更糟。然後，你突然想起要提醒自己放下，不強迫任何事情，允許一切以本來的樣子呈現，當然也包括疼痛。終於，你可以單純地接納身體的各種感覺。既然它們都已經在這裡了，何不就接納它們呢？

除非你能瞭解，是你的想法將你身體的感覺標示為「不好的」，否則很難真的放下並接納身體的感覺。是你的想法不要接納那些身體感覺，不論是現在或過去，因為你的想法不喜歡它們，所以只想要它們滾蛋。但，請注意一下，並非「你」不接受你的身體感覺，那只是你的想法在作祟。從自己的親身經驗中，你已經知道，你的想法不等於你。

像這般知覺的位移會讓你在面對疼痛時有不同的選擇嗎？下次當你感覺疼痛時，何不實驗看看，刻意地放下心裡關於疼痛的想法？何不放下心裡頭想要事情如己意的強烈欲望？何不接納人事物現在的樣貌，就是現在，即便你厭惡他（它）們？何不刻意地退一步，跟厭惡、仇恨、憤怒、災難化保持一點兒距離，別評價任何事情，單純地接納它們，換言之，提醒自己單純地讓事物如其所是地存在？在身體感覺到強烈不適時，要採取這些做法是非常勇敢的，這跟消極、悲觀、屈從、放棄一點關係都沒有。

即便處於內在混亂的風暴中都會有片刻的平靜，這是重大發現。你體會到你對身體感覺、想法、情緒的認知，不等於身體感覺、想法、情緒本身。而那個能夠意識的你，其實並未處於疼痛狀態，也沒有被想法與感覺所控制。那個你，知道這一切的身體感覺、想法與情緒，但本身卻可不受影響。**下次當你感到身體很不舒服或情緒高漲時，可以自己體會看看，試著安住於覺察，然後問問自己：「我覺察疼痛，這覺察本身會痛嗎？」、「我覺察害怕、憤怒、悲傷的感覺，這覺察本身是否處於害怕、憤怒、悲傷呢？」**如此自我探詢，探詢後稍微停留一下下，別急著給答案，看看什麼東西浮現出來。這麼做，即便只是很短暫的片刻都很有幫助。這會讓你對於自己正在承受的苦產生某種更深層的體會，甚至培育出若干親近感。就在此刻，因為你位移了你跟苦之間的關係，新的選擇便可能因而浮現。

進行身體掃描或其他正念練習時，你可能已經注意到，當你完全認同你的想法、情緒、身體感覺或身體本身時，會帶來的混亂和痛苦，實在遠遠超過你單純地安於覺察與安於溫柔的專注。沒有評價、沒有進度、廣闊而樸實地歇息於覺察，除了覺察外，別無其他。

這種放開並接納當下的態度是貫穿整個靜觀練習的。然而，在身體掃描光碟的最後會有一段無選擇的覺察，此時我們放下所有的內在體驗，不論是呼吸、身體感覺、知覺、想法或感覺。在身體掃描的過程中，我們刻意地覺察並放下身體的各個部位。結束前，我們全面地邀請自己各種想法和感覺、喜歡的或不喜歡的、對於自己和環境的概念、我們種種的想法和意見，甚至是我們的名字，歡迎所有一切進入覺察領域，然後再刻意地放下這一切，單純地安歇於覺察本身。

接下來你進入一種與當下全然同在的感覺。在此當下，不需要解決問題、改正壞習慣、煩惱帳單、追求學位或其他的。在這樣的時刻中，你是否可以一方面體會到自己的圓滿完整，同時也了知自己是更大整體的一部分？你可否感覺到自己純粹的「存在」，而這個存在大於你的身體，超越你的姓名，超越你的想法和感覺，超越你的觀點、意見與概念，甚至超越你的自我認同，例如你的年齡與性別？

在放下這一切的過程中，也許你會進入一種狀態：所有概念全都消融於寂靜中，只有覺察，一種超越任何事情的明白，一種非概念性的、非認知性的領悟。在此寂靜中，你也許體會到，不論你現在狀況如何，「你」都不只是你的身體。雖然這身體是你的，你也跟它合作、照顧它、使用它多年，它確實相當方便也很神奇，但，它不是你。你的想法和情緒也不是你。瞧，以前曾經愛得要命的東西，現在也許你一點兒都不在乎。你的觀點、意見和想法不是一直都在開展變動嗎？此意味著，你核心基本的自我可能更近似於覺察，而非任何其他變動不斷的集合。隨著練習，這樣的體會將愈來愈清晰，尤其若你學會安住於覺察，使其成為你大腦的「預設模式」（default mode），成為你存在的自然基準狀態；同時也學會以友善自我的方式將覺察體現於分分秒秒、日復一日的生活之中。

如果你不是你的身體，那「你」當然就不會是你身體上的疼痛囉！你的核心本質一定大於你的疼痛。當你學會拿回居留權並安住於純粹的存在，你跟疼痛的關係，或是跟身上任何強烈不適的關係，就會進入一種深層轉換和療癒的歷程。這樣的體驗，即便瞬間即逝或隱微不顯，都可以引導你發展出一套與疼痛和平共處之道，給疼痛一些空間，友善對待它、和它共同生活，如同我們很多學員所做到的一般。

與疼痛合作，把疼痛當成你的老師

當然，規律練習是必要的，一直以來我們都如此強調。純粹的存在（跟自己同在），說比做容易。欲使它在你的生活中實現，或是任何時候你都可以跟它接上線，需要相當程度的意願、努力、決心和紀律。你內在天生的圓滿完整被一層又一層的偏見、好惡、習慣、無意識的思維或嗜好所覆蓋，更別說被過去或現在的疼痛所覆蓋。因此，為了發現你內在天生的圓滿完整，考古式的持續往內挖掘是需要的。正念的工程一點兒也不浪漫或多愁善感，同樣地，你內在天生的圓滿完整也不是浪漫、多情或想像出來的心理建構。它現在就在這裡，一直都在，本來就是人類共同的一部分，就如同擁有這個身體或能感覺到疼痛般。

若你正承受慢性疼痛之苦，而這種看待事情的方式亦引起你的共鳴，也許就是你該著手試試的時候了。唯一的著手之道，就是開始練習並保持練習。**運用你的疼痛，視其為你的老師與嚮導，在你自己的覺察中培育並體會平和寂靜的片刻。**

這是艱難的工程，有時候你可能會想退出不幹，尤其是沒有看到立即的「效果」時，也就是疼痛沒有減緩時。說實話，進行這項工程你必須謹記在心：

多給自己或疼痛一些耐心、溫和與慈愛。你會碰觸到自己的極限，但請別太用力，別把自己搞得筋疲力竭，也別逼迫自己一定要有所突破，溫柔對待自己的限制。

若你持續將能量投入自我探索的工程，時機到時，突破性的進展會自己來的。正念的工程並不會用推土機清除所有的阻抗，你必須溫和地探索，時而往左一點、時而往右一點，在你心裡保持清晰的洞察力，尤其是在最疼痛與最艱困的時刻。

〔第二十三章〕

與疼痛合作

「親愛的喬和佩姬：雖然我身上有很多疼痛，但我感覺相當好。我可以用鏟子清理我家那長約二百五十英尺的車道。呼吸、靜觀、經常地停下來做些手臂、雙腿、背部與頸部的伸展。我的肌肉依然疼痛，但不再成為我的阻礙。三十年來，我從來沒想過還可以用鏟子清理家裡的車道。謝謝你們！派特敬上」

沒有慢性疼痛的人，很難想像疼痛對生活可能造成的影響有多大。許多人背部受傷無法工作，尤其是需要長時間站著、開車或提東西的工作。有些人參與勞工職能復健課程多年，只希望重回職場過一般人的正常生活，有些人則希望能獲得失能補償。要獲得失能補償通常需經歷若干法律與訴訟的過程。他們只能依賴少量且固定的收入過活，因為疼痛而被困在家裡數天、數週、數月，甚至是數年，以前能做的事情現在都不能做了。這樣的生活真的讓人非常沮喪鬱悶，不只是對有疼痛的當事人而已，還包括他們的家人和朋友圈，這種情況可以使每一個人都感到生氣、挫敗與無助。

正念地與慢性下背痛及背部問題合作

不論你是成天都受困於疼痛而什麼都不能做，或只是需要多加留心的慢性背痛，疼痛確實會削弱你的

力量，讓你對生活感到抑鬱。也許是刷牙時的身體姿勢、撿起一枝鉛筆、進入浴缸或離開車子，任何動作一不小心都可以觸動劇烈疼痛而必須臥床休息數天或數週。影響你過正常生活的不只是疼痛，還有那動不動就會痛起來的威脅感，這些都可以左右你的生活。在這種情況下，你做每一件事情都必須小心緩慢，沒有任何一個動作是理所當然。別說提重物了，提輕物都可能導致嚴重的問題。有時候即便身體不痛了，那種不穩定與脆弱的感覺仍在，這可以讓你對生活充滿不安全感與任人擺布的感覺，因為你依舊可能無法像普通人般地站直、轉彎或行走。此外，周圍的人或環境亦可能使你的身體失去平衡，因此你可能會覺得需要跟他們保持距離以保護自己不會被碰倒。當你身體的重心感到不穩定與脆弱時，實在很難可以有「沒事」的感覺。

即便你已經很小心了，背可能還是會出問題。你隨時隨地都戰戰兢兢，背部肌肉可能還是會痙攣並引發舊疾，讓你痛個好幾天或好幾週。這一刻你感覺很好，但下一分鐘也許就身陷麻煩了。

有慢性背痛的人通常會有「好日子」與「壞日子」之分，只是好日子通常很少。每天都無法確定明天的感覺會如何，明天能做什麼或不能做什麼，在這種情況下，很難做明確的規畫，因此幾乎不可能找一份規律的工作或進行社交活動，日復一日這種日子實在令人深感挫折。假如，好日子出現了，那天你的身體終於「沒事」又正常，你生氣勃勃，什麼事都想做，實在很想把所有平常不能做的事情一次搞定。這下了你做過頭了，之後又必須付出慘痛的代價，惡性循環一再發生。

背痛問題幾乎強迫你一定要保持正念，因為對你而言，未覺察身體或未覺察自己行動的代價實在太大了。為了能好好地面對自己的極限、為了讓自己更強壯與更健康、也為了多少能做一些自己想做的事情，正念絕對有其必要。

那些在減壓門診中學習與疼痛共處做得最好的人，都培育出一種長期安住於自我的能力。他們對疼痛的觀點、對自我的觀點、對世界的觀點不再僵化，內在自由流暢度亦大幅提升。

不論你一開始學習正念的經驗多美妙，最好都準備六個月、甚至一、兩年的時間有耐性且持續地練習。就像我們在第十三章所看到的菲爾，也許你第一次練習身體掃描時就發現生活品質可以大幅提升。如果你願意緩慢且有系統地與自己的身體合作、與疼痛合作，這確實是會發生的。你可以合理地推測，假如你持續規律地投入練習的話，可能會有什麼進展。假如你穩定且具足正念地運動，也許可以想像三、五年後，你的背痛會如何。鼓勵你的全身，而不只是你的背，更強壯也更有彈性。我認識一位非常成功的科學家，他有嚴重的疼痛問題，每天早上他會花一個小時「讓自己的身體拼湊在一起」，之後再去上班。

也許你可以把自己當成運動員般地進行長期訓練，而你的訓練計畫是回復（rehabilitation）自己。從何開始呢？就從你決定要對自己身體友善的時刻開始，從這裡出發，別無他處。回復的深層意義來自法文，意指「生活於」、「存在於」，因此回復不只表示「再賦予能力」，更深層意義指的是學習再次住在裡面，這回過頭來確實是再次賦予自己能力。

回復自我長期計畫讓你體悟自己的圓滿完整與背部的完整（如果你有慢性背痛的話），計畫內容應該有：接受適當的物理治療、正念地伸展你的背，如果你的治療師或醫師認為合宜的話可以盡量多練習瑜伽。當然，你可以修正或跳過某些不適合你的瑜伽姿勢或加上其他動作，而不需要做所有的動作。從事你可以做得來的運動，如果醫師認為不合宜或你自己當下的感覺不對，就別做。如果你做每個動作或每個姿勢都是帶著正念與慈心，那就是瑜伽了。情況允許的話，正念皮拉提斯也是很值得探索的領域。

當你下決心要做些正念的身體工作時，請務必緩慢且溫和地進行，尤其如果你的背部有問題的話。在我們的醫院裡，有位物理治療師為許多病人做治療。她說她很喜歡跟有上過正念減壓的病人一起工作，因為他們很明顯地較放鬆也較有回應，在做物理治療時也較能確實去感受自己的身體。相對地，沒有學過正念的病人，就不知道如何在伸展時配合呼吸，也不清楚如何不去對抗自己的身體、不對抗自己的疼痛，如何與自己的身體及疼痛和平共處。有趣的是，病人也說類似的話，他們表示學過正念減壓後再做物理治療，會更知道在提舉、彎腰和伸展時如何領受身體的感覺與聆聽身體的聲音。在正念瑜伽的章節我們亦曾看過這個現象。

如果你的背部有問題，就更需要透過規律的運動好好照顧自己的全身。「如果你不使用它，你就會失去它」，小心不要讓背痛成為你不關照身體其他部位的藉口。除了正念瑜伽外，你還可以找到許多可以伸展全身又有用的活動，例如規律地散步、騎飛輪、游泳或是在游泳池裡做些水上運動。在正念減壓的精神中，如果你想要做些什麼活動來回復身體健康，很重要的是每天都要做，不然至少也要兩天一次，就像第六章所描述的，即便剛開始每次只做五分鐘也勝過三天打魚兩天晒網。

除了盡可能地伸展身體，我們還是會建議你依照第五章與第二十二章的說明多練習身體掃描。不論你喜歡或厭惡身體掃描，它都是一個可以協助你單純且深層地回到自己身體的練習。寧靜中，一瞬間接著一瞬間地承接身體浮現的所有感覺。一旦邂逅不舒服或疼痛，試著放張「歡迎光臨」的地墊，友善地允許不舒服與疼痛的蒞臨。這時候，若能持續憶起學習正念減壓的各項原則會很有幫助，這可以持續將溫和與仁慈帶給自己。**渴望練習「有所進展」是相當自然的現象。但，試試看，自己能否毫無所求地練習身體掃描，時復一時、日復一日。在邁向療癒與回復自我的路上，這種練習態度不論短期或長期都是最佳選擇。**

如果你現在剛好沒工作或已經退休，你會有很多時間。成天在家沒事做或感覺生命在指縫間流逝的日子是頗沉重的，很容易感到無聊或挫折、不舒服或易怒，甚至覺得自己很可悲。然而，這些評價本身充其量都只是更多的想法，而不是根據事情的本質。假如你刻意地引導自己的心思，利用這段期間透過練習靜觀和瑜伽來回復自我，你就可以將不悅、孤立或擔憂的時間，轉化為創意十足的時光。沒有人會想邀請背痛降臨，但萬一它真的來了，你依然可以下決心好好運用它的降臨，來讓自己盡可能地回復自我，用一種長遠而非短淺的視野來看看接下來會發生什麼。請記得，不論你幾歲或處在何種狀態，這是你的身體，沒有人比你更瞭解它，也沒有人比你更依賴它。

在這段期間，你可以為自己身體進行最具療癒的事情之一，就是參考前一章所提，練習帶入呼吸的身體掃描，間歇地運用呼吸擁抱你身體感到疼痛或不舒服的區塊，放鬆這些區塊。舉例而言，規律地把氣息吸入你那疼痛的部位，領受氣息與該部位交融的感覺。當氣息離開你的全身（包括該部位），觀想並領受疼痛的感覺隨著吐氣而更鬆緩與消融。在此同時，很重要的是要盡可能地放掉任何期待，你也許期待自己應該要有某種感覺，也許期待疼痛應該要減緩。刻意地提醒自己只要專注於每一個當下、每一天的每一個當下就可以了。單純地觀察呼吸，觀察呼吸的整個歷程，盡你所能地將友善、慈悲和接納帶給自己與自己所面對的情境，一瞬間接著一瞬間、一個呼吸接著一個呼吸地。在身體掃描中，如果你需要稍微移動一下身體方能有效地專注，就這一點而言你當然可以發揮一下自己的創意。這包括你決定躺在什麼上面，地板、瑜伽墊或床上；或者有時候你可能覺得側躺比平躺更有助於使練習持續。

請記住，當我說「好好練習吧，猶如你的日子必須仰賴靜觀練習才能活下來」，我並不是在開玩笑，確實是如此。

無為的力量——持續培育正念，面對自己的限制

療癒，是個旅程，途中必有高低起伏。因此，若你發現自己退轉了或感覺前進一步後滑兩步，不用太驚訝。持續培育正念，尋求醫師或親友的支持、鼓勵與忠告，你就能掌握事情的變化，而當局勢要求你進行調整或面對自己的限制時，你將有修正的彈性。每個人都有限制，所有限制都值得被我們友善對待。限制具體呈現我們需要注意的地方，限制是我們學習與成長的里程碑，溫和地把我們帶入當下，使我們獲益良多。面對各種高低阻礙，最重要的是，相信自己可以不屈不撓地穿越這一切障礙，不要忘記我們本有的圓滿完整，就在這個當下。不要忘記你對自己的承諾，盡可能充分地活在每一個當下的承諾，就是現在。過程中也許你花了很多力氣，也許已達某個更美好的狀態，你感到很有進展並體驗到實實在在的療癒。但，事實上，在某個很深的層次，你所冀望與追求的一切，早就存在你裡面了。你本來就是圓滿完整的，你本來就是完美的，即便帶著各種缺點或疾病。老實說，**這樣的練習沒有要追求任何境界，沒有要從事任何事情，沒有要獲得任何東西。弔詭的是，如此一來，反而可能獲得最大利益。這就是無為的力量、非用力追求的力量，也是這些力量的體現；而這一切的同義詞就是智慧。**當你用這種態度練習時，滋養的程度就好像直接輸入氧氣到你的心臟。

將正念導入日常生活中的小事

將正念帶入日常生活格外有益處，而當你背部有問題時這也是必須的。如我們所見，有時候即便簡單如撿鉛筆或拿衛生紙的動作，只要姿勢「錯」了（誇張吧！拿衛生紙的姿勢也會有錯的），都可能會讓你的背部肌肉痙攣並觸發急性疼痛。當你在做任何事情時，愈能覺察當下的所作所為就愈好，相反地，以自動導航模式做事情便很容易導致病症復發。很重要的是，當你要提或拿任何東西時，即便再輕，身體都不要同時旋轉與提物。提東西時，別直接下腰拿，彎曲膝蓋讓東西靠近身體之後再提起，提起後再轉身；最好可以同時覺察呼吸與身體的位置變化。當你離開車子時，是不是同時轉身與起身呢？千萬別如此。可以先轉身再起身，或反之，但就是別同時。拉開窗戶，你是不是邊彎腰邊用力推呢？千萬別如此。先靠近窗戶再拉開它。**將正念導入這些小事情將帶來很大的不同，因為這可以保護你比較不會受傷或不陷入疼痛狀態。**

對背痛者而言，按時完成家裡所有該做的事可能是個挑戰，因為有時的身體狀況根本做不來，但有時又還可以，要看當天背痛的程度。在可以做些事情的日子裡，你可以和緩地進行，將所做的事情視為正念練習的一部分，逐步建立起自己身體的韌力和彈性。就以吸塵器清潔地板為例，如果你有背痛問題，拿出並提起吸塵器可能是個危險動作。因此在拿出之前，你可以正念地想出一些對策。吸地的動作對背部可能是個沉重的負荷，多一些留心與想像那些動作也可以是某種正念瑜伽伸展的練習。例如：配合你所要清潔的地方，你可以帶著覺察溫和緩慢地跪下、蹲下、俯身或伸手，以呼吸引導動作，就像你在練習正念瑜伽般。用這種方式緩慢且正念地使用吸塵器，你就會聽到身體的無言訊息，知道身體當下的限制而不會過度使用。你可能會停住歇息一下再繼續做，歇息時你的身體或肌肉可能無形中會緊繃，因此歇息後可以做個五到十分鐘的瑜伽伸展以放鬆肌肉。

當然大部分人不會以這種方式使用吸塵器。但若你願實驗看看很可能會發現，若干覺察再加上你從瑜伽和靜觀練習中所學會的技巧，便可以將單調沉悶的家事轉變為有益身體之事，將令人挫折的限制轉變為自我療癒的機會。你適度地嘗試各種可能，傾聽身體的訊息。如此練習數週或數月後，你可能會發現自己愈來愈健康。對於沒有背痛問題者，這種吸地的方式與態度有助於避免傷害。如果你家不用吸塵器的話，就試試以這種方式做別的家事吧。

在減壓門診中，我們會建議有背痛的病人進行一項實驗：小心地探索生活中因背疾而最不敢做的領域。你實在沒必要因為疼痛就放棄整個身體，不是嗎？盡可能好好地跟身體合作並使其更強壯些，這樣當你真的需要時才能為你所用。放棄所有的行動如行走、購物、清潔、擁抱、行房，並不會讓事情變得更好。

學會進入自己的身體，與劇烈疼痛的關係產生位移

正念地實驗看看吧！找出適合你的方法，找出應如何調節修改，以使你可以最大程度地參與生活中的各種活動，即便是短時間的活動。別自動化地出於恐懼或自憐就剝奪自己，別自廢武功使自己無法從事生命中有意義的事情。請記得，在第十二章我們曾看到，當你跟自己說「我不行」時，你一定不行。這樣的想法、信念或陳述會成為一種自編自導自演的自證預言，成為你生活中的事實。然而，充其量這只是一個想法，未必是完全正確的。**與其畫地自限，何不好好真切地觀察自己，看穿「我不行」或「我永遠不可能……」只是個想法，然後，告訴自己「也許，即便只是一點點，我可以正念地試試看……」。這麼多年來，不知道已經有多少人來跟我說，用這種方式「救了我一命」。**

在第十三章，我們曾見到菲爾，那位背部受傷的法裔加籍卡車司機。**他花了好幾週練習身體掃描，才學會如何進入自己的身體。之後他與劇烈疼痛的關係才產生位移，而他的疼痛也才能大幅且持久地減緩。**在這幾週，他面對各種高低起伏的障礙，依舊持續練習。最後，他終於體會如何更適切地調節背痛，也更知道如何掌握生活其他層面。

學習靜觀之前，菲爾每天帶著透皮神經電刺激器[48]，這是疼痛門診開給他的治療處方之一。他一直覺得沒有這個刺激器就無法過活，因此隨時都帶著它。然而，練習身體掃描後數週，他發現竟然可以兩三天沒帶也沒事。他相當開心可以用自己的方式調節疼痛，對他而言這象徵他還是有能力的。

然而，當課程進到瑜伽學習時，他又面臨十字路口的掙扎。整個課程結束後，他如此描述：「你知道嗎？在第三堂課當你說到瑜伽和那些練習時，我幾乎又快放棄了。我跟自己說『天啊！做這些動作會要了我的命』。但後來你又說，如果這些動作讓你感到很不舒服，就不要做。所以在那些時候我大部分都在做身體掃描，偶爾也跟著做伸展，在一日靜觀時做得比較多。有時候我會覺得很不舒服，某些動作對我實在困難，例如：抬腿、彎腰、仰頭。我沒辦法全做，只能做那些不會讓我感到不舒服的動作，這些就會做得比較勤。現在，我真的可以感覺到自己的身體比較靈活了。」

八週課程結束的回顧，他這麼說道：「疼痛並沒有消失，還在。不過你知道，當我感覺很痛時就找個地方坐下來，花個十分、十五分、二十分做一下靜觀，這好像有效耶。假如我可以坐十五到二十分鐘的話，在往後的三個小時、四個小時或五、六個小時，也許一整天，我都可以感覺不到疼痛耶，就看我當天的情況囉！」

菲爾也注意到他在家裡跟太太與孩子的關係都改變了，他說：「當我剛來這裡（減壓門診）時，我們之間是有些問題的。我們確實有問題，哎，你知道，我背痛很嚴重，很想找個新工作，但我的學歷又不夠……這一切讓我覺得壓力很大。哎！你也知道，我很急、像個瘋子，脾氣又不好，我太太好像是幫我工作的奴隸，我也不希望如此啊。有一天晚上我們坐在一起，我心裡感到很挫敗，我告訴她：『我們需要談談。我們已經好一段時間沒做愛做的事了，我快憋瘋啦。妳知道我不是那種可以很多禮拜不辦事的人，來吧，現在就是好時機……。』

然後，她終於讓我知道發生了什麼事情。她說：『你知道你有多久沒跟我說你愛我了嗎？你有多久沒……』以前我們會坐在客廳的雙人躺椅上一起看電視。我看電視時就是在看電視，很專心的，她講話時我會隨便回應『嗯、嗯』其實根本沒聽進去。然後她就會說：『我剛剛才跟你說過……』，我就說：『喔，對不起，我沒有認真聽。妳知道我剛剛在看拳擊』。開始來減壓門診上課後，我終於明白了。現在

48譯注：TENS，為一種細小的電療儀器，減少或阻止疼痛信號傳遞到大腦。

呢，我們不再看電視，晚上不再坐在電視機前，我們會出去走走。天氣好時，我們跟鄰居升起營火坐在一起談天說地，我很喜歡看營火。有時候他們在身邊講話，我卻感覺他們好像很遙遠。有時候我發現自己很自動地就進入觀呼吸練習，你知道，那感覺真好。我跟太太的關係有了百分之百的改善，跟孩子們也是。」

在嘗試新事物的層面，菲爾觀察到：「我在課堂中還學到一件事……以前我肯定沒辦法像在班上那樣在大家面前講話，只要在眾人面前講話，我的臉肯定紅通通的像顆番茄，因為我本來就非常害羞，一直都是。我不知道為什麼我可以在班上講話，你知道嗎？那時不管我說什麼，我的感覺都很好耶。**那些話不是從我嘴巴出來，是從裡面出來，打從心底出來。**」

密集禪修[49]與疼痛

禪修或靜觀練習可以教導我們如何因應疼痛並非偶然。兩千五百多年來，禪修者從疼痛中領悟良多，也發展出許多方法來超越疼痛。傳統上，禪修密集訓練一直是寺院或閉關中心的重心。長期禪修可以帶來生理與心情上的劇痛，卻也帶來昇華與解脫。想像你去到某個地方，就做我們在第八章所閱讀到的一日靜觀，安安靜靜地連續七天、兩週、一個月或三個月。很多閉關中心成立的目的就是為了這種密集禪修。事實上，當你準備好時，去參加這樣的訓練是送給自己一個非常深刻的禮物。

你坐著不動，雙腿交叉在地板上，連續半小時到一小時或更久，一天可能坐上十個小時，連續數天或數週。此時，你的身體會開始產生難忍的劇痛，尤其是在背部、肩膀與膝蓋。這些疼痛雖然最終都會自動消融，但像這樣坐著，即便只是幾天而已，其實都是非常具有挑戰性的。刻意地讓自己處於這種狀態，你會學到很多很多，關於自己也關於疼痛。如果你願意面向疼痛、接納它、觀察它，而非轉身背對疼痛，一心只渴望遠離它，疼痛本身就可以教你很多。其中最重要的是，你將學到原來疼痛是可以合作的。你將體會疼痛本身不是固定不變的，它總是在變化。你將明白身體的感覺其實就只是身體的感覺，你的想法、心理感受、身體感受，彼此間是可以分開而不需要總是糊成一團的。**你將了悟這顆心如何讓自己吃盡苦頭，同樣的一顆心也可以讓我們從痛苦中重獲自由。疼痛，可以教你這麼多、這麼多。**

參加閉關禪修者因為必須久坐，無可避免地一定會面臨身體上的疼痛，尤其是初期剛入關時。我們相當不習慣如此安靜地坐著，但很多體內長期隱而未現的緊繃或緊張，確實會因此而浮現。這種在禪修中的疼痛跟病人的慢性疼痛其實是很像的，禪修者也會有持續性的疼痛、灼燒感、一陣又一陣尖銳的刺痛、爆炸性的劇痛等，不論是在肩膀、膝蓋、背部或其他身體部位。當然，在禪修中你可以站起來走走疼痛就會停止，但多數人會選擇留下來，正念地跟疼痛同在，明白這樣的疼痛就只是生命中的另一種經驗。**當我們這麼做時，疼痛回過頭來教導我們如何在不舒服中培育平靜、專注與平等心。**不過，說實話這一點兒都不好學，因為你必須願意一而再、再而三地面對疼痛，第一天過去、第二天過去，一天接著一天，你觀察它，跟它一同呼吸，深入調查它，接納它。採用這種方式，禪修可以成為探索疼痛的實驗室，你看到疼痛的樣貌也學習如何深入疼痛，最終你會學到如何跟它和平共處。

如我們在前一章所閱，近期有關資深禪修者的研究顯示，在同等疼痛程度的情況下，他們對於疼痛強度的耐受力比新手高很多，因為資深禪修者認為疼痛的感覺充其量只不過是個不舒服的體驗，不會再對其加油添醋。此外，資深禪修者大腦裡有關於身體感覺和心理情緒調節的部位會比較厚實。一般而言，身體疼痛的感覺、心情、念頭想法等總是牽連混雜在一起，共同形塑成痛苦的經驗。但禪修者似乎可以讓它們脫鉤，禪修者視身體的感覺就只是身體的感覺，未必都那麼具有威脅與攻擊性。將身體感覺從情緒層面與認知層面脫鉤，尤其是在疼痛經驗上，可以協助我們在面對疼痛時，大幅降低因疼痛所誘發的痛苦感。在正念減壓課程中，我們每天都看到這個現象陸續發生在學員身上。

49譯注：在這個段落meditation統一翻譯為「禪修」而非「靜觀」，因為這段論述的是佛教的修行脈絡。

運動員與疼痛

就像禪修者般，運動員也需要處理許多自發性的疼痛，他們當然也明白面對疼痛時心靈力量的重要性，所以才不會被各種疼痛擊垮。運動員幾乎注定得面對疼痛，你不可能在馬拉松賽跑時全力以赴又不感到疼痛。其實不管用什麼速度，很少人在跑馬拉松中不感覺到任何疼痛的。

接下來的問題是，他們為何自討苦吃？這是因為跑者以及所有的運動員，從他們第一手的親身經驗中明白，疼痛是可以合作並超越的。運動過程中身體也許有代謝性疼痛（肌肉來不及補充氧）而很想喊停，但到達終點時身體的感覺卻又是那麼地美妙。不論是一百公尺的衝刺或是二六．二英里的馬拉松，也不管是超級馬拉松、三項鐵人、游泳、騎單車、跑步、划船或任何其他運動，運動員時時刻刻都需要面臨是否要讓速度慢下來或是想辦法超越的掙扎，超越一般人都認為難以克服的限制。

除非發生運動傷害（會產生急性劇痛使你立刻停止以避免更大傷害），否則先喊停的其實都是這顆心，而不是身體。稍微不專心、害怕、自我懷疑，甚至是在訓練和競賽過程中有關疼痛的若干知識，都可以折磨運動員。因此，許多運動員與教練現在深信，若想登峰造極，系統性的心理訓練絕對不亞於身體的鍛鍊。**最新的典範觀點認為，沒有心理健康是不可能有生理健康及最佳表現，身和心健康的培育必須是一起的。**

一九八四年，我有個機會跟美國國家奧林匹克划船代表隊男子組一起共事，訓練他們靜觀練習。此與正念減壓課程中的靜觀練習是一樣的，只是醫院的病人用此來面對慢性疼痛。這些世界級的運動員運用各種正念策略，來提升自己面對與因應疼痛的能力。運動員如同病人以正念跟疼痛共處，即便這兩組人馬的身體健康狀況看起來是南轅北轍。

有慢性下背痛的讀者也許很想瞭解約翰．畢格羅（John Biglow），他是一九八四年美國奧運划船代表隊的單人雙槳舵手，也是當年美國的最佳男舵手。但他曾在一九七九年划船時受傷而導致椎間盤突出，日後便一直有慢性背痛的問題。一九八三年他又再度受傷，而且傷得不輕，他再也無法賣力划船超過五分鐘，一定得休息三分鐘後才能再繼續用力划。然而，透過小心翼翼地訓練，他得以運用對自身限制的深刻認識，逐步使自己回復健康，甚至使自己的背部達到世界級競賽的極致要求。為了進入國家奧運代表隊，約翰必須跟全國最強壯、最快速且最有競爭力的選手競賽（五分鐘划完兩千公尺）。想像一個有慢性背痛的人，開始著手邁向這個極困難的目標，更別說是達成實現，過程中所需要的決心、毅力、堅強的信念、身體的知識與正念的厚實度，那可真是驚人啊！但他為自己所設定的目標，對他的意義是如此重大，使他禁得起在這萬分艱鉅、疼痛、孤獨的路途持續匍匐前進。

二〇一二年的倫敦奧運上，伊朗的大力士薩里米科達西亞比（Behdad Salimikordasiabi）在男子超重量級舉重中，第一次就舉出五四五磅的亮眼成績，他的總成績在那一舉已經確定是金牌得主了。當時他還有兩次的機會，現場興奮至極的群眾瘋狂地催促他繼續打破世界紀錄，而這也是他與教練團的共同目標。在震耳欲聾的歡呼聲中，薩里米科達西亞比再度上台，試圖打破世界紀錄，但這次沒有成功。觀眾群情激昂地為他加油，整個現場是令人陶醉的狂喜與激勵，更何況在練習時他曾舉出更好的紀錄。但薩里米科達西亞比還是婉拒繼續嘗試，事後他說，因為上台的間隔時間休息太久，他的身體已經「冷下來了」，因此他覺得在這種情況下繼續勉強企圖打破世界紀錄是不明智的，要打破世界紀錄日後還有許多機會，不急於這一時。這真的是一個非常優異的示範，**如何對自己的身體具足正念，如何在每個當下面對、承接與尊重自己的限制，不論群眾的情緒如何，也不論自己的情緒如何。**我們或許無法舉起很重的東西，但每一個人都有相同的能力，可以留心關照自己身體的內在訊息並與其合作無間，以推動邁向自己的整體目標。從這個角度看，我們都是最佳運動員。

不論我們的處境或失能程度如何，每一個人都可以用自己的方法，跟身體明智地合作，邁向並實現對自己有意義的目標。**若我們可以領悟過程本身的意義並時時帶入覺察，尊重我們的限制而非視其為痛苦的牢籠禁錮。那麼，即便未能百分之百達成目標，其努力本身就已經很有幫助且深具療癒了。**對於這樣的觀點如果你仍有任何懷疑的話，上網去看看輪椅運動員的賽事或殘障奧運吧。那令人振奮鼓舞的程度，會讓你欽佩、感動與落淚。

頭痛

如果你持續為慢性嚴重的頭痛所苦，很可能認為這是腦瘤或嚴重病症的徵兆，但其實大部分頭痛跟這些病灶是無關的。若頭痛一直持續且非常劇烈，在你嘗試用藥物或靜觀來控制它之前，最好先去做徹底的檢查以排除任何可能的疾病。一位訓練有素的醫師在轉介頭痛病人接受正念減壓訓練時，一定會先做到這項把關。在減壓門診中有慢性頭痛的病人，大多被診斷為緊張性頭痛或偏頭痛[50]或兩者都有，他們通常都做過了腦神經檢查包括電腦斷層掃描，以排除腦部腫瘤的可能。

大多數經轉介來減壓門診的頭痛病人對靜觀練習的反應都很好。有位女士上課前的偏頭痛史已長達二十年，她每天都必須服用加非葛（cafergot，譯注：一種非類固醇消炎劑）才能撐過去。她求助於許多疼痛門診，但效果不彰。進入課程的第二週，藉由靜觀練習，她表示竟然曾有兩天不會頭痛，二十年來從未發生過這種現象。在八週課程中，她漸漸免除頭痛之苦，課程結束後頭痛的狀況亦獲得減緩。

如果你一直有慢性頭痛，它只要消失過一次，你就會明白原來頭不痛確實是有可能的。這可以徹底改變你對自己的身體與病症的觀點，也可以提供你全新的視野與對身體的信任，相信自己依然可以調控原先以為不可能的事情。

有位年長的女士最近在課堂中分享，對她的偏頭痛而言，放置歡迎光臨地墊的概念特別有用。因此，當感覺到偏頭痛快來臨時，她坐下來靜觀並跟她的疼痛這麼說：「如果你想進來就進來吧，不過你要知道我不再受你擺布了。今天我有很多事情要做，因此沒太多時間跟你在一起。」這對她非常有效，她很高興這個新發現。

身體掃描練習光碟在走完全身之後，有一段觀想自己頭頂上有個小圓孔，並觀想氣息是透過那小圓孔進出，就像鯨魚的噴氣孔般。這個練習很簡單，單純地觀想彷彿你的呼吸真的是經由頭頂的小圓孔，然後就安住於當下，領受當下所感覺到的一切，不論所感覺到的是什麼，只要全然的覺察和接納。你沒有要做任何事情或讓任何事情發生，就只是實驗地玩玩看。

許多有頭痛困擾的人會使用這個「圓孔」做為釋放頭痛的調節閥。觀想氣息從頭頂的那個圓孔進來和出去，當氣息離開身體從圓孔出去時，讓所有的緊繃、壓力或任何身體感覺都釋放出去，不論可以釋出多少都無妨。不過倘若你尚未透過規律練習培育出專注力的話，這確實會比較困難。不用擔心，持續每天練習身體掃描，也練習觀想從頭頂圓孔進出的呼吸，漸漸地，當你感覺好像快頭痛時，你可能會發現頭痛比較容易消散，而較不會凝聚為那種爆炸性的痛。即便已經產生爆炸性的痛，此法亦有助於減輕頭痛的尖銳度、縮短頭痛的時間、甚至消融頭痛。

大部分進來減壓門診的病人，當他們規律地練習靜觀之後，都會發現頭痛的發生頻率與嚴重程度都下降了。

起床就先覺察自己的身體與呼吸，帶著開放、覺醒與正念

當你的練習慢慢深化後，就會發現頭痛其實並非空穴來風。在頭痛開始之前通常會有個可辨認的觸發點，問題在於我們是否辨認得出來；尤其是心理上的或關係上的觸發點，我們經常會予以忽略或否認。不用說，壓力情境確實可以導致頭痛，很多人多少可以體會到這其中的關聯，尤其是那種肌肉緊繃性的頭痛。不過，也有很多人說他們一起床就頭痛，或根本沒處在明顯壓力下也會頭痛，譬如在例假日或沒壓力時。

對這些人而言，幾週的正念練習通常就可以開啟他們全新的體會與認識，明白自己為何與何時會頭痛。有些人會發現他們其實比自己所想像的更容易緊張與激動，即便是在休假日。有時候他們會觀察到，

50 譯注：偏頭痛是因受到內在或外在的刺激如壓力、睡眠不足、天候的變化或刺激性的食物等，使神經系統失去平衡和諧，導致腦內神經傳導物質的改變而引發的疼痛。

在頭痛發作前，某個特定的想法或擔憂會先行出現，甚至可能在一早起床時或正下床時就出現了。你可能完全沒有意識到某個焦慮的想法已經浮現，然而在你雙腳碰觸地板之前，該想法確實已經令你相當緊繃。你唯一注意到的是你一起床，頭就痛了。

這是為何保持正念會很有幫助的另一個實例，使你可以在起床的第一時間就先覺察自己的身體與呼吸。**當你醒來時也許可以跟自己說：「我現在正在醒來」或「我已經清醒了」，覺察自己的全身，躺在床上，覺察幾個呼吸後，再來移動身體與下床。**也可以提醒自己，你正迎向嶄新的一天，充滿各種可能，你無法事先預知，僅能帶著開放、覺醒與正念，看看這一天會發生些什麼。

隨著時間過去，這般單純安住於覺察的能力，可以讓你看到以前所未意識到的關聯，例如你可能觀察到剛起床的念頭、不久前發生的事情，甚至是下床前的幾分鐘，可能都跟之後的頭痛有關，這樣的發現可以讓你有機會阻斷引發頭痛的一連串前提事件。你可以將覺察直接帶入正在升起的各種念頭，明白念頭就只是念頭，允許它們來也允許它們去，安然地放下它們。或者你也可以藉由採取某些行動，轉化你自己跟擾人壓力情境的關係，仔細觀察你的行動與後續結果的關聯。也許你會覺察到在哪些地方或某個時間最容易頭痛，辨認出導致你頭痛的環境因素，例如汙染或過敏原。

對有些人而言，慢性頭痛其實是他們失連與失序生活的表徵，不論是跟自己的身體、家人、工作、環境或所有的一切失連。頭痛，正是他們生活全貌的速寫。他們生活中的問題千頭萬緒，根本難以體會頭痛是怎麼發作的。假如這剛好也是你的寫照，而你確實希望開始練習正念，這樣的資訊或許對你很有幫助：**你並不需要去解決任何問題，唯一真正需要做的，是開始更加留心你日常生活中正在進行的一切，不論有頭痛或沒頭痛。換言之，就是練習更加全然地活在當下、更加全然地清醒與覺察。**你的自我調節能力會自然地與時並進，身體的適應負荷會逐漸復原，也許你會發現頭痛自動就消解了，不過這可能要花上數年的時間。不論如何，持續練習、保持耐心並接納你目前的一切，其實對你的頭痛就很有幫助了，即便你的其他問題都還沒解決。

接下來的兩個實例，顯示慢性頭痛如何反映出生活的整體樣貌，如何與生活中進退維谷的難局共事，如何最終在自己產生若干洞見與改變後，不但使頭痛獲得減緩，甚至影響到所處生活的局勢。

弗瑞德，三十八歲男性，因焦慮與睡眠呼吸中止症而被轉介過來。他的睡眠呼吸中止是出於肥胖，當時他身高一七八公分卻重達一百七十多公斤。除了焦慮和呼吸中止，他還有慢性頭痛，任何時候只要他一感覺到有壓力就會頭痛。例如搭公車總讓他頭痛，因為他痛恨公車（「它們總是讓我感到噁心」）。然而他自己沒車，所以還是只能搭公車。他在攤販幫忙整理貨品，跟一位室友同住。他太胖了，以至於一躺下來脖子的位置讓他難以順暢呼吸，這導致他的睡眠呼吸中止症。肺科醫師說，如果他不立刻減肥就要接受氣管切開手術。這讓弗瑞德更加焦慮，因為他根本不想要接受氣管切開手術。我們的一位同仁在跟他諮詢減重計畫時，建議他參加正念減壓課程以處理他的焦慮。

弗瑞德來上第一堂課，但他一點兒都不喜歡，他跟自己說：「我實在沒辦法等到這堂課結束，我再也不會來上課了。」他相當害羞，總是極盡所能避免任何可能會有衝突的情境，因此他在群眾中會很不舒服，根本沒辦法在團體中講話，更何況要在三十人共處一室的教室裡。雖然他允許自己離開，不過這個念頭並沒有一直困擾他。八週課程結束後，他對我說當時有某種「直覺」叫他來上第二堂課，他也聽到自己心裡說：「如果我現在不做，大概一輩子都不會做了……每個人都有一些難題，不然也不會來這裡。」因此雖然第一堂課的經驗不佳，弗瑞德還是決定繼續來。第一堂課後，他開始練習身體掃描，因為那是回家作業。到了下一堂課時，他已經明白這對他會很「有用」，他說：「我真的體會到了耶，」那堂課他甚至在班上分享，當他專注於自己的身體時感覺有多放鬆。

打從一開始練習身體掃描，弗瑞德的頭痛就消失了。但他生活中的壓力其實愈來愈大，因為他的體重不降反升，必須接受氣管切開手術。但他已經能搭公車而沒頭疼亦不感到噁心，坐在車上他可以單純地「感覺車子的晃動，很放鬆也頗能享受坐車」。

在此同時，他也變得比較果斷。當他的室友一直不繳房租時，他能夠要求室友搬家，以前的他是不可能這麼做的。他對自己愈來愈有信心，身體也愈來愈能放鬆。課程中的瑜伽練習讓他感到困擾，因為他太重了，能做的動作實在不多。這次在八週課程中，即使體重有些增加，他卻不覺得沮喪。要是在從前，微幅的增加就會讓他陷入嚴重的抑鬱喪志中。

弗瑞德還有高血壓的問題，上正念減壓課程前量出來的血壓是２１０／１７０，非常危險的高。一般高血壓患者的平均血壓是１４０／９５。完成課程後，他的平均血壓降為１２０／７０，是他這十五年來的最低值。

課程結束後，他在某個星期去做兩次氣管切開手術，但兩次都沒成功。因為他的脖子太厚了，醫護人員無法將管子插入並讓管子停留在脖子裡。此後，他就沒有再做氣管切開手術了。

一個月後我再次看到他時，明顯地瘦了許多，因為他正在減重。他持續做靜觀練習。重量下降讓他更有自信，他說這輩子從未對自己這麼肯定過。他也說多年來第一次感到開心，而且隨著體重下降，睡眠呼吸中止症也漸漸消失了。他表示課程結束後，頭痛只發作過一次。

另一個例子是四十歲的離婚女性蘿拉，因偏頭痛與工作壓力由神經科醫師轉介過來。蘿拉十三歲就開始有偏頭痛的問題，平均每週發作四次。發作時，她會看到眼前有光，接著就會感到噁心進而嘔吐。雖然她持續就診，但藥物的幫助不大，除非她精準地找到正確的服藥時間，也就是在頭痛增強之前。但對她而言，判別頭痛何時會增強是很困難的。被轉介來上課前的四個月，蘿拉的頭痛愈來愈嚴重，甚至多次掛急診求助。

在蘿拉上課的那段期間，學員的回家作業除了靜觀練習外，有時候我們會請他們填寫在第十八章所看到，由賀姆斯與若禾發展出來的「社會再適應評量表」（Social Readjustment Rating Scale）。這份評量列出的都是一些日常生活中的事，檢視過去一年內發生在自己身上的事件。表列中的事件如配偶死亡、工作地位改變、家人生病、結婚、抵押貸款等等。每個項目都有分數，代表此項生活改變需要花費多少力氣去適應。總分若超過一百五十分，就表示所承受的壓力是相當大的，需要採取有效行動來適應變遷事件。

我們在課堂上討論那項評分作業時，蘿拉的分數是全班最高的。她跟我們說，有一天晚上她跟男友一起完成這項評分表時，他們多麼難以置信，因為她的分數高達八百七十九分，而她男友的分數也高到七百。看到這麼高的分數，他們兩個放聲大笑。

她說：「我們承受這麼大的壓力還沒死掉，可真是奇蹟啊！」**她認為可見他倆一定很強壯，比自己所想像的還強壯。她說在那當下他們其實更可能是放聲大哭而不是大笑，因此她視此大笑為好兆頭，這本身就是健康的回應。**

當時蘿拉的生活充滿了恐懼，因為前夫意圖謀殺她，而且也確實做過。除此之外，她的兩個兒子最近剛發生車禍，雖然情況不算嚴重。而她在工作上亦承受很大的壓力。

她在一家大型公司擔任中階主管，公司正在進行一項重大重整，因此每一個員工都人心惶惶且壓力沉重。她的情況更複雜是因為她本人、她男友、她前夫都在同一家公司上班。

在第五堂課時（也就是練習完身體掃描後四週與瑜伽後兩週），她說該禮拜曾經出現偏頭痛發作的前驅病症，就是看到光，但這是她第一次提早覺察到光。當她覺察到時，這些都還只是一些光線，而不是那種她所熟悉的令人難以忍受的大量強光，當這種強光出現時，通常意味著一個小時內偏頭痛就會來了，「完全擋不住」。那次，當她覺察到若干光線時，決定服用一顆藥物且上床去練習身體掃描。她心想，也許這樣可以少服用原本後續數小時還需要再吃的另外三顆藥。

之後蘿拉驕傲地說，打從小女孩開始，這是第一次她靠自己的力量中斷頭痛。當晚她沒有再服用那二顆藥，而繼續做身體掃描並在結束前睡著了，醒來後精神相當好。她將此成就歸功於兩個因素：首先，前幾週的靜觀練習，讓她對自己的身體與當下的感覺敏感許多，因此才能在數小時前便覺察偏頭痛的早期警示，採取適當的行動，避免落入爆炸性的頭痛。其次，當她及早辨識出警示訊號時，能有一些因應方法，至少她覺得現在擁有藥物之外的替代方案，可以用來試著調節惱人的頭痛。**透過正念練習，她採用一種新的做法來趨近瀕臨中的頭痛，實驗性地探索自己的內在資源，調節頭痛也調節她自己。**

在往後的四週，即便生活處於不斷地忙亂，蘿拉的頭痛都未再發作。她把九點難題的作業貼在辦公室的牆上。面對生活中的壓力源，她試著有覺察地回應而非只是出於慣性地反應。

八週課程結束後的第一個星期，蘿拉的偏頭痛又發作了，而且相當嚴重。從感恩節前一天發作一直延續到感恩節。她嘔吐得非常厲害，家人不斷懇求著要帶她去醫院，但她仍堅持不去掛急診。蘿拉心想，兒子們好不容易要回家一起過感恩節，如果她去住院就太掃興了。

隔天早上我看到她臉色蒼白，她看起來心煩意亂且淚眼汪汪。蘿拉覺得自己是個「失敗者」。她曾經那麼開心於課程中的美好結果，甚至跟醫師說如果她一直維持沒有偏頭痛就可以拿掉她的恩特來錠（譯注：治療偏頭痛用藥）。現在她覺得「這個可能性已經完全破滅了」。更糟糕的是，她根本搞不清楚自己怎麼會偏頭痛，感恩節哪有什麼壓力，她很期待感恩節來臨啊！聊著聊著，發現今年的感恩節對她意義非凡，她顯得格外期待。因為兒子們都要回來，多年來她對於跟他們互動不夠這件事一直耿耿於懷。聊的過程中她憶起在頭痛大爆炸之前她曾經見到光線與光點，但完全不予理會。她也想起男友曾經問她晚餐要做些什麼，她的回答是：「不知道，我沒辦法思考，我的腦子現在一片空白。」

這應該是重要的轉捩點。身體還是有發出偏頭痛的早期警訊，但這次不知怎麼的，蘿拉就是沒接收到。她說很可能當時的她太忙、太趕、太累了，以至於對身體的訊息毫不留意，即便她先前已經多次能讓自己在早期警示時立即採取適當行動而成功中止頭痛發作。

當煩躁混亂的思緒平靜下來後，她明白上次可怕的頭痛發作不等於失敗。這個經驗告訴她，如果她能更關注身體的訊息，對她會更好。

她第一次瞭解，長達二十七年的偏頭痛，要在四個星期內控制好且期待不再發作是不切實際的，尤其在這個階段她的生活是如此地動盪不安。

當蘿拉不再將單次的頭痛經驗渲染為一場糊塗的全面失敗時，才明白原來自己還有一些東西沒有完全瞭解。從這個角度看，這次經驗是很有幫助的。她領悟到自己需要深深尊敬生活中所出現的種種危機，這包括上法院的日期愈來愈接近、她在工作上的問題、她對前夫的憤怒等等。這次的經驗教導她，所有的壓力不會因為節日來臨而頓時消失。相反地，可能會使過節的心情更加沉重，無形中更易引發渴望事情有所不同的強烈期待。

對她更重要的學習是，在這個生活階段，她實在承受不起忽略身體訊息的後果，她需要更敬重它們。當早期警訊出現時，她需要停下手邊的事情，立即服藥並練習身體掃描。如果這是她當前的課題，如果她想過更和諧的人生，讓自己免於受頭痛之苦，那確實是需要好好面對的。

〔第二十四章〕

與情緒之苦合作——你的痛苦不等於你……但你仍有許多療癒痛苦之道

當你跟自己的痛苦同在時，問問自己，可否將「自己的情緒狀態」和「已發生或正發生的事情」分開。如果你能看到並分辨自己所處困境中這兩個截然不同的成分，就更能對整個局勢發展出有效的因應之道，這局勢當然也包括你的感覺。

會讓我們感到痛苦的不只是身體而已，情緒上的痛苦甚至比身體的疼痛更容易擴散。情緒上的苦有很多種形式，例如對於自己的所作所為或無（未）作為感到強烈的自責、覺得自己很笨、沒價值、沒自信。若我們對別人造成傷害，可能會產生罪惡感，混雜著自責與懊悔。情緒的痛苦還有焦慮、擔憂、恐懼、很強烈的厭惡、失落、哀傷、羞辱、尷尬、絕望、無能等等。我們可以長期背負著一種或多種的情緒痛苦，在心底，也在身體裡，也許都沒人知道，甚至連自己都不知道。

給自己的痛苦一些空間，跟情緒和平共處

如同面對身體的疼痛，你也可以將正念帶入情緒之苦，運用正念的動能讓自己成長和療癒。**關鍵在於你願意給自己的痛苦一些空間，你願意歡迎它的來臨，仔細觀察它而不一味地企圖改變或驅逐它。**刻意地

善待情緒上的痛苦，猶如對一隻害羞的小動物。邀請痛苦直接來到這當下，跟它真實地同在，就像跟身體的疼痛或症狀同在，或是跟任何腦中所浮現的想法同在。

說實在的，不論你面對的是什麼狀況，一旦情緒痛苦已經浮上檯面，要改變自己的觀點以接納當下的一切相當不容易。舉例來說，在醫院裡被轉往加護病房時的心情一定充滿恐懼；警察半夜到家裡，在鄰居面前強行把你帶走是令人憤怒又丟臉的；在候診間被新的主治醫師吼叫，只因他不開給你先前常用的處方箋，是相當令人挫折和沮喪的。在這些時候及後續的餘波盪漾，練習將正念帶入是至關要緊的。若想學習跟痛苦的情緒和平共處，在你經驗到情緒痛苦時，時時將覺察帶入整個歷程是非常關鍵的。

當然，人類的正常傾向是極盡可能地去避免疼痛或痛苦的感覺，盡可能地築起高牆以讓痛苦不直接入侵，或全自動化地迅速肅清所有的情緒海嘯。在這些時刻，我們的心相當紊亂，整個心思都被占據，以至於很難想起即便在這樣的時刻，還是要以整體的觀點直視正在發生的一切。我們必須訓練這顆心有能力觀察它自己的高低起伏，不論在何種情況下或是痛苦有多強多深。**我們必須能視痛苦為成長的契機並採取有覺察的回應，而非每次都以自己的習慣或慣性做為反應的基準，再將自己當成事件的受害者；其實真正讓我們成為受害者的是自己的慣性反應，而非事件本身。**對自己的感覺否定迴避，讓自己陷入情緒化的泥沼，最終都只會加重我們的痛苦。

猶如身體的疼痛，情緒的痛苦也在傳遞某些訊息給我們。事實上，所有的感覺都需要被認可（至少被自己認可），都需要被看見而且被體驗，除此之外別無他路。如果我們忽略、壓抑、隱瞞或刻意昇華它們，它們就會在裡面化膿潰爛製造問題，讓我們不得安寧。如果我們誇大或膨脹它們，任其在我們裡面製造動亂，或任由自己四竄的思緒編織一個個關於該情緒的故事情節，卻對於我們自己正在做的事情毫無覺察，如此一來，它們就會在心裡逗留徘徊不去，使我們卡在某種固定的模式裡，也許一輩子都這麼活著。

即便是在哀傷或憤怒的折磨痛苦中、在自我責難的懊悔煩惱中、在那看似停滯不前的難過或創傷中、在逐漸高漲的恐懼中，依然有可能保持正念。在這個時刻我感覺到悲傷，我知道悲傷的感覺就是像這樣；我感到憤怒，我知道憤怒的感覺就是像這樣；我感覺到罪惡、難過、受傷、害怕或混亂，我知道它們的感覺就是像這樣。

你所經歷的痛苦不是永恆，是會改變的

聽起來也許很奇怪，當負面情緒升起時，如果我們能夠進入負面情緒裡，真正地體驗與瞭解它，這歷程本身就蘊含了療癒的種子。如同我們在生理疼痛上所看到的，不論你的感覺或情緒是什麼，不論它們顯得多麼狂亂或暴怒，也不管它們如何偽裝成困惑、刻板或疏離，有一部分的你，確實仍然可以體驗與瞭解感覺，可以看清並接納當下的情緒。那個你擁有清明的覺察，該覺察本身獨立於你的痛苦，不受心靈風暴的衝擊。風暴一旦形成就必須走完它的過程，這痛苦的過程必須被感知到。然而，若能以覺察來涵容撫慰風暴，它們自然就會顯得不同。覺察不是痛苦的一部分，覺察容納痛苦，猶若天空容納各種天氣。

當我們任憑風暴肆虐，它就是一種外來突發的暴力，你只是個苦難的受害者。但你用覺察涵容風暴時，就不再只是個受害者，此時你可以決定自己的感覺，因為就在這個當下，你的選擇將會浮現。痛苦的感覺就像其他感覺一般，需要被全然地覺知，它們可以教我們很多東西，雖然只有少數人願意從這個層面探索與學習。試試看，當痛苦浮現時讓自己有意識地跟它連結，全然地跟負面情緒同在，而不只是讓自己成為負面情緒的犧牲品。

有時候痛苦的感覺如此強烈以至於你覺得整個人都被塞住了，根本沒有觀察的空間，還談什麼寬廣的覺察。然而，這般將注意力帶入情緒的做法，確實是可以讓你多少帶著智慧之眼來看待各種負面情緒。痛苦的感覺可能依舊強烈，但至少不再那麼尖銳鋒利。在這個時候，如果能自我探詢「是誰在受苦」，我們將能看到這顆心如何被鎖鍊綁住，如何專注於排斥、抵制、抗議、反對、否認、拒絕、吵鬧叫囂、胡思亂想。換言之，我們將看到這一切如何讓自己心靈受創受苦。

正念讓我們更能看清痛苦的本質，協助我們縮短混亂與受傷的感覺，撫平動盪的情緒，這些心理的苦可能來自於我們自己的錯誤認知、膨脹誇大，或一味渴望事情依照我們的想法進行。下一次當你不開心或

痛苦時，試著聽聽內在那個平靜的聲音，它也許正說：「人類能夠承受這麼大的痛苦真是神奇啊！」或者「我怎麼有辦法感覺到這麼大的苦、為自己製造這麼大的痛，讓自己如此陷入泥沼而動彈不得呢？」**在痛苦中聆聽自己內心的平靜之音，你將能提醒自己用一種明智與非執著的專注，開放地觀察分分秒秒的情緒變化。**你可能發現自己非常好奇地想知道事情會如何解決。然後你老老實實地發現自己真的不知道，所以只能繼續等待與觀望。但是你確信解答遲早會出現，只不過現在你正處於也只能處於高漲的浪頭上。你知道波浪不可能一直居高，它一定會下來的。你也知道自己處於浪頭，此時你的處理方式一定會影響到結果，在盛怒之下你若說了傷人的話或做了傷人的事情，在那當下你已經加重惡化自己所承受的痛苦，讓事情離妥善解決愈來愈遠，也許這根本不是你想要的。處於強烈的痛苦情緒時，也許如實地接受在這個節骨眼你真的不知道該怎麼處理，會是比較好的策略，在如此真實的接納中，療癒歷程已悄然開啟。

面臨情緒之苦時，你察覺出自己的痛，這裡面可能帶著不接納、拒絕已經發生的事情、渴望事情更朝向你想要的方式或更在你的控制範圍內。也許你希望有其他機會或時光倒轉，以讓你可以有不同的作為——說出你當初沒講的話或收回你曾說過的話。也許你曾經在尚未全盤瞭解之下便驟下結論，對於自己魯莽的行動感到難過。可以讓我們受苦的方式很多、很多、很多，但它們通常會有某些共同的主軸。

如果你在情緒風暴時將正念帶入，就會看到自己有多難去接受人事物本來的樣貌，不論這些人事物是我所喜歡或不喜歡的。話又說回來，也許一部分的你確實看到了這個現象，多少也準備好要跟你所處的局勢或正在發生的狀況達成和平協議，不想再繼續對抗或對立。也許，在此節骨眼兒你的情緒還需要有些出口，因為心情不知怎的，就是還沒準備好要接受現況或平靜下來。

如同在靜觀練習時，任何不舒服的感覺，只要牽涉到「我的」，例如**我的**疼痛、**我的**困境、**我的**哀傷……，這顆心就會強烈排斥。如愛因斯坦所說：這讓我們自綁手腳，禁錮於孤立分離的錯覺裡，障蔽我們清明的觀察力與療癒力，特別是在我們最需要觀察和療癒的時刻。

在痛苦的過程中，如果有任何靈光可以乍現，我相信那就是觀察力。也許你會感嘆，當自己處於痛苦時就是沒辦法接納，沒辦法銜接到比痛苦還大的整體，於是對自己又更充滿責難。千萬別如此，因為這只是更多的想法、更多評價、更多擴張又不切實際的想像罷了。在那樣的時刻，我們只需要真正地去感知當下所呈現的一切，讓這一切透過我們而逐漸淨化。盡可能地安於覺察，觀察我們的念頭想法和情緒感受，在平靜與平等之心下會如何地演變，不論這持續的時間有多長或多短。但話又說回來，有時候無法接受當下所發生的事情，在當時可能是非常合宜的，例如：即將大禍臨頭、面臨死亡的威脅、正經歷哀痛逾恆的失落、遭人詐騙或虐待等等。但是，也許你認為自己「就是無法接受」的這個判斷，本身可能也是錯誤的。

如我們在第二章所見，**接納，不表示你需要喜歡所發生的事情或只能消極地順從，接納既非投降亦非屈服。接納，指的是承認一個赤裸裸的事實：已經發生的事情，就已經發生了，而且，也已經過去了。**接納多半是伴隨著時間而來，如風暴逐漸消退時。蹂躪後能產生多少的療癒，取決於過程中面對各種不同勢力時，你能否維持清醒；當各種勢力肆虐時，不論心有多痛，你是否能以明智的專注觀察它們。

當情緒性的痛苦發生時，如果你願意深入仔細瞧瞧那痛苦及後續餘波，深刻的療癒性洞見才有機會浮現。**很可能你會真切了悟「改變的必然性」，不論我們喜歡與否，無常，都是萬物不變的法則，也是關係的核心本質。**面對身體疼痛時，我們觀察疼痛強度本身的變化以及來來去去的各種身體感覺，甚至疼痛的位置如何移動。我們也觀察自己對疼痛的想法、感覺和態度一直在改變。這一切都是無常。

在你陷入情緒性痛苦時，若真的仔細瞧瞧，一定會發現你的想法和情緒都嚴重動亂，它們來了又去、浮現又消失，快速不停地改變。處於高度壓力時，你也許會注意到某些想法和感覺不斷強勢又重複地出現，一而再、再而三地回頭，讓你不斷重新經歷已經發生過的事情，讓你懷疑如果當初有不同的做法現在是否會有不同結果。你可能發現你一再地埋怨自己或抱怨某個人，一再地重播某個特定時刻的影像，一再思索接下來會發生什麼或你會變成怎樣。

在這些時刻，若能保持正念且仔細觀察，你會注意到：即便是這些重複不斷出現的影像、想法和感覺，都有一個開始與結束，猶若海浪，在心中升起，之後消退。或許你也注意到這些不斷來去的心理浪潮，兩波之間沒有完全相同的，也許差異很小，但總不會跟前一波一模一樣。

或許你也注意到感覺強度的循環變化。這一刻你心裡隱隱作痛，下一刻卻極度苦惱與暴怒；這一刻你害怕恐懼，下一刻也許是隱晦的痛或筋疲力竭；也許曾有很短暫的瞬間，你突然忘了所有的痛苦。**你觀察到自己的情緒狀態不停變化，也許你會領悟，這正在經歷的一切都不是永恆的。你親自看到痛苦的強度並非固定不變，而是持續改變，升起又消失、來了又走掉，就像你的呼吸般，進來又離去。**

保持正念的那個你就只是觀察，一瞬間接著一瞬間地觀察正在發生的一切，除此之外沒別的了。那個你不會排斥所討厭的，不會譴責任何事或任何人，不會期待事情有所不同，甚至不會難過。覺察，就像慈悲智慧，本來就存在你自己的心坎裡，是混亂中平靜的來源。彷彿面對沮喪難過的孩子，媽媽是這孩子平和、慈愛與高遠視野的來源。她瞭解不論孩子為何所困，終將會過去，因此在她跟孩子同在的過程中，方能給孩子安慰、安心、祥和、平靜。

我們在自己心裡培育正念，便可以將慈愛送給自己。有時候，我們需要將那個正在受苦的我視為自己的小孩，好好地照顧他。就在我們對自己所有痛苦全然開放的同時，為何不對自己多一些同情、慈愛與友善呢？**善待自己，如同我們善待一個受苦的他人，這本身就是很棒的療癒靜觀，可以培育慈心、悲心與愛心，而且是無邊界限制的。**

靜觀「我自己的方式是什麼？」

生活中讓我們受苦的一大來源，就是經常希望事情是依照我想要的方式進行。因此，事情若如我們所願就覺得開心和順利，若違背我們想要的、所期待的或所計畫的，就會覺得受挫、洩氣、生氣、受傷、不高興，然後就感覺受苦了。

諷刺的是，雖然我們一直想要，卻經常不知道我們究竟想要什麼。另一方面，如果我們得到想要的，通常又會想要更多。這顆心總是不斷尋覓新事物，才會覺得開心或滿足。從這個角度看，即便一切都相當

平順，這顆心依然很少能長期滿足於現況。

小孩子得不到想要的東西而難過挫折時，我們通常會告訴他們：「你不可能永遠想要什麼就有什麼啊！」

孩子問：「為什麼？」

我們會說：「人生本來就是這樣啊！」或是「長大後你就懂了」。

大部分時候，成年人總喜歡表現出一副比孩子更懂人生的樣子，但其實我們是跟他們瞎扯，骨子裡我們也很渴望事情能依照自己的想法，只是我們要的東西跟孩子們要的東西不同，也比較知道如何掩飾自己的情緒。當事與願違時，我們不也難過挫折嗎？對於他們的幼稚行為，我們可能一笑置之或轉而生氣，完全取決於當時自己狀況的好壞。

為了避免老落入被自身欲望控制的陷阱裡，有時候這麼問問自己是很好的：「我自己的方式是什麼呢？」、「我真正想要的又是什麼？」、「當我得到時，我知道嗎？」、「每一件事情現在就需要完美呈現，或完全在我的掌控之下，我才會開心嗎？」

你也可以換個方式問：「現在每一件事情是不是基本上都還算過得去？」、「我是不是像個孩子般，這顆心一定要獲得什麼或免除什麼才會覺得快樂，會不會我自己都沒有意識到這個現象呢？」。如果情況並非如此，那麼可以繼續自問：「即便現在有些人事物會讓我不開心，是否有什麼方法可以協助我在日常生活中朝向更平靜與更和諧呢？」、「哪些決定有助於找到自己的方法？」、「我能活出自己的人生嗎？還是我曾基於盲目、不安與無知做了錯誤的決策；或因幾十年前我年紀還小，別人曾為我做了錯誤的決定，而害我只能臣服於命運的巨輪之下呢？」

在靜觀練習時若加入探詢自己「我自己的方式是什麼？」，你會發現這個方法對於把你帶回當下特別有效。也許可以試試在靜坐如此自問：「好，現在到底我的方式是什麼？」好好問問自己這個問題，不用急著回答，深思此大哉問，時時保持這問題的活絡，再聽聽你內心深處的聲音。「我自己的方式是什麼？」、「什麼是我自己的方式？」

成長改變及超越傷痛的能力，就在你心底

許多在減壓門診的人很快就會發現，原來自己現在的生活中已經落實所謂「自己的方式」。他們領悟到原來身體的疼痛也是某種「自己的方式」的產物，而未必是全然對立的敵人。原來情緒的痛苦至少有一部分是來自於自己的若干作為或不作為，因此多少是自己可以掌控的。從圓滿完整的視域來看，他們領悟到「我不等於我心裡的痛苦，不等於我的症狀，不等於我身體的疼痛，不等於我的疾病」。

這樣的領悟並非抽象的哲思，而是非常實際的體會，可以讓你在情緒受苦時，直接採取某種有效的行動。在情緒高漲的浪頭上，你發現自己的生活正面臨意外的大轉彎而你卻毫無施力之處，你或其他人的強烈負面情緒都已浮上檯面，場域可能在你的辦公室、家裡、醫院、警車或任何地方。**在這種時刻，如果能承擔起照顧自己這顆心的責任，就可以為自己打通慰藉之道，穿越看似無法通過的障礙，將自己從恐懼、無望、無力、無自信的高牆禁錮中釋放。**你可以了悟目前你所過的生活就是你自己的生活，是你唯一真正擁有的時刻，有一種「對了，就是這樣」的領悟；就在此時，帶你脫離苦海的通道自然就會顯現。如果你願意從這個角度看，全然地接納當下的生活就變得有可能了，如其所是的當下，不論它有多特別或多糟。至少在這個時刻，正在發生的事情就是正在發生，未來尚不可知，已經發生的其實已經過去了。

當你回到自己平靜與清明的基地，對於恐懼與無望的感覺會比較有免疫力，而此兩種感覺在這種時刻是最容易升起的。就在那痛苦之中，你準備好採取當下所需要的適當行動，準備好保有自己的圓滿完整，準備好邁向療癒之路。

這樣的方法實際又可行，既不貶低你的疼痛，亦不輕忽你的痛苦，畢竟它們都是如此真實。應該這麼說：我知道情緒風暴來來去去，負面情緒在心中徘徊不去確實讓我吃足苦頭，我正在體驗這一切。但在此同時我也明白，成長改變的能力、超越傷痛或極度失落的能力，並非取決於外在資源、機會或外求，他們本來就在這裡，在我心底，就是現在。

因應之道——問題導向相對於情緒導向

想要正念地與自己的情緒合作，首先必須能辨識自己當下的想法和感覺。如果能夠完全停下來，即便只是很短的時間，跟痛苦坐在一起，跟它一同呼吸、感覺它，不用試著做任何解釋或改變它，也不想辦法攆走它，這樣會很有幫助。此做法本身就能為心靈帶來平和、寧靜和穩定。

可以的話回頭看看第十二章，將有助於我們用一種整體的觀點來看待自己的處境。從系統的觀點，情緒痛苦有兩個彼此交互作用所組成的內容：一個是你的各種感覺，另一個是你的處境或問題，也就是情緒之所以產生的起始點。**當你跟痛苦同在時，問問自己，可否將「自己的情緒狀態」和「已發生或正發生的事情」分開。如果你能看到並分辨自己所處困境中這兩個截然不同的成分，就更能對整個局勢發展出有效的因應之道，這局勢當然也包括你的感覺。**相反地，如果你經常將情緒與問題本身混淆不清（許多人經常是如此）就很難看清事理，遑論做出明確果斷的反應。更糟的是，這混淆本身就會製造更多的痛苦與煩惱。

看到問題的全貌並覺察當下的感覺

我們先來看看問題導向的因應之道。你可以花一點時間，單純地聚焦你處境中的問題本身。問問自己，是否已經看到問題的全貌，而不是只執著於自己對該問題的強烈負面情緒。再問問自己，有沒有什麼你可做的實際行動，而這些行動對問題確實是有幫助的。如果問題實在大到讓你難以招架，試著在心裡分割成你可以處理的部分。然後**就去做吧**。聆聽你的心，信任你的直覺。也許你希望改正問題或盡可能減少損失。

有時候你會發現在那當頭兒根本什麼都不能做。如果這是你所看到的，那就什麼都別做吧，或者說**就做無為吧！**單純地停留於覺察本身，讓每個人事物就依現在所呈現的樣子存在。刻意、純然、無為地與當下的一切同在。在你心底，安靜地涵容當下所呈現的一切，**在這個時刻，無為與作為的力道是不相上下的，因為都是有覺察的回應。事實上，有時候「無為」才是當下最適切的回應。**

透過保持正念，不論是作為或無為，你都把過去拋諸腦後，你只對當下著力，因而你所選擇的著力之事亦將有所改變，這本身就會影響問題的走向。這樣的處理方式稱為**問題導向的因應方式**，有助於讓自己在情緒的狂風暴雨下仍能有效地處事，亦能避免把事情愈弄愈糟糕。

另一個相應的處理方式是將覺察帶入你當下的感覺，試著覺察痛苦的情緒根源，那是來自於你的罪惡感、恐懼或失落嗎？你心裡閃過哪些念頭呢？那些念頭是正確的嗎？你是否可以用一種全然接納的態度，看待心中的想法感覺猶如不斷上演的劇碼呢？你可否瞭解這些想法感覺也有自己的結構和生命週期，就好像風暴與浪花？這些想法或感覺是否影響了你的判斷與能力，障蔽了你清明的觀察能力？這些想法或感覺是否正支配著你去做些事情，卻剛好把問題搞得更糟糕而非變得更好？將明智的專注帶入當下的感覺，這是**情緒導向的因應方式**的一部分。如我們所見，單純地只是將正念帶入風暴本身，就可以影響風暴如何結束，這必然有助於處理問題。更進一步地，你可以採取不同的方式來看待自己的感覺，和它們同在。在慈悲的胸懷下，容納它們也容納你自己，彷彿你是自己慈愛的父親或母親。**給自己一顆大大的心，讓你在痛苦、煩惱或種種負面情緒中，仍能對自己溫柔與慈悲。**

讓我們看個具體的例子吧。在這個例子中，問題導向的因應方式和情緒導向的因應方式都用到了，我們可以看看它們如何並肩合作。

我兒子威爾十一歲的那年春天，我們一起以重裝備去緬因州的西部爬山。當時下午四、五點，頗有山雨欲來的感覺，我們正試著穿越相當難爬的稜線，背著重裝備使得難度更高。我們已經走了一半，稜線的岩石上長出一棵小樹，我們不約而同地抱住這棵小樹休息一下。往下看是深不見底的山谷，一抬頭烏雲飛快聚集，突然間我們兩個害怕起來，感覺上只要一滑跤就會跌落山谷。此時威爾嚇壞了，身體開始顫抖，他一點兒都不想再繼續往上走。

我們真的很怕，尷尬的是沒有人願意承認。對我而言，只有兩種選擇，無視於恐懼繼續「勇往直前」或好好正視我們的恐懼。尤其大雨將至，那恐懼與不確定的感覺彷佛正向我們透露若干重要的訊息。我們緊抱著小樹，刻意地回到自己的呼吸與當下的感覺，懸在攻頂與返回之間，不知道接下來該怎麼辦。

這短暫的停止讓我們冷靜下來，也比較能思考。我們討論種種可能的選項，說出攻頂的強烈渴望以及非常不想要那種被害怕「擊退」的感覺，我們也探討當時所感受到的危險與脆弱。不久，我們決定尊重自己的感覺，下山避雨。我們小心翼翼地下山，剛找到一個避雨小屋，狂風暴雨就來了。我們整晚都舒適地蜷伏、依偎在小屋裡，很慶幸我們選擇尊重當時的感覺。不過，我們還是很想攻頂，正確地說是比以往都更想，當然前提是如果可以的話。因為我們真的很不願意留下遺憾，更不願意感覺是因為害怕而最終無法登上山頂。

隔天，吃過早餐後，我們發展出一個因應策略，將問題分割成可以處理的小區塊。我們決定階段性地往上走，雖然不清楚背負重裝備走稜線有多困難，但我們已經意識到這個困難。我們承認不知道接下來會發生什麼、也不知道是否能攻頂，但無論如何都要試試看，而且盡可能地克服所面臨的困難。

下過雨後的岩石相當滑，實在比前一天還難走。我們當下決定打赤腳，試試看會不會增加摩擦力。會耶！增加很多。我們繼續扛著裝備舒暢地往前行，直到又來到稜線。威爾的背包對他似乎太大也太重，以至於當他在岩石間找洞攀岩時，身體會往後傾。於是，我們決定放下裝備隻身往上爬，再視情況而定。我們又來到那棵小樹，但這次兩人都不覺得害怕，即便打著赤腳又沒帶裝備，卻有十足的安全感。前一天看來根本不可能克服的事情，今天顯得輕而易舉。我們一步一步往上，那棵小樹已經愈來愈遠了。我們繼續往上爬，直到在山頂下的一處暫歇。

那風景真是壯麗，我們身處於迅速消散的雲層之上，看著群山漸漸被清晨的陽光籠罩。一陣子後，我留威爾一個人在那裡，在那寧靜的清晨，威爾靠在岩石邊愉悅地獨處。我下山取回我們的裝備，一次拿一個，大約花了一個小時。然後我們再繼續往上邁進。

之所以說這個故事，是因為我清楚看到我們停留於小樹旁時，兩人心裡都充滿了恐懼，而我們也願意承認恐懼。這在當時是多麼重要，正視恐懼使我們沒有做出愚蠢的行為。我也清楚看到，我們都有攻頂的強烈企圖心，在隔天整個情況都變得比較好的時候，我們改採解決問題的處理方式，於是可以有創意地以赤腳因應路滑、以放下裝備因應負重問題。這讓我們有機會再回到前一天感到相當恐懼的那個地點，在不同的時機下，看看我們是否能走過它、超越它。

我希望威爾從這個經驗中體悟，恐懼是可以合作的，同時也學習如何靠近並尊重害怕的感覺。害怕，不是軟弱的象徵，也沒讓我們不顧一切咬緊牙關往上衝，害怕本身可以是有益且蘊含智慧的。這天一切顯得如此嚇人，隔天卻完全不一樣，同樣的山，同樣的人，但其實也都不同。因為我們將問題與情緒分開看待並尊重兩者，才能有耐心，才能沒有讓恐懼迅速蔓延淹沒而摧毀我們的信心或陷入更危險的處境。這樣的因應策略，讓我們將問題切割到可以處理的大小，從一次攻頂到分階段進行，一階段達到之後再進入下一階段，依實際狀況而行。雖然當時不知道是否可以達成攻頂，但至少我們又試了一次，運用我們的想像力並真實承接每一個當下的嘗試。

框出問題的範圍，跟你的情緒合作

下次當你感覺到混亂與痛苦的情緒時，可以試試同時採用這兩種方法，一方面關注你的想法和感覺（專注於情緒），另一方面著眼於局勢本身（專注於問題）。若想在高壓與充滿威脅的情境下仍有效回應，這兩種方法是同等重要的，就像火車的兩條平行軌道。

處於問題導向時，我們試著用腦袋中還算清楚的部分，框出問題的範圍，發現並辨認周圍的資源，讓局勢或處境跟我們的強烈情緒脫鉤，就像第十二章的「九點難題」。在此情況下，我們試著明辨：什麼是應該完成的、需要採取哪些行動、途中可能有哪些困難、有哪些可運用的內在和外在資源讓我們可以承擔該問題。以這個方式處理問題，你可能需要嘗試從未做過的事情、尋求他人的忠告或協助，甚至學些新的技能以利處理問題。**但如果你能將問題分割成可以處理的部分，一次只處理一部分，你就會發現即便在情**

緒的狂風暴雨中，仍能有效地因應與行動。在某些情況下，這樣的處理方式還可以緩和情緒的激動，暫時擱置情緒以避免被情緒蒙蔽而使問題更加惡化。

不過，問題導向的因應方式有個潛藏的危險，尤其如果你忘記這方法其實只是兩個平行軌道中的一個時。有些人習慣將所有大大小小的問題都用一種客觀的、問題導向的因應方式處理。過程中，他們會把自己的心情或情緒從所處情境中完全抽離，因此也難以適當地運用自己的情緒智商，來辨識與回應他人的心情與感受。在這種習慣下，生活很難獲得真正的平衡，甚至可能會身陷更大卻不必要的痛苦。

專注於情緒時，我們從正念的角度來觀察自己的感受與想法，提醒自己可以跟情緒合作，如同威爾與我在那棵小樹旁所做的。透過當下現在進行式的即時練習，你會發現原來情緒危機是可以處理的，原來在最困難與痛苦的時刻，你依然可以刻意地擴大心量以看待自己的種種感受，並在覺察中慰藉自己。這種因應策略有時稱為「重構」（reframing），換言之，就是以一種更大且不同的架構來看問題。重構可以是情緒上的，也可以針對問題本身，或兩者兼顧。舉例而言，**將問題視為挑戰或機會就是一種重構，或者即便你在受苦，卻仍能看到別人其實也在受苦或他人的處境也許比你更糟，這也是一種重構。**正念本身是個最終極且基本的架構，此架構內我們可以覺察感知人事物如實的真實樣貌。我稱此為意識的「正交旋轉」（orthogonal rotation）[51]。在正念的那一刻，與生俱來的明智及開放的心胸會為我們帶來覺察與洞見，覺察與洞見則使得每一件事情都不一樣，新的機會與選擇得以浮現，即便每一件事情都還是跟以前一樣，但你除外，因為你已經不一樣了。

以接納的態度來看待情緒，以問題導向的因應之道來面對處境

我們時而處於情緒強烈的動盪與混亂，時而陷入悲傷、哀慟、憤怒或恐懼，時而感到受傷、失落、受辱、挫敗或被擊垮，這些都是最需要穩住自己的時刻，明白在我們的內心深處其實是安穩且很有耐受力的，因此我們是禁得住的，這整個過程將使我們更為仁慈。在這些時刻保持寂靜會有幫助。當情緒的痛苦

逐漸開展時，我們觀察著，以接納、開放、友善的態度來對待自己，以問題導向的因應方式來面對處境。如此一來，我們方能面對並尊敬分分秒秒不斷展現的情緒痛苦，從中學習、取得平衡並有效因應，一秒接著一秒地。不論何時，這樣的因應態度與方式使我們被情緒困住或蒙蔽的可能性縮到最小，而此蒙蔽其實是來自於我們一輩子根深柢固且未曾檢視的情緒習慣模式。對自己的想法和感覺時時保持正念，尤其是處於關係難題、壓力、威脅或情緒高漲的時刻，即便在最深層的情緒痛苦中，正念讓我們依然有能力採取有效的行動。在此同時，心靈療癒的種子也已經往下扎根了。

正念和憂鬱症

正念的種子可以有很多播種和澆灌的方式。在所有嚴重情緒失調的困擾中，憂鬱症是最普遍的。憂鬱症被譬喻為黑洞或暗夜黑狗，是一種無止境的長期痛苦。憂鬱症已經是全世界的主要公共衛生議題，尤其是在科技高度發達的國家。過去二十年，靜觀練習尤其是正念減壓的完整架構，已經運用於重鬱症患者復發的預防並取得卓越成效，這裡指的是已經廣泛運用的正念認知治療。

正念認知治療主要是針對憂鬱症，由三位世界聞名的情緒學者兼認知治療師所發展，他們是多倫多大學的西格爾（Zindel Segal）、牛津大學的馬克・威廉斯（Mark Williams）、前劍橋大學的約翰・蒂斯岱（John Teasdale）。他們發展正念認知治療的故事可參閱《憂鬱症的內觀認知治療》[52]。正念認知治療遵循正念減壓的八週架構，但它的設計主要是為了在臨床上經診斷為重鬱症的患者。這些患者在參與正念課程時不是處於發作期，而且在先前第一次發作時已成功運用抗憂鬱藥物或接受認知行為治療穩定下來。根據研究，

51 請參閱《Coming to our senses》347-358頁。

52 *Mindfulness-Based Cognitive Therapy*，二〇一二年第二版。（譯注：五南於二〇〇八年出版該書第一版）。

一旦罹患過重鬱症，日後有高達九〇%的機率會再度復發三次或以上，這整個社會成本以及患者所承受的痛苦都是相當驚人的。二〇〇〇年，這三位學者首次發表他們的隨機分派實驗，在該實驗中，有三次（或以上）復發經驗的重鬱症患者參與了正念認知治療的課程。研究發現，他們的復發機率僅為控制組的二分之一，控制組接受醫師例行的健康照護並持續他們各自規律的整合治療。這真是難以置信的結果，尤其是重鬱症的普及率這麼高，而成功治癒後的復發風險也居高不下。

在優異科學研究的證實下，認知治療界對正念及正念認知治療的興趣迅速成長。三位學者的第一本書主要是寫給認知治療界的同行。他們的第二本書[53]，我也是共同作者之一，則是寫給一般大眾。**正念認知治療的重點在於認清這樣的事實：對憂鬱症患者而言，任何想要讓患者遠離憂鬱的努力，尤其是努力改變患者對事情的觀點或對自我觀感的「修理方式」，其實都只會加重病情**。對他們而言，真正需要的就是在本章一開頭就提到的，從「修理錯誤想法」的態度，位移到一種單純的覺察，這將帶來更為寬廣與接納的心態；換言之，也就是從行動領域位移到同在領域。後者在靜觀練習就會體驗到，而如我們一再強調的，在同在模式中，想法就只是「覺察領域裡的一個個事件」，不論想法的內容為何或有多少情緒負荷。想法猶如天空來來去去的雲朵，未必等於真實，也不用動不動就把自己牽連進去。對於有三次（或以上）復發史的慢性憂鬱症患者，英國國民醫療保健服務系統（NHS）的指南，推薦可以採用正念認知治療以降低復發機率。有關正念認知治療及其影響和運用的研究愈來愈多，甚至對於「抗拒治療的憂鬱症患者」亦被證實是成功的治療方法。將正念認知治療運用於其他領域，如慢性焦慮也已經發展出來[54]。下一章，我們將看到如何運用正念減壓來面對焦慮和恐慌，並與這些症狀合作。

〔第二十五章〕

與擔憂、恐慌及焦慮合作

擔憂、害怕、恐懼、焦慮的感覺一旦升起時，我們就刻意且不帶評價地觀察它們，如同觀察疼痛般。當你的擔憂已經浮現到想法思考、心理感受或身體感覺的層次時，靠近它，你才會處於一個更好的位置來瞭解它，並知道如何以妥適的方式加以回應。

電影《不結婚的男人》（Starting Over）裡有一幕場景相當經典，男主角伯特與女友在一家大型百貨公司逛家具，不久她恐慌發作，伯特慌張地不知所措，只能努力幫忙穩定她的情緒，希望讓她恢復正常。伯特抬頭一看，發現一大群瞠目結舌的購物者正圍觀著，他大喊：「趕快，誰有煩寧？」就在這個時刻，一百多人同時低頭瘋狂地翻自己的包包和口袋。

這確實是個焦慮的年代，自從三十年前該電影上映以來，人們的焦慮有增無減。很多來到減壓門診的人都有焦慮的問題，生活中充斥著無法控制的壓力，甚至還有各種疾病。在門診中，焦慮是我們最常見的狀態之一。我們的病人大部分是醫師轉介過來的，幾乎都是因為病人自己或醫師認為他們需要學習如何放鬆與因應壓力。

53 譯注：《是情緒糟，不是你很糟：穿透憂鬱的內觀力量》心靈工坊出版。

54 S. Orsillo and L. Roemer. *The Mindful Way through Anxiety:Break Free from Chronic Worry and Reclaim Your Life*. New Harbinger, Berkeley, CA 2011; R. Semple and J. Lee. *Mindfulness-Based Cognitive Therapy for Anxious Children:A Manual for Treating Childhood Anxiety*. New Harbinger, Oakland, CA 2011.

如果我們坦誠面對自己，大部分人可能必須承認，我們都生活在擔憂之中，卻經常迴避這個事實。有時候即便是最堅強的自己，都可以清楚感受到某種擔憂或害怕，也許是來自死亡的恐懼、被拋棄或遭背叛的憂慮。過往的創傷經驗也會讓我們心懷恐懼，尤其是曾經長期生活於被漠視、忽略、磨難、虐待或暴力相向的環境中。擔憂恐懼也可能源於疼痛、孤寂、生病、傷殘，你所愛的人被傷害或殺害。我們也會擔憂未來、擔憂成功、擔憂別讓他人失望、擔憂地球的命運等等。大部分人多少都會有某些擔憂，只是一般都隱藏著，在某些狀況下才會浮現出來。

有些人可以比較妥善地處理擔憂。不過一般而言，當我們感到擔憂或害怕時，通常會盡力忽略、迴避、否認，以避免被他人看見。這種因應方式可能讓我們養成若干不良的行為模式，像是消極被動或敵意好鬥，以補償內在的不安全感；也可能讓我們專注於某些生理症狀或生活中其他威脅較小的層面，以增加自我控制感；或者讓我們自廢武功，當這種感覺又再出現時，自己顯得完全不知所措或無能為力。不過，有些人卻連這些不良的因應方式也做不到，他們很難去否定、忽略或隱藏焦慮，卻也沒有任何良好的因應方式，以至於他們的焦慮對生活產生相當不利的影響。長期焦慮對經驗性迴避[55]確實是火上加油，對某人而言甚至可能觸發憂鬱症，而使他們更容易屈服於各式各樣不良的因應模式，如我們在第十九章所見。

正念的培育協助我們在面對壓力時，從慣性反應轉換為有覺察的回應，因此對焦慮可以帶來正向的影響，這部分我們在第二十章已經看過。我們曾與本院的精神科合作，針對在醫院就診的病患中，其第二診斷為廣泛性焦慮症或恐慌症者，探討八週正念減壓課程對他們的影響。研究結果顯示，他們的焦慮和憂鬱症狀均大幅降低，更重要的是，此改善在三年的追蹤研究中依舊保持，下文將詳細討論這兩份研究[56]。

也許你已經猜到了，將正念運用於慢性焦慮的方法，就是允許焦慮本身成為一個被觀察的對象。**擔憂、害怕、恐懼、焦慮的感覺一旦升起時，我們就刻意且不帶評價地觀察它們，如同觀察疼痛般。當你的擔憂已經浮現到想法思考、心理感受或身體感覺的層次時，靠近它，你才會處於一個更好的位置來瞭解它，並知道如何以妥適的方式加以回應。**之後，你才可能不被擔憂所淹沒或沖走，亦不需要採用畫地自限或終致自我毀滅的方式來加以補償。

擔憂害怕本身表示，有狀況正在引發這樣的情緒。某些具威脅性的情況會讓所有人都經驗到害怕，甚至是恐怖，例如突然無法呼吸對所有人而言都是一種威脅，罹患肺病的人經常必須面對這種威脅，也須學習因應隨之而來的恐慌發作。此外，被攻擊或知道自己得了重病時，都會產生擔憂與恐懼的感覺。即便在比較一般的層次，任何逼近的截止日都會令人煩憂。這些就是戰或逃慣性反應的基本特質。

在這種情況下，任何令人恐懼的想法或經驗，伴隨絕望與失控的感覺，便可輕易地引起恐慌發作。然而，處於威脅情境又恐慌發作，其實是相當危險又不適切的反應，因為這正是你最需要保持冷靜與迅速解決問題的時刻，但恐慌卻癱瘓了這些能力。

當我們提到「焦慮」時，是指某種強烈的反射式情緒，但沒有一個明確可辨認的起因或威脅。焦慮是一種廣泛性的心神不定或煩躁不安的現象，幾乎可因任何事情而引發，有時候甚至連一點誘因都沒有。人們可能心生焦慮卻完全不知何以如此，如同在第二十三章討論頭痛，一個人可能一起床就覺得緊繃、害怕或緊張不安。如果你常被焦慮的感覺所折磨，那麼你的焦慮可能跟你實際所承受的壓力是不成比例的。你可能很難指認出這種感覺的根源，只是發現自己一天到晚都很擔心，實際上卻沒什麼重要的事情或威脅。你可能成天都覺得緊繃並感覺到「有一就有二」，或者感到一定有什麼事情不對勁。如果心智狀態長期如此，就是廣泛性焦慮症（GAD）了，其症狀包含了發抖、緊張不安、肌肉緊繃、煩躁、易疲勞、呼吸急促、心跳快速、盜汗、口乾、頭昏眼花、噁心、總感覺「喉嚨裡有東西」、易激動、易受驚嚇、難專注、難入睡、難熟睡、易怒等。

除了廣泛性焦慮症外，有些人則苦於恐慌發作，這會令人在一段時間內，無緣無故地經驗到一種劇烈的害怕與不舒服。有恐慌症的人通常不知道怎麼會這樣，也不知道何時會發作。第一次發作時，人們通常

55 譯注：experiential avoidance, EA，透過經驗學習而來的迴避慣性，迴避不愉悦的想法、情緒、記憶或身體的感覺，即便長期需要付出相當的代價。

56 Kabat-Zinn, et al. *Am J Psychiatry*（1992）149:936-943。（譯注：本文為正念減壓運用於焦慮症之研究文獻）。另，Miller, Fletcher, and Kabat-Zinn（1995）17:192-200。（本文則為注釋55文獻之三年追蹤研究）。

以為是心臟病，因為恐慌經常與嚴重的生理病症共存，例如胸痛、頭昏眼花、呼吸急促、盜汗；也可能有不真實感，或覺得自己快死了、快發瘋了、快失控了。如果看診醫師告知沒有心臟病、也沒有快死了，可能會讓當事人更倉惶失措而未必是安慰，因為這表示一定有些不明的事情非常糟糕。如果醫師辨認出這是恐慌症，當事人可能會接受一些正確的協助以利回復自我控制。不幸的是，許多恐慌症患者依舊經常造訪急診室並在被告知「一切正常」的情況下回家，也許還會帶著醫師所開立的鎮定劑。

對病人而言，瞭解何謂恐慌發作並知道自己不會死掉或瘋掉，是令人寬慰的。**不過，最重要的是，人們必須學習改變觀察與專注的方向，留心於當時所浮現的各種想法和慣性反應，如此方能妥適地處理這類身心風暴。**正是如此，各專科醫師、精神科醫師、心理師、治療師等，會將他們罹患慢性恐慌症的病人轉介去接受正念減壓的訓練。

正念可以降低焦慮與恐慌

上文提到我們曾於一九九〇年代中期與醫院的同事合作，研究正念減壓訓練的影響，對象是二十二位有各種生理症狀而第二診斷均為廣泛性焦慮症或（且）有恐慌症的病人。之所以有此研究，是因為多年來我們看到有高度焦慮的學員在接受正念減壓的訓練後都有大幅改善。先前學員的自陳報告也顯示，課程結束後，當恐慌的感覺再度出現時，他們的自我控制程度顯著提升，廣泛性焦慮、恐懼性焦慮、生理疾病的症狀卻大幅降低。於是我們希望以更精密與周詳的方法來評估與檢驗已有的成果。在這項研究中，被各科醫師轉介過來的學員，都必須經過精神科醫師或臨床心理學家的專業評估，確定患有焦慮症與恐慌症。課程中，我們每週評估他們的焦慮、憂鬱與恐慌狀況，並持續到課程結束後三個月。三年後，我們與精神科的約翰．米勒（John Miller）和肯恩．佛列契爾（Ken Fletcher）醫師合作進行追蹤研究。

我們發現每一位成員的焦慮、憂鬱、恐慌發作次數與嚴重程度均大幅降低，八週正念減壓課程結束後，三個月的追蹤研究顯示，他們依舊持續改善。大部分人在三個月後就不再受恐慌之苦了，甚至三年後效果仍在。第三年的追蹤研究顯示，大多數人均持續練習靜觀。

此研究雖為小樣本，無隨機分配亦無對照組，卻清楚地顯示受恐慌症與焦慮症之苦的人們，確實可以運用正念訓練來調節他們的焦慮與恐慌。此外，研究亦顯示八週的正念減壓課程具有長期且正面的效果，如我們在第二十二章所看到正念減壓訓練對慢性疼痛病患的影響般。

在這項研究中，課程帶領者對待這些病人跟其他學員無異，事實上，帶領者根本不知道誰是研究參與者，因為這項研究並未在課堂中宣布。課程內容也沒有為了要讓研究成果更好而額外為焦慮症患者做任何調整。實際上，這些患者與其他人一起上課，包括罹患慢性疼痛、心臟病及其他有各式各樣疾病的人。這二十二人的症狀都明顯地改善，每一個人都有獨特的體驗和療癒故事。**研究顯示，正念練習可以大幅降低焦慮與恐慌發作的頻率及嚴重度，不過唯有進入每個人的故事裡，我們才能一窺正念靜觀練習如何對個人產生深刻的助益。**下文是一位受慢性焦慮症與恐慌症之苦長達十一年的病患，如何藉由正念減壓成功克服疾病的故事。

克蕾兒的故事

克蕾兒，三十三歲已婚女性，有個七歲的兒子，她來門診時懷中的第二胎已經六個月大了。她在父親過世後的這十一年間經常有恐慌的感覺，實際上也會發作。過去四年，她的情況愈來愈嚴重，幾乎讓她無法正常生活了。克蕾兒說她是在一個過度受保護的家庭下長大，父親過世那年她二十三歲，正準備要結婚。當時她曾向父親保證自己一定會完婚，即便父親在她結婚前一天過世亦然。沒想到一語成讖，她父親於星期四過世，星期六下葬，她星期天結婚。她說當時自己什麼都不懂，一直被家裡保護得好好的，沒有任何問題需要她去處理。

在這之前，克蕾兒都覺得自己是個快樂且適應力很好的人。在父親過世與自己婚後不久，她就開始焦慮了。她發現自己很容易緊張，常因小事激動，即便那事情一點兒都不重要甚至根本不是真的，她無法解釋怎麼會這樣，也無法控制這些感覺。她開始認為自己「快發瘋了」。這種焦慮的念頭和感覺與日遽增，她覺得愈來愈控制不住自己了。來減壓門診前四年，她開始發病且真的昏倒數次。她去看神經科，醫師給她鎮定劑並告知她的問題是出在焦慮。

從那時起，她最大的擔憂就是突然在眾人面前昏倒。她不敢獨自開車或外出。她開始改看精神科醫師，醫師持續開鎮定劑給她，建議服用抗憂鬱藥，不過她都拒絕了。

看診一段時間後，克蕾兒與先生感覺到這些治療方式都試圖「洗腦」她乖乖服藥，而不是真正好好地把她視為一個人對待。

精神科醫師見她時幾乎都只是在調藥，醫師與另一位諮商師合作，諮商師規律地與克蕾兒見面。她記得醫師與諮商師都重複地表達，藥物才是解決之道，因為她就是那種需要每天服用鎮定劑才能安然度過一天的人。他們解釋克蕾兒的情況就像高血壓或甲狀腺有問題的人，需要長期每天服藥來調解自己。這裡透露的訊息是，克蕾兒應該停止自己的堅持與努力，應該好好地跟他們合作。他們堅持如果好好服藥，恐慌就會獲得良好的控制。在大部分時候，克蕾兒確實乖乖服藥，至少在初期。

克蕾兒心裡覺得，除非她接受他們對服藥的立場，否則他們對她其實是沒多大興趣的。當她跟醫師或諮商師表明藥物沒有用，因為她的恐慌還是會持續發作，醫師就只是再加藥。她真的不覺得自己的話有被聽到。

在此同時，她也感覺到被責備，因為克蕾兒拒絕服用抗憂鬱藥物，質疑鎮定劑要吃多久，醫師指責她固執又不講理。她總是無法從醫師口中得知自己需要服藥多久，這點讓她相當困擾，因為這意味著她未來需要繼續吃好幾十年的藥，而且一直諮商。當她詢問替代藥物的方法例如減壓課程、瑜伽、放鬆訓練或生理回饋等，他們告訴她，如果她想要的話這些都可以，「不會有傷害，不過對妳的問題也沒什麼幫助」。

她會來上課是因為發現自己懷孕了。回顧過往，她感覺到這次的懷孕真是一大祝福，因為這帶來了戲劇化的轉變，尤其是她與醫療的關係。她一發現自己懷孕就堅持停止所有用藥，而這與精神科醫師和諮商師的立場是相左的。她找了另一位支持自己立場的諮商師，最後決定停止去看精神科醫師，因為彼此對於治療的觀點實在差太多了。她開始尋找不同的治療方式，發現有人運用催眠來緩和焦慮，這讓她有種被支持的感覺，雖然她依舊緊張也容易驚恐。最後，她的神經科醫師建議她來減壓門診。

當時她已經焦慮到連開車外出都很困難，也無法安然處於群眾之中，因為心臟總是怦怦跳，完全無能好好處理任何壓力。她在懷孕六個月時報名正念減壓課程。

第一堂課，她發現自己在做身體掃描時沒有焦慮也能放鬆，即便周圍三十位同學都是陌生的。大家像沙丁魚般靜止地躺在瑜伽墊上。在這二．五小時內，她平常會有的焦慮感覺或念頭不知為何都沒有出現。這個經驗讓克蕾兒相當激動，她總算證實有別的方法可以讓她免於長期的神經質。她每天都跟著光碟練習，也有些進步。課堂分享時，她顯得熱切、興高采烈又充滿自信。有一天她告訴我們，她已經停止在開車時聽廣播，取而代之的是領受自己的呼吸，她感覺這麼做心裡可以更平靜。

沒有人告訴她這麼做，**在她嘗試把靜觀練習帶入日常生活時，自然就會了。現在當她開始感到緊張時，就讓自己進入緊張並觀察它**。在八週課程進行的過程中，她的恐慌只有一次輕微的發作，這跟她先前還在服用鎮定劑時的狀況，簡直不可同日而語。

她感覺現在自己好多了，更有自信，不再害怕在群眾中失態。在停車場停車或走在擁擠的路上時，她不再擔憂。事實上，有時候她會刻意把車子停遠一些，讓自己有機會走走路，透過正念行走讓自己慢下來。現在她可以睡得很安穩，在之前這是完全不可能的。

克蕾兒說她的問題其實一點兒都沒變，但現在對自己的感覺比從前任何一個時刻都好。有時候她還是很擔心腹中的胎兒，因為尚未發現懷孕前的幾週她曾吃過藥。然而，憂心忡忡的想法未再引發她神經質或恐慌發作。一切似乎不再那麼令人窒息，她認為自己現在已經可以好好地處理事情了，這是她從前講不出來也不敢想的。在過去，一丁點兒的負面想法都可以把她推入緊張、煩亂又恐慌的漩渦。

在她懷孕九個月時，依舊每天練習靜觀。她每天早起一個小時，清晨五點半鬧鐘響起，先躺十五分鐘，然後起床到另一個房間跟著光碟練習，一天正念瑜伽、一天靜坐，相較於身體掃描，她更喜歡靜坐，所以也練習得最多。

後記：一年後我跟克蕾兒聯絡以瞭解她的狀況。那時她已經停止所有用藥一年，恐慌未再發作。有六次小型的焦慮發作，但都自己處理好了。寶寶的胃腸之間瓣膜過於狹窄，以至於每次進食都會嘔吐，如此一來將無法獲得足夠的養分，體重亦難以增加，於是出生後十八天就因幽門狹窄動手術。在那段期間，克蕾兒與嬰兒一起住在醫院，她發現自己經常專注於呼吸，以保持心情平靜與清楚的頭腦，藉此提醒自己別迷失於「萬一……」的無限想像中。她的孩子現在很健康也長得很好。克蕾兒感覺如果當初沒去上正念減壓課程，自己一定無法如此冷靜地處理這些狀況。

克蕾兒的故事顯示，透過正念靜觀練習是有機會控制慢性焦慮或恐慌的，至少對於有強大動機者確實如此。克蕾兒與許多正念減壓學員的經驗，讓我們看到對於這種病症，以正念為基礎的方法可以是第一道處遇，而未必一開始就要用藥，特別是對於不想服用藥物的患者。

這樣說並不表示藥物對治療焦慮或恐慌不適當。某些鎮定劑與抗憂鬱藥對急性焦慮或恐慌發作非常有效，能協助患者重拾自我調節能力與身體適應負荷。此外，合併藥物與心理治療或心理諮商的效果也相當良好，後者如認知行為治療、催眠，或是愈來愈多以正念為基礎的介入方法。話又說回來，確實許多焦慮症病人感到藥物對自己的幫助不大，也感到醫師用藥物治療取代聆聽病人、取代引導病人發現他們內在自我調節與平衡的能力。克蕾兒清楚看到她的焦慮如何毀掉她的人生，因此下定決心要好好面對與處理它。她認為依賴鎮定劑只會強化她對自己的負面觀感，認為自己是一個神經質又沒有用的重症病人。然而，她對自己證明，她的直覺是正確的，她可以不用一輩子處於病弱者；也不用如同甲狀腺不足般，一輩子利用吃藥來調節心理的壓力。

如何運用正念練習處理焦慮及恐慌？

接下來我們將深入探究正念靜觀練習如何影響恐慌或焦慮，並讓這些病症不再控制你的生活。這些方法與上一章提到處理情緒傷痛的方法是相互關聯的。

正念練習是你學習如何處理焦慮與恐慌的最佳實驗室。不論是身體掃描、靜坐或正念瑜伽，當我們安住於跟自己同在時，就會看到並接納隱藏於身體裡面的緊張及各種焦慮不安的想法和情緒。**靜觀練習的指導語強調，對這些身體的感覺或焦慮的心情，不需要做任何事情，只需要覺察它們，並克制自己勿妄下評斷、亦勿須譴責自己。**

如此一來，培育分分秒秒非評價的覺察，就會成為一個系統化的方法，教導我們的身體與心靈，如何在焦慮的感覺下仍能發展出平靜祥和。這正是克蕾兒在練習時所做的。練習得愈多，你就愈能領受到內在的安適自在，就愈容易領悟：你的焦慮、擔憂、恐懼都不是你，它們不需要成為你生活的主導者。

即便你只是在偶然的瞬間領受到自在、放鬆與清明，大概都會注意到在那些片刻，你不會感到焦慮。**仔細觀察，你會發現焦慮的強度是會改變的，焦慮是會變動的，它會來也會去，就像所有其他的事物般。**你發現那毀掉你生活的焦慮本身也是無常的，它就是一種暫時的心理狀態，如同無聊或開心。這是相當重要的洞察，此洞察使你了悟，原來生活不受各種強迫性心理狀態控制是有可能的，原來不需要將所有強迫性心理狀態都視為是自己的。於是，你對於你是誰、你與這些心理狀態的關係，都會採取一種更加寬廣的觀點。這一切，讓你重獲自由。

回顧第三章那位消防員葛瑞格的故事，焦慮與過度換氣使他無法再戴上消防面罩。當他剛參與正念減壓課程，光是在身體掃描時觀察呼吸，就足以引發他的不安與惶恐。然而，藉由持續地面對與處理他對呼吸的負面慣性反應，葛瑞格很快就明白，原來他跟自己最深層恐懼之間的關係除了對抗戰鬥之外，還有別的互動方式。換言之，他教自己如何放鬆、如何超越不安並潛入內在底層的平靜祥和之中。**他不需要奮力驅逐那深層的恐懼或試著修理它，只需要進入當下的覺察，安於深邃的寧靜、清明、平和之中即可。**當然，在一開始葛瑞格完全不認為這是有可能的。

藉由規律的練習，不論是在一般狀態或面臨困難，有時甚至面臨危機或嚴重威脅，你都能碰觸到自己內在深層的放鬆與平靜並學習如何進入這樣的狀態。如此一來，你會明白在你的內心深處，有一畝心田是確實的、可靠的、堅定的，你將學會信任它。逐漸地，你身體內的緊張不安以及心裡的擔憂焦慮，會慢慢地降低干擾並失去它本身的力道與強度。也許有時候你心的表層仍感躁動不安，猶如海洋表面的波浪起伏，然而，你學習接受心當下的所有樣貌，同時能體驗到內在的平靜。此平靜其實一直都在你的內心深處，猶如海洋深層的無風無浪。**這就是我們所說的同在領域。透過持續練習，你學習安歇於覺察，全然清醒，無為，不用力追求。**透過持續地練習，當你需要行動時，你會帶著有意識的清明行動，因為你已經將自己與覺察完全融合在一起了。

在這學習歷程中很重要的是，你將體驗並領悟：你不等於你的想法或感覺，因此你不需要全然相信它們或對它們起反應，也不需要受它們的控制或驅使。這點我們已經強調多次了。**練習靜觀時，你專注於各個觀察層面，你將體會並清晰看到，所有的想法與感覺都是不連貫且短暫存在的心理事件，就像大海中的波浪。**這些波浪在你意識中短暫浮現，隨即消逝，你可以觀察它們，視之為你「意識領域中的非連貫事件」。

假如你分分秒秒仔細觀察自己的念頭，可能會注意念頭裡面承載了各式各樣的情緒。有些極為負面悲觀，充滿了焦慮、局促、不安、擔憂、恐懼、憂鬱、沮喪、毀滅、死亡、責難；有些則是正向、樂觀、愉悅、開放、接納、關懷；有些則是中性的，既非正面亦非負面，只是一個不帶情感的念頭或想法。我們的思緒以一種相當雜亂無章的方式進行各種反應與連結，精心編纂它自己的內容、築起種種想像的世界、將寂靜塞滿忙碌。承載著高度情緒的念頭或想法會一而再、再而三地出現，每當它們出現時會強勢攫取你所有的注意力，如強力磁鐵般把你的心吸走，將你的心帶離你的呼吸、帶離你對身體的覺察。

當你可以把想法就視之為想法，刻意地不對想法的內容或所承載的情緒起反應時，就可以不被想法中的好惡所左右，愈來愈少被想法圍困，不論是程度上或頻率上。**想法中的情緒濃度愈強，想法的內容就愈容易鉤住你全部的注意力，拖你遠離當下。**此時，你需要做的就是單純地觀察與放下，持續地觀察與放下，有時候甚至必須是無情與堅決的，卻總是刻意與勇敢的，就只要觀察、然後放下，觀察、然後放下。

靜觀時，採用這種方法觀察所有浮現的念頭想法，不論念頭的內容是「好的」、「壞的」、「中性的」，亦不論念頭是否承載了濃厚的情緒，你將發現那些令你感到焦慮或擔憂恐懼的想法，愈來愈沒那麼強大，也愈來愈不具威脅性。**因為你認為它們「就只是想法」，未必等於「事實」或「真實」，所以它們不再能強勢地攫取你的所有注意。**如此一來，當你需要提醒自己不用被念頭或想法的內容給牽著走時，就會顯得容易多了。過程中，你也可以看到自己如何因為擔憂並持續地關注某些想法，不知不覺中一而再、再而三地強化了這些擔憂。

這樣的觀點可以打破一個狡詐無形的連鎖反應。該連鎖反應起源於某個焦慮的想法，此想法引發另一個焦慮的想法、再引發另一個、再引發另一個，持續不斷，直到你完全迷失於自創的恐懼與危險之境。相反地，練習靜觀時，某個帶著焦慮的想法浮現了，就只要觀察它、放下它、回到平靜、回到廣闊的空間；另一個焦慮的想法又浮現了，再觀察它、再放下它、再回到平靜、再回到廣闊的空間。一次又一次又一次地練習，一個想法又一個想法又一個想法地練習，持續地專注於真正關乎你生命的呼吸，協助自己度過風風雨雨。

緊抱著強烈情緒不放，是一種自我監禁

以正念的方式來處理強烈的負面情緒、想法或感覺，不意味著我們不重視強烈的負面情緒表達，亦不表示強烈的負面情緒是不好的、有問題的或危險的，因此必須用盡所有的力氣加以抑制控管、壓抑封鎖或消除殆盡。正念地覺察你的各種感覺，接納它們，然後放下它們，沒有不必要的慣性反應；這一切不表示

你正試著消弭它們或讓它們無法起作用，僅表示你明白自己正在經歷某些事情。你清楚覺察正在浮現的各種情緒，明辨生氣的感覺就是像這樣、害怕的感覺就是像這樣、難過的感覺就是像這樣。在此同時，你對生氣的覺察並不等於生氣本身，你對害怕的覺察也不等於害怕本身，同樣地，你對難過的覺察也不等於難過本身。以分分秒秒清明的覺察面對各種強烈的情緒，以此穩住自己，猶如扎根於大地或定錨於驚滔駭浪中。**一般而言，我們很容易緊抱著強烈情緒不放，又自動化且不假思索地對情緒起慣性反應，這樣的行為模式監禁了我們自己。**將靜觀練習帶入日常生活與情緒的起伏，不論我們感覺到什麼壓力，都可以好好地跟所感知到的壓力通力合作，運用它們以協助我們看穿自己的行為模式。因此，將正念帶入強烈負面的想法或感覺，不表示你不會採取行動，僅表示需要採取行動時，你將帶著一顆清明與平衡的心，因為現在，就在這一刻，你對自己的經驗已有些洞察，並非不假思索地被慣性反應所驅使。在覺察的擁抱下，你的精力與能量將被引導去創意地解決或弄懂問題，而非讓問題變得更複雜或更糟糕。你的能量也不是用來傷害自己或傷害他人，這種情況很容易在你失去內在平衡重心時發生。以正念的方式面對問題，可以有效地調節心情與處理事情。

融洽地看待心裡來來去去的念頭

藉由專注於想法和思考的過程，我們改變了自己與想法的關係，也可能順便觀察到我們還可以調整的思考內容與表達方式。舉個例子，當你說：「我好害怕」或「我很焦慮」時，這兩者其實都讓「你」與「焦慮或害怕」直接畫上等號。**比較正確的講法應該是「我正經驗到很多充滿害怕的想法」，如此一來，「你」就沒有那麼地與「充滿害怕的想法」連結在一起，不論你是誰或你是什麼，但你不是害怕，因為你本來就遠大於任何可能的想法或情緒。**其實，你更像是覺察本身，尤其你若持續練習讓自己安於覺察，彷彿安於覺察本來就是你的內建程式。也許你可以更進一步對自己這麼說：「這真是個令人害怕的時刻，」好像我們說「外面正在下雨」。這提醒我們，**所有情緒與想法的本質都是無常的，像天氣一樣；所有情緒**

與想法的本質都是非我的，即便它們看起來總是跟「我」緊密地結合在一起。這樣的說法也強調，你本身並不等於你腦袋瓜裡的想法或思維內容，你也不等於你的情緒。既然如此，你就未必需要認同想法的內容或想法裡的情緒，不論那情緒有多強烈。相反地，你可以單純地覺察它們、接受它們、有愛心地仔細聆聽它們，同時也領受當下身體的哪些部位領受到這些情緒、身體的感覺如何。如此一來，想法就不會把你帶往更大的擔憂、害怕、焦慮或恐慌之地，而可以協助你更透徹地看到自己心裡實際上在想些什麼。這是一種對自己心靈友善的姿態，融洽地對待心裡所有來來去去的念頭、想法與情緒，卻不陷入它們的圈套。這樣的融洽不是一種理想，我們先前已經提過了，這樣的融洽是一種**練習**，是正念的核心練習。

深入你的思考歷程，不做欲望的奴隸

當你以平靜和正念來深入自己的思考歷程時，就會發現許多思考或情緒會有一種可辨識的慣性型態，如第十五章與第二十四章所述。此慣性型態通常是由一種或多種的不安或不舒服所驅動，例如對現況不滿、渴望擁有更多、想要事情更能符合自己的期待等。唯有滿足這些不舒服，自己才可以感覺更好、更安全、更完整。這是一種攫取且執著欲望的衝動，就像第二章的猴子為了抓住香蕉反而受困於陷阱。

再更仔細觀察，你可能會發現內心深處的這股衝動是受到某種貪婪所驅使，一定要擁有什麼才覺得自己是完整的，一種「給我更多」以讓我開心的欲望，可能是金錢、更多錢、控制、認同、情愛、食物（即便已經吃很多了），也許你想要的比你願意承認的還多。不論在那個當下你所渴求的是什麼，當你被這股衝動驅使時，這其中的深層意義表示，其實你並不相信自己現在就已經是圓滿完整的。然後，你很容易就成為自己欲望的奴隸。

除此之外，還有一種相反的慣性型態，總是希望渴求某些事情不要發生或停止下來，很想去除掉某些事情或生活中的若干人事物，因為他（它）們讓你無法開心與滿足。這種思維型態是受恨意、厭惡、反感、排斥所驅使，唯有除掉你不想要或不喜歡的，你才會感到開心。在這種情況下，你成為自己所討厭人事物的階下囚。

看見你的起心動念，找到讓自己維持平衡的關鍵

正念，讓我們看到自己的實際行為，讓我們明瞭不論是在思維或行為層面，我們都會被喜歡／想要（貪婪）或不喜歡／不想要（厭惡）這兩種動機所驅使與控制，即便過程可能相當隱微與無意識。這使我們總是不斷擺盪於追逐所欲或逃避所惡[57]，難以獲得真正的平和與幸福。怎麼說呢？因為生活中總是有事情可以導致焦慮，可能瞬間喪失所擁有的一切，可能一輩子都得不到想要的，可能得到後卻發現那根本不是你想要的，不管怎麼樣都覺得自己是不完好的。

除非你對自己的起心動念均保持正念，否則你可能意識不到自己心頭的變化，而習慣於不知不覺或自動導航模式。如此一來，你的心會持續躁動，很多時候會有一種失控的感覺。基本上，這是因為你認為一個人只有得到自己想要的才會開心（亦可參閱第二十四章「我自己的方式是什麼？」的靜觀練習）。

這個過程會耗損極大能量，使我們受到無知的蒙蔽，而無法知覺自己現在已經是圓滿完好的。事實上，即便在充滿擔憂、焦慮的生活中，我們仍有可能在自己裡面找到和諧與幸福，猶若汙泥中的蓮花，而且就在這個當下。認真想想看，你在哪兒還能找到這些呢？

不論你現在有沒有焦慮之苦，要避免被自己想法支配擺布的唯一方法，就是好好看清它們，明辨隱藏其中的渴望與厭惡、貪婪與仇恨，即便是細微不顯著的（其實它們大部分並非如此細微）。當你可以成功地往後退一步，看到你不等於你的想法或感覺時，自然可以不用相信或回應它們。當你可以清澈地看到這些想法或感覺裡許多其實是不正確的、充滿評價的、隱藏很多貪婪或厭惡時，你就找到導致擔憂、害怕、焦慮的關鍵，也找到讓自己維持平衡的關鍵。**擔憂、恐慌與焦慮不再是無法管控的惡魔，你視之為中性的心理狀態，可以跟它合作，也可以接納它，如同其他心理狀態般。**然後，你會發現那惡魔不再如此頻繁地圍繞與困擾著你，過一段長時間後，你可能發現它不知於何時何地已經消失無蹤。偶爾還是看到若干惡魔的足

跡，這提醒你惡魔還是存在，畢竟擔憂害怕本來就是生活的一部分，但你已經不再受其控制、不再恐懼了。

培養你的內在療癒力——相信自己

相信自己不論在何種狀況下都能面對與處理，對培養內在療癒力量而言是十分重要的。一位名為比芙莉的女士參與了正念減壓課程，因為她的生活充滿了令人恐懼的不確定。一年前，她被診斷出有大腦動脈瘤（腦中的血管破裂），她動了手術，但仍有一條動脈是不良的，這可能導致第二次的動脈瘤。她因極度焦慮而來上課，覺得幾乎已經快不認識自己了。她的身體與神經系統時而失控，使她愈來愈擔心那恐怖的疾病不知何時會發作。她經常感到頭暈目眩，視力也出現問題，對於跟他人互動感到質疑，認為自己比過往更情緒化，但有時候情緒卻又很穩定，她覺得好混淆也好害怕。

為了監控病情，她必須做多次的電腦斷層掃描，這讓她非常焦慮不安。因為她不喜歡動也不動地長時間躺在那個機器裡面，而且她對檢測結果也很擔心。

有一次的電腦斷層掃描剛好排在上完第二堂課後，她一點兒都不想去。她躺著，緩慢地被送入掃描機，突然靈光乍現，她想到身體掃描已經練兩個禮拜了，何不試著把注意力放在腳趾頭。於是，整個檢測過程中，她全然地專注於自己的腳趾頭，把氣息吸入腳趾頭，也從腳趾頭把氣息呼出來。專注於腳趾頭讓

57 此動機的二分法反映了行為的基本型態：趨近或迴避。我們的大腦對這兩類行為也有相對應的區域，趨近行為的主要活化區域在左前額皮層，迴避行為主要在右前額皮層。二〇〇三年，我們曾研究正念減壓對某科技公司員工的影響，該研究顯示經過課程訓練的員工，他們的大腦活化區域明顯地從右邊移向左邊，從較為迴避／嫌惡狀態，到更加趨近／接納／寬容狀態，情緒智商顯著增加。然而，這不表示「趨近」總是健康的而「迴避」一定是不健康的，因為有時候趨近可能導致貪婪，如同迴避帶來仇恨。但這表示在清明的覺察中，我們可以分辨什麼是有益身心健康，而什麼是無益於身心健康，換言之，我們擁有智慧。

她感覺到更放鬆也更能掌控自我，最後她竟然心平氣和地完成檢測，過程中的平靜連她自己與先生都同感驚訝。她在第三堂興奮地分享自己剛發現的控制力，尤其是針對原先以為會失控的情境。

比芙莉的身體依舊不佳，還是有很多煩憂。不過，現在她覺得自己有許多面對煩憂的方法，她每天運用這些方法讓自己維持平衡。特別的是，她發現山岳面對各種天候變化卻依舊穩定不移的意象，對她格外有益[58]，因此在靜坐或其他時刻，她經常在心中喚起這「心靈之山」。她說現在已經可以接受自己種種的不確定，這讓她感受到前所未有的平和。生命中的災難仍未遠離，然而她採取了一種讓自己感覺較好，也對未來更樂觀的方法，換言之，她已擁有更好的因應之道。

欲擁有能坦然面對一切的自信，你需要強而有力的「工具」，也需要足夠操作該工具的經驗以確定你會使用，同時，你的心需要能停留在當下並保持彈性，這樣才能在各種不同的情境時，仍能記起如何使用這些工具。當比芙莉在電腦斷層掃描時，決定使用靜觀以將自己的注意力放在腳趾頭時，她就展現了這些能力。

做完電腦斷層掃描後的幾週，比芙莉必須做核磁共振，她打算再次運用當初做電腦斷層時所採取的方法。不過，她嘗試專注於腳趾頭時，發現完全做不到，因為那機器實在太吵了，對她造成嚴重的干擾。她沒有因此而惶恐，乾脆轉而專注於聲音本身，過程中，她再次發現自己可以安於平靜的狀態。比芙莉發展出一套處理自己焦慮的方法，在使用這些方法時，她相當有創意與彈性。**面對核磁共振的不同處境，她將其視為一種挑戰，而非慣性且自動化地視之為壓力。如果你希望自己在面對未知時亦能維持平衡，這種彈性是不可或缺的。**比芙莉的經驗是將正念帶入日常生活點點滴滴的實例，尤其是面對意料之外的困難情境時。

另一個成功克服焦慮的例子是一位男士，他於減壓課程中分享了下述的故事。過往他在人群中總會感覺到害怕，曾有多次恐慌發作的經驗，不過他最近一次發作已經是六個月前了。他不是因為恐慌前來上課，而是出於其他病症。在課程進行的某天，他跟朋友去看波士頓塞爾蒂克隊的籃球賽。他的位子在很高的看台處，然而就在入座時，那熟悉的幽閉恐懼感來襲，他好害怕跟一大群人共處於密閉空間。從前，這是恐慌即將發作的警訊，他勢必奪門而逃，事實上，一想到這種可能性就足以讓他打從一開始就不去看比賽了。

這次，他沒有奪門而出，他提醒自己正在呼吸。他往後坐，觀察並專注於自己的呼吸，放下恐慌會發作的想法。數分鐘後，那強烈的感覺消失了，他開心地看完整場球賽。

這些只是少數的例子，說明學員們如何運用靜觀練習，與自己的焦慮或恐慌合作並獲得平靜。這些例子連同書中的其他故事，提供你在面對擔憂、恐懼、焦慮、恐慌時的一些參考，協助你找到自己穩定與平和的重心。**擔憂、恐懼、焦慮、恐慌有時候的確會重擊我們的生活，這些故事讓我們知道如何脫身，如何過一種更智慧與更自在的生活。**

58 譯注：有關「山的靜觀」（mountain meditation），請參閱第八章。

〔第二十六章〕

時間與時間壓力

「練習無為，則每一件事情均可適得其所。」[59]

——老子，《道德經》

在我們的社會裡，「時間」已經成為生活最大的壓力源之一。隨著數位世代的來臨，到處都是網際網路與無線通訊，每天二十四小時都可以上網，這讓生活極為便利也愈來愈依賴科技。科技帶來方便，卻也帶來沉重負荷，因為川流不息的溝通或訊息從未停歇，每一件事情愈來愈快，我們也愈來愈難跟得上，不論是一般訊息或相當重要的事情。時至今日，科技，在我們日常生活已經是不可或缺了，但有時候它又使我們的生活更加困難（看看每天電子郵件的數量）。然而，這一切才剛開始，在還來不及好好認識與瞭解這純粹模擬的世界之前，所有人都已經湧入這個人類歷史上從未經歷過的世界，帶著美好的許諾，也帶著潛在未知的風險與成本。

透過網際網路與無線通訊，我們可以跟全世界的任何一個人接觸，除了自己以外。毫無疑問地，我們忙於愈來愈多的訊息時，時間會流逝得更快，但我們可能毫無知覺，因為我們太忙碌或太沉溺於其中了。

在生命中的某些階段，時間似乎總是不夠用，年復一年歲月飛逝，不知道時間跑哪兒去了。而在生命中的另一些階段，時間又顯得如此沉重緩慢，不知道要做些什麼，每一天每一刻都好漫長。**也許這聽起來很瘋狂，不過我們開給時間壓力的解藥就是刻意地無為。這帖無為之藥，適用苦於沒有「足夠時間」者，亦適用苦於「時間太多」者。我們邀請你試著將這帖無為補藥運用於你的日常生活，再看看你與時間的關**

係會不會因此而有所轉化。

如果你完全淪陷於時間壓力，可能會質疑有這麼多「該做的事情」，哪還撥得出時間來練習無為？這怎麼可能會有幫助？相反地，如果你覺得孤單、無聊，什麼都沒有就時間最多，你可能也會懷疑再來個「無」填滿時間有什麼用呢？

答案直接又簡單，就是**內在的幸福、平和與寧靜存在於時間之外**。如果你願意承諾自己，每天花一點兒時間投資於內在的安穩，即便只是兩分鐘、五分鐘或十分鐘，在這些片段，你已跨出時間之流。放下時間，你會領受到平靜、放鬆、專注與平衡。而當你再回到時間之流，你對時間的體驗將有所轉化。藉由將覺察帶入當下的每一分每一秒，漸漸地你學會順著時間之流，而非經常與時間抗戰或老被時間追著跑。

在一天裡，你撥出練習無為的時間愈多，你的一整天就會變得更無為，換言之，你的一整天就會充滿了扎根於當下且超越時間的覺察。也許你在練習靜坐、身體掃描或瑜伽時已經有這種經驗。事實上，維持覺察並不需要挪出額外的時間，覺察存在於每一分每一秒，覺察讓每分每秒更豐厚也更鮮活。因此，如果你感到很有時間壓力，學習與當下同在，這可以讓你擁有更多的時間，因為你擁有的每分每秒都會更厚實。不論發生什麼事情，你都可以專注地覺知與接納當下所呈現的一切，然後你可以在焦慮或損失之前，覺察到該做的事情，心平氣和地完成它。

下次當你使用電子產品時，試著帶入這種對時間的正念態度。怎麼做呢？首先，在你使用電子產品時，覺察每個當下的身體感覺。其次，正念地使用，不論你在何種工具上點、滑、打或寫些什麼，全然地覺察你正在做的事。如果你有成千上萬封的電子郵件，試著稍微慢下來，這樣你才不會覺得自己愈來愈像個機器人，滿腦子只想快點回覆，或老覺得自己的進度愈來愈「落後」。**其實真的會落後的只有你自己的心，尤其如果你在行動中根本忘了到底是誰在做這些事情，亦即失去跟自己的連結，忘了跟自己同在，就不只是落後而是迷失了。**如此一來，你很可能在按下「傳送」鍵之後，才意識到有些事情是不適合寫在電

59譯注：原文「為無為，則無不治」，老子《道德經》第三章。

子郵件上的，或所送出的信件並沒有講到重點。除此之外，你也可以覺察自己想要在網路上推薦或分享的那股衝動，那種想要散播的感覺，覺察那股衝動或感覺多麼容易就出現在你與你正在分享的事情之間。對於你正在分享的事情，也許你有體驗，也許根本沒有真正體驗到。因為太急於打卡標示你的位置或太忙於分享你的印象，以至於其實你並沒有真實地感覺到它、讓它進入你裡面、讓自己沒有評比也沒有分享地真實跟它同在。每一件事情都愈來愈快，即便分享經驗也是，那幾乎是無止無休的欲望與衝動。很多時候，我們在允許自己擁有經驗之前，在跟經驗一同呼吸、好好消化、用心理解經驗之前，我們就已經分享出去了。這些是我們皮包或口袋裡的各種無線電子產品所帶來的危害，但我們這麼自然地就做了。可曾停下來問問自己，這麼快速的分享或完成文件，過程中我們可能錯失了什麼？

無為——跨越時間的限制，與自己相遇

前面所說的情況都與時間不夠有關，也許你現在所處的狀況完全相反，時間多到讓你不知道要做什麼。令人感傷的是，這種現象隨著我們愈老會愈常發生，屆時身體愈來愈羸弱，感官愈來愈不靈敏，這一切讓我們愈來愈少跟外界接觸，生活愈來愈孤立。此時，時間變得好沉重。你可能感到空虛或支離破碎，好像跟這世界都沒有關聯，沒什麼有意義的事情值得去做。你可能無法外出、沒有工作、必須長時間臥床或用閱讀來「打發時間」。你可能感到孤獨，沒有朋友或親人，或者他們都在很遙遠的地方。也許你對網路一竅不通，也不想搞懂它。在這些情況下，「無為」會有什麼幫助呢？你已經什麼事都沒做，而沒事做已經快把你給搞瘋了！

表面看來你好像什麼事都沒做，實際上你已經做了好多事情，只是自己沒有意識到。例如，你可能正在「執行」痛苦、無聊與焦慮。你可能花了一些時間，也許是很多時間，徘徊於自己的思緒與記憶，回想過去快樂或痛苦的時光。對於很久以前某些人所做的某些事情，你可能正在「執行」憤怒。你也可能正在

「執行」寂寞、怨恨、自憐或無望。這些心裡內在的活動可以耗盡你所有的能量，使你筋疲力竭，也可以讓時間顯得漫無盡頭。孤寂，本身可以惡化病情與提高死亡率。如我們在第十五章所看到卡內基美隆大學的研究，**正念減壓訓練可以減低孤寂感，這可以帶來很大的不同，直接影響我們的基因與細胞。之所以能如此，原因之一是正念減壓訓練改變了我們對時間的觀點，位移了我們與時間的關係。**

時間長短的主觀經驗，似乎跟我們的想法有關，我們想到過去，我們想到未來。時間的快慢長短，取決於我們的想法對照於無止境的想法巨流之間的距離。當我們練習觀察想法的來來去去時，就正在培育安於寂靜與平和的能力，超越了想法巨流本身，安住於永恆的當下。當下永遠都存在於這裡和現在，因此，當下本來就在時間之外。

我們對時間的主觀經驗，多少與想法的活躍程度有關。我們想著過去的人事物，我們想到未來，想法在川流不息的思緒之間的距離，就是我們對時間的衡量。練習正念時，我們學習觀察念頭來來去去，此時，我們正在培育一種安於沉默、寧靜的能力，超越思緒之流，存在於不受時間影響的當下。當下總是在這裡，就是現在，此時此刻，因此當下沒有時光流逝的問題。

艾略特[60]如此描述：

浪費傷心的時光真是可笑
時而在過去時而又到未來

《四個四重奏》是艾略特最後也是最偉大的詩作，主題都圍繞在時間，時間的美、時間的神祕與時間的「不光彩」。

60 譯注：Thomas Stearns Eliot或T. S. Eliot（一八八八至一九六五），二十世紀最重要的英語詩人，亦曾為出版者、劇作家、文學與社會評論家，一九四八年榮獲諾貝爾文學獎，《四個四重奏》是其重要的詩作之一。一九八五年台北志文出版社曾出版《荒原．四個四重奏》。

無為，是接納的基本立場，即便只是一秒鐘。無為，表示放下一切依戀。當你的想法來來去去時，無為，表示你正看到並願意放走它們。如果你總感到時間不夠用，無為，讓你進入不受時間影響的永恆，協助你跨越所有時間的侷限。也許只是短暫的瞬間，無為幫助你暫時從孤立、痛苦、欲望裡出走，即便在忙碌的狀態下，你都能做一些有益身心的事情。藉由跨越時間之流與自己相遇，你已經為自己做了一件最有意義的事：你進入自己心靈的祥和世界，你與圓滿完整的自我邂逅，重新與自己連結同在。

艾略特如此描述：

過去的時間及未來的時間
容許意念的存在但只要一點兒就好
清明覺醒並不存在於時間之流內

——《四個四重奏》之〈焚燬的諾頓〉

事實上，你所有的時間都是學習與自我同在並讓自己成長的契機。如此一來，即使你的身體「不對勁」，必須被限制只能留在屋內或待在床上，依然有可能轉化你的生活，使你活著的每一刻都是一種探索並找到其中的意義。若你願意投身學習正念，身體的問題反而會帶給你意想不到的啟發。你無法外出活動的現實以及因而所衍生的痛苦遺憾，可能藉由發現你生命中新的可能與新的觀點，而獲得若干平衡。你會用一種比較樂觀的態度重塑你所擁有的時間，你會運用你的時間學習與自己同在、學習無為、學習自我覺察與瞭解，以仁慈友愛之心真真實實地與他人同在。

當然，這是永無止境的學習，沒有人知道終點在哪兒，卻能帶我們遠離痛苦、遠離無聊、焦慮與自憐，邁向療癒之路。當不受時間影響的永恆漸漸培育出來時，負面的心理狀態是無法長時間存在的，試想，如果你體現了內在平和，負面的心理狀態哪有存在的空間呢？你專注穩定的覺察就像個熔爐，可以涵容、消融並轉化各種負面的心理狀態。

如果你的身體讓你可以外出活動，安住於無為，將帶來前所未有的洞察力，你會知道如何處理好周圍的人事物，你的生活會更有意義，對別人也會更有幫助。實際上，每個人對這世界多少都能給出些什麼。對你周圍的一些人而言，**你實實在在地跟他（們）同在，就可以為他（們）帶來獨特且無價的助益**。練習無為，你會發現根本不會無聊或時間太多。若你能讓所有的行動都是出於覺察，便能清心地完成需要做的事情，時間可能都不夠用呢。在這個領域裡，不論你有沒有工作、有沒有隨身攜帶手提電腦或智慧型手機，你永遠不會無所事事。

時間壓力是一種毒害

以長遠廣闊的視野來看，沒有人可以在世界上活很久。人類存在於地球的時間，猶如眨眼般地短暫，個別的生命在浩瀚無垠的時間巨流中，更是難以言喻的微短。前哈佛大學的古生物學者史蒂芬・杰・顧爾德（Stephen Jay Gould）指出，「人類這個物種存在地球上的時間約莫只有二十五萬年，長度大約是地球有生命以來的〇・〇〇一五％」。然而，我們的心靈所呈現出來的時間，卻好像我們可以長命百歲。事實上，我們經常欺騙自己，覺得自己的生命是不朽的。而在其他時刻，對於不可避免的死亡與快速飛逝的歲月，又過於熱切地想要有所瞭解。

也許就是對於死亡的感知，不論有意識或無意識，我們總能感覺到時間的壓力。**最後期限**（dead line）這個詞裡就蘊含了這樣的訊息，我們有許多最後期限，可能是來自工作、他人或自己。我們匆忙地四處奔波、做這做那，盡量讓所有事情都在最後期限內「及時」完成。時間的壓縮讓我們感到受壓迫，我們只想趕快把事情做完，然後才能跟自己說「至少**那件事情**不再來煩我了」。但很快地，又看到下一件等著我們去完成的事情壓在身上不停催促，直到我們又像個機器人般地做、做、做，愈快愈好，滿腦子只希望趕快完成所有事情！即便我們心裡明白事情根本做不完。**我們也知道只要稍不留意，在忙碌中很容易就錯失了最重要與最珍貴的部分，甚至很容易忘掉自己的生活，對於「誰正在做這一切」已經模糊茫然了，換言**

之，我們很容易忘掉同在領域，真正的同在！

有些醫師相信，在這個時代裡時間壓力是萬病之源。時間的急迫感是冠狀動脈疾病與A型性格的顯著特徵。A型性格有時被稱為「匆忙病」，有此症狀的人們總是感到偌大的時間壓力，因此他們會盡速完成所有日常事務，盡可能同時兼顧一件以上的事情。一般來講，他們很少好好聽人講話，經常打岔或接別人的話，沒什麼耐性，很難靜靜地坐著，也很難什麼事都不做或排隊等候。他們講話快速，習慣於主導周圍環境或專長領域。他們熱衷於競爭，容易被激怒，經常憤世嫉俗或心懷敵意。研究證實，敵意與譏諷對心血管是最強的毒素，有人則認為這些毒素其實是來自時間的急迫性。某些研究認為時間急迫感其實不是構成心臟病的主因，但它本身確實是有毒性的。如果沒有處理好，時間壓力可以輕易腐蝕一個人的生活品質，嚴重威脅健康與幸福。

心臟專家與壓力研究者羅伯．艾略特（Robert Eliot）教授，如此描述他在罹患心臟病前的心理狀態以及他與時間的關係，那是屬於網路出現之前的世代：

> 我的身體大聲呼喊著要休息，然而我的大腦並不理會它。我的進度已經落後了，依照我的時間表，我必須在四十歲以前成為一所好大學的心臟醫學系主任。當我在一九七二年離開佛羅里達大學甘尼斯維爾分校，成為內布拉斯加大學（University of Nebraska）的心臟醫學系主任時，已經四十三歲了。我唯一需要做的事情就是再跑快一點，這樣就可以跟上進度了。
>
> 在這家創新的心血管研究中心，他孜孜矻矻卻困難重重。
>
> 我感覺到機會之門慢慢關上，為了讓夢想成真，我絕對不可以鬆懈。這一輩子我都拚命工作，每一步都有進度，盡可能地讓事情有所進展。我提供駐點的心臟醫學教學給內布拉斯加州的偏遠醫師，為他們建立相互支援系統，提供大學的心血管課程。我飛來飛去到各州發

表學術性的演講。還記得有次參與了一個盛大的研討會，我太太菲莉思也一道來幫忙。在返家的飛機上，菲莉思細細地再次品味研討會裡的美好回憶，我則急忙地閱讀各種評估表格，擔憂地思索怎樣可以讓下個研討會更好。

我沒有時間給家人或朋友，也沒時間放鬆或娛樂。有一年聖誕節，菲莉思給我一台室內健身腳踏車當禮物，當時我好生氣，我怎麼可能會有時間坐下來踩腳踏車呢？

我經常過勞，卻一點都不以為意。我不關心自己的健康，哪需要呢？我是一個心臟疾病的專家，我知道自己完全沒有心臟病的風險因子。我父親活到七十八歲，母親活到八十五歲，我沒有心臟病遺傳因子。我不抽菸、沒有過重、沒有高血壓、沒有高膽固醇、沒有糖尿病，我認為我對心臟病是免疫的。

然而，還有其他風險，我逼促自己太久了。現在，所有的努力都顯得如此微不足道……一種理想幻滅的感覺籠罩著我，好像被隱形陷阱給纏困住。

當時我尚未有此意識，不過我的身體對這內在的混亂其實一直是有反應的。九個月來，我被這重擊軟化了，這發生在我四十五歲生日過後的兩週。

依據他的描述，有一天在他與別人針鋒相對地討論某些事情後，他極度失望又生氣，久久無法平復。他徹夜失眠，隔天還長途開車去演講。當天午餐他吃得很費勁，下午他試著做病例診斷，但腦袋一片空白，眼睛模模糊糊，他感到頭暈目眩，很快地心臟病就發作了。

艾略特教授的心臟病讓他寫了一本書，名為《這樣拚命值得嗎？》，書中他以斬釘截鐵的語氣回答「不值得」。同時他也描繪了自己對於時間、對於壓力的關係如何改變，他敘述心臟病發作之前的生活是「沉悶無趣的繁重工作」，弔詭的是，這句話其實是來自一個熱愛工作的人。

頗具影響力的雜誌編輯兼知識分子諾曼．卡森斯在《療癒之心》一書裡，提到他患心臟病的過程也有類似描述。那是在二〇〇一年九一一恐怖攻擊之前，當時美國的航空安全管制規定跟現在很不一樣：

多年來，我的生活主要壓力源就是機場與飛機，這些都是必須的，因為我有很多的演講與會議。去機場途中得先與壅塞的交通抗戰，然後必須直接衝往機場的候機廳……，必須在登機門排隊等候登機，卻又因航空公司機位預定過量而必須等下一班飛機。在行李領取旋轉台上等待那好像永遠不會出現的行李，調適時差，不正常的用餐，睡眠不足——這些航空交通的特性，多年來是令我相當鬱悶的沉重負荷。尤其在一九八〇年的下半年……聖誕節前夕，我才剛從東岸一個忙亂的行程中回來，卻發現幾天後我又得出門到東南部。我詢問祕書是否可以延後或取消，她跟我仔細地研究行程中的各項活動，發現我確實必須參加每一個活動，除非我遇到了什麼重大事件才可以不去。我的身體真聽話，隔天我心臟病就發作了。

時間的壓力與急迫性充分地顯露於下列用詞：「進度落後」、生涯「時間表」、「我每一步都有進度」、「我盡可能地讓事情有所進展」、「沒有時間給家人或朋友」、「沉悶無趣的繁重工作」、「與交通抗戰」、「必須衝」去搭飛機、「必須排隊」、「等待」行李等。

時間壓力不是只存在於必須到處旅行的成功經理人、醫師或學者，在這個後工業化及全數位化的社會，所有人都暴露於時間壓力之下。早上起來，我們查閱智慧型手機裡的行事曆，看看有什麼電子郵件、網路分享或重要事件，開始一天的活動。透過時鐘管理我們的生活，把所有事情都塞進行事曆，活動間的空檔或順道可做的事情都要充分利用。時鐘支配我們何時要到哪兒，如果忘了它還會對我們哇哇叫，時間與時鐘驅策我們一件事情接著一件事情。每天被各式各樣的任務與責任追趕，結束一天上床時已經筋疲力竭了，這幾乎已經是大多數人的「生活方式」。如果我們長時間處於這種生活型態，沒有足夠的休息，也沒有適時補充與儲備能量，早晚一定會崩潰。不論你的適應循環有多強壯，若無適度休息與重新調整，降低損耗與適應負荷，身體潰堤只是時間早晚。

現今，我們甚至將時間的急迫感傳染給小孩。你跟小孩子說了幾次：「趕快，沒時間了」，或是「我沒有時間」？我們催促他們穿衣服、吃東西、準備好去上學。透過我們所講出來的語言與肢體語言，也透

過我們對自己的催促，正在給孩子一個清晰的訊息：時間永遠不夠用。

這樣的訊息如此清晰地傳遞到他們身上，以至於孩子們在很小的時候，就可以感覺到被催促的壓力。他們無法遵循自己的內在節奏，一致地被拖上父母生活的輸送帶，學習有時間意識也學習趕快、趕快。然而，這對他們的生理節奏可能是有毒害的，也許會導致各種生理失調或心理痛苦，就像成人一樣。舉例而言，在我們的社會裡，竟然可以在五歲孩童身上看到高血壓，在非工業化社會中，高血壓連聽都沒聽過。除了飲食因素外，生活型態所帶來的壓力可能是這個現象的成因，而時間壓力正是其中之一。

科技，讓我們的生活更快速，卻也更忙碌

在早期，人們的各種活動跟大自然循環是比較一致的。人們不會到很遠的地方，大多數人的出生與死亡都在同一個村莊，在那個村莊或小鎮裡每個人彼此認識。白晝與夜晚有相當不同的生活步調，很多工作沒有光線是無法完成的，因此都不會在晚間進行。夜晚所升起的篝火是光與熱的唯一來源，人們圍火而坐，步調緩和下來，既平靜又溫暖。凝視著火焰與灰燼，心專注於變化萬千卻又歸於同一的火。人們一分一秒地看著火，夜復一夜、月復一月、年復一年，春夏秋冬，在火焰裡看到時間的寂靜。也許，人們圍火而坐的習慣是最早的靜觀體驗。

在早期，人們的生活節奏就是大自然的節奏。農人充其量只能在白天用手或牛來犁田，人們最遠也只能到達雙腳可以走或騎馬到得了的地方。人們關照他們的動物及牠們的需求，動物的步調會配合時間的限制。如果你愛惜自己的馬，一定知道不可以逼促牠跑太遠或太快。人與人間只能面對面地溝通，除非遇到緊急事故才會擊鼓或升煙。

現在，絕大部分人們的生活都已經脫離了大自然的節奏。電力讓我們在黑暗中仍有光亮，白天和晚上的區別小很多。如果我們需要或想要的話，太陽下山後依舊可以繼續工作，我們不需要因為沒有光線而讓步調慢下來。我們擁有汽車、農用拖拉機、電話、飛機、收音機、電視、影印機、手提電腦、智慧型手

機、網際網路，各種愈來愈小、功能卻愈來愈強大的無線設備。所有這些東西都讓世界縮小，極大量地縮減做各種事情的時間，例如工作、找東西、溝通、旅行、完成任務。電腦極度擴大我們的文書與計算能力，從某個層面來說，那可真是一大解放。然而，人們卻發現在這種情況下，各種壓力其實遠大於過往，因為需要在更短時間內完成更多事情。**科技讓我們可以做得更快速，所以別人對我們或我們對自己的期待亦隨之升高**。夜晚，人們不再圍坐爐火旁取暖、取光、凝視火焰，我們只要按下開關，就可以繼續任何我們想做的事情。**我們可以看電視、看網路影片、瀏覽網頁、活在部落格的世界，以為自己正在放鬆或放慢步調，實際上卻是另一種感官轟炸**。

在不久的未來，下一波或正在發展中的科技產品與生活型態，例如線上購物、液晶電視、窄播短訊的廣告、有語音辨識功能的電子化住宅、可以幫忙做很多事情的個人機器人等等。這一切賦予我們愈來愈多讓自己更分心也更忙碌的方法，在同一個時段內做愈來愈多事情。相對地，期待與要求也會愈來愈高。我們已經可以邊開車**也**邊做事（同時也製造大量車禍），邊運動**也**邊處理訊息，邊閱讀也邊看螢幕上的節目，只要我們想要，可以兩個、三個、四個視窗同時觀看。我們永遠不會與世界脫節，永遠跟自己喜歡的訊息、節目、活動在一起，甚至上癮。但我們與自己呢？我們可曾跟自己有所接觸呢？

不讓時間脅迫你的四種方法

科技發展讓世界的步調日益加速，若我們反受其統治，所承受的壓力遠超過我們所能承擔的，甚至回到當代社會早期的繁重吃緊，這實在沒什麼道理。有很多方法可以讓你免於受時間脅迫與統治。**首先，提醒自己，時間是思維的產物**。分與時是既定成俗的時間計量，讓大家容易溝通、碰面與合作。但愛因斯坦提醒我們，分與時並非絕對的，在闡釋相對論的概念時，他如此說明：**「如果你坐在熱爐子上，一分鐘就像是一個小時；如果你正在做好玩的事情，一個小時就像一分鐘。」**

當然，從經驗中我們都瞭解這個道理。大自然是非常公平的，每一個人每一天都有二十四小時。我們如何看待時間，把時間拿來做什麼，決定了自己的時間是「夠用」、「太多」或「不夠」。所以，我們必須仔細審視自己的經驗，對於我們努力要完成的事情必須保持覺察，過程中是否犧牲太大，或者採用艾略特教授的用語「這麼拚命值得嗎」。

第二個讓你免於被時間脅迫的方法，就是盡可能地活在當下。我們浪費極驚人的時間與精力，來回地想著過往與擔憂未來。這些時刻幾乎都是令人不悅的，而且通常只會導致焦慮與時間的急迫感，因為我們會想「沒有時間了」或是「以前的歲月真是美好」。如同先前已經討論過的，練習分分秒秒處於正念，可以讓你與生命裡唯一真正擁有的時間（現在）全然同在。不論你做什麼事情，當你可以離開自動導航模式而進入覺察與接納，那件事情就會顯得格外富足。舉例而言，當你邊吃東西邊看雜誌或螢幕時，你只是半意識地將食物塞進你的身體，也許，你可以選擇吃東西時不看雜誌或螢幕。如果你正在帶孫子，那就真正地跟他在一起，讓自己完全投入當下正在做的事情。如果你正在幫忙孩子的功課或只是在跟孩子講話，別匆匆忙忙地，更別同時講電話、寫電子郵件或看著螢幕。試著全然地投入此時此刻，真正地接觸彼此的眼神，好好擁有這些時光，讓這些時光慢下來。跟你正在互動的人同在，也跟自己同在。如此一來，你就不會覺得別人把你的時間「瓜分」掉了，因為你真切地活著，所有的時間都是自己的。如果你想要追憶過往或規畫未來，那麼就帶著覺察地進行，在當下追憶，也在當下規畫。

正念的本質，就是要協助你確實擁有日常生活中的每分每秒。有時候你可能必須急忙地做些什麼事情，但至少你是正念地急忙。覺察你的呼吸以及快速行動的需求，以全然的覺知進行你所做的事情，直到你不再需要急忙催趕，此時刻意地讓自己放下與放鬆，如果需要的話也讓自己復原。也許你發現自己腦中已經列出一張清單，強烈要求自己完成每一件事情。就在這時候，試著將覺察帶入，也許你的身體、心理與生理上的張力已經愈來愈高，它們正在提醒你，或許有些事情可以之後再做。如果你實在已經很緊繃了，那就完全停下來，問問自己：「這麼拚命值得嗎？」或是「是誰在忙？忙著去哪兒呢？」

第三個讓你免於受時間脅迫的方法，就是每天刻意地撥出一些時間，單純地與自己同在，換言之，也

就是靜觀。我們必須刻意地維護正式的靜觀練習，因為我們很容易覺得不需要或太奢侈而取消這樣的練習，畢竟，這看似什麼都沒做。當你把所有靜觀的時間都用來做其他事情，終將失去生命中最珍貴的一部分，也就是把時間保留給自己，單純地與自己同在。

八週課程中所進行的各種正念靜觀練習，讓你可以跨出時間之流，在每個永恆的當下安於寂靜。你所處的外在世界與內在世界的速度是更殘酷無情，因此每天保留一些時間來練習靜觀是相當重要的。練習中所將領受到的寂靜，取決於你專注與平靜的程度。然而，單純地練習無為、放下與非評價，便可看到自己平常多麼充滿評價，更可讓那段時間慢下來，滋養自己內在的永恆。每天花些功夫讓時間本身慢下來，正式地給自己一些時間和自己同在，除了清醒的覺察之外沒別的事，安歇於覺察之中，你就能強化自己活在當下的能力。

第四個讓你免於受時間脅迫的方法，就是讓生活簡化。前面的章節提過，我曾為法官開過一次八週正念減壓課程，他們的主要壓力來自過多的案量。當時有一位法官抱怨他沒有足夠的時間審閱案件或閱讀更多案子的背景資料，也沒有足夠的時間給家人。因為課程要求花時間練習，他開始認真探討自己如何運用上班以外的時間。這下子他才發現自己像上癮般地每天花一個半小時閱讀三份報紙，再花一個小時看電視新聞。

當然他知道自己花了很多時間，但不知為何他就是沒注意到，自己每天選擇用了兩個半小時在內容幾乎一樣的報紙與電視新聞上。當我們討論到這問題，他立刻看到他可以放下兩份報紙與電視新聞，這樣每天就可以多出一些時間來做他想做的事情。他刻意地戒掉新聞上癮的習慣，現在每天閱讀一份報紙，不看電視新聞，這讓他每天多出兩個小時的時間。

在生活中簡化一些小事情可以帶來很大的不同。如果你把所有時間都填滿了，當然沒時間，你可能連為什麼沒時間都搞不清楚。簡化，意味著你對於需要做或想要做的事情能排出優先次序，同時，**有意識地放掉某些事情**。這表示有時候你可能需要學會說不，即便是對於你想要做的事、想要關心或幫助的人，這樣你才可以為自己保留時間給寧靜、給無為、給所有你已經承諾過的人事物。

某次一日靜觀結束後，有位多年為疼痛所苦的學員，隔天赫然發現她身上的疼痛全都不見了。那天早上她起床時對時間的感覺也非常不一樣，她好珍惜這嶄新的體驗。當天早上她接到兒子的電話，兒子就像平常一樣，說要把孫子們帶過去請她與丈夫幫忙帶，她發現自己竟然跟兒子說今天別帶孫子們過來，因為她需要獨處，無法幫忙照顧小孩。她覺得自己需要好好保護這沒有疼痛的驚奇時刻，好好體會這難得的平靜，而不是把所有時間都填滿，即便來的人是她摯愛的孫子。她確實想幫助兒子，不過這次她需要對兒子說不，才能為自己做些事情。她的丈夫也察覺到有些不同，也許是她內在的平和吧，所以這次出乎意料地相當支持她的決定。

她的兒子無法置信，因為她未曾說過不，尤其那天她根本沒事，對他而言這是很難理解的。然而，她自己知道，也許是長久以來第一次，**她領悟到某些時間是值得保留給自己的，如此才能不受干擾，而這樣的「無事」其實是非常豐富的留白。**

簡化生活，好好享受你所擁有的時間

俗話說：「時間就是金錢。」不過有些人有錢卻沒時間，如果可以用錢買些時間，他們肯定很樂意。過去曾有許多年，我的工作型態是兼差，每週上班三四天，依上班時數領薪。當時我其實需要全職薪水，但我認為時間更重要，因為孩子們都還小，我希望能盡量陪他們。孩子長大後，我在醫院與醫學院從事多年的全職工作，這意味著我更常不在家，經常可以感覺到更多時間的壓力。我盡可能地在分分秒秒的行動作為中練習無為，也盡量提醒自己別做過頭了。

我很幸運還可以控制自己的工作量，許多人是沒辦法的。即便如此，還是有很多方法可以簡化你的生活，也許你不需要出那麼多差、攬那麼多工作、甚至不需要賺那麼多錢。也許你不需要答應做那麼多事、開這麼多車，在家時不需要一直開著電視，或掛在網路上。**投資些時間關注並思索如何簡化生活，你便可**

以好好確實擁有並享受自己的時間，畢竟你的時間本來就是你的。透過這個方式，你可以安於自己所擁有的時間，它們可未必永遠都是你的。

有一次某位新聞記者如此問聖雄甘地：「你每天至少工作十五個小時已經長達五十年之久，你不覺得現在是給自己放假的好時機嗎？」

甘地回答：「我一直都在放假啊！」

放假，這個詞裡有「空的、清閒的」意思。當我們持續練習全然地與當下同在，我們就在時間之外，不論何時何地，生命本身的圓滿富足便是那麼地可親可近。於是，時間是空的，我們也是，所以當然隨時都在放假囉。如果我們一整年都好好練習，甚至可以學會如何擁有更美好的假期呢。

但　只有在玫瑰花園裡的剎那　存在於時間裡
雨滴灑落於涼亭上的剎那
夜幕低垂於教堂的剎那
那被記憶下來的　不是過去就是未來
只有在時間裡　時間才會被征服

——托馬斯・斯特恩斯・艾略特《四個四重奏》之〈焚燬的諾頓〉

第二十七章 睡眠與睡眠的壓力

你無法強迫自己睡著。有些事情你必須先放下，才能進入那個狀態，睡眠與放鬆都是。你愈努力試著睡覺，就會製造更多的緊張與焦慮，而緊張與焦慮是會讓你維持清醒的。

在日常生活中，每天規律進行最特別卻最不被注意的，大概就是睡眠吧。想想，每天我們躺在一個舒服的地方，一躺便是數個小時不理會身體，這可真是個神聖的時間啊！我們都很喜歡睡覺，甚至從未想過為了某些有益的目標，刻意放棄若干睡眠。人們常說：「我需要睡足八小時，不然就會神經緊張、四肢無力。」如果你建議人們每天早起一個小時或只要十五分鐘，為了他們所在乎卻沒有時間完成的事情，你會發現很多阻抗。當你嘗試減少他們的睡眠時間時，人們會覺得備受威脅。

然而，諷刺的是，壓力最普遍也最早出現的表徵之一就是睡不好，可能是剛入睡時腦筋轉個不停睡不著，也可能是半夜醒來就再也無法入睡，或者兩種都有。你翻來覆去，試著清空腦袋，告訴自己明天是很重要的一天，今晚一定要好好休息。不過這些都沒用，你愈用力想要睡著，就會愈清醒。

你無法強迫自己睡著。有些事情你必須先放下，才能進入那個狀態，睡眠與放鬆都是。你愈努力試著睡覺，就會製造更多的緊張與焦慮，而緊張與焦慮是會讓你維持清醒的。

當我們說「去睡覺」，這個用詞本身暗示「去別的狀態」。比較正確的說法應該是：當一切條件就位時，睡眠會自動「過來找我」。**能安然入睡是生活和諧的象徵，足夠的睡眠是健康的基本要件之一。假如睡眠不足，思考、情緒、行為都會變得不穩定也不可靠，我們會感到身體被掏空，也更容易生病。**

人類的睡眠型態與大自然是密切關聯的。地球每二十四個小時就自轉一圈，光亮與黑暗交互循環出現，生物每日的作息與自然的循環一致，稱為「晝夜節律」（circadian rhythm）。此節律每天放鬆大腦與神經系統的神經傳導物質，也放鬆所有細胞的生化物質。此基本的地球節律內植於我們身體的各項系統，生物學家稱之為「生理時鐘」，由腦中的下視丘所管控，調節睡眠與清醒的循環。不過，這樣的節律會因為搭飛機旅行、值夜班或其他行為而受干擾或中斷。我們的循環與大自然一致，睡眠型態反映了這樣的連結。因此當此循環受到干擾或中斷，我們需要花一些時間加以調整，才能回到原來正常的作息。

一位七十五歲的老太太，因有一年半的睡眠問題而被送來減壓門診。她最近被診斷出有高血壓，已經由藥物控制。十年前，她從一所公立學校退休後，大多數的夜晚都睡不著，她可以整夜「相當舒服，一點兒都不煩躁」，但就是睡不著。醫師開了低劑量的鎮定劑幫她放鬆，不過她對藥物感到相當「害怕與焦慮不安」。她試著服用幾次，劑量減半，確實可以幫助睡眠，但她很討厭吃藥，所以便自行停用了。來減壓門診時，她的期待是希望不依靠藥物也能好好睡覺。

她做到了。整個上課過程，她持續規律地練習靜觀，她不喜歡靜坐，因為腦子裡有太多東西轉來轉去，她喜歡瑜伽，每天練習，甚至遠超出我們要求的次數。八週課程結束時，她每晚都睡得「好得不得了」，她非常高興不用吃藥也可以好好睡。

睡眠狀況會透露你的生活壓力

如果你有嚴重的睡眠障礙，你的身體可能正在告訴你關於目前生活狀況的訊息。如同其他身心症狀，這些訊息是值得仔細聆聽的。一般來講，這表示你的生活正承受某種壓力，當壓力解除後，睡眠狀況自然會改善。此外，你也可以檢視一下自己的運動量，規律的運動，例如走路、瑜伽或游泳對於睡眠很有幫助，你可以自己實驗看看。

有時候人們會固執地認為他們需要更多的睡眠。事實上，睡眠狀況會隨著年紀而有所調整，通常年紀愈大睡得愈少。有些人每晚睡四到六個小時就足夠了，但他們可能會認為自己「應該」再睡久一點。

我們建議如果你真的睡不著，就起床去做點別的事情，一些你喜歡或完成後會感到開心的事情。我睡不著時，會假設就在那個時間點，我的身體也許並不需要睡覺，即便我真的很想睡。我會做的第二件事就是練習靜觀（第一件是翻來覆去，心煩意亂，直到我明白並接受了現況）。如果過了一段時間仍然睡不著，我就乾脆下床，用暖和的毯子裹住自己，坐在我的蒲團上，單純觀察這顆心。這讓我有機會好好看看，到底是什麼重壓心頭或攪動心弦，使我無法平靜地睡覺。但有時候我會平躺在床上，練習身體掃描。

也許只要靜觀半個小時，就足以讓心靜下來並安然入睡。也許靜觀後你會想做點別的，例如做你最喜歡的事情、列清單、讀一本好書、聽音樂、散散步。或者就單純地接受你的現況，也許是心煩意亂、難過、生氣或害怕。試著在覺察中擁抱所有浮現心頭的感覺與想法，而不需要對它們做些什麼。半夜起來也可以做做瑜伽伸展，即便這可能讓你更清醒。

用這種方法來處理失眠，你需要能明辨並接受，在這當下你就是清醒的，不論你喜不喜歡。因為現在睡不著而災難化明天會有的慘狀，其實沒有什麼幫助，而且未必是真的。誰知道明天會怎樣呢？這時候強迫自己入睡更是沒用，何不順其自然，放手讓未來自行調節呢？在這當下你確實是清醒的，何不乾脆就讓自己全然地清醒呢？

讓自己維持全然地覺醒

本書〈首版導讀〉曾簡略提及，各個宗教哲學或修行傳統裡都有正念。不過，正念的實作練習主要來自佛教的靜觀傳統。非常有趣的是，在佛教裡其實是沒有神（God）的，這使佛教成為一個相當獨特的宗教。佛教基本上是奠定於對一個原理的尊崇，這原理充分體現於某位歷史人物身上，就是佛陀。世人認為佛陀是偉大的聖人與老師，某次有人問他：「你是神嗎？」佛陀回答：「不是。我是覺醒者。」**正念練習的本質，就是要讓我們從半夢半醒無覺察的狀態中清醒過來。**

在日常生活中，我們所做的大部分事情，其實都是採用自動導航模式。因此，即便人醒著，真正清醒的時間可能比昏沉的時間少很多。《湖濱散記》可以說是正念的狂想曲，亨利．大維．梭羅（Henry David Thoreau）在書中寫道：

> 我們必須學習自己醒來，沒有任何機械式物品的幫忙，就自己醒來並保持清醒。懷著對黎明的無限期待自己醒來，那期待不會遺棄我們，即便是在最甜美的夢鄉。

如果我們對自己許個承諾，清醒的時候盡量讓自己維持全然地覺醒。那麼，關於無法在某個時段內入睡的想法以及其他事情的觀點，都將有所改變。**二十四小時裡的任何時刻，都是練習全然覺察並接納當下一切的最佳時機，包括你覺得心煩意亂或睡不著的時刻**。這麼做之後，多半你的睡眠會自行調節。當你認為睡眠**應該**來時，它未必會來；當你認為**應該**睡久一點的時候，它未必會停留。看到了嗎？裡面隱含了好多個「應該」啊！

如果這樣的做法對你而言太激進了，可以試著從不同的角度想想看。在美國，協助調節睡眠的藥物是金額龐大的產業，此產業證明了社會集體的體內失衡及身體負荷失調的情況有多普遍。許多人仰賴藥物助眠，把他們自然會有的內在節奏與內在循環的調控能力與權利，交給化學藥劑，以此維持體內平衡。可見所有的方法都失效了，在這種情況下，也許可以試試我們所提供的做法。

在減壓門診，我們讓很多人睡著，這不是故意的，只是身體掃描實在讓人覺得好放鬆。練習時，如果身體過於疲累非常容易睡著，難以保持深層放鬆的覺察。保持覺察是身體掃描的基本態度，練習時我們讓自己進入一種開放、清醒、放鬆的狀態，輪流觀照並安於身體的各個部位。這就是為什麼對有些人而言，想要全程保持清醒需要花點兒力氣，他們可能要睜著眼睛或站著練習才做得到。當然也有人幾週下來都聽不完一整片光碟，他們可能在左腳趾頭或左膝蓋就睡著了。因此課堂上大家一起練習時，老師的引導聲經常會摻雜著打呼聲，這會讓很多人發噱或咯咯笑，不過這其實是很正常的。大多數人都睡眠不足，因此一放鬆就很容易進入無意識狀態。放鬆而清醒是需要學習的。這當然是學得來的，而且是很實用的能力，只是需要不斷地練習、練習、再練習。

如果人們來減壓門診的主要目的是想幫助睡眠，我們會特別同意他們睡前運用身體掃描的光碟協助自己安然入睡。不過他們也要承諾自己，白天至少練習一次「保持清醒」的身體掃描。這確實是有效的！許多有睡眠問題的學員，在練習數週的身體掃描後，睡眠狀況顯著地改善（例如第五章圖3，瑪麗的睡眠狀況圖，參閱二一九頁），很多人甚至在八週課程結束前就停止服用安眠藥了。隨著課程的進展，學員漸漸恢復體內平衡。

除了身體掃描，另一個可以幫助自己入睡或半夜醒來後再入睡的方式，就是躺在床上觀察自己的呼吸。讓心思跟著氣息走，吸氣時，覺察氣息進來身體；吐氣時，覺察氣息離開身體並讓身體更鬆入床墊。吐氣時，你可以想像氣息送至宇宙的盡頭；吸氣時，從宇宙的盡頭再把氣息吸回你的身體。

良好睡眠有益於健康，清醒擁有高度覺察

現在來看看我們是如何「入睡」的：在某個時間點，我們躺在一個墊子上，閉上眼睛，讓床墊承接我們，意識開始模糊，一切漸漸遠離。練習身體掃描時也是閉眼躺著，因此特別需要學習如何在深層放鬆下仍有覺察，尤其是到了意識的分岔點。分岔的一邊覺察漸失，迷糊朦朧地睡著，這是一條非常好的路，很適合規律練習。良好的睡眠很重要，有益於維持健康，恢復身體與心理的疲憊。另一邊則全然地清醒，擁有高度覺察與深層的安適感，超越時間的框架。這會帶來深層的復原力，此時的身心狀態跟睡眠很不一樣，亦相當值得規律培育。**身體掃描的練習同時滋養睡眠與清醒，也讓我們明白何時哪一個會比較重要。事實上，睡眠與清醒是不同的路徑，卻擁有相同的祝福。**

失眠是一種提醒——聆聽身體和心靈的最佳時機

我們對睡眠的執著，導致我們過於害怕睡眠不足。對於偶爾的睡眠失調，身體其實是具備自行調節能力的。睡眠失調表示身體正在提醒我們一些事情，就如疼痛與焦慮般。這麼一來，睡眠失調反而讓我們經驗到更深層的圓滿完整。當然，這需要你能確實聆聽自己的身體與生活。

以我自己為例，孩子們還小的階段，我很少能一覺到天亮，這現象持續了大約十一年。他們似乎打從一出生就有半夜多次醒來的基因，直到四、五歲為止。我太太跟我一開始就決定接受這個現象，而非將我們所認為的睡眠型態，強行加諸在他們身上。這意味著我們必須學習一個晚上起來三、四次，夜復一夜，年復一年。偶爾我會很早就去睡覺，可以多少補眠。但大部分我的身體會自行調節，習慣睡得少也較少做夢，那些年我應付得還不錯呢。

我想，當時不會覺得筋疲力竭，也沒因此而生病，是因為我沒跟這個現象對抗。我接受它，視之為靜觀練習的一部分，如第七章所提到的，我經常在半夜抱著孩子在家裡散步、安撫、唱歌、搖來搖去。**我將這些散步、唱歌、搖動與輕拍視為建立關係的最佳機會，提醒自己好好覺察他們的感覺、他們的身體以及我的身體，也提醒自己，他們是我的孩子、我是他們的父親。**老實說，如果可以的話，我寧可立刻衝上床睡覺，不過沒辦法，所以我乾脆利用這機會訓練自己保持真正的清醒。此想法讓我覺得半夜起來只是另一種訓練，訓練我成為一個人，一個父親。

現在孩子們都長大成人，也離開家裡了，不過我發現自己偶爾還是會在半夜醒來。我享受這些時刻，可能下床靜坐、做做瑜伽或兩者都來。然後看看當時的感覺，是回去繼續睡覺或做些我想要完成的事情。深夜是相當平和的，沒有電話、沒有干擾，尤其是如果我不看電子郵件的話。電子郵件經常會讓人想去查閱，一查閱就很容易投入並開始跟世界溝通。當然，跟想互動的人溝通也是件很棒的事，尤其若能帶著正念和愉悅心境的話。然而，深夜的寧靜實在太美妙了，星星、月亮、黎明的壯觀讓我感到與大地萬物的連結。如果在半夜醒著卻對天空一無所知，就不會有這種連結感了。**這幾個小時裡，我依然盡量保持對當下的專注覺察，領受這一切美好的禮物。因此當我再回去睡覺時，我的心通常會感到放鬆和愉悅。**

當然，每個人的狀況都不一樣，有不同的生活節奏，有些人在晚上的效率最高，有些人在清晨。花些功夫瞭解自己在一天的二十四小時內，哪些時段做哪些事情是最好的，這對你會很有幫助。**唯一能協助你確實瞭解自己作息的方式，就是仔細聆聽你的心靈與身體，讓它們教導你所需要學習的事情，不論是處於好日子或壞日子。**這通常意味著放下你對改變的排斥。實驗看看，探索你生活中的限制與未被檢視的層面，你和睡眠的關係以及你與晝夜時間的關係，全都是練習正念非常豐沛的對象。如果你可以少擔心睡眠不足，多讓自己全然清醒，便可從這些經驗中更加認識自己。

第二十八章 人的壓力

在充滿壓力的人際互動下，正念所帶出的耐心、智慧與堅定，幾乎立即產生豐碩的回報。對方會感覺到你不會被激怒或不知所措，對方會領受到你的平靜與自在，很可能也會跟著平靜下來。這裡所說的不是一種理想的狀態，而是當我們不斷練習將正念帶入所有關係時，自然會產生的現象。

或許你已經注意到，有些人可以帶給我們很大的壓力。我們都有過這樣的經驗：覺得自己的生活與時間受人掌控，某些人很難相處或有敵意，有些人不理會我們對他們的期望，有些人不在乎或不關心我們的感覺。每個人多少都可以想到某些人給我們製造很大的壓力，如果可以的話，寧可避而不見。不過有時候可能連閃避都很困難，因為大家也許一起共事或同住一個屋簷下。**事實上，許多讓我們感到壓力最大的人，可能也是我們所愛的人。我們都知道，愛可以帶來愉悅與滿足，也可以帶來深層的情緒苦痛。**

人際關係提供我們練習正念永無止境的良機，因而得以降低我所謂「人的壓力」。如第三篇所見，心理壓力來自於我們與周圍環境的互動，而非來自某個單一外在的壓力源。因此即便別人「帶給我們壓力」，我們也要負起部分的責任，例如自己的感知、想法、感覺與行為等。就像在面對其他不開心或有威脅性的情境般，當我們覺得跟某些人相處困難時，很可能會用無意識的慣性反應跟他們互動，例如採取戰或逃的反應策略，但長期而言，這只會讓情況更糟。

大多數人對於如何處理人際衝突或人際上的不悅，都有根深柢固的習慣，這些習慣通常源自於家庭遺傳，形塑於父母之間的互動或父母與他人的互動。有些人對於衝突或憤怒倍感威脅，因此用盡一切方法避免讓自己發怒。如果你剛好也是如此，大概不會跟別人講你的真實感覺，你會盡量避免衝突，傾向被動順從、安撫別人、對別人讓步、自責、掩飾自己的動機或情感，用盡任何方法來維持表面和諧。

有些人則利用製造衝突來處理內在的不安，所有人際互動對他們而言都是權力與控制的議題。在每個人際互動中，他們多少都會展現出控制的欲望，不會想到別人或關心別人。有這種習慣或傾向的人，挑釁好鬥並懷有敵意，對於別人怎麼看待他自己通常是無感的。他們容易傷害別人的情感，容易辱罵他人，對於自己偏激的習慣感覺遲鈍。他們的言詞刺耳嚴酷，不論是在用詞或語調上。他們的行為好像所有人際關係都只是宣示主導權的鬥爭，因此很容易激起別人的厭惡感。

我們也許沒有那麼極端（一端是不斷地經驗性迴避，另一端則是攻擊、難搞又遲鈍），但也許每個人裡面或隱或顯、或多或少都有這兩種特質。

如第十九章所見，戰或逃的深層慣性衝動影響了我們所有的行為。不論有沒有面臨危機，一旦我們感覺自己的利益或地位受到威脅，可以毫無意識地保護並捍衛自身權益，甚至對自己的行為毫無覺察[61]。這些行為通常會升高衝突並惡化問題，不論是內在或外在。相反地，我們也可能犧牲自己的觀點、感覺和自尊，表現出一副柔順、服從的樣子。**幸運的是，我們有反省、思考與覺察的能力，所以還有其他選擇，協助我們超越最無意識與最根深柢固的本能**。不過，我們必須刻意培育這些選擇，因為它們不會奇蹟式地出現，尤其是如果我們人際互動的慣性是防衛或好鬥，也未曾好好審視此慣用模式的話。換言之，我們可以選擇有覺察地回應，而非一味地被慣性反應牽著走。

關係，基本上是建立在人與人之間的連結與互動，此為人類內在本有的關係性（intrinsic relationality）。人們若能真誠坦率且相互尊重地溝通，此時觀點的交流就能讓彼此有新的視野，參與者也能感覺到對方的

61《EQ》一書的作者丹尼爾・高曼形容此現象為「杏仁核綁架」，此時大腦前額葉皮質無法調節杏仁核所釋出的傳導物質。當杏仁核偵測到某種威脅時，不論是真的或想像出來的威脅，杏仁核會釋放若干傳導物質給大腦前額葉皮質，由前額葉皮質負責執行、感知與情緒調節。

同在。把自己的感受帶入遼闊的覺察，我們與他人的溝通就不會框限在彼此的擔憂與不安之中。即便感到被威脅、憤怒或害怕，將正念帶入溝通歷程本身，即可大幅改善溝通狀況。第十五章中提及，人際關係中比較健康的選擇是相互連結的信任，而非無止境地追求單向的權力。正念減壓課程的學員隨著時間進展，人際間的互信會逐漸增強。

沉溺於自己的感覺、想法或進度，不可能真誠地溝通

溝通（communication）這個字蘊含了能量的流動，這股能量聯繫出某種共識。與溝通息息相關的字是共享（communion），有結合、分享或連結之意。因此，溝通就是一種聯合，心的相遇或結合。**溝通未必等於贊同，溝通表示看到事物的整體，既清楚自己的觀點，也明瞭別人的觀點；也表示盡可能地讓自己開放、真誠與投入。**

我們完全沉溺於自己的感覺、想法或進度時，要真誠的溝通是不可能的。我們很容易就會把不同意見者視為威脅，而只願意跟想法一致者相處，尤其在遇到強烈反對時那壓力更大。一旦我們感受到威脅便很容易劃清界限，將彼此的關係二分為「我們」相對於「他們」，這使溝通變得加倍困難。**當我們把自己封鎖於某些狹窄的思維時，很難用整體的觀點去看事情，如同很難超越的「九點難題」中的那九個點，此時也很難真正理解或接受「我們或是我們的觀點只是整體的一部分，而非全部」**。然而，在關係中，如果願意考量一下對方的觀點與想法，願意記住每個各別系統都包含於整體的大系統之中，那麼，非凡的新可能就會浮現，心中畫地自限的種種疆界就會消融。

取得有共識的溝通不但可以在個人之間，也可以在一大群人之間，例如國家間、政府間，甚至是不同的政黨間。一旦他們確實瞭解把對方視為敵人所需付出的代價，就更能坐下來好好溝通。就像有些國家數十年前還是相互為敵，亟欲殺害對方的人民，但現在大家都是聯繫緊密的盟友，經濟上的相互依存度很

高，例如美國與德國及日本。另一個例子是執行了八十年（一九一一至一九九一年）的南非種族隔離政策，在沒有種族戰爭之下獲得終止。但在此之前有非常重要的「真相與和解委員會」喚醒大眾去揭發、指出、面質數十年來曾犯下重大暴虐行為的罪犯。但委員沒有再度指控罪犯的罪行，而是讓他們跟受害者（家屬）面對面，聆聽受害者（家屬）的傷痛。再一個例子是近幾年來美國與中國的大量溝通互動，許多年前，兩國之間都還是處於封閉狀態。

兩造人馬只要有一方能從整體的視野思考，即使另一方依舊固守狹隘的觀點，整個系統便會開始轉變，彼此的相互理解與處理衝突的新可能便會浮現。當然，這些新的機會可能很快就間斷或夭折，甚至片面地被更老舊與專斷的思維及行為所威脅或封鎖。然而，即便必須面對既得利益者或反對改變者的強烈阻抗，但我深信，**整體而言，經由溝通所帶來的相互瞭解仍是樂觀的**。尤其是現在有愈來愈多即時的視訊溝通工具，可以分享訊息並促進彼此的瞭解，這使溝通的層級提升到全球的規格，不再只是政府對政府，而是團體之間或人我之間。一個明顯的例子是二〇一一年為了追求更多民主而撼動多國的阿拉伯之春運動，以及後續複雜但仍充滿希望的各種餘波活動。哥倫比亞大學的宏觀經濟學者傑佛瑞・薩克斯（Jeffrey Sachs）在二〇一一年的新書《文明的代價》（*The Price of Civilization*，遠見天下出版）指出，面對眾多會威脅到世界各層級福祉的基本差異，正念可以做為調節這些差異的主要媒介與載具。我們將於第三十二章〈世界的壓力〉更仔細地討論這個議題。

合氣道練習觀察你的人際溝通模式

在正念減壓課程中，我們討論到人際壓力和溝通困難相關的主題時，有時候會兩人一組進行一種覺察練習，這練習改編自作家兼合氣道高手的喬治・李歐納德（George Leonard）在軍中所發展出來的合氣道。此練習讓學員在有壓力與被威脅的情境下，體驗如何有覺察地回應，而非僅採慣性反應。**我們在兩兩學員間激化各種動能，觀察彼此的關係與互動狀況，領受他們「由內而發」的感覺。**

合氣道的目標在於身體受到攻擊時，仍能維持自己的重心與平靜，善加利用攻擊者自身非理性與不安定的能量，在不傷害彼此的情況下，借力使力，化解對方的攻擊能量。這涉及願意更靠近攻擊對手的意願，實際與對手接觸，又小心地不將自己置於危險之境，亦即不與迎面而來的攻擊者正面交鋒。

我們在班上做這個練習時，擔任「攻擊者」角色的人要表現出一副想要「輾過」對方的樣子，這會給同組夥伴製造壓力。攻擊者雙手往前伸直，朝著夥伴的肩膀衝過去，作勢要「襲擊」夥伴。

第一回合，攻擊者衝向夥伴時，夥伴蹲下或躺在地板上說類似這樣的話：「好啦、好啦，都是我的錯，你是對的，你可以為所欲為」或是「別這樣啦！這不是我的錯，這是別人做的」。每個人都會互換角色，我們觀察與討論大家的感覺。此時不論是攻擊者或相對的夥伴，大家在這回合都會產生厭惡感，也都承認在「真實」生活中確實經常如此。許多人主動分享他們的故事，有人覺得自己在家裡好像是那門口的地墊——只供人除去鞋底的泥土，有人感受到自己在面對強者脅迫時，總是陷入消極被動的困境。而當對方只是一味地屈服與放棄，攻擊者通常感到相當挫折，他們很希望彼此有些接觸與進展，但什麼都沒有。

第二回合，攻擊者衝向夥伴，夥伴在攻擊者碰觸到自己的前一刻盡速脫逃，兩人沒有肢體接觸。這通常會讓攻擊者更挫折，因為他們預期會碰觸到對方，不過並沒有。相對地，落跑夥伴在這回合會相當開心，至少他們不用被輾過。但他們也明白不能總是用這種方法互動，否則就要持續地逃跑與迴避某些人。伴侶關係經常落入這種行為模式，一方極渴望連結，另一方竭盡所能地拒絕或迴避。這類主動侵犯與被動迴避的角色關係，如果成為固著的習慣，會對彼此造成非常大的傷害，因為雙方沒有連結也缺乏溝通，令人感到寂寞與挫敗。**迴避者總是以避免接觸來回敬對方，其實也是種消極的攻擊。不幸的是，有些人採用這種消極的立場或侵略的姿態過一輩子，甚至是對最親近的人。**

第三回合，攻擊者衝向夥伴時，夥伴不再逃脫而是直接站穩腳跟、奮力地回推對方，最後雙方互不相讓地推來推去。為了要激化情緒張力，過程中我們可能會要求參與者對彼此大喊：「我是對的，你才錯了。」然後我們停下來，閉上眼睛，覺察自己的身體和種種感受。學員們透過呼吸穩定下來後，都覺得相對於上一回合其中一人的消極迴避，這回合至少彼此還有接觸，感覺還舒服些。他們發現相互對抗雖然令人筋疲力竭，但有時候也令人振奮。因為這時候彼此是有接觸的，我們捍衛自己的立場，釋放自己的情感，這感覺是不錯的。**這項練習讓我們體會到，何以許多人會上癮或受困於這種人際互動模式，因為在某個程度上那感覺其實是好的。**

然而，第三回合也讓人有空洞的感覺。一般而言，相互對抗的兩人都會認為自己是對的，試著強迫對方用「我的方式」。但是兩人都心知肚明，對方是不會改變的，不論是強迫或威嚇，用再多力氣結果都一樣。最後，可能大家都適應了這種永無止境的戰爭，也可能每次都有人忍耐屈服並認為自己之所以屈服是為了「維護彼此的關係」。**這類經驗累積下來，甚至可能讓我們以為人際關係的常態本應如此。即便這令人痛苦且耗盡心力，畢竟是熟悉或習慣的方式，安全感會高一些，而且不須面對未知，不須面臨採用不同方式所衍生的風險，不須承受改變現況所引發的威脅。**

我們太常忘記這種人際互動模式要付出的身心代價，不只是兩方當事者的關係，還有其他相關的人，例如小孩與祖父母等等，他們日復一日地目睹這種互動，在不知不覺中，也許已經心靈受創。長此以往，我們的生活終將陷於泥沼，我們的眼界會變得相當狹隘，尤其是關於自己、人際關係與選擇權利等。長期的抗爭對於溝通、成長或改變，很難是好的模式。

最後一回合的練習在合氣道裡稱為合氣（合對手之氣，blending），前三回合面對壓力的方式都是慣性反應，而這次則是有覺察地回應。**這個方法必須先集中注意力，保持清明地覺察與正念，一方面覺察對方（壓力源），另一方面亦不失自己內在的平衡。**以扎根於呼吸和綜觀全局的方式來回應，而非出於恐懼的直覺反應，即便真有恐懼浮現時亦然。這情況其實跟現實生活中，在面對讓我們感到有壓力的人時很類似。合氣或有覺察地回應，指的是跨進攻擊者的範圍，把腳放在適當的位置，你向前跨同時趨近攻擊者的側身，抓住攻擊者外伸且最靠近你的腕關節。這動作在合氣道中稱為「入身」（entering）。你靠近對方，與對方安全篤定地接觸。你全神貫注地進入攻擊範圍，設法避開攻擊的火力。你的肢體動作宣示了你願意與對方直接面對面並關注正在發生的一切，但就是不會被欺負。你不使用蠻力來控制攻擊者，而是握住對方的腕關節，運用他的勁力來轉化攻擊力道，如此一來，你與對方會朝著同一個方向，而且你還握住他的腕關節。在這個瞬間，兩方會看到相同的景物，因為你們朝著相同的方向，眼光所見一致。

在對抗的關係中，發現不同的人際互動選擇

入身與合氣的好處之一，就是過程中你避開頭部的碰撞，避免給自己造成嚴重傷害或招架不住對方突來的力道。然而，你確實堅定地與對方接觸，與他的勁力一起移動進而轉化該力道。**你展現出願意從他的角度觀看，願意容納、注意與聆聽對方的態度，你正在以肢體語言的形式跟對方溝通。這一切使攻擊者可以保持他的完整性，同時也傳遞出你不害怕跟對方接觸，也不允許對方欺負或傷害你。**在這瞬間，不論對方是否願意或明白，你們已經成為夥伴而非敵人了[62]。

你完全不知下一秒會發生什麼，但你有很多選擇。例如你在彼此接觸的當下，承接並消融對方的能量，你握住對方的手腕，同時讓對方與自己轉向。你呈現對方自己的視野，因為你們兩個現在都轉身朝向同一個方向了。接下來所發生的一切就像跳舞一般，沒有人知道接下來會如何，沒有人擁有完全的控制權。但藉由穩住自己的重心，在此當下你至少可以控制自己，讓自己比較不會受到傷害。**對於下一步你無法有太多計畫，因為大部分都取決於情勢本身，你必須信任自己的創造力，信任自己處理新情勢的能力。**

當然，在真實生活中如果你遇到肢體攻擊，可別試著用這種方式應付，除非你是合氣道或武術高手。即便是最厲害的黑帶高手，在這種時刻也許最好的、有覺察的回應方式就是立刻離開現場。這是智慧。合氣道的練習在這裡只是隱喻，提醒你：**不論是在溝通中或境遇裡，當你感到被攻擊、譴責或抨擊時，記得入身與合氣，稍微側移、穩住、轉向，之後你會發現許多不同的選擇，讓你可以有覺察地回應而非慣性反應，即便所處的情境讓你覺得壓力很大，或是你所溝通的對象是跟你很不一樣的人。**

我在醫院剛開始減壓門診而尚未進入醫學院工作之前，曾經有個督導講話的方式總像是面帶笑容地說「你這婊子所生的王八蛋」。他讓我感到很大的壓力，他的敵意使我們無法有良好的合作關係。經過幾次令人深感挫折的溝通後，我終於瞭解他一點兒都不知道自己給人的敵意。許多要跟他報告的人都被他弄得

焦躁不安，經常跟他產生嚴重衝突，每次討論都是帶著憤怒、受傷、挫敗、不被支持的感覺離去。這實在很不專業。有一天，我去他的辦公室，因為減壓門診的一些例行公務需要請他簽名。當他微笑地跟我說一些充滿譏諷的話，我決定讓他注意到這點。我相當溫和卻一本正經地請問他是否意識到，每當他跟我互動時所說的話，總會讓我情緒低落。趁此機會，我盡可能地真誠坦率並鼓起勇氣告訴他，一直以來我都感覺他不喜歡我，也不喜歡我採用靜觀和瑜伽為醫院建立一個減壓門診的這項工作。

他大吃一驚，完全不知道自己這樣對我，也不知道他讓我覺得他壓根兒不喜歡我或不支持我所做的事情。這一次溝通後，我們的合作關係有很大的進展，我對他也不再感到這麼大的壓力了。我們更瞭解彼此，因為面對他的無意識攻擊，我選擇指出、入身與合氣，而非繼續忍耐抗拒或因憤怒、受傷與挫敗而惡言相向。在那次事件後，醫院裡其他被他督導的同事都覺得他比較好相處了。當他要離開醫院去別處工作時，他還邀請我幫他寫推薦函。我照做了，由衷地祝福他。

當你感覺到受威脅或被攻擊時，還要入身與合氣，當然一定有風險。因為你不知道對方下一步會做什麼，也不知該如何回應。然而，如果你承諾自己，盡可能每分每秒都保持正念，盡量讓自己處於平靜與接納，領受自己的完整與平衡，那麼清新又富創意的解決方案在你需要時通常就會自動浮現，這樣的方案可能提升彼此的瞭解程度，讓彼此更和睦融洽。這需要你能清楚領受並接納自己的各種感覺，甚至謝謝這些感覺，在適當時機以無敵意非防衛的姿態呈現出來。這般對自己的想法與感受能採取明智關係的能力，以及對他人的想法感受，尤其是跟你背道而馳的人，也能採取明智關係的能力，就是所謂的情緒智商。**在一種對抗的關係中，如果有任何一方願意如此互動（這是需要承擔力的），整個關係的動力就會因而改變，即便另一方完全沒有意願這麼做。**你能夠從不同的角度觀看並穩住自己的重心，表示你可以較不受自己情緒牽制而採取慣性反應，亦較不會強迫事情一定要有什麼結果，即便那是你所想要的。為什麼要讓別人的問

62 譯注：這項四階段練習，因為有推擠的動作，若干自我控制能力不佳者有時可能會用力過猛而不小心造成別人的傷害。因此，在麻州大學醫學院的正念中心近年在練習這個活動時，大部分會調整為講師與某位學員做示範，並由該學員擔任「攻擊者」，而非每個學員都進行練習。關於合氣道的專業術語blending與entering的中文譯詞，感謝合氣道教練余明蘭小姐的協助。

題破壞你內在的身心平衡呢？特別是在你最需要內在資源以保持清明與堅定的時刻。

在充滿壓力的人際互動下，一念正念所帶出的耐心、智慧與堅定，幾乎立即產生豐碩的回報。對方會感覺到你不會被激怒或不知所措，對方會領受到你的平靜與自在，很可能也會跟著平靜下來，雙方關係裡隱晦的平和具體呈現了，彼此進入比較開放、真誠、平靜、平等的狀態。再隱微的內在平和與平衡都是會感染的。再次聲明，這裡所說的都不是一種理想的烏托邦，而是當我們不斷練習將正念帶入所有關係時，自然會產生的現象。我們可能一而再、再而三地「失敗」，然而每一次只要維持開放的胸襟，我們仍會有所學習，並且變得更強壯也更有智慧。

當你願意給自己足夠的安定，聆聽對方想要什麼和他們如何看待事情，而非固著不變地採取慣性反應如：迴避、示弱、爭執、反對、吵架、抗拒、證明自己是對的而對方是錯的……。那麼，對方就會感覺被聽到、被接納與受歡迎，這種感覺任誰都喜歡。然後，他們可能也會比較願意聽聽你在說什麼，也許不是當下就如此，而是在他們的情緒稍微穩定下來時。此時，雙方進入一種心的交會與彼此接納，在相異處取得協調，溝通與資源的整合才有可能。在這個層面上，正念練習對於你的人際互動是有療癒作用的。

愛、仁慈與接納，療癒你的人際關係

關係可以療癒，如同身體與心靈可以療癒般。關係療癒基本上是建立於愛、仁慈與接納。為了在關係中促進療癒或是發展療癒所仰賴的有效溝通，你必須培育覺察關係能量的能力，在關係互動逐漸開展於當下的同時，覺察到心理層面與身體層面，覺察到想法、感覺、言詞、好惡、動機與目標，不只是對方的，還有自己的。如果你希望化解你與某些人的互動壓力或療癒彼此的關係，不論那些人是誰，可能是你的小孩、父母、配偶、前配偶、老闆、同事、朋友或鄰居，正念的溝通就無比重要了。一言以蔽之，正念溝通是情緒智商的核心。

正念溝通——持續一週每天記錄一則充滿壓力的人際溝通

有個增加正念溝通的好方法，就是持續一週每天記錄一則充滿壓力的人際溝通。我們在第五堂課進行到溝通議題時，會讓學員做這項練習。學員每天覺察並記錄一則溝通困難的情境，這需要學員對對方保持高度覺察：這次的溝通困難是怎麼來的、面對事情或對方，你心裡真正想要的是什麼、對方希望從你身上獲得什麼。清楚覺察實際正在發生的一切，事發當時你的感覺與之後的結果。將這些項目每天記錄在作業手冊上，之後我們會在課堂中分享與討論。（參閱五三二頁「溝通困難紀錄表」）

透過這個練習，學員觀察到許多溝通模式是他們先前很少意識到的。單純地記錄壓力溝通情境下，你當時的想法、感覺與行為，就足以提供你如何調整，以有效地趨近自己的渴望。透過這項課程中的練習，有些人領悟，他們主要的壓力來自於一旦跟別人互動就不知如何堅持自己的優先次序。有些人不知道如何誠實地表達自己的感覺，或認為自己沒有權利這麼感覺，或不敢表現自己的感覺。有些人覺得自己完全無法拒絕他人，即便他們明白這樣會給自己帶來偌大的負擔。有些人在為自己做些什麼或規畫自己的計畫時，心中會有罪惡感，他們永遠準備好服務他人，赴湯蹈火，在所不辭。**這不是因為他們已經轉化了自己所有的身心需求並成為聖人，而是他們相信自己就是「應該」這麼做才算是「好人」**。令人難過的是，這表示他們經常在幫助他人，卻鮮少滋養或協助自己，因為他們一旦這麼做就會覺得自己太「自私」、太自我中心了。出於某些錯誤的理由，例如為了獲得別人的讚賞，或是他們如此被教導並認為這才是成為「好人」的方法，他們將別人的需求放在第一位。於是，他們愈服務他人，在內心深處，便愈遠離自己。

這些行為可以帶來很大的壓力，因為你沒有補充自己的內在資源，對於自己固執採取的角色也沒有覺察。你可以疲於奔命地「做各種好事情」、幫助別人，最後卻感到相當空虛。於是你再也無法做什麼好事情，甚至無能幫助自己。**幫助別人並非壓力的來源，而是當你在幫助別人時，內心缺乏寧靜與和諧，這才是壓力源。**

如果你決定要適度拒絕他人並在關係中合宜設限，使生活更加平衡，你會發現有好多種表達方法。不過，很多拒絕的方法所帶來的麻煩，可能遠大於所能解決的問題。舉例來說，面對別人的要求，如果你的慣性反應是生氣地回拒，就會給周圍帶來頗糟糕的感覺，也給自己製造更多壓力。又如，覺得吃虧或受愚弄時，我們一般會自動反擊，使對方也覺得被指責、受威脅或不舒服。再如，傷人的言詞或語調會引發攻擊或直覺反應且堅硬地排拒，在某些時刻，甚至還會咒罵對方幾句。**由此可見，對於容易畏怯退縮的人而言，自信心訓練是相當重要的，自信心訓練就是將正念帶入各種感覺、言詞與行為之中。**

自信，建立於你可以接觸自己所真實體驗到的感覺。這遠遠超越了你可否說「不」的層次，而是你瞭解自己的程度、解讀情勢的能力、有意識地面對自我與情勢的能力。如果你能覺察你的感覺就只是感覺，便有可能打破消極或敵意的模式，這種模式在你感到被愚弄或威脅時會自動慣性地迅速冒出來。因此，**想要更有自信的第一步，就是練習認識你的真實感覺，換言之，練習對於你的情緒狀態保持正念。**這並不容易，特別是假如你一輩子都相信某些感覺或想法是不對或不應該出現的話，每當它們浮現時，你的反射動作就是將之帶往無意識領域並完全失去覺察力。你心裡頭可能會譴責自己，對於所浮現的感覺產生罪惡感，努力掩飾所浮現的感覺以避免讓別人知道，你可能被自己是非對錯的信念卡住，終而否定或壓抑你的感覺。

自信訓練的第一堂課——領悟你的感覺就只是你的感覺！

自信訓練的第一堂課，就是領悟你的感覺就只是你的感覺！它們沒有好壞，「好」與「壞」只是你強加於感覺之上的評價。自信的行為需要你對自己所有的感覺，如其所是地保持不帶評價的覺察。

許多男人成長的世界裡有個強勢的訊息告訴他們，「真正的男人」是不會有某些感覺的，當然更不應該表現出來。這種社會制約讓男人與男孩大多難以覺察自己的真實感受，因為他們的感覺是「不能被接受的」，因此必須非常迅速地除掉、否認或壓抑。這使男人在情緒高漲時顯得格外難溝通，尤其當他們感覺到被威脅、脆弱、悲傷、懊惱或受傷時。

打破這種困境最好的機會，就是我們意識到自己正在評價與消除自己的情緒時，暫時停止這個行為，試著冒點風險聆聽我們的感覺，接納它們當下的樣子，而不試圖改變，畢竟它們已經在這兒了。當然，這意味我們必須願意更開放也更誠實，至少對自己吧。對於所見與所感，我們有更具體的覺察，這份覺察也許可以開啟不同的溝通之門。

即使在不具威脅的情境下，男人可能還是很難表達內心的感受。我們已經被嚴重制約，貶抑表達自己真實情感的重要性，以至於我們經常忘記表達感受是有可能的。我們埋頭向前，什麼都不說，期待人們自然就會知道我們想要什麼以及我們的感覺。或者，我們也不在乎，做自己想做的，結果就看著辦。告訴別人我們的計畫、意圖或感覺，就有可能威脅到我們的自主權。然而，這樣的行為對於女性而言，可就是無止境惱怒的來源了。

當你體驗到某些感覺正在浮現時，提醒自己「感覺就只是感覺，擁有或體驗這些感覺是沒有關係的」。之後，你可以開始探索如何誠實地承接這些感覺，如此一來「感覺」就不會給你製造麻煩。其實，會製造麻煩的是我們後續對「感覺」的過度反應，而非當下的「感覺」本身，例如變得被動消極、懷疑貶抑、挑釁好鬥、趾高氣揚等。擁有自信與情緒智商，表示你明白自己的種種感覺，在保有自己的完整性也不損害他人完整性的前提下，有能力與自己的感覺好好溝通。舉例而言，在某個場合你覺得需要拒絕某些事情，你可以練習用比較不防衛或無威脅的方式表達：譬如也許你可以一開始就跟對方表明，如果不是在……情況下你相當樂於配合，然而……（若此與實情相符的話）；或者你可以用其他方式讓對方知道你重視他本人及他的需求。你不需要告知對方，你為何無法配合，當然如果你願意的話也可以選擇說明白。

在表達自己如何感覺與如何看待事情時，請記住用「我」陳述句會比「你」陳述句好很多。「我」陳述句傳遞了自己的感覺與觀點，沒什麼對錯，就單純是表達的自己感覺而已。但是，如果你對「自己的感覺」感到不舒服的話，很可能你會將此不舒服的感覺轉嫁到他人身上，自己卻毫無覺察。然後，你會說類似這樣的話：「**你**讓我好生氣」或「**你**總是一直要求我」。

看到了嗎？這樣的說法暗示別人控制著你的感覺？你將掌握自己感覺的權力，整個交給對方，沒有承擔起屬於你自己這端的責任，而所謂的關係是包含雙方兩端的。

替代性的說法如「當你這麼說或那麼做時，我感到很生氣」，這是比較正確的說法，因為這反映了在回應某些事情時你是如何感覺的。此外，這給對方空間來聽聽你的感覺與你如何看待事情，而不覺得被抱怨或被攻擊，也沒有被暗示對方擁有更多的權力，但實際又不然。

也許對方不瞭解，但至少你已嘗試溝通，並且沒有製造更多爭端。這啟動雙方的互動之舞，也像合氣道。下一步你會說什麼或做什麼，主要取決於當時的情況。如果你對整個情勢都保持正念，對自己的想法與感覺亦保持正念，將更有可能掌舵自己的方向，朝向某種狀態，如諒解或共議、調節或和解，或是針對不同意見取得協議，同時不至於喪失或放棄自己的尊嚴與完整性。換言之，你既不落入被動、消極、順從，亦不顯得挑釁、好鬥、攻擊。

有效溝通最重要的層面，就是能對你自己的想法、感覺、言詞、情勢、肢體語言等均保持正念。提醒自己，你以及你的「立場姿態」，都是整個互動系統的一部分。若你將覺察擴展至整個系統，便能看到對方，尊重對方的觀點與情緒。之後，你才能聽而有聞、視而有見、說而明己之所言，尊嚴地採取有效堅定的行動，也尊重對方是個完整的人。大部分時候，我們稱此方法為**覺醒之道**，可以化解潛在的衝突，創造更大的和諧與相互尊重。在此歷程中，你更可能因為與人會心互動，而獲得自己所想要與所需要的。對方亦然！

〔第二十九章〕角色的壓力

若能將覺察帶入自己的每一個角色，我們就能更有效地勝任所有角色；在角色中也會更願意冒險嘗試，以展現真實的自己，而不至於被角色給纏困束縛。這表示你願意看到、同時也確實放下舊有的包袱。

有效溝通最大的障礙之一，就是我們非常容易卡在自己的個人或專業角色裡，甚至讓我們無法跟自己的真實感覺相遇。對此現象，我們可能毫無覺察，或者認為根本不可能改變，導致角色的框架輕易地就強壓於我們之上。角色本身有其動能，蘊含了人們完成某任務的方式、自我的期待、自認為應該要有的行為、設想別人如何看待我們的行為等等。例如男人在女人面前，很容易毫無意識地呈現出某種慣性角色，女人對男人也是，或者父母對小孩、小孩對父母。**工作的角色、團體中的角色、專業角色、社交角色、生病時的角色，若我們對各種角色毫無覺察，對角色如何形塑我們的行為模式亦毫無概念，任何角色最終都可能變得硬梆梆的。**

當我們與自我同在的領域失連，身陷行為模式而不停地做這做那時，角色的壓力便出現了。角色壓力足以大大阻礙心靈的成長，也可以是挫敗和痛苦的根源。對於我們是誰、我們所處的情境、所做的事情、事情應該如何完成、能做的與不能做的、事情的遊戲規則等等，我們經常會有固執的觀點。這些觀點通常來自於某些強烈的信念，例如我們可以做或不行做什麼、在某種情境下的適當行為為何、什麼會讓我們感到舒服、成為——意味著什麼，你可以在空格中填入：媽媽、爸爸、祖父母、小孩、長者、手足、配偶、老闆、員工、愛人、運動員、老師、律師、法官、牧師、病人、男人、女人、經理人、官員、醫師、外科醫師、政治家、藝術家、銀行家、保守派者、激進派者、自由派者、資本家、社會主義者……。

持平看待你所扮演的角色，成為真正的自己

對於世界上所有的行動與作為，我們自有一套期待與價值判斷。擔任好某個角色是一種認同感，裡面包含了權威與力量。某個角色或「職責」所該做的事情，有一部分是基本的，但可能有一大部分是自己心裡創造出來的。**我們固著於某些角色的觀點或期待，以行動表現出來，之後卻反被這些期待給纏住。如果毫無覺察，我們早晚會陷入苦惱深淵，因為我們無法在所作所為中成為真正的自己，而只是自己心中設想角色的傀儡。**角色本身的動能與要求，再加上我們自己不知不覺中強加於角色的期待，日復一日，有一天我們會發現自己好像被綁得死死的，被自己所設定的角色給囚禁了，無法透過這些角色展現我們全然的存在與智慧，也無法跟他人會心分享。

正念可以幫助我們擺脫過度認同某種角色所帶來的壓力與負面影響，因為這許多壓力都來自於欠缺的覺察、偏頗的觀點或錯誤的感知。當我們在抱怨自己的某種角色帶來的壓力時，若能持平地觀察我們對該角色想法認知與慣性作為，就能用一種較具創意的方式來面對，也較能恢復平衡、和諧與自在。這可能會帶來很戲劇化的轉變。

阿璧，一位六十四歲的猶太教祭司，因為心臟病與其他多種人際問題而來減壓門診。課程進行到合氣道體驗時，他根本無法做第四回合的練習，因為他跟夥伴練習時就只能直挺挺地站著，一臉困惑茫然。他的身體反映了他的現況。突然間他大叫：「就是這樣！我從來不會轉向！我好害怕我轉向時會受傷！」

他領悟到自己遭受攻擊時，完全沒有**轉向**，以至於當他試著握住對方的腕關節時，身體根本是僵硬的。這正是為何他無法將自己與攻擊者的能量導入和諧的合氣。

在這靈光乍現的片刻，他將此洞察連結到日常生活中的人際關係，他看到自己在關係中從未「轉向」，總是嚴格而刻板。他永遠堅持自己的觀點，即便有些時候他的角色需要去看到別人的觀點。所有這一切，都是因為他害怕會傷害自己。

在那堂課中，阿璧讓自己再往前進一步。看著對面的夥伴，他告訴自己：「我可以信任他，他其實正試著幫我。」

當他體驗到這一切並看到整件事情的盤根錯節，他目瞪口呆地搖搖頭。對他而言，這是嶄新的一刻，他的身體在那瞬間教導他極為重要的事情，這是言語所無法企及的。在那一瞬間，他從多年僵硬的角色中鬆綁、釋放了。在此之前，他如此認同該角色以至於完全看不到其中的僵硬。現在，他必須維持此新覺察的鮮活以找到與人連結、與潛在衝突連結的替代方案。

深陷角色壓力中，不要孤軍奮戰

當我們處於讓自己感到封閉侷限的角色時，很容易覺得自己悲慘至極，而且會迅速地斷定別人如果在我們的角色一定不會遇到我們所必須面對的問題。然而，這並不是真的。**找人聊聊別人在你位置時會有的感覺和想法，或是在不同情境下也同樣感到有壓力的人，就可以有療癒的效果，因為這把事情放到一個更廣大的視野，我們會感到比較沒那麼地分離孤立與孤軍奮鬥。**我們會明白，原來別人在我們（類似）的角色或處境時，也跟我們有同樣的感覺。

如果你願意談談你的各種角色，他人就可以反映出你的處境，幫助你看到若干新的選擇，這些選擇可能早就被你的心給剪輯掉了，因為你的心認為這是「不可能的」。這些選擇之所以不可能，在於你的心過於執著某種看法，或者你對於自己的角色毫無覺察，以至於完全看不到這些選擇。

某次課堂上，有位四十多歲的女性因心臟病與恐慌症而被轉介過來。有一天，她講到跟已成年兒子的互動磨難，兒子經常辱罵她，雖然她跟先生都很希望兒子搬出去住，但兒子一直不肯離開家。他們陷入僵局已經一段時間了，媽媽要兒子搬出去，兒子斷然拒絕。另一方面，媽媽對於希望兒子離開的想法又很有罪惡感，也擔心萬一兒子真的搬出去了會不會發生什麼事情。她的坦露很自然地引發了曾有類似經驗者的同情與建議，他們試著讓她觀察到她對兒子的愛，已經讓她無法看清兒子確實需要離開，事實上，兒子甚至透過行為舉止對她提出離家的要求，她卻視而不見，她需要放手。然而，父親或母親對子女的愛是如此強烈，以至於這樣的愛經常導致雙方陷溺於固著僵化的角色之中，這種關係無法產生任何效益，對孩子或父母也毫無幫助。

角色上癮，會侵蝕你的人際關係

我們在各種角色中都會受苦，然而，不是角色本身帶給我們壓力，而是我們跟角色的關係。最美好的狀態是我們運用每一個角色讓我們做好事情，也讓我們學習、成長和助人。然而，我們確實需要小心，切勿過度認同某一種觀點、某一種感覺、某一種角色，因為這會導致蒙蔽，使我們無法綜觀全局，困於自創的習慣中並使選擇變少，而這些習慣最終只會令我們心灰意冷，阻礙我們的成長。

每個領域都有一套獨特的潛在壓力源。舉例來說，假設你在公司的角色一直是衝鋒陷陣的改革領袖，也是重大問題的解決者。經過一段努力後，如果你把公司治理得平平，也許會覺得不舒服或心情不好。因為你是在壓力、威脅、危機、荊棘下最能發揮的人，因此你可能不知道如何讓自己適應於穩定平凡。你依然很想往前衝，遍尋新的假想敵來競爭，好讓自己感覺有在做事，心裡也舒坦些。**這個現象可能表示你已經被某個特定的角色卡住了，或者表示你正在加深對工作的慢性上癮，因為你輕忽了自己生活中的其他角色或責任。**

這類的工作上癮可能會腐蝕你家庭的生活品質，種下許多痛苦的種子。你可能會發現自己在若干競技場域相當成功，但距離孩子、配偶或其他家人卻愈來愈遙遠，你們之間的鴻溝愈來愈大。你的心思充滿了所有工作的細節，全神貫注於工作。然而，他們對你的工作毫無所知，可能也沒有興趣。不論在心理或身體上，你可能很少與他們接觸，對他們的生活所知不多，對他們的感覺、每天都在做些什麼也感到陌生。不知不覺中，你可能已經喪失與你所愛的人，也是最愛你的人共同生活的能力，甚至只是對他們說說你心裡的感覺都困難重重。你可能沉迷於自己的工作角色，對於生活中其他的角色都難以自在勝任。也許，你連什麼對你是最重要的都忘記了，甚至忘了你是誰。

所有在工作上位居要職者，都會面臨這種疏離的風險，我們稱為「成功的壓力」。在專業角色中所獲得的尊重、關注、權力與支配是會令人興奮與上癮的。要從一個權威的角色，如統率、下命令、制訂影響他人與機構走向的重大決策者，切換到平凡無奇的角色，如父親、母親、丈夫或妻子，是相當不容易的。你的家人對於你在工作場域的呼風喚雨，不會有多深刻的印象或興趣。在家裡，你依舊需要倒垃圾、洗碗、花時間陪孩子，做一個普通人，就像其他人一樣。家人知道你真正的樣貌，他們知道你好的、壞的、醜陋的樣子，也知道所有你在工作場域中隱瞞起來以讓自己看起來更完美或更有權威的樣子。他們看到你徬徨與沒信心的樣子，也看到你生病、心煩意亂、生氣發怒、消沉有壓力的樣子。他們愛你，是因為你自己本身，而不是你做了什麼豐功偉業。然而，如果你輕忽自己在家庭中的角色，不知道在家時要如何放下專業角色，那麼他們就會感到被你疏遠，而只能深深懷念你原來的樣子。事實上，如果你過於沉迷自己的工作角色，最終可能會嚴重危及所有的人際關係，甚至到難以修復的地步。到那時候，大概也沒人想再做任何努力了。

學習「轉向」，面對生活中的角色衝突

生活中各種角色的衝突碰撞與東拉西扯，正是這苦樂交融人生的真實樣貌。我們必須面對這現象，好好處理並取得平衡。對於角色壓力的潛在風險若一無所知，便可能長期破壞彼此的關係。然而，我們對於正在損壞的關係經常毫無知覺，直到它變嚴重時才意識到。這是何以家人之間的關係會如此疏離，不論是

家中的男人跟女人、父母跟孩童、成年孩子跟年長父母之間。**當然，在不拋棄任何角色的前提下，我們一定可以在關係中成長與改變。但是，如果我們選擇封閉自己，生活中的角色就會被禁錮成某種固定樣子，阻礙我們的成長。**

若能將覺察帶入自己的每一個角色，我們就能更有效地勝任所有角色；在角色中也會更願意冒險嘗試，以展現真實的自己，而不至於被角色給纏困束縛。這表示你願意看到、同時也確實放下舊有的包袱。也許你一直陷落於壞人的角色、受害者的角色、門前地墊的角色、弱者的角色、無能的角色、支配者的角色，或是重要的權威人士、英雄、病人、受苦者的角色等等。任何時候，只要你覺得受夠了，都可以選擇將明智的專注帶入這些角色。透過落實改變你做事情與回應事情的方式，可以練習放下這些角色的僵化成分，允許自己全面地開展，與每個角色真實同在。下定決心好好觀察自己的念頭、想法與衝動，尤其是那種追逐熟悉事物的衝動、落入慣性行為模式的想法，以及相當自我設限的念頭。**每當發現這些念頭、想法或衝動浮現時，允許自己放下它們。**如同阿璧所清楚看到的，**你必須轉向、轉向、再轉向，讓自己維持鮮活，避免落入僵化的角色慣性之中。**有趣的是，我發現在中文裡，「轉機」、「轉捩點」、「轉變」這些與突破有關的詞都有個「轉」字。

〔第三十章〕工作的壓力

不論你從事何種工作，將正念練習延伸到你的工作場域，便可大幅提升生活品質。你未必需要離開有壓力的職位才能開始正向的轉變，就當進行個實驗：下決心讓自己的工作成為靜觀練習的一部分，成為自我修練的一部分。

到目前為止，我們檢視過的各種潛在壓力源，包括時間壓力、人際關係、僵化的角色等，都可以匯流於工作的範疇。這些壓力源可能會因為我們必須賺錢而愈顯沉重，大多數人都需要工作賺錢來養家活口，大多數人的工作多少都有潛在壓力。**不過從另一個角度看，工作也是與外界連結的方式，可以讓我們的能力有所發揮，將心力貢獻到某個有用的領域**，也許是照顧人們健康、幫助人們去他們想去的地方、養活某些人、發揮我們的技能或知識，這些都可以讓我們覺得自己是某個更大領域的一分子，這所帶來的無形報償超越了區區一份薪水。從這個角度來看自己的工作，工作就不再那麼令人難以忍受，即便是處於相當困難的環境下。

因為傷病而無法勝任任何工作的人，經常會有一種感覺：如果可以的話，他們願意付出一切以換取工作能力，願意付出一切讓自己不用臥病在床或在家裡閒得發慌。他們礙於自己非常有限的能力而無法外出與外界接觸，對他們而言，幾乎任何工作都是值得做、也可以忍受的。我們經常忘記工作可以為自己的生活增添意義感與一致感，或視其為理所當然。工作所能提供的意義感與一致感，與我們對工作的重視程度以及我們相信工作價值的程度呈正比。然而，在高失業率的時代，對工作的需求、被資遣的心痛與尊嚴受損、求職的困境、必須屈就於低薪工作，這林林總總確實為個人、為家庭、為社會帶來龐大的壓力。

的確，有些工作格外讓人感到貶抑與剝削，有些工作場所對身體或心理都有毒害，有些工作甚至是有危險的。若干研究顯示，男人（研究對象剛好是男人）若在工作場域很少擁有決策空間卻必須執行高標準的任務，例如服務生、電腦操作員或短期廚師等，相對於在工作場域有較多控制權的男人而言，前者更容易罹患心臟病，不論年紀或其他因素（例如抽菸與否）的差異，均為如此。

另一方面，假如你的工作擁有很多自主權與豐厚的收入，工作中所做的事情都是你真心在意的，你也熱愛這份工作。然而，工作永遠都會呈現其獨特的挑戰，早晚會讓你覺悟你永遠無法百分之百地擁有控制權，即便你真的以為你有。無常的法則依然運行，事物依然變化，這是你無法控制的。不論你認為自己累積多少的權力資源，總是有某些人或某些勢力可以阻礙與瓦解你的工作、威脅你的職位與角色、讓你進退維谷。在一個組織裡，即便你有很大的影響力與權力，對於你所能做的事情或想抗拒的改變，經常還是會有本質上的限制。就拿規範華爾街或穩定全球金融來說吧，即便你想做，這是多麼困難的事情啊，連美國總統都做不到，或許他也不想做。回想二〇〇八年的金融海嘯，就是被一群金融界與房地產界的聰明傢伙搞出來的，這場風暴耗盡全世界多少中產階級的存款，使多少人失去工作。

不論位居任何職務，人們都會有壓力、不安、挫折與失敗的經驗，舉凡警衛、執行長、服務生、工廠作業員、公車司機、律師、醫師、科學家、警官或從政者等等，無一例外。有些工作本質上壓力就比較高，例如這工作本身決策自由度低卻要背負重責大任。若欲修正此現象，需要做職務上的再調整或提供員工若干補償。然而，調整工作內容並非想變就能變，人們還是必須善加運用自己的資源，以妥善因應工作所面臨的壓力，畢竟因應壓力的能力確實可以左右工作的處境。如我們在第三篇所看到的，**你會感受到多少的心理壓力，其實取決於你如何詮釋事情，換言之，取決於你的態度與隨順變化的能力。若非如此，工作或生活中的任何漣漪，你都可以把它變成是擔憂、絕望或戰爭的導火線。**

以整體且嶄新的視野，看待你的工作處境

任何工作都可以讓我們把自己搞得筋疲力竭。這通常來自於我們不停地想做更多、更多、更多，尤其是在無疆界的電子網路溝通世界裡。如果我們自己不留心、不阻止這現象，不斷地讓自己做更多種工作或更分心於更多事情，如此一來，只會降低我們的工作效能而可能什麼都做不好。東尼．史瓦茲（Tony Schwartz）有一次在《紐約時報》撰文提到，「研究顯示：弔詭地，要完成更多事情的最好方法，也許是花多一些時間讓自己少做一些……策略性地讓自己重新開始……包括參加白天的工作訓練、短時間午休、晚上睡久一點、多一點不在辦公室的時間、較頻繁與較長的假期……這會讓你更有生產力、工作效率更好，當然也更健康」。換言之，我們必須發展個人的策略來儲存自己的能量、專注力、更新資源、避免經常性地讓自己分心或做個不停。很明顯地，這需要時時刻刻的覺察，而且知易行難，除非我們在日常生活的各個層面都練習保持正念。

想要以個人之力有效地因應工作壓力，必須以一種整體的視野來看待自己的處境。可以偶爾問問自己：「工作上，我真正在做的是什麼？我如何在現況下做到最好？」我們很容易在自己所處的角色中落入某種慣性而不自覺，尤其長時間做相同的工作更易如此。若未能看守這顆心，我們就無法視每秒每分為嶄新的一刻，無法視每天為新的探索，而會經常覺得快被日復一日重複無奇的日子給淹沒了。另一方面，我們又抗拒新方法、新事物、新改變，對於新的想法、新的標準或規則、甚至是新進人員，都倍感威脅。不知不覺中，我們可能已經過度保護所擁有的一切。

工作也是一種自我修練——突破心的限制，開始正向轉變

我們在工作場域的慣性，通常也會出現在其他生活場域，此即為自動導航的生活型態。如先前討論過

的，自動導航模式可以讓我們每天正常地過活，卻無助於面對壓力、平淡無奇、一成不變的生活所導致的疲憊不堪。我們在工作上覺得被纏困住，在生活的其他層面亦然。我們覺得自己沒有別的選擇空間，受限於經濟現實或早些年的決策，受限於各式各樣的事情以至於我們無法換工作、冒點風險，或做些自己真正想做的事。然而，我們被纏困的程度可能不如自己所想像的那麼嚴重。事實上，只要在工作場域用心地培育平靜與覺察，讓正念引導我們的行動與對事情的反應，便可大幅地縮減工作壓力。正念訓練使我們在工作場域的每分每秒，均保持全然地覺察與鮮活，協助我們進入生活的整體，並以一種整體的視野來看待每件事情。

我們的心可以製造很多限制送給自己，而這些限制未必都是真實的。我們都活在某種程度的「經濟現實」下，也需要從事些我們能做的事情來謀生。實際上，我們對於自己真正的限制是無知的，猶如我們無知於身體所蘊含的療癒極限。我們真正知道的是，清晰的洞察力通常是不會有害的，對於什麼是可能或合適的，可以提供清新而深刻的理解。

不論你從事何種工作，將正念練習延伸到你的工作場域，便可大幅提升生活品質。**你未必需要離開有壓力的職位才能開始正向的轉變，就當進行個實驗：下決心讓自己的工作成為靜觀練習的一部分，成為自我修練的一部分**。如此一來，你的心態會從被動或被迫地依規定行事，調節至清楚明白自己的所作所為與選擇。轉化觀點將會改變工作對你的意義，工作成為你刻意用來學習與成長的場域，工作中的阻礙轉化為挑戰與機會，挫敗讓我們磨練耐性，他人的所作所為讓我們學習堅定有效的溝通方式，權力鬥爭讓我們觀察他人或自己貪婪、厭惡、愚痴的人生劇碼。當然，有時候你可能真的必須離職，因為這個職位與環境已經不值得你再繼續投入了。

將正念導入生活，讓正念分分秒秒、日復一日地指引你的視野與行動，從一早起床、準備上班到下班回家，工作成為你每天選擇從事的事情，而非僅僅是為了賺錢或是讓生活「達到某種樣子」的活動。**你將生活其他領域所培育出來的正念，無縫接軌地融合到工作中。不再讓工作完全主宰你的生活，於是你會到一個新的位置，一個讓生活更加平衡的位置。**

確實，你必須面對與處理許多責任、義務與困擾，這些事情可能超乎你的控制範圍而使你倍感壓力。不過，生活中其他的面向不也如此？人無遠慮必有近憂，不是嗎？你總需要飲食，總需要與更大的世界有所連結，**生活中總是有大大小小需要面對的苦樂悲喜，問題在於你將如何面對。**

當你開始用正念來看待工作時，不論是為自己工作、為大機構或小組織工作，不論你是在室內或戶外工作，也不論你熱愛或痛恨工作，都可以將所有內在資源延伸到你的工作。這可以協助你冷靜地解決問題，妥善地因應工作上的壓力。之後，即便你需要面臨生活上的重大轉變，也許是遭到解僱或資遣，或者決定要離職或參與罷工，都可以更妥善地準備好面對這些困難的轉變，你的心會更加平衡、堅定與覺察。面對這種人生重大危機與轉變所帶來的紊亂情緒與反作用力，你將更能妥適地面對與處理。當這些狀況降臨於你，你必須度過難關，在此同時，別忘了，你具備所有的內在資源與力量，因此你可以盡己所能地好好處理。

緩一緩……工作壓力大通常是你的「心」太忙

在減壓門診中，很多人因為深感壓力而來，而這些壓力通常跟工作有關。起初他們會因身體不適去看醫師，例如心悸、胃不舒服、頭痛、慢性失眠等，期望醫師可以好好診斷並對症下藥。當醫師告知沒什麼嚴重問題「只是壓力」時，他們通常會感到相當生氣。

有位男士是某家超大型高科技公司的廠長，他來減壓門診時，抱怨在上班時會拼錯字，覺得自己的生活「團團轉到快失控了」。當醫師說這些症狀是出於工作壓力時，他完全不相信。他需要負責整座工廠的生產效率，但否認那有壓力，即便有些工作上的事情確實讓他感到困擾，他總認為那「沒什麼大不了的」。他懷疑自己腦部長腫瘤或者有其他「生理上」的毛病。

他說：「我認為自己的身體一定出問題了……當你在工作上覺得快昏過去而必須找東西抓住時，你告訴自己『壓力是一回事，不過一定有些身體上的毛病才會這樣』。」

上班時他的身體已經很不舒服了，下班後他依舊神經緊繃，因此經常必須把車子停在路邊，休息一下讓自己恢復正常。他認為自己快要失控了，可能會睡眠不足而死亡，因為有一段時間他一個晚上會起來很多次。當時他看夜間新聞到十一點半，然後去睡覺，睡一小段時間，凌晨兩三點就醒來了，想著隔天要做的事情。他太太說他的壓力過大，但不知怎的他就是不願意承認。**也許他無法相信光是壓力就足以讓他的身體每況愈下，也許承認有壓力與他的角色不一致，因為他總認為自己是個強而有力的領導者。**當他被轉介來減壓門診時，這現象已經持續三年，而且達到某個臨界點了。

課程結束時，他不再有拼字的問題，晚上也能一覺到天亮。他的轉變始於第四堂課，當時他聽到班上竟然有人的症狀跟他一模一樣，對方分享如何運用課程所學克服了問題，而且覺得自己更有控制感。他心想也許他也可以透過靜觀來幫助自己。他終於承認自己的症狀都與工作壓力息息相關。他發現每靠近月底，心裡的感覺就愈來愈糟，因為必須趕出貨又得趕獲益報告，壓力很大。在這段時間，他忙得不可開交，員工也焦頭爛額。**然而，他現在每天練習靜觀，可以覺察到自己正在做的事情與當下的感覺，因此可以運用呼吸來讓自己放輕鬆，並在壓力累積過大之前，先打破壓力慣性反應的循環。**

課程結束時他回顧這一切，發現改變最大的是他對工作的態度。**他認為主要是現在的他學會關注自己的身體，關注正令他煩惱的事情。他開始用一種嶄新的視角來看待自己的心與自己的行為，明白不需要生活得這麼嚴肅。**

他告訴自己：「最糟的情況大不了就是被解僱，擔心再多也沒用。我已經盡全力了，就做一天和尚敲一天鐘吧。」

他運用呼吸讓自己冷靜與專注，免於落入他所謂的「無轉圜之境」。處於壓力狀態時，他可以立即覺察到肩膀緊繃，便會告訴自己：「緩一緩，稍微退後一步吧。」

他說：「我現在很快就能平靜，甚至不需要坐下來。我可以在跟別人講話的同時也覺得很輕鬆自在呢。」

他的轉變也表現在一早如何去上班。他開始走小徑，車也開得比較慢，上班途中便開始覺察自己的呼吸。抵達上班地點時，他已經讓自己準備好迎接這一天了。他說以前習慣走大馬路，跟一大群人爭先恐後。終於，他觀察也承認以前的他真的太緊張了。他感覺自己好像變成另一個全新的人，他的太太簡直不敢相信他的轉變，他自己也是。

每當他想到以前那種緊繃不堪的生活，又再想到現在可以進入這種「不可思議的心靈狀態」時，心頭不禁打了個寒顫。

「小時候，我經常是那個最冷靜的孩子。漸漸地，工作占據了我的全部，尤其是當我愈賺愈多錢時。我真希望十年前就來上這個課程。」

事實上，他所改變的不只是工作態度以及覺察自己的慣性反應，他與員工的溝通更有效率、做事情的方式也改變了。

「練習靜觀數週後，我決定要多信任幫我做事情的員工，我一定要這麼做。於是我在公司召開大型會議，我跟大家說：『各位同仁，大家在這個工作上的收入都不錯，從現在開始我就不再事必躬親了。我的期待是大家都有幹勁與活力，如果工作負擔太重我們就找更多人來，但就是要一起達成公司的目標，我們要像一家人般地同舟共濟。』這會議還真發揮了作用，他們不再百分之百地以你喜歡的方式做事情，但還是會把事情完成，你必須願意讓自己變柔軟並相信他們。我想這就是人生吧。我現在可以更有效率，我們也賺了大錢。」

他現在覺得工作上的壓力小很多，但卻更有生產力，他認為自己以前做了很多別人可以代勞的事情。

「身為一家工廠的經理，你必須做對的事情，以確保整個團隊隨時都在正確的方向。我現在沒有像過去那麼拚命，卻做更多事情。現在，我有時間坐下來好好做規畫，如果是以前，後面隨時都有五十個人準備問我這個問我那個。」

工作是磨練內在智慧與力量的場所

這是學員將靜觀練習運用於職場生涯的實例。他以更清晰的心來看待工作中的一切，因而得以降低壓力，在未離職下消除了自己的症狀。如果我們一開始就告訴他，你只要一連八週每天躺著做四十五分鐘的身體掃描，或是隨時關注自己的呼吸，就可以有這些轉變，他一定會覺得我們瘋了，理由充分地認為我們是一群瘋子。然而，畢竟他已行至水窮處，因此願意試試醫師與我們建議他做的事情，即便這些事情看來是挺「瘋狂的」。他花了四週才瞭解原來靜觀練習對他的處境很有意義，一旦這樣的連結建立起來，他就可以開啟並運用自己的內在資源。於是，可以讓自己慢下來，欣賞當下的富足美好，聆聽身體的聲音，將他的聰明才智無礙地運用於工作。

在這星球上，不論我們做什麼工作，大概很少人不會受惠於更大的覺察。這不只是讓我們覺得更平靜與放鬆，若我們能盡量將工作視為磨練內在智慧與力量的場所，那麼就可以做更好的決定、更有效的溝通，我們會更有能力，甚至到上班的最後一天時，都能比較開心地離職。

減輕工作壓力的建議事項

1. 醒來後，花點時間確認一下你今天確實選擇要去上班。如果可以的話，簡單地檢視你認為今天會做的事情，提醒自己事情未必盡如己願。
2. 將覺察帶入準備上班的整個歷程，包含淋浴、穿衣、飲食、和住在一起的人互動，不時地覺察你的呼吸與身體。
3. 你要出門時，別機械式地道再見，讓自己與對方有眼神的交會，接觸他們，真正地「進入」道別的時刻，讓時間過得稍微慢一點。若你在其他人起床之前就得先出門，可以試著留張字條道早安並表達你對他們的關心。

4. 如果你是走路去搭乘大眾交通工具，好好覺察你的身體，不論你是在走路、站立、等待、搭乘或離開大眾交通工具。正念地走去上班，可以的話，盡量別邊走邊講電話。呼吸，試著打從心底地微笑。如果你是開車上班，發動車子前，覺察一下自己的呼吸，提醒自己，現在正準備要開車上班。行車時別打開收音機，至少試個幾天，單純地開車，別使用行動電話，與自己同在，一個瞬間接著一個瞬間地。當你停好車，下車前單純地坐一下，覺察呼吸。正念地走去上班，呼吸。如果你的臉部表情已經顯得緊繃與憂鬱，試著讓自己微笑，如果微笑對你而言實在太牽強，至少來個半笑吧。

5. 工作時，不時地覺察身體的感覺，你的肩膀、臉、手或背部會緊繃嗎？你是怎麼坐下又如何站起來的？你的肢體語言正在傳遞著什麼訊息呢？當你吐氣時，盡可能有意識地放下任何緊繃，移動你的肢體到某種可以表現出平衡、尊嚴與覺醒的姿勢。

6. 上班中，當你發現到自己正在走路時，好好利用這個機會，正念地走路。除非必要，別匆匆忙忙地，即便需要匆忙，也要清楚明白自己正在匆忙，正念地匆忙。

7. 試著一次只做一件事情，全神貫注地做，盡量別讓自己分心或受到干擾，例如電子郵件、簡訊或網路。畢竟，研究已經清楚證實，一心多用只會降低你做每一件事情的效能。

8. 運用任何空檔來好好休息。別去喝咖啡或抽菸，試著到戶外三分鐘，散步或站著都好，覺察自己的呼吸，也可以做做頸部或肩膀的旋轉伸展。如果方便的話，可以關上辦公室的門，靜坐五分鐘，覺察呼吸。

9. 空檔或午餐時，選擇你覺得舒服的人在一塊，否則也許自己獨處會更好。利用午餐調節一下自己的環境會有所幫助。每週選擇一次或兩次的午餐，自己安靜地、正念地進食。

10. 也許你不需要每天吃午餐，如果可以的話，就出去運動吧，運動是減輕壓力的絕佳方法。不過你是否可以利用午餐時間運動，得看你的工作有多少彈性。如果你可以這麼做，這是一個很棒的方式，可以讓自己維持清晰的頭腦、降低緊張、消除疲勞，以飽滿的能量開始下午的工作。現在，很多工作場所有健身中心，在午休、上班前或下班後安排若干運動課程給員工，例如有氧運動、舉重、瑜伽、跳舞等。你若有機會在工作場合運動，就好好把握吧！但請記住，任何運動都需要你投入的承諾，就像正式的靜觀練習。當你運動時，正念地運動。這會改變一切的。

11. 試著每工作一個小時就停一分鐘，覺察自己的呼吸。工作中我們經常浪費比這更多的時間在做白日夢。運用這些迷你靜觀讓自己回到當下、與自己單純地同在，運用這些小留白重新自我調節並歸零。要做到這項，唯一需要的就是自我提醒，但這並不容易，因為我們非常容易被進行中的事情牽著走。

12. 每天運用工作場合中的環境，來提醒自己覺察呼吸與放鬆，例如電話鈴響時、開會前、等待別人時，與其「留出時間」來放鬆，還不如讓自己隨時調整到放鬆狀態。

13. 工作時，正念地與人溝通。覺察這些溝通是令人滿意的嗎，還是有別的方法呢？想想可以怎麼改進。覺察經常對你表現出悲觀或敵意的人，想想如何更有效地跟他們共事。試著以一種整體的視野來看待你的同事。想想如何讓自己對別人的感受或需求更加敏銳。當你更具正念也更用心時，在工作上可以如何協助他人呢？當你在與他人溝通時，可以覺察到自己和對方的聲音、語調、肢體語言嗎？這樣的覺察如何幫你有效地溝通呢？

14. 一天工作結束時，回顧你所完成的事情，列出一張隔天待完成清單。排出清單中各個項目的優先次序，這樣你就明白什麼是最重要的事情了。

15. 下班離開工作場所時，再次將覺察帶入行走與呼吸，覺察你正在「離開工作」的這個過渡階段。觀察你的身體，你覺得筋疲力竭嗎？你是站得直挺或是已經彎腰駝背了？你的臉部表情又如何？你真的在當下嗎，還是滿腦子不停地思索工作上的事情呢？

16. 搭乘大眾交通工具時，將你的注意力帶入你的行走、站立或坐著。覺察自己是否匆匆忙忙，你是否能「稍微緩和一下」？盡可能好好地擁有這段從工作場所到家裡的時光，就像其他的時光一般。覺察在這時刻想用手機填補空檔的那股衝動。覺察自己有多想使用手機，可以的話盡量別用。看看你可不可以好好地跟自己為伴，即便只是一小段時間。如果你是開車回家，坐在車上啟動車子前稍微停頓一下，覺察自己的呼吸。正念地開車回家。別邊開車邊講電話，除非是免持聽筒而且是相當重要的電話，非得立即聯絡不可。可以覺察到那股想打電話或想接電話的衝動嗎？

17. 走進家門之前，清楚地覺察你即將進入家門。覺察這個「正在回家」的過渡階段，試著正念地跟裡面的人打招呼，彼此有眼神的接觸，而非只是機械式地大叫「我回來了」。

18. 盡速脫掉鞋子並換掉上班穿的衣服，改穿別的衣服，以完成從工作到回家的過渡階段，讓你有意識地快快切換到非工作的角色。如果可以的話，在你開始進行任何事情如烹煮或吃晚餐之前，先靜坐五分鐘吧。

19. **請記住，真正的靜觀是你每分每秒如何過自己的生活。若你能在覺察中安住並擁抱當下，跟自己的身體與思緒同在，任何你所做的事情，都可以成為靜觀練習。**

上述僅為建議事項，將正念帶入工作的各種提示。你必須自己實驗看看哪些項目可以最有效地幫你減輕工作壓力，事實上，你在這部分的創造力與想像力是你最重要的資源。

〔第三十一章〕食物的壓力

聆聽你的身體、觀察你的心與食物有關的躍動，有助於養成健康飲食與良好習慣。你的靜觀練習若夠堅固，自然會與食物有更多連結，明白食物對你產生什麼影響。對某些食物的欲望與熱切渴望愈具正念，你就愈可快速看到這些念頭與感受的升起，並且在它們對你產生影響之前放下。

生活於複雜又全球化的現代社會，若我們不留心放進嘴巴裡的東西，大概很難活得健康。過去數十年來，我們與食物的關係已經大大改變，對於眼前不可思議的各式食品，實在有必要選擇對我們有益的。

我們直接取之於大地的歲月已不復再現。數千年來，人類消耗的食物量很少而且種類固定。在二十世紀初之前，人類的飲食習慣代代相傳，沒有多大改變，透過打獵、採集、栽種、畜牧，體力與能力決定了所能獲取的食物。經年累月的傳承，人類知道在大自然中可以吃什麼、什麼是不能碰的，人體適應了在某個區域的氣候、團體、文化下所製造出來的食物。獲取或栽種食物消耗了該地區所有成員大部分的精力，人們充其量只能食用在地的東西。在那個時期，人們看天吃飯，所能掌控的不多，也許有好有壞，但基本上當時人類的生活與大自然的環境是穩定平衡的，人生活在自然之中，而非與自然分離。

雖然我們依舊是大自然的一部分，但隨著我們對自然環境的操控愈來愈多，與自然的連結反而愈來愈少。

在已開發國家，對我們這些所謂的「消費者」而言，食物的選擇愈來愈多，但我們與食物的關係卻愈來愈複雜。過去，大部分人或多或少都是食物的生產者，很少是純粹的消費者。然而，已開發國家社會中的多數人，不論是在心理或生理上，距離食物的生產已經很遙遠了。**雖然從生物面來看，我們依然為了要活下來而進食，但在心理層面很多人可能是為了進食而活下來。我們在心智上對食物的關注已經很少跟生理飢餓有關了。**

此外，我們持續接觸各式各樣在十幾二十年前完全沒見過的食品，一些化學添加物以及在工廠裡製造的食品幾乎與大自然沒什麼關係。在已開發國家，我們可以獲得任何想要的東西，感謝交通運輸系統千里迢迢地運送食物，即便需要數日的時間。在這些社會裡，鮮少有人會完全仰賴自行栽種、打獵或在大地中搜尋食物，我們不再需要花費所有的時間與精力來獲取足夠的食物。

我們已經變成食物的消費國，只有少數人口投入食物生產，這跟從前很不一樣。我們在大型超市購買食物，那裡是名副其實的聚寶盆，消費主義的殿堂。經驗顯示，超市的架上永遠有吃的，數以千計的各種食品供我們自由選擇。這讓我們不需要每天傷腦筋去獲取食物，唯一需要的是足夠的錢。冰箱、冷凍、罐頭、保鮮包裝、防腐劑等讓我們可以將食物放在家裡，隨時想吃就吃。再看看過去一兩百年來悉心發展的育種技術改造了很多食物，生產很多價廉物美的蔬果，這樣的發展讓所有人都受惠。

食物的生產與運送系統，是我們集體相互依存與相互連結的最佳典範。食物的供應運輸系統猶如社會的大動脈，冷凍貨櫃車、鐵路車廂、飛機等就是將維生養分傳送給社會各個組織的交通工具，我們姑且不論這龐大的碳足跡，以及持續以這種方式生活是否真的合宜。如果大型卡車司機罷工，超市架上就沒有食物供人們採買，城市的食物會在數日內短缺。我們似乎都不太願意去想這樣的事情。

另一件我們不太去思考的事情，就是食物供應愈來愈集中在幾家超大型的食品公司或農業企業，我們在超市架上看到的食物幾乎都來自同樣的供貨商。對於超市所賣的東西，我們的祖父母大概會覺得七〇%都不能算是食物。不過，他們大概也很快就會愛上這些食物，一方面是取得實在太容易了（買就有啦），另一方面是超級誘人的高卡路里與高脂肪。

一場食品化學添加物的大賭局

毫無疑問地，跟以前的人比起來，我們現在活得更健康。許多人將此歸因於飲食的改變，不過這可能只對了一半。乾淨的飲水與公共衛生在降低死亡率及延長壽命上，扮演著極關鍵的角色。然而，國人的健康狀況目前可能正走到一個關鍵的轉捩點，很多具說服力的證據顯示，美國人及其他先進國家人民的健康正在被各種疾病所侵蝕，而這些疾病與過度食物消費有關。這是標準的富裕病，因富裕而引發的疾病。研究顯示這一代的孩子有可能比他們的父母還不健康，這種現象在歷史上可是頭一遭。一九七〇年代中期後，肥胖像傳染病般地到處流行，當然有很多成因，主要原因之一是超大分量的飲食以及吃太多沒養分的合成食物，例如汽水。

我們的身體現在被迫要去消化數千種的化學物質，這在人類歷史上是前所未見的，因為這些化學物質都是近幾十年的發明。許多化學物質是肥料或殺蟲劑的殘餘物，而其他工業汙染物也可能流進食物鏈之中。食品工廠將化學添加物與防腐劑放入食品裡，有時候甚至沒有足夠的測試。這些化學物質讓人體內的生化平衡陷入某種未知的風險，可能導致細胞或組織的損害與崩壞。無論專家怎麼說，我們確實不知道，一輩子攝取由化學添加物所做的食品，對我們的身體以及後代子孫會有什麼影響。**我們唯一知道的是，所有消費者都在未被告知的情況下，用自己及孩子們的身體，非自願地參與了這場食品化學添加物的大賭局**。演員比爾．摩爾斯曾在一個公共電視節目上說，他在錫安山醫學院[63]測試體內化學物質含量，發現他的血液與尿液裡竟有多達八十四種不同的化學物質，其中不乏有毒物質，如戴奧辛、多氯聯苯（ＰＣＢ）、磷苯二鉀鹽酸（有毒的塑膠軟化劑），以及已遭到禁用超過四十年的ＤＤＴ殺蟲劑。這些化學物質進入人體的管道多半是經由食物與環境，包括每天的家居生活和我們所消費的物品。

我們一輩子吃進體內的食物對健康當然有重大影響，因此對於放入口中的東西，實在有必要採取一種敏感卻又不大驚小怪或過於狂熱的態度。「我們吃什麼，反映出我們是怎樣的人」這句諺語很實在。對於所購買與放入體內的食物，我們需要帶入某種程度的正念，特別是如果一輩子都這麼吃的話。或者至少在某些敏感的階段，例如懷孕、哺乳、孩童與青少年的發育期，要特別注意食物對健康可能造成的危害。

不論對成人或小孩，肥胖及相關的糖尿病、代謝症候群、心血管疾病，都已經是全球性的問題了。根據美國疾病管制局的資料顯示，一九九〇年，這本書第一次發行時，全美沒有任何一州的肥胖率高於一五%，有十州甚至低於一〇%。到二〇〇〇年時，各州肥胖率均高於一〇%，其中二十三州的肥胖率居於二〇至二五%，但沒有任何一州的肥胖率大於或等於二五%。到了二〇一〇年，沒有任何一州低於二〇%，三十六州高達二五%，十二州的肥胖率甚至超過三〇%（阿拉巴馬、阿肯色、肯塔基、路易斯安那、密西根、密西西比、密蘇里、奧克拉荷馬、南卡羅萊納、田納西、德州、西維吉尼亞）。這真是非常令人驚訝的現象，該怎麼辦、如何減緩這個趨勢，沒有人有明確的答案。這已經是國際性的議題，普見於已開發國家。美國二〇一二年新的健康照護法案投入數十億美元，要在未來的數年全面關注此議題，包括組織若干課程，在高危險群的社區教導他們健康飲食、運動及不同生活方式的選擇。

對許多慢性疾病而言，飲食扮演著重要的角色。以代謝症候群為例，這似乎與很多不同的疾病有關，因為它會導致細胞與組織發炎。在社會中，某些族群的飲食相關疾病特別嚴重，當然這與貧窮是有強烈關聯的。

眾所皆知，食用高動物性脂肪與高膽固醇的食物，是心臟冠狀動脈阻塞的主因，即便對孩子也不例外。**因此，改變飲食習慣有時甚至是醫師的處方箋。在美國，心血管疾病高於其他疾病，如果希望活得健康茁壯，留心所吃下肚的東西以及我們與食物的關係是相當重要的。**幸運的是，現在有愈來愈多吃得健康也活得健康的方式。

科學家因進行實驗而需要讓動物罹患心血管疾病時，只需要給動物連續餵上六個月的培根、蛋與奶油就好了，這些食物對阻塞心血管是很有效的。

63譯注：全美排行前二十五名的醫學院。

奶油、紅肉、漢堡、熱狗與冰淇淋，這些都是美式飲食的主要內容，也都是高膽固醇與高飽和脂肪的食物。在食用較少肉品與動物性脂肪而食用較多魚類與米飯的國家，如中國與日本，心臟病的發生率就低很多。不過，罹患其他癌症的比例偏高，例如食道癌與胃癌，這通常與食用過多高鹽、高醃漬與高煙燻的食物有關。然而，隨著這些亞洲國家的飲食愈來愈西化，罹患心臟病與肥胖症的人也戲劇化地增加。這並不是說培根、雞蛋不能吃，而是你需要注意自己合適的攝取量，同時也需要注意自己購物和飲食的習慣，尤其是那些你最視為理所當然的習慣。找到可以滋養你自己與家人的健康飲食是很重要的。

飲食與癌症的關聯相較於飲食與心臟病是比較不顯著的，不過許多證據也指出，飲食對乳癌、結腸癌、前列腺癌都有影響。食物中的總脂肪含量很重要，證據顯示慣於高脂肪飲食的人免疫功能較差，例如自然殺手細胞的活動力較弱，而這與癌症預防是有關的。一旦調整為低總脂肪飲食（此處的總脂肪指動物性加植物性脂肪），自然殺手細胞的活動力就會隨之增強。此外，許多動物的實驗研究亦呈現飲食與癌症的關聯，在這些實驗中脂肪的影響也是很大的。食用過多膽固醇如果再加上抽菸的話，對某些人而言罹癌的機率就會大幅上升。

早在一九七七年參議院的營養委員會便宣布一項事實：美國人正因飲食過量而慢性自殺。當時他們完全不知道這警告多具遠見。該報告建議我們應降低從脂肪中所攝取的膽固醇量約四〇％到三〇％，其中一〇％為飽和脂肪，二〇％為單元與多元不飽和脂肪。他們建議增加複合碳水化合物的攝取，以取代因降低脂肪攝取所減少的熱量。之所以建議降低三〇％的脂肪攝取量，不是因為這是飲食的最佳比例，而是這樣大眾比較容易做到。傳統中國人所攝取的總熱量只有一五％來自於脂肪。傳統的墨西哥塔拉胡馬拉族的印第安人（他們有數位出名的超級馬拉松跑者），在他們所攝取的總熱量中，只有一〇％是來自於脂肪，而且幾乎都不是動物性脂肪。塔拉胡馬拉族人幾乎沒有心臟病與高血壓。對營養有興趣的科學家也研究墨西哥的基督復臨安息日教會的信眾，因為該信眾多為素食者，他們很少有心臟病與癌症。

事實上，有很多方法可以覺察與改善我們與食物的關係。在開始正念減壓課程的頭十年，教材裡做了許多關於食物的覺察，我們練習將正念帶入：買些什麼食物、如何準備食物、吃些什麼、吃了之後的感覺等。不過現在我們已經沒有這麼做了。無論如何，食物下肚後的身體反應對健康而言是極重要的訊息，仔細聆聽與否的結果差異很大，影響擴及我們的生活品質、身體健康，甚至壽命長短。

我們在購買食物或思索要準備些什麼食物時，波倫的忠告若能放在心上會是很棒的提醒。麥可．波倫（Michael Pollan）撰寫了兩本劃時代巨著《雜食者的兩難：速食、有機和野生食物的自然史》（*The Omnivore's Dilemma: A Natural History of Four Meals*，大家出版）及《欲望植物園》（*The Botany of Desire*，時報出版），他在《紐約時報》撰寫許多與國家食物危機有關的重要文章。他曾說：

「吃真的食物，以植物為主，但也別吃太多。」

這確實是知易行難的忠告，我們可視為座右銘放在心上並漸漸落實於行動中，成為每天的飲食習慣。波倫的話語很像禪宗公案，愈咀嚼愈能領悟箇中精義，經年累月下來可以教導並形塑我們的經驗與選擇。

留心選擇你的食物並適度地修正生活

三十多年前舊金山索薩利托市預防醫學研究中心的狄恩．歐尼許（Dean Ornish）醫師與其同事，曾做個頗具前瞻性的研究。該研究顯示，透過改變生活型態，以低脂、高纖、素食為主的飲食（可以魚類做補充，如鮭魚），包含蔬果、全穀物、豆科植物及豆製品，在完全未用藥的情況下，對動脈硬化症與男性早期的前列腺癌，都可以獲得很大的改善。經過這樣的調整，即便沒有服用降類固醇的藥物，類固醇都會大幅降低，飲食改變為前列腺癌患者帶來戲劇化的轉變。證據顯示，當我們的飲食與生活習慣改變，當我們關照自己生活中的選擇並適度修正，染色體也會受到正面影響，特別是那些所謂的「發炎前驅基因」會關閉（專業術語叫做去活化），因而降低身體發炎的機率。數百種與前列腺癌、乳癌、結腸癌有關的致癌基因也都會同時關閉。在此同時，與促進健康有關的基因則會大幅增加（活化）。

這些改變發生於僅為期三個月的研究，換言之，我們的身體很快就會回應生活型態的選擇，尤其是對食物的選擇。**如果我們留心自己對食物的選擇並適度地修正生活，在細胞分子層級就會產生正向的轉變。**跟著歐尼許的腳步，之後的其他研究顯示以這種方式飲食，前列腺癌初期患者可以增加修復染色體尾端的端粒酶，細胞的壽命會更長而壓力也會更小。歐尼許研究的參與者被要求規律地適度運動（散步），規律地練習瑜伽和靜坐，他們的生活方式與飲食都改變了，其中也包含與他人的互動關係。此外，飲食改變對第二型糖尿病亦頗有幫助，這型糖尿病跟致胖的飲食方式息息相關。

歐尼許醫師三十多年前的研究顯示，人體本來就有戲劇化的復原力、彈性與自我療癒能力（例如改變疾病的發展。在上述各研究中獲得改善的有動脈硬化症、糖尿病與前列腺癌）。這些疾病的病程可以讓我們受苦好幾十年，因此他的研究發現顯得格外重要。這些研究顯示即便是多年的老病患，身體也持續走下坡，他們依然可以做些事情來停止病程，甚至逆轉器官的損害程度。這些改變不是透過吃藥，而是讓人們對於改變自己生活的能力有更多覺察，採取關鍵的行動以促進健康，落實生活方式的調整，慎選吃與不吃的東西。

在這項針對心臟病患的研究，控制組病人在同一時間內針對他們的心臟病接受優異的傳統西醫治療。他們遵循大多數心臟科醫師認同的最新醫學會議建議，即降低三〇%的脂肪攝取量與規律的運動。然而，他們並未如實驗組大幅調整生活方式，此調整是需要落實與投入的，例如每天規律地練習瑜伽和靜坐。因此即便控制組病人遵循了醫學會議對心臟病的建議，病程依然日益嚴重，他們的冠狀動脈阻塞程度比一年前更嚴重，這其實也是預期中的病程發展。

歐尼許醫師的研究首度證實沒有高科技醫療的介入，僅靠調整生活方式即可改進心臟功能，並改進動脈硬化症的病程。**透過規律地練習靜觀和瑜伽**（每天一小時）**與散步**（每星期三次），**成員定期聚會一起練習並相互支持打氣，再加上調整飲食習慣，這些生活方式的改變使心臟獲得改善**。後續五年的追蹤研究顯示，能保持這些改變的患者，病程減緩是可以持續的。現在的醫療照顧已經將歐尼許的飲食方式含括進來，為一種被正式認可的生活方式介入。請記住，這跟減重是無關的，而是健康的飲食與正念的選擇。當我們進食的考量是健康而非減重時，較有可能獲得健康。有一項針對瑞典四萬名女性，長達十六年的研究顯示，「低碳水化合物加高蛋白質的飲食，與心血管疾病的增加有關」。無獨有偶，在《新英格蘭醫學期刊》（*The New England Journal of Medicine, NEJM*）也顯示，即便所有傳統上認為會增加心臟病風險的因子都不變（如血壓或膽固醇），高蛋白質與低碳水化合物飲食本身就會增加罹患冠狀動脈疾病的機會（摘自歐尼許二〇一二年九月二十三日於《紐約時報》的文章）。

將正念帶入飲食的面向，從不良的飲食行為模式中解放

話又說回來，即使你已下定決心，要改變你與食物的關係其實沒那麼容易，這從許多減肥失敗的案例即可理解。假如你真心想要調節飲食以促進健康或減緩病程，必須承諾自己並高度自律，也必須確實瞭解這麼做的重要性，而不是出於某種恐懼或妄想，或是滿腦子只希望改變體型與體重。若你確實落實飲食調整並信任這過程，不用你費心，體型與體重自然就會調整了。你需要全面地將正念帶入你與食物的關係，對於吃東西的各種自動化行為、想法和感受，以及社會中的相關習俗都需要多一些覺察。**因為我們很少會系統化又不帶評價地檢視這類行為習慣，但想要讓自己從不良的飲食行為模式中解放，並發展一個更健康、更協調一致與更完善的生活方式，好好檢視自己與飲食的關係確實是必要的。**

若渴望從慣性的行為模式中解脫，從致苦的動機與衝動中解脫，心的系統化訓練確實是有必要的。我們與食物的關係當然也不例外。正念練習對改變與維持健康飲食格外有益。**實際上，當你的靜觀練習愈來愈穩固，愈來愈能將正念融入所有日常活動時，在食物層面自然會覺察你的購買慣性、烹飪慣性與飲食慣性，對所吃進去的東西也會多些覺察，改變於是自然發生。**畢竟，當我們開始關照生活的點點滴滴時，實在很難不去看到飲食這個層面。第一堂課程中吃葡萄乾的練習雖然只是個小體驗，但裡面其實蘊含了深層的意義，讓我們重新看待吃進身體裡面的東西，更深入檢視我們與食物的關係。

對大部分人而言，食物是生活的重要角色。我們需要花許多時間與精力去採買、準備、上桌、食用，整理進食的環境，之後還需要洗滌，這些活動都與選擇和行為有關。隨著正念練習的增加，我們可能會更

有意識地關注食物的品質、如何製造或栽種、打哪兒來的、有哪些成分等；可能也會開始注意吃了多少、吃的頻率、吃完後的感覺。舉例來講，吃完後我們可以正念地領受身體的感覺，也可以領受吃得快、吃得慢，或在特定時間進食的感覺。可以將正念帶入我們對於某些特定食物的執著或熱切渴望，帶入我們或孩子們會對食品的選擇，帶入家庭的飲食習慣。也可將覺察帶入我們對食物或飲食的話題，觀察提到食物的頻率、時機與場域。一言以蔽之，當我們將正念帶入食物這個領域，所有面向都會顯得鮮明且聚焦。

當然也可將正念帶入飲食的其他基本面向，例如吃之前觀察食物的形狀色澤、聞聞食物的氣味、食物在嘴巴裡的味道，吃完後所帶來的愉悅感。準備與食用的過程都同等的重要。此外，也可覺察跟親朋好友聚餐時的快樂，透過食物我們跟家人或工作夥伴形成某種共同體，這些都是生活中相當深刻的人倫面向。

重新建立你與食物的關係

大部分人都知道要改變習慣是挺困難的，飲食習慣當然也不例外。飲食，是一種社會與文化的活動，蘊含了高度情感，我們與食物的關係終其一生不斷地被制約與強化。飲食對我們有許多不同的意義，而且經常會有情感連結，例如對某些特定的食物、食用特定的分量，以及在某些特定的時間地點和特定的人士共同進食等。這些與食物相關的連結，甚至構成認同感與幸福感的部分來源。我們頗執著於熟悉的飲食習慣，以至於我們要改變時，甚至會覺得好像背棄了某種意義重大的事。難怪改變飲食習慣那麼困難，可能是所有生活習慣中最難改的吧。然而，這也是為什麼正念溫和而不強迫的方式可以帶來轉化與療癒，因為你並不是在背棄你最害怕失去的東西，而是在重新建立對你而言最有意義的連結，讓這些連結的意義更突顯、更愉悅也更令你心滿意足。

注意你正在食用的東西以及它如何影響你

也許，改變的最佳起點，就是不試著做任何改變，只要單純仔細地注意你正在食用的東西以及它如何影響你。試著確實觀察食物的樣貌，當你正在吃它時，味道如何？下回你要坐下來吃飯時，好好看看餐盤裡的東西有什麼特徵？觀察食物的顏色與形狀，聞起來味道如何？當你看著它時，感覺到什麼？嚐起來的味道呢？吃起來的感覺是愉悅還是不愉悅的呢？吃完後你的感覺如何？這是你要的嗎？這食物適合你嗎？

吃完一、兩個小時後，留心自己的感覺，你的能量水平如何，這東西下肚後，你感覺到能量增加或懶散遲鈍呢？肚子的感覺呢？對於剛剛所吃的東西，你現在有什麼想法呢？

當減壓門診中的學員開始以此方式關注他們的飲食時，經常會在課堂中分享一些有趣的觀察。有些人發現他們食用某些食物，並非出於喜歡或想吃，而只是一種習慣。有些人發現吃了某些東西後，會讓自己的胃不舒服或反而更累。學員們發現到前所未知的連結。很多人說他們更享受飲食，因為他們對食物有一種嶄新的覺察。

許多成員在課程結束之前，就已經大幅改變自己的飲食習慣。改變來自於他們將正念帶入自己吃東西的習慣，這是非正式練習的部分。即便沒有任何一堂課是專門用來練習正念飲食，但改變確實發生了。

這裡的成員幾乎沒有人是為了減重或調整飲食習慣而來，然而許多人自然地開始放慢吃東西的速度，主要與第一堂課正念吃葡萄乾的練習有關。數週後，成員發現自己吃得更少卻更滿意，對於利用食物來滿足心理需求的現象也更有覺察。有趣的是以這種方式吃東西，有些人在不刻意努力減重的情況下，八週後體重真的下降了。

我們在第十三章與第二十三章時曾經看過的菲爾，那位因背痛而來上課的卡車司機，他在上課期間也改變了與食物的關係，八週下來他減輕了一四．五磅。

他說：「事實上我根本沒有在減重，我只是專心地吃東西。當我開始吃東西時，覺察自己的呼吸，稍微讓自己慢一點兒。如果你沒有什麼人生目標的話，生活就是一場無休止無意義的競爭，總是不停地向前奔跑、奔跑、奔跑。每件事情都要趕快做，你剛剛吃完東西，但兩個小時後又餓了，因為你根本沒有品嘗到任何東西，只是快速地吃完。你已經飽了，不過就像我說的，味蕾並沒有被滿足到。如果你沒有好好地品嘗，很快就會又餓了。這就是我現在的體會。如果我讓自己慢下來，就會吃少一點，因為我好好咀嚼食物，真正品嘗了食物的味道，我以前是完全沒辦法這樣的。我想再減輕十五磅，如果我能持續慢下來，就可以像現在這樣每週減重一點點，然後我大概就可以維持了。這就好像假如你迷失於倉促忙亂之中，即便剛吃完不久，你很快就又會想吃了。靜觀的學習讓我明白你必須要為自己設定一些目標，一旦有了自己的目標就全力以赴，別分心了。不論你在哪兒或做什麼，你總是會看到那個目標，它一直都在你的心裡，你映現了它。」

我們會運用某一堂課來討論成員和食物的關係，單純探討大家心中認為飲食與健康之間的關聯，協助成員開始覺察飲食和營養的議題，以做出明智的決策。**我們並未特別提倡某種飲食，但確實提倡人們關注飲食這個層面，如同關注其他生活層面，不要讓自動導航模式完全掌控自己的生活。**我們鼓勵成員勇敢著手任何他們認為重要的改變，如此才能促進自己的健康。第一堂課所練習的吃葡萄乾靜觀，以及在回家作業中要求至少正念安靜地吃一餐，這些撒下的種子在我們討論飲食與營養的那堂課中開花結果。在那堂課許多人會發覺，原來自己在健康飲食方面還有很大的改進空間，但不少人的飲食模式確實改善很多了。

也許你下定決心要改變飲食，為了促進健康、降低罹患心臟病或癌症的風險，甚至只為了能更享受食物或讓自己感覺更好更有能量。但是，如何開始落實並堅持下來，並不簡單。一輩子的習性與習慣會有其動能，我們需要尊重這些習慣並明智地與其合作。根據歐尼許醫師對心臟病的研究，那些實驗的參與者在改變飲食與維持新的養生飲食時，獲得了相當多的支持。他們學習素食烹飪，完全放棄許多食物，他們的冰箱裡有許多預先準備好的健康食物與點心，以讓他們萬一變不出東西時仍有得吃。

用「吃」填滿空虛時光，只會讓不健康的飲食習慣加劇

在無外援下，要改變一輩子的習性與慣性可一點兒都不簡單。想要以一己之力改變飲食模式，以降低膽固醇與脂肪，減少攝取某些食物的種類、數量或頻率，首先你必須清楚明白為什麼需要做這些改變。然後你必須每天、甚至時時刻刻記住這些為什麼，以協助自己度過可能會導致放棄的種種刺激、引誘與挫敗。**換言之，你必須真正地相信自己，相信自己的見解，尤其是關於什麼對你是健康的、什麼對你是重要的。此外，你還需要可靠的食物與營養資訊，也需要清晰地覺察你與食物／飲食的關係，如此一來，你才能做出明智的選擇，知道去哪兒購買、買些什麼、如何妥當準備。**

這就是為什麼當我們將分分秒秒的覺察帶入食物與飲食時，可以導致重要且正向的轉變。正念對於我們和疼痛、恐懼、時間、人群的關係，均能帶來正向的影響，同樣地，也可以轉化我們與食物的關係。

舉例來說，許多人利用吃東西來減輕自己的壓力。感到焦慮時，吃東西；感到寂寞時，吃東西；感到無聊時，吃東西；感到空虛時，吃東西；感到挫敗時，也吃東西。**我們經常自動且慣性地吃東西，於是吃東西不是為了滋養自己的身體，而是為了抑制心裡的飢渴，為了讓自己情緒上感覺比較好，也填滿空虛的時光。**

在這些時刻所吃的東西，通常只會讓不健康的飲食習慣加劇。為了要讓自己感覺比較好，此時我們會選擇的食物都是高熱量的甜食，例如餅乾、糖果、蛋糕、酥皮點心、冰淇淋等，這些都是高脂高糖的東西；或者是吃鹹的東西，如洋芋片或各種醃製物，而這些也都是高脂肪的。

此外，我們也得留心食物取得的便利性。速食連鎖店雖然很方便，但食物內含的動物性脂肪、膽固醇、鹽分、糖分大多很高，即便店家改變經營型態，增加一些健康的選擇，例如沙拉吧或是以燒烤取代油炸。現在很多餐廳宣稱店內食物對心臟是無負擔的，例如烤魚或烤雞，但是大多數餐廳其實並不關心這檔事，準備食物所採用的脂肪通常高於實際需要用量。如果你是外食族，要找到健康的食物還真不容易。有

時候，在你找到健康食物之前，不吃可能反而更健康。在這些時刻，我們可以練習耐心並學習放下有所欠缺與被剝奪的感覺。

若想增進健康，注意自己的飲食就變得非常重要，這可不只是動物性脂肪、膽固醇、心臟病或癌症的問題而已。許多證據顯示這個時代的美國人吃太多了，高糖飲食大增全身性慢性發炎的機會。有個新的領域稱為「功能醫學」（functional medicine），致力於闡述這些議題，以及這些議題與我們個體基因的關聯，因為每一個人都有自己獨特的基因組合，足以預測對哪些食物敏感或過敏，尤其是對於會導致代謝症候群或全身性發炎的食物。

此外，生活型態與飲食的交互作用，也會影響健康的走向。我們每天平均吃下二五〇〇卡的熱量（女性大約一八〇〇卡），然而現今社會已經不需要那麼多勞動了。我們經常開車，工作時大多是坐著，開車或坐著所燃燒的熱量遠低於行走或徒手勞動，因此無法完全消耗我們所吃入的熱量。疾病控制暨預防中心在二〇〇六年的報告顯示，從一九七一到二〇〇〇年這三十年間，女性攝取的熱量增加了二二%，男性增加了七%。這數據某種程度反映了過去三十年間的肥胖盛行，也讓我們看到在面對飲食危機時，生活型態因素有多重要。所有證據都顯示，即便你的飲食完全沒有改變，只要少吃一點，就可以更健康了。

然而，在我們的社會，指出人們吃太多的訊息可能都是危險的。飲食障礙的盛行，尤其是在年輕女孩與女性間，讓我們明白有些人對他們的身體形象已經失調到何種程度。有些人跟飲食的關係病態到即便他們已經餓得身形憔悴，還是覺得自己過重（神經性厭食症）；或者當他們無法抗拒食物時，會在短時間內大量進食，然後刻意地讓體內的食物清空（催吐），如此一來，他們就不會增加體重了（神經性暴食症）。通常在這些飲食障礙的背後都有強烈的情緒因素與傷痛的過往。**飲食障礙者這般持續的受苦與自我憎恨是很巨大也令人心疼的，需要有激進的誠實與偌大的慈悲才可能靠近並加以處遇。除此之外，近期的研究顯示，重新建立適當且接納性的人際社群連結也是很重要的。**

後工業化的社會過度關注一個人的外貌，物化身體與美的概念，尤其是針對女性，飲食障礙正是這種社會現象的不幸產物。若我們未能達到所設定的體重、身高或外貌的標準就會責備自己，而非注意我們的內在體驗，遑論善待或接納自我。我們努力往外尋求各種永保年輕與完美形象的方法，遠遠疏離了自己真實的身體。我們的社會充滿了許多崩潰與失敗的節食者，也充斥著各式各樣的化學食品，像所謂的無糖飲料。所有這些，都是為了滿足對「完美」身材的渴求。

然而，即便在熱衷食物或追求節食的流行浪潮中，還是可以運用點智慧，例如以白開水取代無糖飲料。我們追求精緻食物，卻剝削自己的飲食，之後再暴飲暴食，怎麼會這樣呢？我們的能量完全被誤用了。也許，我們過於在意體重與外貌，而太少關心自我療癒與擴大幸福感。也許，我們需要開始注意一些根本的議題，例如在此當下**這顆心在忙些什麼呢**、我們隨後放進嘴巴裡的是什麼呢、為什麼要放進嘴巴呢。當我們開始留心這些議題時，便能大幅減少神經質與能量浪費的現象，確實促進自己的健康。以友善與自我接納的態度，多安於覺察自己的身體，也許一整天也許片刻都無妨。好好體驗你選擇食物的過程，將覺察帶入分分秒秒對食物的觀察、咀嚼、品嘗，覺察每一口吃之前、之中與之後的心理感受。如此一來，生活方式便會逐漸轉向。**正念飲食並非一種人為刻板的方式，而是一種溫和彈性的平衡。你愈能停留在飲食過程中所經驗到的一切，不論多不情願都試著接納任何升起的感覺或情緒，如此一來，你的身體、心靈與食物本身，便愈能教導你所需要知道的事情。在此歷程中，你已逐步邁向健康的飲食習慣。**

健康飲食：新鮮蔬果與天然食物

課程中討論到飲食健康的議題時，有時候我們會與成員一起閱讀相關的專業科學報導。舉例而言，美國國家醫學研究院建議國人降低攝取醃漬品、煙燻食物和肉品料理包，或者乾脆都不要吃，因為它們很可能會致癌。具體地說，這意味著需要放棄或減少食用義大利蒜味香腸、煙燻牛肉或豬肉香腸、罐裝鹹牛肉、臘腸、火腿、培根與熱狗。美國心臟協會則建議減少食用紅肉、飲用低脂或零脂的牛奶，而不要食用全脂牛奶與奶油，減少食用脂肪過多的乳酪，限制雞蛋的攝取量，因為每一顆蛋有將近三百毫克的膽固醇！（依照歐尼許醫師的食譜，每天大約只攝取二毫克的膽固醇）

然而，這些機構建議我們改用哪些食物，以取代他們教大家別吃或少吃的東西呢？**他們建議多食用新鮮蔬果，寧可吃天然未加工的食物或是謹慎烹煮的食物，因為它們的營養沒被破壞或流失。**有些蔬菜例如甘藍菜與花椰菜的天然抗氧化成分，具有預防某些癌症的效果。**這些機構也建議多吃全穀物，例如小麥、玉米、米、燕麥**（雖然玉米跟米的血糖指數頗高，也許不適合某些人），以及這些食材的製成品，例如全麥麵包、早餐的麥片、全麥餅乾等，以這些食物做為正餐的主食。因為這些是複合碳水化合物的最佳來源，在我們每天所吃的食物中，七五％的熱量應該來自複合碳水化合物。雖然要多食用全穀物，不過，麩質過敏確實是需要注意的，因為現在很多人對含麩質的穀物或相關製品都有過敏反應。總而言之，抗發炎的飲食對健康是最有幫助的。

全穀物、水果與蔬菜除了富含複合碳水化合物與營養，也提供了膳食纖維，它們包含了穀物的外殼與植物的組織，一般稱為纖維質。我們的腸子是根長長盤繞的管子，纖維質有助於腸內的食物向前蠕動。若所吃的食物具有膳食纖維，則停留在消化道的時間較短。在正常情況下，食物停留在消化道的時間愈長就愈容易產生廢物，這些廢物可能是有毒的，故身體需要盡速排除，而膳食纖維可以減少食物停留在消化道的時間。

觀察你對食物的欲望，在它們對你產生影響之前放下

總而言之，關注你與食物的關係，對健康而言是很重要的。聆聽你的身體、觀察你的心與食物有關的躍動，有助於養成健康飲食與良好習慣。你的靜觀練習若夠堅固，自然會與食物有更多連結，明白食物對你產生什麼影響。對某些食物的欲望與熱切渴望愈具正念，你就愈可快速看到這些**念頭與感受**的升起，並且在它們對你產生影響**之前**放下。

處於自動化的慣性模式時，我們很容易就直接行動了（這裡指的是吃東西），行動後才猛然意識到已經做完了，赫然想起我們原先希望自己別做的理由。飲食，對日常生活的影響非常重大，花了我們很多的時

間與精力。將正念帶入飲食的所有歷程，例如我們何時吃、吃什麼、味道如何、它從哪兒來、成分為何、吃完後的感覺等，始終如一地練習，我們就能輕鬆自然地朝向健康的飲食習慣。

將正念帶入食物與進食的幾項建議

1. 開始全面留心你生活中與飲食有關的領域，如同你對自己身體與心理的關注。
2. 試著正念且安靜地吃一餐，將動作放慢到你可以仔細地觀察整個歷程。可以參考第一章關於正念吃葡萄乾的描述。當你吃東西時，試著將電話與螢幕關掉。
3. 觀察眼前食物的色澤與構造，靜思這食物從哪兒來、如何被栽種或製造。它們是化學合成的或工廠製造出來的呢？是否有任何東西添加其中？你可以看到這食物是經過多少人的努力才有辦法到你眼前嗎？你可以看到它曾經如何與大自然連結嗎？你可以看到眼前這蔬菜、水果、穀物中的大自然元素，如陽光和雨水嗎？
4. 在你把食物吃掉之前，問問自己是否真的想把它們放入你的身體裡。你多想讓它們停留在你的肚子裡呢？進食時，好好聆聽你的身體，當你的身體說「夠了」，你聽得到嗎？在這個時候你怎麼辨呢？你心裡浮現出哪些念頭呢？
5. 吃完一小時後，覺察身體的感覺。你的身體感到輕盈或沉重呢？你覺得疲憊還是充滿活力呢？有不正常的脹氣嗎？有其他失控的症狀嗎？這些症狀與某些特定食物或食物的組合有關嗎？你有覺察到這些關聯嗎？
6. 購買食物時，試著看看裡面的成分。這食物有哪些成分呢？是高（動物性）脂肪嗎？添加了鹽或糖嗎？前面幾項標示是什麼呢？（根據法律規定，食物的成分標示是由多到少，換言之，第一項成分的含量是最高的，以此類推）
7. 覺察自己對食物的迫切渴望，問問自己這些渴望從何而來，你真正要的是什麼？你正打算利用吃東西來滿足這些渴望嗎？你可以只吃一點點嗎？你已經對它們上癮了嗎？就這一次，可不可以試著放下，單純地觀察自己的渴望，其實它不過是一個念頭與一個感覺？在這時刻，除了吃東西之外，想想可以做哪些事情滿足你的渴望又更健康呢？

8. 你正念地準備食物嗎？來個削馬鈴薯靜觀或切紅蘿蔔靜觀吧。你可以全神貫注地削與切嗎？當你在削或切蔬菜時，試著覺察當下的呼吸與你整個身體。這種準備食物的方式對你的影響是什麼呢？

9. 仔細閱讀你最喜愛的食譜，裡面需要哪些食材呢？需要多少的奶油、牛油、雞蛋、豬油、糖和鹽呢？如果你下定決心不再做這些食物的話，就看看其他選擇吧。現在有很多美味的食譜都是低脂、低膽固醇、少鹽、少糖的，例如用低脂優格來取代奶油、用橄欖油來取代豬油或牛油、以新鮮果汁來取代甜味劑等。

〔第三十二章〕
世界的壓力

每一個人都需要發展出自己看待世界壓力的方式，不論是否喜歡或正視它們，因為這些議題總是影響著我們。外在環境與內在世界的分隔程度，其實沒有身與心的距離來得遙遠。

我們的世界，這個被稱為地球的天體，很明顯地已經發燒了。病情診斷看來是挺嚴重的，而且預後不好，根據這星球大部分科學家使用各種理論與超級電腦的推測，狀況恐怕只會更糟。這樣的現象從未出現過，因此應該如何治療，大家也拿不定主意。「病地球」的症狀包括冰河與極地冰帽迅速融化、二氧化碳及其他導致溫室效應的氣體迅速增加（來自人類燃燒含碳的燃料）。地球的發燒基本上是人類的各種活動所引發，包括人類在地球上的各種農業、畜牧、工業所造成各類汙染，雨林的破壞與海洋汙染（此兩項對調節地球溫度很重要），以及這星球的人數眾多。這林林總總不斷破壞地球維持了好久好久的體內平衡，也使這世界與我們的家園都承受著前所未有的壓力，影響將擴及難以計數的未來，我們的孩子、孩子的孩子、孩子的孩子的孩子、所有的人類與物種都將受波及。

面對世界的壓力，覺醒的時刻到了！

面對如此無法估量的後果與代價，也許該是覺醒的時刻了，不只是個人的覺醒，而是整個人類；不只

是為自己的健康，更是為全世界的健康，畢竟這一切都來自人類的心智與行動。當人類知道自己也親近自己時，會激盪出美好、同感、慈愛的智慧與創造，例如藝術、科學、建築、令人驚嘆的科技、音樂、詩歌、醫藥等等，在偉大的博物館、大學和表演廳裡可窺見一二。但是，當人類不瞭解自己也不親近自己時，就會變得無知、殘酷、壓迫、暴力、甚至集體屠殺（如二次大戰），導致毀滅與破壞，而且是以非常龐大的規模。因此，不論從宏觀或微觀來看，正念訓練都有其必要而非奢侈。微觀之，正念通往個人的健康和幸福。宏觀之，從人類的歷史來看，若希望人類這物種能繼續存活與繁榮，若真想活出我們這物種的名稱「智人」（能理解，對於自己的理解有所理解的物種），若希望維持地球的生態平衡與自體循環平衡，正念不但重要，甚至將扮演關鍵性的必要角色。這也是為什麼正念逐漸在政治圈與商業界受到重視，這確實是一件好事。

從更廣闊的視野，思索健康和飲食的關係

回想前一章所探討的食物壓力，先進國家對於擁有豐富多元的食物都視為理所當然。然而，全球性的改變例如乾旱，其實已經嚴重影響到世界某些區域的食物供給。此外，隨著地球暖化，食物來源的壓力只會與日俱增。我們再次看到萬物都是相連結與相依存的，我們必須明瞭個人、家人、子孫的健康和幸福，其實都受更大層面的生態與地緣政治的支配。舉例來說，在一個汙染與高食物壓力的世界裡，選擇健康的飲食將變得愈來愈困難，有太多不明原因，長期下來可以危害我們的健康。

舉例而言，你可能吃得很健康，都是低膽固醇、低脂肪、少鹽、少糖的飲食，你吃很多的五穀根莖、蔬菜與水果，也有充分的膳食纖維。然而，你還是有可能暴露於罹病的風險中，如果你的飲用水遭到違法傾倒的化學物質汙染，如果你所食用的魚遭到多氯聯苯或水銀汙染，或是你所吃的蔬果裡仍有農藥殘留。

因此，當你思索健康和飲食的關係時，實在有必要從更廣闊的視野來看，而非僅局限於自己的生活領域。食物品質包含了栽種與培育的地點、場合、方法，其中的添加物更是食品安全很重要的變項。即便我

們對於食物的知識並非飽學多聞，但這些層面的認識與覺察至少可以幫助我們做比較明智的決策：什麼東西可以常吃、什麼東西偶爾嚐嚐就好。前一章提到麥可．波倫的著作是很有價值的參考。

在這世代，也許我們需要擴大食物的定義與範疇。對我而言，任何東西只要是為我們所取用、吸收、賦予我們能量或有利於善加運用能量，都是食物。如此一來，水當然是其中之一，水是維持生命相當重要的食物，我們所呼吸的空氣也是。**飲用水和吸入的空氣，對健康的影響是直接且顯著的。**在麻州，有些城市的供水汙染嚴重，以至於當地區民必須從其他城市買水喝。美國許多地方的水源也遭到嚴重汙染。在洛杉磯有空氣汙染警示，偵測空氣中的懸浮化學粒子。在空氣品質不佳的那幾天，都建議小孩、老人、孕婦留在室內。有時候從西部開車到波士頓，你真的可以看到空氣中的懸浮粒子，那是有點兒土黃色的空氣。實在很難想像每天或一輩子吸入這樣的空氣，怎麼可能維持健康？美國很多城市都是如此，有些城市甚至多數時候空氣品質都不好。在某些國家，空氣品質也是很大的問題。

很明顯地，我們需要將水與空氣視為食物並留意它們的品質。為了安全起見，你可以在直接飲用或烹飪用的水龍頭裝置濾水器或買瓶裝水。這確實會增加花費，不過長期而言可能是值得的，尤其如果你懷孕或準備叫孩子別喝飲料改喝白開水。是否需要這麼做取決於住所的水質狀況，你可能需要瞭解一下。如果你想買瓶裝水，也需要多注意，確定瓶裝水是否真的比較好，因為有些瓶裝水的品質並不保險，包裝也是一個問題。

另一件重要的事情就是免於空氣汙染。如果你住的地方靠近電廠、工業區或位於市中心，以個人之力所能做的實在很有限，也許你只能避開二手菸或在公車經過時憋氣。要真正改善空氣與水的品質，唯有依靠法律與政治的途徑，而且需要長時間努力。這正是何以有人會投入社會運動，因為他們確實在乎健康。**其實，保護自然環境對每一個人都好，汙染環境相當容易，要清理乾淨卻相當困難。**我們個人無法偵測食物中的汙染，必須仰賴某些機構持續有效地偵測與監控食物來源。若沒有這些機構或這些機構的效能不彰，大家都將暴露於各種不明的風險中，我們與後代子孫的健康就相當堪慮了。

舉例來說，美國到處可見工業用的有毒化學物質多氯聯苯及有毒的殺蟲劑ＤＤＴ，包括人類體內，甚至媽媽的乳汁裡。有些殺蟲劑在美國已經禁用多年（如DDT），但是它們卻被銷往第三世界國家。諷刺的是，那些國家買這些有毒的殺蟲劑是為了栽種銷往美國的農作物，例如咖啡或鳳梨。換言之，我們外銷的有毒物質又回來了，殘留在我們的食物之中（相關敘述請參閱大衛・懷爾〔David Weir〕與馬克・夏皮洛〔Mark Schapiro〕撼動人心的書《毒的循環》〔Circle of Poison〕）。

問題在於殺蟲劑的製造廠商知道這些毒害，但消費大眾不知情。我們認為國家的法律會保障飲食安全，清楚規範什麼可以使用於農作物而什麼不行。然而，我們的法律無法規範其他國家並限制農藥使用量，例如哥斯大黎加、哥倫比亞、墨西哥、智利、巴西與菲律賓，這些都是我們的咖啡、香蕉、鳳梨、胡椒、番茄的主要供應國。更糟糕的是，在某些第三世界國家，沒人教導農民使用殺蟲劑的正確方式或安全用量，遑論使用時要如何保護自己。根據世界衛生組織報導，在第三世界國家高達一百萬人因殺蟲劑中毒，每年有數以千計的人因而死亡。整個世界的環境因濫用殺蟲劑而負荷過量。根據美國環保署（EPA）的統計，光在美國一年就使用了五十一億磅的殺蟲劑。殺蟲劑滲入食物與環境的影響目前為止仍不明朗，但應該不會有什麼好處。

人類的集體行為會破壞地球的平衡

再回到地球本身，我們直到最近才意識到，人類是生活在一個資源共享的脆弱小星球上，這星球可能會被人類的各種活動壓迫到無法喘息終而崩潰。我們現在明白人類的相互關聯不僅是人與人之間，還包括整個地球。地球的生態系統就像人體，健全結實卻也容易損壞，有其內在平衡機制卻也不能過度使用或恣意破壞。生態系統有其限制，超過了就會迅速故障。**若我們未能覺醒人類的集體行為確實會破壞地球的平衡機制，就會不停地播下破壞的種子，不只是少數個人，而是全體人類。**

絕大多數的環境科學家都認為地球生態嚴重失衡已久，人們卻直到近期才逐漸意識到，原來人類的行為可以如此嚴重汙染海洋。酸雨剷平了歐洲的森林，剷平了被人類過度開發後所剩無幾的熱帶雨林。雨林提供我們呼吸所需的氧氣，卻無法再造。人類的行為嚴重降低土壤養分，導致這些農地不能再生產任何食物。人類製造大量二氧化碳，使地表的平均溫度提高。人類製造並排放碳氟化合物破壞大氣中的臭氧層，而使自己暴露於陽光中危險紫外線的風險隨之增高。各種有毒化學物質汙染我們的水、空氣、土壤、河川與野生動植物。

我們在報章雜誌或電視上看到相關報導時，也許會覺得那距離我們很遙遠，是浪漫主義者或大自然愛好者的危言聳聽。然而，若環境破壞的速度未減緩且溫室氣體的排放量未大幅減少，再過一、二十年，那影響就不遠了。事實上，我們已經看到環境破壞的明顯後果，暴風雨一次比一次嚴重，例如二〇〇五年重創紐奧良的卡翠娜颶風，二〇一二年對紐約市與紐澤西造成嚴重破壞的珊蒂颶風。像這樣的事件，未來恐怕只會愈來愈常見。所有這些問題都可能造成我們或後代的主要壓力源，構成疾病大幅增加；例如大氣層若愈來愈不能過濾陽光中有害的紫外線，就會增加皮膚癌的情況；而長期暴露於有化學物質的環境或食物，可能導致流產或生出畸形兒。

雖然我們每天在網路或新聞媒體看到這類報導或討論，但多半是聽而不聞，好像那些事情跟我們無關或是了無希望。確實，有時候那感覺還真無能為力。

不過，只要我們有更多覺察，願意更瞭解這些問題，瞭解這些問題與健康的關聯，瞭解這些問題與地球整體的關聯，對於改變這世界就往前跨出重要的一步。至少你已經改變自己，在這世界上你本來就是小而重要的一分子。藉由改變自己與自身的行為，即便只是些小動作，例如資源回收，你就在改變世界了。

不論我們知不知道，這些問題都開始影響我們的生活與健康，構成心理與生理的壓力。心理上的健康多少仰賴我們是否有個地方可以走走，那裡沒有車聲、機械聲、飛機聲或人類活動的聲音，那裡有蟲鳴鳥叫、風聲、水聲、大自然原本的聲音，聆聽這些大自然的聲音可以帶來幸福感。**事實上，即便只是知道世界多數生靈可以在數分鐘內毀於核戰或核能意外，就足以構成心理壓力。我們一直帶著這樣的壓力過活，卻視若無睹**。但是，孩子們不然，若干研究顯示，孩子們對於上一代可能會毀滅世界感到憂心忡忡。

除非我們願意徹底地改變想法與思維，以全面的理解與整體的關懷來看待這個世界，否則歷史告訴我們情況並不樂觀。在人類所發明的武器系統中，唯一未使用過的就是遠程彈道飛彈，美國與前蘇聯的戰略武器限制談判，協定雙方減少這類武器與毀滅性的核武。這當然是降低潛在核武大戰的一大進展，但這只是第一步。在以前敵對時期，我們會覺得完全摧毀對方的想法不但可行，在道德上也說得過去。然而，後續的發展顯示，在因緣條件充分具備下，某些人確實可以降低暴力甚至是核戰。但也不是只有那些人可以，在公民的層次上，我們是另一群有影響力的人。**我們需要停止用二元對立的思維，例如好人／壞人，我們／他們，開始採用一種整體的思維，因為大家都是地球村的一員。當我們不能從同屬地球村一員的視野看待這個問題，政治上就很容易樹敵，彼此傷害而不是共同療癒這個地球。**

此外，不論是從環境或自身健康出發，我們也需多關注核廢料問題，亦即核武工廠或核電廠所製造的廢棄物。這些高輻射的廢棄物毒性可長達數十萬年，我們卻無有效的處理對策。不論是輻射程度或對人民的影響，即便危險歷歷在目，核子工廠與政府對這些問題總是輕描淡寫。鈽，對人而言是最毒的化學物質，人體內只要有一個鈽原子即可致命。世界上竟有數百磅的鈽不見了[64]，這些足以製造許多顆核子炸彈。

資訊太多，也是一種壓力源

這些問題當然值得關注，不論是否意識到，我們每天確實都跟各種議題接觸，生活深陷資訊大海。新的科技打造這個資訊年代。也許，我們需要將飲食的概念與定義擴及所接觸或吸收的訊息、影像及聲音，我們經常毫無意識每天規律持續地「吃進」來自報紙、收音機、電視或網路的各種資訊，這些資訊影響我們的想法與感覺，甚至形塑我們對世界或自我的觀點。**雖然我們未必願意承認，但就許多層面來看，資訊不也是一個主要的壓力源嗎？**在我們口語交談中常會聽到ＴＭＩ表示「太多資訊」（too much information）。這是真的，我們被一大堆資訊所吸引，實在太多了。在此同時，我們並未培育充分的知識，足以帶來理解甚而引發智慧的知識，距離要有「太多」這類理解或智慧，我們還有好長一段路要走。

舉例來說，我們習慣「吃進」全世界最壞消息的所有細節，經常被各種關於破壞、暴力、死亡的訊息給淹沒，我們習慣於此，所以沒有感覺。越戰期間，許多家庭在吃晚餐時根本無心於食物，因為他們正看著電視播放的戰爭畫面、聽著死傷人數報導。說來荒誕，媒體與軍方重新塑造戰地新聞的播報，使我們不會暴露於相同的畫面太多次，當然如果你想看的話還是可以在網路上找到。不管哪一天，你只要打開新聞媒體一段時間，大概就會聽到強暴、謀殺以及令人費解的校園槍擊案寫實情節，而沒什麼國際新聞。

我們隨時知道這些令人煩擾事件的最新發展，卻未能做些什麼（雖然有時透過社群網路可以在物質或心理層面協助受難者）。我們每天吃進這類劇變與災難新聞，不禁令人擔心，這對個人或社會將有什麼影響。可能的情況是我們漸漸對發生在他人身上的事情感覺遲鈍，他人的苦難對我們而言，可能變成這個暴力世界的另一起事件而已。除非該事件格外可怕，否則我們可能一點兒感覺都沒有。

所有新聞畫面一點一滴滲進我們的腦海裡，就像我們無聲無息地接受了廣告宣傳般，當你靜觀時就會發現這個現象了。靜觀時，你會看到自己這顆心被各種新聞或廣告所滲透。許多公司花大錢製作廣告，希望找到有效方法把他們的訊息塞入你的腦袋，如此一來，你就更可能購買他們販售的商品。

此外，電視、電影與美國迷戀名流的文化，現在也成為我們的標準飲食，透過有線電視、衛星與網路每週七天、每天二十四小時傳送給我們。根據某些研究，美國家庭平均一天看超過七小時的電視，許多孩童每天看四到七個小時，除了睡覺外，這大概是他們花最多時間做的事情了。他們每天暴露於多到難以令人置信的資訊、影像與聲音中，其中很多是狂熱、暴力、冷酷與製造焦慮的，這些電視節目內容都是矯揉造作、缺乏深度、與真實生活無關，大概只有看電視本身跟真實生活有關吧！

在某些恐怖片中，孩童暴露於極端暴力與病態殘忍的影像中。在年輕族群裡，怪誕寫實地模仿真實生活中的殺害、強姦、致殘、肢解，是相當受歡迎的。這些活生生的模仿現在成為年輕心靈的部分食物，**然而，年輕的心靈對此等扭曲卻沒什麼防護能力。這些影像對於發展平衡的心靈是相當大的干擾與扭曲，尤**

64 譯注：二〇〇三年，日本政府向國際原子能機構坦承，遺失了二〇六公斤鈽元素，此足以製造二十五枚原子彈。二〇〇五年，英國西北部一家核燃料再處理場亦有三十公斤的鈽下落不明。

其是孩子的生活沒有任何對等的制衡力道。對許多孩童而言，相對於電影的興奮刺激，真實生活實在太蒼白無趣了。對影片製作人而言，他們愈來愈難讓大眾維持觀看的興致，除非在每次發表新片時，讓影像變得更寫實暴力。

美國孩童如此普遍地暴露於暴力下，他們的心靈當然會受影響。不只孩童，整個社會也受波及，看看四處可見的校園霸凌，駭人聽聞卻又多到數不清的校園與公共場所的殺戮行徑，想想這些槍擊事件吧：一九九四年美國科羅拉多州科倫拜中學、二〇一二年美國科羅拉多州奧羅拉市電影院、二〇一一年亞利桑那州圖森市超市、二〇一一到二〇一三年威斯康辛州米爾瓦奇市多次槍殺事件，二〇一二年康乃狄克州新鎮市桑迪胡克小學！後幾件是集中在這幾年，後兩件甚至只相隔數週。已經有太多太多青少年或青年在看了電影後殺人，他們把這些電影當成是生命的鼓舞，彷彿真實生活只是電影的延伸，他人的性命、恐懼與痛苦對他們無足輕重。這些暴力食物使人我之間的同理與憐憫愈來愈遙遠，導致很多孩童在面對別人或受害者的痛苦時，幾乎無感。一篇關於青少年暴力的新聞文章提到，美國青少年到了十六歲，平均已經從電視或電影裡看過二十萬次的暴力影像，包括三萬三千次的謀殺。

我們的神經系統對於影像、聲音與資訊轟炸，格外感到壓力。如果你一醒來就打開電視，開車上班時開著收音機，下班一回家就看新聞，晚上休息時再繼續看電視、電影、電腦、電玩。無形中，你把自己的心塞滿了各種與生活沒有直接關聯的影像。無論那些節目多精采、那些資訊多有趣，可能依舊是缺乏深度的，說實話，很少節目能有深遠的價值。**我們固定吃這些「東西」時，餵飽了這顆心對資訊與娛樂的飢渴，卻嚴重地餓著了生命的重要向度：安靜、平和與同在，我們沒有保留時間給思索、給玩耍、給從事真正重要的事情、給人與人面對面的互動。**我們躁動的心在靜觀練習時會清楚呈現，而我們用電視、收音機、新聞、電影、網路、電玩來餵飽它。我們持續地給這顆心塞進更多事情去想、去煩惱、去纏住、去回憶、去慣性反應，好像日常生活中的煩惱還不夠多。諷刺的是，我們做這些事通常是為了讓自己喘口氣，不要一直想著麻煩或擔心的事情，希望透過這些方式讓自己開心、放鬆、遠離煩惱。

然而，這是無效的。看電視很少會讓心理放鬆，比較可能的是帶來感官的刺激、轟炸與上癮。很多兒童對電視上癮，關掉了電視，他們根本不知道自己還可以做些什麼。看電視是打發無聊最簡單的方法，因此他們從未學會其他方法，例如玩想像遊戲、畫畫或閱讀。電視如此令人著迷，很多父母把電視當成孩子的臨時保母，打開電視，父母至少可以獲得一些安寧。事實上，很多成人自己也沉迷於肥皂劇、連續劇、新聞或政論節目。如果全家都吃這種食物，實在很難想像這些食物對家庭成員間的關係與溝通會產生什麼影響。同樣的情況也適用在遊戲機，現在如果要讓孩子開心或有所學習，遊戲機似乎是必需品了。

世界愈複雜，練習「無為」愈重要

上述討論都是與思想或思維有關的食物，每一項議題都可以有許多不同觀點，沒有所謂「正確的」答案，對於這種錯綜複雜的議題，我們的知識永遠不夠。這些議題是世界壓力的若干面向，不論你是否瞭解或喜不喜歡，它們喚醒也邀請你仔細檢視對周遭環境的觀點與態度。如此一來，你才可能在這些領域中培育更大的正念，活得更清楚明白。

每一個人都需要發展出自己看待世界壓力的方式，不論是否喜歡或正視它們，因為這些議題總是影響著我們。**外在環境與內在世界的分隔程度，其實沒有身與心的距離來得遙遠。**減壓門診會適度碰觸這些議題，畢竟生活並非處於真空狀態。我們相信如果學員想將正念全面地帶入生活，透過正念讓生活各個層面都能有效因應，就必須對這些與生活息息相關的環境議題發展出清晰的覺察、理解與處理能力，如同他們看待自己的私人議題。

未來世界的壓力只會愈來愈大，一九七〇年代初期史都華特．布瑞德（Stewart Brand）的《全球目錄》

（*Whole Earth Catalog*）[65] 曾預言：「當你下班回家後，窄播（narrowcasting）與智慧型電視（smart tv）就會傳遞所有你想要的資訊。」這天已經到了，但話又說回來，未來依然是未知的。我們身處於資訊不打烊的世界，各種可攜式的無線裝置、社群網路與自動下載等，使我們走到哪兒資訊跟到哪兒。個人機器人也有長足進展，已經被運用於某些場域，例如二〇〇三年發射的火星漫遊者機器人以及商業玩具如菲比小精靈。此外，全數位住宅亦指日可待。雖然這一切可能給我們帶來更大的自由與彈性，但也要小心，別把自己的生活弄到只剩下一大堆的資訊與消費性娛樂。

世界變得更複雜，個人的心理空間與隱私就更容易被闖入，練習「無為」愈顯重要。我們需要透過練習無為，來保護精神領域的健全，對於「我們是誰」發展出更廣闊的認識與理解。我們不只是電腦開機密碼、社會安全號碼、信用卡號碼或其他各種密碼。為了因應現代生活中的種種壓力與迅速變化，也為了提醒自己身而為人的意義，靜觀練習是重要且必須的。

我們討論的這些議題不是無法克服或超越，既然它們均由人類的心智所創造，就能由人類的心智來獲得解決，只要這些心智重視並發展智慧與和諧，以一種整體與相互連結的觀點來看待自身利益。換言之，我們必須能跨越恐懼、貪婪、仇恨所帶來的衝動。在這個層面上，每一個人都扮演著重要的角色。若我們能確實瞭解，沒有人可以健康地生活在一個壓力超載的世界，也許我們對待自己與世界的態度就會有所不同。就像我們學習不一味地著力於症狀的處理，不用力嘗試去消滅症狀，不論那症狀是什麼或多麼嚴重，而只要去理解可能的成因，然後讓自身的內在療癒力接手處理。最後的結果將取決於自己身心靈的和諧程度、自己與他人的關係品質、自己與世界的關係品質。若希望對大環境的問題有正向影響，我們必須持續地調節，回到自己的平衡重心，在個人的生活中培育覺察與和諧。資訊本身不是問題，問題在於我們能否運用資訊來提升自己的健康與內在療癒。這需要我們運用明智的專注來面對各種垂手可得的資訊，梳理其中的輕重緩急與關聯狀況，如此一來，我們才能有效運用各種資訊來促進個人與社會的健康和療癒。

想解決國家的主要問題，正念必須居於核心位置

近年來正念逐漸進入主流的社會與機構，例如政治圈、經濟圈與科技業，愈來愈多人討論正念。當然，我們希望的是愈來愈多人實踐正念，將正念帶入日常生活中。舉例而言，第二十八章〈人的壓力〉，我們提過一位德高望重的宏觀經濟學學者傑佛瑞．薩克斯在《文明的代價》一書中，提出一個受到廣泛討論的觀點：**他認為如果想要解決一個國家的主要問題，正念必須居於核心位置**。有趣的是，薩克斯稱自己的工作為「臨床經濟學」，類似醫生之於病人。過去二十五年來，他處理過拉丁美洲、東歐與非洲的經濟危機，針對美國的經濟情況，他做出下列診斷：

美國經濟危機的根本是道德危機：政治菁英與經濟菁英公民道德的衰敗。一個社會裡有錢有勢的人，對社會上其他人或對這世界的處事作為，若未能抱持著尊重、誠實與慈悲的態度，只靠市場、法律與選舉是不夠的。美國已經發展出世界最有競爭力的市場，過程中卻將公民道德給揮霍掉了。社會責任的風氣無法恢復，就不會有持續且有意義的經濟復甦……

我們必須準備好付出文明的代價，包括各種良好的公民行為，支付公平的稅負，教育自己瞭解社會的需求。為了下一代，我們的行為舉止必須像個戰戰兢兢的管家。尤其需要謹記在心的是，慈愛，是社會融合的黏著劑。

一般美國人都是心胸開闊、溫和又慷慨的，不過當我們在電視上看到那些有錢有勢的美國菁英時，這些形容詞好像都不適用。美國的政治制度已經崩壞，因此一般民眾對這些菁英已不再有所期待。哎！問題是政治崩壞會拖累一般老百姓。美國社會的注意力被傳播媒體所浸透的消費主義嚴重打散，導致對

65 譯注：一九七〇年代前後的一本理想主義、介紹新工具的綜合形態雜誌，為當年的美國青年帶來了許多思想、創意與新知識的來源與刺激。

於一個公民應盡之權利義務的好習慣都難以維持。

薩克斯引用佛陀與亞里斯多德為「中道」做注解，在工作與休閒間、存款與消費間、自身利益與慈悲互利間、個人主義與公民義務間，尋求一種平衡的中庸之道。他如此寫道：**「我們需要一個正念的社會。在這樣的社會裡，我們認真地看待自身的幸福安康、自身與他人的關係，也認真地看待政治運作。」**之後他仔細說明如何臻於正念社會以及這對我們有多麼迫切，因此每一個人都需要盡一份心力使它成功。在書的後半段，薩克斯列舉日常生活的八大面向，若想在這些層面獲得個人的滿足幸福以及社會經濟的穩健安康，正念將有決定性的影響。

對自己正念：自我節制以避免落入大眾消費主義[66]
對工作正念：平衡工作與休閒
對知識正念：教養的培育
對他人正念：慈愛與合作的落實
對自然正念：保護世界的各種生態系統
對未來正念：為未來節約的責任
對政治正念：透過政治制度，培育對公共議題的深思熟慮以及對集體行動價值的分享
對世界正念：接納多元是邁向和平之道

這真是非凡卓越的處方，以一種實際的方法將道德倫理與健全的精神帶入政治體，以恢復其體內平衡、健康與希望。我們衷心期盼這樣的理念可以發揚光大，尤其是對生活於網路世界的「千禧世代」（這是薩克斯的用詞，指在二〇一〇年時年齡介於十八至二十九歲的人），薩克斯認為這世代有最大的轉化和療癒潛力。願所有人，不論年輕與否，都能在此新契機中醒悟。願所有人，在日常生活中、在追逐工作成就與實

現夢想的同時，都能全然安住於覺察。否則，那可能的冷酷無情與恐怖猙獰，實在令人難以直視。**也願我們全面了知，我們是如何威脅自己。面對世界如此繁多重大又緊急的變化，或許可以敦促我們選擇正念地過活，甚至是以一種全球性的視野正念地生活。**

不論在美國或其他國家，都有人努力以各種不同方式將正念帶入政治體中。例如在第十四章提到連任六屆的俄亥俄州民主黨眾議員提姆．萊恩，就是正念靜觀和瑜伽的實踐者，他長期在國會提倡將正念課程帶入健康、教育、軍事、經濟、商業、環境、能源、刑事、司法等領域。他說：

> 身為一個政治領袖，我要讓世界變得更好。我們需要各種具體實際的、經過實驗的、通過科學驗證的方法。當我發現這些方法時，就很想讓大家都知道。身為一個國會議員，我認為如果我沒有盡可能讓更多美國人親近正念，就是我怠忽職守了。[67]

現在，四三五位眾議員與一百位參議員中，出現了一個人在生活中投入正念練習，也在政治體的許多重要層面長期推廣正念的運用。隨著時間過去，我展望未來一定有許多同事加入萊恩的行列。萊恩比薩克斯所說的千禧世代還年長許多歲數，然而，當他倡導運用有科學證據支持的方法時，正是給年輕的一代示範，如何策略性地運用正念以促進國民深層的幸福安康。萊恩如此描述心中願景：

> 美國是移民者、創新者、風險承受者的國家，我們深知如何調整、改變、找到自己的優勢。現在，

---

66 譯注：消費主義奉消費為圭臬，因此毫無顧忌地消耗資源以利消費，對於物品並不珍惜，經常進行不必要的更新或計畫性汰舊，棄置仍有使用價值的物品，嚴重損耗地球資源並製造大量垃圾。

67 請參閱：萊恩二〇一二年出版的《正念國家：一個簡單的練習如何幫助我們減輕壓力、提升績效、重現美國精神》（*A Mindful Nation: How a simple practice can help us reduce stress, improve performance, and recapture the American spirit*），第二十三頁。

我們需要改變我們的集體神經通路，為美國創造一種新的動能。我們需要攜手合作以改進經濟與政府系統。過度龐大的科層體制讓我們無法彼此溝通，也難以真正觸及事情的底層，對於社會的管理與組織已經是一種過時的型態。我們需要新思維與新的自我動員方法。我們需要再投資於國人身上，讓國人發揮所長，幫忙打造出一個新的社會組織。我們需要一個系統，讓有志之士協助大家一起面臨挑戰。今天，我們也許仍無法精確說出這會為我們的生活帶來什麼樣的正向轉變。然而，正念確實可以在這個迅速變動的時代，幫助我們清晰看到正在浮現的最佳概念……正念本身無法做到這個，但透過正念可以讓我們發掘每一位國人的潛力，引領這個偉大國家的所有才華洋溢者。一個正念的國家，將更能因應情勢、開拓新局。

科技界的正念運動

萊恩鏗鏘有力的論述既深刻又激勵人心。**我希望千禧世代與所有世代的人不只是聽，更能熱愛真誠一致的自己，在更大相互連結的擁抱下迎向未來。**

在此同時，科技業也展開了正念運動。世界知名的搜索引擎公司谷歌（Google），就有許多給員工的正念課程，促進並深化同仁的正念，這些課程不但給矽谷總公司的高階管理階層，也為全世界各地的同仁。陳一鳴是谷歌早期的工程師，他曾發展出谷歌的亞洲語言搜尋系統，之後偕同令人敬畏的顧問團（包含米拉貝・布許〔Mirabai Bush〕、丹尼爾・高曼、諾曼・費雪〔Norman Fischer〕、馬可・雷瑟〔Marc Lesser〕、菲力浦・高汀），發展出適合谷歌全球商業環境的內部正念課程，名為「搜尋內在自我」。陳一鳴的著作便以此課程名稱做為書名，是美國及許多國家的暢銷書[68]。此外，多年來谷歌內部一向有正念減壓課程（由瑞尼・伯嘉德〔Renee Burgard〕所教導）。**員工通常會輪流上這兩種課程，一方面深化自己的正念練習，另一方面在持續要求創新的工作環境中，透過正念讓自己調節日常壓力，也讓自己有更清澈的心靈及創造力。**多位引領創新的領導者如珍妮・李肯（Jenny Lykke），以及陳一鳴在谷歌的老闆凱倫・梅（Karen May）均致力於將正念帶入工作場域，以創造出最理想的工作氛圍，並將工作與生活做良好的整合。

在矽谷，對正念有興趣並運用於職場的不只谷歌。蘋果（Apple）也有正念減壓課程及其他正念訓練課程，亦由伯嘉德所教導。當臉書使用者達九億五千萬人時，臉書的工程師阿杜羅・畢賈（Arturo Bejar）及其他同事將正念的元素放入他們的平台，以處理紛爭亦協助人們對自己的心理狀態、情緒以及如何溝通有更多覺察。他們跟加大柏克萊分校的丹闕・凱特納（Dacher Keltner）教授有密切的合作研究計畫。凱特納教授及其同事正在研究如何運用正念與慈愛降低使用者間的衝突並促進溝通。此外，在推特（Twitter）則有茉莉莎・丹默（Melissa Daimler）及其同事將正念帶入公司，以促進組織效能與學習。

在矽谷若干最受敬重的創新企業家亦嘗試將正念整合進入公司，例如部落格平台公司Medium（由推特創辦人之一所創立）、任務管理公司Asana（由臉書創辦人之一所創立）均規律地舉辦有關正念的演講、講座與課程。Asana公司創辦人達斯汀・莫斯科維茲（Dustin Moskovitz）與賈斯汀・若森士登（Justin Rosenstein）這麼說道：**「不具正念的公司會迷失自己的方向，流失最棒的人才，志得意滿，停止創新。」**他們也說，正念與反思可以讓人成長，正念的練習協助組織成長發展並充分發揮潛力。

每一年，由索倫・格爾德蒙（Soren Gordhamer）發起與主辦的「智慧2.0」（Wisdom 2.0）聚會，將科技界裡推動正念運動的領導者聚集起來，促進彼此更廣闊的對話與創新。這樣的聚會格外有意義也切中要害，因為這些網路新科技的發明者與領導人大部分都是千禧世代，甚至有許多人在非常年輕時就賺到極龐大的財富。這樣的聚會讓他們瞭解自家產品可能帶來的不良影響，如何運用正念開創出新的數位創新產品，而這些產品既不會導致無可救藥的上癮，也不會讓使用者葬送了有意義的人生。矽谷主要的慈善家，例如1440基金會（意指一天有一四四〇分鐘，你將如何運用）的蕎安妮與史考特・克林斯（Joanie and Scott Kriens）夫婦

68譯注：中譯本《搜尋你內心的關鍵字：Google最熱門的自我成長課程！幫助你創造健康、快樂、成功的人生，在工作、生活上脫胎換骨！》平安文化出版。

便運用他們的資源，廣泛地支持正念運用於校園、健康領域與工作場所。

讓我們再回到政治界。在英國，下議院與上議院有許多議員對正念有興趣，尤其是對正念在社會與經濟領域的可能性。他們許多人參加過牛津正念中心的克里斯・庫稜（Chris Cullen）與馬克・威廉斯教授所帶領的八週正念課程，其中包括北威爾斯的下院議員克里斯・盧安（Chris Ruane），以及倫敦經濟學院的宏觀經濟學家理查・萊亞德（Richard Layard）爵士，他同時也是上院議員。二〇一二年十二月四日，盧安在下議院發表一則令人印象深刻且強而有力的演說，他認為正念有助於處理年輕人高失業率的問題，這在英國是個龐大棘手的議題。而萊亞德爵士則正在參考不丹的國民幸福指數（GNH），發展一個超越國內生產毛額（GDP）的新經濟指標，這個新指標在看一個經濟體或一個國家時，會一併考量國民的身體與心理狀態。他也帶領一個名為「快樂行動」的團體以促進社會改變。在萊亞德爵士的著作《快樂經濟學》（*Happiness: Lessons from a new science*，經濟新潮社出版）裡可以看到他的許多觀點。在英國國會有愈來愈多人對正念有興趣，這次盧安與萊亞德攜手將正念課程帶給他們。

瑞典國會也出現類似的情況，議員們對正念的興趣持續成長。他們的課程帶領者是古納・密契尼可（Gunnar Michanek），一位製片人也是正念減壓的帶領者。他們有個名為「正念」的主流雜誌與網站，專心致力於從各種層面涵蓋這個成長中的領域，尤其是全球實踐者與他們的努力，這些實踐者用各種不同的方式協助轉化與療癒這個世界。我從世界各地收到正念減壓老師的信件，例如北京、德黑蘭、開普敦、布宜諾斯艾利斯、羅馬等，他們分享正在進行的工作，籌備各種正念國際會議與訓練課程。

正念是一種全球運動

在多年前，上述所說一切會讓人覺得不可思議或根本不可能，但現在真真實實的發生了。正念進入各主流領域，如醫學、健康照護、心理學、神經科學等，這在一九七九年是完全無法想像的。另一件不可能的轉變是美國國家衛生研究院（NIH）現在每年撥發數千萬美元做為研究正念的經費，而英國國民醫療保健服務系統（NHS）將正念認知治療列為預防憂鬱症復發的選項。有時候我會開玩笑地說，這種發展在一九七九年時，根本比宇宙膨脹到「大擠壓」都還難（根據宇宙學家的推算，一三七億年前宇宙大爆炸後，宇宙開始持續膨脹直到發生大擠壓而宇宙消滅）。但，這真的都發生了，而且持續發展中，未來大有可為，希望這只是正念全球運動的開端：**一個鼓勵真實靠近自身各種感覺的運動，對於自身隱而未現的各個層面能培育出更大的親密感與大量理解的全球運動。**

我在別處曾提過，人類某個程度而言，是這星球上能自體免疫的疾害，我們既是地球困擾的製造者也是受害者。但這不表示未來需要一直如此。當我們對自己慣性反應的後果毫無覺察時（這其中很多是有害的），人類就會成為地球的亂源。然而，一旦覺醒，我們就可以帶來療癒和長治久安的繁榮，於是我們成為自身智慧實踐的最大受益人。這樣的浩大工程從未開始，需要所有地球人的努力，每一個人都可以貢獻自己的心力。也許這是我們共同的任務與共同的召喚，為了這世界也為了地球上一切生靈，探索並體現人類最深層與最美好的一面。

在瞬息萬變的世界中，如何活得像人？

到這裡，我們看到一個完整的循環，從外在世界回歸到內在世界，從廣闊的群體回歸到個人，每一個人都需要面對自己的生活，用自己的呼吸、身體與心靈。我們所處的世界變化快速，無論是否喜歡或是否明白，每個人都身陷其中。**不可否認地，在這世界上很多的轉變確實正邁向更大的和平、和諧與健康；但也有若干行動明顯在搞破壞。這一切都是苦樂交融生命的展現。**

當然，真正的挑戰在於我們如何活得像人，尤其是在這麼多的壓力下：世界的壓力、食物的壓力、工作壓力、角色的壓力、人際壓力、睡眠的壓力、時間壓力，還有自己的擔憂與痛苦等。每天一早起來時，我們要如何面對？如何帶領自己？在這當下，我們心底感到平安、清明與幸福嗎？在這當下，我們能跟自己的身、心、靈和諧相處嗎？不論是對自己的內在生活或外在世界，我們可以讓自己多元的聰明才智充分發揮嗎？我們可以領會內在生活與外在世界其實從未分開嗎？

過去三十多年來，數萬名相當「正常」的人來到減壓門診與麻大醫學院的正念中心，更有數百萬人在全世界各地上過正念減壓課程或接受正念訓練。**他們學習面對生活中的各種挑戰，透過培育內在的覺察力，也透過落實並體悟正念實實在在的療癒力量，他們更有自信也更有成就。**

我們無法預測世界的未來，即便只是未來幾天，而我們自己的未來卻與世界的未來脣齒相依。我們可以做卻常做不到的，就是好好擁有自己的當下，全然地、盡一切可能地、一個瞬間接著一個瞬間地與每個當下同在。只有現在能開展出未來，不論是我們的未來或世界的未來。因此，我們如何選擇以及選擇什麼是相當重要的，因為選擇帶來不同，差異就此展開。

在這一篇，我們已經看過很多正念運用的具體層面，也該回頭來關注練習本身了。之後的章節你將看到若干進一步的建議，如何讓正念成為你生活的一部分，以及如何與志趣相投者產生連結。

處理「世界壓力」的建議事項

1. 留心你所食用的水、食物的品質和來源。住家的空氣品質好嗎？
2. 覺察你與資訊的關係。你讀幾份報紙、雜誌或網路新聞呢？閱讀後的感覺如何？你選擇何時閱讀？對你而言，這個時刻閱讀是最合適的嗎？對於你所接收到的資訊，你會慣性地反應嗎？怎麼反應呢？你是否意識到自己對新聞或資訊的熱切渴望？幾乎快上癮了嗎？你查閱電子郵件的頻繁度如何呢？你會經常用手機看資訊或發訊息嗎？當你如此渴望被更多的資訊刺激與轟炸、如此渴望跟全世界分享你正在做的事情時，你的想法與行為受到什麼樣的影響呢？你會一直開著電視、電腦或收音機嗎，即便你沒在看也沒在聽？你會閱報或掛網數小時來「殺時間」嗎？你有覺察你如何積極地讓自己分心嗎？

3. 覺察你如何使用電視。你選擇哪些節目？這些節目滿足你什麼需求呢？看完之後的感覺？觀看的頻率？什麼樣的心情引導你去開電視？什麼心情引導你去把電視關掉？之後你的身體有什麼感覺？

4. 看了壞消息或暴力的畫面後，你的身體會產生什麼感覺？心裡呢？平常你會覺察到這些層面嗎？當你面對壓力與這極端痛苦的世界時，留心看看自己會不會覺得無力或沮喪。

5. 試著實際投入你所在乎的議題，這也許會讓你覺得更有活力與參與感。去做些事情吧！即便看來「無足輕重」的事情，都能協助你感到自己是有影響力的，你的行動是有價值的，你正以一種頗具意義的方式和更大的世界產生互動連結。如果你投身於一個與健康、安全或環境相關的重要議題，不論是在你家附近、小鎮或大城，也許你所做的是喚醒人們對潛在問題的感知，或是緩和問題的嚴重程度，你可能都能領受到自我效能。畢竟你是更大整體的一分子，**花些心力投注於外在世界的療癒，也會對內在自我產生療癒的力量**。記著此名言「全球化思考，在地化行動」，這句話倒過來也是成立的，「在地化思考，全球化行動」。可以的話，盡量找些志同道合的夥伴一起來。可以從自己居住的社區開始，畢竟不管你多獨立，總是這整體中的一分子。

PART 5

覺醒之道

走在覺醒之道，意味過著一種覺察的生活，需要持續地練習靜觀。如果你不練習，這條路就會雜草叢生隱晦不明，甚至愈來愈找不到路。然而，任何時候只要你願意，就可以再回到這條道路上，因為它一直都在。

〔第三十三章〕

新的開始

大部分人都明白即便課程結束了，但也才開始，畢竟這是一輩子的旅程。不需要因為課程結束而停止靜觀練習，實際上，課程的中心思想就是希望練習能夠持續。這是一輩子的旅程，課程的結束正是旅程的開始，八週的課程只是讓我們知道怎麼開始或如何調整。

另一梯次的正念減壓課程到今天是最後一堂了。我環顧四周，訝異地看著學員們，八週前大家齊聚一堂，開始這趟自我探索、自我接納和自我療癒的旅程。今天，他們的臉看起來都不一樣，坐姿也不同，他們已經知道怎麼坐了。早上我們從身體掃描開始，做了二十分鐘，之後靜坐二十分鐘，整個班上寂靜無聲，好像我們可以永遠這樣坐下去。

感覺上他們還是相同的人，生活上沒有多大改變，但又彷彿領悟到一些非常簡單而微妙的事情，全面地影響著他們，包含一些過去讓他們困擾的事情。

學員不想在這個時間點停止課程，因為他們感覺好像才剛開始，怎麼就要結束了？為何不繼續每週碰面，大家聚在一起練習呢？幾乎每梯次課程結束時都會有這樣的反應。

在這個時間點終止課程有很多原因，其中最重要的就是協助大家發展出自主與獨立。八週的學習必須能夠在真實世界中運用，我們必須學習從內在的資源汲取滋養自己的養分。讓所有的練習成為自己的，這本身就是正念減壓課程學習的一部分。

不需要因為課程結束而停止靜觀練習，實際上，課程的中心思想就是希望練習能夠持續。這是一輩子

的旅程，課程的結束正是旅程的開始，八週的課程只是讓我們知道怎麼開始或如何調整。

因此在這一天我們會跟學員說：「好的，你們已經有一些基礎，現在你就要仰賴自己了。你已經知道怎麼做，去做吧，好好活出正念。」

我們刻意解除外在支援，這樣學員才可以獨立地維持正念的動能，並在日常生活中用自己的方式活出正念。若我們想在生活中訓練自己面對與處理苦樂交融人生的韌性，靜觀練習就需要有機會可以發展出它自己的樣子，我們要倚靠的是自己的用心與投入，而非某個團體或課程。

三十四年前，我開始這個課程，當時的想法就是人們經過八週的訓練後就可以離開並獨立了。如果他們離開一年半載後想再回來，我們會為他們舉辦給畢業生的課程，以深化他們的練習。這樣的模式已行之多年，畢業的學員都很喜歡參與，許多畢業學員會規律地回來參加每梯次課程的一日靜觀。我們曾經為這些畢業生試過多種形式的共修，例如六堂或更多、每月一次或每週一次。有時候他們自己就有某些特定主題，不過都是有關如何持續或深化自己的練習、如何重新點燃練習的熱情、如何將正念整合進自己日常生活的每個層面、如何對於自己最熱愛的層面能有全然的覺察。

堅持與投入——今日練習、明日練習，日日練習

對於身為讀者的你而言，很重要的是提醒自己，課程、團體、共修、光碟、書籍等媒介，在某些時間點也許相當有幫助，但它們都不是最重要的。**最重要的是你本身對練習的觀點、堅持與投入，不論你在忙些什麼，總是今日練習、明日練習，日日練習。**如果依照第十章所提的綱要學習（即正念減壓課程的綱要），八週的時間足以協助你的靜觀練習發展到某個穩定度，你會覺得練習靜觀是很自然的生活方式，並持續下去，你會在自己身上學到好多。之後，當你再重讀本書與相關書籍，或找到志同道合的夥伴一起共修，就可以強化自己的練習，一步步地成長。有史以來，從來沒有像現在這麼多的上課機會，當地或國外、親自

參與或網路教學都有。

轉變——全新的開始

環顧整間教室，我實在深感驚訝每個人所呈現的專注與熱情，每個人在這麼短的時間內所成就的一切，每個人對於彼此堅定韌性的尊重和欣賞。他們全然與自我同在的樣貌，反映出他們這一路走來對自己的承諾。

兩個多月前，亦即課程正式開始之前，我就跟愛德華見過面了，當時我建議他練習身體掃描。這段時間以來，他沒有一天沒有練習，他的努力讓我印象深刻。他感覺到自己的生活必須仰賴靜觀，因此他會自己找時間做練習，例如上班時他就利用午休時間練習靜坐，可能是在辦公室或是在他的車子裡。下班後，他回家的第一件事情就是打開收音機跟著光碟練習身體掃描，練習完才去做晚餐。他說，**用這樣的方式練習可以提升他的精神層次，幫助他面對與處理因愛滋病所引發的情緒起伏和身體的不適。**

彼得覺得自己的生活有很大的轉變，這轉變協助他保持健康並預防心臟病復發。那次他發現自己在晚上十點時竟然還堅持要親自洗車，這個覺察讓他對自我的認識大開眼界。同樣地，從那時開始他每天都持續練習。

我們曾於第二十五章討論比芙莉的體驗，她認為這課程一方面協助自己更冷靜，另一方面也讓她相信不論處境多糟，她都可以做自己。**如我們所見，她以創意的方式運用靜觀練習，讓她在害怕不已的醫療診斷過程中仍能維持平靜。**

瑪姬課程一結束，就去切除腹部的一顆良性腫瘤，因此我沒機會跟她說到話，直到數月之後。手術前，我將以前在醫院使用的錄影帶《放鬆世界》[69]借給她。她在家裡觀看以讓自己心理上準備好接受手術，幫助自己手術後的復原，她未曾中斷規律的靜觀練習。事後她告訴我，一個半小時的手術過程中她都是清醒的，她聽到醫護人員說已經切除腸中腫瘤時心裡並不害怕。回家後，她持續一次又一次地練習靜觀，發現自己復原得更快更好。她說以前手術麻醉藥消退後的疼痛總是令她難以忍受，但這次卻未對她造成困擾。**她說自己在上正念減壓之前是個緊張大師，現在覺得放鬆自在多了，即便她膝蓋的疼痛其實沒有減輕。**

阿爾特的頭痛已經和緩不少，他覺得現在即便在壓力情境下，也可以透過呼吸來預防頭痛發生。雖然他當警察的壓力還是很大，卻感到更放鬆，不過他還是很期待從警界退休的日子。他最喜歡練習瑜伽。**他表示在一日靜觀慢慢接近尾聲時，體驗到前所未有的輕鬆自在。**

菲爾，那位我們討論過很多次的法裔加籍卡車司機，隨著不斷地練習，這段期間也經歷了許多戲劇性的變化。他說話的方式與分享的內容，感動了班上的每一個人。他在考保險執照時背痛發作讓他很不舒服，但他已學會如何專注，因此能讓自己比較不受背痛的牽制。換言之，**他已經可以妥善處理身體的疼痛，也學會如何與家人好好相處，這讓他感到生命更加富足。**

八週後，羅傑對自己的生活處境依舊感到相當困惑。**然而，他說自己在這段期間變得更放鬆，也較少依賴藥物來處理疼痛。**但是，他還是沒有足夠清晰的頭腦來面對他家裡的狀況。我很訝異地知道，這段期間因為他的火爆脾氣，他太太申請了保護令，要求他離開家裡。很明顯地，他需要被關懷。他以前曾做過心理治療，這次不知為何就是不願再去接受治療，即便我也大力支持他去。

69可在http://www.betterlisten.com購得ＤＶＤ或ＣＤ。

艾琳娜今天早上看來容光煥發。兩個月前她因恐慌症而來門診，課程開始後就沒有再發作過了。不過她覺得如果再發作，也知道如何面對與處理了。上次的一日靜觀對她極為重要，那是她六十年來第一次碰觸到自己內在的平和。

露易絲第一堂課就告訴大家，她是應兒子的「要求」來上課，兒子說：「媽媽，這課程對我幫助很大。現在，妳絕對要去上。」她很快就發現到課程的益處，她的人生觀產生很大的變化，她學會如何與風濕性關節炎的疼痛和平共處，超越自己的侷限並活出自己想要的樣子。她發現在練習身體掃描時，自己竟然可以超越疼痛，讓她當天可以正常活動。有一天她得意洋洋地跟班上同學說，她週末要坐車去庫柏鎮旅遊，這可是她以前連想都不敢想的喔。回來後她跟我們分享那次旅遊的經驗，既然到了那裡，她當然有跟親友去參觀棒球名人堂。每次當她覺得擁擠的群眾已經夠多的時候，她就出去外面找個地方坐下，閉上眼睛，練習靜觀，毫無拘束，也不管周圍的人群。因為她知道這趟旅遊對自己是嚴峻的考驗，也清楚以此方式適度地離開群眾並自我調適是維持平衡所必需的。過程中，她重複了好幾次這種做法，平順地完成這趟旅遊。她開心地大叫：「**我兒子是對的！先前我還覺得他瘋了，現在我覺得這課程為我的生命打開了不一樣的機會。**」

洛瑞塔因為高血壓而來上課，她也發現自己的生活改變了。她是企業與公務機構的顧問，她說在上課之前，對自己準備給客戶的報告總是沒有信心，害怕呈現給客戶。然而現在她對自己更有信心了，她說：「萬一他們不喜歡，怎麼樣？如果他們喜歡，那又怎樣？現在我明白了，我自己對這份報告的感覺才是最重要的。這讓我放下很多工作的焦慮，如此一來，我反而做得更好。」

那個靈光乍現的洞見「如果他們喜歡，那又怎樣」，一語道盡了洛瑞塔在這八週來的成長。她清楚看到自己如何被正向的認同、歡呼、喝采所困住，相同地也被批評與失敗所困住。**她領悟到，她必須根據自己內在的聲音來定義自己的經驗，如此才能掌握工作的真正意義，其餘的都是精美的虛構與幻象，雖然我**

們很容易被這些幻象給迷惑住。

洛瑞塔的洞見與她在生活中體現此洞見的能力，示範了我們多麼容易受困於自己所編織的故事裡，即便那並非真實而是自己的想像，我們還是深信不疑[70]。她的領悟是智慧的反映，映照出清明的心與新的機會。新機會之所以能浮現，是因為她不再編故事（畢竟我們都很容易在腦袋裡杜撰事情的情節）。於是，她能夠從大腦敘事的自我參照預設模式，選擇轉成當下的模式，亦即對當下保持一種未曉的、扎根於身體的、溫和且開放的覺察；這些，你練習得愈多，就愈能不費力地達成。

海克特覺得自己控制脾氣的能力好很多。他是一個摔角選手，雖重達三百磅，但手腳輕盈得像隻大鳥。跟他玩推擠運動與合氣道是挺有趣的，他總知道如何維持自己身體的重心，而現在他也知道如何維持情緒的重心了。

學習與自己的身體和心靈相遇

這些學員及其他將於本週完成八週課程的人們，大家都練習得很認真。雖然我們強調非用力追求與自我接納，但大部分人或多或少都有些改變。**他們的獲益不是來自於順服或不勞而獲。他們之所以每週來不是為了要給彼此加油打氣，而是出於持續練習的意願。他們平時各自在家裡獨自練習，不論喜歡或不喜歡這些練習，彷彿長途跋涉靜觀者的寂靜旅程。**他們來學習讓自己停歇下來、坐著、與自我同在，學習安住於寧靜與平和，學習與自己的身體和心靈相遇。他們也來練習無為，不論周圍充滿多少垂手可得的身體與心理的娛樂誘惑，也不管生活中的紛紛擾擾。他們因此而改變、而獲益。

70 這與大腦運作有關，回想一下在〈增訂版導讀〉中曾提到多倫多大學的研究，該研究探索前額葉皮質的中線敘事網絡功能。研究發現，隨著正念減壓訓練的增加，這個敘事網絡的活化程度逐漸降低，取而代之的是著重當下經驗的側邊網絡更活化。洛瑞塔的經驗生動地呈現兩種截然不同的自我參照方式，確實是可透過正念訓練而改變。

在我們結束課程之前，菲爾說了一個故事，那是他打從十二歲就放在心底的一件事情。這週當他在練習時突然冒出來，而且他終於懂了其中的意義：

「當時在加拿大，我們正準備要去一間浸信會教堂。那是一間小教堂，平常大約只有九十位教友在走動。當時那間教堂有很多問題，我老爸不是那種會去有問題的教堂的人。你知道，教堂應該是團結的，就是大夥兒一起工作那樣。所以我老爸說：『我們離開這裡吧。』但是這個教堂地處偏遠鄉下，前不著村後不著店，就像是個四邊形，教會就在這裡，就這樣。附近住的都是農夫，頂多十幾二十個人會去教會。我們當初以為去教會可以獲得一些幫助，教友總是會增加嘛，這樣我們就可以看到新的人並認識新朋友。」

「所以我們就去了那裡，不過當天那裡沒有牧師。牧師星期天都要東奔西跑，在各個地方主持禮拜。那個星期天，我們一直等一直等，等了好久以後，有人說，那我們先來唱唱詩歌好了。所以大家聚在一起唱了幾首詩歌。牧師還是沒來。愈來愈晚了，有一個傢伙說『嗯、有個人來念念聖經、說些什麼吧』。你知道根本沒人會講話或想說什麼。然後這傢伙站了起來，他沒受過教育，根本不知道怎麼念聖經，他是個農夫，很樸素的農夫，大字沒認識一個。雖然他也不是個笨蛋，你知道，就是那種非常樸素直接的農夫，沒受過任何教育，所以他既不會念聖經也不會講道。不過他詢問是否有人可以為他念聖經，他知道有關奉獻的章節在哪裡。然後，那個農夫就開始舉例說明，他說：『就好像有一天，一隻豬跟一頭牛對話。豬對牛說：「為什麼你可以吃穀物，還是從店裡買的穀物，那是全天底下最棒的東西啦。而我，卻只能吃餐桌上的垃圾，只能吃垃圾！」牛說：「喔、我每天奉獻自己勤奮工作，但你整天無所事事，只是一直等，一直等到你死掉，你才能夠把自己奉獻出來。」』農夫繼續說道：『這就是主要你做的事情……每天都奉獻給主，把你的靈魂都奉獻給主，每天讚美主，然後啊，你就會得到豐富的回報。不要像那隻豬，要等到自己死掉後，主才能從你身上取走一切。』」71

「我心想『喔，我的天啊，這不正是正念減壓嗎！』你知道我把它們聯想在一起了。當時那個農夫在教會所說的話，那屬靈的訊息是非常強而有力的。我當時聽得直起雞皮疙瘩，現在回想起來也一樣。就像我說的，這件事情突然來到我心坎兒裡，我只是把它翻譯出來，這跟你自己的身體一樣，你必須付出才能有所獲得。我在這個課程付出很多的時間與努力，有時候我真不想開一百英里遠的路，就只是為了來上課，但我還是每一堂課都到，從未缺席，而且一定準時。你瞧，一旦從中有些收穫，一切就不這麼困難了。如果你告訴自己要盡一切可能去嘗試，做到自己最好的，盡量專心，你就會從中獲益了。」

培育正念，是一輩子的旅程

今天當我們離開教室時，很明顯地，大部分人都明白即便課程結束了，但，也才開始。確實，這是一輩子的旅程。如果透過課程，他們發現任何一個對自己有意義的方法，那不是有人把這樣的方法推銷給他們，而是經由自己的親身探索，體驗到此方法的價值。這就是正念之道，在個人生活中保持覺醒之道，有時候我們亦稱為「覺醒之道」[72]。

走在覺醒之道，意味過著一種覺察的生活，需要持續地練習靜觀。如果你不練習，這條路就會雜草叢生隱晦不明，甚至愈來愈找不到路。然而，任何時候只要你願意，可以再回到這條道路上，因為它一直都在。即便你已經一段時間沒有練習，一旦你回到自己的呼吸、回到當下，就又上路了。安於覺察本身，好像它就是你大腦的預設模式、你的本壘基地、你的家。你又回來了，回到這條路上。這是一條路卻也沒有任何路，因為你本來就沒有要去哪裡、沒有要做什麼、沒有要獲得什麼。你已經是圓滿的、完整的，如你所是的自己，現在，就是完好的，溫暖地擁抱於你自身的覺察中。

71菲爾的直觀比科學研究呈現出正念減壓對大腦的正面效應早了好幾十年。
72譯注：「覺醒之道」的原文為Way of Awareness。但單獨使用awareness時，本書幾乎均譯為「覺察」。為使中文讀者有最清晰順暢的理解，本章會交互使用覺察與覺醒。

事實上，只要你曾系統化地在生活中培育正念，那幾乎是不可能中止的。如果你能夠清楚地覺察自己的感受如同規律練習時，了了分明那些感受如何影響自己處理疼痛與壓力，那麼甚至**沒有練習**本身就是一種練習。

培育並維持正念的方法，就是發展出每天的靜觀練習，然後就繼續做，猶如你的生活是仰賴著它。現在，你明白確實也是如此。下兩章將提供一些具體實用的建議，協助你持續進行正念的正式練習和非正式練習，如此一來，覺醒之道就可以為你分分秒秒的生活帶來清明與指引。

〔第三十四章〕保持正式練習

正念練習是相當溫和的，如果你已經有某個想法或感覺，何不就承認並好好看看它呢？如果我們真的承諾要給自己一個機會完整地認識自己，明白這顆心的真實樣貌，怎麼能壓抑、強忍著不喜歡的想法或情緒，卻又偏好擁護所喜歡的想法或情緒呢？

正念，最重要的就是練習，沒什麼特別的法門，做就對了。它需要成為你生活的一部分，就像吃飯或睡覺。無論如何，我們都需要空出一些時間跟自己同在，練習無為，以保持正念練習的新鮮活力。每天撥些時間做正式練習的重要性，如同每天吃飯餵飽自己。

你採用哪種方法練習沒那麼重要，是否使用指導光碟或網路下載的應用程式錄音檔也沒那麼重要，方法或光碟只是協助你回歸自我，提醒你不管發生什麼事情，就在這個時刻，現在，你就可以安於覺察，在覺察中歇息。**在靜觀練習中，面對任何疑惑的最佳忠告，就是繼續練習，繼續不帶評價地、友善地、仔細地觀看心中所升起的一切，尤其是重複出現的模式、難題、感覺或想法。**假以時日，練習本身就會教導你下一步所需要知道的東西。如果你在靜坐時心裡有一些問題與懷疑，持續練習，在未來數週，它們可能就會煙消雲散，原本想不透的事情會自然開竅，烏雲密布會自然撥雲見日。透過這個方式，你讓這顆心真正安頓下來，學習如何安住於我們最基本的天性，亦即純粹的覺察之中。一行禪師，非常德高望重且受人敬重的越南禪師、詩人、和平的實踐者，他用混濁蘋果汁逐漸沉澱的過程來形容靜觀歷程。**儘管坐就對了，不管現在狀況如何，也許很不舒服、焦慮、混亂，不管現在狀況如何，心，自己會安頓下來的。**就像這樣：你對自己夠有耐心，你提醒自己就單純地安歇、安歇、安歇於覺察之中，什麼事都別做，只要繼續保持覺察並給自己空間。

放下，不是把思緒想法推開，而是更溫柔的對待

當你的靜觀練習愈來愈深化，偶爾重讀第一篇〈正念的練習〉或第四篇〈正念的應用〉會很有幫助。隨著練習的開展，原本你覺得一目了然的東西，可能反而沒那麼清楚；而一開始你覺得沒多大意義的章節，可能變得很有意義。因此，不時地重讀是有益的，這些內容如此簡易，以至於很容易被誤解。我們必須一次又一次地重讀重聽，所有人均然。當我們再次拜訪這些練習指引，就會愈來愈透徹，這不是指知道更多練習的細節，而是更看到自己的真實樣貌（身為一個人，我是誰？）。此外，聽聽不同正念老師帶領相同的練習也很好，可以幫助我們擴展視野、擴展對自己的認識與理解。

舉例而言，覺察呼吸的指導語經常被誤解。**許多人聽到「觀察」你的呼吸或「專注於你的呼吸」時，都以為是去「想」你的呼吸，這兩者是不同的。**這項練習並未要求你要去「想」你的呼吸，而是邀請你從體驗的層次探索自己的呼吸，與自己的呼吸「同在」、觀察它、**感覺它**。確實，當心飛掉了，想到自己的呼吸，才可以把這顆心再帶回清醒的覺察。一旦心回來了，你就可以再繼續領受呼吸的各種感覺，以全然的覺察分分秒秒地乘著呼吸的波浪，覺察一個接著一個的呼吸。請記住，重要的是覺察本身，而不是呼吸或任何我們所專注的對象。

此外，我們也很常誤解想或思考的指導語，這並不表示想或思考是不好的，因此你應該壓抑你的思考才能讓自己專注於呼吸、身體掃描或某個瑜伽姿勢。我們的意思是，讓思考或想法單純地成為思考或想法本身，它們未必等於事實，**思考或想法就只是你意識領域中的活動或事件而已。**舉例來說，你正運用呼吸來發展內在的平靜與專注，你發現心中有川流不息的思緒讓你難以專注於呼吸，於是試著刻意地放下這些思緒，一次又一次地回到呼吸。**放下，不是把思緒想法推開、關掉、壓抑或排斥它們。放下，是更溫柔的**

對待，允許思緒自由地流動，但盡可能地把自己的注意力一瞬間接著一瞬間放在氣息的一進一出。

另一個處理思緒的方式是，仔細觀察所浮現的思緒，而不再專注於呼吸。在練習靜坐的光碟裡，我們曾做過這樣的練習，單純地把注意力放到流動思緒的本身。透過這個方式，比較不會被思緒牽著走或淪陷於思緒的內容。我們允許思緒及情緒的自然流露，然而我們也明白思緒就只是思緒，本來就會在心裡自動浮現，猶似空中浮雲，我們觀察思緒的來來去去，而不捲入其中。

在正念練習中，任何思緒想法都是無礙的。我們不會去審查或評斷自己的想法，雖然這可能挺困難的，尤其是如果你從小就被教導某些想法是「不好的」，擁有這些想法就表示你是不好的。在這種情況下，要不去評斷自己的想法實屬不易啊！然而，正念練習是相當溫和的，如果你已經有某個想法或感覺，何不就承認並好好看看它呢？如果我們真的承諾要給自己一個機會完整地認識自己，明白這顆心的真實樣貌，怎麼能壓抑或強忍不喜歡的想法或情緒，卻又偏好擁護所喜歡的想法或情緒呢，若是如此怎麼能算是完整的認識呢？

另一方面，這也是接納發揮作用的時刻，有人稱此為**根本徹底的接納**（radical acceptance）。我們需要提醒自己，對自己溫柔和善，這不只適用於呼吸，也適用於活著的每分每秒。我們會發現有些想法很有用，甚至能減輕痛苦；但有些想法不但無用甚至有毒，製造許多額外的痛苦。無論如何，沒有任何一個想法是你的敵人，如果我們能夠看到想法的本來樣貌就只是一個想法，在它靠近與離開時，自己都安於覺察，不受到挾持也不讓它的內容或情緒折磨自己[73]。如此一來，每一個想法就有價值，都可以教我們一些東西。如我們一再強調的，朝此方向本身就是一種練習，規律培育，假以時日便會自然深化。

隨著我們在生活中有系統地培育正念並持續正式練習，將看到這顆心幾乎無可避免地一再飛掉，無法

73 這是正念認知治療貢獻深遠之處。我們都知道，曾患有重鬱症的患者若依舊維持憂鬱性的反芻慣性（一種想法與情緒的失調模式），即便現在都好好的也沒任何憂鬱徵兆，日後復發的機率還是頗高的。然而，正念讓他們對自己的想法有新的視野，學會視想法為心中的事件，不需要相信它們，就像天空飄來飛去的浮雲，不需要為其所困。詳細內容請參閱《是情緒糟，不是你很糟》（心靈工坊出版）。正念認知治療亦被運用於廣泛性焦慮症、恐慌症及其他沉重的情緒困擾。

持續往內觀看，無法覺察當下的內在體驗。這顆心傾向於追逐外界事物，想想要做的事情、生活中的事件、還有多少電子郵件未回等，這些都會加重我們的負荷。不管思緒的內容為何，當思緒占據心頭，這顆心也跟著思緒的內容團團轉時，覺察已經停止了。因此，**真正的練習不在於你所採用的方法，而是自己的內在與外在經驗，能夠分分秒秒維持明智專注的程度**。換言之，你是否願意在任何時候看到就放下、看到就放下，不論那縈繞心頭的想法或情緒是什麼。

對靜觀指導語的誤解，可以侵蝕並破壞你的練習，其中很大的問題就是認為自己正進入某種境界。漸漸地，當你覺得自己對靜觀練習愈來愈熟練，甚至到達某種「特殊狀態」或美好「境界」時，必須非常、非常小心了。此時，你更需要好好仔細地觀察這顆心，看看你的心裡正在想些什麼。不可否認地，任何進步的徵兆都是令人開心的，例如你可能更專注平靜、感到自己更有智慧更自在、你感到放鬆與自信、身體狀況獲得改善、身體的覺察力提升等等。然而，非常重要的是，讓這一切自然發生，勿編織一個大道理或大故事，勿過度讚揚這些成就。**主要的問題是，這顆心一旦評論了某個經驗，就已經把你帶離當下、帶離那個經驗了，那只是一個敘述**。此外，聲稱「你」達到某種成就好像也不太對，這表示你做了些什麼，但這整個練習的本質卻是無為。

這顆心會追逐每一件事情、任何事情。一分鐘前它還開心地讚揚靜觀練習有多美妙，下一分鐘它可能喋喋不休地說服你相反的情況，兩者均非發自於智慧。重要的是，能夠留意自己內在的那股衝動，那股讚揚自己的靜觀練習有多棒的衝動。當這樣的衝動升起時，帶著覺察清楚地看著它，明白它只是一個想法、一個敘說，讓它自然生起也自然消逝，如同你處理其他浮現的念頭般。否則，務實地說，很可能你在大腦層次四處宣揚正念靜觀和正念瑜伽有多棒、對你的幫助有多大、為何每一個人都應該要練習云云，比較像一位廣告代理人或使人改變信仰者，而不是實踐者。你講得愈多，就揮霍掉愈多能量，這些能量拿來好好練習，對你更有益處。若你能小心警覺這個靜觀練習常見的陷阱，你的練習就會日益成長茁壯，你的心就愈不會受到種種錯覺妄想支配。因此，我們建議正念減壓的學員在八週學習的最初期，盡量別昭告世人，試著不用跟眾親友談論自己的靜觀練習狀況，就去做吧！雖然此時跟親友談論幾乎都是出於好心及熱忱，但這可能使你的能量渙散，也可能增加困惑，尤其是很想立即分享新鮮經驗的熱情，而不是將這股熱情能量導入實際的練習中。**換言之，當你心中升起一股衝動想要談論靜觀有多好、對你的幫助有多大、想在臉書或其他社群網站好好宣揚時，最好的策略是保持安靜，去靜坐一下吧。**

上述簡單的討論涵蓋部分正式練習常見的誤解，不過，這些也都很容易調整，只要提醒自己這句話（我偶然在一件短汗衫看到的一句話）：**靜觀，不是你所想的那樣！**

我們曾在第十章提綱挈領地說明正念減壓的八週課程進度，為了方便參考，以下為正式練習的摘要。如果可以的話，運用光碟練習就像我們的病人成員那樣，這有助於你掌握課程內容，從語音引導中獲益。不論有沒有光碟，我們建議你依照此進度練習八週，再依照自己想要的方式練習。八週後如何維持動能與投入的進一步建議，請參閱練習進度後的說明。

八週練習進度

第一週和第二週

(1)練習身體掃描，至少每週六天，每天四十五分鐘（光碟：身體掃描）。

(2)練習覺察呼吸的靜坐，每天十分鐘，獨立於身體掃描練習。

第三週和第四週

(1)身體掃描和躺式瑜伽（光碟：躺式正念瑜伽）交互練習（四十五分鐘），可以的話每週至少練習六天。

(2)覺察呼吸的靜坐，每天十五至二十分鐘，亦可將覺察從呼吸擴展到對全身整體的感覺。

第五週和第六週

(1)每天靜坐三十至四十五分鐘，可以與身體掃描或立式瑜伽（光碟：立式瑜伽）交錯。

(2)試著自己練習行走靜觀，如果你尚未開始的話。

(3)第六週可以將立式瑜伽或其他姿勢混搭入練習中。

(4)每天練習靜坐(光碟:靜坐)。

第七週

(1)每天練習四十五分鐘自選項目,可以練習單一項目或是混合。

(2)如果你一直都聽著光碟練習,本週開始試著不用光碟,盡量自己練習。當然如果你覺得還是需要使用光碟,那就用吧。

第八週

(1)再回頭使用光碟。本週至少做兩次身體掃描,接著練習靜坐、正念瑜伽和行走靜觀。依照自己想要的方式進行即可。

八週後

‧每天靜坐。如果你覺得靜坐是主要的練習形式,就讓自己每次都坐個二十分鐘,最好是三十至四十五分鐘。前幾個月,每週一兩次跟著光碟做,對於深化練習很有幫助。如果身體掃描是你主要的練習形式,還是每天至少靜坐五至十分鐘。如果你當天狀況「很糟糕」或「完全沒時間」,那就坐三分鐘或至少一分鐘,每個人都可以有三分鐘或一分鐘的空檔。重要的是,當你靜坐一分鐘時,讓那一分鐘專注於無為與放下,專注於呼吸並領受整個身體。

‧可以的話,盡量在早上靜坐,對你的一整天都會有幫助。其他不錯的練習時間如:(a)下班一回家,晚餐前;(b)午餐前,在家裡或在你的辦公室;(c)傍晚或半夜,如果你還不累的話;(d)任何時候……每一刻都是正式練習的好時機。

‧如果身體掃描是主要的練習形式,就讓自己至少每天每次練個二十分鐘,最好是三十至四十五分鐘。同樣的,前幾個月跟著光碟練習是很好的,即便每週只聽個一兩次。

‧每週練習四次以上的瑜伽,每次至少三十分鐘。請記得要保持正念地練習,覺察呼吸與身體的感覺,在兩種姿勢轉換之間歇息一下。我平常都是一早起來靜坐前練習瑜伽,大概每天都做。此外,我會在家裡挪出一個空間專為練習之用。

・跟著系列二與系列三的正念靜觀練習光碟一起練習看看，這些練習的時間比較短些[74]。

・隨著你的練習逐步成長茁壯，觀察自己有什麼不同。可以閱讀〈延伸閱讀〉中你感興趣的書籍，做為持續練習的後盾。

有時候跟別人一起練習頗有幫助。尤其是如果你一向是自己練習，偶爾跟別人練習會是個有趣、具支持性的、深入的經驗。如果可以的話，我會盡量去參加演講、上課或團體靜坐，也會撥時間參加有老師帶領的密集閉關，有點像一日靜觀，但更多幾天，七天、十天或更長都有可能，這對於深化練習並將練習內化是極為重要的。此外，可以嘗試跟不同的、經驗豐富且頗具效能的正念老師學習，每一位老師都有自己獨特的方法，來清楚傳達正念的練習與普世之法。這些老師可以全然地體現無為與正念時，跟他們一起學習格外有益，既可鼓舞你，亦能深化你對無為與正念之道的認識，這廣闊無盡的大道。

試著在住家附近找找共修的地方與團體。現在有網路，一切都很方便，你可以找到各種資源來強化自己的練習深度，例如網路上與正念減壓相關的影片、活動、團體或課程。我個人習慣去這兩個正念中心：麻州巴瑞市的內觀禪修協會（Insight Meditation Society）與加州的精神磐石禪修中心（Spirit Rock Meditation Center）。這兩個正念中心的老師都是世界上最具經驗與效能的靜觀老師，許多人會到各個不同的國家帶領禪修。你可以在以下網址查閱相關資訊：http://www.dharma.org與http://www.spiritrock.org。

內觀禪修協會與精神磐石禪修中心兩者都有些佛教色彩，然而，他們強調的都是正念普世且人性的價值，以及在日常生活的實際運用。他們不會傳教，你可以只汲取自己需要的，其他就不用在意了。任何受過正念減壓或其他正念訓練者，能很快辨識出這些中心所教導的跟基礎正念練習的相似性，即便兩者還是有些儀式或形式上的差異，例如這些中心可能會吟頌經偈與合十拜揖。此二機構提供絕佳的環境，協助參與者深化自己的靜觀練習，也讓大家有機會遇到致力於正念生活的人。

74 譯注：卡巴金博士錄製各種不同長度的練習錄音，但須另購，本書未附加光碟，相關資訊參見五四七頁。

當然，你也可以在住所附近尋找正念減壓課程。現在美國許多的醫院、社區、教育機構都會提供正念減壓課程或其他正念課程。建議你要上課之前先與講師聯絡、聊聊，看看你跟他會不會有種連結感，而他給你的感覺是否真誠一致。別不好意思，問問他們自己如何實踐正念、曾經接受過哪些專業訓練，不論是正念減壓或正念認知治療。只有當你感覺到老師本人是真實可靠、正直誠實、活在當下，才去報名。在紐約市，有個正念減壓師資的互助合作網站：http://www.mindfulnessmeditationnyc.com。紐約市的開放中心（The Open Center）與紐約的歐米茄機構（Omega Institute）也有非常態性的正念課程，就像全美與全球各地一樣。如果你住在波士頓附近，可以去參加劍橋內觀禪修中心（Cambrige Insight Meditation Center）的禪修課程或共修。這裡是根據泰國的林居傳統，雖然也是佛教團體，但教學品質非常優異，服務既多且廣。當然，在全美與全球各地還有許多很好的資源有助於提升你的練習。除了上座部佛教，還有禪宗與藏傳佛教的系統。如果過程中的儀式不會成為你的阻礙的話，這些機構都有若干值得你學習的老師。

最後，單純地坐著，單純地呼吸，單純地安住於當下、安住於覺察。如果你願意的話，允許自己打自內心地微笑，即便只是一丁點兒。

〔第三十五章〕

保持非正式的練習

「親愛的喬：我真想寫一本書來好好敘說我的焦慮如何在減壓課程後獲得控制……一個瞬間接著一個瞬間，已經成為我最好的解決方法，我對自己因應壓力的能力愈來愈有信心了。祝福你，彼得」

如我們先前所看過的，正念的精髓就是不帶評價且刻意地專注於每一個當下。因此，保持非正式練習意味著，盡可能地讓你的分分秒秒都維持專注與覺醒。這是很有趣的，在任何時刻你都可以問問自己，「我現在全然清醒嗎？」、「我知道自己正在做什麼嗎？」、「我對於正在做的事情，全然投入嗎？」、「我現在的身體感覺如何？」、「我有在呼吸嗎？」、「我心裡正在想些什麼事情呢？」

我們已經學過很多種將正念帶入生活的方法。你可以專注於站立、行走、聆聽、講話、飲食和工作；專注於你的想法、心情、情緒狀態、做事的動機、你某種感覺的出發點、身體的感覺。你可以專注於他人、小孩或成人——他們的肢體語言、他們的緊繃、他們的感覺和言詞、他們的行動與行動的後果。你可以專注於更大的環境、你肌膚上空氣所帶來的感覺、大自然的聲音、光線、色澤、型態、移動、陰影等。

任何時刻只要你醒著，就可以讓自己保持正念，這只需要你的意願以及提醒自己專注於每一個當下。**不過，要特別強調的是，這裡的專注並不等於「思索」或「想」，而是直接地感知你正在進行的事情。**你的想法只是經驗的一部分，可能很重要也可能一點兒都不重要。覺察意味著看到整體並感知到每一瞬間完整的內容與脈絡，我們不可能用「思考」或「想」來掌握這一切。但如果我們超越思考就有可能感知其核心本質，可以直接看、直接聽與直接感受。正念，就是看而知道自己正在看、聽而知道自己正在聽、碰觸而知道自己正在碰觸、走上樓而知道自己正在上樓。你可能會說「我走上樓時，當然知道自己正在上樓」。不過，正念不只是知道行為的概念，而是真正地與走上樓這個動作**同在**，對於這個經驗保持分分秒秒的覺察。**正念，不是概念性的明白**，更好的說法是超越概念的明白，以進入覺察的本質。藉由如此練習，我們可以鬆綁並解開自動化的慣性模式，漸漸地讓自己更活在當下，更全然地領受當下的能量。然後，我們就可以更適當且有覺察地回應各種轉變與潛在的壓力情境，因為我們可以覺察到整體以及我們與整體的關聯。不論在哪裡、身處何處，只要你想保持清醒，就可以如此練習。

第九章仔細探究日常生活中的正念，想要維繫非正式的練習可以回顧該章。我在《當下，繁花盛開》一書中，也說明了正念在日常生活的運用，可供讀者參考。第十章則提到許多我們在正念減壓課程中，所進行的非正式覺察練習項目及正式的正念練習。最基本也最重要的，就是全天候不時地關注自己的呼吸，讓我們穩定自己於每一個當下，讓我們扎根於自己的身體，在任何時刻都可以維持重心與覺醒。

我們也練習在日常生活的例行活動中保持正念，例如一早醒來、盥洗、穿衣、倒垃圾、做事等。非正式練習的精髓都是一樣的，你隨時問問自己：「我人在心在嗎？」、「我是清醒的嗎？」、「我的身心是一體的嗎？」這些大哉問經常可以把我們帶回當下，與當下的所作所為更有連結。

八週正念減壓課程的非正式練習作業羅列如下。這些非正式練習與前一章的正式練習是同步進行的。當然你也可以列出自己的非正式練習，當你可以主動地發展自己的練習時，表示你的練習已經開始扎根了。生活裡可以有無數練習的創意與機會，生活中的每一個層面都有機會成為你的非正式練習。**總而言之，真正的練習在於你如何去過生命中唯一真正擁有的時刻，也就是現在。**

第一週：每週至少正念地吃一餐。

第二週：這週特別去覺察生活中的愉悅事件，尤其是這樣的事件正在發生時，每天一件。把它們記錄下來，也記錄你的想法、心裡的感覺、身體的感覺，觀察其中是否有某些共通的模式。可參閱附錄中的「愉悅或不愉悅事件覺察紀錄表」[75]。你是否有注意到，對你而言，「愉悅的」經驗需要哪些條件呢？

此外，至少將覺察帶入一項生活中的例行活動，例如早晨起床、刷牙、淋浴、烹飪、洗碗、倒垃圾、購物、讀書給孩子聽、帶孩子們上床睡覺、遛狗等等。看看你可不可以真正地跟你正在進行的事情同在，也感覺跟你的身體同在。

第三週：每天覺察一件不愉悅或覺得有壓力的事件，尤其是正發生的當下。

在附錄的「愉悅或不愉悅事件覺察紀錄表」中記錄下來，包含你身體的感覺、想法、心裡的感覺、你當時如何反應。觀察潛藏的慣性模式。是什麼把經驗變成「不愉悅的」呢？

特別留意這一週白天裡，不同時段的你所呈現的樣貌。特別留心落入自動導航模式的傾向，在哪些情況下會如此？觀察一下，是什麼讓你失去平衡的重心？你最不想看到什麼？哪些想法與情緒主宰了這一天？當你的自動導航模式站上了支配優勢，你的身體有什麼感覺呢？

第四週：覺察你對任何壓力的慣性反應，而不試圖做任何改變。

任何時候，當你覺得自己已經卡住、堵住、情緒處於封閉或麻木狀態，將覺察帶入。這些狀態升起或浮現時，不要企圖整頓修補自己，只需要在覺察中涵容這些現象，盡可能地對自己仁慈友善。

第五週：任何時候，當你覺得自己又落入想法或情緒窠臼，或者又採取慣性反應時，將覺察帶入。

若你能及時觀察到慣性反應正在浮現，當下就可以試著採取有覺察的回應。如果你發現來不及，慣性反應已經出現了，那就試著讓後續的回應更具正念，即便做得不夠漂亮亦無妨，盡量發揮自己的創意。

也許你會觀察到，有時候你將事情往自己身上攬，即便那跟你無關；或者某些點特別容易觸動你的情緒慣性反應。當你在做正式練習且有某種慣性反應升起時，留心它。你發現自己在做身體掃描、瑜伽或靜

75 譯注：本書的這個表格可用於愉悅事件與不愉悅事件。在麻大醫學院的正念中心則是將愉悅事件紀錄表與不愉悅事件紀錄表兩者分開。

坐時，會有任何慣性反應嗎？如果有的話，盡可能地在覺察中涵容這些時刻，正式練習提供相當肥沃的土壤，讓我們有機會明辨心中的慣性反應，並培育出不同且有覺察的回應方式。

在這一週的每一天，將覺察帶入溝通困難的狀況，在「溝通困難紀錄表」（參閱五三二頁）記錄下所發生的事件、那次的溝通，你想要什麼、對方要什麼、真正發生的是什麼。觀察記錄下來的溝通困難狀態，是否有某些共通模式。這個練習是否讓你對自己的心理狀態以及此心理狀態對溝通的影響，有任何的發現或理解呢？

第六週：本週將覺察帶入你對飲食的選擇，包括這些東西打那兒來、看起來如何、你選擇所吃的量、你對吃這些食物的慣性反應、你預期要吃時的慣性反應、吃完後的感覺等等。

過程中，試著別帶任何的自我批判或評價，而是帶著一種好奇、友善、關注的態度。

在此同時，也將覺察帶入你所「吃進」的周圍環境，不論是透過眼睛、耳朵或鼻子，換言之，覺察你所吃進去的影像、聲音、新聞、電視、空氣汙染等等。

特別將覺察帶入你跟其他人的關係品質，試著安靜地將慈心散發給你所愛的人、你不認識卻有互動的人、路人。

第七週：特別將覺察帶入早晨起床的時刻，在床上停留到你確定自己醒來了，跟這嶄新的一天、生活全新的開始打個招呼。

也許可以採用瑜伽的攤屍式在床上再待一下子，安歇於沒有行程的覺察中。你也可以試著早點醒來，讓自己在沒有時間壓力下躺著靜觀一段時間，如果這對你很重要的話。

一天結束，你躺在床上準備睡覺了，試著讓自己歸零，領受自己的呼吸，一吸一吐、一吸一吐，放掉你白天所承受的一切，允許睡意主動找上你。繼續試著安靜地將慈心散發給其他人與你自己。

第八週：這是正念減壓八週課程最後一週的正式練習，因此我們經常會說，第八週就是你往後的生命，換言之，這是沒有終點的。

猶如練習與生命，它們本身就會向前延伸到每一個當下，直到終點。你有活著的時刻，我們都有。既然如此，何不在有生之年，盡我們所能地好好活在每一個當下？此不正是活得充實、開心、明智之意嗎？

總而言之，你清醒的每一刻都可以將更廣闊的平靜與覺察帶入，也可以體現並安於當下。當你在自己的生活中培育出正念時，我們提出的任何建議，相對於你自己的做法都將相形見絀。換言之，你自己實際的練習才是最重要的。

其他實用的覺察練習

1. 每個小時試著讓自己保持正念一分鐘，猶如一個正式練習。
2. 不論你在做什麼，一整天都可以運用呼吸讓自己歸零。
3. 覺察身體的症狀與症狀發生前的心理狀態之間的關聯，覺察身體症狀與心理導火線的關聯。身體症狀如頭痛、疼痛加劇、心悸、呼吸急促、肌肉緊繃等。自行記錄此等身心關聯，持續一整個星期。
4. 對於支撐你健康的各種需求，保持正念並尊重它們，例如正式靜觀練習、放鬆、幽默、運動、健康的飲食、充足的睡眠、親密與連結等。如果你能規律地、適當地致力於這些事情，它們就能成為健康的磐石，提升你面對壓力的耐受力，增添你對生活的滿足與一致感。
5. 當你經歷了倍感壓力的一天或事件時，如果可以的話，記得當天要採取一些方法讓自己解除壓力以保持平衡，例如靜觀、有助於心血管的運動、跟朋友聊聊、獲得足夠的睡眠等。正念是友善溫和地對待自己。

〔第三十六章〕

覺醒之道

當你步上覺醒之路，你會將清晰的意識帶入生活中種種經驗，使你的生活更豐富也更真實。這是無形的精神歷程，沒人教你怎麼做，沒人告訴你這是值得的，當你準備好接受這項任務，它就會自動找上你，這就是道，迎接事物的自然呈現。

在美國文化中我們並不熟悉「道」的概念，這來自於傳統中國文化，強調萬事萬物的普世法則與萬物變易之理，稱之為「道」。道，是萬物依其自身法則的開展與呈現，凡事順其自然，因此不去完成或強求任何事物，每一件事情都是自然地呈現。依道而行，意味著熟諳無為與非用力追求。你的生命本來就在不斷地成就自我，真正的考驗在於你是否看得懂，你是否能夠順循萬物的自然法則來生活，時時刻刻與萬物和諧並存。這無關乎消極被動或積極主動。這是開悟之路、智慧之路、療癒之路，也是接納與和平之路，更是身心和諧之路。這是一種生活的藝術，有意識的生活，明瞭自己的內在資源與外在資源的生活，了悟在最根本處，既無內在亦無外在的生活，這同時也是深刻的倫理生活。

學校的教育幾乎沒有這個層面，不過近幾年開始有極快速的變化[76]。如果學校不強調同在也不教導正念，我們只能自己設法學習，學校現在流行的教育理念仍著重於行動模式。不幸的是，這些行動大部分是支離破碎的，在行動過程中，我們幾乎不重視是誰在做此行動以及可以從同在領域中學到什麼。**行動，幾乎總是有時間壓力的，使我們的生活彷彿被周遭的一切推著跑，難以停下來調整自己的方向、辨識到底是誰在做這一切以及為什麼要做，這些都只是奢侈的渴望。**覺察本身獨立於智商而未能在學校系統受到高度重視，因此沒有人教導我們覺察的豐富性，如何培育、運用並安住於覺察；亦沒有人教導我們如何運用覺察將偏限的，有時甚至是宰制性的思維，轉化為思考與情緒間的動態平衡。也許我們曾在小學聽老師說：「我們不等於我們的想法，我們可以觀察各種想法的來來去去，學習不要緊抓著某些想法不放或是追逐這些想法。」在那個年紀，我們即便不懂這些話的意義，但光是聽到就覺得很有幫助了。相同的道理，知道「呼吸」是我們的最佳盟友也有幫助。原來只是觀察呼吸，就可以協助我們平靜下來。**原來單純地與自己同在是可以的，我們不需要總是東奔西跑、做這做那、不停地奮鬥或競爭，才能證明與感覺到自己的存在。原來我們的根基向來是完整與圓滿的。**

也許小學時沒有人教我們這些（大概看〈芝麻街〉卡通長大的世代才會有吧），但永遠不會太遲。任何時刻，只要你想與自己的圓滿完整連結起來，就是開始的最佳時刻。根據瑜伽的傳統，一個人的年紀是從他開始練習瑜伽時起算，而不是從出生那天。依照這個角度，如果你已經開始練習，也許才剛出生幾天、幾週、幾個月呢！多好啊。

聽來也許奇怪，我們邀請醫師轉介過來減壓門診的病人要認真投入。在這八週內，我們將攜手探索一種同在的方式、一種生活方式、一種專注的方式。在受苦與混亂的生活中，這般專注彷彿讓我們重新開始，讓我們立即由內釋放自己，說實在的，這種專注本身就是一種釋放。然而，如果我們從概念或哲理的角度來探索，就會變成一種無生命的思考活動，只是拿更多概念來充塞早已過度擁擠的心靈。

如同對減壓門診的病人與其他正念減壓課程的學員，我們邀請你，讓同在成為日常生活的盟友，在生活中實踐正念。當你改變了你和自己身體以及你和世界的關聯後，可以觀察事物如何因你的改變而有所變化。如同我們在最初所看到的，我們邀請你啟動一個可以終生探索的旅程，也邀請你在覺察中以一種探險的態度來看待生活。

這趟旅程充滿了英雄的探索任務——在生命的道路上追尋自我。也許聽來有點兒牽強，但這些學員對

76現在，小學與中學已經帶入正念，亦已列入大學教育的課程中。這是一個強而有力且持續成長的趨勢。

我們而言，猶如希臘神話裡的英雄與英雌：他們各自在漫長漂泊的冒險旅程中與命運搏鬥，心甘情願地展開這趟探索生命全貌之旅，終而踏上歸鄉之途。

這趟任務中的自我追尋，無須遠行。不管在任何時刻，我們與家鄉其實非常近，比我們想像得近多了。如果可以充分地認識**這個**瞬間、**這個**呼吸，我們便立即與寂靜平和相遇，隨即返抵家園，那家園就在我們的身體裡面。

當你步上覺醒之路，你會將清晰的意識帶入生活中種種經驗，使你的生活更豐富也更真實。這是無形的精神歷程，沒人教你怎麼做，沒人告訴你這是值得的，當你準備好接受這項任務，它就會自動找上你，這就是道，迎接事物的自然呈現。**每一個當下都是你餘生的起始點，現在是你唯一可以真實活著的時刻。**

正念練習提供一個機會，讓我們睜大眼睛走在自己的生命道路，保持清醒而不是讓自己意識恍惚。我們意識清晰地、帶著覺察地回應世界，而非慣性地、不經大腦地、自動化地反應。這條道路跟其他道路的微妙差異在於，我們清楚知道自己正走在路上、自己正遵循某種方法、自己是清醒且覺察的。沒有人決定你該走的路，沒有人告訴你「跟隨我」。說穿了，其實只有一條路，但這條路有各種不同的呈現樣貌，因人、因風俗、因信仰而異。

覺醒之道——發現自己的道路，回到自己

我們真正的任務就是發現自己的道路，乘風而行，乘著改變之風，乘著壓力、疼痛與受苦之風，乘著喜悅和慈愛之風。直到我們深深領悟，其實我們未曾離開港口，未曾離開過真實的自己。家即在肌膚之內，我們一直都在家裡，只要單純地想起來，我們就在。

如果你懷著一顆真誠而堅定的心，在這條路上不會有失敗這回事。靜觀不等於放鬆。假如你做些活動以期放鬆，最後卻無法真正放鬆，那麼在這個活動上你就失敗了。然而，練習正念，唯一真正重要的在於

你是否願意在任何時刻，均如實地看待所有事物並與其同在，包括不舒服、緊張、及你心中關於成敗的一些想法。如果你願意如此，是不會失敗的。

相同地，如果你正念地面對生活中的壓力，你對壓力所採取的回應就不會失當。光是對壓力有清楚的覺察，就是強而有力的回應了，這種回應方式可以改變任何事情，可以開啟新的選擇，不論是在成長或行動層面。

不過，有時候那些新的選擇未必立即顯現，你可能很清楚自己不想做什麼，卻搞不清楚究竟想做什麼。即便如此，也不表示失敗，那其實是有創造性的時刻。那是未曉時分也是保持耐心的時刻，安然停留在此未曉之境，即使是混亂、絕望、煩躁、不安，如果我們願意帶著覺察，分分秒秒活在當下，便可有創意地跟它們好好合作。這正是希臘左巴在面對苦樂交融人生所持有的態度、所跳出的生命之舞啊。這是一曲樂章，把我們帶離成功與失敗的二元對立，帶往一種同在的生活方式；讓我們在面對生活中的所有面向，無論是希望或擔憂，均允許它們呈現出真實樣貌，與分分秒秒開展的人生全然同在。

覺醒之道本身有個結構。我們在這本書中詳細探究了它的結構，我們提到了覺察和健康與療癒的關聯、覺察和壓力的關聯、覺察和疼痛與疾病的關聯、覺察和身體起伏的關聯、覺察和心理起伏的關聯、覺察和生活起伏的關聯。覺察／覺醒不是一種哲學，而是一種同在方式，一種圓滿充實地活出每分每秒的生活方式。這樣的生活只有親身體驗才會成為你的，只有透過每天練習才能培育出來。

正念，是一輩子的旅程。在這旅程上的路徑，最終並未通往任何地方或任何境界，只通往你自己本身。覺醒之道總是在這裡，總是你隨時可以親近上路的。當所有該說的與該做的都完成後，它的精髓也許只能以詩達意，它的精髓只蘊含於你寧靜平和的心靈與身體之中。

一路同行的旅程已抵終點，讓我們以詩人巴勃羅・聶魯達（Pablo Neruda）[77]的詩〈保持安靜〉來搖育滋養這一刻吧。

77譯注：當代智利詩人（一九〇四至一九七三），一九七一年諾貝爾文學獎得主，被譽為二十世紀最偉大的拉丁詩人。

現在數到十二
我們全都安靜下來

就這麼一次　在地球的表面
讓我們不用任何語言講話
讓我們停一下
不要大幅移動我們的手臂

這將是個奇特的時刻
沒有匆忙，沒有引擎
我們全部相聚在一起
在這突臨的奇異時刻

漁夫在寒冷的海洋
他們不會傷害鯨魚
採集鹽巴的男人
看著他受傷的手

預備著綠色戰爭的人們
空氣的爭戰，火的爭戰
勝利而無傷亡
他們穿上潔淨的衣服

和他們的兄弟並肩而行
於蔭涼處，什麼都沒做

我想要的一定不會困惑
因為我什麼都沒做
人生就是這樣
我想要沒有死亡的卡車

若我們不是如此一心一意地
維持生活往前邁進
就這麼一次　什麼都不做
也許偌大的寧靜
可能就會打斷了
我們未曾瞭解自我的悲哀
我們以死亡要脅自己的悲哀
也許這地球可以教導我們
當所有一切看來已死亡時
之後證實　其實都還是活著

現在我將數到十二
你繼續保持安靜我要走了

〔後記〕

正念的療癒力量

本書於一九九〇年首度發行至今，發生了好多事情。首先，書中所提麻大醫院的減壓門診，在二〇〇〇年已改由我多年的同事兼好友薩奇．聖多瑞里博士擔任執行長至今。薩奇卓越的領導、高瞻遠矚的眼光、優異的溝通談判能力，不但使正念中心突破動盪不安的艱困期，更不斷成長茁壯，已有超過兩萬名醫院的病人完成了八週正念減壓課程。二〇一三年九月，門診將歡慶持續營運達三十四週年，現任老師與門診職員貢獻了無比的心力，清晰有效地教導與傳遞正念練習，他們高品質的工作協助學員發展更多的自我瞭解與更全面的成長。同時，我們也非常感謝過去曾經在門診任職的老師與職員，他們傑出的貢獻使得這課程能夠成功存在至今，他們的名字將臚列於〈致謝〉處。

過去二十年來，本書所描繪的正念減壓課程與其他正念課程，在全世界各地逐步開展。一方面這實在很不可思議，另一方面又顯得十分合理且具有非常正面的發展。也許這一切來得正是時候，**正念的力量為這世界帶來轉化與療癒的可能**。一開始的發展速度相當緩慢，後來迅速擴展，包括醫院、醫療中心、診所、學校、企業、監獄、軍中等等，甚至更多。其中的原因之一可能是，一九九三年比爾．摩爾斯在公共電視《療癒與心靈》節目中報導減壓門診，過去這些年來超過四千萬人看過該影片。這部四十五分鐘用心製作的影片本身就像是引導式靜觀，製片人是深具天分的大衛．格魯賓（David Grubin）及其他編輯人，這是很不一樣的電視節目，對大眾的影響深遠，可以協助觀眾直接進入正念練習的本身，就像當時班上的病人學員般。

過去這些年，許多電視新聞或平面媒體也報導了我們在醫院的工作狀況，現在國外媒體的報導則愈來愈多。

二〇〇〇年正式發表的正念認知治療，以強而有力的理論架構與設計完善的臨床實驗，證實其具體效益。這引發心理學界與心理治療界對正念的高度重視，也帶動了學術界著手研究如何衡量正念、正念減壓或其他靜觀練習的效果。愈來愈多人從事這類研究，除了各種自陳量表，腦神經科學家也從大腦的結構、活動、連結來進行研究，這門新興的領域稱為「凝思神經科學」。這類研究的對象多半是禪修多年（數萬個小時）的僧侶或禪修者。威斯康辛大學的情意神經科學實驗室（Affection Neuroscience）與健康心靈研究中心的主席理察．戴維森及其同事是這個領域的先鋒。此外，威斯康辛大學也有自己的正念中心與一群優秀的正念減壓老師，則是由凱薩琳．柏納絲（Katherine Bonus）創立與領導。

心靈與生命研究中心（Mind and Life Institute）及其暑期研究機構透過佛瑞拉研究獎學金（Varela Research Grants）[78]使這成為一個具發展前景的研究領域，促進並催化這領域的年輕科學家與臨床醫生臻至最佳研究水平，當然他們也會資助資深的研究者。該獎學金是以法蘭西思科．佛瑞拉（Francisco Varela，一九四六至二〇〇一）命名，他是心靈與生命研究中心的共同創始人之一，也是神經科學家、哲學家、精進的禪修者。

一九九五年，我們正式在麻州大學醫學院成立「醫學、健康照護與社會的正念中心」（Center for Mindfulness in Medicine, Health Care, and Society），簡稱「正念中心」（CFM），以含括減壓門診的業務及其他在當時同步開展的新任務，這其實已經超越了門診本身的業務。現在正念中心提供各種以正念為基礎的課程給病人、學校和企業。中心裡有個部門名為「綠洲」，專門從事教育訓練，培育正念減壓及相關課程的師資，提供正念減壓師資的專業認證及相關訓練，受訓者來自世界各地。

正念中心也跟許多其他機構合作，每年主辦國際正念學術研討會，到二〇一三年已經是第十一個年頭了。全世界有數百位科學家、醫師、教育工作者參與這場會議，分享彼此的創見與研究，是一個美好成長中的全球社群。其中許多正念老師寫書表達他們對正念、正念減壓、正念認知治療或其他正念課程的獨特觀點，有專業書籍也有大眾讀物。**他們也研究培育慈悲心的慈心靜觀，或是培育慷慨、寬恕、感激與良善**

78譯注：佛瑞拉研究獎學金請參閱http://www.mindandlife.org/grants/varela-awards/。

的靜觀練習，有些心理學家稱這些為「人類良善的特質」。

所有來自全球各地的不同團體，對正念的理解與興趣，都將正念視為一種練習，而不是一種哲學或很棒的觀念。正念運用於各領域的情況逐年增加，現在甚至連佛教禪修中心都會提供正念減壓課程或其他正念課程，例如洛杉磯洞觀協會（InsightLA）[79]。

從一九九二年到一九九九年間，我們在麻州烏斯特市中心提供免費的西班牙語和英語的正念減壓課程給弱勢族群。為方便學員，我們也提供免費的正念托兒與免費交通。數百位民眾接受這項服務，這呈現出正念減壓課程的普及性，對不同的文化背景者亦有很好的融通性與順應性。我們也曾在麻州監獄的矯正署提供長達四年的正念減壓課程給入監者及署裡同仁。我們接觸大量的受刑人，正念減壓課程幫助他們降低敵意並減輕壓力。我們有位一起在市中心教學的同事喬治・馬福德（George Mumford），曾在美國職籃賽季中提供正念訓練給芝加哥公牛隊與洛杉磯湖人隊。

如果你想知道更多有關正念中心與減壓門診的訊息、教育訓練、全世界各地的正念減壓課程提供地點，請參閱正念中心網站：www.umassmed.edu/cfm。

正念減壓根植於「法」的智慧

一行禪師在推薦序中形容這本書為「一扇門，從世界通向法，亦從法通向世界」。除了在〈首版導讀〉、本章與另一處外，全書通篇找不到法（dharma）這個字。我實在覺得dharma這個字應該收錄在英語字彙裡，因為它根本無法翻譯。有很多年的時間，我相當猶豫是否要用這個字。當然在教授正念減壓或相關脈絡下，完全不需要用到。然而，如果從正念減壓師資訓練的角度來看，恐怕就有必要了，就像一行禪師所說的，正念減壓根植於「法」。假如正念減壓的老師認為正念只是認知行為學派的另一種「技巧」，發展自西方臨床心理學的知識架構，這對正念與正念減壓的誤解可大了；他大概也很難真正瞭解正念所蘊含的療癒和轉化力量。很明顯地，自己不會的一定教不出來，沒有透過親身的練習與體驗將無法體現正念，亦難以掌握如何放下對結果的執取，不論對結果的渴望有多強烈。任何對這個主題有興趣者，可以參閱我撰寫的另一篇文章〈關於MBSR的起源、善巧方便與地圖問題的一些思考〉[80]，此文章可在這本書找到《正念：其意義、起源、運用的多元觀點》（*Mindful: Diverse Perspectives on Its Meaning, Origins, and Applications*），該書由牛津正念中心的馬克．威廉斯與我合編。你也可以參閱我所寫的另一本書《Coming to Our Senses》裡名為「法」的章節。如果想瞭解正念減壓的起源與練習依據，或任何以正念為基礎的介入方法，這些文章可以協助讀者有比較清晰的背景知識。正念減壓最初的用意就是想實驗看看，在採用一般普及詞彙，並使用容易親近與理解的架構和用語下，主流的美國醫學、健康照護領域與美國人，是否能接受「法」所帶來的轉化與解脫利益。此等「法」的智慧發跡於很久以前的印度修行傳統，數千年來流傳並保存於許多亞洲的佛教文化中。正念減壓及其「堂表侄甥」（意指相關領域與發展）也許有其侷限，但所傳遞的正是此深層智慧。

願正念對你的生活、你的所有關係，不論是內在或外在都有實用價值。

願你的正念練習持續成長茁壯，滋養你的生活與工作，時復一時，日復一日。

願這世界因你美好的心所散發的無盡芬芳而獲益。

79 譯注：洛杉磯洞觀協會網址為http://www.insightla.org/。

80 譯注：本文之原文標題為〈Some Reflections on the Origins of MBSR, Skillful Means, and the Trouble with Maps〉，已由溫宗堃翻譯成中文，請參閱《福嚴佛學研究》第八期，頁一八七至二一四，二〇一三年，電子版請參閱http://tkwen.theravada-chinese.org/Chinese%20translation%20of%20JKZ%20CB%20paper%20.pdf。

致謝

現在，正念減壓課程已經廣泛地散播於世界各地，我要感謝好多好多人，不只是在各學術機構的同仁，還有無以計數意義非凡的道法之友。礙於篇幅限制，我無法道出每一位同仁和朋友的名字來表達我內心無限感激之意，因著你們的奉獻，正念介入與凝思訓練才能在這三十多年內在全世界各地推廣開來。我深深地尊敬你們所做與正在做的一切，更尊敬你們本人。在這個成長中的共修社群，你們從過往到現在的付出與我們之間的連結，激勵了這本書進行增訂版的增訂與更新。我也希望這次更新多少有助於推動你的工作，也有助於正念在世界各地的發展。

許多人在不同階段對這本書都有直接和間接的貢獻。回到當初，如果沒有湯姆・溫特斯（Tom Winters）、修・法爾摩（Hugh Fulmer）與約翰・摩納翰（John Monahan）三位醫師的大力支持，減壓門診根本不可能存在。他們是首批願意將病人轉介到減壓門診的醫師。而當時麻大醫學中心醫學系主任詹姆士・丹倫（James E. Dalen）（他擔任系主任直到一九八八年，之後到亞利桑那大學醫學院擔任院長），更是打從減壓門診一開張就是最堅定的擁護者，我們一直到現在都是好朋友[81]。此外，麻大醫學院的預防行為醫學部主席茱蒂絲・歐肯（Judith K. Ockene），三十多年來的支持與鼓勵亦不曾間斷。當我還在任內時，她是減壓門診的指導；一九九五年後，她擔任麻大正念中心的執行長，直到二〇〇〇年由薩奇・聖多瑞里接任。我由衷感謝茱蒂絲的長期支持與投入，感謝她一直努力於轉化主流醫療與健康照護，這樣的轉化一方面透過改變我們自己的過活方式（也就是對自己生活方式的選擇），另一方面則透過我們如何讓自己更有智慧以促進整體社會的健康。

言語已經不足以表達我對薩奇・聖多瑞里的感激，他是我多年的好友兼同事。我們認識於一九八一年，當時他第一年當實習醫師，來上我在醫學院的課。這些課程後來成為正念中心對健康專業人士的訓練教材。薩奇在一九八三年加入診所工作擔任正念減壓課程老師，二〇〇〇年擔綱正念中心執行長的重責大任，一直在中心服務至今。他的廣闊胸襟、高瞻遠矚、豐富的創意與傑出的領導才能，帶領正念中心走過充滿挑戰的歲月。薩奇以他非凡的洞見、堅毅與智慧領導正念中心。在那時期，他指揮若定地展開許多卓越且影響深遠的創新活動，例如學術合作研究計畫，在正念中心下設立一個專門進行教育訓練的綠洲部門（Oasis Institute），並於二〇〇三年開始每年籌辦大型國際學術研討會，建立起專門探究正念運用於醫學、健康照護與社會的科學研究交流平台（Annual International Scientific Conference: Investigating and Integrating Mindfulness in Medicine, Health Care, and Society）。這些見識遠大的創新，在許多層面深深影響了全世界各地有關於正念減壓、正念研究和正念教育的發展。

我也要謝謝麻大醫學中心（現已更名為麻大紀念醫學中心〔UMass Memorial Medical Center〕）及大英格蘭地區的數千位醫師與健康專業工作者，這些年來他們持續轉介病人到減壓門診。感謝他們對診所的信任，更重要的是，感謝他們相信病人是可以成長與改變並終而影響自己的健康。這對於我們協助他們的病人，透過正念減壓以啟動病人自己的內在資源並促進療癒，是非常重要的。這也是參與式醫學的典範。

本書第一版問世時，我的妻子麥菈付出相當大的心力，她仔細閱讀整本書，對於所有遣詞用字都精心推敲以力求清晰達意。我非常感激她長期以來持久不變的耐心與堅定的支持。感謝麥菈對於本增訂版提供若干編輯上的建議，同時涵容我沉浸於更新此版本的工作狀況。

深深地感謝艾莉莎・艾波與克里夫・沙隆，他們極有耐性地教導我最新的壓力慣性反應研究。在相關章節中若有任何模糊錯誤或過於簡化之處，不是他們的疏失或建議不當，而是我一直努力想要把事情簡單化。有關壓力章節的部分我還要感謝保羅・葛若斯門（Paul Grossman）；也要感謝狄恩・歐尼許仔細與我分享他那前瞻性的研究。我要感謝發展出對世人影響深遠之正念認知治療的三位學者，辛德・西格爾、馬

81 最近醫學界有一個新的期刊叫做《醫學圓桌會議》（*The Medical Round Table*）。詹姆士不久前找我跟一群也在教正念的醫師同仁討論正念減壓在各層面的運用，與談者還有Dalen, J.、Kraser, M.、Sobinga, E.，會後撰文並發表於該期刊〈臨床醫師可以給病人用以辨識並減輕壓力的指南/ Guidance clinicians can give their patients for identifying and reducing stress〉。詳請參閱: The Medical Round Table 2012, I: 7-16.（譯注：用The Medical Round Table為關鍵字即可在google搜尋到）

克・威廉斯與約翰・蒂斯岱，能夠與如此卓越又謙卑的同仁共事是我的榮幸。在這段共同研究的期間，我們有許多極具啟發性的對話與探討，不論是在私人或專業領域，一路走來我真的學到很多。

我要感謝藍燈書屋（Random House）的編輯普陽卡・克里胥曼（Priyanka Krishnan）小姐及其工作團隊，包括修娜・麥卡錫（Shona McCarthy）。普陽卡給作者很大的空間又很有效率，這本書每一個細節都可以看到她的用心。我也要感謝本書第一版的編輯鮑勃・米勒（Bob Miller），他當初在主流圖書中出版這本靜觀書籍其實是相當激進也是需要極大勇氣的，衷心感謝過去二十五年來，鮑勃的友誼與支持。

我要深深鞠躬感謝從過去到現在服務於減壓門診的教學團隊，他們專心致力於教導正念減壓課程，訓練來自全球各地的師資，真正體現了正念與用心。他們是：Melissa Blacker、Adi Bemak、Katherine Bonus、Kasey Carmichael、Jim Carmody、Meg Chang、Jim Colosi、Fernando de Torrijos、Pam Erdmann、Paul Galvin、Cindy Gittleman、Trudy Goodman、Britta Hölzel、Jacob Piet Jacobsen、Diana Kamila、Lynn Koerbel、Florence Meleo-Meyer、Kate Mitcheom、David Monsour、George Mumford、Peggy Rogenbuck-Gillespie、Elana Rosenbaum、Larry Rosenberg、Camila Skold、Rob Smith、David Spound、Bob Stahl、Barbara Stone、Carolyn West、Ferris Urbanowski、Zayda Vallejo、Susan Young以及Saki F. Santorelli。其中佩姬（Peggy Rogenbuck-Gillespie）是第一位我在診所聘僱的老師，課程中第二週與第三週的愉悅事件紀錄和不愉悅事件紀錄就是出於她的建議呢。

我要深深感謝從過去到現在，所有在門診與正念中心服務的行政同仁，他們對於推動中心的各項業務功不可沒，他們是：Jean Baril、Kathy Brady、Leigh Emery、Monique Frigon、Dianne Horgan、Brian Tucker、Carol Lewis、Leslie Lynch、Silvia TK、Roberta Lewis、Merin MacDonald、Tony Maciag、Kristi Nelson、Jessica Novia、Norma Rosiello、Amy Parslow、Anne Skillings以及Rene Theberge。

我要感謝從過去到現在，擔任正念中心顧問委員會的委員們：Lyn Getz、Cory Greenberg、Amy Gross、Larry Horwitz、Maria Kluge、Janice Maturano、Dennis McGillicuddy以及Tim Ryan。打從一九九五年協助正念中心發展第一個策略性計畫以來，賴瑞（Larry Horwitz）就一直是我們的朋友兼顧問。馬苓娜

（Maria Kluge）一向大力支持正念中心，也一直在美國與德國教正念減壓。

我深深感激所有曾經教過我的老師以及他們給我的一切教導。

最後，我由衷感謝所有參與減壓課程的病友學員們，感謝他們在課堂中分享自己的故事，感謝他們願意讓自己的故事呈現在這本書裡。透過分享他們個人的靜觀練習與正念減壓課程的學習體驗，希望能協助與激勵面臨類似生活挑戰的受苦者，能夠在自己的生活中覓得安適、平和與寬慰。

〔附錄〕

愉悅或不愉悅事件覺察紀錄表

做法：花一週的時間每天覺察一項愉悅事件，尤其是當該事件正在發生時；之後找個時間依下表詳細記錄該事件與你當時的經驗。下一週則每天覺察一項不愉悅事件，記錄方式相同。

	星期一	星期二	星期三
事件的內容？			
請詳述在那個當下身體的感覺？			
當時心理的感受、情緒或心境為何？			
當時伴隨著感受而來的想法為何？			
記錄這個經驗時，浮現什麼想法呢？			

星期日	星期六	星期五	星期四

溝通困難紀錄表

做法：花一週的時間每天覺察一項溝通困難的事件或是充滿壓力的溝通經驗，尤其是當該事件正在發生時；之後找個時間依下表詳細記錄該事件與你當時的經驗。

	溝通狀況的描述（日期、人物、主題）	溝通困難的狀況是如何產生的？	你真正想要的是什麼？你實際上得到的是什麼？	對方想要的是什麼？對方實際上得到的是什麼？	在這過程中你有什麼感覺？
星期一					
星期二					
星期三					

星期日	星期六	星期五	星期四

延伸閱讀

正念靜觀：本質精髓與實際應用

Alpers, Susan. *Eat, Drink, and Be Mindful.* Oakland, CA: New Harbinger, 2008.

Analayo. Satipatthana: *The Direct Path to Realization.* Cambridge: Windhorse Publications, 2008.

Amero, Ajahn. *Small Boat, Great Mountain.* Redwood Valley, CA: Abhayagiri Monastic Foundation, 2003.

Bardacke, Nancy. *Mindful Birthing.* San Francisco: HarperCollins, 2012.

Bartley, Trish. *Mindfulness-Based Cognitive Therapy for Cancer.* Oxford: Wiley-Blackwell, 2012.

Bauer-Wu, Susan. *Leaves Falling Gently: Living Fully with Serious and Life-Limiting Illness Through Mindfulness, Compassion, and Connectedness.* Oakland, CA: New Harbinger, 2011.

Bays, Jan Chozen. *Mindful Eating.* Boston: Shambhala, 2009.

——. *How to Train an Elephant.* Boston: Shambhala, 2011.

Beck, Joko. *Nothing Special.* New York: HarperCollins, 1995.

Bennett-Goleman, Tara. *Emotional Alchemy: How the Mind Can Heal the Heart.* New York: Harmony, 2001.

Biegel, Gina. *The Stress Reduction Workbook for Teens.* Oakland, CA: New Harbinger, 2009.

Bodhi, Bhikkhu. *The Noble Eightfold Path.* Onalaska, WA: BPS Pariyatti Editions, 2000.

Boyce, Barry, ed. *The Mindfulness Revolution: Leading Psychologists, Scientists, Artists, and Meditation Teachers on the Power of Mindfulness in Daily Life.* Boston: Shambhala, 2011.

Brantley, Jeffrey. *Calming Your Anxious Mind: How Mindfulness and Compassion Can Free You from Anxiety, Fear, and Panic.* Oakland, CA: New Harbinger, 2003.

Carlson, Linda, and Michael Speca. *Mindfulness-Based Cancer Recovery.* Oakland, CA: New Harbinger, 2011.

Chokyi Nyima, Rinpoche. *Present Fresh Wakefulness.* Boudhanath, Nepal: Rangjung Yeshe Books, 2004.

Davidson, Richard J., with Sharon Begley. *The Emotional Life of Your Brain.* New York: Hudson Street Press, 2012.

Davidson, Richard J., and Anne Harrington. *Visions of Compassion.* New York: Oxford University Press, 2002.

Didonna, Fabrizio. *Clinical Handbook of Mindfulness.* New York: Springer, 2008.

Epstein, Mark. *Thoughts Without a Thinker: Psychotherapy from a Buddhist Perspective.* New York: Basic Books, 1995.

Feldman, Christina. *Silence: How to Find Inner Peace in a Busy World.* Berkeley, CA: Rodmell Press, 2003.

——. *Compassion: Listening to the Cries of the World.* Berkeley, CA: Rodmell Press, 2005.

Germer, Christopher. *The Mindful Path to Self-Compassion.* New York: Guilford, 2009.

Germer, Christopher, Ronald D. Siegel, and Paul R. Fulton, eds. *Mindfulness and Psychotherapy.* New York: Guilford, 2005.

Gilbert, Paul. *The Compassionate Mind.* Oakland, CA: New Harbinger, 2009.

Goldstein, Joseph. *Mindfulness: A Practical Guide to Awakening.* Boulder, CO: Sounds True, 2013.

Goldstein, Joseph. *One Dharma: The Emerging Western Buddhism*. San Francisco: HarperCollins, 2002.

Goldstein, Joseph, and Jack Kornfield. *Seeking the Heart of Wisdom*. Boston: Shambhala, 1987.

Goleman, Daniel. *Focus: The Hidden Driver of Excellence*. New York: HarperCollins, 2013

——. *Destructive Emotions: How We Can Heal Them*. New York: Bantam, 2003.

——. *Healing Emotions: Conversations with the Dalai Lama on Mindfulness, Emotions, and Health*. Boston: Shambhala, 1997.

Hamilton, Elizabeth. *Untrain Your Parrot and Other No-Nonsense Instructions on the Path of Zen*. Boston: Shambhala, 2007.

Hanh, Thich Nhat. *The Heart of the Buddha's Teachings*. Boston: Wisdom, 1993.

——. *The Miracle of Mindfulness*. Boston: Beacon Press, 1976.

Gunaratana, Bante Henepola. *The Four Foundations of Mindfulness in Plain English*. Boston: Wisdom, 2012.

——. *Mindfulness in Plain English*. Somerville, MA: Wisdom, 2002.

Kabat-Zinn, Jon. *Mindfulness for Beginners: Reclaiming the Present Moment—and Your Life*. Boulder, CO: Sounds True, 2012.

——. *Coming to Our Senses: Healing Ourselves and the World Through Mindfulness*. New York: Hyperion, 2005.

——. *Wherever You Go, There You Are*. New York: Hyperion, 1994, 2005.

Kabat-Zinn, Jon, and Richard J. Davidson, eds. *The Mind's Own Physician: A Scientific Dialogue with the Dalai Lama on the Healing Power of Meditation*. Oakland, CA: New Harbinger, 2011.

Kabat-Zinn, Jon, with Hor Tuck Loon. *Letting Everything Become Your Teacher: 100 Lessons in Mindfulness—Excerpted from Full Catastrophe Living*. New York: Random House, 2009.

——. *Arriving at Your Own Door: 108 Lessons in Mindfulness—Excerpted from Coming to Our Senses*. New York: Hyperion, 2007.

Kabat-Zinn, Myla, and Jon Kabat-Zinn. *Everyday Blessings: The Inner Work of Mindful Parenting*. New York: Hyperion, 1997.

Kaiser-Greenland, Susan. *The Mindful Child: How to Help Your Kid Manage Stress and Become Happier, Kinder, and More Compassionate*. New York: Free Press, 2010.

Krishnamurti, J. *This Light in Oneself: True Meditation.* Boston: Shambhala, 1999.

Levine, Stephen. *A Gradual Awakening.* New York: Random House, 1989.

McCowan, Donald, Diane Reibel, and Marc S. Micozzi. *Teaching Mindfulness.* New York: Springer, 2010.

McQuaid, John R., and Paula E. Carmona. *Peaceful Mind: Using Mindfulness and Cognitive Behavioral Psychology to Overcome Depression.* Oakland, CA: New Harbinger, 2004.

Olendzki, Andrew. *Unlimiting Mind: The Radically Experiential Psychology of Buddhism.* Boston: Wisdom, 2010.

Orsillo, Susan, and Lizbeth Roemer. *The Mindful Way Through Anxiety.* New York: Guilford, 2011.

Packer, Toni. *The Silent Question: Meditating in the Stillness of Not-Knowing.* Boston: Shambhala, 2007.

Penman, Danny, and Vidyamala Burch. *Mindfulness for Health: A Practical Guide to Relieving Pain, Reducing Stress and Restoring Wellbeing.* London, UK: Piatkus, 2013.

Ricard, Matthieu. *Happiness: A Guide to Developing Life's Most Important Skill.* New York: Little, Brown, 2007.

——. *The Monk and the Philosopher.* New York: Schocken, 1998.

——. *Why Meditate? Working with Thoughts and Emotions.* New York: Hay House, 2010.

Mingyur, Rinpoche. *The Joy of Living.* New York: Three Rivers Press, 2007.

——. *Joyful Wisdom.* New York: Harmony Books, 2010.

Rosenberg, Larry. *Breath by Breath.* Boston: Shambhala, 1998.

——. *Living in the Light of Dying.* Boston: Shambhala, 2000.

Ryan, Tim. *A Mindful Nation.* New York: Hay House, 2012.

Salzberg, Sharon. *A Heart as Wide as the World.* Boston: Shambhala, 1997.

——. *Lovingkindness.* Boston: Shambhala, 1995.

——. *Real Happiness.* New York: Workman, 2011.

Santorelli, Saki. *Heal Thy Self: Lessons on Mindfulness in Medicine.* New York: Bell Tower, 1998.

Segal, Zindel V., Mark Williams, and John D. Teasdale. *Mindfulness-Based Cognitive Therapy for Depression: A New Approach to Preventing Relapse.* 2nd ed. New York: Guilford, 2012.

Semple, Randye J., and Jennifer Lee. *Mindfulness-Based Cognitive Therapy for Anxious Children.* Oakland, CA: New Harbinger, 2011.

Shapiro, Shauna, and Linda Carlson. *The Art and Science of Mindfulness: Integrating Mindfulness into Psychology and the Helping Professions.* Washington, DC: American Psychological Association, 2009.

Shen-Yen, with Dan Stevenson. *Hoofprints of the Ox: Principles of the Chan Buddhist Path as Taught by a Modern Chinese Master.* New York: Oxford University Press, 2001.

Siegel, Daniel J. *The Mindful Brain: Reflection and Attunement in the Cultivation of Well-Being.* New York: Norton, 2007.

Silverton, Sarah. *The Mindfulness Breakthrough: The Revolutionary Approach to Dealing with Stress, Anxiety, and Depression.* London UK: Watkins, 2012.

Smalley, Susan, and Diana Winston. *Fully Present: The Science, Art, and Practice of Mindfulness.* Philadelphia: Da Capo, 2010.

Snel, Eline. *Sitting Still Like a Frog: Mindfulness for Kids Aged Five Through Twelve and Their Parents.* Boston: Shambhala, 2013.

Spiegel, Jeremy. *The Mindful Medical Student.* Hanover, NH: Dartmouth College Press, 2009.

Sumedo, Ajahn. *The Mind and the Way.* Boston: Wisdom, 1995.

Suzuki, Shunru. *Zen Mind Beginner's Mind.* New York: Weatherhill, 1970.

Stahl, Bob, and Elisha Goldstein. *A Mindfulness-Based Stress Reduction Workbook.* Oakland, CA: New Harbinger, 2010.

Thera, Nyanoponika. *The Heart of Buddhist Meditation.* New York: Samuel Weiser, 1962.

Tolle, Eckhart. *The Power of Now.* Novato, CA: New World Library, 1999.

Trungpa, Chogyam. *Meditation in Action.* Boston: Shambhala, 1970.

Urgyen, Tulku. *Rainbow Painting.* Boudhanath, Nepal: Rangjung Yeshe, 1995.

Varela, Francisco J., Evan Thompson, and Eleanor Rosch. *The Embodied Mind: Cognitive Science and Human Experience.* Cambridge, MA: MIT Press, 1991.

Wallace, Alan B. *The Attention Revolution: Unlocking the Power of the Focused Mind.* Boston: Wisdom, 2006.

———. *Minding Closely: The Four Applications of Mindfulness.* Ithaca, NY: Snow Lion, 2011.

Williams, J. Mark G. and Jon Kabat-Zinn, eds. *Mindfulness: Diverse Perspectives on Its Meaning, Origins, and Applications*. London: Routledge, 2013.

Williams, Mark, and Danny Penman. *Mindfulness: A Practical Guide to Finding Peace in a Frantic World*. London: Little, Brown, 2011.

Williams, Mark, John Teasdale, Zindel Segal, and Jon Kabat-Zinn. *The Mindful Way Through Depression*. New York: Guilford, 2007.

正念的進一步應用和靜觀的其他著作

Brown, Daniel P. *Pointing Out the Great Way: The Stages of Meditation in the Mahamudra Tradition*. Boston: Wisdom, 2006.

Loizzo, Joe. *Sustainable Happiness: The Mind Science of Well-Being, Altruism, and Inspiration*. New York: Routledge, 2012.

McLeod, Ken. *Wake Up to Your Life: Discovering the Buddhist Path of Attention*. San Francisco: HarperCollins, 2001.

療癒

Bowen, Sarah, Neha Chawla, and G. Alan Marlatt. *Mindfulness-Based Relapse Prevention for Addictive Behaviors*. New York: Guilford, 2011.

Byock, Ira. *The Best Care Possible: A Physician's Quest to Transform Care Through the End of Life*. New York: Penguin, 2012.

——. *Dying Well: Peace and Possibilities at the End of Life*. New York: Riverhead Books, 1997.

Fosha, Diana, Daniel J. Siegel, and Marion F. Solomon, eds. *The Healing Power of Emotion: Affective Neuroscience, Development, and Clinical Practice*. New York: Norton, 2009.

Gyatso, Tenzen. *The Compassionate Life*. Boston: Wisdom, 2003.

——. *Ethics for a New Millennium*. New York: Riverhead Books, 1999.

Halpern, Susan. *The Etiquette of Illness: What to Say When You Can't Find the Words*. New York: Bloomsbury, 2004.

Lerner, Michael. *Choices in Healing: Integrating the Best of Conventional and Complementary Approaches to Cancer*. Cambridge, MA: MIT Press, 1994.

McBee, Lucia. *Mindfulness-Based Elder Care: A CAM Model for Frail Elders and Their Caregivers*. New York: Springer, 2008.

Meili, Trisha. *I Am the Central Park Jogger: A Story of Hope and Possibility*. New York: Springer, 2003.

Moyers, Bill. *Healing and the Mind*. New York: Broadway Books, 1993.

Ornish, Dean. *Love and Survival: The Scientific Basis of the Healing Power of Intimacy*. New York: HarperCollins, 2008.

——. *The Spectrum: A Scientifically Proven Program to Feel Better, Live Longer, Lose Weight, and Gain Health*. New York: Ballantine Books, 2007.

Pelz, Larry. *The Mindful Path to Addiction Recovery: A Practical Guide to Regaining Control over Your Life*. Boston: Shambhala, 2013.

Remen, Rachel. *Kitchen Table Wisdom: Stories That Heal*. New York: Riverhead Books, 1997.

Simmons, Philip. *Learning to Fall: The Blessings of an Imperfect Life*. New York: Bantam, 2002.

Sternberg, Esther M. *The Balance Within: The Science Connecting Health and Emotions*. New York: W. H. Freeman, 2001.

——. *Healing Spaces: The Science of Place and Well-Being*. Cambridge, MA: Harvard University Press, 2009.

Tarrant, John. *The Light Inside the Dark: Zen, Soul, and the Spiritual Life*. New York: HarperCollins, 1998.

Wilson, Kelly. *Mindfulness for Two: An Acceptance and Commitment Therapy Approach to Mindfulness in Psychotherapy*. Oakland, CA: New Harbinger, 2008.

壓力

LaRoche, Loretta. *Relax—You May Have Only a Few Minutes Left: Using the Power of Humor to Overcome Stress in Your Life and Work*. New York: Hay House, 2008.

Lazarus, Richard S., and Susan Folkman. *Stress, Appraisal, and Coping*. New York: Springer, 1984.

McEwen, Bruce. *The End of Stress as We Know It*. Washington, DC: Joseph Henry Press, 2002.

Rechtschaffen, Stephen. *Time Shifting: Creating More Time to Enjoy Your Life*. New York: Random House, 1996.

Sapolsky, Robert M. *Why Zebras Don't Get Ulcers*. New York: St. Martins/Griffin, 2004.

Singer, Thea. *Stress Less: The New Science That Shows Women How to Rejuvenate the Body and the Mind.* New York: Hudson Street Press, 2010.

疼痛

Burch, Vidyamala. *Living Well with Pain and Illness: The Mindful Way to Free Yourself from Suffering.* London: Piatkus, 2008.

Cohen, Darlene. *Finding a Joyful Life in the Heart of Pain: A Meditative Approach to Living with Physical, Emotional, or Spiritual Suffering.* Boston: Shambhala, 2000.

Dillard, James M. *The Chronic Pain Solution: Your Personal Path to Pain Relief.* New York: Bantam, 2002.

Gardner-Nix, Jackie. *The Mindfulness Solution to Pain: Step-by-Step Techniques for Chronic Pain Management.* Oakland, CA: New Harbinger, 2009.

Levine, Peter, and Maggie Phillips. *Freedom from Pain: Discover Your Body's Power to Overcome Physical Pain.* Boulder, CO: Sounds True, 2012.

McManus, Carolyn A. *Group Wellness Programs for Chronic Pain and Disease Management.* St. Louis, MO: Butterworth-Heinemann, 2003.

Sarno, John E. *Healing Back Pain: The Mind-Body Connection.* New York: Warner, 2001.

創傷

Emerson, David, and Elizabeth Hopper. *Overcoming Trauma Through Yoga: Reclaiming Your Body.* Berkeley, CA: North Atlantic Books, 2011.

Epstein, Mark. *The Trauma of Everyday Life.* New York: Penguin, 2013.

Karr-Morse, Robin, and Meredith S. Wiley. *Ghosts from the Nursery: Tracing the Roots of Violence.* New York: Atlantic Monthly Press, 1997.

——. *Scared Sick: The Role of Childhood Trauma in Adult Disease.* New York: Basic Books, 2012.

Levine, Peter. *Healing Trauma: A Pioneering Program for Restoring the Wisdom of Your Body.* Boulder, CO: Sounds True, 2008.

——. *In an Unspoken Voice: How the Body Releases Trauma and Restores Goodness.* Berkeley, CA: North Atlantic Books, 2010.

Ogden, Pat, Kekuni Minton, and Claire Pain. *Trauma and the Body: A Sensorimotor Approach to Psychotherapy.* New York: Norton, 2006.

Sanford, Matthew. *Waking: A Memoir of Trauma and Transcendence*. Emmaus, PA: Rodale, 2006.

van der Kolk, Bessel, Alexander McFarlane, and Lars Weisaeth, eds. *Traumatic Stress: The Effects of Overwhelming Experience on Mind, Body, and Society*. New York: Guilford, 1996.

詩歌

Bly, Robert. *The Kabir Book*. Boston: Beacon, 1971.

Bly, Robert, James Hillman, and Michael Meade. *The Rag and Bone Shop of the Heart*. New York: HarperCollins, 1992.

Eliot, T. S. *Four Quartets*. New York: Harcourt Brace, 1977.

Hass, Robert, ed. *The Essential Haiku*. Hopewell, NJ: Ecco Press, 1994.

Hafiz. *The Gift: Poems by Hafiz*. Trans. David Ladinsky. New York: Penguin, 1999.

Lao-Tsu. *Tao Te Ching*. Trans. Stephen Mitchell. New York: HarperCollins, 1988.

Mitchell, Stephen. *The Enlightened Heart*. New York: Harper and Row, 1989.

Neruda, Pablo. *Five Decades: Poems 1925–1970*. New York: Grove Weidenfeld, 1974.

Oliver, Mary. *New and Selected Poems*. Boston: Beacon, 1992.

Rilke, R. M. *Selected Poems of Rainer Maria Rilke*. New York: Harper and Row, 1981.

Rumi. *The Essential Rumi*. Trans. Coleman Barks. San Francisco: Harper, 1995.

Ryokan. *One Robe, One Bowl*. Trans. John Stevens. New York: Weatherhill, 1977.

Shihab Nye, Naomi. *Words Under the Words: Selected Poems*. Portland, OR: Far Corner Books, 1980.

Tanahashi, Kaz, *Sky Above, Great Wind: The Life and Poetry of Zen Master Ryokan*. Boston: Shambhala, 2012.

Whyte, David. *The Heart Aroused: Poetry and the Preservation of the Soul in Corporate America*. New York: Random House, 1994.

Yeats, William Butler. *The Collected Poems of W. B. Yeats*. New York: Macmillan, 1963.

其它相關書籍，有些內文曾提及

Abrams, David. *The Spell of the Sensuous.* New York: Vintage, 1996.

Blakeslee, Sandra, and Matthew Blakeslee. *The Body Has a Mind of Its Own: How Body Maps in Your Brain Help You Do (Almost) Everything Better.* New York: Random House, 2007.

Bohm, David. *Wholeness and the Implicate Order.* London: Routledge and Kegan Paul, 1980.

Chaskalson, Michael. *The Mindful Workplace: Developing Resilient Individuals and Resonant Organizations with MBSR.* Chichester, West Sussex: Wiley-Blackwell, 2011.

Doidge, Norman. *The Brain That Changes Itself; Stories of Personal Triumph from the Frontiers of Brain Science.* New York: Penguin, 2007.

Gilbert, Daniel. *Stumbling on Happiness.* New York: Vintage, 2007.

Goleman, Daniel. *Ecological Intelligence: How Knowing the Hidden Impacts of What We Buy Can Change Everything.* New York: Broadway Books, 2009.

——. *Emotional Intelligence: Why It Can Matter More than IQ.* New York: Bantam, 1995.

——. *Social Intelligence: The New Science of Human Relationships.* New York: Bantam, 2006.

Kaza, Stephanie. *Mindfully Green: A Personal and Spiritual Guide to Whole Earth Thinking.* Boston: Shambhala, 2008.

Kazanjian, Victor H., and Peter L. Laurence. *Education as Transformation: Religious Pluralism, Spirituality, and a New Vision for Higher Education in America.* New York: Peter Lang, 2000.

Lantieri, Linda. *Building Emotional Intelligence: Techniques to Cultivate Inner Strength in Children.* Boulder, CO: Sounds True, 2008.

Layard, Richard. *Happiness: Lessons from a New Science.* New York: Penguin, 2005.

Marturano, Janice. *Finding the Space to Lead: A Practical Guide to Mindful Leadership.* New York: Bloomsbury, 2014.

Nowak, Martin. *Super Cooperators: Altruism, Evolution, and Why We Need Each Other to Succeed.* New York: Free Press, 2011.

Osler, William. *Aequanimitas.* New York: McGraw-Hill, 2012.

——. *A Way of Life.* Springfield, IL: Charles C. Thomas, 2012.

Sachs, Jeffrey D. *The Price of Civilization: Reawakening American Virtue and Prosperity.* New York: Random House, 2011.

Snyder, Gary. *The Practice of the Wild.* San Francisco: North Point, 1990.

Watson, Guy, Stephen Batchelor, and Guy Claxton, eds. *The Psychology of Awakening: Buddhism, Science, and Our Day-to-Day Lives.* York Beach, ME: Weiser, 2000.

國外相關資源

Center of Mindfulness in Medicine, Health Care, and Society
University of Massachusetts Medical School
Worcester, Massachusetts
http://www.umassmed.edu/cfm/index.aspx

Oxford Mindfulness Centre
University of Oxford, United Kingdom
http://oxfordmindfulness.org

Centre for Mindfulness Research and Practice
Bangor University, North Wales
http://www.bangor.ac.uk/mindfulness

Mindfulness Research Guide
A free online publication, published monthly, to keep abreast of the scientific research studies on mindfulness and its applications
http://www.mindfulexperience.org/research-centers.php

Clinical Education and Development and Research
University of Exeter, United Kingdom
http://cedar.exeter.ac.uk/programmes/pgmindfulness

University of California Center for Mindfulness
San Diego, California
http://health.ucsd.edu/specialties/mindfulness/Pages/default.aspx

University of Wisconsin Center for Mindfulness
UW Health Integrative Medicine
Madison, Wisconsin
http://www.uwhealth.org/alternative-medicine/mindfulness-based-stress-reduction/11454

Mindful Birthing and Parenting
University of California, San Francisco
San Francsico, California
http://www.mindfulbirthing.org

Duke University Medical Center
Integrative Medicine
Durham, North Carolina
http://www.dukeintegrativemedicine.org/classes-workshops-and-education/mindfulness-based-stress-reduction

Jefferson University Hospitals
Philadelphia, Pennsylvania

http://www.jeffersonhospital.org/departments-and-services/mindfulness/public-programs

Awareness and Relaxation Training
San Francisco, California
http://www.mindfulnessprograms.com

MBSR British Columbia
Vancouver, BC Canada
http://www.mbsrbc.ca

Open Ground Mindfulness Training
Sydney, Australia
http://www.openground.com.au

Mindful Psychology
Auckland, New Zealand
http://www.mindfulpsychology.co.nz/trainers.html

Institute for Mindfulness South Africa
Capetown, South Africa
http://www.mindfulness.org.za

卡巴金博士引導式正念靜觀練習（光碟訂購資訊）

卡巴金博士錄製了三個系列的引導式正念靜觀練習的光碟，每個系列都有四片，如果需要的話可上此網站訂購「www.mindfulnesscds.com」或「www.jonkabat-zinn.com」。

系列I（Series 1）。每片光碟長度均四十五分鐘，內容是本書裡所描述的各項正式練習，亦即均為正念減壓課程的正式練習項目。四片光碟分別為：身體掃瞄（Body Scan）、躺式正念瑜伽（Mindful Yoga I）、立式正念瑜伽（Mindful Yoga II）、靜坐（Sitting Meditation）。這些光碟正是卡巴金博士在減壓門診給病人練習的訓練教材。

系列II（Series 2）。主要是配合《當下，繁花盛開》一書使用。本系列的光碟長度較短，用以協助若干有此需求者，以利發展或深化其正念練習。本系列包括山的靜觀與湖的靜觀，以及各種十分鐘、二十分鐘、三十分鐘的靜坐與躺式瑜伽練習。

系列III（Series 3）。主要是配合《Coming to Our Senses》一書使用，同時採用書中若干與感官有關的特殊語彙。光碟的內容有正念呼吸（呼吸境）、其他身體感官（身體境）、對聲音與聆聽保持正念（聲音境）、想法與情緒的覺察（心智境）、無選擇的覺察（當下境）、慈心靜觀（慈心境），也包含簡短的引導式行走靜觀。這些光碟的長度大約是二十到三十分鐘。

索引

一畫

二畫

三畫

四畫

五畫

七畫

八畫

十畫

十一畫

十二畫

十三畫

十四畫

十五畫

十六畫

十七畫

十八畫

十八畫

十九畫

二十畫

二十三畫

野人家113

正念療癒力

【卡巴金博士30年經典暢銷紀念版】

八週找回平靜、自信與智慧的自己

FULL CATASTROPHE LIVING (REVISED EDITION)

Using the Wisdom of Your Body and Mind to Face Stress, Pain, and Illness

作　　者　喬・卡巴金 Jon Kabat-Zinn Ph.D.
增訂版譯者　胡君梅
初 版 譯 者　黃小萍
審　　訂　胡君梅

野人文化股份有限公司
社　　長　張瑩瑩
總 編 輯　蔡麗真
責 任 編 輯　李依蒨、李怡庭
協 力 編 輯　王梅沄、楊如萍
專 業 校 對　鍾宜婷、林昌榮
行銷企劃經理　林麗紅
行 銷 企 劃　蔡逸萱、李映柔
封 面 設 計　16design、周家瑤
內 頁 排 版　洪素貞、藍天圖物宣字社

出　　版　野人文化股份有限公司
發　　行　遠足文化事業股份有限公司（讀書共和國出版集團）
地址：231新北市新店區民權路108-2號9樓
電話：（02）2218-1417　傳真：（02）8667-1065
電子信箱：service@bookrep.com.tw
網址：www.bookrep.com.tw
郵撥帳號：19504465遠足文化事業股份有限公司
客服專線：0800-221-029
法 律 顧 問　華洋法律事務所 蘇文生律師
印　　製　凱林彩印股份有限公司
初　　版　2013年11月
二　　版　2022年10月
二 版 3 刷　2024年2月

國家圖書館出版品預行編目資料

正念療癒力：八週找回平靜、自信與智慧的自己／喬・卡巴金（Jon Kabat-Zinn）著；胡君梅, 黃小萍譯. -- 二版. -- 新北市：野人文化股份有限公司出版：遠足文化事業股份有限公司發行, 2022.10
面；　公分. --（野人家；113）
【卡巴金博士30年經典暢銷紀念版】
譯自：Full catastrophe living(revised edition) : using the wisdom of your body and mind to face stress, pain, and illness
ISBN 978-986-384-757-1（精裝）
ISBN 978-986-384-763-2（PDF）
ISBN 978-986-384-762-5（EPUB）

1. CST：抗壓　2. CST：壓力　3. CST：佛教修持

176.54　　111010835

正念療癒力

線上讀者回函專用 QR CODE，你的寶貴意見，將是我們進步的最大動力。

野人文化官方網頁

野人文化
讀者回函卡

感謝您購買《正念療癒力》

姓　名　　　　　　　　　　　　　　□女□男　　年齡

地　址

電　話　　　　　　　　　　　　手機

Email

□同意　□不同意　　收到野人文化新書電子報

學　歷　□國中(含以下)□高中職　□大專　□研究所以上
職　業　□生產/製造　□金融/商業　□傳播/廣告　□軍警/公務員
□教育/文化　□旅遊/運輸　□醫療/保健　□仲介/服務
□學生　□退休　□自由/家管　□其他

◆你從何處知道此書？
□書店　□書訊　□書評　□報紙　□廣播　□電視　□網路
□廣告 DM　□親友介紹　□其他 ____________________

◆你以何種方式購買本書？
□書店：名稱 ______________ □網路：名稱 ____________
□量販店：名稱 ____________ □其他 ____________________

◆你的閱讀習慣：
□親子教養　□文學　□翻譯小說　□日文小說　□華文小說
□藝術設計　□人文社科　□自然科學　□商業理財　□宗教哲學
□心理勵志　□休閒生活（旅遊、瘦身、美容、園藝等）
□手工藝／DIY　□飲食／食譜　□健康養生　□兩性
□文書／漫畫　□其他 ________

◆你對本書的評價：（請填代號，1. 非常滿意　2. 滿意　3. 尚可　4. 待改進）
書名 _____ 封面設計 _____ 版面編排 _____ 印刷 _____ 內容 _____
整體評價 _____

◆你對本書的建議：

野人文化部落格　http://yeren.pixnet.net/blog
野人文化粉絲專頁　http://www.facebook.com/yerenpublish

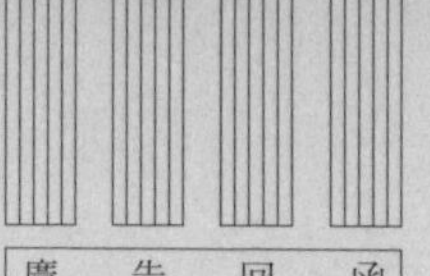

廣　告　回　函
板橋郵政管理局登記證
板橋廣字第143號

郵資已付　免貼郵票

23141
新北市新店區民權路108-2號9樓
野人文化股份有限公司 收

請沿線撕下對折寄回

書名：正念療癒力：八週找回平靜、自信與智慧的自己
【卡巴金博士 30 年經典暢銷紀念版】

書號：0NFL4113